珍藏本·增订本
纪念版

汉译世界学术名著丛书

经济分析基础

〔美〕保罗·萨缪尔森 著
费方域 金菊平 译

商务印书馆
SINCE 1897
The Commercial Press

FOUNDATIONS OF ECONOMIC ANALYSIS

Enlarged Edition

by Paul Anthony Samuelson

Published by arrangement with Harvard University Press

through Bardon-Chinese Media Agency

汉译世界学术名著丛书
（120年纪念版·珍藏本）
增订本出版说明

2017年10月，为纪念商务印书馆创立120周年，本馆推出"汉译世界学术名著丛书"（120年纪念版·珍藏本），计七百种。近五六年来，仰赖学界同人倾力支持，订正旧译，增补新译，拓展新著，积累日多。为满足读者需要，本馆在七百种的基础上，继续推出"汉译世界学术名著丛书"（120年纪念版·珍藏本·增订本）三百种。至此，"汉译世界学术名著丛书"累计出版已达千种。

今后，本馆将继续推进丛书的翻译出版工作，在积累单本名著的基础上陆续分辑刊行，汇印出版。为促进中外文明互鉴、推动我国学术发展，使"汉译世界学术名著丛书"这项对我国学术文化有基本建设意义的重大工程发挥更大作用，诚望海内外学术界、翻译界继续给予支持，帮助我们把这套丛书出得更好。

商务印书馆编辑部

2024年2月

汉译世界学术名著丛书
（120 年纪念版·珍藏本）
出 版 说 明

2017 年 2 月 11 日，商务印书馆迎来 120 岁的生日。120 年前，商务印书馆前贤怀揣文化救国的理想，抱持“昌明教育，开启民智”的使命，立足本土，放眼寰宇，以出版为津梁，沟通中西，为中国、为世界提供最富智慧的思想文化成果。无论世事白云苍狗，潮流左右激荡，甚至战火硝烟弥漫，始终践行学术报国之志，无改初心。

迻译世界各国学术名著，即其一端。早在 20 世纪初年便出版《原富》《天演论》等影响至今的代表性著作，1950 年代后更致力于外国哲学和社会科学经典的译介，及至 1980 年代，辑为“汉译世界学术名著丛书”，汇涓为流，蔚为大观。丛书自 1981 年开始出版，历时三十余年，迄今已推出七百种，是我国现代出版史上规模最大、最为重要的学术翻译工程。

丛书所选之书，立场观点不囿于一派，学科领域不限于一门，皆为文明开启以来，各时代、各国家、各民族的思想与文化精粹，代表着人类已经到达过的精神境界。丛书系统译介世界学术经典，引领时代思想，为本土原创学术的发展提供丰富的文化滋养，为推动中国现代学术和现代化进程做出了突出的贡献。

为纪念商务印书馆成立120周年，我们整体推出“汉译世界学术名著丛书”120年纪念版的珍藏本，寄望既利于文化积累，又便于研读查考，同时向长期支持丛书出版的译者、编者和读者致以敬意。

两甲子后的今天，商务印书馆又站在了一个新的历史时间节点上。我们不仅要铭记先辈的身影和足迹，更须让我们的步伐充满新的时代精神。这是商务人代代相传的事业，更是与国家和民族的命运始终紧密相连的事业。我们责无旁贷，必须做好我们这代人的传承与创造，让我们的努力和成果不仅凝聚成民族文化的记忆，还能成为后来人可以接续的事业。唯此，才能不负前贤，无愧来者。

商务印书馆编辑部

2017年10月

新古典经济学的古典数学总结

（代译序）

本书作者保罗·安东尼·萨缪尔森是当代著名美国经济学家，他在西方经济学的各个领域几乎都有建树，其中最重要的，是使西方经济学由 20 世纪 30 年代以前的依靠文字和图形进行分析的方式，转变成为支配了以后几十年的诉诸数学和推理进行分析的方式。因此，他被授予 1970 年诺贝尔经济学奖。

本书是萨缪尔森的代表作，它以古典数学为工具，在使各种理论和方法获得基本统一的形式中，对新古典经济学（又名边际主义经济学）的主要成就作了总结。因此，它 1947 年的出版，被西方经济学家看成是数理经济学史上以微积分为基础的边际主义时期终结的标志。

一

本书用以总结新古典经济学的方法，就是对于新古典经济学分析方法的总结，换言之，就是被加以一般化了的，揭示了相互联系的、赋予了共同数学结构的以往各种广为接受的边际主义分析方法。它们包括：

均衡和比较静态方法。均衡，更确切地说一般均衡，是边际主义的实质。新古典经济学家研究的所有问题,无一不是归诸对于均衡条件和性质进行分析的。作者在自己的研究中察悟了包含在各种理论分析中的这种雷同性,认识到这意味着均衡方法是使各种经济问题得以统一处理的一般方法。因此,他在书中自觉地把均衡分析作为其他一切方法的总揽,明确提出了一个由参数和变量构成的联立方程组表示的一般化的均衡体系。他用参数表示经济环境,以指代政府政策参数如税率,外生变量如财富和偏好;用变量表示由体系本身决定的内生变量,如不同商品的价格和生产水平;用方程表示均衡条件。他认为,所谓均衡分析,就是寻到体系的均衡条件,从中求出均衡解。一般地,这解可以参数的隐函数形式表示,这个公式化体系,可适用于微观和宏观,局部和一般,静态和动态的各种均衡分析。

比较静态方法。这是通过比较初始均衡和由参数变动造成的均衡,分析参数变动对体系影响的一种古老的研究方法。它渗透在各种均衡分析之中,尤为新古典经济学家喜欢采用。在本书中,作者将它抽象为一般化的方法,在比较静态学这个醒目的标题之下,从体系有解、函数可微、偏导数矩阵可逆的假定出发,由逆函数定理推出体系隐含均衡条件的局部唯一解,又在一定的假设下由隐函数定理推出参数表示的连续解函数的存在,再通过解函数对参数微分,由连锁法则推出比较静态乘子。从而不但描述了静态分析——只关心在什么地方(特定结构中)达到均衡,而不问怎样和何时达到均衡——的一般结构,而且揭示了比较静态和静态分析的内在关系,精确地给出了比较静态分析的一般公式。作者用比较静态方法贯穿全书,让关于个体行为的比较静态性质,由作为上篇主题的最大化原理推出，关于市场和宏观经济的比较静态性质，由作为下篇主题的动态和对应原理推出，因而使得全书的方法融成一体。

最大化方法。这是一种极其有用的特殊的均衡分析。它的实质，是根据规定的标准（通常是寻求目标函数最优），作出最有效的选择。新古典经济学既把经济学看作一门选择科学，自然十分重视这种方法。他们利用函数充分光滑和行为最大化假设，这时已提出了关于微观经济主体行为相当完备的理论，并利用全导数、偏导数和拉格朗日乘子刻画最大值性质。本书在概括和综合他们成果的基础上，进一步从质的方面对这个实为许多经济理论分析基石的方法作了集中和完整的研究，以准确和明晰的数理形式，阐述了它的最一般结构：第一，明确地给出了最大化问题的一般形式，和严格的与弱的全局极大和局部极大的定义。第二，利用泰勒定理证明了无约束条件下局部极大值的一阶、二阶必要条件和充分条件，指出一阶条件就是静态均衡条件，是确定均衡解性质的根据，为最大化技术在静态分析中的运用奠定了基础。第三，利用拉格朗日乘子定理和加边海赛矩阵定理，给出了约束最大化问题的一阶、二阶必要条件和充分条件，比较说明它们同无约束问题的条件相类似。值得注意的是，第一次明确将拉格朗日乘子称为影子价格，从而深刻揭示了它的经济含义。第四，通过论证表明，对于一阶条件的微分，是研究均衡解比较静态性质的根据，从而拓宽了用最大化方法进行比较静态分析的道路。第五，证明要素需求和商品供给弹性在短期小于长期，消费者（补偿）产品需求弹性在配给条件下的值小于没有配给时的值这两个重要命题，可以作为最

大化问题解的一般性质，即所谓的勒·夏特利埃原理推出。第六，主张将不涉及极值的问题转换成极值问题来分析，并给出了有关知识。第七，列举经济实例，以说明最大化方法的广泛适用范围。作者对最大化方法相当重视，见解也比较成熟，他选择以《经济分析中的最大化方法》为题作诺贝尔经济学获奖者讲演，即是证明。

动态分析和对应原理。比较静态方法本质上是忽略调整过程和时间因素的。它在对新旧均衡位置进行比较研究的时候，实际上是以即使体系初始时处于不均衡状态，或者由于干扰偏离了均衡状态，调整的结果也会使它达到均衡的假定，即均衡稳定的假定，作为分析的前提条件的。显然，如果均衡不能实现，或者遭到破坏后不能恢复，即如果均衡不稳定的话，分析新旧均衡位置的比较静态方法也就丧失了其赖以存在的基础。因此，均衡性质的比较静态分析，不能不依赖于稳定均衡分析。由于只有动态学才描述体系在时间中变动的路程，并给出稳定均衡的条件，所以归根结底，比较静态分析必须依赖寻找稳定均衡条件的动态分析。反过来，如果假定均衡可以达到，那么它们的比较静态性质也可以透露关于现行体系稳定或不稳定性质的先验信息。在本书中，作者第一次把他本人和希克斯几年前发现的这种依赖关系用对应原理这个名称肯定下来，并利用微分方程和差分方程，证明了它在单个市场和多个市场均衡分析中，和在简单凯恩斯宏观模型分析中的有效性。从而第一次一般性地将比较静态分析和动态分析方法用一致的数学形式统一在一起。此外，作者还通过对描述连续动态过程的常系数单变量线性微分方程和描述离散动态过程的单变量非线性差分方程进行分析，给出了非线性体系局部稳定的必要条件

和充分条件，使某些无法直接归诸极值问题的静态分析也能从动态稳定分析的结果中找到前提。

二

应用上述方法，同时，也是作为印证，作者对新古典经济学的既往进行了概括和总结。结果使已被广泛接受的理论的重要部分，得以明显准确和更为抽象的形式在本书中重现，有些甚至干脆被重写；各种概念、定理和理论分支，得以内在一致的逻辑，相互依存地组成完整的体系。这些情况，尤其体现在下面三个新古典经济学的主要研究领域中。

成本和生产理论。本书通过总结古尔诺、瓦尔拉斯、维克塞尔和霍特林等人从不同侧面和层次所进行的研究，对这个理论作了条理清晰的阐述。首先，将所要研究的厂商在技术和经济约束下如何作出使其利润达到最大的最优投入量和产出量决策问题，转变成利润函数的约束最大化问题。然后，将它分作两步来解。第一步先求既定产出条件下使成本最小的最优投入量。第二步再求既定成本条件下使利润最大的最优产出。这种做法，不但概念和操作简单，不管收益函数采取什么形式，都可以应用对成本函数的分析，而且可以使成本函数和生产函数之间的关系独立于产品市场结构而得到说明，因此被一直沿用至今。

当然，这里应该指出，在迈第一步的时候，作者除了运用拉格朗日乘子方法，推出在生产函数、投入要素已知情况下求解按最小总成本实现既定产出量所需要的投入组合的均衡条件——每一生

产要素的价格同它边际实物生产力的比率等于相同的边际成本，进而导出用投入价格和产出价格表示的投入需求函数以外，还在生产函数二次可微的假定下，通过将一阶条件对投入价格和产出价格微分，证明了成本函数是投入价格的非负、一次齐性，单调递增凹函数，证明了投入需求对投入价格的效应矩阵是对称负定矩阵，特别是，被视为第一个人，证明了当产量增加的时候，不可能所有的投入要素需求都下降，并且，从分析成本最小化问题的比较静态性质这个特定的角度，得出了后来被称作谢泼德定理的命题：任何一种投入的成本最小的需求就等于成本函数对该种投入的价格的偏导数。

同样，在第二步中，作者不但由利润函数可微的假定推出了均衡产出的必要条件和充分条件——边际成本等于边际收入，而边际收入曲线的斜率较小，进而导出了以投入价格和产出价格作为参数的产出供给函数和它的齐次性质，证明了产出价格增加将使产出量增加的比较静态性质，而且还把前两步工作结合到一起，证明了在利润极大时，任何一种投入要素的价格都等于这种要素的边际产量同边际收益乘积的边际产值这一均衡条件，和产出量对于任一投入价格的效应等于同一投入对于产出价格效应倒数的比较静态性质，使投入需求和产出水平的决定在无需产品市场需求信息的情况下联系到了一起。

消费者行为理论。这是新古典经济学家研究最多，争论最激烈的一个领域。本书通过历史的回溯，将不同时期的经济学家从不同角度探讨获得的各种认识，有机地镶嵌在一个统一的分析框架中，从而使认识演进的历史逻辑转变为理论展开的分析逻辑。

作者指出，分析消费者行为的目的是导出需求函数，使可观察到的消费者对于商品作出的选择得到理论证明。这里涉及消费者目标和消费者行为规则两方面问题。作者认为，消费者的目标最好以偏好来描述，而把效用函数只看作表示偏好的工具，因为费希尔和帕累托曾最早发现，效用函数的单调变换对需求没有影响。消费者的行为规则，可以认为是在满足市场参数约束的商品集中选择最大偏好的商品束。历史上，瓦尔拉斯和斯拉茨基曾分别利用基数效用概念和序数效用概念在预算约束下推出需求函数。作者充分肯定了后者的做法。运用拉格朗日乘子方法，推出消费者均衡条件：任意两种商品的边际替代率即边际效用之比等于它们的价格之比，或每种商品的边际效用与价格之比都等于这里作货币边际效用解释的拉格朗日乘子。然后，再推出以价格和收入参数表示的需求函数。事实上，个人需求的本质就是消费者均衡：在既定价格系统和收入条件下实现最大偏好。此外，作者还将一阶条件对价格和收入求微分，导出了总结需求的比较静态性质的斯拉茨基方程，使收入和价格变动对需求变动的影响变得一目了然。最后，作者还从这个方程推出了需求函数的单值，零次齐次，方程中替代项矩阵是对称负半定矩阵，和补偿的自价格效应非正，即需求曲线斜率为负这样一些性质。

福利经济理论。作为新福利经济学的领袖人物之一，作者在第八章详尽表明了他以社会福利函数论为代表的福利经济观点。他首先评述了几乎所有先前各家福利经济学说，如马歇尔、维克塞尔、庇古、布朗、勒纳、帕累托、霍特林、伯格森的，并按照自己的观点整理和勾勒出了一条福利经济学说发展的轮廓线；尤其突出了新旧福利经济学说在效用基数论还是效用序数论，是局部均衡分析还是一般均衡分析等问题上的区别。作者对新福利经济学开创者帕累托的最优境界观念十分肯定，但对他避开收入分配的企图却不敢苟同，因为满足帕累托最优条件的点并不唯一，其变动范围可以从一个人享有一切利益的情况，经过中间状态，到另一个人享有一切利益的情况。只要收入分配发生变化，最优点就会发生变化。要唯一地确定最优社会福利状态，即有效资源配置和合理收入分配状态，必须引入对于收入分配的价值判断。

因此，一方面，作者对由每个消费者的特定消费水平和每个生产者的特定投入产出水平规定的资源配置达到帕累托最优境界即经济有效率的条件作出界说。通过用拉格朗日乘子方法推导，他得出：消费有效率的条件是产品的边际替代率对所有的消费者都相同；生产有效率的条件是投入要素的技术替代率在所有的生产上都相同；经济有效率的条件是，对于任何一对产品，所有消费者的边际替代率同所有生产者的技术替代率必须相等，或者，消费者对投入要素和商品的替代率必须等同于生产者对相应投入要素和商品的转换率。作者用社会最高效用边界简化地描述有效经济活动，并指出兰格就已给出了这些条件的数学证明。

另一方面，为了引入价值判断，作者在伯格森提出的社会福利函数存在的假定下，考察了它的性质，发展了它的一般形式。作者用作为偏好次序指数函数的效用函数来描述社会福利函数。它的值，由所有社会成员个人效用值的函数决定。如果所有个人认为两种社会状态（配置和分配的一种安排）无差异，那么对这两种状态的社会偏好也无差异，因此，社会福利函数是每个个人的效用函数的严格增函数。它同序数效用论相容，也同作为偏好次序指数的基数论相容。社会福利函数的具体形式并不唯一，它取决于社会中占统治地位的价值判断，而不管这种判断由民主产生还是独裁强加。只要确定了一套标准，就可以具体定义一个可以简化地用社会无差异曲线来描述的社会福利函数。以它为目标函数，以帕累托最优配置作为约束条件，就可以利用同整书一致的方法，求出社会最大福利点。对此，作者给出的充要条件是：同一商品的边际效用（反效用）对每个人都相等，每一生产要素在不同用途上间接派生的边际社会效用都等于边际社会反效用。

三

作为一流西方经济学家，作者不但善于把他前驱的思想和表达思想的方法和谐地结合在一起，而且还善于在其中精巧地融入自己的新创见。因此，本书的总结，不是简单地归总和概述别人的东西，而是从所要解决的问题——找出使各种理论和方法赖以统一的一般理论和方法，提炼它们共用的数学结构作为经济分析的基础——出发，取舍旧概念，定义新概念，吸纳旧定理，推出新定理，在已往的认知结构中建立起兼收诸家之长和一己之见的新体系。在这个体系中，如果仅就作者自己的新见而论，则除了上面已不断提到的一些以外，主要还集中在以下这两个方面。

显示的偏好理论。同传统消费理论从消费者偏好次序存在的假设出发推导需求函数相反，这个理论根据消费者的需求行为找出消费者偏好次序，再推出效用函数的存在和性质。这种从另一头分析消费的研究方向，虽发端于安托内利(1886 年)，又中经帕累托，但真正抵达彼岸的，却是由于作者和赫维茨等人的开创性建树而形成的显示的偏好理论和可积性理论这两条途径。所谓显示的偏好，指的是可以从消费者可观察的选择行为中获得一种信息。设有 n 种商品，价格向量为 p^0，消费束向量为 x^0，全部支出为 $x^0 p^0$。如果另一向量 x^1 代表消费者有能力支付却未实际购买的商品束，且 $p^0 x^1$ 不超过 $p^0 x^0$，那么，既然 x^0 至少不比 x^1 便宜，而消费者还是选择 x^0，那就证明消费者对于 x^1 的显示的偏好胜过对于 x^1 的显示的偏好。早在 1938 年的文章中，作者就提出了这个概念，并表述了本书总结的现名为弱显示偏好公理的这样一个思想：假定消费者的选择总是合乎理性的话(注意这里不是看作效用函数，而是看作需求函数的性质)，那么，若对商品束 x^0 的显示偏好胜过对 x^1 的显示偏好，则对 x^1 的显示偏好就不会胜过对 x 的显示偏好。若对 x^0 的显示偏好胜过对 x^1 的显示偏好，对 x^1 的显示偏好胜过对 x^2 的显示偏好，则对 x^0 的显示偏好就一定胜过对 x^2 的显示偏好。很明显，根据这个公理，只需要用简单的算术和逻辑就可以推出消费者的偏好次序。由此可知，作者提出这个概念的真谛，是要在可观察的显示偏好和不可观察的偏好之间架设一座由表及里的桥梁。传统的消费理论全都植根于偏好或效用最大化假设之上，这就隐含了一个至关重要的问题：何以能说需求行为一定产生于偏好或效用最大化？显示偏好理论恰好肯定地回答这个难题。作者将它用于消费分析，就是为了替传统理论铺垫基石，弥合漏洞。

顺便说一句，对于可积性问题，即通过可微需求函数证明存在需求函数赖以从中导出的效用函数的问题，本书也有条件地作了肯定的答复。对于作者来说，重要的显然是显示偏好理论，这不仅因为它简单和明快，而且还因为它有把需求理论、指数理论和福利经济理论连接到一起的作用。

动态稳定理论。为了运用对应原理在以前被认为是完全不同的静态和动态分析之间架设起由此及彼的桥梁，本书第一次尝试着以一般均衡的方法，来精确地分析瓦尔拉斯试探过程的动态稳定条件。分析的基本假设是价格对超额需求作出反应的供求法则。成果主要体现在第十章的几个例证中。

首先分析的是单个市场——确切地说，是指只有两种商品，并且其中一种为计价物的简单经济——的瓦尔拉斯稳定条件。作者用一阶微分方程描述价格依超额需求变动的动态调整过程，然后严格证明，在这里，均衡价格的动态局部（整体）稳定条件同静态稳定条件完全一样：如果供给曲线斜率为正，需求曲线斜率为负，或者两条曲线斜率都为正，但供给曲线显得相对平坦，或者两条曲线斜率都为负，但供给曲线比需求曲线陡峭，那么，根据超额需求为正数时买主将抬高价格，超额需求为负数时卖主将压低开价的行为假定，市场均衡价格会由于价格上升消除正超额需求和价格下降消除负超额需求而趋于稳定。作者证明，这个结论也适用于马歇尔市场稳定条件。此外，作者还考察了价格瞬刻调整而供给对价格反应滞后一个时期的蛛网模型，马歇尔的国际贸易理论模型和仅在积累存量超过某正常值时价格才下降假定下的弗朗西斯·德雷什模型，给出了它们各自的稳定条件，以说明他的对应原理。

在进行连续调整的多市场情况下，作者对对应原理的考察是从希克斯静态稳定条件开始的。希克斯认为，如果多市场系统中任一种商品的需求增加时，其他价格或者固定或者具有完全弹性，结果这种商品的价格提高，即如果每个孤立市场都是完全稳定的话，整个系统就是完全稳定的。如果某种商品需求增加要在其他价格自我调整后才使该商品价格提高，则整个系统是不完全稳定的。作为与希克斯在这个问题上长期争论的一次总结，作者指出，从动态的观点看，多市场一般均衡仅当每种价格稍微偏离均衡后能在一段时间里恢复均衡才是动态稳定的，这种稳定的充要条件，用现在的话说就是动态调整联立线性微分方程组的雅可比矩阵的所有特征值都具有负的实部。因此，一般说来，在连续时间系统中，希克斯条件既不是动态稳定的充分条件，也非必要条件。但是，作者又沿用梅茨勒做法，证明在所有商品总替代的假设下，动态稳定条件就等于希克斯条件。虽然作者没有明确运用有意义的经济条件如瓦尔拉斯定理和齐次性定理来证明稳定性定理，而将它们留给了后来的阿罗、赫维茨和哈恩，虽然现代市场分析已不愿再依赖拍卖人，但是，正如李嘉图因列举比较优势原理而彪炳史册一样，作者也因明确地提出了稳定性问题而成为该理论的奠基者之一。

综上，本书因为揭示了西方经济学中各种理论问题和分析方法的基本统一性，而大大提高了西方经济理论一般分析方法的水平；因为实现了最大化原理和一般均衡原理的综合，而使新古典经济学的主体理论获得了经典形态；因为将全部西方经济理论和方法转译为一致的数学形式，而证实了经济分析严格形式化的好处。

它为以后几代西方经济学家定下了理论框架和分析风格，因此，它是一部重要的西方经济学经典著作。我们应该对它有所了解。当然，在研读本书的时候，必须清醒地看到，从整个体系上说，新古典经济学同马克思主义经济学是格格不入的，从思想方法上说，对本书有很大影响的现代逻辑实证主义哲学同马克思主义哲学也是格格不入的。因此，我们有揭露和批评其辩护性和非科学性的必要。另一方面，对于其中于我有用的要素，则应该批判地予以汲取。马克思说过，一种科学只有在成功地运用数学时，才算达到了真正完善的地步。我们相信，随着我国社会主义现代化建设实践的展开，一门有中国特色的社会主义经济学一定会在利用人类创造的全部知识财富的过程中日臻成熟。

本书的增订版序和导言，前四章和附录 C 由金菊平译出，其他均由费方域译出，商务印书馆吴衡康、王淑荣同志对本书的出版给予了很大帮助，在此深表感谢。当然，译者限于水平，错译不妥之处在所难免，敬请读者批评指正。

费方域

目　　录

第一部分

第二部分

增订版序

这个增订版除了更正了某些印刷上的错误外，完全保留了发表在1947年的第一版里的原有内容。为这一版我写了三篇新东西：增订版导言，数学附录C及参考书目。

新的导言说明了本书的由来及其以后分析经济学的发展。数学附录C用九节的篇幅给出了与本书内容直接相关的数理经济学重要发展趋势的例子。其中包括对线性与非线性规划所作的有选择的概括；对偶理论的各个方面，包括随机动态规划；货币模型的可检验内容，在这些模型里为了在不同的价格下表述的方便而把货币直接放在了效用函数里；在期望效用及更一般的形式中考察了概率决策的性质和逻辑；与一般的金融资产最优化的分析方法相比，均值-方差分析的优缺点。在新数学附录的最后一节里，我既在斯拉法和里昂惕夫主流经济学的形式下，也在卡尔·马克思的形式下分析了生产的时间阶段模型。最后参考书目包含新的导言和数学附录C的参考文献。

由于集中于基本的东西，我才能够讨论近几十年来引起经济理论家们注意的许多问题。但是要完全公平地对待这些问题，本书至少得增加一倍的篇幅。所以，在看到这种粗犷的笔法时我请求读者宽容，并且向读者推荐数学家乔治·麦基曾经在一本关于量子理论的数学著作的前言里引用的一句明智的声明："如果读者感到应当改变一个符号,他或许是正确的。"

P. A. 萨缪尔森

1983 年 1 月于麻省理工学院

增订版导言

时间增添距离。当我读40年前写下的东西时，我客观地看它们似乎是由另一位科学家所著述的。但是，多亏有个好记性，在1983年的今天我能够追溯本书理论的创造性的发生过程，这是其他人所享受不到的。

约翰·利文斯顿·洛斯*在《通向上都**的道路》(*The Road to Xanadu*)这本书中，研究了柯勒律治***在写《古舟子咏》(*The Rime of Ancient Mariner*)之前所读过的著作和诗歌，从这些作品中寻找这部伟大的诗歌中象喻、隐喻以及比喻的来源。他这样做时，既为自己的博学赢得了尊敬，又增加了柯勒律治不朽的声誉。后人是感谢洛斯的。但是，假如我们能从柯勒律治本人那里准确地知道有哪些创造性的劳动帮他完成了那部杰作，那价值肯定会大得多。

科学不是艺术。然而，尽管在艺术和科学之间缺乏完全的同一性，但在不同的创造性过程之中存在许多共同之处。莫扎特如何创作他的音乐，莎士比亚如何创作他的戏剧，弗洛斯特****如何

---

* 洛斯(1867—1945)，美国学者，批评家，教师。——译者

** 柯勒律治在其《忽必烈汗》(*Kubla Khan*)中歌咏的元朝的一个都市。——译者

*** 柯勒律治(1772—1834)，美国浪漫派诗人，哲学家，著有《古舟子咏》《忽必烈汗》等诗。——译者

**** 弗洛斯特(1874—1963)，美国诗人。——译者

创作他的短诗，弥尔顿*如何创作他的史诗，托尔斯泰和特罗洛普**如何创作他们的小说——难道我们还会不肯支付任何代价去学吗？对于我们中那些认为科学是世界上最使人激动的活动的人来说，青年和老年时的牛顿，工作中的欧拉以及游戏中的克拉克·麦克斯韦尔的自传性故事至少同样地引人入胜。

我们永远感谢亨利·彭加勒***详细地说明了潜意识在发现数学定理中所起的作用：一个人如何有意识但并不成功地思考着一个定理，然后把它放到一边，似乎被他忘掉，但是显然没有真正被忘掉；因为突然地，在一个柯勒律治的梦中——或者，在彭加勒的场合，在他服兵役期间搭上一辆公共汽车时——得到成功的答案，似乎潜意识一直在刻苦钻研这个难题。我曾经建议哈佛大学出版社社长出版詹姆斯·沃森****的双螺旋结构手稿——完全采用它最早的真实形式和最初的标题：忠实的杰姆——因为它洞察了科学的一个方面：为了领先和名誉而奋斗。如果一个人愿意写这样的故事，即使它是对科学生活的道路上正常因素的夸张，也要让他人去阅读。

空谈家对于情绪的本质和性质的事后议论已经使我们感到厌烦。而在工作的科学家，说实在的，既没有时间也没有耐心为他们学科的历史操心：他们想继续推进那个历史。科学哲学家们、科学

* 弥尔顿(1608—1674)，英国诗人。——译者

** 特罗洛普(1815—1882)，英国小说家。——译者

*** 彭加勒(1854—1912)，法国数学家，物理学家。——译者

**** 沃森(1928—)，美国遗传学家、生物物理学家，在脱氧核糖核酸(DNA)分子结构的发现上起了决定性作用，因此，1962年获诺贝尔生理学或医学奖。——译者

历史学家们、科学社会学家们在他们自己的领域里可能并非没有声誉;但是构成他们讨论对象的科学活动,并不像是仍然在工作的处于极盛时期的科学家的活动,成为他们讨论对象的科学家也不是这样一些人。在讨论赫姆霍尔兹*如何取得他的科学成就时,一位助教的论述仍然不能吸引人们的注意力,但可能被赫姆霍尔兹自己的记述所吸引。这又显示出了自传在科学中的作用。对我来说,迈克尔·法拉第的实验笔记本要比土地调查清册**或罗塞塔石***更珍贵。

自传有其隐蔽的危险,再好不过的例子是柯勒律治的情形。研究表明,他声称在7岁,或11岁,或43岁已经写下的这首或那首诗从来不能按照其表面价值来看待——而且还有更深的危险:即讨论中的"原诗"事实上是从席勒的德文诗翻译而来。柯勒律治有很高的资格要求取得前所未有的、最伟大的剽窃者这样的一个称号。天才高于丑行。但是,后人想要知道的正是那些要宽恕或称赞的地方。

DNA(脱氧核糖核酸)的沃森解释就是沃森对DNA的阐述。它是真理的一部分并载入史册,即使这样没有完全公正地评价它的阐述者。艾萨克·牛顿没有否定自己的卓越成就的故事。他没有有意地或无意地这样做。但是他对于对手并不宽容,而且你也无法从牛顿的《自然哲学的数学原理》中发现他是如何获得他的重

* 赫姆霍尔兹(1821—1894),德国生物学家、物理学家。——译者

** 土地调查清册:1086年英国威廉一世颁布的土地调查清册。——译者

*** 罗塞塔石:1799年在埃及的罗塞塔发现的碑石,用象形文字、古埃及俗体文及古希腊语三种语言写成,由此得到解释古埃及象形文字的初步依据。——译者

大发现和洞察力的。即使是阿尔伯特·爱因斯坦，一位最和蔼可亲的人而且具有如此之多为他带来声誉的早期成就，对这些成就他不需要吹嘘或争论其领先权，在他晚年的记述中似乎也没有设法为他的所有观点的来源给出合理的解释。不知道米切尔森-莫利*实验与不知道类似实验的结论并不是一回事。爱因斯坦研究过的无数作者确实知道布朗运动，那么应在何种意义上解释，爱因斯坦曾声称他在1905年撰写关于随机过程的论文时，并不知道布朗运动呢？

内容分析将证实自传作者在没有证据时不得不进行的假设。科学家对他们早期工作的记述是极有价值的，但是这种记述只是包括在构成科学本体的对应方法中的资料和假设的一部分。

读者请注意，我已经作了一个有意识的尝试来正确地表明我在创立现代理论经济学中的作用。但是我主张我必须用现在这个盘子里的一点盐，对于那些既有时间又有距离的客观性的人们来说他们也要把盐准备在手边**。

微积分的顶点

《经济分析基础》的第一版既是一个顶点也是一个开端。它最终实现了库尔诺的牛顿极大化微积分方法与瓦尔拉斯一般均衡方

* 米切尔森(1852—1931)，生于德国的美国物理学家，1907年获诺贝尔物理学奖。莫利(1838—1923)，美国化学家、物理学家。——译者

** 意思是我对前人的话持保留意见，别人对我也可持保留意见。——译者

程的综合。某些问题得到了彻底解决:例如,考虑可观察的需求函数,使一个消费者在给定收入和价格的条件下实现序数效用函数的极大化——称它们为矩阵形式下的 $q=f(P/\text{收入})$。如果它们满足斯拉茨基条件,具有对称、半负定阵:$S=[\partial q_i/\partial p_j+q_j\partial q_i/\partial(\text{收入})]$,$S=S$,$PS\equiv 0$,对于任意的列向量 X,$X^TSX\leqslant 0$,那么它就表明这个理论从这些函数中不可能得到更多的东西。一旦通过严格的证明达到闭合状态,青年霍特林、希克斯、艾伦、帕累托或斯拉茨基没有一个人以后能够取得进展并增加新的必需条件。

但是,在计算方程数目和检验牛顿-魏尔斯特拉斯二次式和加边行列式之外,《经济分析基础》开始在现代经济学中系统地使用有限的不等式。例如说,价格从 p_1 上升到 p_2 将使购买量沿着需求曲线 $q=f(p)$ 从 q_1 下降到 q_2,人们不必假定在区间$[p_1,p_2]$上 $f'(p)$ 几乎处处为负,只要知道对于需求曲线上每两个不同的点有:$(p_2-p_1)(q_2-q_1)=\Delta p\cdot\Delta q\leqslant 0$ 就行了。在牛顿微积分能帮忙的地方,经济学家们是感谢它的。但是在不能应用它的地方,像在价格只能取整数(有理数)值时,我们更要感谢更一般的方法。当我在 1937 年偶然想到显示偏好这个概念时,我就投入到尝试把古典的数学分析从它的微积分的束缚中解脱出来这个任务中。

本书的最初版本中有很多需要深入研究和发展的问题。后来阿罗、霍撒克、德布鲁、谢泼德、萨缪尔森以及麦肯齐,试图在经济学中应用凸集理论、偏序和格、不动点定理、非标准分析以及布尔巴基数学的所有工具。杰拉尔德·德布鲁曾经对我说——一本正经地谈道,在其日常工作中最充分地使用数学分析的前沿成果的学科是现代经济理论。这的确是一个使人清醒的看法。

牛顿的复乐园

A. 沃尔德,J. 冯·诺伊曼,K.J. 阿罗,H. 伍尔德,T. 库普曼,G. 盖尔,H. 库恩以及 A.W. 塔克,G. 德布鲁,L.S. 庞特亚金,R.J. 奥曼和亚伯拉罕·罗宾逊的分析方法如此具有创造力,以至于当《经济分析基础》庆祝它正式诞生 20 周年时,它的牛顿微积分的方法已经是一顶陈旧的帽子了。但是,随后数学家史蒂文·斯梅尔漫步来到经济学中,实际上指出只要人们加上"几乎总是"这样一个魔术般的咒语,微积分的古典命题就能恢复它受人尊敬的地位。因而,如果一个需求函数在一个区间上除一个测量为零的点的集合外是处处光滑的,那么它的导数 $f'(p)$"几乎处处"为负就是需求函数严格单调递减的充要条件。在热力学中,威拉德·吉布斯的相律——他的弟子和我的老师 E.B. 威尔逊指出它不过相当于经济学家们计算方程和未知数的数目——即使在布尔巴基的领域也终究有一个实质性的一般意义。

更多可能是更少。20 世纪 50 年代数理经济学的很大部分在典雅上超过了贫乏陈旧的帕累托和爱德华·张伯伦的理论。但是,有时获得的漂亮服装只有在切胳膊断腿之后才能合身。锥体、多面体以及凸集理论使形成"基本的"定理和引理成为可能。但是它们诱惑经济学家离开处于寡头垄断问题以及许多现实世界中极大化任务的核心的规模报酬递增及非凸技术现象。对一门科学的错误对手的轻易胜利只是空虚的胜利——至少几乎总是如此。

幸运的是,显示偏好的某些不等式即使当效用函数不是拟凹的，而且在它们具有逆转其曲率的无差异曲线时仍然有效。因而，假定 Q' 是对我来说在价格 P^1 上购买至少一个特定的福利水平的最廉价方式：$\overline{U}\leqslant U(Q)$，并假定 Q^2 是当价格变化到 P^2 时取得至少那个福利水平的最廉价方式。那么，即使 $U(Q)$ 不是一个正规的拟凹函数，即使它不是对非负象限 $(q_1,\cdots,q_n)=Q\geqslant 0$ 上的所有实数有定义，显示偏好的弱公理不等式：$\Delta P\cdot\Delta Q=\sum_1^n(p_j^2-p_j^1)(q_j^2-q_j^1)\leqslant 0$，仍然成立。这是极大化基本逻辑的必然结果。我生活中最高兴的时刻之一是当我在听 E. B. 威尔逊讲解吉布斯的热力学时，被引导去推导一个独立于它的物理学或经济学实例的永恒真理。（只研究一门科学的学生不大可能认识到什么属于逻辑而不属于事物的性质）

多亏缺乏统一性

《经济分析基础》这本书，我感到高兴的是我没有忠实于我论文最初的意图：仅仅集中于个人或厂商为了使特定的函数极大化而行动这个假设对可观察的经济数据的含义。第一部分的大部分篇幅都集中于那个问题。但是，每当出现令人感兴趣的论题时，我就离开正在讨论的狭窄范围而热烈地探讨下去了。

四个例子就够了。第三章从“定性关系的微积分”开始。它没有归于极大化行为的标题之下。但是，它是一个新题目，因而就其本身的缘故而言具有价值，并且在以后的几年里引导了像 K. 兰开斯特、W. M. 戈尔曼、T. 夸克那样的经济理论家们去发展和整理仅仅在定性关系的基础上什么是我们所能肯定的内容（诸如一个变量对另一个变量的影响的代数符号)。这种微积分甚至能应用到生态学中。

另一个有价值的离题(只是部分地离题)是第六章中“指数的经济理论”这一节。这里表明指数理论只是显示偏好理论的一个方面。在我的这个分析出现35年之后,指数理论只有一个主要进展,即W.E.迪尔沃特形式化的“最高指数”概念。它是一个建立在两个时期(p_j, q_j)的数据上的公式,作为某些特定类型的无差异曲线的一个序数效用指数会完全正确。(只知道几个不同的“最高指数”公式,简单的最高指数公式的集合大概是个有限集)我的书中围绕着方程(76)和(77)的讨论所解决的,以及在30年代中期当《经济研究评论》拒绝我给他们的那篇有价值的论文之后仍然需要加以解决的是这样一个事实:从未发现任何指数刚好能做早期经济学家们想要一个指数去做的事情。例如,设一半的商品的价格上升到2倍,另一半则是3倍。大体上,生活费用增加到100%到200%之间的某个地方。但是,即使我们知道在价格变动之前和之后你和我在每种产品上的花费,但在原理上也不可能用同样的标量公式——$f(P^a, Q^a, P^b, Q^b)$——来正确地表示我们两个具有不同(还不知道!)嗜好的人各自生活费用上升的准确数量。在原理上,从我们各自的完全无差异曲线中可以知道的是,我们每个人在新的价格P^b的状态下获得同我们在初始价格P^a的状态下一样的福利水平所需要的新旧美元数的比率;但是——而且这是显示偏好的观点——只知道(P, Q)的两个状态(或者有限个数目的这种状态)充其量只能给出我们所寻求的每个比率的界限。

在离开这第二个离题的讨论之前,我应当提到,我对于通常的

消费者剩余这种花言巧语所持的、众所周知的反对态度同样建立在非最优的显示偏好的推理之上。当 p_2 和我的收入保持不变时，对于 p_1 的变化，如果你知道我的反应为 q_1——而且这正是你观察我的“需求曲线”时所了解的东西——但是，你不能推断出在围绕观察点 Q 的区域里我的许多的无差异曲线。所以，你不能计算出为了各种福利意图而必需的净损失量。如果你拥有有关我的更多的知识——比如，收入如何影响我的购买 Q——你就有可能对我的无差异曲线作出更精确的描述。显示偏好就是这样的理论，它所分析的正好是可以从有用的观察(P,Q)中推断出来的东西。当消费者剩余作出正确推断的时候，它就成了显示偏好理论，同时也使它本身显得多余。

第三个离题的讨论是第五章中“对货币需求的一点注释”。年轻的学者急于告诉你他们所知道的一切。而我当时正当年轻。现在我已经不年轻了，但我高兴的是本书有了这一节。为了当时的需要而把货币放进通常的需求理论中，而且这样做的时候就会把咖啡与货币之间的根本区别作为一个定理而推导出来，即你想要前者是由于它自身的缘故，你想得到后者只是由于它使你能够买卖像咖啡这样的货物。由于货币存量 M 和价格向量 P 以 P/M 这种齐次形式进入序数效用函数中，从而为货币数量论提供了合理基础，而用不着 MV=PQ 这个无用的公式。所以，新古典经济学比货币主义更好。

最后，令人高兴的是，在第五章最后的几段中提到了金融市场基金的建立并构想了它的前景，其中交易货币接近于经济所取得的充分的利息收益，不过，对于一种既定的货币流动速度的理论来说，这一点将意味着它是令人不解的难题。

福利经济学

《经济分析基础》所包括的第二部分是第八章，它总结了艾布拉姆·伯格森的新福利经济学。在这一章出现之前，只有那些了解伯格森1938年发表在《经济学季刊》上的学术论文*或奥斯卡·兰格1942年发表在《经济计量学》杂志上的论文**的人才有可能在大量的、以"新福利经济学"为名而提出的论断、真理、模棱两可的说明、批驳及误解的大杂烩中发现他们自己的探索道路。1981年，在一本祝贺伯格森的论文集里，我指出，他的开创性的弱分离性的个人主义的社会福利函数"就像闪电一样，其情景只能用一首著名的诗来描述：'自然和自然的规律隐藏在黑暗之中/上帝说，让牛顿去吧！/因而一切都明亮了'"。

* 伯格森（Abram Bergson，1914—　）的这篇论文就是他在24岁时发表的、关于福利经济学的经典论文"对福利经济学几个方面的重新表述"，《经济学季刊》，1938年2月。伯格森在这篇文章中首先提出了社会福利函数，作为对经济学家们的"社会福利"的精确表述。"社会福利函数"只是个人效用和福利的函数。为了解决个人之间效用的相加问题，伯格森认为效用只能用序数来衡量，并且只有在对每个人福利加上一个权数后才能解决相加问题。他在文章中还引进了现在众所周知的经济变动的"效率"与"平等"效应，并认为有关社会福利极大化的论断要求有关对于个人收入的确切的价值判断。实际上，他的这篇论文创立了现在称之为的"新福利经济学"。——译者

** 兰格的这篇论文是"福利经济学的基础"，《经济计量学》第10期（1942）。——译者

伯格森使人们突然认识了勒纳 * 的边际比例率和帕累托的最优条件，它们实际上是福利最优的必要条件的子集中的元素，而且它们的提出可以独立于个人之间的伦理规范，这些伦理规范是为（可分离的，序数的）社会福利函数而确定下来的。正如人们说黑格尔在读了他的哲学的法文译本之后才第一次理解他自己的哲学一样，维尔弗雷多·帕累托只有在他读了伯格森 1938 年的经典论文之后才认识到他自己提出的理论的确切含义。伯格森的方法既能激起新的开拓性研究，也可以统一过去的范例，下面的这个事实证明了这一点，即 1954 年我将这个方法应用到公共货物理论上，即使旧的维克塞尔-林达尔理论** 获得新生，也导致了 W. 维克里、T. 格罗夫斯、J. 莱迪亚德、E. 克拉克、G. 塔洛克以及 J. 布坎南所提出的新的伪证算法***。从引用的次数上看，1954 年的努力在证明下面这个新颖的观点上取得了成功：即数学在现代经济学中扮演了一个创造性的角色。

40 年过去了，然而有关个人主义的社会福利函数（它被称为伯格森-萨缪尔森类型的函数）仍然存在误解。由于肯尼思·阿罗 1951 年在他的经典著作《社会选择与个人价值》中给议会投票函

---

* 勒纳（1903—1982）在其《控制经济学》（麦克米伦公司，1944）中提出了边际比例率。本书开始作为对社会主义经济学的贡献，但很快成为对下面这个一般原则的阐述：边际成本等于边际收益，任何社会的政策制定者都可以用它来提高经济的成就。——译者

** 维克塞尔-林达尔理论也称自愿交换模型，这个模型分析公共财货的供给，旨在寻求建立这些货物可以在无强制的基础上提供出来的条件。——译者

*** 原文为 Cheat-Proof algorithms。——译者

数取了这个同样的名称（“社会福利函数”），他还证明了不可能存在这种具有人们期望于它的那些特性的函数。因而，经济学上的新手们就以为伯格森-萨缪尔森社会福利函数被证明是不存在的。专家们知道得更清楚。但是，一些先驱人物犯了一些奇怪的错误，认为伯格森-萨缪尔森的个人主义的社会福利函数是“序数的”函数这个要求意味着，某一个人是独裁者，他的偏好凌驾于所有个人的判断之上。正如我在《经济学》杂志上和祝贺伯格森论文集中已经指出的那样，这是误解。这里，我对此再作一次说明。

假定社会有100块巧克力在珍妮和迪克之间进行分配，珍妮得到 q_1 块，迪克为 q_2 块，$q_1+q_2=100$，$q_i\geqslant 0$。一个序数的个人主义的社会福利函数（ISWF）在平面（q_1，q_2）上可以有伦理上的无差异曲线，平面（q_1，q_2）完全像矩形双曲线那样定义。如果 $q_1^a \cdot q_2^a > q_1^b \cdot q_2^b$，那么配置（$q_1^a$，$q_2^a$）在伦理上就优于（$q_1^b$，$q_2^b$）；如果 $q_1^a \cdot q_2^a = q_1^b \cdot q_2^b$，这两种配置在伦理上就是无差异的。那么100块巧克力在爱吃甜食的珍妮和迪克之间进行分配，他们谁也不嫉妒，也不利他主义，那么所作的伦理判断就是，这个世界的最好状态是平均分配，每人50块。

一切都有顺序。你同意吗？人们不会心怀鬼胎。你同意吗？那么还有什么好说的呢？

然而，有关社会选择的文献的读者已经把古老的“顺序”这个词不自觉地同评价变动的等级联系起来。他们偶然发现了一个公理，这个公理被不恰当地称为“中性公理”。它所指的是诸如下面的情形：“在某种情况下，倾向于在个人福利上提高珍妮而降低迪克的变动，如果这在伦理上更好些的话，那么在伦理上必定倾向于提高珍妮而降低迪克的每一种选择。”你会说，那么愚蠢的一个公理！它使得某个人成为绝对的独裁者。我并不反对。但是，明智也好，愚蠢也好，这样一个公理与埃奇沃思-帕累托-希克斯-萨缪尔森文献中的“顺序”这个词的用法是不相干的。伯格森序数的个人主义的社会福利函数是有效的和恰当的。

约翰·哈萨尼(1955)为伯格森的 ISWF 作了有价值的补充。总之，他表明了，对于边沁的福利形式人们还是有话可说的，边沁的形式仅仅是把不同人的基数效用用适当的伦理权数加起来。通过将个人主义的伦理推广到任意范围，哈萨尼从而推导出下面这个简化形式——认为世界的一种状态在伦理上优于另一种状态，如果所有的人都共同一致地这样认为。

数学附录 C 中第五节将给出这种讨论的某些细节，这里只是它的一个大概。根据拉姆齐-冯·诺依曼的一致性和“合理性”公理，假定 N 个人中的每个人都要在几种概率状态之中选择来行动。那么结果必然是，每个人都这样行动，即使得他现存的基数效用函数的期望(“平均”)值极大化。假设伯格森的伦理观察者在几种概率状态中作出伦理选择，并期望按照拉姆齐-冯·诺伊曼公理来做，那么她，或者他，将会使得一个现存的基数社会福利函数的期望值极大化。进一步地，假定这个社会福利函数(ISWF)是个人主义的社会福利函数(ISWF)，当所有的人都同意状态 A 比状态 B 好些，在这种意义上 ISWF 同意 A 在伦理上优于 B。哈萨尼的观点是，说 A 和 B 是概率状态同说它们是确定的状态一样是有道理的。如果你同意他的这个观点、那么逻辑上必然有，ISWF 可以写成边沁的相加形式：$\lambda^1 u^1(q)+\lambda^2 u^2(q)+\cdots$，其中只有非负的

权数 $\lambda^1, \lambda^2, \cdots$ 由伦理体系来选择。

在离开福利经济学这个题目之前，我还要指出，第八章表明1940年以前对某些基本问题的理解是多么朴素。我的老师，如雅可布·瓦伊纳、弗兰克·奈特以及约瑟夫·熊彼特都是这方面的巨人，然而他们却未能向我或向他们自己解释清楚亚当·斯密看不见的手这个信条中的真理的萌芽是什么，人们认为这只看不见的手将竞争性市场引导到某种状态或其他状态。或者我们来考虑下面这个时髦甚至是流行的信念，即规模报酬不变与完全竞争的稳定性不一致。甚至皮埃罗·斯拉法1926年的经典论文*，它开始了张伯伦-罗宾逊的现代不完全竞争论，就其内容而言是有缺陷的，即各种递增成本的情形和不变成本情形只是代表了一种多余的情形。照字面来理解，斯拉法的讨论就会否定下面这个最简单的一般均衡情形的妥当性：谷物是由劳动和土地按照一阶齐次生产函数生产出来的；布是在规模报酬不变的情况下仅由劳动生产出来。那么嗜好由布转向食物的变动将会提高 $P_{谷物}/P_{布}$，降低劳动/租金的比率以及劳动在国民收入中的份额。因而斯拉法的逻辑就可以这样来描述：他断言这样一个模型在逻辑上是自相矛盾的，因而我们需要不完全竞争的新理论。我还记得熊彼特看到第四章中“纯粹竞争中的不确定性”一节时是如何高兴——也感到怀疑——这一节直接解决了这个问题。

---

* 斯拉法的这篇论文是“竞争条件下的报酬规律”，1925年首先用意大利文发表，论述马歇尔的厂商理论，认为这个理论逻辑上要求假定规模报酬不变，而这个假定在现代条件下似乎不成立。这篇论文经过缩写用英文于1926年发表在《经济学杂志》上。此文使得斯拉法成为英语世界的一个重要理论经济学家。——译者

处女地

这把我们引向一个必要的观察。牛顿说过:我看得远是因为我站在巨人的肩膀上。的确如此。我们都受惠于我们科学上的先驱。我特别潜心研读了拉格纳·费雪、扬·丁伯根、哈罗德·哈特林、格里菲思·C. 埃文斯、E. B. 威尔逊、瓦西里·里昂惕夫、尼古拉斯·乔治斯库-罗根的著作——这里提到的只是我写这本书时仍然健在的前辈们。

牛顿还可以不太谦虚地加上下面这一点,即他提高了后人们由此可以攀登的知识台阶。而且如果牛顿不是如此孤独的思想家和如此卓越的天才,他就可以受益于他同代人的工作。每个参加自行车比赛的人都知道,对于刚好在引路车后面的竞争者来说,骑车的速度要有多快才能享受到他的努力所造成的外在的空虚状态。我仔细研读了 J. R. 希克斯、R. G. D. 艾伦、艾布拉姆·伯格森、A. P. 勒纳、尼古拉斯·卡尔多以及所有那时大理论家们的著作。众所周知,在培养主观创造性的自我欺骗的同时,建立那种悬而未决的问题在自我方面的确是更容易一些。但是,以前我就确定,更高的奖赏是给予这样的一种学科进展,它利用和认识已经在文献中可以发现的知识,避免冈纳·米尔达尔刻薄地称之为"不必要的盎格鲁-撒克逊的'创造性'"。那么,如果人们能从那些不实际的高度跳一臂之遥,所达到的目的就会更大。

不过,还有更重要的事情。1932 年我幸运地进入经济学。分析经济学正在腾飞发展。我当时面临的、令人愉快的空白状态是

今天的年轻经济学家所难以想象的。许多领域有待人们去开拓。每一方面仍然处于不完善状态。这就像在一个处女湖上捕鱼一样:每次撒网都能捕到一条大鱼,还有许多以前从未尝过的新品种。

当时学术杂志对数学抱有反感:在哈佛作为一名低级研究员,在空闲时间写了大量的文章,我的问题是避免在任何一本杂志上发表过多的问题。我把文章分配给许多不同的刊物,使得这些杂志可以容忍下来。编辑们一再地写信给我:"请缩短并少点数学内容。"我抑制了自己提出抗议的诱惑:"你们想要什么?两者都是不可能的。两者都不是最佳方法。"对于这位科学家来说,最后感到好笑的是,编辑们所拒绝的论文的质量或许比其他文章要好一点。

作为一名低级研究员对我来说就是生计,报酬优厚。我有一支笔,图书馆也近。我时常想我乐意把这 3 年的学期当作我的无期徒刑。后来当我有机会为世界上最有希望的学者们讲授课程时,我不再后悔结束这个乐园生活。但是,更晚些时候,MIT 授予我学院教授,我再次沉浸于作为一名低级研究员时生气勃勃的、犹如印第安人的夏天(指深秋、初冬的温和气候——译者)的时光里。

《经济分析基础》在引导出广泛不同的独立理论方面取得了成功。但是,它的年轻的作者当时最感兴趣的——当我在准备这个增订版时我力图记在心中的——是它在构成不同经济理论的一般形式上想要取得的成功。

第一部分

第一章　导言

如果在各种不同理论的主要特征之间存在着相似性那就意味着在这些特定的理论之下存在着更为基础的一般理论，正是这种一般的理论，把各种理论的主要特征统一起来了。30 多年以前，杰出的美国数学家 E. H. 穆尔阐述了这个抽象出来的一般化的基本原理。本书以下篇幅的目的就是为了详细说明它对于理论及应用经济学的含义。

一个直觉非常敏锐的经济学家或许从一开始就已经感到，似乎不同的领域——生产经济学，消费者行为，国际贸易，财政，商业循环，收入分析——在形式上具有惊人的相似之处，而且，从对这些共同原理的分析中，可以获悉经济的运行情况。

我没有这种最初的直觉。只是经过在每个领域都进行了一番艰苦的工作之后，我才逐渐地认识到，实质上是相同的不等式和定理在一次又一次地出现，而且，我耗费了大量时间所证明的，仅仅是相同的定理。

当然，我意识到每个领域都涉及由假定有效而独立的均衡条件所决定的、相互依赖的未知数——一个总是普遍被认识到的事实。但是，这又把我引到本书的第二个基本意图，即证明在这些领域里存在着形式上相同的**有意义**的定理，其中每一个都可由一种本质上相似的方法推得。据我所知，还没有人指出过这一点。

这并不使人感到惊奇,因为在理论的和应用的经济学文献中,只有极少的一部分注意到推导操作上有意义的定理。这至少部分地是由于不正确的先验方法论——认为从先验假定中推导出来的经济规律,具有独立于任何人类经验行为的严格性和有效性。然而,只有极少数经济学家才做到这一步。对大多数人来说,如果多少能意识到这一点的话,他们大概还是乐于阐述有意义的定理。事实是,文献中充斥着错误的概括。

我们不必深究便可找到许多例子。在效用问题上已经写了几乎成千上万篇学术论文。取一点糟糕的心理学,加上少量低劣的哲学和伦理学以及大量笨拙的逻辑,任何一个经济学家都可以证明商品需求曲线是负倾斜的。他的直觉是健全的;尝试推导出一个有意义并且有用的定理,这也是值得赞赏的——但所有这些顶多不过是这样一个不关痛痒的见解:因为人们在做他们所做的事情,所以效用总是极大化的。因此,像斯拉茨基①那样,在一篇文章中尝试着一劳永逸地推导出效用方法中隐含着的价格——数量预算行为上的所有假设并部分地获得了成功,就不能不使人感到耳目为之一新。

对于贫乏和空洞的成果经济学家总是这样安慰自己:他们正在锻造工具,它们最终是会结出果实的。这种希望永远寄于将来;我们就像受过高度训练但从来没有参加过比赛的运动员,结果只能是逐渐垮掉。现在就来决定近 10 年的思想变革是否会阻止 1930 年以前已经清晰地出现在经济思想中的明显的衰退征兆,未

① 斯拉茨基:“消费者预算理论”,《经济学家杂志》第 51 期(1915),第 1—26 页。

免还为时过早。

我所说的一个有意义的定理，指的只是一个关于经验事实的假设，可以相信，只要是在理想的条件之下人们就可以对它进行反驳。一个有意义的定理有可能是错误的。它也可能是真实的，但却并不重要。它的真实性有可能是不确定的，也有可能是实际上难以确定或不可能加以确定的。因而，根据现存的资料，也许不可能检验盐的需求弹性等于－1这样一个假设。然而，它却是有意义的，因为在理想条件下可以设计一个实验，并可望赖此驳斥上面这个假设。

如果需求没有弹性，价格上升就会增加总收益，这个论断，在上述意义上就不是一个有意义的定理。它不隐含任何假定——显然，甚至没有假定存在一个没有弹性的需求——而且只有根据定义它才正确。在帮助经济学家提出关于事实的正确问题方面，它或许有着某种心理学上的“用处”，但即使在这方面，我也还有某些疑虑。

在本书的研究中，我试图表明经济事务的不同领域里确实存在着有意义的定理。它们不是从天上掉下来的，也不是从普遍真理和毫无应用意义的一种先验命题中推导出来的。它们几乎全部来自两类极为普遍的假定。第一类假定是均衡条件等价于某个数量的极大化（极小化）。本书的第一部分将在适当的形式下彻底讨论主题的这一方面。

然而，一旦我们离开单个经济单位，我们就会发现，未知数值的确定与一个极值位置无关。即使在最简单的商业循环理论中，由于均衡条件缺乏对称性，所以也不会存在把这个问题直接转换成一个极大值或极小值问题的可能性。关于系统处于“稳定”均衡或运动中的假定，可以代替对系统动态特性的具体描述。借助于我所谓的存在于比较静态和动态之间的对应原理，就能够从这样一个简单的假设中推导出确定的操作上有意义的定理。因而，即使只对富有成果的静力学感兴趣，也必须研究动力学。

当然，定理就经验上的真实性或有效性而论，不可能超出最初的假定。而且，稳定性的假设也没有目的论的①或规范的意义；因而，稳定的均衡可能处在50%的失业率上。这种貌似有理的稳定性假定是根据这样的考虑而提出的：不稳定的均衡位置，即使存在，也是短促的非持久的状态，因此，即使根据最粗略的概率计算，它也不会像稳定状态那样常见。读者有多少次看见一个鸡蛋立在它的一端上呢？从形式方面看，考虑非定态运动的稳定性常常是便利的。

基于系统自身的性质，第二部分用了相当多的篇幅分析系统的动态行为，而置比较静力学的含义于不顾。此外，第一部分最后一章超出了本书的原有设想，包括了诸如福利经济学这样的内容。虽然在这里阐述的理论具有不同的逻辑内容，但在方法上存在着基本的统一性。

开初，我曾希望讨论能够是非技术性的。但不久，就可以清楚地看到，这种打算即使可能，也会使手稿的篇幅比现在增加许多倍。此外，我开始感到恰好应该反过来说马歇尔的这样一句名言：一个人是否会花大量的时间阅读冗长的、不是由他自己所作的、由

① L. J. 亨德森：《自然秩序》，1917 年麻省剑桥哈佛大学出版。

经济学说转换成的数学似乎是值得怀疑的”。就像许多现代经济理论所表征的那样，对本质上很简单的数学概念做繁琐的文字说明，这不仅从促进科学的立场上看毫无裨益，而且所涉及的也只是一种特别无聊的精神操练。

另一方面，我力图完全避免炫耀数学，而且，纯数学家将十分容易地认识到所使用的工具本质上的基本特点。我自己对于数学的兴趣是第二位的，它从属于我对于经济学的兴趣。但尽管如此，读者仍然会发现某些部分难以读下去，为了明白起见，我把纯数学定理放在两个单独的附录里边，其中的第二个附录给出了一个适当的关于差分方程理论的独立的导论。

第二章 均衡系统与比较静力学

大多数经济学著述或者描述现实世界的某些部分，或者详论从现实中抽象出来的特定原理。在这种分析中隐含着某些可以识别的形式上的一致性，这确是所有科学方法都具有的特征。为了表明如何才能推导出把现今经济理论的各大部分统一起来的一般原理，我们准备在这里探讨这些共同特征。

在经济理论的每个问题中都有某些变量（数量、价格等）被用来作为未知数，我们的兴趣就是确定它们。它们的值是作为一组加在未知数上的由假定或假设构成的特定的关系式的一个解而出现的。这些函数关系式只在一个既定的环境或背景中成立。当然，为了完整地指出这个环境就需要具体地说明整个宇宙；所以，在我们所进行的分析中，我们隐含地假定存在一个条件矩阵。

然而，仅仅表明在一定的条件下我们能够指定足够的关系（方程）来决定我们未知数的值是很不够的。重要的是我们应当在那些可赖以确定变量如何随显式数据变化而发生质的或量的改变的条件下来展开我们的分析。因而，在我们的系统中我们以参数的形式明确引进某些数据，它们的变动将引起函数关系的移动。我们理论的用途就在于：通过我们的分析常常能够确定由一个或多个参数的指定变动而引起的我们未知变量变动的性质。事实上，除非我们的理论隐含着对经验上可观察的数量的某些限制，并且这些限制可能会否定我们的理论，否则在操作的意义上我们的理论是无意义的。

简单地说，这就是比较静力学的方法，它的含义是研究一个系统从一个均衡位置到另一个均衡位置的变动而不考虑在调整中所涉及的转换过程。在这里均衡仅仅意味着由一组条件所决定的变量值，它并不带有任何规范的意义。正如后面将要表明的那样，建立完全平凡的均衡系统总是可能的。

这种比较静力学的方法不过是科学演绎这个更加一般的方法用一组给定的函数方程和初始条件定义一个系统的（可能是经历时间的）行为——的一个特殊应用。因而，许多理论物理学都假设足够数目的二阶微分方程，以决定在既定位置和速度的初始条件的约束下所有变量在时间中的演变。同样地，在经济学领域，涉及不同时点上的变量之间的关系（例如：变量的时间导数，加权积分，时滞变量，泛函等）的动态系统是为了确定一组经济变量随时间的演变这一目的而提出的。① 在后一阶段我将讨论这些动态问题。

上面概略描述的均衡系统的概念既适用于单个变量的场合也适用于涉及上千个变量所谓的一般均衡的场合。逻辑上，在纯粹竞争的条件下决定一个既定厂商的产出与同时决定几千个价格和数量是完全一样的。在每个场合都必须有其他条件不变这样一个假定。仅有的区别在于这样一个事实：一般均衡分析，例如说瓦尔

① R. 弗里希："论均衡与非均衡的含义"，《经济研究评论》，第 3 卷（1936），第 100—105 页。J. 丁伯根："年度报告：对商业循环的数量理论的建议"，《计量经济学》，第 3 期（1935），第 241—308 页。

拉斯的一般均衡分析，事实上穷尽了理论经济学历史上迄今的学科内容。对于均衡系统来说作为数据参数的东西恰好是经济学家按传统上不作为在他们的研究范围内加以考虑的事情。在这些数据资料中可以提到的有嗜好、技术、政府及制度结构以及其他的许多方面。

然而，明显的是关于经济科学的传统界线在逻辑上并不存在根本的东西。事实上，一个系统的范围可宽可窄，这取决于眼前的研究目标；一个体系的数据参数也可以是另一个更为宽广的体系的变量，这取决于研究的便利程度。任何理论的效果取决于与目前研究的具体问题有关的因素被作为注意焦点的程度。如果为了理解商业循环，就需要一个政府政策的理论，经济学家不能借口说这些事情在他的研究范围之外而忽略这种需要。对于那些认为在经济理论的传统范围之内的关系具有特殊程度的确定性和经验真实性的人，我们可以把证明他们的论点的任务留给他们自己。

不要以为如上所述的系统的内容必须限于通常在价值和价格理论中所考虑的变量。相反，一个人可以在理论经济学的整个领域内采用这种结构，包括金融和商业循环理论，国际贸易理论等等。这并不是说，这种系统的存在性绝不取决于使用符号或数学方法。事实上，不能铸造成这样一个模型体系的经济理论的任何部分必定被怀疑地视为带有模糊性。

在任何系统的结构中，我们变量之间的关系完全是相互依赖的。把一个变量说成是引起或决定另一个变量是毫无益处的而且会使人误入歧途。一旦加上了均衡条件便同时决定了所有的变量。实际上，从比较静力学的观点看，均衡并不是达到的某种东西，而是在它达到之后所表现出来的某些特性。

仅仅在下述意义上使用因果关系这个术语才是许可的：即它是适应于外部事实或参数的变化。作为表达的一种修辞手段或许可以说在这些因素中的变化引起我们体系中变量的变化。需求的增加，即相应于参数，嗜好的变动而引起的需求函数的移动，可以说引起用于销售的产出的增加。即使在这里，当考虑几个参数同时变动时，除非在变化率的极限方面（偏导数），否则就不可能指出归因于每个变量的原因作用。

符号形式

上述的一切都可以用数学形式简洁地表示出来。给定 n 个变量或未知数（$x_1, \cdots, x_n$）和 m 个参数（$\alpha_1, \cdots, \alpha_m$），$m$ 大于或小于 n，我们假定有包含我们变量及参数的 n 个独立且相容的函数关系式。最一般地它们可用隐含的形式写出来。每个方程都包含所有的变量和参数。

$$\begin{aligned} &f^1(x_1, \cdots, x_n, \alpha_1, \cdots, \alpha_m)=0 \\ &f^2(x_1, \cdots, x_n, \alpha_1, \cdots, \alpha_m)=0 \\ &\vdots \\ &f^n(x_1, \cdots, x_n, \alpha_1, \cdots, \alpha_m)=0 \end{aligned} \tag{1}$$

或者更为简洁地写成：

$$f^i(x_1, \cdots, x_n, \alpha_1, \cdots, \alpha_m)=0, (i=1, \cdots, n)$$

我们方程的数目绝不能大于 n，因为如果大于 n 的话，它们就不可能既相容又独立；如果小于 n，一般地我们的系统将是不足确定的。如果方程具有后面将加以讨论的某些特性，那么相应于任何一组预先给定的参数($\alpha_1^0,\cdots,\alpha_m^0$)，可以认为它们能够确定出我们未知数的一组唯一的值($x_1^0,\cdots,x_n^0$)。

这种函数关系可以在数学上表示如下：

$$x_i=g^i(\alpha_1,\cdots,\alpha_m),(i=1,\cdots,n) \tag{2}$$

当然，它并不意味着我们能把我们的未知数表示成参数的任何初等函数(诸如多项式、三角函数或对数函数)。相反，我们在方程组(1)中的均衡条件一般不能用一个数目有限的初等函数表示出来；即使它们能够这样表示出来，我们也不应肯定它们能够用任何简单的形式明确地解答出来。不过，这并没有特别的重要性，因为初等函数只是函数的特殊形式，在数学思想的发展和在物理学上的应用中它只具有历史的重要性。如果随意或根据一组完全的观察信手画出一条联系着价格和数量的需求曲线，一般地这也不能用初等函数的有限组合来十分近似地表示。但它是表示这些变量之间某种对应关系的一个完全良好的函数关系。此外，如果有这样做的实际需要，它也能够一劳永逸地制成表格，加以命名，而且在以后甚至能够永远地作为相当好的函数族的一员而接受下来。

正是因为理论经济学没有把它自己限制在具体狭窄的函数类型里它才能在它最初的形式中达到广泛的一般性。而且不应当忘记富有成果的推理的目标是用简单的、限制性的假设解释广泛的现象。但是这必定是我们研究的最终结果，在我们开始进行研究的时候我们不必限制自己。

如果一个人无所不知，即如果任何假定的所有含义在直观上是明显的，那么一旦给定了方程组(1)，就立即知道了方程组(2)。由于缺乏这种能力，用很大的努力也只能把它们解到任何所要求的近似程度；当然只能在给定必需的时间和耐力下做到这一点。

考虑所涉及的工作量，一个人不得不怀疑从我们均衡方程(1)出发的有利之处。为什么不直接从(2)中的方程开始呢？的确，可以指出的是这些存在于未知数和参数之间的结果函数可能产生于无穷个其他可能的原始方程组。特别地，考虑隐方程组：

$$g^{i}(\alpha_1,\cdots,\alpha_m)-x_i=0,(i=1,\cdots,n) \tag{3}$$

这可以通过观察而给出方程(2)，但是得到的自然只是平凡解。说它是平凡的是因为其结果从开始在直观上就是明显的，而不是因为(2)和(3)表达着同样的内容。因为(1)和(2)毕竟也是等价的，但是在心理上它们的等同却不是平凡的。

重要的是不能混淆这些事实，因为它们存在于科学演绎的基础上，而且它们尤其经常被经济学家们所误解。通过演绎推理只能向我们揭示已经包含在我们假定中的含义。我们提请明确注意的是最初假定的某些形式应当容许由经验观察所否定(证实)。

这个过程最好看作是把我们原有的假设转换成另一种语言；但是在这种转换中——当然假定没有掺进逻辑上的错误——我们不改变原有假设的性质，既不增加也不减少其有效性和准确性。

产生解的形式化的均衡条件的用处就在于通过这种形式化我们时常能够得知关于变量对于数据参数变化而产生的必要与可能的反应。没有这种限制我们的理论将是无意义的。像以前曾经提到的那样，仅仅指出在所有的变量和参数之间存在一个最终的函数关系(关于无穷多个相应的环境)只是空洞无物和徒具形式的议论，而不包含对经验事实的任何假定。

由于在许多不同的场合我们能够或多或少合理地假定或假设均衡方程的某些性质，因而我们能够在同样合理的程度上推导出存在于变量和参数之间的结果函数的某些特性。因为在(2)中的函数的特性必定与均衡方程组(1)的结构特性相关。在这种联系中通常所讨论的特性不是对函数施加的具体数量限制(像多项式等等)，而是由对于斜率、凸性、单调性等方面的假设所组成；它们与隐含在报酬递减律中的假设在性质上是相同的。

均衡的移动

在数学上很容易地表示出我们的未知数相对于任何参数的变化率，例如说相对于 α_1 的变化率，它们可以从均衡方程中计算出来，作为一种记号，令

$$\frac{\partial x_i^0}{\partial \alpha_1}=\frac{\partial g^i(\alpha_1^0,\cdots,\alpha_m^0)}{\partial \alpha_1}=g_1^i(\alpha_1^0,\cdots,a_m^0)$$

表示当所有的其他参数保持不变时，第 i 个变量相对于参数 α_1 的变化率。由于偏微分习惯记法上的含糊性，有必要确定哪些变量保持不变。

必须在参数的一组给定的值上，因而也是在我们的因变量的一组对应的值上计算这些偏导数。考虑初始位置：

$$(\alpha_1^0,\cdots,\alpha_m^0)$$

及相应的一组未知数的值

$$(x_1^0,\cdots,x_n^0)$$

当然有：

$$f^i(x_1^0,\cdots,x_n^0,\alpha_1^0,\cdots,\alpha_m^0)=0,(i=1,\cdots,n) \tag{4}$$

而且

$$x_i^0=g^i(\alpha_1^0,\cdots,\alpha_m^0),(i=1,\cdots,n) \tag{5}$$

这是因为我们的未知数必须满足均衡条件。对(1)中的每个方程关于 α_1 进行微分，记住所有其他的参数保持不变，但所有的未知数都是变量，我们得到①

$$\begin{array}{l} f_{x_1}^1\left(\frac{\partial x_1}{\partial \alpha_1}\right)^0+f_{x_2}^1\left(\frac{\partial x_2}{\partial \alpha_1}\right)^0+\cdots+f_{x_n}^1\left(\frac{\partial x_n}{\partial \alpha_1}\right)^0=-f_{\alpha_1}^1 \\ f_{x_1}^2\left(\frac{\partial x_1}{\partial \alpha_1}\right)^0+f_{x_2}^2\left(\frac{\partial x_2}{\partial \alpha_1}\right)^0+\cdots+f_{x_n}^2\left(\frac{\partial x_n}{\partial \alpha_1}\right)^0=-f_{\alpha_1}^2 \\ \vdots \qquad\qquad \vdots \qquad\qquad \vdots \qquad\qquad \vdots \\ f_{x_1}^n\left(\frac{\partial x_1}{\partial \alpha_1}\right)^0+f_{x_2}^n\left(\frac{\partial x_2}{\partial \alpha_1}\right)^0+\cdots+f_{x_n}^n\left(\frac{\partial x_n}{\partial \alpha_1}\right)^0=-f_{\alpha_1}^n \end{array} \tag{6}$$

其中

$$f_{x_j}^i=\frac{\partial f^i(x_1^0,\cdots,x_n^0,\alpha_1^0,\cdots,\alpha_m^0)}{\partial x_j}$$

同时所有其他变量和参数保持不变。同样地

$$f_{\alpha_1}^i=\frac{\partial f^i(x_1^0,\cdots,x_n^0,\alpha_1^0,\cdots,\alpha_m^0)}{\partial \alpha_1}$$

注意在我们所讨论的均衡点上完全确定了这些偏导数的值。因而我们得到具有 n 个未知数$[(\partial x_1/\partial \alpha_1)^0,\cdots,(\partial x_n/\partial \alpha_1)^0]$的常系数的 n 个线性方程。这些方程的解依赖于其系数的值；因而均衡系

① 这可以用矩阵形式表示为：$[f_j^i][\partial x_j/\partial \alpha_1]=[-f_{\alpha_1}^i]$。

统的结构特性便决定了与我们的因变量和参数有关的偏导数。

因为(6)代表线性方程,对非奇异情形它的解可以用熟悉的行列式形式来表示:

$$\left(\frac{\partial x_k}{\partial \alpha_1}\right)^0 = -\frac{\sum_1^n f_{\alpha_1}^i \Delta_{ik}}{\Delta}, (k=1,\cdots,n) \tag{7}$$

其中
$$\Delta = |f_{x_k}^i| = \begin{vmatrix} f_{x_1}^1 & f_{x_2}^1 & \cdots & f_{x_n}^1 \\ f_{x_1}^2 & f_{x_2}^2 & \cdots & f_{x_n}^2 \\ \vdots & \vdots & & \vdots \\ f_{x_1}^n & f_{x_2}^n & \cdots & f_{x_n}^n \end{vmatrix}$$

Δ_{ik} 表示第 i 行第 k 列的元素的余子式。或者用矩阵形式表示为:

$$\left[\frac{\partial x_k}{\partial \alpha_1}\right]^0 = -[f_m^k]^{-1}[f_{\alpha_1}^m] \tag{8}$$

税收问题的说明

为了使讨论具体化让我们把我们的分析应用到两个简单的场合。考虑一个厂商,它面临一条给定的联系着价格和产出的需求曲线和一条给定的联系着总成本和产出的生产成本线。另外假定对这个厂商的单位产出征收 t 元的税收。这个厂商的利润可以写成:

π=总收益-生产总成本-支付的总税收$=xp(x)-C(x)-tx$,

其中　　$xp(x)$=总收益,它是产出的函数

　　$C(x)$=每个可能产出量的最低总生产成本

$$tx = \text{支付的总税收}$$

显然对于任何给定的税率，例如说 t^0，这个厂商将选择某个特定的产出进行生产和销售；即

$$x^0 = g(t^0) \tag{9}$$

其中的函数关系 g 相当于(2)中的函数。但是，我们不能把问题留在这种不明确的状态中。我们不仅仅希望知道对应每个税率存在的一个均衡产出。我们的变量对于作为参数的税率的依赖的性质是什么？增加单位税收将导致更大的抑或是更小的产出？不对如此简单的问题作出答复实在不过是一个贫乏的理论。现在来看看我们是否能够通过均衡条件的形式化得到这个问题的答案。

一般假定一个厂商将选择使其净收益极大化的那个产出。这就是说，我们的均衡产出将作为一个简单的极大值问题的解而出现。具体地，在给定税率的条件下，对于产出 x 的一个严格的利润极大值必须有：①

$$\begin{aligned} \frac{\partial \pi(x,t)}{\partial x} &= 0 \\ \frac{\partial^2 \pi(x,t)}{\partial x^2} &< 0 \end{aligned} \tag{10}$$

第一个条件仅仅指出在极大值上相对于产出所绘出的利润函数的切线必须是水平的或者说其斜率的代数值为 0。第二个条件保证我们得的不是一个极小值。

对于目前的问题我们的均衡条件可以通过简单的微分而得

① 见数学附录 A，第三节。

到：

$$\frac{\partial}{\partial x}[xp(x)-C(x)]-t=0 \tag{11}$$

其中为了简单化我们假定对于所涉及的变量的所有值(10)中的不等式成立。现在方程(11)相当于我们的均衡方程(1)，在这种情况下由于我们只需确定一个未知数的值，因而只有一个方程。

对于 t 的每个值，包含 x 的结果方程都有一个相应的根，而这就是我们的均衡值。因而函数(9)可以看作是这个隐方程的显性解。

现在对于这个厂商通过引进极大值问题我们能够得到什么呢？就产出对税率的依赖的性质而论，这样做能使我们回答我们最初的问题吗？让我们应用上面描述的一般方法计算均衡产出对于参数 t 的变化率。在(11)式中关于参数 t 进行微分，我们得到

$$\frac{\partial^2}{\partial x^2}[x^0 p(x^0)-C(x^0)]\left(\frac{\partial x}{\partial t}\right)^0=1 \tag{12}$$

其中 $$\left(\frac{\partial x}{\partial t}\right)^0=g'(t^0)$$

在这个简单的场合，为了获得一个解不必借助于行列式，因为

$$\left(\frac{\partial x}{\partial t}\right)^0=\frac{1}{\frac{\partial^2}{\partial x^2}[x^0 p(x^0)-C(x^0)]} \tag{13}$$

但它提供了我们一直在寻找的答案。我们知道一个相对极大值的充分条件是：

$$\frac{\partial^2}{\partial x^2}[x^0 p(x^0)-C(x^0)]<0 \tag{14}$$

所以，

$$\left(\frac{\partial x}{\partial t}\right)^0 < 0, \quad \text{or} \quad g'(t^0) < 0 \tag{15}$$

这也是直觉告诉我们这样的一种税收将会引起的结果。附带提及的是在这里假定了这个厂商在征税之前和征税之后总是处于均衡中，而且税收对均衡的影响仅仅如(11)式所表示的那样。在任何实际的场合，所得到的结论变成实际应用之前，大量的注意力应当放在证实这些假定的正确性问题上。

市场情形的说明①

作为另外一个例子让我们考虑一种商品或服务的市场，其中价格和数量由假定的供给和需求曲线的交点所决定。更进一步地，在我们的需求曲线里我们引进一个移动参数 α（例如：嗜好，税收，竞争对手的价格等）。这里我们就有了两个变量，一个参数和两个方程，用参数来确定变量的均衡值。用数学语言表示即

$$\begin{aligned} D(x,\alpha) - p &= 0 \\ S(x) - p &= 0 \end{aligned} \tag{16}$$

作为它的一个解，我们得到

$$\begin{aligned} x^0 &= g^1(\alpha^0) \\ p^0 &= g^2(\alpha^0) \end{aligned} \tag{17}$$

假定 α 的增加使需求曲线向右上方移动，那么变量如何随 α 的变

① 在后面的第九章里将更详细地处理这个问题。

化而变化呢？同以前一样，在我们的均衡关系式中关于参数进行微分从而得到两个线性方程：

$$\begin{aligned}&\frac{\partial D}{\partial x}\left(\frac{\partial x}{\partial \alpha}\right)^0-\left(\frac{\partial p}{\partial \alpha}\right)^0=-\frac{\partial D}{\partial \alpha}\\&S'\left(\frac{\partial x}{\partial \alpha}\right)^0-\left(\frac{\partial p}{\partial \alpha}\right)^0=0\end{aligned}\tag{18}$$

通过简单的代换，我们得到

$$\begin{aligned}&\left(\frac{\partial x}{\partial \alpha}\right)^0=-\frac{\dfrac{\partial D}{\partial \alpha}}{\dfrac{\partial D}{\partial x}-S'}\\&\left(\frac{\partial p}{\partial \alpha}\right)^0=-\frac{S'\dfrac{\partial D}{\partial \alpha}}{\dfrac{\partial D}{\partial x}-S'}\end{aligned}\tag{19}$$

由移动参数的定义我们知道$\partial D/\partial \alpha>0$，因而$(\partial x/\partial \alpha)^0$大于或小于0取决于$S'$是大于或小于$\partial D/\partial x$。乍看起来，这似乎只是推迟了这个进退两难的困境，用一个方程代替另一个方程。然而，如果我们研究一下所考虑的市场类型，我们将会看到仅仅是在初始状态时市场处于稳定均衡中这一点就能消除所有的模糊性。因为，如果市场是熟知的马歇尔型消费者商品市场的话，则根据定义，均衡的稳定性要求供给曲线从下面与需求曲线相交（即使是在外部经济造成成本递减的场合）。①

因此，

① A. 马歇尔：《经济学原理》。

$$S' > \frac{\partial D}{\partial x} \tag{20}$$

所以，

$$\left(\frac{\partial x}{\partial \alpha}\right)^0 > 0 \tag{21}$$

但是，价格变动的代数符号将取决于供给曲线是正斜率抑或是负斜率。因为

$$\left(\frac{\partial p}{\partial \alpha}\right)^0 = S' \left(\frac{\partial x}{\partial \alpha}\right)^0 \tag{22}$$

从(21)式得知$(\partial x/\partial \alpha)^0$为正，因而$(\partial p/\partial \alpha)^0$与$S'$必定具有相同的符号，或

$$\left(\frac{\partial p}{\partial \alpha}\right)^0 S' > 0 \tag{23}$$

因此在价格上不可能消除最终的模糊性。

然而，如果假定这是一个生产要素市场，那么稳定均衡的条件通常定义为一条正斜率的供给曲线和一条负斜率的需求曲线；如果供给曲线是负斜率的，它必须从需求曲线的后面上升并陡于需求曲线。[①] 数学上，我们的稳定条件可以表示为：

$$\frac{S'}{\frac{\partial D}{\partial x} - S'} < 0 \tag{24}$$

所以，对于这个场合可以知道价格的变动符号，然而数量的变动却是不清楚的，它取决于供给曲线斜率的代数符号。简言之

① J. B. 希克斯：《价值与资本》，(剑桥，1939)第五章。

$$\left(\frac{\partial p}{\partial \alpha}\right)^{0}>0$$
$$\left(\frac{\partial x}{\partial \alpha}\right)^{0} S'>0 \tag{25}$$

我们还可以提到无数个其他的例子。一般地，我们不应当期望根据简单的、关于均衡方程的、预先的质的限制就能够确定变量变动率的符号。这并不是因为求解大量方程的困难性和复杂性；因为只要我们充分地了解关于均衡条件的特定的经验数值就可以解出这些方程。而是因为由我们的假设所加在均衡方程上的限制（稳定性和极大化条件等等）并不总是能够充分地指出对于变量相对于任何一个参数的变动率的代数符号的确定的限制。

只需想象一个参数的变动，它涉及大型均衡方程的每一个并引起它们同时移动。在我们变量上引起的净影响只有作为单独影响（作为变动率的极限）的平衡结果才能计算出来，而且为了这个目的必须知道涉及的所有系数的详细数量值。

总　　结

在我们继续进行下一步工作以便说明经济学家如何能够在大量不同类型的场合推导出有意义的结果之前，总结一下我们迄今讨论的线索是适当的。

1. 为了理论上的目的，一个经济系统由一组指定的未知数组成，这些未知数受到一个均衡条件的约束以便满足具有相同数目的独立且相容的方程（见方程 1）。这些方程隐含地被假定在某种环境和某种背景数据中成立。这些背景数据的某些部分是作为明确的参数而引进的;并且,作为我们均衡条件的结果,未知变量可以表示成这些参数的函数形式(见方程 2)。

2. 比较静力学的方法是研究我们的均衡系统的未知数对于参数的指定变动的反应;即我们希望知道函数(2)的特性。在缺乏关于我们的均衡方程数量方面完整的信息时,我们希望表示出对于均衡方程的斜率、凸性等质的方面的限制以便推导出我们的系统对于某些参数变动的反应确定的、质的限制。本书的基本目的就是表明在广泛的经济问题上这是如何可能的。

第三章　极大化行为理论

有意义的定理的三个来源

我们记得，在对厂商产出征收单位税的情况下，我们可以明确指出产出随着税率的变动而变动的方向。之所以如此是因为对于每个税率，均衡产出是从利润必须在一个极大值点上这个条件推得的。

这一点在我们的解释过程中将会变得明显起来，它绝不是一个偶然的、孤立的情形，而仅仅是经济学方法的一个相当一般的原理的一个应用，这个原理是相当一部分经济理论的实质。事实上，除了那部分其结论是不确定的经济学说之外——而且经济理论的大多数热心支持者会承认这包括一般公认的分析的一大部分——而不能包括在这个题目之下的内容就不多了。[①]

所涉及的一般方法可以很简单地叙述为：在我们变量的均衡值可以看作一个极值（极大值或极小值）问题的解的情况下，不考虑所涉及的变量的数目时常可以明确地确定出我们的解值相对于

---

① 读者通过翻阅任何一本好的经济学教科书，例如马歇尔的《经济学原理》，并分析所提出的各种定理的推导过程就可以证实这个结论。

参数变化的定性行为。[①]

碰巧，在大量的经济问题上把我们的均衡方程当作极大化（极小化）条件是许可的，甚至是必需的。企业家行为的一大部分是由利润极大化所支配的，它具有特定的支出极小化等方面的含义。此外，根据消费者按照使其消费品和服务数量的偏好的序数规模极大化方式而行动这个假定可以推导出在操作上有意义的限制性假设。（当然，这并不意味着在任何规范的意义上他们有理性行为）

不要以为所有的经济学成果原则上都产出于这些极大化假设。[②] 因为，像我们已经看到的那样，从某些稳定性假设出发也可能推导出确定的定性结果。不过，许多这些稳定性条件仍然隐含地建立在极大化行为之上。

在这里也出现了某些困难。当然，对稳定性给出任意的定义总是可能的，但是没有隐含地引进对有关一个处于定态均衡之外的系统所作的动态的考虑，就不可能推导出它们。不同的稳定性条件隐含地取决于所构想的动态结构。因此，正如人们熟知的那样，在给定了蛛网循环现象中所假设的供给调整类型以后，通常的一条正斜率的上升的供给曲线的马歇尔条件可能不会导致"稳定

① 可以指出的是在实质上这是热力学的方法，它可以看成是一门建立在某些假设之上的纯粹推理的科学（著名的热力学第一和第二定理）。那种如此抽象的推理在吉布斯和其他人手里应引导出富有成果的定理来验证最初假设的妥当性。

② 因而，我认为把经济理论定义为研究具有替代用途的稀缺资源从一个观点上看太宽，从另一种观点上看又太窄。

的"均衡。①

的确，一个具有稳定的极大值位置的均衡的验证在某种意义上将求助于稳定性问题。然而，在那些实现了极值条件的地方，可以证明许多动态结构由于小规模偏移的结果而产生衰减震荡。在最后一章我们将讨论动态理论和均衡稳定性之间的关系。

还有另外一种可以由之推导出确定性定理的可能性。我们可以事先知道我们均衡方程的某些定性特性。因而，可以参照所谓的技术和心理规律，并根据先前的理由假定其真伪。② 即使在这里，像许多经济学家已经指出的那样，归根到底，推理是可以建立在对某些极大值所作的考虑上的。因而，在论证边际实物生产力递减律的妥当性的过程中，通常我们指出：在一组给定的要素价格上纯粹竞争的厂商是处于均衡中。如果边际生产力递减律不成立，这种均衡情况将是不可能的。另外我们指出：农民并不把他们所有的精力投入到一平方英寸的土地上来种植谷物；他们使用许多同样的土地，甚至次等的土地。因而，我们的讨论实际上从极大化经济行为上回到与之一致的、作为其基础的实际资料上。

仍然存在着另一型式的问题，对于这种型式来说，研究极大化行为也是很有启发的。在某些场合中，正如我们在后面将要看到

① 一个定态均衡是稳定的，如果所规定的、仅仅略微不同于定态均衡值的初始条件导致一个趋向(至少在极限意义上)接近均衡值的过程。见后面的第二部分。

② 在一个涉及大量变量的复杂问题中，由于下一章所讨论的缘由，直觉是一个糟糕的指导。所有的假设变成可疑的。在这种情况下经济学家常常陷入假定未知事件是等概率的这种危险之中。其结果，问题的每一种新形式都产生于已经变动了的假设。这无疑是经济思想每次术语上的革命为什么总会伴随着重写其教义的一个原因。

的那样，把我们的均衡条件表达成一个极大值问题的条件是可能的，甚至对于一个不是在极大化方式中行动的个体的场合也是许可的。正如在古典力学中把一个原子的路径表示成某个数量极大化(极小化)的路径经常是可能的一样，尽管事实上原子的运动并不是有意识的、有目的的行动。

由于上述这些理由，极大化行为的研究为历史及当代经济思想的广泛领域提供了一个统一的方法。而且，首先在其充分的一般性上讨论问题还有其相当的便利之处。高度的抽象性将把大量的具体应用作为其特殊情形而更容易地推导出来，从而在这方面得到更多的补偿。

定性关系的微积分

在讨论极大化行为理论之前，我先说明为什么在分析诸如前一章以方程(1)为特征具有许多变量的复杂系统时，对于事物方向的直觉和普通感觉不可能把我们的分析进行到很深的程度上也许是有启发作用的。为了使事物比它们通常在现实中更加简单，我们假定我们知道每个均衡方程相对于所有变量和参数的变动而变动的定性方向。因此，我们至少知道每个形如 $f^i_{x_j}$ 或 f^i_α 的一阶偏导数的代数符号。至于我们如何获得这些知识是无关紧要的；例如，我们确信个人将把新增加的一美元收入在消费和储蓄之间进行分割，并可能不是根据某个极大化的经济理论，而是仅仅根据日常的观察。

那么关于任何一个特定变量相对于某个参数的变化而变化的

方向我们能够说些什么呢？根据第二章的方程(7)，这方面可以用一个复杂的表达式给出，即可以写成两个 n 行 n 列的行列式的商，行列式的元素全由那些一阶偏导数组成。为了对我们的问题迅即作出确定的回答，我们必须能够明确地决定每一个的行列式的符号。根据行列式的基本定义，每一个行列式都包括 $n!$ 个项，每一项都是 n 个元素的乘积。根据我们的假定，我们能够确定每一项的符号，但不能确定每一项的大小。只有当所有的 $n!$ 个项碰巧具有相同的符号时，行列式的符号才是确定的。如果我们的方程组有 10 个变量，相应的行列式就会包含 300 多万个项。如果简单地当作概率问题来看，这么长的一串数字始终只取一种符号的机会大约是一千万分之一。所以，除非出现了某些特殊情形，我们几乎肯定地发现有必要把某些项的大小与其他项的大小进行比较，这样就接触到了用定性方法不能得到答案的数量问题。

虽然如此，我们还是想看看在只有一个参数按照只改变一个均衡关系的方式在变动略微简单的情况下，用定性方法可以使我们的分析进行到怎样的程度，像以前一样，所有一阶偏导数的符号是已知的。考虑所有可能出现的情形，可以知悉，不失一般性，假定发生移动的是第一个方程，每个隐式方程对于它自己的变量的偏导数 $f^i_{x_i}$ 总是正的，而且第一个方程相对于给定参数的变动也是正的。这些条件如果未能实现，可以通过改变一个或多个方程的符号，或改变变量和未知数的符号来加以弥补。

由上述定性知识，我们能够把一个矩阵的形式具体地描述为：

$$f_j^i \text{ 的符号} = \begin{bmatrix} \pm & \pm & \pm & \cdots & \pm \\ \pm & \pm & \pm & \cdots & \pm \\ \pm & \pm & \pm & \cdots & \pm \\ \vdots & \vdots & \vdots & & \vdots \\ \pm & \pm & \pm & \cdots & \pm \end{bmatrix} \tag{1}$$

其中的 n 个列代表$(x_1,\cdots,x_n)$，n 个行代表$(f^1,\cdots,f^n)$。每个元素的符号代表那个行所对应的变量相对于那个列所对应的变量的偏导数所取的假定已知的符号。根据前面的惯例，我们让对角线上的所有元素为正。所有其他剩下的元素可以取任何一种符号，但在任何一种场合下，都假定它们所取的符号已被确知。从整体上看，在任何问题中都可能出现数目极其众多的这种矩阵，事实上，这数目总共将达到 2 的 $n(n-1)$次方。

我们对于未知数的变动方向，或者说$(dx_1/d\alpha,\cdots,dx_n/d\alpha)$的符号感兴趣。如果事先一无所知，它们可以取共有 2^n 种可能的符号排列中的任何一种。

$$\overset{n}{\begin{bmatrix} + & + & + & \cdots & + \\ - & + & + & \cdots & + \\ + & - & + & \cdots & + \\ - & - & + & \cdots & + \\ \vdots & \vdots & \vdots & & \vdots \\ + & - & - & \cdots & - \\ - & - & - & \cdots & - \end{bmatrix}} 2^n \tag{2}$$

在我们定性知识——如体现在矩阵(1)中的具体内容——的基础上,可以把多少种符号排列形式作为不能接受的形式而加以排除呢? 理想上,我们应当希望能够把除一种以外的所有可能的组合都排除掉以便得到一个唯一的答案。无论如何,希望能够确定至少一个未知数的符号,或者,得到同样的能够排除所有可能的组合中特定的一半。

关于我们的愿望就不必多说了;现在来考虑排除一种组合的严格过程,我们发现我们必定会感到失望。如果我们把指定元素的符号代入第二章的方程(6)中,我们将能排除一种组合,并且仅当它导致矛盾,即当它加起来不等于0,或者不等于它应当与之相等的一个负数时。

具体地说,可以发现这意味着我们能够排除在上面矩阵(2)中的任何一种符号组合,而排除的这种组合同矩阵(1)的最后$(n-1)$行的某一行完全相同,或者它同这些行的某一行完全相反。另外,根据目前假设的要求,第二章方程(6)中最后的$(n-1)$个方程中的某一个加起来不可能等于0。而且,我们可以排除矩阵(2)中与第一行完全重复的任何组合,但我们不能排除其中与第一行正好相反的组合。

归纳我们的全部说明,从定性上考虑我们至多只能排除2^n这个庞大数目的可能组合中的$(2n-1)$个。即使对于一个大小适中的n,我们能排除掉的也只是各种可能性中的一个微不足道的部分。而且在这样的假设上,这是我们所能排除掉的最大数目。在很多情况下,我们甚至不能排除掉这么多。因而,如果在我们最初的矩阵中某两行具有完全相同的符号,它们都应当排除相同的组合，因此，为了避免重复计算不能把它们加在一起。

如果把简单的情形暂时撇开，那么我们即可看到，纯粹定性的考虑不可能使我们进行深入的分析。当然，如果我们愿意作更严格的假定，无论是定性的还是定量的，我们都能够在某种程度使情况得到改善。通常地，经济学家并不具有关于他的均衡方程的偏导数的确切数量知识。然而，如果他是一位优秀的应用经济学家，他对于不同影响的相对重要性或许就会有确定的认识；在这些事情上他的判断力越好，他就越是一名好的经济学家。这些知识在它们最初的来源上绝不是先验的，它们使他认为把某些作为次一级重要的影响完全忽略掉是合适的。换句话说，就是把 0 插入矩阵(1)中。事实上，所谓的局部均衡方法不过是把 0 自由地散布到一般均衡方程中而构成的。在一个熟练的实践家手里，这个方法可以产生有用的结果，但如果不是被细致而敏锐地运用，则它很容易产生荒谬的结论。

只要把上面的讨论扩充一下，我们就能够表明在某一行出现一个 0 将容许那一行排除 4 种而不仅仅是两种组合。类似地，一行里 r 个零容许那一行排除 2^{r+1} 种组合。像以前那样，在去掉不同行的影响中可能有符号组合完全相同的行。而且显而易见的是，关于任何变量符号的确定知识将使我们能够排除最初组合数目中的一半，或 2^{n-1} 种组合。因为重复的影响，对于两个未知数变化符号的确定的知识将使我们能够排除的组合数少于在一个未知数情况下所能排除的组合数目的两倍；实际上，根据两个已知的符号我们总共能排除(2^{n-2})种组合。关于 k 个未知数符号的确定的知识将容许排除 2^{n-k} 种组合。

参照一些著名的经济问题就能够解释上述定性关系的微积分。由于篇幅所限我们只简单地提及几个例子。在上一章所述的市场例子中，①我们考虑了简单的马歇尔局部均衡市场的情形，其中涉及的价格和数量这两个未知数，它们的均衡值由供给和需求曲线来决定。我们可以应用我们的分析来决定一条负斜率的需求曲线的假定移动而引起的变量的变动。如果已知供给曲线具有正斜率，那么符号矩阵可以写成下列形式：

$$\begin{bmatrix} + & + \\ - & + \end{bmatrix} \tag{3}$$

在这个场合中，我们总共能够排除的组合的最大数目是$(2n-1)$，或者是3种。因为这里只有4种组合，因而留给我们的就是一个唯一的答案，正如前一章的代数分析所清楚表明的那样。如果假定供给曲线具有负斜率，那么第二行的符号都变成正的，而且我们只能排除最小的可能组合数，或者说是2种。那么留给我们的最终是一个模棱两可的答案，除非运用数量上的知识或者通过假设各种稳定性的办法，否则就不可能确定它。

一个更富有启发性而且是更困难的例子是简单化的凯恩斯系统，它在第九章里将得到更详细的描述。虽然在这里没有涉及细节，但仍可以指出，这里产生的是一个具有三个变量的系统，利率x_1，收入x_2以及投资x_3，它们的均衡值由三个方程来决定：流动性偏好f^1，边际效率曲线f^2以及消费倾向f^3。关于各种一级效

① 见第二章“市场情形的说明”一节。

应我们作通常的假定，例如，投资与利率呈反方向的变动，利率对于消费的影响是一个可以忽略的数量级，我们把符号矩阵归结为下列形式：

$$(f_j^i \text{ 的符号}) = \begin{bmatrix} + & - & 0 \\ - & + & - \\ 0 & - & + \end{bmatrix} \qquad (4)$$

现在我们可以考虑任何一条曲线的移动，例如，由于某些政策措施而引起的流动偏好曲线的变动。如果我们应用上面的微积分，x_i 的符号变动仍然有三种可能的组合，即(＋＋＋)，(－＋＋)或(－－－)。在边际效率曲线移动的场合下，我们的选择限制在两种组合(＋＋＋)或(－－－)上。对于边际消费倾向的移动，我们终归有三种选择：(＋＋＋)，(＋＋－)或(－－－)。

应当注意到在任何情形下，即使只是关于其中的一个变量，我们也不能提出一个确定的说明。在第二种情形下(它是一种最有利的情形)，我们所能说的也只是边际效率曲线的上升，将提高利息、收入和投资，或者降低所有这三者。这是对事情所作的极其不能令人满意的说明，特别是因为在表面上，资本边际效率的上升会降低利息、收入和投资似乎是值得怀疑的。但是，只有在后面几章中通过加进稳定性考虑才能作出更加确定和更加合理的推理。第九章的讨论表明稳定性假设在第一种情形下留给我们的将只有一种组合(－＋＋)；在第二种情形下是(＋＋＋)；但在第三种情形下有两种可能：(＋＋＋)或(＋＋－)。最后的这个不确定性除非作出更强的数量上的假设否则就不可能排除。

还可能提到许多其他的经济学例子，但这些可以留给读者。[①]在回到极大化行为问题之前，我想提请读者注意这个事实：定性微积分在变量变换的情况下是不变的。

均衡的极大值条件

让我们考虑一个新的变量 z，z 定义为我们以前的变量的一个单值函数，

$$z=f(x_1,\cdots,x_n,\alpha_1,\cdots,\alpha_m) \tag{5}$$

其中 f 至少存在二阶偏导数并且它们在一个很大的区间内连续。如果对于任意预先给定的诸 α 值，都存在一组 x 的值$(x_1^0,\cdots,x_n^0)$，对应于它们的 z 取得极大值，那么我们必定有：

$$f(x_1,\cdots,x_n,\alpha_1^0,\cdots,\alpha_m^0)\leqslant f(x_1,\cdots,x_n^0,\alpha_1^0,\cdots,\alpha_m^0) \tag{6}$$

作为一种方便的记法可以把它写成：

$$f(X,\alpha^0)\leqslant f(X^0,\alpha^0) \tag{7}$$

其中 X 代表变量$(x_1,\cdots,x_n)$，α 代表变量$(\alpha_1,\cdots,\alpha_m)$。

---

① 最后可以简单地讨论一下一个来自国际贸易领域的例子。里昂惕夫教授举出了一个数字例子来说明这种可能性：从一个国家到另一个国家的单边支付可能按照有利于支付国的方式改变贸易条件，这种转移将使支付国的境况变得更好而不是更坏。见《经济探索》(纽约，1936 年)第 84—92 页，“对纯粹转移理论的注释”。这个例子需要仔细构造以便保证两个国家的无差异曲线的适当曲率。然而，如果一个人建立一个分析体系，沿着这个数量例子思路他将发现里昂惕夫效应仅仅产生于这样一个系统中，在这个系统中对于一种产品需求的增加将降低而不是提高它的价格。如果把后一种现象看作是反常的，或者是与稳定性(任意地或者根据动态结构加以定义)不协调而排除，那么按照同样的方式我们也能排除里昂惕夫效应的可能性。

对于我们自变量的所有许可值，如果 z^0 代表一个绝对极大值，那么

$$f(X,\alpha^0)<f(X^0,\alpha^0) \tag{8}$$

另一方面，z^0 也许仅仅代表相对于落在点(X^0,α^0)的某个限定的邻域里所有的 x 的一个极大值。

根据数学附录 A 的第二节，我们知道为了使 z^0 获得一个相对极大值，必须有：

$$\frac{\partial z}{\partial x_i}=0=f_{x_i}(x_1^0,\cdots,x_n^0,\alpha_1^0,\cdots,\alpha_1^0,\cdots,\alpha_m^0),(i=1,\cdots,n) \tag{9}$$

而且

$$\sum_1^n\sum_1^n f_{x_ix_j}{}^0 h_ih_j\leqslant 0 \tag{10}$$

其中 h 为任意数。对于一个严格的相对极大值来说，后一个条件可以写成：

$$\sum_1^n\sum_1^n f_{x_ix_j}{}^0 h_ih_j<0 \tag{11}$$

其中的 h 不全为 0。换句话说，这个对称的二次齐式必定是负定的(见数学附录 A，第二节)。

均衡的偏移

(9)式中的方程组可以看作我们的均衡条件，它对应于第二章的方程组(1)，并假定可以利用事先给定的参数来求出我们未知数

的均衡值的显性解。①

$$x_i^0 = g^i(\alpha_1^0, \cdots, \alpha_m^0), (i = 1, \cdots, n) \tag{12}$$

使用上一章的方法,用下列形式我们可以容易地得出我们的解值相对于第 k 个参数的变化率,

$$\sum_1^n f_{x_i x_j}^0 \frac{\partial x_j}{\partial \alpha_k} = -f_{x_i \alpha_k}^0, (i = 1, \cdots, n) \tag{13}$$

当然,其中

$$\frac{\partial x_j}{\partial \alpha_k} = g\alpha_k^j(\alpha_1^0, \cdots, \alpha_m^0), \begin{matrix} (j = 1, \cdots, n) \\ (k = 1, \cdots, m) \end{matrix} \tag{14}$$

像第二章中的(8)式一样,我们的解可以写成矩阵形式:

$$\frac{\partial x_j}{\partial \alpha_k} = -\frac{\sum_1^n f_{x_i \alpha_k}^0 H_{ij}}{H} \tag{15}$$

其中

$$H = \begin{vmatrix} f_{x_1 x_1}^0 & \cdots & f_{x_1 x_n}^0 \\ \vdots & & \vdots \\ f_{x_n x_1}^0 & \cdots & f_{x_n x_n}^0 \end{vmatrix} = |f_{x_i x_j}^0| \tag{16}$$

H_{ij} 是对应于海赛行列式 H 的第 i 行第 j 列的元素的余子式。正如在后面将要出现的那样,在大多数情况下,我们能够求出这个表达式的代数符号。在下面那些不会产生模糊性危险的地方,我将

① 根据隐函数定理我们知道如果在所讨论的整个区间里假定了二次式的定性性质就能保证相对极大值位置的唯一性。另外,在任何非奇异的变量变换下我们的极大值条件是基本不变的。而且在使 z 取得极值位置的变量的同样值上,z 的任何适当的单调函数也取得它的极值位置。

略去右上角的 0。

首先，我们来推导一个完全一般的关系式。分别将(13)式中的第 i 个方程乘以$\partial x_i/\partial \alpha_k$，我们得到：

$$\frac{\partial x_i}{\partial \alpha_k}\sum_1^n f_{x_ix_j}\frac{\partial x_j}{\partial \alpha_k}=-f_{x_i\alpha_k}\frac{\partial x_i}{\partial \alpha_k},\quad (i=1,\cdots,n) \tag{17}$$

将所有的方程对 i 求和我们有

$$\sum_1^n\sum_1^n f_{x_ix_j}\frac{\partial x_i}{\partial \alpha_k}\frac{\partial x_j}{\partial \alpha_k}=-\sum_1^n f_{x_i\alpha_k}\frac{\partial x_i}{\partial \alpha_k} \tag{18}$$

但由(11)式我们有：对任意的 h

$$\sum_1^n\sum_1^n f_{x_ix_j}h_ih_j<0$$

成立。特别地，对于

$$h_i=\frac{\partial x_i}{\partial \alpha_k} \tag{19}$$

我们得到：

$$\sum_1^n\sum_1^n f_{x_ix_j}\frac{\partial x_i}{\partial \alpha_k}\frac{\partial x_j}{\partial \alpha_k}<0 \tag{20}$$

或者根据(18)式有：对不全等于 0 的$\partial x_i/\partial \alpha_k$

$$\sum_1^n f_{x_i\alpha_k}\frac{\partial x_i}{\partial \alpha_k}>0 \tag{21}$$

用文字来说，这个由我们未知数的变化率的加权和构成的复合式的符号必定为正。但是这并没有给我们增加很多知识，因为我们并不知道到底哪一项为正。

但是，像以前提到的那样，我们并不总是对改变我们每一个均衡条件的那些参数感兴趣。因为在我们希望求出这个复合式的结果之前我们需要关于各个变动的量的相对重要性的知识。由于这个原因,我们常常把我们的问题缩小到只考虑那些仅仅引起一个均衡方程的移动的参数。所以,我们把我们的注意力限制到与我们未知数的数目相同的参数($\alpha_1,\cdots,\alpha_n$)上。我们可以使参数的顺序对应于它所改变的均衡方程的顺序。于是,由于第 k 个参数的变动必定使其他所有的方程保持不变,所以对于 $j \neq k$,我们有

$$f_{x_j\alpha_k}=0 \tag{22}$$

现在我们的不等式(21)就成了一个更加简单而且是更加容易应用的条件:

$$f_{x_k\alpha_k}\frac{\partial x_k}{\partial \alpha_k}>0 \tag{23}$$

用文字来说就是,对于现在所考虑的这类参数第 k 个变量相对应于它所对应的参数的变化率必定与 $f_{x_k\alpha_k}$ 具有相同的符号,反过来,如果均衡方程沿着使 x_k 增加的方向移动的话,$f_{x_k\alpha_k}$ 就为正。

这可以用(15)所示的算式来证明。根据我们的假设:

$$\frac{\partial x_k}{\partial \alpha_k}=-\frac{f_{x_k\alpha_k}H_{kk}}{H} \tag{24}$$

数学附录 A 的第二节证明:

$$\frac{H_{kk}}{H}<0, \quad (k=1,\cdots,n) \tag{25}$$

是一个真正极大值的一个条件。所以,

$$f_{x_k\alpha_k}\frac{\partial x_k}{\partial \alpha_k}=(f_{x_k\alpha_k})^2\left(\frac{-H_{kk}}{H}\right) \tag{26}$$

或者

$$f_{x_k \alpha_k} \frac{\partial x_k}{\partial \alpha_k} > 0 \tag{27}$$

让我们更详细地检查一下体现在(22)式中的假设的性质:每个参数只改变一个均衡条件,其他所有的均衡条件则保持不变。首先,这并不意味着第 i 个参数的变动只导致第 i 个变量变动。相反,任何一个参数的变动一般都导致所有变量发生变动。我们的假设仅仅是说这必定是通过在一条沿着其他曲线运动的曲线上的移动而产生的。

正如我在后面将要讨论的那样,这个假设所作的假定并没有严重地损失一般性,而且仍然包括了包含在现今经济理论中的绝大多数关系(事实上,很难找到例外)。

使得(22)式的偏微分方程成立的最一般的函数可以写成:

$$z = \theta(x_1, \cdots, x_n) + B^1(x_1, \alpha_1) + B^2(x_2, \alpha_2) + \cdots + B^n(x_n, \alpha_n) \tag{28}$$

这可以通过连续微分得到,即对于 $j \neq k$,我们有

$$\frac{\partial^2 z}{\partial x_j \partial \alpha_k} = f_{x_j \alpha_k} = \frac{\partial^2 B^j}{\partial x_j \partial \alpha_k} = 0 \tag{29}$$

在这一章的其余部分里除非指明了其他情形,我将只考虑这种限定的函数型式。(21)式中的不等式在任何情形下都仍然成立,但难以立即加以应用。然而,一般性就其本身而言毕竟不是目标。一个理论可以达到如此的一般性以至于它毫无用处。我们必须寻求那些具有广泛应用性的简单理论。

极大化数量的变动

我们已经看到了当参数变化时均衡量$(x_1,\cdots,x_n)$是如何变化的。它们之中的任何函数也以一种可以确定的方式变化。特别地,需要极大化的量 z 也将发生变动;并且它的变动规律采取一种非常简单的形式。设:

$$z=f(x_1,\cdots,x_n,\alpha) \tag{30}$$

其中 α 为任意参数。设 x 是由一个极大值位置所决定的 α 的函数,即:

$$\frac{\partial z}{\partial x_i}=f_i(x_1,\cdots,x_n,\alpha)=0,\quad (i=1,\cdots,n) \tag{31}$$

那么

$$\frac{dz}{d\alpha}=\sum_1^n f_i\frac{dx_i}{d\alpha}+f_\alpha=0+f_\alpha=\frac{\partial z}{\partial\alpha} \tag{32}$$

即 z 的第一级变动刚好等于当 x 为了使 z 保持在一个极大值上而不向最优变动时的 z 的变动;只有对于高阶项 z 的变化方式才有区别。在约束极大化的场合下可以证明相同的关系成立。

这就是我们所熟悉的、存在于一族曲线的包络线同与包络线相切的曲线之间的相切关系。它有许多经济学上的应用,但只有几个需要提及。关于长期和短期曲线之间的正确关系的问题起源于瓦伊纳教授和他的助手沃格博士之间的一场著名的争论。① 当

① J. 瓦伊纳:“成本曲线与供给曲线”,《政治经济学杂志》第 3 期(1932 年),第 23—46 页。

给定了某个固定要素的数量时，短期曲线是通过使每个产出上的总成本(及单位成本)都达到极小化而得到的。当工厂得到最优调整时，长期曲线要求每个产出都是最低的总成本(及单位成本)。但是，根据我们的定理，在工厂固定在最优调整的规模上时作为参数产量的一阶变动将导致总的成本相同变动。因此沃格博士坚持的切线关系是正确的。

另一个例子是由瓦伊纳教授所提供的。[①] 设当只有劳动变动才能生产额外产出时，劳动的边际成本为总成本的增长率。它与出现在垄断理论中的劳动的边际成本是有区别的，边际劳动成本是指当所有的要素都最优地变动时一个要素成本的增加。设边际成本为所有的要素最优地变动时总成本相对于产出的增长率。因此，我们的定理指出，与边际成本相等的边际劳动成本等于任何其他要素的边际成本。正如瓦伊纳教授十分深刻地指出的那样在边际上(即忽略高阶微分系数)所有的要素都是完全无差异的替代物。古典经济学家们缺乏精确的无穷小的概念，所以不得不使用粗糙的、概括性的边际概念(即李嘉图的无地租土地以及J. B. 克拉克著名的无差别区)。[②]

对于有限变动，无论是多么小，当未知数得到最优调整时，高阶项将使得极大化的量的变动不同于未知数保持不变时的变动。实际上，

$$\frac{d^2z}{d\alpha^2}=\sum_1^n f_i\frac{d^2x_i}{d\alpha^2}+\sum_1^n\frac{dx_i}{d\alpha}\frac{d(f_i)}{d\alpha}+\sum_1^n f_{i\alpha}\frac{dx_i}{d\alpha}+f_{\alpha\alpha}$$

① J. 瓦伊纳:《国际贸易理论研究》(纽约，哈珀，1937年)，第515—516页。

② 其他的例子可参阅马歇尔的《经济学原理》，数学附录，注14。

$$=0+0+\sum_{1}^{n} f_{i\alpha} \frac{dx_i}{d\alpha}+f_{\alpha\alpha} \tag{33}$$

因为 $f_i=0$

当所有的 x 保持不变时，z 的高阶变动由下式所给出：

$$\frac{\partial^2 z}{\partial \alpha^2}=f_{\alpha\alpha} \tag{34}$$

由上面的方程(21)得知，前后两个变化的差别是：

$$\frac{d^2 z}{d\alpha^2}-\frac{\partial^2 z}{\partial \alpha^2}=\sum_{1}^{n} f_{i\alpha} \frac{dx_i}{d\alpha}>0 \tag{35}$$

如果变动的参数在相反的方向上影响利润和序数效用，那么当产出和消费对于新的环境得到最优调整时参数的这种影响就会小一些。如果参数提高利润(等)，那么当未知数最优地调整时参数的这种影响就达到最大。

我们可以继续考虑更高阶的项，将会看到它们依赖于 f 的各种偏导数和 $dx/d\alpha$，$d^2x/d\alpha^2$ 等等。z 的变化是比 x 的变化更高阶的变化。事实上，z 的 n 阶导数至多依赖于 x 的$(n-1)$阶导数。这一点已经在上面的方程中表示出来了。

辅助约束及一般化的勒夏特利埃原理

如果一个系统的均衡是由极值条件决定的，其中所有的未知数都是自变量，那么附加的辅助约束(满足均衡位置)将使得均衡保持不变。如果达到了一个真正的相对极大值，那么在任何方向上的变化都会引起下降；当然沿着这些方向的某些部分的变化也是如此。这初看起来似乎是一个奇特的过程的用处就在于它能使我们得到均衡必须满足的必要条件。

因而，在工厂设备固定的情况下，使用一种可变要素直到它的工资（边际成本）等于它的边际产值。在长期中不可能把工厂设备看成是固定的。尽管如此，短期条件在长期里仍然成立（但反过来不成立），因为只有短期总成本尽可能地低，长期总成本才可能在一个极小值上。另外，在差别垄断*中即使总产出不是事先给定的，而是由成本上的考虑所决定的，任何给定的产出可以在两个市场上最优的分配（边际收益相等）这个条件仍然成立。

与带有辅助条件的场合相比，没有辅助条件时均衡是如何变动的？当其他的要素由于时滞等而不能得到最优调整时，对一种要素的需求如何随着它的价格变动而变动？在热力学中如同在经济系统中一样，这种类型的问题是很重要的。它可以有一个简单的答案。

设 z 为如下特殊形式的函数：

$$z=\theta(x_1,\cdots,x_n)-\alpha_1x_1-\alpha_2x_2-\cdots-a_nx_n \tag{36}$$

如果所有的未知数都是自变量，下列均衡条件决定一个极大值。

* 差别垄断亦称差别价格。它主要有两种形式：第一种形式是厂商对不同的买者实行不同的价格；第二种形式是对于同一个买者，对同种产品的不同数量实行不同的价格。第一种形式的前提条件是：①厂商能够根据买者的需求价格弹性把市场分成几个部分；②防止那些能在低的价格上买进并在高的价格上卖出的顾客的倒卖。第二种形式涉及厂商恰当地估计每个消费者在一个固定价格下得到的消费者剩余，然后根据单个买者的需求曲线把每单位产品的价格规定为消费者愿望支出的最大值。很清楚，这个形式的差别价格要求厂商拥有关于每个消费者的需求曲线的确切知识。——译者

$$\frac{\partial z}{\partial x_i}=\theta_i(x_1^0,\cdots,x_n^0)-\alpha_i=0,\quad (i=1,\cdots,n) \tag{37}$$

且

$$[H]=[\theta_{ij}]$$

是一个负定形式的矩阵。当 x_i 的"共轭"参数 α_i 变化时 x_i 是如何变化的呢?

$$\frac{dx_i}{d\alpha_i}=\frac{H_{ii}}{H}<0 \tag{38}$$

加上 r 个独立的、附加的线性约束使得:

$$\sum_1^n g_j^\beta(x_j-x_j^0)=0,\quad (\beta=1,\cdots,r) \tag{39}$$

其中

$$[g_j^\beta]$$

为秩为 r 的矩阵。

引入这些约束要求修改我们的均衡系统采取下列形式:

$$\begin{aligned}&\theta_i+\sum_1^r\lambda_\beta g_i^\beta-\alpha_i=0,\quad (i=1,\cdots,n)\\&\sum_1^n g_j^\beta(x_j-x_j^0)=0,\quad (\beta=1,\cdots,r)\end{aligned} \tag{40}$$

其中 λ 为未确定的拉格朗日乘子。

设 ${}^rH$ 代表将 H 加上由系数 g_j^β 组成的 r 个行和列之后形成的行列式;即

$${}^rH=\begin{vmatrix}\theta_{ij} & g_i^\gamma\\ g_j^\beta & 0\end{vmatrix},\quad (\beta,\gamma=1,\cdots,r) \tag{41}$$

那么,加上 r 个辅助约束后 x_i 相对于 α_i 的变动就由下式所给出:

$$\left(\frac{dx_i}{d\alpha_i}\right)_r=\frac{{}^rH_{ii}}{{}^rH}<0 \tag{42}$$

如果$[H]$为负定形式的矩阵，矩阵$\frac{dx_i}{dx_j}$就是半负定的。（参照数学附录 A，第四节）我们采用下列惯例：

$$H={}^0H$$

方程(38)就成为方程(42)的一个特例。

增加一个附加条件对 x_i 相对于α_i 的变化率的影响是什么？很清楚，根据一个关于行列式的著名定理（雅可比定理）

$$\left(\frac{dx_i}{d\alpha_i}\right)_r-\left(\frac{dx_i}{d\alpha_i}\right)_{r-1}$$

$$=\frac{{}^rH_{ii}}{{}^rH}-\frac{{}^{r-1}H_{ii}}{{}^{r-1}H}$$

$$=\frac{{}^rH_{ii}}{{}^rH}-\frac{{}^rH_{n+r,n+r,ii}}{{}^rH_{n+r,n+r}}$$

$$=\frac{{}^rH_{ii}^rH_{n+r,n+r}-{}^rH^rH_{n+r,n+r,ii}}{{}^rH^rH_{n+r,n+r}}$$

$$=\frac{({}^rH_{i,n+r})^2}{{}^rH^rH_{n+r,n+r}} \tag{43}$$

分母是正的，因为无论增加的行的数目是多少，这种加边的主子式必定具有相同的符号。① 因此，它们的差为正。

我们得到下面的一般定理：

$$\left(\frac{dx_i}{d\alpha_i}\right)_0\leqslant\left(\frac{dx_i}{d\alpha_i}\right)_1\leqslant\cdots\leqslant\left(\frac{dx_i}{d\alpha_i}\right)_{n-1}\leqslant 0 \tag{44}$$

不论约束的数目，x_i 相对于它自己的参数的变化总为负，当不存

① 见数学附录 A，方程(48)。注意我们这里的 r 对应于那里的 m，那里的 r 对应于这里的 n。

在约束时，这个变动的绝对值达到最大，只有在出现单个约束时它才会小一点，依次类推，直到辅助约束的数目达到它可能的极大值，即$(n-1)$。①

这就说明了为什么在经济上，长期需求比短期需求更有弹性。延伸时期的长度以使新的要素可以变化，将导致那些价格发生变动的要素起更大的变化，而不管可以变化的要素同那些价格发生变动的要素是互补关系还是竞争关系。

经济解释

说明上面的讨论与大量的经济问题相关并不困难。首先，我们重复一下我们前面分析的结果。

$$f_{x_i\alpha_i}\frac{\partial x_i}{\partial \alpha_i}>0 \tag{45}$$

它指出第 i 个变量相对于它所对应的参数的变动方向同 $f_{x_i\alpha_i}$ $(=B_{x_i\alpha_i}{}^{i})$。具有相同的符号。这个量可以作为一个标准。如果它的代数符号是确定的，即是可以明确决定的，那么$\partial x_i/\partial \alpha_i$ 的符号也是确定的。

因此，我们仅仅需要表明我们可以用这种形式陈述各种不同

① 这是一个纯数学定理。它对应于归结在著名的勒夏特利埃(1850—1936，法国化学家——译者)原理这个标题下的某些现象。因为它的形式几乎是形而上学的含糊不清，后者的含义经常受到怀疑，并且它时常同时包括不同的现象。上述形式可以解释为什么相对于给定的压强变化，在温度保持不变时体积的变化比在熵保持不变且容许温度根据均衡条件而变化时要大。

的经济问题，从而明确地决定我们标准的符号。

应当注意，对于涉及单个变量的极大值问题来说，为了使我们的标准具有应用性不必对 z 加上任何限制。设

$$z=f(x,\alpha) \tag{46}$$

那么，我们的标准就变成

$$f_{x\alpha}\frac{\partial x}{\partial \alpha}>0 \tag{47}$$

下面我列出任意选择的例子来说明这个标准的应用性。

(1)让我们回到第二章单位税收对产出影响的那个例子上。我们记得产出和税收之间的关系已经明确地决定为负相关。用我们目前的方法可以很快地得到这个结论。定义利润如下：

$$\pi=\varphi(x,t)=[xp(x)-C(x)]-tx \tag{48}$$

很容易算出我们的标准为：

$$\pi_{xt}=\varphi_{xt}=-1 \tag{49}$$

所以，

$$(-1)\frac{\partial x}{\partial t}>0 \tag{50}$$

即

$$\frac{\partial x}{\partial t}<0 \tag{51}$$

而且，像上一节中所表明的那样，

$$\frac{d\pi}{dt}=\frac{\partial \pi}{\partial t}=-x$$

作为一个初步的近似，利润的变化不受产出调整的影响。对于更准确的近似来说，如果产出最优地变动利润就会降低。

(2)也可以很简单地推导出其他三种税收的影响。分别考虑对总销售额征收的百分比例税，一次性总计的人头税和对利润征收的百分比例税。相应的利润函数可以写成：

$$\begin{aligned}\pi &= [xp(x) - C(x)] - t'xp(x) \\ \pi &= [xp(x) - C(x)] - t'' \\ \pi &= [xp(x) - C(x)] - t'''[xp(x) - C(x)]\end{aligned} \tag{52}$$

我们的标准分别为

$$\begin{aligned}\pi_{xt'} &= -\frac{\partial}{\partial x}[xp(x)] < 0 \\ \pi_{xt''} &= 0 \\ \pi_{xt'''} &= -\frac{\partial \pi(x, t''')}{\partial x} = 0\end{aligned} \tag{53}$$

所以很显然，对于征收总销售额的第一种情形，税率增加的影响是减少产出。但是，后两种情形却出现了一个新的特点。我们的标准既不为正也不为负，而是等于 0。略加思考就可以知道我们的均衡极大值条件实质上独立于这些变动的参数。所以我们的均衡值保持不变，即

$$\begin{aligned}\frac{\partial x}{\partial t''} &\equiv 0 \\ \frac{\partial x}{\partial t'''} &\equiv 0\end{aligned} \tag{54}$$

当然，这些结果与马歇尔的分析相似。

(3)现在让我们来考虑一个与税收无关的问题，但是它在几年前著名的成本争论中占有显著的地位。假设有一个处于纯粹竞争中的厂商，即这个厂商想出售多少产出就能出售多少而不影响价

格。给定总成本为产出的函数，对于每个给定的价格将有一个可确定的产出反应。这种依赖性的性质是什么？当厂商取得一个适当的相对极大值时假定它处于稳定的均衡中，根据这一点我们可以容易地运用我们的标准来推导出供给曲线的特性。这里

$$\pi = \varphi(x, p) = px - C(x) \tag{55}$$

$$\frac{\partial \pi}{\partial x} = p - C'(x) = 0 \tag{56}$$

可以解方程(56)来决定作为价格函数的产出：

$$x = g(p) \tag{57}$$

很容易地验证：

$$\pi_{xp} \equiv \varphi_{xp} \equiv 1 \tag{58}$$

所以，

$$\frac{dx}{dp} = g'(p) > 0 \tag{59}$$

即使我们放松实现一个严格的相对极大值这样一个要求，供给曲线不可能是负斜率这一点仍然成立。当然，这并不意味着边际成本曲线不可能是负斜率的，仅仅意味着在这种区域里它不可能作为一条供给曲线。

(4)无论如何，绝不要以为把我们的均衡假定为一个极大值问题的解就是成功而明确地解决我们会提出的所有可能的问题的"万能钥匙"。因为极容易指出这样一些简单而重要的问题，它们在没有进一步的知识的情况下即使在定性上也不可能得到回答。

考虑广告费的引入对一个垄断厂商的产出所发生的影响这样一个问题。增加广告费用将产生更大的抑或是更小的产出？这里

$$\pi=\varphi(x,\alpha)=R(x,\alpha)-C(x)-\alpha \tag{60}$$

其中

$R(x,\alpha)$＝关于一个给定的最优调节的广告费用，一个给定的产出所能保证的总收益的极大额

$C(x)$＝作为产出的函数的、最小的生产总成本

α＝用美元计的广告总费用

对于任意给定的 α，存在一个最优产出使得利润极大化。$dx/d\alpha$ 的符号是什么呢？

应用我们的标准，我们有

$$f_{x\alpha}=R_{x\alpha} \tag{61}$$

或：

$$R_{x\alpha}\frac{dx}{d\alpha}>0 \tag{62}$$

因此，产出的变动方向依赖于当广告变动时边际收益曲线的移动方向（向上或向下）。现在，在这个问题的形式中并没有要求这个变动具有任何特定的方向。所以，缺乏销售额对于广告的反应的经验上的数量调查，任何事前的假设都是不可能的。而且，由于相应于广告费用的变动，数量的瞬间变化率的方向存在着模糊性，所以对于广告费用的有限变动的影响更加模棱两可。因此，与没有广告支出相比，不可能断定在有广告支出的情况下产出将增加还是减少。还应当指出的是我们不可能明确推断出广告对价格的影响，正如我们从对这种情形的两方面已经作的讨论中直觉上应当期望的那样。

(5)另一个引起了许多兴趣的问题是产出在差别垄断下大些

还是在简单垄断下大些。假定一个厂商拥有两个具有独立需求曲线的市场，

$$x_i = D^i(p_i), \quad (i=1,2) \tag{63}$$

以及一条作为总产出函数的成本曲线，

$$C = C(x_1 + x_2) \tag{64}$$

在差别垄断之下，所有的价格都认为是自变量并且为了使得利润极大化而进行调整。可以把利润写成：

$$\pi = p_1 D^1(p_1) + p_2 D^2(p_2) - C[D^1(p_1) + D^2(p_2)] \tag{65}$$

为简单起见，我们排除在给定的价格下，一个给定市场上的所有需求可能不为企业家所满足的可能性。不过我们也能容易地去掉这个假设。

这里的均衡条件是：

$$\begin{aligned}\frac{\partial\pi}{\partial p_1} &= 0 = D^1(p_1) + (p_1 - C')\frac{dD^1}{dp_1} \\ \frac{\partial\pi}{\partial p_2} &= 0 = D^2(p_2) + (p_2 - C')\frac{dD^2}{dp_2}\end{aligned} \tag{66}$$

它产生一个最优的价格集合(P_1^0, P_2^0)和数量集合(x_1^0, x_2^0)以及一个总量(x^0)或$(x_1^0 + x_2^0)$。

在简单垄断的情况下，我们把两个市场上价格相等这个条件加在我们的问题上。因而

$$p_1 = p_2 = p \tag{67}$$

$$\pi = pD^1(p) + pD^2(p) - C[D^1(p) + D^2(p)] \tag{68}$$

$$\frac{d\pi}{dp} = 0 = D^1(p) + D^2(p) + (p - C')\left(\frac{dD^1}{dp} + \frac{dD^2}{dp}\right) \tag{69}$$

它产生一个解(P',P'),(x'_1,x'_2)及(X'),能否确定:

$$X' \gtreqless X^0 \tag{70}$$

初看起来,这与我们迄今所讨论的例子几无相似之处。我们还没有引入任何数据作为参数;而且,我们不是在比较两种无限相互接近的情形。相反地,我们似乎在讨论两种完全不同的行为型式。这两个解似乎产生于性质上不同形式的极大值问题。尽管如此,我们可以通过充分利用在前面所采用的方法来使用某种技巧。

我们引入一个参数k,其定义如下:

$$\frac{p_2}{p_1}=k \tag{71}$$

现在我们可以把(p_1,k)作为自变量来代替(p_1,p_2),因为在这两个集合之间存在着一一对应关系。所以,

$$\pi=F(p_1,p_2)=F(p_1,kp_1)=G(p_1,k) \tag{72}$$

在差别垄断的情况下,为了使得利润极大化,两个价格都是独立变动的。这等价于这样的条件,即必须容许p_1和k都变动以便使得利润极大化。我们的均衡条件是:

$$\begin{aligned}\frac{\partial\pi}{\partial p_1}&=\frac{\partial G}{\partial p_1}=0\\\frac{\partial\pi}{\partial k}&=\frac{\partial G}{\partial k}=0\end{aligned} \tag{73}$$

当然,这必定得出与(66)中所给出的同样的解,因为我们仅仅变换了我们的变量。

对于简单垄断,两个价格相等或者说k等于1是问题的前提条件。因而,当k从1连续地变动到p_2^0/p_1^0时,我们就从简单垄断过渡到差别垄断。如果我们能够明确地断定产出相对于在每个

点上的 k 的变化率的方向，那么就可以确定产出将增加还是减少。

为了确定总产出相对于 k 的变化率，我们还要对我们的变量作如下变换：

$$k=\frac{p_2}{p_1}$$

$$X=D^1(p_1)+D^2(p_2) \tag{74}$$

反过来解方程，我们得到：

$$\begin{aligned} p_1&=f^1(k,X)\\ p_2&=f^2(k,X) \end{aligned} \tag{75}$$

因而，

$$\pi=F(p_1,p_2)=F[f^1(k,X),f^2(k,X)]=\varphi(k,X) \tag{76}$$

对于一个给定的 k 我们的均衡条件是：

$$\frac{\partial\pi}{\partial X}=\frac{\partial\varphi(k,X)}{\partial X}=0 \tag{77}$$

根据我们的标准

$$\varphi_{xk}\frac{dX}{dk}>0 \tag{78}$$

现在来计算 φ_{xk} 是可能的，即使这是件费力的事。我们会发现它以一种复杂的形式依赖于我们需求曲线的曲率。它的代数符号是模棱两可的，所以对总产出的影响也必定如此。不过，一个关心如何完成这项计算的人可以通过这样做来确定：为保证总产出增加或减少必须对需求函数加上什么样的额外限制。

(6)在后面的几章里，我们将把这里概略说明的方法系统地应用到不同的理论分支上。为了表明即使对于具有大量变量的场合推导出明确的结论也是可能的，在这里我将预先提到后面的分析中的一小部分。

我们来分析一个厂商对于一种生产要素的需求。我们假设给定一条体现投入和产出之间技术关系的生产函数、对最终产品的需求曲线以及要素价格，在这些价格上可以买无限数量的所有生产要素。利润取极大值这个条件就能充分确定用这些数据表示的所有未知数的值。因而，

$$\begin{aligned}\pi &= \text{总收益}-\text{要素总成本}\\ &= R(x)-(w_1\alpha_1+w_2\alpha_2+\cdots+w_n\alpha_n)\end{aligned} \tag{79}$$

其中 w_i 和 α_i 分别为第 i 个生产要素的价格和数量。但我们也给定了一条生产函数（假定为连续的），

$$x=x(a_1,\cdots,a_n) \tag{80}$$

所以，

$$\begin{aligned}\pi &= f(a_1,\cdots,a_n,w_1,\cdots,w_n)\\ &= R[x(a_1,\cdots,a_n)]-(w_1\alpha_1+\cdots+w_n\alpha_n)\end{aligned} \tag{81}$$

由(21)式中的一般化标准

$$\sum_1^n f_{a_j w_i}\frac{\partial a_j}{\partial w_i}>0 \tag{82}$$

这里显然有

$$f_{a_j w_i}\equiv 0,\quad (i\neq j) \tag{83}$$

所以，

$$f_{a_i w_i}\frac{\partial a_i}{\partial w_i}>0,\quad (i=1,\cdots,n) \tag{84}$$

但是

$$f_{a_i w_i} \equiv -1, \quad (i=1,\cdots,n) \tag{85}$$

因而

$$\frac{\partial a_i}{\partial w_i} < 0, \quad (i=1,\cdots,n) \tag{86}$$

对于无论多少种要素这个结论都成立。

上面的例子不过是经济问题的一个小样品，它可以看成是由极大化问题的解所决定的。对于这些问题，我们可以应用上面概略说明的标准来推导出明确而有意义的定性定理。

有限变动分析

直到现在我们的分析几乎完全局限在决定瞬时变化率的代数符号上。但是我们不能就此止步，因为在现实世界上现象的所有变化必然是有限的，而瞬间变化率仅仅停留在极限的抽象性上。所以，揭示我们的分析对于有限变动的意义是极其必要的。幸好，做到这一点还是很容易的，尽管在许多经济学家目前的印象中微积分只能应用于无穷小运动。

为简单起见，我们考虑一个存在于一个变量 x 和参数 α 之间的函数关系，设它连续且在一个给定的区间上处处二次可导。

$$x = g(\alpha), \quad a \leqslant \alpha \leqslant b \tag{87}$$

假设我们已经确定了这个函数的瞬间变化率的符号，它在这个确定的区间上处处为负，即

$$\frac{dx}{d\alpha} = g'(\alpha) < 0, \quad a \leqslant \alpha \leqslant b \tag{88}$$

那么必然得到在这个区间里 α 的任何有限变动必然伴随着 x 在相反方向上的一个有限变动。因为，设

$$\begin{aligned} &\Delta\alpha=\alpha^1-\alpha^0, && a\leqslant\alpha^1\leqslant b \\ &\Delta x=x^1-x^0=g(\alpha^1)-g(\alpha^0), && a\leqslant\alpha^0\leqslant b \end{aligned} \tag{89}$$

我们希望证明：

$$\Delta x\,\Delta\alpha<0,\quad \Delta\alpha\neq 0 \tag{90}$$

由中值定理

$$\Delta x=g(\alpha^1)-g(\alpha^0)=\int_{\alpha^0}^{\alpha_1}g'(\alpha)d\alpha=g'(\epsilon)\Delta\alpha \tag{91}$$

其中 $\epsilon=\alpha^0+\theta(\alpha^1-\alpha^0),\quad 0<\theta<1$

但是由于导数 g' 在这个确定的区间上处处为负，因而对于 $\alpha=\epsilon$ 亦必为负。所以 Δx 和 $\Delta\alpha$ 具有相反的符号，因为

$$\Delta x\,\Delta\alpha=g'(\epsilon)(\Delta\alpha)^2<0 \tag{92}$$

这个结果在直观上是明显的。如果从某个给定的点开始，一条曲线总在下降，并且假定它是连续的，那么我们就不应当期望在一个有限的距离之后它会上升。

上面的证明基于这样一个假设，即导数明确地处处为负。正如我们已经看到的那样，这时常是一个可以容许的假设。但是对于那些已知导数只在一个点上明确地为负的场合又怎样呢？因此，

$$g'(\alpha^0)<0,\quad a<\alpha^0<b \tag{93}$$

关于有限变动我们能说些什么吗？我们的回答是肯定的。可以证明：对于小于某个可指定量的 α 的所有有限变动，都存在着在相反方向上的 x 的相应有限变动。

根据假设 $g'(\alpha)$在给定的区间上是连续的，当然它在 α^0 上也一定是连续的。所以，根据连续性的基本定义，存在 α^0 的一个邻域，在这个邻域里 $g'(\alpha)$总为负，即

$$g'(\alpha)<0, \quad |\alpha-\alpha^0|<h \tag{94}$$

因而，根据我们前面的定理

$$\Delta x\Delta\alpha=(x-x^0)(\alpha-\alpha^0)<0, \quad |\alpha-\alpha^0|<h \tag{95}$$

最后这个定理的含义是很重要的。为了使得所有的有限变动的结果是明确的，必须确定瞬时导数在每个地方的符号。因为如果导数改变符号，就会有可能发现相反的有限变动。

迄今为止，我们一直假设我们的均衡方程能使我们得出用参数表示的未知数的唯一的解。在什么条件下这才是可能的呢？我们马上就会看到即使在那些把均衡条件定义为一个极大值问题的结果的地方，仍然存在着有多个相对极大值位置的可能性。在什么条件下我们能得到我们的隐方程的一个唯一的显性解？如果多解是可能的怎么办？

假设隐方程为

$$f^i=f_{x_i}(x_1,\cdots,x_n,\alpha_1,\cdots,\alpha_m)=0, \quad (i=1,\cdots,n) \tag{96}$$

并且有一组值$(x_1^0,\cdots,x_n^0,\alpha_1^0,\cdots,\alpha_m^0)$满足这些方程。根据隐函数定理①我们知道在围绕$(x_1^0,\cdots,x_n^0,\alpha_1^0,\cdots,\alpha_m^0)$的一个邻域里，存在着一个而且是唯一的一个显性解，其形式为：

$$x_i=g^i(\alpha_1,\cdots,\alpha_m), \quad (i=1,\cdots,n) \tag{97}$$

如果在这个区域里下列函数行列式不为 0，

① 参见任何一本《高等微积分》。

$$H=|f_{x_ix_j}|=\begin{vmatrix} f_{x_1x_1} & f_{x_1x_2} & \cdots & f_{x_1x_n} \\ f_{x_2x_1} & f_{x_2x_2} & \cdots & f_{x_2x_n} \\ \vdots & \vdots & & \vdots \\ f_{x_nx_1} & f_{x_nx_2} & \cdots & f_{x_nx_n} \end{vmatrix} \neq 0 \qquad (98)$$

由于我们将主要考虑严格极大值的选择问题，我们可以假定在均衡点上：

$$(-1)^n H^0=(-1)^n|f^0_{x_ix_j}|>0 \qquad (99)$$

假定这个表达式处处为正，我们可以肯定只有一个唯一的均衡。当然这是充分条件，而不是必要条件。

然而，假定这个海赛行列式在经济上许可的范围内改变有限次符号。那么(97)中的函数就是具有有限分支的多值函数。它们中的某些函数由于不构成极大值位置而可以立即排除掉，即，对于它们

$$(-1)^n H<0 \qquad (100)$$

仅仅参照我们最初的极大值问题从剩下的分支中进行选择是可能的。设$(x_1^1,\cdots,x_n^1)$，$(x_1^2,\cdots,x_n^2)$，…是对应于一个预先给定的(96)的多值解集合$(\alpha_1,\cdots,\alpha_m)$。我们保留那个(或那些)使得 f 为最大的集合。通常地，除有限个数目的点之外，这可以用来把 x 定义为 α 的单值函数。在这些点上是否包括其他可能的解是无关紧要的。

概括地说这种多个均衡的可能性并不产生严重的困难。所有定性结论仍然成立。为了说明这一点，让我们在充分的一般性上考虑这个问题。设

$$z=f(x_1,\cdots,x_n,\alpha_1,\cdots,a_n)=\theta(x_1,\cdots,x_n)$$
$$+B^1(x_1,\alpha_1)+B^2(x_2,\alpha_2)+\cdots+B^n(x_n,\alpha_n) \quad (101)$$

考虑我们参数的一组预先给定的值$(\alpha_1^0,\cdots,\alpha_n^0)$以及我们未知数相应的一组最优值$(x_1^0,\cdots,x_n^0)$，并假定它必定是唯一的。那么根据极大值的定义

$$f(x_1,\cdots,x_n,\alpha_1^0,\cdots,\alpha_n^0)\leqslant f(x_1^0,\cdots,x_n^0,\alpha_1^0,\cdots,\alpha_n^0) \quad (102)$$

其中$(x_1,\cdots,x_n)$取任何值。为了简单起见，它可以写成：

$$f(X,\alpha^0)-f(X^0,\alpha^0)\leqslant 0 \quad (103)$$

考虑我们未知数的预先给定的一组任意其他值$(\alpha_1^1,\cdots,\alpha_n^1)$以及相应的一组最优值$(x_1^1,\cdots,x_n^1)$，那么

$$\begin{aligned} f(X^1,\alpha^1)-f(X^0,\alpha^1)&\geqslant 0 \\ f(X^0,\alpha^0)-f(X^1,\alpha^0)&\geqslant 0 \end{aligned} \quad (104)$$

把两边相加，我们得到

$$[f(X^1,\alpha^1)-f(X^0,\alpha^1)]-[f(X^1,\alpha^0)-f(X^0,\alpha^0)]\geqslant 0 \quad (105)$$

根据定积分的定义，它可以写成：

$$\sum_1^n\int_{x_i^0}^{x_i^1}[f_{x_i}(x_1,\cdots,x_n,\alpha_1^1,\cdots,\alpha_n^1)$$
$$-f_{x_i}(x_1,\cdots,x_n,\alpha_1^0,\cdots,\alpha_n^0)]dx_i\geqslant 0 \quad (106)$$

再根据这个定义，这个式子可以进一步地变换成：

$$\sum_1^n\sum_1^n\int_{x_i^0}^{x_i^1}\int_{\alpha_j^0}^{\alpha_j^1}f_{x_i\alpha_j}(x_1,\cdots,x_n,\alpha_1,\cdots,\alpha_n)dx_i d\alpha_j\geqslant 0 \quad (107)$$

但是根据(101)

$$\begin{aligned} f_{x_i\alpha_j}&=B^i_{x_i\alpha_j}\equiv 0 \quad (i\neq j) \\ f_{x_i\alpha_i}&=B^i_{x_i\alpha_i} \end{aligned} \quad (108)$$

因而

$$\sum_{1}^{n}\int_{x_i^0}^{x_i^1}\int_{\alpha_i^0}^{\alpha_i^1} f_{x_i\alpha_i}(x_1,\cdots,x_n,\alpha_1,\cdots,\alpha_n)dx_i d\alpha_i \geqslant 0 \quad (109)$$

由中值定理,它可以写成

$$\sum_{1}^{n}\overline{f_{x_i\alpha_i}}\Delta x_i \Delta\alpha_i \geqslant 0 \quad (110)$$

其中 $\overline{f_{x_i\alpha_i}}$ 是在一个中点上计算出来的值。如果我们仅仅考虑第 k 个参数的变动,而其他参数保持不变,这个式子就变成

$$\overline{f_{x_k\alpha_k}}\Delta x_k \Delta\alpha_k \geqslant 0, \quad (k=1,\cdots,n) \quad (111)$$

所以,如果我们的标准的符号处处都是确定的,即

$$f_{x_k\alpha_k}=B^k_{x_k\alpha_k}<0, \quad (k=1,\cdots,n) \quad (112)$$

那么,

$$\Delta x_k \Delta\alpha_k \leqslant 0, \quad (k=1,\cdots,n) \quad (113)$$

这就证明,对于有限变动来说,多值均衡并不改变我们结论的确定性。它也表明我们在前几节中用来决定瞬时变动率的确定性的标准可以加以一般化来决定有限变动的确定性。事实上,经过一个适当的极限过程,我们在前面关于瞬时变动率的定理可以作为这个更一般的分析的特殊情形而推导出来。

如果 $\Delta\alpha \neq 0$ 而且这里的极大值是一个严格的极大值,我们就可以去掉其中的等号。注意在这个证明中我们并不要求 θ 为连续的,而仅仅要求 B^i 是连续的并具有所要求阶的导数。后面在考虑一个厂商的生产函数的不连续性时就会显示出这一点极其重要。

一个很重要的情形是 z 采取下列形式:

$$z=\theta(x_1,\cdots,x_n)-\sum_1^n\alpha_i x_i \tag{114}$$

那么,

$$\theta(x^1)-\sum_1^n\alpha_i^1x_i^1\geqslant\theta(x^0)-\sum_1^n\alpha_i^1x_i^0 \tag{115}$$

$$\theta(x^0)-\sum_1^n\alpha_i^0x_i^0\geqslant\theta(x^1)-\sum_1^n\alpha_i^0x_i^1 \tag{116}$$

相加并合并同类项,我们得到

$$\sum_1^n(\alpha_i^1-\alpha_0^i)(x_i^1-x_i^0)\leqslant 0 \tag{117}$$

或者,

$$\sum_1^n\Delta\alpha_i\Delta x_i\leqslant 0 \tag{118}$$

如同我们把我们的方法直接运用到有限变动的场合所作的说明那样,让我们再回过来考虑在一个纯粹竞争的市场中具有一条给定的总成本函数的厂商。对于一个预先给定的价格 p^0,这个厂商供应一个给定的产出 x^0(不必是唯一确定的,因为厂商在两个或多个产出之间的选择可能是无差别的)。因为对于这个产出,利润在一个极大值上,所以

$$[p^0x^1-C(x^1)]-[p^cx^0-C(x^0)]\leqslant 0 \tag{119}$$

其中 x^1 可以为任何产出,特别地它可以为适应于第二种价格 p^1 的产出,使得:

$$[p^1x^0-C(x^0)]-[p^1x^1-C(x^1)]\leqslant 0 \tag{120}$$

相加后我们得到

$$\Delta p\Delta x=(p^1-p^0)(x^1-x^0)\geqslant 0 \tag{121}$$

并且对于 $\Delta x \neq 0, \Delta p \neq 0$

$$\Delta p \Delta x > 0 \tag{122}$$

对于这个分析，成本曲线不必要是连续的，也不必要是产生一个唯一的最优产出的形式。边际成本曲线在许多点上可能不确定，具有拐点并且多次上下波动。

解析函数*

在那些 z 是 x 及参数 α 的解析函数的场合中，可以用 $\Delta\alpha$ 的一个无穷幂级数来计算有限变动，它的系数依赖于 z 在均衡的初始位置上的所有各阶偏导数。即

$$\Delta x_i = \sum_1^n \left(\frac{dx_i}{d\alpha_j}\right)^0 \Delta\alpha_j + 1/2 \sum_1^n \sum_1^n \left(\frac{d^2 x_i}{d\alpha_j d\alpha_k}\right)^0 \Delta\alpha_j \Delta\alpha_k + \cdots$$

$$(i = 1, \cdots, n) \tag{123}$$

系数的一般项为如下形式

$$\left(\frac{d^n x_i}{d\alpha_1^{m_1} \cdots d\alpha_n^{m_n}}\right)^0$$

其中

$$\sum_1^n m_s = n \tag{124}$$

---

* 解析函数（Analytic function）：在实变量 x 的实值函数的情形，$f(x)$在点 $x = x_0$ 处是解析的是指对 x_0 的一个邻域内的 x，$f(x)$可以用 $x - x_0$ 的幂级数表示。如果 $f(x)$定义在 R 的一个开集上，且在定义域内的每个点处都解析，则称 $f(x)$为解析函数。——译者

这些系数可以通过将均衡方程对于 α 进行所需次数的微分而计算出来。如果海赛行列式不为 0，这将产生递归关系，这些递归关系足以使我们用已经计算出来的关于 x 的更低阶导数和更高阶偏导数得到所需要的更高阶导数。

转换为一个极大值问题

在这一章的前面表明了某些好像不涉及极值位置的问题有时可以转换成一个等价的极大值或极小值问题。这样做所得到的便利仅仅是符号上的。因为确定一个极大值位置的条件是否得到满足同必须回答可能提出的任何问题完全需要同样多的知识。而且，还存在着这样的一种危险，即不适当的目的论和规范的福利意义将被归因于如此定义的一个均衡位置。因而，为了避免误解，最好强调，把一个其经济内容并不带有任何人类的、有目的的、极大化行为的问题转换成一个极大化问题，应该看作是仅仅为了尽快地揭示出均衡位置的特性而采用的一种技术上的工具。

可以采用如下方式来阐述我们的问题。给定均衡的初始位置

$$f^i(x_1,\cdots,x_n,\alpha_1,\cdots,\alpha_m)=0,\quad (i=1,\cdots,n) \tag{125}$$

使得我们的未知数用给定参数的函数来决定，即：

$$x_i=g^i(\alpha_1,\cdots,\alpha_m),\quad (i=1,\cdots,n) \tag{126}$$

在什么条件下，集合(125)式可以看作是一个极值问题的解而使得所指出的 n 个均衡轨迹对应于某个函数的、其值为零的偏导数？即是否存在一个函数

$$z=f(x_1,\cdots,x_n,\alpha_1,\cdots,\alpha_m) \tag{127}$$

使得

$$f_{x_i}(x_1,\cdots,x_n,\alpha_1,\cdots,\alpha_m)=0,\quad (i=1,\cdots,n) \tag{128}$$

对每个 i 代表同

$$f^i(x_1,\cdots,x_n,\alpha_1,\cdots,\alpha_m)=0\quad (i=1,\cdots,n) \tag{129}$$

相同的轨迹?

现在可以用无穷多种方式来代替这同一个隐函数而不改变它所表示的轨迹。① 因而,我们可望用一种确定无疑的形式代表这些作为我们均衡条件的轨迹。其中的一种方式是依次明确地解出每个变量,

$$x_i=M^i(x_1,\cdots,x_{i-1},x_{i+1},\cdots,x_n),\quad (i=1,\cdots,n) \tag{130}$$

在这些函数上或在函数 f^i 上必须加上什么条件才存在方程(127)和(128)所定义的函数 z?

定义:

$$\lambda_{ij}=-\left(\frac{dx_i}{dx_j}\right)_i^0=-\left(\frac{\partial M^i}{\partial x_j}\right)^0=\left(\frac{f_j^i}{f_i^i}\right)^0 \tag{131}$$

我们可以明确决定这些 λ 而不用函数 f 来表示。一般地,

$$\lambda_{ij}\neq\lambda_{ji}$$

如果存在一个函数 z,其值为零的偏导数等价于方程(125),那么

$$\lambda_{ij}=\frac{f_{ij}^0}{f_{ii}} \tag{132}$$

而且对下面三个一组式子中的每个可能的形式

$$\lambda_{ij}\lambda_{jk}\lambda_{ki}=\frac{f_{ij}^0f_{jk}^0f_{ki}^0}{f_{ii}^0f_{jj}^0f_{kk}^0}=\frac{f_{ji}^0f_{kj}^0f_{ik}^0}{f_{jj}^0f_{kk}^0f_{ii}^0}=\lambda_{ji}\lambda_{kj}\lambda_{ik} \tag{133}$$

① 例如,$(f^i)^2=0(i=1,\cdots,n)$或 $F(f^i)=0$ 其中 $F(0)=0,F(a)=0,a\neq0$。

因为对所有可能的对子，$f_{ij}=f_{ji}$。

这些条件是必要条件。它们并不是对$(x_1,\cdots,x_n)$的所有值都是恒等式，而仅仅对于那些满足

$$f^i(x_1,\cdots,x_n)=0,(i=1,\cdots,n)$$

的$(x_1,\cdots,x_n)$才如此，即它们只在点$(x_1^0,\cdots,x_n^0)$①上才成立。不应当把它们与第五章的可积性条件混淆起来。虽然是必要的，但它们可能是不充分的。在不同的高阶导数之间可以发现可能完全相似的点的相互关系。如果所有这些都成立，或许就能达到充分条件的一个完全集合。

如果变量的数目小于3，那么在方程(133)中所给出的关系式就成为空洞的关系式。它总共包括$n(n-1)(n-2)/6$个独立条件。②

正如我们已经看到的那样，把我们的均衡方程表示为某个函数的偏导数是不够的。为了能够推导出确定的定理，我们希望这个函数在一个严格极大值或极小值上。正如数学附录A中的第二节所表明的那样，这要求某个二次式为正定的或为负定的。因

---

① 另外，对于满足r个($<n$)方程$f^i=0$的一个子集的(x)的所有值都定义类似的关系，而对剩下的$(n-r)$个变量这些关系是恒等式。

② 具有n个变量的n个方程$f^i(x_1,\cdots,x_n)=0$的任何非特定集合可以看作等价于一个具有$2n$个变量的函数的一个定态位置。设

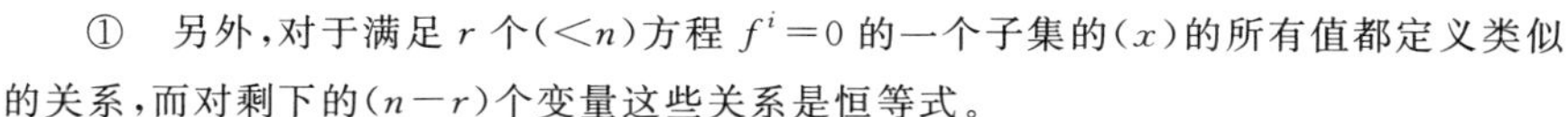

$$F(x_1,\cdots,x_n;x_{n+1},\cdots,x_{n+n})=\sum_1^n f^i(x_1,\cdots,x_n)x_{n+i}$$

其中$dF=0$意味着$f^i(x_1,\cdots,x_n)=0$，正如二阶条件表明的那样这无疑地不是一个极值位置。与一个非特定系统相对应的一个较大集合中的变量的定态值似乎没有任何经济意义。参见伯克霍夫：《动态系统》(纽约，1927)，第33—34页。

而，对于一个极大值和不全为 0 的 h_i

$$\sum_{1}^{n}\sum_{1}^{n} f_{ij}h_ih_j < 0 \tag{134}$$

像在数学附录 A 的第三节所说明的那样，这要求下列不等式成立

$$|f_{11}|<0,\quad \begin{vmatrix} f_{11} & f_{12} \\ f_{21} & f_{22} \end{vmatrix}>0;\quad \begin{vmatrix} f_{11} & f_{12} & f_{13} \\ f_{21} & f_{22} & f_{23} \\ f_{31} & f_{32} & f_{33} \end{vmatrix}<0;\text{等} \tag{135}$$

对于一个严格的极小值，这些行列式都为正。可以很容易地证明两者都等价于下列条件。对互不相等的 i,j,k

$$\begin{vmatrix} 1 & \lambda_{ij} \\ \lambda_{ji} & 1 \end{vmatrix}>0;\quad \begin{vmatrix} 1 & \lambda_{ij} & \lambda_{ik} \\ \lambda_{ji} & 1 & \lambda_{jk} \\ \lambda_{ki} & \lambda_{kj} & 1 \end{vmatrix}>0;\text{等} \tag{136}$$

这说明我们的问题是一个极大值问题还是一个极小值问题并不重要，重要的只是它应当是其中的一个。

作为一个可以任意转换成极大值问题的例子，我们来考虑大量的独立厂商在纯粹竞争的市场上购买同种生产性服务的问题。① 任何厂商对于生产要素的需求可以写成：

$$v_i = r^i(p_1,\cdots,p_n),\quad (i=1,\cdots,n) \tag{137}$$

其中$(v_1,\cdots,v_n)$代表 n 种生产要素各自的数量，$(p_1,\cdots,p_n)$代表它们各自的价格。可以表明：

---

① 霍特林："埃奇沃思的税收悖论及供求曲线的性质"，《政治经济学杂志》第 40 期(1932)，第 577—616 页。考特："企业供求曲线的不变的古典稳定性"，《经济学季刊》，第 46 卷(1941)，第 134—144 页。罗伊(R. Roy)：《效用，选择理论上的贡献》(巴黎，1942)。

$$\frac{\partial v_i}{\partial p_j} \equiv \frac{\partial v_j}{\partial p_i} \tag{138}$$

这里我们把单个需求加起来并用大写字母表示需求总量

$$V_i = \sum v_i = R^i(p_1, \cdots, p_n), \quad (i=1, \cdots, n) \tag{139}$$

由(138)式

$$\frac{\partial R^i}{\partial p_j} \equiv \frac{\partial R^j}{\partial p_i} \tag{140}$$

所以,存在一个函数

$$Z = R(p_1, \cdots, p_n) - (V_1 p_1 + V_2 p_2 + \cdots + V_n p_n) \tag{141}$$

其中

$$\frac{\partial R}{\partial p_i} = R^i(p_1, \cdots, p_n), \quad (i=1, \cdots, n) \tag{142}$$

所以,由(139)式的一般需求方程所表示的均衡条件等价于 Z 在一个相对于 p 的极大值上所推导出来的那些条件,即

$$\frac{\partial Z}{\partial p_i} = R^i - V_i \equiv 0, \quad (i=1, \cdots, n) \tag{143}$$

第四章　成本与生产理论的全面重述

在教科书中所讲授的经济理论时常易于分成只有松散联系的几个部分，诸如生产、价值和分配。这种处理方式无疑有其讲授上的便利之处，但这样做的同时也失去了经济力量的某些根本的统一性和相互依赖性。一个适当的例子是习惯上对每个厂商的成本曲线所作的假设和相对于它的需求条件而论的它的最优产量的决定。只有后者才是所研究厂商的购买生产要素的问题，而它与前面过程的联系时常没有得到清楚的说明。

在这里我想根据前几章的观点来探讨通常所述的厂商的成本曲线，和在背后体现着投入和产出之间的技术关系的生产函数，同时我也想清楚地表明它与决定最优产出这个问题之间的关系。特别地，我将力图推导出所有可能的在操作上有意义的定理。将会发现我们在这里所作的许多讨论既能运用到"不纯粹"竞争中也能应用到"纯粹"竞争中，即不管厂商需求曲线的弹性。通过采用一种合适的记号，从纯粹技术性的观点上看，考虑具有任何数目的生产要素的情形同考虑只有一两个生产要素的情形一样容易。

问题的表述

在开始，我们完全忽略厂商收益这一方面。我们假定由技术上的考虑所给定的产出的极大值数量 x 可以由任意给定的一组投入 $(v_1,\cdots,v_n)$ 生产出来。这种可能性的序列就是生产函数并且可以写成：

$$x=\varphi(v_1,\cdots,v_n) \tag{1}$$

一般地，对于每组投入都存在一个产出的极大值，因而这个函数是单值的，并且一开始就假定它具有所希望各阶连续偏导数。而且，边际物质生产力不可能为负，否则，产出就不可能为极大值因为从同一组要素中去掉无用的要素可以改进产出。无论如何，在我们考虑中的一个适当的区域内，我们有

$$\varphi_i \geqslant 0, \quad (i=1,\cdots,n) \tag{2}$$

其中 φ_i 是一种习惯上的记法：

$$\varphi_i=\frac{\partial x}{\partial v_i}=\text{边际物质生产力(的程度)}$$

相似地，我们定义：

$$\varphi_{ij}=\frac{\partial^2 x}{\partial v_i \partial v_j}$$

另外还假定相对于每种要素市场每个厂商是很小的，因此它们在各个要素价格 $(w_1,\cdots,w_n)$ 上能够买到无限数量的各种要素。

就定义而论，厂商的总成本可以写成各个投入项的成本与独立于购买特定的投入和产出的其他成本的和，即

$$C=A+\sum_1^n w_i v_i \tag{3}$$

其中 A 代表不随特定的投入和产出而变动的成本(税收，等)。当然，这些固定费用可能为 0。

从经济的直观上对我们的领域进行一番简短的探讨将有助于说明有待研究的问题,然后运用数学分析阐明加在各个函数上的条件。我们的目的是推导出对于每个产出的总成本。更确切地说,在给定生产要素的价格和给定生产函数的条件下,我们的兴趣在于推导出对于每个产出的总成本的极小值。它将是一个形如下式的函数:

$$C=\Delta+\Delta(x,w_1,\cdots,w_n) \tag{4}$$

如果我们把生产要素的价格看作是固定的,C 和 x 之间的关系就是通常的总成本曲线,根据它我们能够推导出平均成本和边际成本曲线。

问题出现在(3)和(4)之间的关系上。很显然,同一个产出可以由生产要素的无穷个组合生产出来,因而没有其他方面的考虑就不可能唯一地决定对于每个产出的总成本。根据目前的考虑,对于每个产出的总成本是一个极小值,因此我们的不确定性就消失了。为了生产一个给定的产出,在所有可能的投入组合中,我们选择那个使得在(3)式中定义的总成本极小化的组合。换句话说,在给定生产要素价格的条件下,对于一个预先给定的产出,对每个生产要素都存在一个最优值,即

$$v_i=f^i(x,w_1,\cdots,w_n),\quad (i=1,\cdots,n) \tag{5}$$

把它代进(3)式,我们有

$$\begin{aligned} C &= \Delta+\sum_1^n w_i f^i(x,w_1,\cdots,w_n) \\ &= A+\Delta(x,w_1,\cdots,w_n) \end{aligned} \tag{6}$$

从而揭示出了(3)和(4)之间的关系。

探讨函数(4)和(5)的特性是本书意图的一部分。固然,理论经济学不讨论函数的特殊形式(例如,多项式等等)。但是,它关心各种函数的一般特点,即它们的斜率、曲率等。在这个例子中,我们对这些函数的下列特性感兴趣:

$$\frac{\partial C}{\partial x},\frac{\partial^2 C}{\partial x^2},\frac{\partial C}{\partial w_j},\frac{\partial^2 C}{\partial x \partial w_j} \tag{7}$$

即产出或生产性服务的价格的变动如何影响总成本和边际成本?它依赖于生产函数的哪些特性?

我们也对下面的这些感兴趣:

$$\frac{\partial v_i}{\partial w_i},\frac{\partial v_i}{\partial w_j},\frac{\partial v_i}{\partial x} \tag{8}$$

即一种生产性服务的需求对它本身的价格变动的反应是什么?对另一种要素的价格变动的反应是什么?对产出变动的反应是什么?

很显然,这些是重要的理论问题,但是十分奇怪的是,在文献中却没有出现对其中某些问题的回答。下一节我将从数学上计算这些式子的值,并对结果进行总结。我们将发现,在十分一般的假设下,这些微分的符号不仅向我们显示出对于充分小的有限变动的变化方向,而且也向我们显示出对于任何程度的有限变动的变化方向。

均衡的条件

到目前为止,我们仅仅运用了数学记号。由于这样做,问题得到了更清楚的表述,在许多经济问题中这已不止是一半的工作。

现在剩下阐述从(1)和(3)推导出(4)和(5)的过程。

我们的问题是使得下式极小化

$$C = A + \sum_{1}^{n} w_i v_i \tag{9}$$

约束于

$$\varphi(v_1, \cdots, v_n) = \bar{x} = \text{常数} \tag{10}$$

数学上,这是一个约束极小值问题,而且我们可以利用拉格朗日(未确定的)乘子方法。我们定义一个新函数

$$G = A + \sum_{1}^{n} w_i v_i - \lambda[\varphi(v_1, \cdots, v_n) - \bar{x}] \tag{11}$$

其中$(-\lambda)$为拉格朗日乘子,在后面我们将阐明它的经济含义。G可以看成是由所有作为自变量的投入的一个函数。对于一个适切的相对极小值必须有:

$$\frac{\partial G}{\partial v_i} = 0 = w_i - \lambda \varphi_i, \quad (i = 1, \cdots, n) \tag{12}$$

它们可以写成

$$\frac{1}{\lambda} = \frac{\varphi_1}{w_1} = \frac{\varphi_2}{w_2} = \cdots = \frac{\varphi_n}{w_n} \tag{13}$$

这就是著名的经济定理:对于任意给定的产出,为了使得总成本在一个极小值上,花费在各种用途上最后一元的边际生产力$(1/\lambda)$必须相等。换句话说就是任何要素的边际物质生产力必须比例于使用它时支付的价格,比例因子为λ。[①] 注意这个条件独立于厂商的收益曲线并且必定在成本曲线上的每一点都成立,而不仅仅在

① 后面将表明λ等于边际成本,即$\partial C/\partial x$。

最优产出这个最终点上成立。

假设成立目前所讨论的特定的二阶条件，那么(12)式中的几个方程和(10)中的一个方程就足以决定用 x 和作为参数的要素价格($w_1,\cdots,w_n$)来表示的($n+1$)个未知数($v_1,\cdots,v_n,\lambda$)中的每一个。因而，这些极小化条件就隐含地确定了我们的方程(5)。

一个人很可能会问采取这种形式的有利之处是什么。表面上，我们用对最终条件的间接说明代替了它的直接说明。但是，同时这也是所有完善的经济理论的象征，我们正在力图推导出假设资料的结果。而且(根据假设)我们确实十分了解(12)式中的函数。仅仅说明(4)和(5)中的关系是徒具形式和空洞的议论。运用(12)式，我们能够在它们上面加上明确的限制并且知道它们的一般特性。

现在还存在着纯粹数学上的问题：把我们的假设转换成函数(4)和(5)的条件，并计算它们分别在(7)和(8)中所指定的偏导数。

二阶极值条件

为了做到这一点，首先我们必须说明我们所了解的、在(12)式中所定义的条件的所有内容，尤其是对于一个适切的、相对的约束极小值的二阶重要条件。显然，对于一个预先给定的 x，为了使得总成本是一个极小值，产生那个预先给定的产出数量的所有可能的投入轨迹(等产量面)必须与导致这个总成本的所有可能的投入轨迹(等成本面)相切。当然，这还不够。为了使得等产量面与等成本面的接触点代表一个真正适切的极小值，等产量面还必须在每个方向上凸向原点。它与消费者的偏好理论的相似之处就显示了这一点。如果我们不把问题说成是对于一个预先给定的产出使其总成本极小化,而是把它作为对于任意的预先给定的总支出使其产出极大化的等价形式,就可以更清楚地说明这一点。

在数学上,我们的二阶条件是,

对于: $$\sum_{1}^{n} \varphi_i \xi_i = 0$$

以及不全为 0 的 ξ_i

$$\sum_{1}^{n} \sum_{1}^{n} \varphi_{ij} \xi_i \xi_j < 0 \tag{14}$$

考虑加边行列式:

$$D = \left| \begin{array}{c|c} \varphi_{ij} & \varphi_j \\ \hline \varphi_j & 0 \end{array} \right| = \begin{vmatrix} \varphi_{11} & \varphi_{12} & \cdots & \varphi_{1n} & \varphi_1 \\ \varphi_{21} & \varphi_{22} & \cdots & \varphi_{2n} & \varphi_2 \\ \vdots & \vdots & & \vdots & \vdots \\ \varphi_{n1} & \varphi_{n2} & \cdots & \varphi_{nn} & \varphi_n \\ \varphi_1 & \varphi_2 & \cdots & \varphi_n & 0 \end{vmatrix} \tag{15}$$

以及相应的主子式:

$$D^{12} = \begin{vmatrix} \varphi_{11} & \varphi_{12} & \varphi_1 \\ \varphi_{21} & \varphi_{22} & \varphi_2 \\ \varphi_1 & \varphi_2 & 0 \end{vmatrix}$$

$$D^{123} = \begin{vmatrix} \varphi_{11} & \varphi_{12} & \varphi_{13} & \varphi_1 \\ \varphi_{21} & \varphi_{22} & \varphi_{23} & \varphi_2 \\ \varphi_{31} & \varphi_{32} & \varphi_{33} & \varphi_3 \\ \varphi_1 & \varphi_2 & \varphi_3 & 0 \end{vmatrix};\text{等} \tag{16}$$

众所周知，[①](14)意味着任一这样的 m 阶子式必定具有符号 $(-1)^{m-1}$，反过来说即：

$$(-1)^{m-1}D^{12\cdots(m-1)}>0,\quad (m\leqslant n+1) \tag{17}$$

特别地，

$$\varphi_{ii}\varphi_j^2-2\varphi_{ij}\varphi_i\varphi_j+\varphi_{jj}\varphi_i^2<0;\text{等},(i\neq j)$$

注意这个条件未必意味着或要求边际物质生产力递减律成立。[②]

在文献中不常提到这些二阶条件。把它们包括在这里并不是为了典雅或完整，而是因为它们与我们所讨论的问题完全有关，而且我们所有的结论都依赖于它们。

均衡的移动

现在我们有可能用紧凑的形式推导出我们的因变量$(v_1,\cdots,v_n)$相对于变量$(x,w_1,\cdots,w_n)$变化的变化率。对这些条件的数学推导不感兴趣的读者可以参阅在本节的结尾对结果所作的一个总结。首先我们写出均衡方程(12)和(10)的全微分。

$$\sum_1^n\varphi_{ij}dv_j+\frac{\varphi_i}{\lambda}d\lambda=\frac{dw_i}{\lambda},\quad (i=1,\cdots,n) \tag{18}$$

$$\sum_1^n\varphi_j dv_j=dx$$

① 比较 H. 霍特林的“有限预算的需求函数”，《计量经济学杂志》1935 年，第 66—78 页。

② 这里我假定这些二阶条件不仅在极小值点成立，而且也处处成立。在数学上，这保证了我们均衡的唯一性，因为这个较强的假设明确地排除了多个相对极小值。

它们是$(n+1)$个具有$(n+1)$个未知数$(dv_1,\cdots,dv_n)$的线性方程，并且可以用行列式的形式解出它们：

$$dv_k=\frac{\sum_1^n \frac{dw_i}{\lambda}\Delta_{ik}+dx\,\Delta_{n+1,k}}{\Delta} \tag{19}$$

其中

$$\Delta=\begin{vmatrix} \left.\varphi_{ij}\right| & \frac{\varphi_i}{\lambda} \\ \varphi_j & 0 \end{vmatrix} \begin{vmatrix} \varphi_{11} & \varphi_{12} & \cdots & \varphi_{1n} & \frac{\varphi_1}{\lambda} \\ \varphi_{21} & \varphi_{22} & \cdots & \varphi_{2n} & \frac{\varphi_2}{\lambda} \\ \vdots & \vdots & & \vdots & \vdots \\ \varphi_{n1} & \varphi_{n2} & \cdots & \varphi_{nn} & \frac{\varphi_n}{\lambda} \\ \varphi_1 & \varphi_2 & \cdots & \varphi_n & 0 \end{vmatrix} \tag{20}$$

Δ_{qr} 为第 r 列第 q 行的元素的余子式。

另外，

$$d\lambda=\frac{\sum_1^n \frac{dw_i}{\lambda}\Delta_{i,n+1}+dx\,\Delta_{n+1,n+1}}{\Delta} \tag{21}$$

所以，

$$\frac{\partial v_k}{\partial w_j}=\frac{\Delta_{jk}}{\lambda\Delta} \tag{22}$$

作为一个特例

$$\frac{\partial v_k}{\partial w_k}=\frac{\Delta_{kk}}{\lambda\Delta} \tag{23}$$

另外，

$$\frac{\partial v_k}{\partial x}=\frac{\Delta_{n+1,k}}{\Delta} \tag{24}$$

而且

$$\frac{\partial\lambda}{\partial w_k}=\frac{\Delta_{k,n+1}}{\lambda\Delta} \tag{25}$$

$$\frac{\partial\lambda}{\partial x}=\frac{\Delta_{n+1,n+1}}{\Delta} \tag{26}$$

检查一下行列式 Δ,显然有:

$$\Delta=\frac{1}{\lambda}D \tag{27}$$

还有

$$\Delta_{jk}=\frac{1}{\lambda}D_{jk}=\Delta_{kj}, \quad (j,k=1,\cdots,n) \tag{28}$$

$$\Delta_{j,n+1}=D_{j,n+1}=\lambda\Delta_{n+1,j}, \quad (j=1,\cdots,n) \tag{29}$$

而且

$$\Delta_{n+1,n+1}=D_{n+1,n+1} \tag{30}$$

所以,由(28)式

$$\frac{\partial v_k}{\partial w_j}=\frac{\partial v_j}{\partial w_k} \tag{31}$$

这就是说,**在产出保持不变时,第k个要素相对于第j个要素的价格变动的变动必定等于在产出保持不变时第j个要素相对于第k个要素价格变动的变动**;在直观上这绝不是一个明显的结论。

由(27)和(28)

$$\frac{\Delta_{jk}}{\Delta}=\frac{D_{jk}}{D} \tag{32}$$

但是根据我们在(17)式中的稳定性条件

$$\frac{D_{jj}}{D}<0, \quad (j=1,\cdots,n) \tag{33}$$

所以，

$$\frac{\partial v_j}{\partial w_i}<0, \quad (j=1,\cdots,n) \tag{34}$$

即，当任一给定的要素价格上升，而其他价格保持不变时，生产任意给定的产出总是更少地使用这种要素，根据中值定理，可以证明这对于有限变动也成立。

现在让我们来确定 λ 的经济含义。把(11)重写如下：

$$G=A+\sum_1^n w_i v_i-\lambda[\varphi(v_1,\cdots,v_n)-\bar{x}],$$

并且微分 G，它是带有一个附加项的总成本，我们得到：

$$\frac{\partial G}{\partial x}=\lambda$$

这表明 λ 可能是边际成本。可以用两种方法严格地证明这一点。当然，

$$dC=\sum_1^n w_i dv_i \tag{35}$$

而且

$$dx=\sum_1^n \varphi_i dv_i \tag{36}$$

用(36)除(35)，我们得到

$$\frac{\partial C}{\partial x}=\frac{\sum_1^n w_i dv_i}{\sum_1^n \varphi_i dv_i} \tag{37}$$

将(12)式代入

$$\frac{\partial C}{\partial x}=\frac{\sum_{1}^{n}\lambda\varphi_i dv_i}{\sum_{1}^{n}\varphi_i dv_i}=\lambda(x,w_1,\cdots,w_n) \tag{38}$$

更严格的证明如下：

$$\frac{\partial C}{\partial x}=\sum_{1}^{n}w_i\frac{\partial v_i}{\partial x} \tag{39}$$

把(24)式代入上式

$$\frac{\partial C}{\partial x}=\sum_{1}^{n}w_i\frac{\Delta_{n+1,i}}{\Delta}=\lambda\sum_{1}^{n}\varphi_i\frac{\Delta_{n+1,i}}{\Delta} \tag{40}$$

把 Δ 按最后一行的元素展开

$$\Delta=\sum_{1}^{n}\varphi_i\Delta_{n+1,i} \tag{41}$$

因此，

$$\frac{\partial C}{\partial x}=\lambda\frac{\Delta}{\Delta}=\lambda \tag{42}$$

所以，我们可以把(12)式写成如下形式

$$w_i=\frac{\partial C}{\partial x}\varphi_i \tag{43}$$

因此，可以把它表述为一个定理，对于任意给定的产出，为了使得总成本是一个极小值，每个要素的价格必须等于边际物质生产力乘以边际成本。[①] 不管收益上的考虑如何这仍然成立。

---

① 这一点已经在与此有关的、由瓦伊纳教授发表的演讲中指出过，在这些演讲中，瓦伊纳对于内部与外部边际的关系，作为无穷小的一个替代的宽广的无差别区表现了非凡的洞察力。然而，似是而非的是，正是这个条件成为沃格(Wong)先生著名的覆盖定理的基础。

当然，

$$\frac{\partial \lambda}{\partial x}=\frac{\partial^2 C}{\partial x^2} \tag{44}$$

而且

$$\frac{\partial \lambda}{\partial w_k}=\frac{\partial^2 C}{\partial x \partial w_k} \tag{45}$$

由(24)，(25)或(29)

$$\frac{\partial \lambda}{\partial w_k}=\frac{\partial v_k}{\partial x} \tag{46}$$

或

$$\frac{\partial^2 C}{\partial x \partial w_k}=\frac{\partial v_k}{\partial x} \tag{47}$$

即，任意投入项相对于产出的增长的变动必定等于边际成本相对于那个投入项的价格变动的变动。

回到(26)式，可得

$$\frac{\partial \lambda}{\partial x}=\frac{\partial^2 C}{\partial x^2}=\frac{\Delta_{n+1,n+1}}{\Delta} \tag{48}$$

现在根据(17)和(27)我们知道 Δ 具有符号 $(-1)^n$。另外

$$\Delta_{n+1,n+1}=\begin{vmatrix} \varphi_{11} & \cdots & \varphi_{1n} \\ \vdots & & \vdots \\ \varphi_{n1} & \cdots & \varphi_{nn} \end{vmatrix}=H \tag{49}$$

其中 H 称为生产函数的海赛行列式。所以，显然地，与这个海赛行列式相比，边际成本曲线的斜率必定与之具有相同或相反的符号，视投入项的数目为偶数或奇数而定，即

$$(-1)^n H \frac{\partial^2 C}{\partial x^2}>0 \tag{50}$$

因而，纯粹竞争的稳定性与生产函数的海赛矩阵直接地联系在一起，这也是在直观上不明显的结论。

我也想指出某些其他的结果，而把它们的推导留给有兴趣的读者。考虑方程(5)，

$$v_i = f^i(x, w_1, \cdots, w_n), \quad (i=1, \cdots, n)$$

这些函数是由(10)和(12)式所决定的，

$$x = \varphi(v_1, \cdots, v_n)$$

以及

$$w_i - \lambda \varphi_i = 0, \quad (i=1, \cdots, n)$$

可以把(12)写成如下形式

$$\frac{\varphi_i}{\varphi_1} = \frac{w_i}{w_1}, \quad (i=2, \cdots, n) \tag{51}$$

显然，所有的价格在同一比例上的变动将使得(51)的解保持不变。因而，(5)中的函数必定为变量$(w_1, \cdots, w_n)$的零阶齐次式，x 保持不变，即

$$v_i = f^i(x, w_1, \cdots, w_n) = f^i(x, \gamma w_1, \cdots, \gamma w_n), \quad (i=1, \cdots, n) \tag{52}$$

其中 γ 为任意数。因此，根据关于齐次函数的欧拉定理，

$$0 = \sum_1^n w_j \frac{\partial v_i}{\partial w_j}, \quad (i=1, \cdots, n) \tag{53}$$

这可以通过把(22)式代入其中而得到验证。

根据类似的推理，

$$C = A + \sum_1^n w_i \frac{\partial C}{\partial w_i} \tag{54}$$

其中

$$\frac{\partial C}{\partial w_i}=v_i \tag{55}$$

实际上,根据前一章的考虑,可以推导出更一般的条件而把(34)式作为它的一个较小的部分。在价格固定的情况下,对于一个给定的产出,总费用极小化意味着(10)和(12)。而且,在一个真正的极小值上我们必定有:①

对于不全与 w_i 成比例的 ξ_i

$$\sum_1^n \sum_1^n \frac{\partial v_i}{\partial w_j}\xi_i\xi_j<0 \tag{56}$$

考虑行列式

$$G=\frac{\partial(v_1,\cdots,v_n)}{\partial(w_1,\cdots,w_n)}=0=\left|\frac{\partial v_i}{\partial w_j}\right| \tag{57}$$

以及
$$G_{12}=\frac{\partial(v_1,v_2)}{\partial(w_1,w_2)}=\begin{vmatrix}\frac{\partial v_1}{\partial w_1} & \frac{\partial v_1}{\partial w_2}\\ \frac{\partial v_2}{\partial w_1} & \frac{\partial v_2}{\partial w_2}\end{vmatrix}$$

$$G_{123}=\frac{\partial(v_1,v_2,v_3)}{\partial(w_1,w_2,w_3)};\text{等等} \tag{58}$$

那么每一个这样的 m(小于 n)阶主子式为负定抑或正定,将视 m 为奇数抑或偶数而定,即

$$(-1)^m G_{12\cdots m}>0,\quad G_{12\cdots n}=G=0 \tag{59}$$

特别地,

$$\frac{\partial v_j}{\partial w_j}<0;\frac{\partial v_j}{\partial w_j}\frac{\partial v_k}{\partial w_k}-\left(\frac{\partial v_j}{\partial w_k}\right)^2>0;\text{等} \tag{60}$$

① 比较第三章,第 30 页,数学附录 A,第 4 节和第 5 节以及第五章第 113—116 页。

把我们在这一节的结果总结一下或许是适当的：

$$\frac{\partial v_j}{\partial w_j}<0;\frac{\partial(v_j,v_k)}{\partial(w_j,w_k)}>0;\text{等} \qquad (34)\text{和}(59)$$

$$\frac{\partial v_k}{\partial w_j}=\frac{\partial v_j}{\partial w_k} \qquad (31)$$

$$\frac{\partial^2 C}{\partial x\partial w_j}=\frac{\partial v_j}{\partial x} \qquad (47)$$

$$w_i=\lambda\varphi_i=\frac{\partial C}{\partial x}\varphi_i,\quad (i=1,\cdots,n) \qquad (12)\text{和}(42)$$

$$(-1)^n H\ \frac{\partial^2 C}{\partial x^2}<0 \qquad (50)$$

$$\sum_1^n \frac{\partial v_i}{\partial w_j}w_j=0,(i=1,\cdots,n) \qquad (53)$$

$$\frac{\partial C}{\partial w_i}=v_i \qquad (55)$$

$$C=A+\sum_1^n w_i\ \frac{\partial C}{\partial w_i} \qquad (54)$$

边界或顶点极小值

即使生产函数和它的导数是连续的，并且具有适当的凸性来保证一个唯一确定的最优位置，也可能出现令人感兴趣的情形，在这种情形中，某些要素可能完全不会得到使用。这就是说使用其他的要素越多，同时使用这种要素越少，对于给定的产出成本就越低。在这种情形下，均衡的条件并不要求投入在这个要素上最后一元的边际生产力等于投于其他要素上最后一元的边际生产力。

由于负值在经济上是不允许的，因而我们得到的的确是一个边界极小值。所以，均衡条件就是：对于任意的、潜在有用而实际上没有使用的投入，花费在它上面最后一元的边际生产力不能大于花费在所使用的要素上最后一元的边际生产力。①

在数学上，

$$\frac{\varphi_u}{w_u} \leqslant \frac{1}{\lambda} \tag{61}$$

其中第 u 个要素是未使用要素。

当价格 w_u 变动在达到开始使用它时的某个临界水平以前，可能仍然不会使用这种要素，于是这就落到前一节的分析范围中。当然，临界水平可能严重地依赖于经营规模，即产出；以至于在同样的价格下由于增加产出而使这种要素仍然得到使用。②

这样的一种生产要素的需求函数具有如下特性：

$$v_u = f^u(x, w_u, w_1, \cdots, w_n) \tag{62}$$

$$\frac{\partial v_u}{\partial w_u} \equiv 0 \tag{63}$$

在由 $\psi(x, w_u, w_1, \cdots, w_n) < 0$，所决定的某个区域内。

---

① 在 J. W. 吉布斯一篇著名的论文“异种物质的均衡”中对完全相似的均衡系统作了一个令人感兴趣的讨论。《论文集》第一卷，第 55—349 页。

② 这里指出一个相似的情形，某些项目不会列入消费者的预算中直到他的收入增加或它们的相对价格降低到某个临界水平。应当注意到即使存在递增的边际物质生产力情况也可能会发生这里所描述的现象，正如预算状况并不限制边际效用一样。可以在数学上证明这个结果独立于生产（效用）的基数度量。另一个相似的例子是古典的比较成本学说——根据这个学说，如果一个国家在一种产品上完全专业化，均衡是由价格和边际成本之间某种不相等所决定的。

$$\frac{\partial v_u}{\partial w_u}<0 \tag{64}$$

在由 $\psi(x, w_u, w_1, \cdots, w_n)>0$ 所决定的某个区域内。其中 ψ 是由上面描述的所有临界点的轨迹所构成的。

生产函数的不连续性

现在我想去掉这样的假设：生产函数必须为连续的，并在每一点具有连续的偏导数。这个假设受到许多经济学家的诘难，他们断言生产函数在技术上是固定的，某些要素是“有限的”，某些要素“必须在一定的结合比例下才能使用”，等等。许多经济学家试图把这些不连续性——如果是现实世界的真实情况的话——作为分析分配和评价生产要素的严重问题。

在这里我将说明不连续性这个事实并没有给厂商提出任何问题——相反地使得它的任务更容易。作为一个附带的看法，我认为它也没有给分析决定每个厂商所面临的要素的价格这个更广泛的问题造成特殊的困难。像以前一样，这些是由供求一般均衡分析所决定的。①

同以前一样，对于任意给定的一组投入，我们有一条联系着产出极大值的生产函数：

$$x=\varphi(v_1, \cdots, v_n) \tag{65}$$

① 有可能出现这样的情况：在一个有限的区域内，在供求同时没有弹性的特殊场合中，价格可能是不确定的。

完全像我们在第一节所讨论的一样，这个函数必定是单值的。但是，它不必是连续的，也不必在每一点具有偏导数。为了同极大的产出值定义没有矛盾，我们必须有：

$$\Delta\varphi \geqslant 0$$

对于

$$\Delta v_i \geqslant 0, \quad (i=1,\cdots,n) \tag{66}$$

即，当我们一起增加所有的要素时，产出不可能下降，否则生产就不会在下一个位置上达到极大值。

为了确定起见，我假定沿着一个等产量面这个生产函数只有有限个点不具有连续的偏导数。在一个不连续点上，假定它的左右偏导数都存在。当然，在一个不连续点上不存在一个唯一确定的平面与等产量面相切，但是对于所有的与等产量面相切但不相交的平面可以找到有限的方向余弦。我们还假定等产量面是“单凹”面，这在后面将要加以定义。这样定义的生产函数一般地将足以包括生产的固定系数情形，“完全互补的”要素，有限要素等等。

注意所有的投入都应看成是自变量。从来都不是必须在固定的比例上使用它们。事实是如果不这样做或许就无利可图，但这只是经济计算的结果。即使在连续的场合下，给定一定的经济资料，对于每个产出最终必须(考虑获利性)在固定的比例上以及在确定的数量上使用这些要素。在这些情形中所存在的仅有区别是：在不连续的情况中，所要求的最优点可能更加明显而且对于所有的生产要素的价格变动更不敏感。当然我并非极力缩小不连续性。相反地，我想指出一种将同时处理这两种情形的方法的轮廓。

沿着一个等产量面，假定我们具有如下所定义的凸性。考虑在一个等产量面上任意一点，$(v_1^1,\cdots,v_n^1)$。必定存在常数$(\alpha_1^1,\cdots,\alpha_n^1)$（不一定是唯一的）使得：

$$\sum_1^n \alpha_i^1(v_i^2-v_i^1)\geqslant 0 \tag{67}$$

其中$(v_1^2,\cdots,v_n^2)$是沿着同一等产量面的任意其他一点。这仅仅说在每个点上存在一个或不止一个切平面与这个等产量面相切但绝不相交。相似地，在第二个点上存在常数$(\alpha_1^2,\cdots,\alpha_n^2)$，使得：

$$\sum_1^n \alpha_i^2(v_i^1-v_i^2)\geqslant 0 \tag{68}$$

或

$$-\sum_1^n \alpha_i^2(v_i^2-v_i^1)\geqslant 0 \tag{69}$$

(69)加(67)并反号，我们得到：

$$\sum_1^n(\alpha_i^2-\alpha_i^1)(v_i^2-v_i^1)\leqslant 0 \tag{70}$$

因为它们是两个任意点，取一个为固定性，假设为$(v_1^0,\cdots,v_n^0)$，沿着这个等产量面我们必定有：

$$\sum_1^n \alpha_i^0\Delta v_i\geqslant 0 \tag{71}$$

对于　$\varphi(v_1^0,\cdots,v_n^0)=\varphi(v_1^0+\Delta v_1,\cdots,v_n^0+\Delta v_n)$

以及，

$$\sum_1^n \Delta\alpha_i\Delta v_i\leqslant 0 \tag{72}$$

实际上，可以验证为了使得(71)式成立而加在$(\alpha_1^0,\cdots,\alpha_n^0)$上的重要条件是下面的不等式：

$$\frac{\varphi_i^S}{\varphi_1^L} \leqslant \frac{\alpha_i^0}{\alpha_1^0} \leqslant \frac{\varphi_i^L}{\varphi_1^S} \tag{73}$$

其中 φ_i^L 和 φ_i^S 分别为在这个给定的点上左导数和右导数的最大值和最小值。在不存在不连续性的任意一点上，左右导数完全相同，所以，这个不等式就收敛为等式：

$$\frac{\alpha_i^0}{\alpha_1^0} = \frac{\varphi_i(v_1^0, \cdots, v_n^0)}{\varphi_1(v_1^0, \cdots, v_n^0)} \tag{74}$$

上述这些仅仅是阐明凹性的定义。剩下的是阐明它与目前问题的关系。

均衡的条件

假定给定了我们一组价格 $(w_1^0, \cdots, w_n^0)$，对应于这组价格存在一种要素的组合 $(v_1^0, \cdots, v_n^0)$，对于给定的产出它使得总成本极小化。作为我们极小值的一个定义：

对于 $\Delta x = 0, \Delta v_i \gtreqless 0$，有：

$$\Delta C \geqslant 0 \tag{75}$$

换句话说，对于这个等产量面上任意一点，我们必定有：

对于 $\varphi(v_1, \cdots, v_n) = \varphi(v^0, \cdots, v_n^0)$，有：

$$\sum_1^n w_i^0 v_i \geqslant \sum_1^n w_i^0 v_i^0 \tag{76}$$

或者对于 $\varphi(v_1^0 + \Delta v_1, \cdots, v_n^0 + \Delta v_n) = \varphi(v_1^0, \cdots, v_n^0)$，有

$$\sum_1^n w_i^0 \Delta v_i \geqslant 0 \tag{77}$$

根据(73)，这显然意味着：

$$\frac{\varphi_i^S}{\varphi_1^L} \leqslant \frac{w_i^0}{w_1^0} \leqslant \frac{\varphi_i^L}{\varphi_1^S} \tag{78}$$

在极大值上存在连续导数的情形下，我们就得到前一节的条件：

$$\frac{\varphi_i}{\varphi_1} = \frac{w_i^0}{w_1^0} \tag{79}$$

因而，(78)式是把(79)式作为一个特殊情形而包括进去的一般条件。

另外，如果产出保持不变，仍然有可能对生产要素的需求函数加上明确的限制。像以前那样，

$$v_i^0 = f^i(x, w_1^0, \cdots, w_n^0) \tag{80}$$

或

$$\Delta v_i = f^i(x, w_1^0 + \Delta w_1, \cdots, w_n^0 + \Delta w_n) - v_i^0 \tag{81}$$

根据(72)式我们有：

对于 $\Delta x = 0$，有

$$\sum_1^n \Delta w_i \Delta v_i \leqslant 0 \tag{82}$$

假设只有第 k 个要素价格变动。那么(82)式就变成

$$\Delta w_k \Delta v_k \leqslant 0 \tag{83}$$

即，一个要素的价格上升不可能导致更多地使用这种要素。同样地，它的价格下降不可能导致更少地使用这种要素。更一般地，可以将它表述为：任何数目要素的价格变动不可能导致所有这些要素数量在相同的方向上变动；即对于所有的 $\Delta w_j \geqslant 0$ 以及不全大于零的 Δv_j，

$$\sum_1^r \Delta w_j \Delta v_j \leqslant 0, (r \leqslant n) \tag{84}$$

同样,所有的 $\Delta w_j \leqslant 0$ 意味着 Δv_j 不全小于零。

均衡的确定

显然即使在不连续的情况下,成本的极小值也是明确地确定的。厂商的任务更加容易,因为由于成本不在一个极小值点上而受到的惩罚更大也更为明显。想处在一个平滑山丘的顶点需要微妙的平衡和判断。寻找一个是尖端或突梢的极大值要容易得多。而且这样的一个均衡是极其稳定的。有时把它称为"过分稳定的"均衡。为了移动它也许需要价格相当大的变动。在每个要素的增长超过最优比例而不导致产出增加的极限场合,工资可能从 0 波动到无穷而不改变每个产出使用要素的比例。但这个问题仍然是完全决定的。

很奇怪的是许多经济学家陷入这种逻辑混乱之中。经济分析的根本目的是解释一个极小(或极大)值的位置,在这个位置上向任何方向作出一个有限的变动都是不划算的。现在在所有的函数都是连续的情况下,作为达到这个目的一个手段,指出特定的关于微分系数的这样一些等式是可能的,这些等式(与适当的二阶条件一起)将保证对有限变动成立特定的不等式。毫不夸张地说无穷小分析正是同目前所考虑的有限变动分析的应用一起发展起来的。不幸的是方法和目的已经变得混淆起来,这样一来为了能够提出关于边际等同的论断而不断地寻求惯例和技巧。一个适当的例子是马歇尔的边际净生产力。只有在奇异的情况下即生产函数在某个方向上(即对于一定的组合变动)是可微的(具有一定的连续性质)，运用这个方法才是可能的；反之，(78)中的不等式条件永远给出充要条件，而且也包括边际净生产力关系，只要碰巧能够运用这些关系。①

尽管对于接受生产要素的价格的单个厂商来说均衡是确定的，但生产函数的不连续性仍然会在一般均衡问题中引起某些困难，在一般均衡中，所有厂商和个人通过他们的供给和需求相互作用来决定他们中的每一个所面临的价格。由于不连续性可能会引起需求在一定的区间内完全无弹性，因而存在着出现共同缺乏弹性的可能性，无论这种可能性多么遥远，但它终究会导致在某些限定的区间里价格的不确定性。但这已超出了目前讨论的范围。

利润的极大化

现在，我们已经接近于开始大部分的讨论这一点。我们已经看到如何推导出对于每个产出给出最低总成本的要素组合轨迹。但是到目前为止，实际上仍然没有确定所采取的经营规模和产出水平。这只有在面临一组新的考虑时才能确定，它们关系到不同数量的产品能够销售的条件。我假定对于每个产出水平能够保证毛收益总额的极大值数量是一个已知数。它可以写成：

---

① 另一个不适当地运用边际净生产力曲线的例子是由罗宾逊夫人的《不完全竞争经济学》(伦敦：麦克米伦，1933)第20章中的处理所提供的。它在数学上是循环推理；所谓的需求曲线随着一个要素的报酬变动而移动！它是这个事实的必然结果，即它们是作为其他要素的适当数量而出现的。这些适当的数量必定是所有生产要素的价格的一个函数。

$$R=R(x) \tag{85}$$

我们定义利润为总收益和总支出之差的净收益，

$$\pi=\pi(x,w_1,\cdots,w_n)=R(x)-A-V(x,w_1,\cdots,w_n) \tag{86}$$

当利润在一个极大值点上时，产出就是最优的。当所有的函数都可微时，它的必要条件是：

$$\frac{\partial\pi}{\partial x}=\frac{\partial R}{\partial x}-\frac{\partial V}{\partial x}=0 \tag{87}$$

$$\frac{\partial^2\pi}{\partial x^2}=\frac{\partial^2 R}{\partial x^2}-\frac{\partial^2 V}{\partial x^2}\leqslant 0 \tag{88}$$

假定我们有一个真正的相对极大值，那么它们就变成：

$$\frac{\partial R}{\partial x}=\frac{\partial V}{\partial x} \tag{89}$$

$$\frac{\partial^2 R}{\partial x^2}<\frac{\partial^2 V}{\partial x^2} \tag{90}$$

这就是我们所熟悉的定理，即在最优产出上，边际收益曲线必定从上面与边际成本曲线相交。①

不论利润函数在每一点是否有导数，我们的适切的极大值条件是：

$$\Delta\pi<0,\text{对于}\quad \Delta x\gtrless 0 \tag{91}$$

或者：

$$\frac{\Delta R}{\Delta x}<\frac{\Delta C}{\Delta x},\text{对于}\quad \Delta x>0 \tag{92}$$

$$\frac{\Delta R}{\Delta x}>\frac{\Delta C}{\Delta x},\text{对于}\quad \Delta x<0 \tag{93}$$

① 那场著名的成本之争可以解释为对这些条件的意义的讨论。

它通常的经济含义是显然的。[①]

方程(89)给出了一个决定最优产出 x^0 的关系。把这样得到的 x^0 的值代入(5)式中,我们就得到了当给定一条总收益曲线时一组新的生产要素的需求函数

$$v_i = f^i(x^0, w_1, \cdots, w_n) = g^i(w_1, \cdots, w_n),$$
$$(i=1, \cdots, n) \qquad (94)$$

把所有的投入当作独立变量有可能用更为直接的方式推导出产出、投入的位置等。

设

$$\pi(v_1, \cdots, v_n, w_1, \cdots, w_n)$$
$$= R[\varphi(v_1, \cdots, v_n)] - A - \sum_1^n w_i v_i \qquad (95)$$

在一个严格的极大值上

$$\frac{\partial R}{\partial x}\varphi_i - w_i = 0, \quad (i=1, \cdots, n) \qquad (96)$$

并且
$$T = [R_x \varphi_{ij} + R_{xx}\varphi_i\varphi_j]$$
必定构成一个负定的二次型的系数。

(96)中的结论是(43)和(89)式的必然结果,因为对于任意产出,要素价格必定等于边际成本乘以边际物质生产力,另一方面对于最优产出,边际成本等于边际收益。从这 n 个方程中我们能够解

① 在纯粹竞争的情况下,当价格独立于销售量时,这些条件就分别变成:

$$p < \frac{\Delta C}{\Delta x} \quad 及 \quad p > \frac{\Delta C}{\Delta x}$$

也可以证明 $\Delta p \Delta x \geqslant 0$;即如果其他情况不变,价格的上升不会使得供给量减少。因而厂商的供给曲线不可能是负斜率的。

出用 n 个价格表示的、对于 n 个生产要素的需求函数，即(94)式

$$v_i = g^i(w_1, \cdots, w_n), \quad (i=1, \cdots, n)$$

实际上，我们知道，①

$$\frac{\partial v_i}{\partial w_j} = g_j^i = \frac{T_{ij}}{T} \tag{97}$$

其中 T_{ij} 为上述矩阵第 i 行第 j 列的元素的余子式。根据上述二次型的负定性必然可以推知最后的这些方程式必定构成系数的一个负定式，即

$$\frac{\partial v_j}{\partial w_j} < 0; \frac{\partial(g^j, g^k)}{\partial(w_j, w_k)} > 0; \text{等} \tag{98}$$

最纯粹竞争中的不确定性?

如果竞争纯粹在产品和要素市场上，并且生产函数是一阶齐次的，那么矩阵 T 为奇异的就是一个典型事实，除要素的比例性之外，根据第一个假设 T 与生产函数的海赛矩阵完全相同。所以，对于厂商来说，一个真正的极大值是不可能的。如果单位成本固定，并且需求曲线为水平的，那么只存在三种可能性：价格处处大于边际成本，厂商无限地扩大生产是合算的，即直到竞争不再为纯粹竞争为止；或者如果价格小于边际成本，将不会有任何产出；或者，最后如果价格刚好等于边际成本，厂商产出的确切数量就是一个无关紧要的事实。因而，通常所认为的对纯粹竞争是最有利

① 比较 H. 霍特林："埃奇沃思税收悖论和供求曲线的性质"，《政治经济学杂志》，第 60 期，第 577—616 页。

的情形转而导致对每个厂商来说不确定的产出。

不过不应当制造太多的这种矛盾。即使每个厂商的产出可能是不确定的，它们的总和可能是确定的，同样两个不连续的函数之和可能是连续函数。因为，如果许多厂商扩大产出，其他厂商就会削减产出；因为价格会沿着这个产业的需求曲线下降而导致缩减。不过，我们已经讨论过，由于任何一个没有遇到扩张障碍的厂商会继续增加产出直到它成为“市场的一个显著部分”，到那时它就能够影响它的产品价格，竞争就会消失。

这与下面这个熟悉的论点很相似，即可以证明在一个厂商内递减的边际成本将导致垄断。尽管如此，这种相似不过是个假象。因为任何厂商的需求曲线等于这个行业的需求曲线减去剩下的、已经在这个行业中或可能进入这个行业的厂商的供给曲线。正是这种情况可以很容易地表明：在相同的不变成本下，即使厂商出售它全部产品的 99.9%，它的需求曲线仍然是水平的。在几何上，潜在的竞争者的长期供给曲线是水平的，并且一条水平线从侧边减去任何一条曲线必定总是水平线。经济上如果一个厂商为了得到垄断利润而开始限制产出，它就应当停止出售其 99.9% 的产出，甚至一点也不出售。结果，它并不试图这样做，而是像一个纯粹竞争者那样寻求它的行为的最大优势。

因而，隐含在纯粹竞争中的古典假设实际上是一致的这一点仍然正确。瓦尔拉斯和马歇尔极少注意厂商而更多地把注意力放在行业上绝不是偶然的。因为在最纯粹竞争的条件下，前者的边界变得模糊而难以确定，并且也不重要，通过对要素价格的反应，生产要素会调整到在行业中的正确比例和正确总量上。

或许与成本递增的情况相比，行业在更大的程度上容易围绕着它的均衡而波动。不过，一旦偏离均衡位置，产出将趋向于恢复到正确的值上。因而可以说这种均衡是稳定的，即使它表现出某个有限小的主体并不试图使它的产出保持不变。然而，在下面的情况下也同样如此，这里相同的产品在两个市场上的价格正好补偿了把一个单位的产品从一个市场上转移到另一个市场上所必需的运输费用。任何一个套利交易者都没有特殊的理由使他转运的数量比他实际上正在转运的数量更多或更少，甚至也没有特殊的理由使他转运的数量正好是他正在转运的数量。不过均衡仍然是稳定的，因为如果流动的不是恰当的数量，就会改变区域间的价格差别从而使系统恢复到从前的位置上。在高度近视的眼睛看来，鸡尾酒酒杯的杯底就好像是水平的，无疑地可以把它看作是一个居中的平衡。实际上，同任何有限变动所显示的那样，均衡是稳定的。

不连续情形

在生产函数不必是可微的一般的情况下，对于一个极大值我们必然有：

对于 $$\Delta v_i \gtreqless 0, \Delta\pi \leqslant 0 \tag{99}$$

作为它的一个特殊情形，对于一个要素变动而其他要素保持不变的情况，我们必定有：对于

$$\Delta v_i > 0, \Delta v_j = 0$$

$$\frac{\Delta R}{\Delta x}\frac{\Delta x}{\Delta v_i} < w_i \tag{100}$$

对于 $$\Delta v_i < 0, \Delta v_j = 0$$

$$\frac{\Delta R}{\Delta x}\frac{\Delta x}{\Delta v_i} > w_i \tag{101}$$

即无论是向前还是向后移动都是不划算的。

另外，考虑一组给定的要素价格$(w_1^0, \cdots, w_n^0)$，对应于这组价格存在一组要素$(v_1^0, \cdots, v_n^0)$，它给出利润的一个极大值。为了使它成为一个真正的极大值必须有：

$$R\left[\varphi(v_1^1, \cdots, v_n^1)\right] - A - \sum_1^n w_i^0 v_i^1$$

$$\leqslant R\left[\varphi(v_1^0, \cdots, v_n^0)\right] - A - \sum_1^n w_i^0 v_i^0 \tag{102}$$

考虑一组价格$(w_1^1, \cdots, w_n^1)$，对于它，(任意的)点$(v_1^1, \cdots, w_n^1)$是使利润极大化的点。那么

$$R\left[\varphi(v_1^0, \cdots, v_n^0)\right] - A - \sum_1^n w_i^1 v_i^0$$

$$\leqslant R\left[\varphi(v_1^1, \cdots, v_n^1)\right] - A - \sum_1^n w_i^1 v_i^1 \tag{103}$$

现在将(102)和(103)相加再合并同类项，我们得到

$$\sum_1^n (w_i^1 - w_i^0)(v_i^1 - v_i^0) \leqslant 0 \tag{104}$$

或：

$$\sum_1^n \Delta w_i \Delta v_i \leqslant 0 \tag{105}$$

因为只有第 j 个价格的变动，它变成

$$\Delta w_j \Delta v_j \leqslant 0 \tag{106}$$

换句话说，价格下降不可能减少所使用的这种要素。进一步可能

的考虑当然是可以的。

同前面一样，一般的情形比特殊的连续情形要简单一些。而且有限增量方法在数学上并且在下述意义上显得简单：即指出变动的定性方向而不是反过来解出实际上的需求函数是可能的。

这里所运用的方法是物理学中勒夏特利埃原理所基于的方法。根据 E. B. 威尔逊教授的建议，它实质上是一个可以运用于经济学的数学定理，在不增添复杂性和空洞性的条件下得到更高的一般性已成为可能。

对于一个特定的经济理论，认识到它正好包含多少内容是十分重要的。就单个厂商而言，可以说基本事实都隐含在下面的这句话中：在均衡点上，厂商必定没有可以提高其利润的任何变动，即：对于厂商变量可能有的所有变动来说，$\Delta\pi\leqslant 0$。在连续的情形下，隐含微分系数的某些必要关系（边际相等）。另外，对于我们的函数假定某些特定的形式（价格的独立性等）就可能在形式上推导出一个均衡位置的含义（例如，负斜率的需求曲线，正斜率的供给曲线等等）。看起来我们好像不可能有根据地提出比这更多的东西。

均衡的外部条件

到目前为止我们一直在讨论从企业内部要使其利润极大化这个愿望上加在这个均衡上的条件。这已经使我们得到了某些边际不等式。经济学家没有到此为止，而是试图分析由于厂商之间的相互竞争而产生的某些均衡条件。这就是说，他们试图指出每个厂商将会面临的市场状况（障碍）上的条件。特殊地，他们对于决定任一厂商能够获得的利润率感兴趣。

人们时常认为，在“完全”竞争的条件下价格（平均收益）不仅必须等于边际成本，而且也必须等于平均成本从而使净收益为0。但是从来没有认识到这里的第二个条件是与第一个性质完全不同的条件。在这一节里我将试图区别它们。这样做是希望能够把著名的“相加”问题和生产函数的齐次性摆在适当的位置上。

开始时为了避免混淆，我们不使用“完全”竞争这个术语。“纯粹”竞争这个术语我们理解为任何生产者的需求曲线具有无限弹性，即它的销售不影响价格。我们忽略不连续的问题。在这些条件下，均衡的内部条件是边际成本等于边际收益（价格），因而，每个要素的边际物质生产力乘以产品的销售价格应当等于相应的要素价格。

$$\frac{\partial R}{\partial x}=p=\frac{\partial C}{\partial x} \tag{107}$$

$$w_i=\frac{\partial C}{\partial x}\varphi_i=p\varphi_i \tag{108}$$

这些是边际条件，而对所涉及的总量却没有任何说明。同时根据“长期”的定义，在那个时期中可以通过停止经营而避免所有的成本，企业必定不会有负的净收益。作为一个内部条件，我们知道：

$$\pi\geqslant 0 \tag{109}$$

或：

$$R(x)\geqslant \sum_1^n w_i v_i \tag{110}$$

某些作者，通过玩弄一种奇怪的文字游戏，已经能够达到平均成本等于价格这个条件。这种讨论的一个典型形式是这样的：(1)

厂商必定使边际成本等于价格;(2)它也力图使其单位成本极小化;(3)在单位成本的极小值点上平均成本等于边际成本;(4)因而,平均成本必定等于价格(平均收益)而且利润为零。

明确地说,第二个论点显然是错误的。这个文字上的游戏产生于把这个条件,即对于每一个产出总成本和单位成本必定是一个极小值点,同在所有可能的产出中选择那个使平均成本最低的产出这一点混淆起来。第一点隐含着在每种用途上最后一元的边际生产力必定相等这个条件成立。第二点则隐含着(从厂商内部方面考虑)不考虑销售价格而可以确定产出这个条件不成立。

另一方面,某些作者试图这样来论证:(1)根据事物的性质生产函数必定为一阶齐次的;(2)根据欧拉定理必然有:如果要素是"根据边际生产力原则"支付的话,产品必定会分割完毕。

作为在生产理论和成本理论之间缺乏整体性的一个例子,我们发现许多作者在他们已经同意价格等于平均成本而且总收益等于总成本的同时却提出产品是否能分割完毕这个问题。当然,后一个条件仅仅是用另一种方式陈述的前一个条件。

一旦恰当地把问题作为决定每单位的总收益和每单位的总支出之间的关系问题时,它不可能单独地由生产函数的特性来决定这一点应当是相当显然的,实际上,它必定要依赖于厂商的市场状况,反过来市场状况又依赖于其他厂商的竞争。很显然,就单个厂商而言,获得巨大的利润是可能的,这与生产函数的齐次性无关。这个条件既不是产品分割的必要条件也不是其充分条件。如果生产函数是齐次的,而需求又是充分有利的话,产品当然不可能被分割完——即使在纯粹竞争的条件下。

生产函数的齐次性问题是一个引起了许多争论的问题。长期以来在哲学的基础上坚持认为产品必定是所有变量的一个一阶齐次函数，如果不是这样，那么必定是因为“不可见性”，或者是因为没有把所有的“要素”考虑进去。关于第一点，显然把缺乏齐次性说成是由于不可见性没有使问题有丝毫的改变，而仅仅断言确实存在不可见性和缺乏齐次性。

至于第二点，我们可以回到亚里士多德的名言，并且断言任何事物必定自明（“哲学上”）且直观上为真——即，根据所涉及的术语的习惯上的定义——这样的一个原理可以没有任何经验上的内容即（所有的要素增加一倍必定使产品增加一倍）。是一个在科学上没有意义的断言。之所以如此并不是因为我们没有能力进行一次这样的实验；这样的一个目标当然是毫不相干的。这个论断之所以没有意义是因为在下述意义上它从来不能受到驳斥：即没有假设上可以想象的实验能够驳斥所提出来的原理。之所以这样是因为如果产品不能增加一倍，一个人总可以得出结论说某些要素是“稀缺的”。①

我相信，完全避免使用“生产要素”这个术语是有益的。这个术语至少在两种意义上使用着，而没有一个是相当满意的。一方面，它被用来表示诸如“劳动、土地和资本”的广泛的组合数量。另

① 一个具有 n 个变量的无论是什么样的函数都可以看作一个更大的、具有 n 个以上变量的、一阶齐次函数的一个子集。这是因为，对于一个任意的函数这种一般性毫无用处。例如，球的体积不是半径的一个齐次函数，可以定义一个新的因素用它的“稀缺性”来解释这个事实。像逻辑上可以由之推导出每个前提的一个错误前提一样，这种超一般性使得这样的一般惯例毫无用处。

一方面，它被用来表示对生产有某种影响的任一方面。我建议只有“投入”才应当明确地包括在生产函数中，而且这个术语应当仅仅限于表示数量上可度量的经济产品或服务。生产函数必须与一个特定的组织(会计，决策单位等等)联系起来，而且必须作为与这个单位有关的某个唯一的项目的函数。其他的定义当然是可能的，但是我们前面的条件显然不可能用它们表示出来。

如此定义的生产函数不必是一阶齐次的。如果真的是齐次的，边际成本将永远是常数。[①] 前面提到的许多作者在假定生产函数的齐次性同时假定 U 形的成本曲线，这显示了我们在前面所提到的缺乏理论的整体性。

实际上经济学家们不是在哲学的基础上去假定齐次性，而是因为他们担心如果他们不这样做就会出现矛盾从而损害边际生产力理论。正如后面将要指出的那样，这不过是一个误解。

可以把我们的讨论局限在总成本和总收益之间的关系上。那么我们就可以指出边际生产力理论。

显然，厂商使得平均总收益等于平均支出并不是出于它自己的意图，虽然从长期看，它可能通过停业而阻止平均收益低于平均成本。

只有通过新的厂商的竞争才能使得厂商的需求曲线向下移动从而使得利润的极大值在一个全部总收益等于总支出的点上。

为了后面的研究我们保持需求曲线这样移动的条件，我们来

① 根据欧拉关于齐次函数的一般化定理，必须有一阶齐次函数的海赛行列式恒为0。显然在这些条件下一个处于纯粹竞争中的厂商的稳定的均衡是不可能的。

探讨净收益为零这个假设的含义。给定：

$$\frac{\partial R}{\partial x}=\frac{\partial C}{\partial x} \tag{111}$$

以及

$$\pi=R-C=0 \tag{112}$$

必然有：需求曲线与总的单位成本曲线相切。

在纯粹竞争的条件下，需求曲线是一条水平线，并且在关于成本曲线形状的传统假设下，切点将在一个唯一的点上，即在平均成本极小值点上。这是下面这个事实的必然结果，即：平均成本必然等于边际成本，同时后者正在上升。

$$\frac{\partial R}{\partial x}=p=\frac{\partial C}{\partial x}=\frac{C}{x}=\text{平均成本的最小值}^{①} \tag{113}$$

当然，根据假设

$$px=\sum_{1}^{n}w_i v_i \tag{114}$$

而且

$$w_i=\frac{\partial C}{\partial x}\varphi_i=p\varphi_i \tag{115}$$

所以，

$$x=\sum_{1}^{n}\varphi_i v_i \tag{116}$$

① 在一个极小值点上，

$$\frac{\partial\left(\frac{C}{x}\right)}{\partial x}=0=\frac{x\frac{\partial C}{\partial x}-C}{x^2}\text{且}\frac{\partial^2\left(\frac{C}{x}\right)}{\partial x^2}=\frac{\frac{\partial^2 C}{\partial x^2}}{x}-2\frac{x\frac{\partial C}{\partial x}-C}{x^3}>0;$$

即：

$$\frac{\partial C}{\partial x}=\frac{C}{x}\text{，且}\frac{\partial^2 C}{\partial x^2}>0\text{。}$$

表面上看起来它很像欧拉定理，但实际上它不是。因为欧拉定理是一个恒等式并且应当写成：

$$x \equiv \sum_{1}^{n} \varphi_i v_i \tag{117}$$

而前一个式子仅仅是均衡的一个条件，只在单个产出上成立。

另外在需求曲线为负斜率的情况下，我们就得到更一般的形式

$$x = \frac{\frac{\partial R}{\partial x}}{p} \sum_{1}^{n} \varphi_i v_i \tag{118}$$

这个公式不同于瓦尔拉斯、维克塞尔和希克斯的公式，在这个公式中平均成本最小值的条件是作为一个定理而从总收益等于总支出这个条件推导出来的。重要的正是这个最后的条件以及引导它的力量，而根本不是齐次性这个问题。

很清楚，在现实世界中，对于所有的厂商来说净收益都不等于0，但它也不趋近于0。在纯粹竞争中如此，在不纯粹竞争中也是如此。显然，这个剩余必然“归于”某个原因，并且可以用我们所喜欢的任何名字来标志它(组织优越的租金，等等)。

这种剩余的存在性绝不意味着任何不确定性。最优产出，收益，支出以及后两项之差都能充分决定下来。当然，在理想条件下，这个剩余将进入营业资产而资本化。经济学家们没有忘记分配问题的古典解决办法。在这个办法中同时未加说明地决定两个或更多个要素的份额，同时他们又在相反的方向上摆动得太远。企图利用在一个更广的生产函数上有应用性的边际生产力分析去解释所有的剩余，根据惯例这总是可以的，但全然没有经验内容。

对下面的情形作一个分析性的定义是方便的，在这种情形中厂商之间的竞争使得对于任何厂商的需求曲线不断地变动直到净收益为零时为止。“自由进入”这个术语可以定义为上述这种情况成立的条件。当然，这种分类越过了纯粹竞争或不纯粹竞争的分类。像这样定义的自由进入是一个在经验上寻求的条件而不是一个先验地加在数据资料上的条件。

我怀疑部分经济学家直觉希望定义一类不同于“组织优势的租金”的利润，这种区别来源于对“自然的”和“设计的”稀缺性之间陈旧区别的一种潜意识的回忆。或许今天听到这种区别太少了，但它对于社会政策和福利经济学具有重要含义。

总　　结

在最后我列出这个分析的一个概括形式来代替瓦尔拉斯著名的三个定理。暂且不谈它们是否重复和含糊，它们中的每一个并不具有完全等同的含义。这里所列出的只对连续情形而言并且是用边际等式来表示的，但可以很快地得出用边际不等式表示的更一般形式。假定一个厂商具有给定的生产函数、要素价格以及需求条件，考虑纯粹及不纯粹竞争的一般情形。

1. 第一个基本假定是厂商力图使其利润极大化，并且根据这一点可以推导出均衡的如下内部条件。

(1)所生产的任何产出必定是用使得总成本极小化的那种要素的组合所生产出来的。作为它的结果，我们得到两个推论：

a. 在每种用途上最后一元的边际生产力相等。

b. 每种生产要素的价格必定与边际生产力成比例，比例因子是边际成本。

(2)厂商将选择使得净收益极大化的那个产出，总成本由前面的条件而最优地确定。这意味着：

a. 边际成本等于边际收益，后者的斜率比前者小。

b. 与前面(1)中的条件相结合，我们还有：每种要素的边际产值等于它的价格，边际产值定义为边际收益乘以边际物质生产力。

c. 总成本必须不超过总收益，否则厂商就会停业。①

2. 如果我们根据任意的假设或假定加上自由进入这一外部条件，即总收益等于总成本，那么

(1)被定义的产品将被分割完。

(2)需求曲线必然与单位成本曲线相切。在纯粹竞争的条件下这意味着平均成本的极小值。

在上面这些均衡的一般条件之外，我们说明了如何利用一个极值位置的定义(1)不考虑连续性这个条件来估计变量相对于作为数据参数(价格)的变动方向，以及(2)在需求导数存在的地方说明它们的相互关系。

① 如果所考虑的企业拥有生产资源且它们在市场上有销售价值，那么净收益必须至少等于这些资源的销售(流动)价值。作为均衡的一个内部条件 $\pi \geqslant$ 所拥有的资源的销售价值。在其他地方，替代用法是采用了“机会成本”这个概念。

第五章　消费者行为的纯理论

如果有人要寻求一个单一的准则来区别现代经济理论同它的前身古典经济理论的话，他很可能认为这个准则就是在经济理论中引入所谓的主观价值理论。思想上的这场革命几乎同时在三条战线上发生。它们分别同杰文斯、门格尔和瓦尔拉斯的名字联系在一起。

而且，业已证明，成为经济学说中大量争论焦点的，正是这一部分。诚然，许多正统传统的评论家们一直认为，整个经济理论的主体就是信仰经济人这样一个抽象。但事实上，许多学术界的优秀经济学家，却以理性行为或非理性行为作根据，将经济学从社会学中划分了出来。在经济学中，理性行为或非理性行为这些术语都是在效用理论中被定义的。因此，清楚地了解惯常的效用分析所包含的内容似乎极为重要，这种重要性，只要了解一旦否定效用分析的有效性所带来的后果，就可明白了。

效用概念的演进

效用概念经历的全部演进过程，可以说就是一个不断清除那些引起反驳的、有时是不必要的内涵的过程，其结果是，它成为一个很少再引起反驳，但也令人乏味的学说。在恰当地处理这个论题以前，可以先扼要地概括一下这些进展。然而必须清楚地懂得，这些确是先驱者们的思想发展。他们的著述主要发表在学术杂志上，并且很少影响到一般的经济学家。

(a)在文献中明白描述过的一个意向，就是坚定地趋向于反对边沁，西奇威克和埃奇沃思的不同种类的功利、伦理和福利的含义。虽然在规范的政策问题方面仍旧考虑到这些问题，但它们已经明确地与消费者行为问题相分离。尽管关于个人之间的福利比较问题特别引人注目，但相同的趋向，也与对单一个人的行为分析相关联。只需顺便提到的是，我们在现代文献中确实可以找到有关特殊的快乐是纯粹抑或不纯粹之类的讨论。①

(b)与此相伴随的情况是，着重点已从效用的生理和心理享受及内省方面移开。原先，对于产品满足基本生理需要的能力极其重视，但后来，差不多在一切的场合，这个观点经历了极大的修正。同时，还存在着一种离开作为感觉作为内省的量值的效用概念的相似动向。按照如今熟知的关于事后分析和事前分析之间的区别，现代经济学家不仅用预期的感觉或欲望代替经验的感觉或满足。而且远甚于此的是，许多著述家已经不再相信本质上是计数的任何内省量值或基数数量的存在。由这种怀疑论得到的认识是：效用的基数测度，无论如何也是不必要的；分析消费者行为所需的，只是一种关于“多些”或“少些”，而不是“多少”的序数偏好。

的确，这种反动是那样的深远以至于许多人相信除了一个空

① 剑桥的传统在这方面也许是个例外，即使在这里，着重点的变化也值得引起注意。

洞的规定之外什么都没有留下。其他不承认效用概念空泛的人，在某些场合中从事着在操作和经验的意义上毫无意义的公式化分析。[①] 结果是一种稀奇古怪难以理解的教条和箴言。

因此，消费者的市场行为依靠偏好来解释，偏好又转过来只用市场行为来定义。这种结局可能非常容易陷于循环论证，许多系统的阐述无疑就是如此。所得到说明的结论往往只不过是人们的行为就像他们行动着的那样一个没有经验含义的定理。因为它不包含假定。同一切可能想象得到的行为相容，并且无人能予以辩驳。[②]

然而，我们就会见到，经过那么多修正的现代效用理论在技术意义上绝不是毫无意义的。它是把确定的限制加在需求函数和价格——数量数据上的一种假设；在理想的可观察的条件下，可以对它们加以驳斥或证明。有人或许认为这些经验含义就是关心此问题的理论家们的唯一目的，令人不可思议的是，手段和目的已被混淆到如此地步，以至于只有一小部分文献间接地涉及这个问题；而且在这部分文献中只有六篇论文就正确的需求限制问题作了发挥。

我不打算为这些经验限制的成果辩护。它们能在多大程度上满足和统一真实的消费者行为，是不能够通过争辩来解决的。然而，不论是好是坏，效用理论在过去半个世纪的经济思想上已经占据重要位置。光这一点就值得把它的含义确切地弄清楚。

---

① 参见艾伦·R. 斯威齐："奥地利经济学家著述中的主观价值理论解释"，载《经济研究评论》，第一卷，第三号(1934)，第176—185页。

② 这样的一些著述家仍然坚持另一种"毫无意义"的理论，他们根据经济原理来谈论消费者行为，而不顾及与此相关的经验行为是否存在。

数学思想上的进步

从一开始起，数学方法就已经在效用分析中起着显著的作用。尽管在某些著述者中，由于感到使用这种“准确”推论工具会包含虚假的精确，因而产生了对此不利的反应，但从文献中可以得到证明，符号方法有助于思维的明晰和分析的深入。[①] 对那些使用这种抽象语言的人来说，毫不含糊地形成他们的概念，是迫不得已的，这就为修正和限制开辟了道路。

因此，非常简要地回顾效用理论的某些数学方面的历史，以清楚地显示出思想随时间而进步的情况，是饶有兴趣的事情。

戈森被赞誉为早在 1854 年就从实质上描述了边际效用。他假定边际效用是任何特殊产品的数量的递减线性函数。因此效用函数可以表示如下：

$$U=K+(a_1x_1-b_1x_1^2)+(a_2x_2-b_2x_2^2)+\cdots \quad (1)$$

15 年后，杰文斯在他的著作中提出，效用函数应当写为各种产品的效用的总和。

$$U=V_1(x_1)+V_2(x_2)+\cdots+V_n(x_n) \quad (2)$$

其中函数 V_i 服从边际效用递减规律。[②] 具体地，

① 因此，埃奇沃思的《数理心理学》一书，对他那个时代普遍持有的这个见解表现了深刻的洞察力。

② 瓦尔拉斯和马歇尔也曾假设效用可以写成(2)式的形式。正如后面将要讨论的那样，在马歇尔的情况下，当作出效用是独立的假定的时候，并不清楚他是真正打算照字义采用，还是把它看作只是在某些条件对微小移动的近似。

$$\left.\begin{aligned} V_i'(x_i) > 0 \\ V_i''(x_i) < 0 \end{aligned}\right. \tag{3}$$

埃奇沃思比杰文斯更进了一步，他在1881年出版的著作《数理心理学》中提出，效用是关于各种产品的函数的总和是个不必要的和实际上无法证实的假定。因此他建议把效用函数写成这样的形式。①

$$U = \varphi(x_1, \cdots, x_n) \tag{4}$$

式中的 φ 是所有产品数量的任意联合函数，而且

$$\varphi_{ij} = \frac{\partial^2 \varphi}{\partial x_i \partial x_j} \gtreqless 0, \quad (i \neq j) \tag{5}$$

到19世纪末，许多著述家如著名的帕累托已经认识到甚至效用作为基数量也是个不必要的和无法保证的假设。既然消费者行为只需要比较多或少，而不需要比较多多少或少多少，那么只有序数偏好域才是必要的。对分别记作 $(x_1^0, \cdots, x_n^0)$ 和 $(x_1^1, \cdots, x_n^1)$，或简写为 (X^0) 和 (X^1) 的任何两个商品组合，消费者唯一必须做的只是将它们列入下面几种互相排斥的类型中的一个。

a. 对 (X^0) 的偏好胜过 (X^1)

b. 对 (X^1) 的偏好胜过 (X^0)　　(6)

c. 对 (X^0) 和 (X^1) 的偏好相同或无差异

为了方便起见，我们可以给每个组合加上一个数字；假定这是个连续可微函数。这个函数（或计数规则）可以记作

$$\varphi = \varphi(X) = \varphi(x_1, \cdots, x_n) \tag{7}$$

这样可建立下面三个与上述三种类型分别对应的条件，即

① 欧文·费雪教授在晚些时候也由于独立发现这种可能性而受到赞誉。

$$
\begin{aligned}
&a'.\ \varphi(X^1)<\varphi(X^0)\\
&b'.\ \varphi(X^0)<\varphi(X^1) \qquad (8)\\
&c'.\ \varphi(X^0)=\varphi(X^1).
\end{aligned}
$$

φ 可以称为效用指数。由下式

$$\varphi(x_1,\cdots,x_n)=C$$

定义的一个参数轨迹族，被指定为无差异轨迹。

式中的 C 可看作一个参数。

很清楚，由 φ 的任一单调变换所定义的函数

$$U=F(\varphi),F'(\varphi)>0 \qquad (9)$$

也是一个效用指数。因为

$$\varphi(X^1)\gtreqqless\varphi(X^0)$$

分别包含了 $$U(X^1)\gtreqqless U(X^0)$$

其逆也真。所以，通过适当的函数转换可以从任何一个效用指数，导出所有的其他效用指数。

概括地说，我们的序数偏好域可以记作

$$U=F[\varphi(x_1,\cdots,x_n)],F'(\varphi)>0 \qquad (10)$$

式中 φ 是任意的一个基数效用指数。

显然，可以任意选择一个计数系统或效用指数。只要序数关系还保持着，附加给每个无差异轨迹上的标记的任何变换，便都不会使无差异轨迹发生变动。所以，为了避免任意使用一个受到偏爱的效用指数的不对称性，许多著述家（帕累托，W. E. 约翰逊、希克斯和艾伦等）建议使用只依赖序数偏好域中的不变因素即无差异轨迹为记号。

无差异轨迹任何一个点上切平面的方向余弦必定具有确定比

值。给定任何一个效用指数，我们有

$$1:\left(\frac{\partial x_1}{\partial x_2}\right)_{U=C}:\left(\frac{\partial x_1}{\partial x_3}\right)_{U=C}:\cdots:\left(\frac{\partial x_1}{\partial x_n}\right)_{U=C} \tag{11}$$

当
$$F'\varphi_1:F'\varphi_2:\cdots:F'\varphi_n$$

我们可以把不变斜率函数当作既定的

$$-\left(\frac{\partial x_1}{\partial x_i}\right)_{U=C}={}^1R^i(x_1,\cdots,x_n),\quad (i=2,\cdots,n) \tag{12}$$

在效用指数有任何变动的情况下，这些函数都不会变，因为

$$\begin{aligned}{}^1R^i&=\frac{U_i(x_1,\cdots,x_n)}{U_1(x_1,\cdots,x_n)}=\frac{F'\varphi_i(x_1,\cdots,x_n)}{F'\varphi_1(x_1,\cdots,x_n)}\\&=\frac{\varphi_i(x_1,\cdots,x_n)}{\varphi_1(x_1,\cdots,x_n)},\quad (i=2,\cdots,n)\end{aligned} \tag{13}$$

可是如果我们考虑的是两种以上的商品，函数${}^1R^i$就不能完全地随意选择。如同费雪教授指出的那样，为了证实上述序数偏好域型式的存在，它们必须满足下列可积条件：

$${}^1R^i_j-{}^1R^{j1}R^i_1\equiv{}^1R^j_i-{}^1R^{i1}R^j_1 \tag{14}$$

使得下面所谓普法夫性质的

$$dx_1+{}^1R^2dx_2+\cdots+{}^1R^ndx_n \tag{15}$$

容许一个积分因子$\gamma(x_1,\cdots,x_n)$，并且可以变换为恰当微分

$$\begin{aligned}d\varphi&=\gamma dx_1+(\gamma{}^1R^2)dx_2+\cdots+(\gamma{}^1R^n)dx_n\\&=\varphi_1dx_1+\varphi_2dx_2+\cdots+\varphi_ndx_n\end{aligned} \tag{16}$$

式中$\varphi_1=\gamma$，且

$$\varphi_i=(\gamma{}^1R^i)\text{①} \tag{17}$$

---

① 当然，$F'(\varphi)\varphi_1$也是一个积分因子。

从这个阶段来说，这只不过是否定可积性条件的一小步。因此，帕累托、希克斯和艾伦以及其他人，一直对把平面元素在每一点上包含无差异方向的假定作为开始表示满意。后面两位著述家把这些称作是第 i 商品和第 1 商品之间的边际替代率。这些边际替代率可以用(12)式写出，而这些函数却不要求满足(14)式表示的可积性偏微分方程。

$$ {}^{1}R^{i} = {}^{1}R^{i}(x_1, \cdots, x_n), \quad (i=2, \cdots, n) \tag{18} $$

作为目标的需求函数

我们已经考虑了偏好域所经历的变换。但是到现在为止，关于这些概念在解释消费者行为方面的用途，却什么都还没有说。现在我们必须在技术可操作的意义上探讨不同假说的含义。

按照有关消费者行为纯理论的传统假设，我们考虑这样一种单个的理想消费者，他们每单位时间内在市场购买物品和劳务，都对市场价格没有明显的影响。个人物品和劳务的销售有时可以看作负购买。为了现在的目的，我们把每一物品和劳务视作是明白确定的同质的和可分的等。设我们用$(x_1, \cdots, x_n)$表示分别具有给定价格$(p_1, \cdots, p_n)$的所有物品和劳务。则全部支出或收入可定义为

$$ I = x_1 p_1 + x_2 p_2 + \cdots + x_n p_n = \sum_{1}^{n} p_i x_i \tag{19} $$

任何给定了全部支出和一组价格，就可以假定我们理想的个人将选择每一种商品的某个确定数量(当然，某些商品的数量可能

是零)，更精确地说就是，每个产品的数量是所有价格和收入的函数。

$$\begin{aligned} x_1 &= h^1(p_1, \cdots, p_n, I) \\ x_2 &= h^2(p_1, \cdots, p_n, I) \\ &\vdots \\ x_n &= h^n(p_1, \cdots, p_n, I) \end{aligned} \tag{20}$$

这些就是一般的需求函数。我们对消费者行为分析的全部意向和目的，就是把它们推导出来。正如已经再三反复说过的那样，效用分析只是在它把假设的约束置于这些需求函数上的限度内才有意义。我们将从这个观点出发继续研究下去。

当然，马歇尔的对第一个物品的局部均衡需求函数可以是，

$$x_1 = h^1(p_1, \bar{p}_2, \cdots, \bar{p}_n, \bar{I}) = D^1(p_1) \tag{21}$$

这里由于假定其他情况都相同，所以其他价格和收入都保持不变。加在我们的价格-数量数据上的有意义的约束是这样的一个假定：如果其他情况都不变，则一种商品的价格增加，将引起它的数量的减少；即，

$$\frac{\partial x_i}{\partial p_i} = h_i^i < 0 \tag{22}$$

这是否是从效用分析中推导出来的呢？当某些其他商品的价格变化的时候，关于一种商品数量的变化情况，即关于$\partial x_i/\partial p_j$我们能说些什么呢？应怎样看待第$i$种商品数量的变动相对于收入变动的比率$\partial x_i/\partial I$呢？我们必须把这些问题的答案找出来。

均衡的条件

没有必要对于每个分别由(1)、(2)、(4)和(10)式定义的偏好域都导出需求曲线。幸运的是,最后一式已把所有前面各式都作为特例包含在内。因此,我从序数偏好域的一般情形开始,然后再考虑特殊情形的含义。

效用分析依赖的基本假定是,面临给定的价格并且受到既定的总支出限制的个人,总是选择处在他的最高偏好等级上的那个商品组合。这并不要求(a)该个人在其他意义上的合理行为;(b)他在购买中是审慎和自觉的;(c)存在着他感觉或考虑到的精细的数量。

因而,我们的问题成了一个为下式找出一个极大值的简单问题,

$$U=F[\varphi(x_1,\cdots,x_n)] \tag{10}$$

约束条件是

$$\sum_1^n p_i x_i = I \tag{19}$$

式中($p_1,\cdots,p_n,I$)每个都是预先指定的参数。

因为(19)式是人们熟知的预算方程,所以,它是一个必须得到满足的约束极大值问题。这个约束限制了数量上的选择。如果没有这种限制,个人在达到饱和点之前也许能购买无限数量的产品。但是,产品实际上并不都是免费的;就固定的收入来说,如果对某一种产品的购买增多,那么对其他产品的消费就必定会减少。

附录表明，对于这种约束相对极大值，我们必定有必要条件，即

$$U_i+\lambda p_i=0,\quad (i=1,\cdots,n) \tag{23}$$

式中的 λ 是所谓的拉格朗日待定乘数。这个条件也可以重新写成下面两个等价式子中的任何一个：

$$\frac{U_i}{U_1}=\frac{p_i}{p_1},\quad (i=2,\cdots,n) \tag{24}$$

或

$$\frac{U_1}{p_1}=\frac{U_2}{p_2}=\cdots=\frac{U_n}{p_n}=-\lambda \tag{25}$$

这表示在均衡时，两种商品边际效用的比率等于它们价格的比率，也就是说边际效用与价格成比例。

式(24)清楚表明，我们不论使用哪个效用指数都无关紧要，因为

$$U_i=F'\varphi_i,\quad (i=1,\cdots,n) \tag{26}$$

从而

$$\frac{U_i}{U_1}\equiv\frac{F'\varphi_i}{F'\varphi_1}=\frac{\varphi_i}{\varphi_1} \tag{27}$$

因此，不管我们怎样选择特定的效用指数，我们的均衡条件都给出相同的解。讨论一个特定的效用指数是效用的真实测度，就恰同讨论地球是真的围绕着太阳旋转而不是太阳围绕地球旋转一样没有意义。只有根据对市场的观察而不是对市场的想象，我们才能够规定一个基数效用量。

公式(25)给出了我们所熟悉的解释：在极大位置上，花费在所有各种商品上的最后 1 美元的边际效用必定相等。这个量($=-\lambda$)

已被称为货币的边际效用,或者更妥当地,称为收入的边际效用。应该注意,在效用指数变动的情况下,它不是不变的,所以,对一个序数域来说,它的数量,或者它的数量对任何变量的变动的比率,都无关紧要。

运用无差异轨迹符号,可以导出同样的条件。因为,根据(13)式

$$ {}^{1}R^{i}=\frac{U_i(x_1,\cdots,x_n)}{U_1(x_1,\cdots,x_n)},\quad (i=2,\cdots,n) $$

从而,(24)式的均衡条件可以写成

$$ {}^{1}R^{i}(x_1,\cdots,x_n)-\frac{p_i}{p_1}=0,\quad (i=2,\cdots,n) \tag{28} $$

即预算平面与无差异轨迹经过均衡点相切,这是我们所熟知的。打个比喻来说,消费者沿着预算平面移动,直至他达到在他的偏好等级上的最高位置,在连续的情况下,这个位置一定是切点;因为,如果预算平面与无差异轨迹相交,那他就能上升到更高的位置上去。

我们已经用了几个不同的,但在数学上是等价的方法来描述我们的均衡方程式。公式(23)是一个所有变量都保持对称的均衡方程,因此,为了明确起见,我们可以把注意力集中在它上面。我们的预算方程(19)也必须被满足,所以,全部均衡条件可以写成

$$ \begin{aligned} &U_i(x_1,\cdots,x_n)+\lambda p_i=0,\quad (i=1,\cdots,n)\\ &p_1x_1+p_2x_2+\cdots+p_nx_n-I=0 \end{aligned} \tag{29} $$

这些均衡条件与第二章中的式(1)相对应。我们希望从它们来推导出我们的需求函数

$$x_i = h^i(p_1, \cdots, p_n, I) \tag{30}$$

该函数对应于第二章中的方程式(2)。在这个分析中，价格和收入被看作已知参数，我们想要知道的是，随着这些参数的变动，我们的均衡数量会怎样变化。

我们的均衡条件共有$(n+1)$个，包括$2(n+1)$个未知数，即$(-\lambda, x_1, \cdots, x_n, p_1, \cdots, p_n, I)$，现在为了避免多重解的全部问题，我们可以假定$(n+1)$个变量可以由剩下的那$(n+1)$个变量解出。特别是，$(-\lambda, x_1, \cdots, x_n)$可以逐个从$(p_1, \cdots, p_n, I)$解出。因此，我们得到下面的函数

$$x_i = h^i(p_1, \cdots, p_n, I), \quad (i = 1, \cdots, n) \tag{30}$$

和

$$(-\lambda) = f(p_1, \cdots, p_n, I) \tag{31}$$

所以，我们能够从均衡条件中把需求函数推导出来。我们还引入了一个新变量，即边际收入效用$(-\lambda)$，当然，它可以被消去，但对称性会随之失去。如果我们采用其他等价方程式中的某一个式子，例如(28)式，我们在$(2n+1)$个变量之间应该有n个方程式，这样，我们的n个数量可以同以前一样，由$(n+1)$个价格和收入参数表示。

均衡的位移

我们已经计算了我们的方程式和未知数个数，发现它们的数目是相等的。在某些限制条件之下，这就保证了我们的全部均衡变量都能被决定。因而，存在着就此止步，并对这些成绩感到满足

的诱惑。

但鉴于前几章所述的一切，无须多说就可明白我们的任务只是才刚刚开始。相当大的一个问题，即要从我们关于均衡极大方程式性质的知识，去推导出我们的需求函数的性质这个问题，还尚待解决。

为了解决这个问题，我们要应用第二章和第三章中概括过的那同一方法。我们把均衡方程式(29)的全微分记作

$$U_{i1}dx_1+U_{i2}dx_2+\cdots+U_{in}dx_n+p_id\lambda=(-\lambda)dp_i,\quad (i=1,\cdots,n)$$

$$p_1dx_1+p_2dx_2+\cdots+p_ndx_n=dI-(x_1dp_1+x_2dp_2+\cdots+x_ndp_n)$$

或

$$\begin{gathered}\sum_1^n U_{ij}dx_j+p_id\lambda=(-\lambda)dp_i,\quad (i=1,\cdots,n)\\ \sum_1^n p_jdx_j=dI-\sum_1^n x_kdp_k\end{gathered}\tag{32}$$

这些是$(n+1)$个未知数$[dx_1,\cdots,dx_n,d(-\lambda)]$间的$(n+1)$个线性方程。它们的解可以表示如下：

$$\begin{gathered}dx_j=\frac{\sum_1^n(-\lambda)D_{ij}dp_i+\left(dI-\sum_1^n x_kdp_k\right)D_{n+1,j}}{D}\\ d(-\lambda)=\frac{-\left[\sum_1^n(-\lambda)D_{i,n+1}dp_i+\left(dI-\sum_1^n x_kdp_k\right)D_{n+1,n+1}\right]}{D}\end{gathered}\tag{33}$$

式中

$$D=\begin{vmatrix} \underline{U_{ij}|} & p_i \\ p_j & 0 \end{vmatrix}=\begin{vmatrix} U_{11} & U_{12} & \cdots & U_{1n} & p_1 \\ U_{21} & U_{22} & \cdots & U_{2n} & p_2 \\ \vdots & \vdots & & \vdots & \vdots \\ U_{n1} & U_{n2} & \cdots & U_{nn} & p_n \\ p_1 & p_2 & \cdots & p_n & 0 \end{vmatrix} \tag{34}$$

D_{ij} 表示第 i 行第 j 列元素的余子式。

公式(33)给出由于参数价格和收入的任何变化，未知量所发生的变化。作为特例，可以求解下列偏导数：

$$\begin{aligned} \frac{\partial x_j}{\partial p_i}&=\frac{(-\lambda)D_{ij}-x_iD_{n+1,j}}{D}, \quad (i,j=1,\cdots,n) \\ \frac{\partial x_j}{\partial I}&=\frac{D_{n+1,j}}{D} \end{aligned} \tag{35}$$

当然，式中
$$\frac{\partial x_j}{\partial p_i}=h_i^j, \quad \frac{\partial x_j}{\partial I}=h_I^j$$

而且

$$\begin{aligned} \frac{\partial(-\lambda)}{\partial p_i}&=\frac{-[(-\lambda)D_{i,n+1}-x_iD_{n+1,n+1}]}{D} \\ \frac{\partial(-\lambda)}{\partial I}&=\frac{-D_{n+1,n+1}}{D} \end{aligned} \tag{36}$$

考虑由斯拉茨基首先引进的复合项是十分便利的。该项定义如下：

$$K_{ji}=\frac{\partial x_j}{\partial p_i}+x_i\frac{\partial x_j}{\partial I}, \quad (i,j=1,\cdots,n) \tag{37}$$

由(35)式代入得

$$K_{ji}=(-\lambda)\frac{D_{ij}}{D}, \quad (i,j=1,\cdots,n) \tag{38}$$

再定义

$$r_i=\left[\frac{\partial(-\lambda)}{\partial p_i}+x_i\frac{\partial(-\lambda)}{\partial I}\right]\frac{1}{(-\lambda)},\quad (i=1,\cdots,n) \tag{39}$$

或

$$r_i=\frac{-D_{i,n+1}}{D},\quad (i=1,\cdots,n) \tag{40}$$

式子$\partial x_j/\partial p_i$，$\partial x_j/\partial I$，$K_{ji}$ 表示了需求函数的全部性质，并且在理想的条件下可以根据经验决定。现在让我们来找出对它们的限制。

对行列式 D 的检查表明，它对于 i 和 j 是对称的，因为

$$U_{ij}=U_{ji}$$

由此

$$K_{ji}=\frac{(-\lambda)D_{ij}}{D}=\frac{(-\lambda)D_{ji}}{D}=K_{ij} \tag{41}$$

即

$$\frac{\partial x_j}{\partial p_i}+x_i\frac{\partial x_j}{\partial I}=\frac{\partial x_i}{\partial p_j}+x_j\frac{\partial x_i}{\partial I},\quad (i,j=1,\cdots,n) \tag{42}$$

复合项 $$K_{ji}=\frac{\partial x_j}{\partial p_i}+x_i\frac{\partial x_j}{\partial I}$$

的经济解释是什么呢？斯拉茨基把它看作由第i 种商品价格有补偿的变化引起的第j 种商品的剩余变动。①

下面的考虑能够使这个问题解释得更加明白。到目前为止，

① E. 斯拉茨基："消费者的均衡定理"，载于《经济学家杂志》第 51 期(1915)，第 19—23 页。

我们一直想象个人总是在既定的价格和全部支出下使他的效用达到最大的。但稍加思索就会发觉，在既定的支出下，只有用可能做到的最便宜的方式达到所实现的效用水平时效用才会是最大；这也就是说，在任何效用水平上，支出必须最小，效用才能达到最大。如果不是这样，而是在剩余一些钱的情况下也能够达到同样的效用水平，那么，这剩余的钱就可以用来购买更多的商品，从而达到更高的效用水平。

沿着任何无差异轨迹，对任何一组价格来说都存在一组使全部支出极小化的最优购买量，即

$$x_j=\psi^j[p_1,\cdots,p_n,F(\varphi)],\quad (j=1,\cdots,n) \tag{43}$$

因为

$$U=F(\varphi)=\text{常数}$$

我们被限于同一效用水平。容易表明：[1]

$$K_{ji}\equiv\left(\frac{\partial x_j}{\partial p_i}\right)_{U=\text{常数}}\equiv\psi_i^j,\quad (i,j=1,\cdots,n) \tag{44}$$

用文字来表达则是，如果个人沿着同一无差异轨迹移动并且在价格变动前后保持支出为极小值，那么 K_{ji} 就等于第 j 种商品的数量相对于第 i 种商品价格的变动。[2]

我们从均衡方程式(29)的说明中看到，需求函数的性质不受我们对效用指数的选择的影响。这可明显地由恒等式

$$U=F(\varphi) \tag{45}$$

$$U_i=F'\varphi_i \tag{46}$$

① 见第四章，第 78—80 页。

② 至于另一解释，见 H. 舒尔茨：《需求的理论和计量》(芝加哥：芝加哥大学出版社，1938)，第 43—45 页。

$$U_{ij}=F'\varphi_{ij}+F''\varphi_i\varphi_j \tag{47}$$

$$(-\lambda)=F'(-\lambda') \tag{48}$$

证明。式中$(-\lambda')$是对于效用指数 φ 来说的边际收入效用。令

$$D'=\begin{vmatrix} \underline{\varphi_{ij}|} & p_i \\ p_j & 0 \end{vmatrix} \tag{49}$$

由(47)式，我们有

$$D=\begin{vmatrix} \underline{U_{ij}|} & p_i \\ p_j & 0 \end{vmatrix}=\begin{vmatrix} \underline{F'\varphi_{ij}+F''\varphi_i\varphi_j|} & p_i \\ p_j & 0 \end{vmatrix}=\begin{vmatrix} \underline{F'\varphi_{ij}|} & p_j \\ p_i & 0 \end{vmatrix}$$

$$\equiv(F')^{n-1}D' \tag{50}$$

同样，对所有的余子式下面的关系均成立：

$$D_{ij}=(F')^{n-2}D'_{ij},\quad (i,j=1,\cdots,n) \tag{51}$$

从而

$$\frac{(-\lambda)D_{ij}}{D}\equiv\frac{(-\lambda')D'_{ii}}{D'} \tag{52}$$

因此，在效用指数任意变换的情况下，K_{ij} 的值不变。用**文字来说就是，对任何特殊效用指数所作的选择不会影响实际价格行为**。

对形如(24)式和(19)式的均衡条件所作的检查，显示出它们不受所有价格和收入成比例变动的影响；尽管有这种变动，均衡值仍保持不变；即，

$$x_i=h^i(p_1,\cdots,p_n,I)=h^i(mp_1,\cdots,mp_n,mI),$$

$$(i=1,\cdots,n) \tag{53}$$

其中 m 是任何正数。用数学语言来表达就是，需求函数一定是零

阶齐次函数。运用关于齐次函数的欧拉定理，我们可得①

$$\frac{\partial x_i}{\partial p_1}p_1+\frac{\partial x_i}{\partial p_2}p_2+\cdots+\frac{\partial x_i}{\partial p_n}p_n+\frac{\partial x_i}{\partial I}I=0,$$

$$(i=1,\cdots,n) \tag{54}$$

每项用 x_i 来除，得出下面用弹性系数表示的关系式：

$$\eta_{i1}+\eta_{i2}+\cdots+\eta_{in}+\eta_{iI}=0,\quad (i=1,\cdots,n) \tag{55}$$

其中
$$\eta_{ij}=\frac{\partial x_i}{\partial p_j}\frac{p_j}{x_i}$$

是第 i 种商品对于第 j 种商品的价格的弹性，而

$$\eta_{iI}=\frac{\partial x_i}{\partial I}\frac{I}{x_i}$$

则是第 i 种商品的需求收入弹性。这个等式，我们凭直觉就可以预料到，因为所有价格都上涨就等于货币收入的减少。

到现在为止，我们的分析不是完全没有意义的。我们已经认识到下面以经验为根据的各项约束均适用于需求函数。

Ⅰ. 它们是零次齐次函数；即所有价格和收入一起加倍，所有的需求量仍保持不变。如同我们已经看到过的那样，这意味着

$$\frac{\partial x_i}{\partial p_1}p_1+\frac{\partial x_i}{\partial p_2}p_2+\cdots+\frac{\partial x_i}{\partial p_n}p_n=-\frac{\partial x_i}{\partial I}I,$$

$$(i=1,\cdots,n) \tag{56}$$

或用弹性表示为

---

① 这也可以由(35)式代入来证明：

$$\sum_1^n\frac{\partial x_i}{\partial p_j}p_j+\frac{\partial x_i}{\partial I}I\equiv\sum_1^n\left(\frac{\partial x_i}{\partial p_j}+x_j\frac{\partial x_i}{\partial I}\right)p_j\equiv(-\lambda)\sum_1^n\frac{D_{ij}p_j}{D}\equiv 0$$

其根据是一个众所熟知的行列式定理，一行元素对于不同行余子式的展开式必等于零。

$$\eta_{i1}+\eta_{i2}+\cdots+\eta_{in}=-\eta_{iI}, \quad (i=1,\cdots,n) \tag{57}$$

即一种商品对每种商品价格的弹性的总和，其绝对值等于对该商品需求的收入弹性，且符号相反。这 n 个约束，同任何价格-数量行为皆不相容，因此是有意义的。[①]

因为这个齐次条件，没有必要把 n 个价格和收入都看作独立变量。由于考虑到任何 n 个变量同剩下的那个变量之间的比率，这 $(n+1)$ 个变量可以减到 n 个变量。

因此，我们可以用任何价格，比如说第 1 种商品的价格来除各项，得到

$$\begin{aligned} x_i &= h^i(p_1,\cdots,p_n,I)=h^i\left(1,\frac{p_2}{p_1},\cdots,\frac{p_n}{p_1},\frac{I}{p_1}\right) \\ &= g^i\left(\frac{p_2}{p_1},\frac{p_3}{p_1},\cdots,\frac{p_n}{p_1},\frac{I}{p_1}\right), \quad (i=1,\cdots,n) \end{aligned} \tag{58}$$

这等于使第 1 种商品的价格充当价格单位，并且用它作为我们的计价物。

---

① 从我们关于收入或总支出的定义

$$I=\sum_1^n p_i x_i$$

我们有需求弹性的下列 $(n+1)$ 个约束

$$\sum_1^n k_i \eta_{iI} \equiv 1$$

和
$$\sum_1^n k_i \eta_{ij} = -k_j,$$

式中的
$$k_i=\frac{p_i x_i}{I}$$

是花费在第 i 种商品上的收入比例。不过，这些约束是没有意义的，因为它们只是我们定义的推论。充其量，它们也只能表明，我们不能以精确的数字来运用确定的运算。

然而,还可以提出一个更对称的计量办法。用 I 除各项,我们得到

$$x_i = h^i(p_1, \cdots, p_n, I) = h^i\left(\frac{p_1}{I}, \frac{p_2}{I}, \cdots, \frac{p_n}{I}, 1\right)$$

$$= H^i\left(\frac{p_1}{I}, \frac{p_2}{I}, \cdots, \frac{p_n}{I}\right), \quad (i=1, \cdots, n) \tag{59}$$

令 $$\alpha_j = \frac{p_j}{I}, \quad (j=1, \cdots, n)$$

因此

$$x_i = H^i(\alpha_1, \cdots, \alpha_n) \tag{60}$$

这里的 α 是可供使用的非常自然的单位,因为它们仅仅涉及相应数量的维数。用文字来表达 α_j,可以定义为全部收入中用于购买一个单位的第 j 种商品的支出所占的比重。

Ⅱ. 我们也有下面可逆的“可积性”条件。

$$K_{ji} = \frac{\partial x_j}{\partial p_i} + x_i \frac{\partial x_j}{\partial I} = \frac{\partial x_i}{\partial p_j} + x_j \frac{\partial x_i}{\partial I} = K_{ij},$$

$$(i, j = 1, \cdots, n) \tag{61}$$

即,由第 i 种商品的价格的有补偿的变动引起的第 j 种商品的剩余变动,恒等于第 i 种商品对第 j 种商品价格的对应的项。这些是 $n(n-1)/2$ 个独立的有意义的条件。①

① 当然,它们只是对于个人需求函数才成立。而且,它们反映的需求函数的微分性质,既难以想象,又难以辩驳。因为在我们的经验数据中包含许多离散点。在我们的关系被检验以前,必须使它们在某种意义上变得平滑起来。这种平滑化的过程,即使使用大家知道的最好的统计方法,也存在一定程度的任意性,因此,反驳和证实都是困难的。

我曾经尝试推导出能够用有限的形式表示的可积性条件的内涵,即仅仅靠有限的观察点就可信以为是地予以反驳的论断,但是至今没有能够成功。

有意义的定理

到现在为止，关于由价格和收入变化引起的均衡商品需求量的变动方向，差不多还没有说过什么。效用分析是否在这个问题上没有什么可说呢？答案可以沿着前面几章指出的路径去寻找。

在因使用行列式而使问题的真相变得模糊以前，让我们对情况作一个常识性的估计，看看我们是否能提出一个简单的答案。

首先，假定个人被限制沿着同一无差异轨迹移动。使他面临一组价格，并且试图尽可能以最便宜的方式来达到这个“效用”水平。考虑这组价格为$(p_1^0, \cdots, p_n^0)$。与此对应的一组最优的数量为$(x_1^0, \cdots, x_n^0)$使得全部支出尽可能地低，即，

$$\sum_1^n p_i^0 x_i \geqslant \sum_1^n p_i^0 x_i^0 \tag{62}$$

式中(X)表示

$$F[\varphi(X)] = F[\varphi(X^0)] \tag{63}$$

轨迹上任何其他的点现在考虑第二组价格$(p_1', \cdots, p_n')$，以及对应的最优商品组合$(x_1', \cdots, x_n')$，同第一组情况一样，这些都处在同一无差异轨迹上。因此，

$$\sum_1^n p_i^1 x_i \geqslant \sum_1^n p_i^1 x_i^1 \tag{64}$$

在方程式(62)和(64)中，x 的任何值（沿着同一轨迹）可以插入各自的左边。特别是，可以把它们分别地记作

$$\sum_1^n p_i^0 x_i^1 \geqslant \sum_1^n p_i^0 x_i^0 \tag{65}$$

和

$$\sum_{1}^{n} p_i^1 x_i^0 \geqslant \sum_{1}^{n} p_i^1 x_i^1 \tag{66}$$

这意味着分别对应每组价格的最优商品组合不会比其他商品组合(对应于与此不同的一个价格组合才是最优的)花费更多。

改写这些方程式，我们得到

$$\sum_{1}^{n} p_i^0 (x_i^0 - x_i^1) \leqslant 0 \tag{67}$$

$$\sum_{1}^{n} p_i^1 (x_i^1 - x_i^0) \leqslant 0 \tag{68}$$

把这两个方程相加得到

$$\sum_{1}^{n} (p_i^1 - p_i^0)(x_i^1 - x_i^0) \leqslant 0 \tag{69}$$

如果假定两个均衡点总是不同，如果假定总可以得到一个正常的绝对极小值，那么等号就可以去掉，方程就可以改写为

$$\sum_{1}^{n} (p_i^1 - p_i^0)(x_i^1 - x_i^0) < 0 \tag{70}$$

这也可以写成

$$\sum_{1}^{n} \Delta p_i \Delta x_i < 0$$

并非所有

$$\Delta p_i = 0 \tag{71}$$

假定我们只允许一个价格比如说第 k 种商品的价格变化，那么(71)式中就只有一项不等于零，于是我们有

$$\Delta x_k \Delta p_k < 0, \quad (k = 1, \cdots, n) \tag{72}$$

即，**如果当第 k 种商品的价格上升，而所有其他的价格保持不变，**

那么对第k种商品的购买就会减少。必须强调的是，这只有在沿着同一无差异轨迹移动时，即对于价格的有补偿的变动时才成立；而且，这绝不意味着在给定货币收入下一种商品价格的变动必然导致该种商品获得量的减少。值得注意的是，上面的证明完全没有涉及微积分，只用了加减法运算，这个极大位置的定义就可以用来推导出富有意义的有限的需求约束。

只要运用最基本的逻辑和算术运算，我们就能够更进一步地提出问题。考虑任何一组初始价格和收入$(p_1^0, \cdots, p_n^0, I^0)$。同它相对应存在一个或更多的商品组合，从中挑选出一组并用$(x_1^0, \cdots, x_n^0)$表示。然后考虑第二组价格和收入$(p_1^1, \cdots, p_n^1, I^1)$和相对应的最优商品组合$(x_1^1, \cdots, x_n^1)$。

让我们考虑按照第一组的价格，第二组商品的费用是多少。这将是

$$p_1^0 x_1^1 + p_2^0 x_2^1 + \cdots + p_n^0 x_n^1 = \sum_1^n p_i^0 x_i^1 \tag{73}$$

如果这笔费用等于或小于第一组实际费用的货币数额，我们说第二组在个人偏好等级上绝不会高过第一组就有了真凭实据；因为如果第二组在个人偏好等级上高过第一组，那么个人在第一个位置上就不会得到均衡，因为对于可达到的满足水平来说，他没有使它的全部支出最小。换句话说，如果他能够购买第二组商品，而他却购买了第一组，那么我们就能把他偏好第二组而不是第一组的这种可能性排除掉。

我们的定理是

$$\sum_{1}^{n} p_i^0 x_i^1 \leqslant \sum_{1}^{n} p_i^0 x_i^0 \quad \text{蕴涵} \quad F[\varphi(X^1)] \leqslant F[\varphi(X^0)] \tag{74}$$

更特殊的是

$$\sum_{1}^{n} p_i^0 x_i^1 < \sum_{1}^{n} p_i^0 x_i^0 \quad \text{蕴涵} \quad F[\varphi(X^1)] < F[\varphi(X^0)] \tag{75}$$

类似地，

$$\sum_{1}^{n} p_i^1 x_i^0 < \sum_{1}^{n} p_i^1 x_i^1 \quad \text{蕴涵} \quad F[\varphi(X^0)] < F[\varphi(X^1)] \tag{76}$$

很明显

$$\sum_{1}^{n} p_i^0 x_i^1 < \sum_{1}^{n} p_i^0 x_i^0 \tag{77}$$

和

$$\sum_{1}^{n} p_i^1 x_i^0 < \sum_{1}^{n} p_i^1 x_i^1 \tag{78}$$

不能同时成立，因此这蕴含着

$$F[\varphi(X^1)] < F[\varphi(X^0)] \tag{79}$$

和

$$F[\varphi(X^1)] > F[\varphi(X^0)] \tag{80}$$

是一种自相矛盾的说法。

这给了我们一个不仅对有补偿的移动，而且对任何移动都成立的条件。

方程式(77)和(78)可以记作

$$\sum_{1}^{n} p_i^0(x_i^1 - x_i^0) < 0 \quad \text{蕴涵} \quad \sum_{1}^{n} p_i^1(x_i^1 - x_i^0) < 0 \tag{81}$$

或

$$\sum_{1}^{n} p_i \Delta x_i < 0 \quad \text{蕴涵} \quad \sum_{1}^{n} (p_i + \Delta p_i)\Delta x_i < 0 \tag{82}$$

如果我们假定需求函数是单值函数，并且同意只考虑相异的各点，那么这式子就可以扩大为下面的形式：

$$\sum_{1}^{n} p_i \Delta x_i \leqslant 0 \quad \text{蕴涵} \quad \sum_{1}^{n} (p_i + \Delta p_i)\Delta x_i < 0 \tag{83}$$

这个结果的重要性难以过分强调。在这个简单的公式里，差不多包括了消费者选择的全部纯理论的有意义的经验内容。而且，这些都是以最适宜于经验验证的形式加以描述的。因此，这是个根本条件（如同我在别的地方证明过的一样），它为经济指数理论和效用分析提供了一个基础，也为推导出个人需求函数和总需求函数上的所有已知约束提供了一条最便利的途径。①

单单根据这个条件就能够推导出需求函数的下列约束。

(a)它们必定是单值函数；即只有唯一的一组商品对应于每一组价格和收入。

(b)它们必定是零阶齐次函数；即所有价格和收入以相同比例变动时，所有数量必定保持不变。上节的条件Ⅰ的全部性质因此一定成立。

(c)所有已知的有效定性约束条件都施加在消费函数的斜率

① 这公式唯一不能阐明的一点是可积性。即使这样，也可以马上证明，这个条件稍加引申就能够把可积性条件包括进去。

上。这将在下面给予说明。

在别的地方，[①]我已经提议把条件(a)和(b)，以及方程式(83)作为消费者行为纯理论的新基础。那时，我还没有意识到，从(a)和(b)项约束本身可以单独从式(83)的假定中作为定理导出这个意义上看，(a)和(b)这些约束是多余的。换句话来说就是，这个单一的条件向我们提供了这个理论(关于可积性有保留)的完整基础。

(a)和(b)项约束作为定理的证明可以同时表示出来。现考虑初始价格和收入是$(p_1^0,\cdots,p_n^0,I^0)$的情况。有一组对应的商品为$(x_1^0,\cdots,x_n^0)$。现假定所有的价格和收入被同一正数 m 来乘，即为$(mp_1^0,\cdots,mp_n^0,mI^0)$，则对应地存在着第二组数量$(x_1^1,\cdots,x_n^1)$。我们想要证明的是，就商品对商品来说，第二组商品和第一组商品是相同的。

由假设

$$I^1=mI^0 \tag{84}$$

因此，

$$\sum_1^n p_i^1 x_i^1=m\sum_1^n p_i^0 x_i^0 \tag{85}$$

而且，

$$p_i^1=mp_i^0,\quad (i=1,\cdots,n) \tag{86}$$

所以，

$$\sum_1^n p_i^0 x_i^1=\sum_1^n p_i^0 x_i^0 \tag{87}$$

① “消费者行为理论释解”，《经济学》杂志，1938 年 2 月，第 61—71 页。

可是还有

$$\sum_1^n p_i^1 x_i^0 = \sum_1^n p_i^1 x_i^1 \tag{88}$$

而这里有个矛盾,因为条件(83)表明

$$\sum_1^n p_i^0 x_i^1 = \sum_1^n p_i^0 x_i^0 \quad \text{蕴涵} \quad \sum_1^n p_i^1 x_i^0 > \sum_1^n p_i^1 x_i^1 \tag{89}$$

所以,这些不可能是两个相异点。从而

$$x_i^1 = x_i^0, \quad (i=1,\cdots,n) \tag{90}$$

在 $m=1$ 的时候,条件(a)可以当作(b)的特例导出。

到现在为止,我们没有运用过微积分。现在,我们可以继续推导加在需求函数几个偏导数上的条件。

现在让我们考虑极限过程,并把式(83)写成下面的微分形式:

$$\sum_1^n dp_i dx_i < 0 \tag{91}$$

因为
$$\sum_1^n p_i dx_i = 0$$

dx_i 或 dp_i 不全为零。

在这个表达式中,dx 和 dp 指的是微分,而不是无限小的增量。

把价格和收入看作独立变量,由式(20)的需求函数我们有

$$dx_i = \sum_1^n h_j^i dp_j + h_I^i dI, \quad (i=1,\cdots,n) \tag{92}$$

但是由于
$$\sum_1^n p_j dx_j = 0$$

$$dI = \sum_1^n p_j dx_j + \sum_1^n x_j dp_j = \sum_1^n x_j dp_j \tag{93}$$

所以，

$$dx_i = \sum_1^n (h_j^i + x_j h_I^i) dp_j = \sum_1^n K_{ij} dp_j \tag{94}$$

方程式(91)变成

$$\sum_1^n \sum_1^n (h_j^i + x_j h_I^i) dp_i dp_j \leqslant 0 \tag{95}$$

或

$$\sum_1^n \sum_1^n (K_{ij}) dp_i dp_j \leqslant 0 \tag{96}$$

这是一个半负定形式；之所以说半定的，是因为对于所有价格按同一比例的变动，它由于齐次条件而变为零。

至少还有两种其他的方法能够把这个结果推导出来。由方程式(71)

$$\sum_1^n dp_i dx_i < 0 \text{ 沿着一个无差异轨迹} \tag{97}$$

这可以写成

$$\sum_1^n \Delta p_i \Delta x_i \leqslant 0 \text{ 沿着一个无差异轨迹。}$$

$$\text{(并非所有微分为零)} \tag{98}$$

但是沿着一个无差别轨迹，从式(43)可得

$$x_i = \psi^i[p_1, \cdots, p_n, F(\varphi)], \quad (i=1, \cdots, n) \tag{99}$$

式中的 ψ^i 是诸 p 的零阶齐次函数。而且

$$dx_i = \sum_1^n \psi_j^i dp_j, \quad (i=1, \cdots, n) \tag{100}$$

因此，

$$\sum_{1}^{n}\sum_{1}^{n}\psi_j^i dp_i dp_j \leqslant 0 \tag{101}$$

可是，对于沿着一个无差异轨迹的移动，即对于有补偿的价格变动，自然是

$$\frac{\partial x_i}{\partial p_j} \equiv \psi_j^i \equiv K_{ij} \tag{102}$$

所以，式(101)可以写成

$$\sum_{1}^{n}\sum_{1}^{n}K_{ij} dp_i dp_j \leqslant 0 \tag{103}$$

最后，在数学附录中用符号表示了下面的代数定理：令

$$[A_{ij}]=\left[\frac{D_{ij}}{D}\right]=[A_{ji}], \quad (i,j=1,\cdots,n) \tag{104}$$

是$[D]$的逆矩阵的第一个 n 阶方阵。那么

$$\sum_{1}^{n}\sum_{1}^{n}A_{ij}h_i h_j \leqslant 0 \tag{105}$$

因为$[D]$是在约束条件下的负定形式矩阵。现由式(38)得

$$K_{ij}=(-\lambda)A_{ji} \tag{106}$$

因为$(-\lambda)>0$，我们的定理再次成立。这是我们定理的直接代数证明。

可以简单地说明(96)式中半负定形式的要求的含义。①设

$$K=|K_{ij}|=\begin{vmatrix} K_{11} & K_{12} & \cdots & K_{1n} \\ K_{21} & K_{22} & \cdots & K_{2n} \\ \vdots & \vdots & & \vdots \\ K_{n1} & K_{n2} & \cdots & K_{nn} \end{vmatrix} \tag{107}$$

① 如果没有假定可积性，并且 $K_{ij}\neq K_{ji}$，这说明就可由项$(K_{ij}+K_{ji})/2$全部代入而容易得到修正。

于是，由于半负定性质

$$|K|\equiv 0 \quad \text{并且} \quad \sum_{1}^{n}\sum_{1}^{n}K_{ij}p_ip_j=0 \tag{108}$$

可是主子式自一阶开始从负到正交替变换符号

即，
$$|K_{11}|<0;\begin{vmatrix}K_{11} & K_{12}\\ K_{21} & K_{22}\end{vmatrix}>0$$

$$\begin{vmatrix}K_{11} & K_{12} & K_{13}\\ K_{21} & K_{22} & K_{23}\\ K_{31} & K_{32} & K_{33}\end{vmatrix}<0,\text{等} \tag{109}$$

因此它们蕴含着下面的需求约束。

$$\frac{\partial x_i}{\partial p_i}+x_i\frac{\partial x_i}{\partial I}<0,\quad (i=1,\cdots,n) \tag{110}$$

$$\left(\frac{\partial x_i}{\partial p_i}+x_i\frac{\partial x_i}{\partial I}\right)\left(\frac{\partial x_j}{\partial p_j}+x_j\frac{\partial x_j}{\partial I}\right)-\left(\frac{\partial x_i}{\partial p_j}+x_j\frac{\partial x_i}{\partial I}\right)^2>0,$$

$$(i,j=1,\cdots,n),(i\neq j),\text{等} \tag{111}$$

条件(110)最早大概是由 W. E. 约翰逊和尤金·斯拉茨基独立研究出来的。我们知道不可能推导出

$$\frac{\partial x_i}{\partial p_i}<0 \tag{112}$$

这个“需求法则”的普通表达式。因为如果负的$\partial x_i/\partial I$足够大，那么$\partial x_i/\partial p_i$在代数上就会取正值。这就是在众所熟知的吉芬悖论中提及的现象。[①]

① 各种各样的著述者能够推导出所谓的需求递减法则，只是靠着作出附加的、可随意论证的假设。

式(96)是对称和半负定形式的假定,完全详尽无遗地论述了效用分析的经验含义。所有其他的需求约束都能够作为定理从这个单一的假定中推导出来。这些陈述是大胆的,但可以由这样的事实来证实,即从式(96)的假定可以倒推出一个可积偏好域,以显示对于极大值所必要的那些性质。①

结　　论

我们在本章已经取得了显著的进步。尽管开始是玄虚的,但当它的经验意义最终得到阐明的时候,消费者行为的纯理论就发展为对价格和数量行为的一种简单假说。这可以写成为

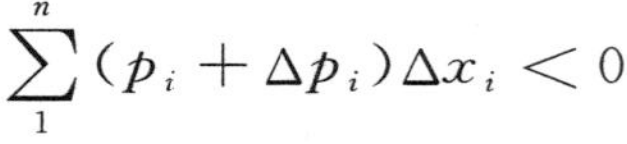

$$\sum_{1}^{n}(p_i+\Delta p_i)\Delta x_i<0$$

因为

$$\sum_{1}^{n}p_i\Delta x_i\leqslant 0,\Delta x_i\text{ 不全为 }0$$

① 只需要概略地给出这个命题的证明。记

$$x_i=H^i(\alpha_1,\cdots,\alpha_n),(i=1,\cdots,n)$$

$$K_{ij}=\frac{\partial x_i}{\partial p_j}+x_j\frac{\partial x_i}{\partial I}=I\left(\frac{\partial x_i}{\partial \alpha_j}-x_j\sum_{1}^{n}\frac{\partial x_i}{\partial \alpha_k}\alpha_k\right)$$

定义一组新变量

$$\beta_i=f^i(\alpha_1,\cdots,\alpha_n),\quad\text{或}\quad\alpha_k=F^k(\beta_1,\cdots,\beta_n)$$

使得

$$x_i=H^i[F^1(\beta_1,\cdots,\beta_n),\cdots,F^n(\beta_1,\cdots,\beta_n)]=G^i(\beta_1,\cdots,\beta_n)$$

且

$$\frac{\partial x_i}{\partial \beta_j}\equiv G_j^i\equiv K_j^i\equiv K_i^j\equiv G_i^j\equiv\frac{\partial x_j}{\partial \beta_i}$$

于是存在函数

$$\varphi=\psi(\beta_1,\cdots,\beta_n)$$

或

$$\varphi=\varphi(x_1,\cdots,x_n)$$

满足偏好域的性质。

满足上面指出的限制条件。或者换一种方法，我们可以把这写成为

$$\sum_{1}^{n}\sum_{1}^{n}\left(\frac{\partial x_i}{\partial p_j}+x_j\frac{\partial x_i}{\partial I}\right)dp_i dp_j\leqslant 0$$

这里仅当所有价格按同一比例变动时等号才成立。

许多作者都认为效用分析是经济理论的一个完整而重要的部分。有些作者甚至试图利用它的可应用性来作为能够把经济学同别的社会科学分开的检验标准。然而我想知道，如果上面这两个条件中的任何一个被发现根据经验是不正确的话，将有多少经济理论会改变。我认为这几乎没有什么可怀疑。

关于货币需求的一点注释

在前面讨论中的几个不同的地方，已经触及价值理论的一个特殊问题，即货币本身的价值问题。比起经济学的其他主题来说，也许这个主题有过更多的著述，而且所提到的大部分争论点在此研究也未必恰当。但是，就货币需求与在效用理论中碰到的一般偏好域的关系而论，这又是一个适当的问题。在这方面，我不去谈货币作为计价商品或者作为综合商品这些细微概念，而只说货币固有的、与众不同的特征：它的间接用途，不是看它自身，而是看它所能购买的东西；它的普遍的可接受性；它的不会由于使用而耗尽的性质；等等。

虽然由于货币而引起的最重要的问题，在最一般的意义上是同“不确定性”这个事实连接在一起的，它导致对流动性的考虑，但这里不能对此展开讨论。然而，用几页的篇幅指出摆脱同所谓满足交

易目的的货币需求相关联的某些错误的两分法，应该是有可能的。[①]

一方面，有些著述家如迈瑟斯，他们用边际效用来解释货币的价值，就如同这个术语可以应用于任何商品一样；另一方面，对于像熊彼特这样的经济学家来说，货币的独特性质在于它本质上不具备直接有用性，而且事实上货币的价值也不能够用通常的效用概念来解释。一般说来，后者的意见较少使人误入歧途，但是，恰同瓦尔拉斯在许多年前已经证明的那样，有可能修正效用分析，以便考虑货币的独特性质。瓦尔拉斯比所有其他经济学家更为高超地发展了一般均衡概念，在一般均衡中，所有的量都同时由有效的相互依存关系决定；用文字语言进行论述的作者担忧在货币价值必须确定的过程中间，会有某种假定价格和货币价值存在的循环论证，而瓦尔拉斯却能够始终不被这种担忧所困扰。在凯恩斯作出了最近的贡献后的今天，回过头去重新检查关于流动性偏好——瓦尔拉斯称现金偏好等——的详细讨论，是特别有益的。瓦尔拉斯富有经验，尽管他依旧相信今天叫作“数量论”的那些理论，但在他著作的后来修订过的版本中，却已经不再用数量方程式了；在我看来，这种做法是非常正确的，因为他实际上颠倒了我们平常熟知的那句格言：“数量论应当抛弃，但数量方程式有用。”

我在这里将只考虑消费者的货币持有需求。同前面一样，序数效用或偏好依赖于全部商品，但第$(n+1)$种商品M，将被当作货币，它只是在最终被放弃时才产生效益。保持平均数量的货币

① 对于欧洲大陆在这个问题上所作的广泛思索的概要，可参见霍华德·施·埃·利斯的著作：《德国货币理论，1905—1933》（剑桥，马萨诸塞，1934年出版），第一部分。

将带来种种的便利；使消费者能够在最有利的销售时机采取行动；促进交易；弥合收入和支出之间的缺口；等等。平均余额既被使用又不被用尽；它是周转的而不是耗损的；它存放那里以应付意外事故，即使这种意外事故事后并没有真实地发生，这样做也是有价值的。保持的这个余额还提供真实的服务，这种服务，是可以同消费糖和烟草等等而产生的直接效用相比拟的，在这个意义上，存在着某种个人在更多的烟草和更少的现金余额之间无差异的边际，而现金余额更少这个条件包含了全部的不便利。

然而下面这种区别还是有的。就消费者的需要模式来说，给定烟草、食品、芭蕾舞剧等的实物数量是重要的，可是对于货币的一个既定实物单位数目，比如说若干盎司黄金来说，却不可能赋予相同的重要性。黄金可以用来镶牙，就此而言，情况自然另当别论，但是，我们有意忽略货币在工艺美术中的这种用途。货币需求量决定于它要起的作用，货币要起的作用又转而决定于以黄金为单位的所有商品的价格。

上面的论述现在早已众所周知，因此不能不显得落入俗套。但是，让我们来把它们翻译成数学语言吧。现在，我们的序数效用函数就不再单独是商品实物数量的而且也是价格的函数了。这是一个重大而有意义的变动，因为，恰如我们将要看到的那样，需求函数的经验性质由于这个创新而发生了变化。这不是经济学家感到必须把价格引入无差异轨迹内的唯一场合；也有这样商品的例子，有些高档的、外国产的、罕见的或稀缺的商品对顾客颇有吸引力，它们因为它们的独占性而被估价，因此，对它们的偏好将按它们的相对价格的变动而改变。我们不必纠缠这种凡勃仑式效应。

我们的效用函数将取这种形式

$$U(x_1,\cdots,x_n,Mp_m,p_1,\cdots,p_n)$$
$$\equiv U(x_1,\cdots,x_n,M\lambda p_m,\lambda p_1,\cdots,\lambda p_n)$$
$$=F\left(x_1,\cdots,x_n,\frac{M}{p_1},\cdots,\frac{M}{p_n}\right) \tag{113}$$

式中的这些函数都是所有价格的零阶齐次函数，因此所有价格（包括黄金的价格）同时加倍而数量不变的话，序数效用也一定不变。这植根于这样的一个假设，即货币只根据它必须起的作用被估价，在短期或特殊预期的情况下，这假设不一定正确。应当注意，我没有设定货币的价格等于1。实际上，如果我们克制自己不这样做，我们就可以避免思想上的混淆。任何其他商品都可以当作计价物使用；或者，我们也可以用自己喜欢的任何单位来表示价格。自然，不把货币商品黄金当作计价物使用，也可以说出物品的黄金价格，而在学会这样去做以后，我们从此便能够依靠以黄金为单位表示价格这一简便的习惯了。读者当然不会认为我这是对黄金或其他金属附加了特别的重要性；任何按惯例充当货币的单位都是可以用来表示价格的。

瓦尔拉斯细心地指出了另一个重要的区别：消费品是每个单位时间的流量，这就像每年消费那么多的烟草一样，如此等等，可是黄金余额却是存货或存量。我们可以在两种意义上来谈论它的价格，把黄金的价格比作其他物品的价格，如1盎司黄金值2张海獭皮，而1磅烟草值3张海獭皮，或者1盎司黄金值2件“任何东西”，而1磅烟草值3件“任何东西”。这用符号表示就是 p_m。但我们也可以说说每单位时间所使用的黄金的价格。在资本市场上，人们能够按照一定的利率从事借贷活动。黄金的这种价格必定同利率有关系。即使个人在这里不一定以负债的方式来保持一笔现金余额，这也是正确的；无论如何，个人可以贷出这笔金额来取得利息，从这个意义上说，持有货币总是有机会成本的。

如果我们是希望在讨论中尽量排除动态考虑的话，那么最简单的假定似乎应该是个人的上述表达式的极大化，该式满足于下面这个预算方程，

$$\sum_{1}^{n} p_j x_j + r p_m M = I \tag{114}$$

其中价格、收入和利率 r 对个人来说是给定的。因此，每个时期所使用的货币的支付（或预知要付）数量，可以当作可得收入用于消费品支付上的一种扣除。除去商品的边际效用受到价格水平直接影响以外，这个均衡条件同第五章中的方程式(29)完全一样，而且，虽然现在我们新增了一个未知量 M 以待决定。但我们也新增了一个方程式

$$\frac{\partial U}{\partial M} + \lambda p_m r = 0 \tag{115}$$

因此，货币的使用量要达到这样的一点，在这一点上，所使用的货币的边际效用（便利性）同它的成本，或者说同它作为货币使用而必须支付的利息成比例。在把货币当作第 $(n+1)$ 种商品看待时，第二个不等式就恰像惯常的情况一样；加边海赛行列式的主子式符号必定交替变化。

根据均衡条件，可知我们的需求曲线如下：

$$x_i = h^i(p_1, \cdots, p_n, p_m, I, r), (i=1, \cdots, n)$$

$$M=M(p_1,\cdots,p_n,p_m,I,r) \tag{116}$$

恰同一般的需求情况一样,这些方程式也是全部价格和收入的零阶齐次函数。如果利率不变,全部价格(包括黄金价格)和收入加倍,那么所有数量都不会发生变化。可是,如果我们以黄金价格为单位使全部价格和收入加倍,同时又使 r 保持不变,那么对实物货币量的需求肯定也会同样地加倍。用数学的语言来说,M 是用全部其他价格和收入表示的一阶齐次函数。这是货币的独特性质。换句话说这可表述为,如果全部其他价格保持不变,以货币自身价格为单位的货币需求的弹性一定是 1。这是以往数量论中的著名命题。读者应该注意的是,这是一个可加以反驳的有意义的假说,在理想的观察条件下,是可以对它进行检验的。①

需求表所具有的更多的定性性质可以由求这些均衡方程式的微分来加以确定。可是,它们不会像在通常需求情况下所具有的那些性质一样简单,因为当任何一个价格发生变动的时候,由于每个价格都对边际效用有直接影响,所以每个均衡方程式都会发生变动。但即使这样,收入弹性的情况同以前却仍相差无几;而且,正像通常效用假设下任何商品的需求决定于它自身的价格一样,货币需求决定于利率的变动。所以,如果利率提高,为了使个人的处境不发生变动,收入就必须同时增加,因此,货币需求量一定减少。如果货币不是低档商品——我们料想它也不是,那么即使是没有补偿的变动,利息的增加也会减少货币的需求量。

① 雅各布·马沙克:"货币幻觉和货币需求分析",载《经济统计评论》1948 年 2 月号,第 40—80 页。

下面以分块矩阵的形式来给出所求微分的全部结果。①

$$\begin{bmatrix} h_j^i & \vdots & h_{p_m}^i & \vdots & h_I^i & \vdots & h_r^i \\ \cdots\cdots & \vdots & \cdots\cdots & \vdots & \cdots\cdots & \vdots & \cdots\cdots \\ M_j & \vdots & M_{p_m} & \vdots & M_I & \vdots & M_r \end{bmatrix}$$

$$= - \begin{bmatrix} U_{ik} & \vdots & \frac{\partial U_i}{\partial M} & \vdots & p_i \\ \cdots\cdots & \vdots & \cdots\cdots & \vdots & \cdots\cdots \\ \frac{\partial U_k}{\partial M} & \vdots & \frac{\partial^2 U}{\partial M^2} & \vdots & p_m \\ \cdots\cdots & \vdots & \cdots\cdots & \vdots & \cdots\cdots \\ p_k & \vdots & p_m & \vdots & 0 \end{bmatrix}^{-1}$$

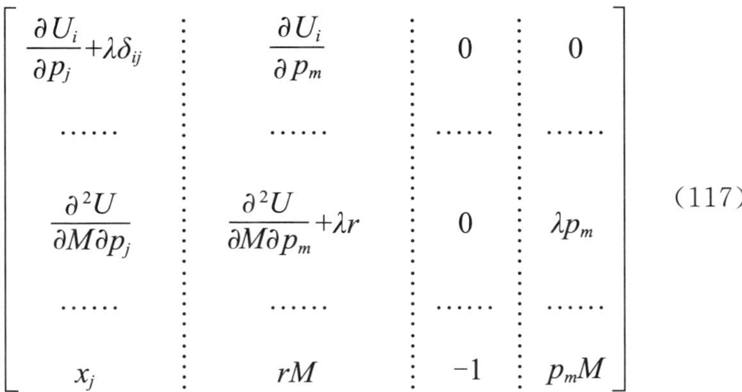

$$\begin{bmatrix} \frac{\partial U_i}{\partial p_j}+\lambda\delta_{ij} & \vdots & \frac{\partial U_i}{\partial p_m} & \vdots & 0 & \vdots & 0 \\ \cdots\cdots & \vdots & \cdots\cdots & \vdots & \cdots\cdots & \vdots & \cdots\cdots \\ \frac{\partial^2 U}{\partial M \partial p_j} & \vdots & \frac{\partial^2 U}{\partial M \partial p_m}+\lambda r & \vdots & 0 & \vdots & \lambda p_m \\ \cdots\cdots & \vdots & \cdots\cdots & \vdots & \cdots\cdots & \vdots & \cdots\cdots \\ x_j & \vdots & rM & \vdots & -1 & \vdots & p_m M \end{bmatrix} \qquad (117)$$

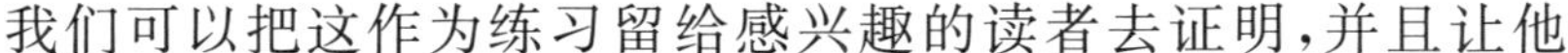

我们可以把这作为练习留给感兴趣的读者去证明，并且让他

① 这里值得参考 C. E. V. 莱塞的论文："消费者的货币需求"，《计量经济学》杂志，第 11 期第 2 号(1943 年 4 月)，第 123—140 页。

们去设计出一个有趣的特例,其中序数偏好域采取 $U(x_1, \cdots, x_n, p_m M/I)$ 这样一个简单形式。

由不确定性所带来的限制

上面所分析的货币需求,局限于所谓的交易方面。而真正重要的问题,却要在不确定性和交易摩擦得到认可和关注的时候才会产生出来。这方面曾经提出过的某些最好的理论,可以在凯恩斯的《通论》和希克斯的《价值和资本》中找到。因限于篇幅,这里只能作这样一个推荐。过去提到利率和资产结构往往只是敷衍了事,所以,现在根据流动性偏好进行分析具有极大的意义。但是,如果认为不确定性和流动性的差别是利率存在的绝对必要条件,却可能是一个错误,这错误会像它损害古典学说一样损害对流动性偏好的进一步分析,这种意见,可以拿来同地租理论相对照,后者的根据是不同种类的土地在质上有差别。我相信,它们的这种相似性不是表面的。

我尤其认为,说利息简单地就是货币的价格会使人产生误解;很可能有不存在货币的经济,但在那里却仍然有真实的利率存在。[①] 我也不能同意希克斯在他那杰出的论利息和货币的第十三章中所作的全部论述,例如"…短期利率的产生只有用进行交易的麻烦来解释"(第 165 页);"…如果票据是完全安全的,那么票据就

---

① 在别处,我在"理想条件下的利率"这个标题下曾简略地展开过这个想法。文章载《经济学季刊》,第 53 卷(1939 年 2 月),第 286—297 页。

没有理由会打折扣”(第165页);“在偿付债务时不被普遍接受的证券带有一些利息,因为它们是不完全的‘货币’”(第167页)。

在一个既无交易摩擦又无不确定性的世界里,没有理由在任何两种资产的收益之间制造差别,因此,货币收益和证券收益应该没有差异,这种说法是正确的。希克斯由此得出的结论认为,证券不会带来利息,但却能使自己适应货币的收益。同样有可能甚或更为明了的是,可以假设在这些条件下货币使自己适应证券的收益。事实上,在这样的一个世界里,证券本身也会像货币那样进行周转,并在交易中被人们接受;银行的活期存款可以生息,就同20世纪20年代美国经常出现的情况那样。① 而如果货币不能进行这样的调整,那就会像在亚里士多德告诉我们是无效的金属伪币的场合中一样,这种货币将退出使用,丧失活力并被废弃,成为一种自由商品。

弗兰克·奈特在他《风险、不确定性和利润》②一书的再版序言中深刻指出,在上面所设想的那些条件之下,货币的流通速度将变得无限大,价格水平也将提得无限高。这也许是下面这种情况的一个过分戏剧化的说法:没有人将持有货币,而货币将成为自由商品进入由贝壳和其他曾经一度充当过货币的物品所构成的那个范畴。我们也可以预期,货币将不仅退出流通,而且会被中止作为惯常表示价格的计价物来使用。附息货币一定会出现。

① 在一个没有不确定性的世界里,货币同其他资产有着相同的收益,货币流通速度变得不确定。注意,这是利率为零的情形。

② 《风险、不确定性和利润》(伦敦经济和政治科学学院,珍贵文本再版系列丛书,第16种,1933),第12页。

当然，以上所述在现实生活中并不会发生，恰恰是因为所有这些不确定性、预防意外事故的需要、收支时间的不同步以及交易摩擦原因存在于我们的身边。但上面抽象分析的那个特例却能够告诫我们提防这样一个容易得到的假定：利率结构的平均水平唯一地或者主要地决定于这些不同的因素。有时这些因素是主要的原因，有时却不是，例如 20 年代美国所出现的情况。作为概括，我应该冒险作出这样一个假设：在一个存在“准零”利率的经济里，这些因素可能是很重要的原因。我认为这假设可以用来解释 30 年代美国货币市场出现的许多异常现象。

我已经批评过，这个推理中存在的更深一层的缺陷，在于把由于利息收益同资产近似货币的程度负相关，而把名义长期利率高于短期利率这样一个假定认作普遍适用的趋势。这同经济史上的许多事实是不相符的，而其中的道理我认为并不难解释。①

① 参见 D. 杜兰德的“公司债券的基本收益，1900—1942”一文，《专业论文 3》(纽约：国家经济调查局，1942)，也可参见 F. A. 卢茨的“利率的结构”一文，载《经济学季刊》55 卷(1940)，第 36—63 页。

第六章　变换、综合商品和配给

对数变换与弹性

经济学家们受到艾尔弗雷德·马歇尔的影响，逐渐喜欢起某种叫作弹性系数的无维度表达方式。一般说来，除了能够作为初学者的智力练习，这似乎不再有太大的重要性。[①] 如我们所知，绝大部分的"经济学法则"与其说是数量方面的，毋宁说是质和次序方面的，因而在这里有关维度这样的问题是不重要的。

更何况，虽然弹性表达式在标度变化的情况下保持不变，但在原点变化时却不是不变的。由于并不存在测度经济数量的自然零点，所以我们能够理解，弹性表示从本质上说是随意的。正因如此，我们在经济分析中碰到的概念如出口、净购买、要素供给量等，都由于基准的随意性而计量各异。[②]

从数学上说，比如价格和数量，两个量之间的弹性表达式，可

① 作为表示总收益质的特性的一个指标，需求弹性概念也许有某些用处，可是甚至这种情况也不过是忽略直接论述总收益的结果。

② 除了稍许有些不当外，维克斯蒂德已经认识到这点。他否定供给概念的有效性，而宁愿使用那个"保留需求"概念；不过他走到了相反的极端，把神圣的东西都归结为他所作出的重新阐述。

以简单地由一个量的对数关于另一个量对数的微分来构成。因此

$$\eta_{xp}=(dx/dp)(p/x)=d\log x/d\log p=Ex/Ep$$ ①

弹性表示式不仅仅多少有些无用,而且在更复杂的体系内实际上还是一种令人讨厌的东西,②因为它们把对称表示转变成非对称表示,并且掩盖二次型的确定性。虽然这可以用效用分析来证明,但是用不考虑约束条件的利润最大化问题来说明,论证可能更加充分并且更加简单。让我们考虑这样一家厂商,它在完全竞争市场上,按照给定的价格$(w_1,\cdots,w_n)$,购买了投入物$(v_1,\cdots,v_n)$。由于该厂商的产品需求曲线和生产函数是已知的,所以它的总收益就成为它所购投入物的一个确定的函数。总支出定义为支付在所有各种生产要素上的数量总和,很明显该厂商的利润可以写成这种形式:

$$\pi=R(v_1,\cdots,v_n)-\sum_{1}^{n}w_jv_j \tag{1}$$

为利润达到某个正则极大值,我们必须有

---

① 弹性项的微积分运算能够在对数导数性质的基础上确定。参见 R. G. D. 艾伦所著《经济学家的数学分析》一书(伦敦,1937)第五章,在那里特别讨论了 D. G. 钱珀努思的著作。

② 事实上,弹性表示必然"无维度"的说法有点会造成误解。因为取任何绝对导数,例如肯定不是无维度的 dx/dp,确实涉及维度(产量乘以产量由价值来除)。即使有维度,它也仍然可以是某种表示的弹性,因此,如果

$$x=f(p)$$

并且

$$y=s(q)$$

这里

$$y=e^x,q=e^p$$

那么

$$\frac{Ey}{Eq}=\frac{dx}{dp}。$$

$$R_i(v_1,\cdots,v_n)-w_i=0,\quad (i=1,\cdots,n) \tag{2}$$

$[R_{ij}]$是负定的。

假设给出在每组价格上将要购买的各生产要素的数量之后我们对反需求函数感兴趣。我们可由上述均衡条件的显式微分得到

$$\left[\frac{\partial v_i}{\partial w_j}\right]=[R_{ij}]^{-1} \tag{3}$$

既然一个对称负定矩阵的逆本身也是对称负定的，那么关于需求函数的全部条件也就自然被概括在上面的表示式之中。

如果有人对相应的弹性系数$[E_{vi}/E_{wj}]$感兴趣，那么，作为事后的思考，他可以把合适的因子引入方程式(3)的矩阵中去。兰格教授把这种惯常的步骤称作“间接方法”。[①] 他提出了另一种“直接”方法。我倒想指出第三种方法，以便从兰格的方法中推出它的逻辑结论。可是，在这样做以前，我想先表达这样的意见，在这个问题中，“间接性”与其说是一种后退，不如说是一种优点。

如果我们采用一种有助记忆的符号，靠它把一组变量关于另一组变量的雅可比行列式用很像单一变量导数的形式写出来，即

$$J(y_1,\cdots,y_n;x_1,\cdots,x_n)=\left[\frac{\partial y_i}{\partial x_j}\right]=\frac{dy}{dx} \tag{4}$$

那么我们的讨论将会简化。

读者可以接着证明下列等式

$$\frac{dz}{dy}\frac{dy}{dx}=\frac{dz}{dx}$$

① 奥斯卡·兰格：“需求弹性和供给弹性的理论推导：直接方法”一文，载《计量经济学》杂志第10期(1942)，第193—214页。

$$\frac{dx}{dy}=\left[\frac{dy}{dx}\right]^{-1} \tag{5}$$

刚好与单一变量导数的等式是类似的。

采用这种符号，变换的雅可比行列式

$$V_i=\log v_i, v_i=e^{V_i}$$

$$W_i=\log w_i, w_i=e^{W_i}, \quad (i=1,\cdots,n) \tag{6}$$

可以写成

$$\frac{dV}{dv}=\left[\frac{\delta_{ij}}{v_i}\right], \quad \frac{dv}{dV}=[v_i\delta_{ij}]$$

$$\frac{dW}{dw}=\left[\frac{\delta_{ij}}{w_i}\right], \quad \frac{dw}{dw}=[w_i\delta_{ij}] \tag{7}$$

这里的 δ_{ij} 是克罗内克符号，对于同样的下标它等于1，其他情况下它等于零。

于是必然可以得出这样的结论

$$\frac{dV}{dW}=\frac{dV}{dv}\frac{dv}{dw}\frac{dw}{dW}=\left[\frac{\delta_{ij}}{v_j}\right][R_{ij}]^{-1}[w_i\delta_{ij}] \tag{8}$$

这就是所谓的间接方法。兰格的直接方法涉及用下列等式来计算这个同样的矩阵：

$$\frac{dV}{dW}=\left[\frac{dW}{dV}\right]^{-1}=\left[\frac{v_jR_{ij}}{w_i}\right]^{-1} \tag{9}$$

这种方法好像没有什么特别的好处；相反，在求逆以前，却存在着失去对称性，并且掩盖 R 和它的逆的确定性质的很大不利。当然，受掩盖的性质嗣后可以整理出来，可是这却似乎包含着大量的多余运算。

但是，如果我们愿意将这种直接法坚持到底，那么合乎逻辑的结论似乎是用决定于变量 V 和 W 的等式代替原来利润表达式中的 v 和 w。W 已知，厂商就会变化 V 来使利润极大化。均衡条件将是

$$S_i(V_1,\cdots,V_n)-e^{V_i}e^{W_i}=0,\quad (i=1,\cdots,n) \tag{10}$$

且

$$[S_{ij}-v_iw_i\delta_{ij}]=H$$

是负定的。应该明白，在上述表达式中

$$S(V_1,\cdots,V_n)=R(e^{V_1},\cdots,e^{V_n}) \tag{11}$$

且下标像通常一样表示微分。

如果对我们的均衡条件微分，容易得出等式

$$\frac{dV}{dW}=H^{-1}[v_jw_j\delta_{ij}] \tag{12}$$

这里的 H^{-1} 是对称和负定的。因此，除了列因子以外，该弹性矩阵是对称的。用这些因子来除，且定义 $K_i=v_iw_i/\sum v_jw_j$，我们很容易得到熟知的等式①

$$K_i\eta_{ij}=K_j\eta_{ji} \tag{13}$$

同样，我们可以证明下列关系

$$\eta_{ii}<0,\begin{vmatrix}\eta_{ii} & \eta_{ij}\\ \eta_{ji} & \eta_{jj}\end{vmatrix}>0,\text{等等} \tag{14}$$

关系式(13)和(14)也能够立即从间接方法中导出，但是从兰格方法中得出却不容易。

如果有人一定要用“无维度”表达式，那么他最好还是把通常的弹性表示式替换成为更对称的系数

① H. 舒尔茨：《需求的理论和计量》(芝加哥，1938)，第 19 章。

$$Mij=\frac{\partial v_i}{\partial w_j}\frac{\sqrt{w_i w_j}}{\sqrt{v_i v_j}} \tag{15}$$

读者能够容易地证明:所有矩阵都保持了对称和确定性;这些系数都是纯粹的数字,它在对角元素的情形中化简为旧的弹性定义。

在关于弹性表示的这项讨论结束的时候,我想提出一个告诫:无论是某个变量为零,还是符号改变,这种变换都会被破坏掉。前面几节已经表明,生产性服务或投入可以简单地看作负产出。只要经过符号的转换,这些量都能变成对数形式。如果不是因为许多变量既不永远为正也不永远为负那么也就不会出现什么问题了。可以考虑用把总支出的全部取作零的古典情形来说明可能会出现的困难。在这里,各种商品关于假定的收入变化的偏导数具有确定的含义,而它们的弹性却不能确定。

独立变量的一般变换

前面一节讨论的对数变换,只不过是独立变量变换中的一个特例。最好还是在独立变量一般变换之下来研究均衡条件的性质。因为,就像在其他学科中一样,在经济学中,我们也希望不受任何一种特定的参考系或者特定的坐标空间影响,而喜爱一般化了的坐标。这种愿望不仅是美学上的需要,而且也是实际生活所必需的,事实上我们不会总是遇到按自然属性定义的商品。在商业周期理论中,我们经常使用“生活费用”这个概念,用来表示市场上一篮子商品的综合价格。但是即使我们只注意那些通常称作一种商品的东西,比如说“小麦”,我们仍会发现自己是在同一个由不同品质的冬小麦、春小麦所组成的综合商品打交道。每一种不同质的商品必然也是一个由不同成分构成的综合体，如此等等，可以无限类推下去。

这里叙述一个分析一般变换意义的理由。从分析的观点看问题，在J.R.希克斯的《价值和资本》一书所包含的许多近代才提出的理论中间，最重要的也许是他清楚地阐明了这样一条原理：如果一组商品的全部价格都按相同比例变动，那么该组商品具有一个单一商品的性质。虽然里昂惕夫教授曾经部分地预见到这个定理，但是把它作为论述基石的却还只能是希克斯教授。① 使用多变量运算的每一位数理经济学家，都会感到用文字或图表解释理论的困难。依据希克斯-里昂惕夫定理，除了一个变量以外，所有变量都能够归并在一起作为一个单一变量，而且能够用还算简明的文字描述来进行解释。下面我们会了解这个定理是怎么会当作关于变换的一般定理的一个特例出现的。

最一般的均衡条件是在第二章中初次碰到的方程式(1)这种形式，我们可以用去掉下标的矩阵形式把它重新写成

$$f(x;\alpha)=0 \tag{16}$$

如果使独立变量作非奇异变换

$$x=T(\bar{x}) \tag{17}$$

它的雅可比行列式

$$\frac{dx}{d\bar{x}}=[T_j^i]$$

---

① W.里昂惕夫："综合商品和指数问题"，载《计量经济学》杂志第4期(1936)。

永不为零,于是均衡条件就成为

$$f[T(\bar{x});\alpha]=\bar{f}(\bar{x};\alpha)=0 \tag{18}$$

如果未知数的均衡值同参数之间的关系由

$$x=g(\alpha) \tag{19}$$

给出,那么新的关系将是

$$\bar{x}=g(\alpha) \tag{20}$$

它一定等于

$$T(\bar{x})=g(\alpha) \tag{21}$$

最重要的是,能够容易地证明

$$\frac{dx}{d\alpha}=\frac{dx}{d\bar{x}}\frac{d\bar{x}}{d\alpha} \tag{22}$$

我们可以直接转向某些数量是关于 m 个约束条件下的 n 个独立变量的相对极大或者相对极小的一般极值问题。[①] 用矩阵符号表示,我们有

$$z=f(x) \tag{23}$$

$$G(x)=0$$

在一个正则极大值,矩阵

$$[f_x, G_x] \tag{24}$$

的秩为 m,而且

$$h'H_{xx}h \tag{25}$$

负定,并满足

$$h'G_x=0$$

① 参见数学附录 A,第三节。

这里

$$H_{xx}=\left[f_{x_ix_j}+\sum_1^m\lambda_kG_{x_ix_j}^k\right]\tag{26}$$

其中的 λ 是拉格朗日乘数。

经过变换，我们有

$$[\bar{f}_{\bar{x}},\bar{G}_{\bar{x}}]\equiv\left[\frac{dx}{d\bar{x}}\right]'[f_x,G_x]\tag{27}$$

这里矩阵$[a_{ij}]$上的撇号表示它的"转置"矩阵$[a_{ji}]$。由于右边第一矩阵是非奇异矩阵，所以第一阶条件在变换中不变。同样容易证明

$$\bar{h}'\bar{H}_{\bar{x}\bar{x}}\bar{h}\equiv h'H_{xx}h\tag{28}$$

其中

$$\bar{h}'\bar{G}_{\bar{x}}\equiv h'G_x\equiv 0$$

$$h=\left[\frac{dx}{d\bar{x}}\right]\bar{h}$$

结果是第二阶条件在变换中不变。

另一方面，通过表明相应的加边行列式由于关系式

$$\begin{bmatrix}\bar{H}_{\bar{x}\bar{x}} & \bar{G}_{\bar{x}}\\ \bar{G}'_{\bar{x}} & 0\end{bmatrix}\equiv\begin{bmatrix}\dfrac{dx'}{d\bar{x}} & 0\\ 0 & I\end{bmatrix}\begin{bmatrix}H_{xx} & G_x\\ G'_x & 0\end{bmatrix}\begin{bmatrix}\dfrac{dx}{d\bar{x}} & 0\\ 0 & I\end{bmatrix}\tag{29}$$

而具有不变性，也可以证明上述结论。

应该注意拉格朗日乘数$(\lambda_1,\cdots,\lambda_m)$在独立变量变换下是不变的。这可以从经济和数学两个方面来解释。如果我们把参数$(\alpha_1,\cdots,\alpha_m)$插入上面的方程式，致使限制条件变成

$$G^k(x)-\alpha_k=0\tag{30}$$

那么通过直接微分就能够容易地证明

$$\left[\frac{dz}{d\alpha_k}\right]=[-\lambda_k] \tag{31}$$

其他 α 不变

早先我们已经导出过这种情况的特例，它们同收入的边际效用(第五章第 117 页)以及边际成本(第四章，第 82 页)相联。

保持所有其他变量不变，求 H 关于 α_k 的微分，能够富有启发地导出上面这种关系。恰同其他含有拉格朗日乘数的运算一样，这是一种分析上的“诀窍”，它的正确性在于它等价于能够用更迂回的方法严密推导出来的那些表达式。

明确需要注意的问题是，极值问题中独立变量的变换，在有关的二次型的矩阵作同步同余变换的条件下，二次型的定性保持不变，给定阶数的主子式的符号也保持不变。这是由于均衡方程式等价于极值条件的结果，但对其他类型的均衡来说，这不必如此。

因此，当希克斯①把一个矩阵

$$-\left[\frac{\partial x_i}{\partial p_j}\right]$$

的全部主子式为正值的要求解释为一般市场交换下完全稳定的一个条件的时候，我们至此还无法知道这条件是否独立于所选择的特定坐标体系。对于希克斯的“不完全稳定”概念，可以同样这样说。这些概念含糊不清的原因，在于上面给出的证明不能适用于

① J. R. 希克斯：《价值和资本》(伦敦，1939)，第五章，以及数学附录，第 315—317 页。

非对称矩阵。①

这一节研究了独立变量变换之下的极值位置不变问题。现在我们转向应变量变换问题。

应变量的变换

如今众所周知需求方程式独立于所选择的特定效用指数；②也就是说，它们的所有性质在一个一般变换

$$U=F(\varphi) \tag{32}$$

之下不会改变，这里的函数 F 是永远递增的一一对应的函数。为了简便，我们假定它是二次可微的。

在最一般情形下，$f(x)$可以在由给出的 x 的一个或多个约束条件下达到极大值，

$$G(x)=0 \tag{33}$$

而均衡条件完全可以由如下条件表示：$[f_x G_x]$存在一定的秩，而且对于满足

$$h'G_x=0 \text{③} \tag{34}$$

的 h 的值来说，二次型 $h'H_{xx}h$ 具有某种定性。

现在如果我们使 z 和 G 作如下变换

$$F=F(z) \quad 和 \quad E=E(G) \tag{35}$$

① 本章在后面再讨论这个问题。

② 参见第五章，第 111、116 和 121—122 页。

③ 参见数学附录 A，第五节。

并且要求新变量 F 在新约束条件下达到极大，那么我们的条件就包括$[F_xE_x]$的秩，以及 $h'_1R_{xx}h$ 的定性约束于

$$h'E_x=0 \tag{36}$$

这里

$$R_{xx}=\left[F_{ij}+\sum_1^r m_kE_{ij}^k\right] \tag{37}$$

通过微分，我们容易发现新旧矩阵之间的关系，即

$$[F_xE_x]=[f_xG_x]\begin{bmatrix}F'(\varphi) & 0\\ 0 & E'(G)\end{bmatrix} \tag{38}$$

既然最后一个矩阵是非奇异的对角阵，所以在这种变换下，一阶秩性质显然不会变化，这恰如用 x 自身来表示实际的解一样。

我们可以简单地用微分证明

$$\begin{aligned}h'R_{xx}h&=h'\left[F'f_{ij}+\sum_1^n m_kE'_k(G^k)G_{ij}^k\right]h\\&\quad+h'\left[F''f_if_j+\sum_1^n m_kE''_kG_i^kG_j^k\right]h\end{aligned} \tag{39}$$

根据一阶秩条件，那些刚好使上面方程式右边第二部分对允许的 h 值来说等于零的 f_x 和 G_x 的列之间必定线性相关。根据函数 F'和函数 E 的单调性，可以得出这样的结论：$[F'E'_k]$不等于零；因此变换的二次型保持它的定性。

对于均衡条件的不变性，以上所述完成了一个粗略的证明。虽然从整体上说这个问题的意义主要同效用和消费者选择理论有关，但是我们的定理也直接适用于利润极大化问题。如果我们求利润平方的极大值，或者求利润对数的极大值，或者求 90%的利润的极大值，或者求财政部保证我们可作为净收入保留的利润的

单调函数的极大值，那么我们的最优价格和产量政策大概不会有什么变化。关于生产函数，如果我们讨论某个产量指数而不是产量本身，那么我们同样可以用生产要素按照最廉价的方式生产出给定的产出。另一种替换方法是，我们只讨论某产量曲线，而不考虑它们用什么数字编序。然而，重要的是要认识到，利润和产量这些变量在理想条件下是可以计量的；因此，用变换的变量来替代它们，完全是人为的而且也不必要。①

对新拉格朗日乘数的明确估计证明，它们由于如下的变换

$$m_k = \frac{F'(f)\lambda_k}{E'_k(G^k)} \tag{40}$$

而发生变化。这个式子对收入边际的效用的意义在第七章中展开讨论。

价格的变换

到现在为止，我们已经考虑了未知变量在参变量 α 不变时的

① 那些喜好基数效用的人们，能否用类比的方法，从其他学科比如物理学中，为他们的主张找到支持呢？我的看法是否定的。某些物理概念，例如温度，物理学家们长时期把它们当作序数数量对待。它们的状况可以用许多相互关系是非线性的不同指标中的任何一种来描述，最后可以相信，给予某一个这样的指标以约定俗成的特权地位，即根据“理想气体”的性质建立指标，将十分便利。物理书中使用的“力”这个字，对于经济分析来说并不是一个好的先例；物理学中许多地方都可以省却这个术语，总之，它所表示的东西，例如动量的变化率，或者位势函数的导数，都能够给出精确的观察值，这些值在单调变换下并非不变。经济学更好的先例也许是统计学方面的例子。在统计学中，根据计算的便利程度，无差别地使用着似然函数和它的对数形式，并且丝毫没有形而上学的含义。

变换。根据方程式(22),我们可以求出新变量关于 α 的变化率。可是在新的坐标系中,我们将不再能够陈述关于变化的符号的确定的定理。

在旧的坐标系中,我们能确定地指出

$$\frac{\partial v_1}{\partial w_1}<0 \tag{41}$$

但是新系数$(\partial \bar{v}_1/\partial w_1)$是$(\partial v_i/\partial w_1)$形式的项的线性组合,它的符号可以随便哪种。

可是,既然对于第一个坐标系并不存在特别的东西,那么很明显,在新坐标系中定理绝不会比旧坐标系的定理更不确定。如同我们就要知道的那样,这种"预感"是正确的。这样的定理存在;它们可以由考虑新变量关于特定的参变量综合变化的变化推导出来。这就是说,在我们使均衡未知量作变换的时候,同时使参变量也作变换。后者的变换与前者的变换不相同,但是,恰同将要证明的那样,参变量的变换以确定的方式同数量的变换相关联。

对于眼前的目的来说,没有必要对这个问题作最一般性的研究。我们可以像本章第一节那样,把厂商的利润极大化作为一个重要例证加以考虑。诸如生产理论和效用理论中出现的那些约束条件下的极值问题,可以由读者直接去展开。

把利润写成如下形式

$$\pi(v;w)=R(v_1,\cdots,v_n)-\sum_{1}^{n}w_j v_j \tag{42}$$

这里 w 看作厂商给定的参变量,v 是生产投入。这些 v 和 w 只是

x 和 p 的特例，同投入有特定的关系。

如果现在定义新商品($\bar{v}_1, \cdots, \bar{v}_n$)，我们应该能够发现它们的变化同它们价格的变化间的确定关系，就如同我们在旧坐标系中所能做到的那样。可是新的商品价格($\bar{w}_1, \cdots, \bar{w}_n$)又表示什么意思呢？答案只能是一个，对于研究过一组商品市场价格的人来说，这是显而易见的。

综合商品的价格被看作加权的个别价格的总和，其中权数的选择要使得新商品的总价值即 $\bar{w}\,\bar{v}$，与这些构成部分的价值相同。这就提出了下面这样一个一般法则：经过一切变换，价值量依旧保留着，即不管怎样变换

$$\sum_{1}^{n} w_k v_k = \sum_{1}^{n} \bar{w}_k \bar{v}_k \tag{43}$$

因为这是价值量(美元，英镑，等等)，一旦在坐标系中给定价格和数量，它们就不能任意决定了。另一方面，由于价格和数量涉及所使用的特定参照系，所以就此而言，价值量又是任意的了。

使两组变量作变换，现在假定是线性变换，使得它们在方程式(43)中的内积保持不变，是一个熟知的数学问题。① 在这方面有关的变量叫作**逆步变量**。②

如果我们使数量 v 作非奇异线性变换

$$v = c\bar{v}, \bar{v} = c^{-1} v \tag{44}$$

---

① 这个问题在高等几何中，在数学的许多分支中，以及在被预测的因变量可能独立于预测变量变换的多重回归分析中均有发生。当对预测变量实施线性变换的时候，回归系数必定得到相应调整以使得预测保持不变。

② M. 博契尔：《高等代数导论》，第 108 页。

于是

$$w'v = w'c\bar{v} \tag{45}$$

当且仅当

$$w' = \bar{w}'c^{-1}, \quad \text{或} \bar{w} = c'w \tag{46}$$

时式(43),将会实现。因此,数量和价格的相关变换是

$$v = c\bar{v}, \quad \bar{v} = c^{-1}v$$

$$w = c^{-1\prime}\bar{w}, \bar{w} = c'w \tag{47}$$

这里要注意矩阵的转置和逆,以及两个变换间的自射反关系。

变换以后,利润成为

$$\pi(v;w) \equiv \bar{\pi}(\bar{v};\bar{w}) \equiv \bar{R}(\bar{v}) - \sum_{1}^{n} \bar{w}_j \bar{v}_j \tag{48}$$

在形式上,这同原来的一样;结果,从极大条件一定可以得出这样的结论:关于(dv/dw)所能说的一切,同样适用于$(d\bar{v}/d\bar{w})$。因此

$$\frac{d\bar{v}}{d\bar{w}} = (\bar{\pi}_{vv})^{-1} \tag{49}$$

是对称和负定的。

上式也可以由下式

$$\frac{d\bar{v}}{d\bar{w}} \equiv \frac{d\bar{v}}{dv} \frac{dv}{dw} \frac{dw}{d\bar{w}} \tag{50}$$

推得。将方程式(47)代入式(50),我们得到

$$\frac{d\bar{v}}{d\bar{w}} = c^{-1} \frac{dv}{dw} c^{-1\prime} \tag{51}$$

经过上述形式的全等变换后,矩阵仍保持负定和对称性质,这

是一个古典数学上的问题。[①]

经济学中碰到的许多均衡体系并不由极值问题产生，而且也不能转换成极值形式。凯恩斯体系的各种形式只是提供了终究什么为一般情形的第一个例证。第二个例证是瓦尔拉斯的一般均衡方程式。第三个例证是介乎两者之间的情形，在这种情形中，我们假定偏好行为前后一致，在每一点上无限小的无差异轨迹一定是广义凸的，但是我们不假定，“可积性”条件被满足从而使得“局部”无差异平面元素能够“联接”起来形成一组无差异轨迹。因此，偏好域的特征可以用微分表达式或者普法夫方程式来表示，而从这些式子中是不可能找到积分因子的。只有在两种商品的情形下，我们才能够始终找到能导出可积“恰当微分”的积分因子。[②]

上述三个例子中的第一个，就这方面来说并不使我们感兴趣，因为我们不能够把一组价格变量作为“数量”的“共轭”变量来配对。

借助于第二个一般均衡的例子，我想指出希克斯一般交换和生产的稳定性概念有极大难点。后面几章将表明，稳定性本质上

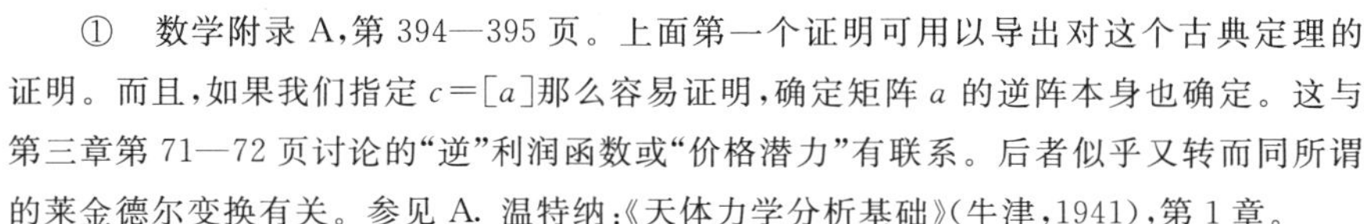

① 数学附录 A，第 394—395 页。上面第一个证明可用以导出对这个古典定理的证明。而且，如果我们指定 $c=[a]$那么容易证明，确定矩阵 a 的逆阵本身也确定。这与第三章第 71—72 页讨论的“逆”利润函数或“价格潜力”有联系。后者似乎又转而同所谓的莱金德尔变换有关。参见 A. 温特纳：《天体力学分析基础》(牛津，1941)，第 1 章。

② 可积性问题可以回溯到欧文·费雪同帕累托的“古典式”讨论。希克斯和艾伦，在他们“价值理论再思考”一文的第Ⅰ、第Ⅱ两部分中[《经济学》杂志，第 14 期(1934)，第 52—76 页和第 196—219 页]。接触这个问题，但他们所用的方式却不能令人完全满意。最富有启发的论述见乔治斯库-罗根的“消费者行为纯理论”一文，载《经济学季刊》第 50 卷(1935—1936)，第 545—593 页。也可参见上面第五章第 112 页的讨论，以及 P. 萨缪尔森的“消费者行为纯理论释解”一文，载《经济学》杂志，第 5 期(1938)，第 61—71 页及 353—354 页，其中列有这方面某些尚未解决的问题。

是一个动态概念，希克斯在形式上把它当作静态概念对待，结果是从动态观点看，他的稳定性条件既非必要又非充分。这里所要证明的是，即使从纯粹静态的观点来看，希克斯的稳定性条件也不能令人满意的。

这一点可以用《价值和资本》一书中第五章的稍微简化的体系来说明，这体系的均衡条件由一组方程式给出，形式为

$$x^k(p_1,\cdots,p_n)=0,\quad (k=1,\cdots,n) \tag{52}$$

要达到完全稳定，雅可比行列式$[dx/dp]$全部主子式的符号必须交替变换。我把具有这种性质的矩阵称作希克斯式矩阵，要达到不完全稳定，我们只需加上$(n-2)$和$(n-1)$阶主子式必须符号相反这样的弱条件。①

由于特别确定的商品或参考标架并不是基本的，所以，如果希克斯条件是基本的话，它们在价格和数量变换之下一定不会变化。一个单独的例子就足以证明，希克斯矩阵在变换下成为$c^{-1}[dx/dp]c^{-1}$，这不必是希克斯矩阵，甚至也不必不完全稳定。

因此，由于

$$\frac{dx}{dp}=\begin{bmatrix}-1 & 10\\ 0 & -1\end{bmatrix} \tag{53}$$

$$c^{-1}=\begin{bmatrix}1 & .2\\ .2 & 1\end{bmatrix}$$

我们得出

① 《价值和资本》，第 67 页以及 315 页。

$$\frac{d\bar{x}}{d\bar{p}}=\begin{bmatrix} .96 & 9.6 \\ 0 & .96 \end{bmatrix} \tag{54}$$

它既不是完全稳定也不是不完全稳定。

当然，如果$[dx/dp]$一直对称并且确定（也像收入效应能被忽略时的情形那样），这种情况大概就不会发生；但是我们的体系却会因而转变成为一个极值问题。

我已在别处证明，不可积分场合的凸性蕴含着某些矩阵具有确定的“对称部分”这样一个命题，[1]这是下述关系的必然结果。

$$\sum_{1}^{n}\Delta x_i \Delta p_i \leqq 0 \tag{55}$$

关系式中的 p 和 x 可以处在也可以不处在约束条件之下。通过求极限，我们发现$[dx/dp+dx/dp']/2$ 和$[dp/dx+dp/dx']/2$ 一定非正。

容易证明这种我们称作准定性的性质在商品再定义下，或者在一般的非奇异全等变换下不会变化。因此，令$[a+a']/2$ 负定，则二次型

$$h'ah \equiv h'\frac{[a+a']}{2}h+0 \tag{56}$$

负定。相反，如果 $h'ah$ 负定，那么 a 就是准负定的。

借助于非奇异矩阵 b，我们使矩阵 a 作全等变换，使得

$$\bar{a}=b'ab \tag{57}$$

① 每一个矩阵 a 都可以分为一个对称部分和一个非对称部分，因此

$$a\equiv\frac{a+a'}{2}+\frac{a-a'}{2}。$$

于是

$$\bar{h}'\bar{a}\bar{h}=[\bar{h}'b']a[b\bar{h}]=h'ah \tag{58}$$

并且最右边的总是负的，恰同左边必定为负一样。因此，$[\bar{a}+\bar{a}']/2$ 负定，而 $\bar{a}$ 是准负定。

上述分析甚至在可积性场合也能使我们感兴趣。如果收入效应不能够忽略，那么一般交换均衡的雅可比矩阵就不必定对称。可是，如果收入效应是对称和确定的，或者它们的对称部分是确定的，或者它们的对称部分缺乏确定性并不超过替代效应的确定性，那么雅可比矩阵将是准定。不仅这个性质在变换之下可以保持，而且还可能建立这样一个定理：如果 a 半定，它必定是希克斯式矩阵，反之则不然。

这个重要定理可以用各种方法来证明。其中的一个方法是把 a 的每个主子式用 $[a+a']/2$ 的泰勒展开式写出，使得偏斜因子 $(a_{ij}-a_{ji})/2$ 以幂级数出现。然后可以证明所有这些因子都进入偶数幂内，使得整个 a 矩阵比它的对称部分更加"希克斯式"。这证实了我前面的陈述：从本质上看，与其说不对称减少稳定性，不如说它造成更大的稳定性。半定的真实意义只能在以后几章关于稳定性的动态讨论中才会变得明显起来。

一组商品的需求

《价值和资本》一书在历史上将取得同古尔诺、瓦尔拉斯、帕累托和马歇尔的经典著作一样的地位。像后面这些经济学家一样，希克斯成功地把难对付的数学分析隐藏在文字叙述的外表下面，而且收进数学附录，从而保证了他著作的读者比不这样做可能要多得多。这种方法之所以能够成功，在很大程度上是由于反复使用业已提到的关于所有价格按相同比例变动时一组商品的需求的定理。我们现在能够用更一般的形式严格导出这个定理。

当一组价格，比如说$(p_1,\cdots,p_r)$，全部都一起变动的时候，由关系

$$\bar{x}_1=p_1x_1+p_2x_2+\cdots+p_rx_r \tag{59}$$

自然可以定义一种新商品。严格说来，我们还不能够由此就用$(n-r+1)$种商品代替n种商品。我们只是改变参考标架，因此在这过程中决不会损失维度或自由度，数量的完全变换可以给出为

$$\bar{x}=\left[\begin{array}{c|c}\dfrac{p_1}{0} & \dfrac{p_2\cdots p_r\ 0\cdots 0}{I}\end{array}\right]x \tag{60}$$

这里除去一种商品与以前一样是同一的以外我们已简单地定义了全部商品；[①]第一种商品已被新的综合商品代替。反变的价格变量因此必须满足下列方程。

$$\bar{p}=\left[\begin{array}{c|c}1 & 0\cdots 0\\ \hline -\dfrac{p_2}{p_1} & \\ \vdots & \\ -\dfrac{p_r}{p_1} & I\\ 0 & \\ \vdots & \\ 0 & \end{array}\right]p \tag{61}$$

以使得$\sum px=\sum\bar{p}\,\bar{x}$，即使$(n-1)$种商品与以前相同，它们的价格

① 这只不过是能够用于当前目的的无数可能变换之一。

也一定变动。如果我们记住是价格而不是商品本身的性质独立于所涉及的参考标系，对此大概就不会感到诧异。事实上，虽然$\sum px$可能保持它原来的符号，价格或者数量仍然十分可能为负。

于是，如果我们按同一比例λ变动价格$(p_1,\cdots,p_r)$，而保持$(p_{r+1},\cdots,p_n)$不变，那么由显微分$d\bar{p}/d\lambda$可以证明，在新的价格-数量坐标中，只有$\bar{p}_1$发生变动，所有其他$\bar{p}$都保持不变。因此，如果这种价格从而收入是以保持效用不变的方式发生变动，那么

$$\frac{d\bar{x}_1}{d\bar{p}_1}=\bar{K}_{11}<0 \tag{62}$$

且

$$\bar{K}_{11}\bar{K}_{22}-\bar{K}_{12}^2>0\text{，等等} \tag{63}$$

使得前面一章给出的需求函数的全部性质都得到满足。

因此，需求或相对价格不变的一组商品满足同单个商品场合一样的不等式。

这就是基本的希克斯定理。① 我们很容易把它扩大，以用于$s(\leqslant n)$种综合商品。它们的替代项形成一个负定二次型。

这是一个非常有用的定理。它表明任何一组相对价格保持不变的商品都可以归并一起当作一个单一商品，而且较少维度的无差异曲线可以建立，并具有通常无差异曲线所有的性质。于是，除了一种商品以外，所有商品可以归并为一种商品，希克斯把它称作

① 在他的数学附录第311—312页中，作为他关于替代的第六规则的必然结果被证明。他的全部六个规则包括在这样一个命题中，即$h'[x_{ij}]h$是$(n-1)$阶非正定二次型。它在h同价格成比例时变为零，这可以从均衡的第一条件和确保约束条件下极值的第二条件得出。

"货币"。因此可以画出该商品同"货币"之间的凹无差异曲线。[①]

这样使用"货币"术语似乎相当牵强，而且很可能会引起混淆。[②] 好在希克斯在后来讨论货币问题时，非常恰当地抛弃了早先这个概念。

综合或总量商品的一般问题

仔细观察任何经济体系，都可以发现它总是由不可计数的大量变量构成的。如果分析要取得进展，人为地简化问题以便减少有待处理的变量数目几乎是必不可少的。简化有许多不同的方法。为了导出更加精确的结果，某些作家把世界简化为只存在一个或两种商品；这样做的不利之处在于很难在简化结构同复杂现实之间建立关系。但是，至少这是个老实的方法。别的作家希望同时做两件不相容的事情，只使用几个变量，然而保持现实逼真的外观。

研究者在这里也可以有各种摆脱困境的巧妙方法。(1)他可以使其他事情保持不变。(2)他可以把注意力集中在代表性厂商或代表性家庭上，每一个这样的代表做着全体所做的一切。(3)或者他可以使用某种总计的综合量，例如货物的产量，"社会必要"劳

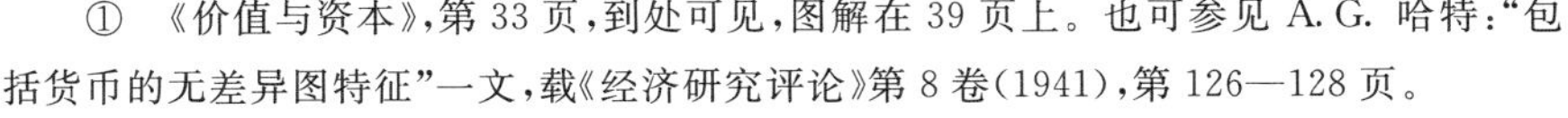

① 《价值与资本》，第 33 页，到处可见，图解在 39 页上。也可参见 A. G. 哈特："包括货币的无差异图特征"一文，载《经济研究评论》第 8 卷(1941)，第 126—128 页。

② 有位作家提供了这样一个例子。该作家用文字解释希克斯，又混乱地试图凭借无差异图来更为清楚地阐明"通货膨胀缺口"，在这无差异图中，货币被当作囊括了除一种商品外的其他一切商品。M. W. 里德："福利经济学和配给"一文，载《经济学季刊》58 卷(1942)。

动，“工资单位”，生活费用，实际国民产量，等等。

这里，使我们感兴趣的恰是第三种方法。从本质上说使用这种总量概念，绝不应受到指责。正相反，从复杂性中进行抽象倒是一个必要的思维过程。而且无论如何，最一般均衡的建立决非必须达到一切可能的经济变量的十足总数。不过，重要的是认识这些总量的限制和分析它们结构的性质。

广义地说，我们是在两个完全相反的条件下用单一变量代替许多的变量。在第一个条件下，每个变量对讨论中的所有经济函数的影响相同（尺度不同的可能性除外，但这种可能性是可以靠重新定义来消除的）。在这种情况下，它们可以概括起来当作一种商品对待。因此，我们可以把所有那些对消费偏好域和生产函数的影响恰好相同的商品定义为同一商品，这些商品可以说是无限可替代的，实际上，刻板地固执完全替代可能导致难以处理的结果，因为没有两样东西会是完全相同的。因此，对现在的目的来说，我们把没有明显差别的商品当作同一的商品对待。

事实上，上述替代情形只不过是更一般数学定理的一个例子，由此定理，雅可比行列式，或其已知阶的全部子式都恒等于零，这蕴含着：在各组变量之间存在函数关系，从而使得许多变量能在描述中完全舍去。根据隐函数理论，很明显，只有在原体系不确定的情况下，这种简化才有可能。① 这也许是也许又不是一件重要的

① 这种说法必须加以限制。原来的均衡方程组因为可以嵌入一个更大的方程组中，所以从整体上说是确定的。但是对从原方程组中单独取出的较小方程组来说却并不如此。

事情。如果额外变量不能够由定义均衡的方程体系给出确定值，情况又会如何呢？不确定变量对经济学家来说大概是不重要的。因此，可以取任何确定的经济商品体系。我们让各种商品的每一个单位都标上一个不显眼的序号，然后问，一个特定消费者将会购买多少个奇数编号的单位。显然回答是不确定的，而且也不可能使我们感兴趣。如果消费者在不同的序号间真有偏好的话，那么无差异表就会受此事实影响，决定最终位置的附加方程也一定可以得到。要注意即使在完全无差别的情形下，最终配置实际上并非在任何特定场合都不确定。正是经济学家"随机"采用的确定因素才具有不同的性质。

在第一个条件下，变量混在一起，因为它们可以无限替代，与此不同，在另一个极端场合，我们只把那些相互间具有不变的"完全联合"关系的变量结合起来。一个著名的例子是用于土地上的劳动和资本的古典"配方"。在此，经济学家也习惯于放松完全共线的严格要求，而偏爱近似条件。因此，下面这个无可置疑的事实对物价水平构成提供了最重要的证明：一般地说，各种价格确实按照大致相似的比例涨落。

从几何上说，这与第一个条件下的情形不同，在那里，无差异曲线或等量曲线都是直线。而在这里，等量曲线是直角相交的折线，使得经过明确选择的商品或要素按给定比例组合在一起，而不管价格的比率是什么。与希克斯的商品束不同，商品的实物构成也是相同的而不管相对价格是什么。

在所有的综合量中，理论经济学家最感兴趣的也许是生活费用指数或消费品产量指数。这种指数设计成符合某些特殊的要求的形式，但不必满足别的目的。特别是，从杰文斯和其他使用指数的先驱们试图回答的问题的立场看，这种指数不必代表所希求的物品。但这些指数的理论自身就使我们产生某种兴趣，因为在研究这些指数的过程中经济学家们无意中发现了某些序数关系，而这些关系对福利经济学和一致的消费者行为来说都是基本的。

经济指数理论

经济学家们如杰文斯、埃奇沃思、马歇尔、阿林·扬、沃伦·珀森斯、欧文·费雪、埃德温·弗里基以及其他人，对可以称为统计指数理论的问题都作出过贡献。但现在被称作经济指数的理论所涉及的问题则完全是两回事。许多经济学家对这个理论作出过贡献。一份很不完整的名单就将包括下列名字：维克塞尔、科努斯、波特基维茨、鲍利、哈伯勒、庇古、凯恩斯、斯特勒、里昂惕夫、艾伦、勒纳、弗里希和沃尔德。①

除了里昂惕夫以外，所有这些作者都过分专心于物价指数问题，而不去关注那更基本的问题，而对于这基本问题来说，物价指数只是个部分的而且有点随意的回答。所有分析赖以建立其上的基本问题是，仅仅根据价格和数量资料，就能决定两种情形中哪一种处在较高的个人偏好量度上。如果满足某些严格的假定，这个

① 可参考 R. 弗里希的述评："一年来的一般经济理论概览：指数问题"，载《计量经济学》杂志，第 4 期(1936)，第 1—38 页。也可参考 W. 里昂惕夫关于同一论题的文章。其他讨论可以在早期的《经济研究评论》中查阅。

问题允许有一个部分的解答。

假定只有一个人，他的嗜好在所考虑期间没有变化；或者虽有一个以上的人，但是他们的嗜好相同。如果我们按惯例把不能获得的商品的价格定为无穷，就不必假定在两种情况下商品的形式相同。按照设定的价格，无论这价格是什么，都假定个人愿意购买多少就能购买多少。这个假定排除了像配给或垄断那样的现象。一般地说，我们可以从时间方面比较两种境况的区别；但是也可以从任何一个方面来比较两种境况的区别，这恰同比较两个地区生活费用的情况一样。

我们的基本资料由价格和商品构成，其中包括当作负商品看待的生产性劳务，在两种情形的假设下，它们分别用($P^a X^a$)和(P^b，X^b)来表示。其中简写符号分别代表 n 种商品的价格和数量，当然，如果我们彻底掌握了这个人的全部偏好域，我们就可以简单地把两种商品数量插入其间，然后直接读出哪一种更好一些，或者得知它们是否没有差异。由于我们并不知悉全部偏好域，所以只能尽量就我们所知来回答这个问题。

如果暂时只局限于数量资料我们一般就无法说出两种情形中哪一种更好一些。然而，在特殊情况下，如果一种情形含有的某种商品比另一种情形的要多，而任何其他的商品又不少于另一种情形中的商品量，那就很明白哪一种情形更好一些了。取情形 A 作为参考点，设想比较简单的二维情况，我们一定能够用两条在该点直角相交的垂线和水平线(图中未画出)把整个商品空间关于 X^a 分成四个区域。把该点看作原点，我们一定能够确定地分出等级：东北象限所有的点比 X^a 要好一些，而西南象限所有的点一定比

X^a 要差一些。然而我们还不知道有关其他两个象限内点的情况。在这些象限中，较多地获得一种商品，必须以较少地获得另一种商品作为代价，而在我们具备更多的关于偏好域的信息以前，所能知道的也只有这些。

指数分析中的未知区域

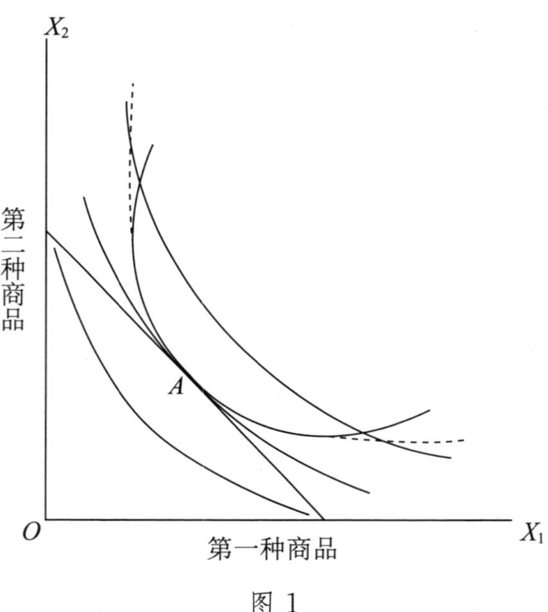

图 1

但是能够利用我们的价格信息。如果假定个人在给定的预算关系约束下要使他的序数偏好域实现最大化，那么我们可以确信点 X^a 比预算轨迹和两轴间的任何一点都更好一些（或不是更坏一些）。所有这些点都是个人在初始情形下可以达到的，然而他仍然偏好于选择 X^a。由此必然可以得出这样的结论，对所有这些点来说，都有

$$U(X) \leqq U(X^a) \qquad (67)$$

这样，虽然还不完全，但我们已缩小了自己未知的区域。

应该注意这两种情形并没有受到对称的对待，作为参考点的始终是 A。很可能发生 X^a 位于经过点 X^b 的预算线内侧的情况。暂且假定我们可以获得完全偏好域的知识，那么，X^b 是什么样的值才可能发生这种情况呢？如果应用这样的必要条件——按价格 P^b，X^a 的费用必须低于 X^b，可能发生这种情况的区域边界可以由下列等式给出：

$$\sum P^b X^a = \sum P^b X^b \tag{68}$$

从几何意义上看，这边界的轨迹是经过点 X^a 的预算线转动的结果，预算线的每个位置都确定这样一点，在该点上，预算线达到最高的无差异曲线。因此，很明显，预算线一定在该点并与无差异曲线相切。如果我们连接所有这样的点，就可以得到一条熟知的提供曲线。所有在这条提供曲线上面的点比起 X^a 来一定会好一些，从完全相同的意义上说，所有在经过 X^a 的预算线以下的点比起 X^a 来一定会次一些。（应该强调指出，只知道两个点并不能向我们提供产生所有上述边界的那种轨迹。但是，已知这样两个点，就总有可能决定就 X^a 来说的 X^b 的确切位置）

我们现在已经进一步缩小了未知域。事实上，根据已知资料我们所能做的也只有这些。注意仅仅依靠利用数量资料推导出来的旧的未知域边界，由于辅助的价格信息提供的附加说明而变得不再有用。

我们已经走过了一段很长的路程，但是仍然还遗留下一定的未知区域——两条粗线之间的空间。我想尽可能强调，这种最后的不确定性是内在固有的。再足智多谋也无法消除这种不确定性，因为事实上，这种不确定性是建立在无差异域的基本凸性性质的基础之上的，或者更确切地说，它是建立在个人行为一致性的基础之上的。对这一点进行严格的证明十分重要，特别是在关于指数的文献中，我们总是试图找寻出一个真实性一定存于其中的界限，而不同时追究它们是否是可能的最好界限。而且，有时这种界限本身就是在特殊的就像“小数的平方”可忽略等等这样的近似条件下而推导出来的。

为了明白这些的确是这种情况下可能的最好界限，我们假设有人提出更狭窄的界限。因为除去某些可能的曲率性质以外，我们的偏好域是任意的，所以，我们能够经过 X^a 画出真实的无差异曲线并使它同任何更确定的结果发生矛盾。如果上述提议者断定未知区域内的一个已知点比 X^a 更坏，我们可以使无差异曲线从该点之下，但在修正的下边界之上穿过，以使得这个断言变成谬误。同样，相反的断言也能证明不能普遍地成立。（当然，必须明白，“我们”实际上并不能改变我们观察之下的经济单位的无差异域，但是“我们”能够找到一个已知结论成立的相容的域）在提供曲线向后弯曲的地方，我们能够只从数量上的考虑来沿着图中画出的虚线延伸我们的边界。

在具有适当连续导数的良好的无差异域中，给出未知域上的边界的提供曲线将与通过 X^a 的无差异曲线和下预算边界分别相切。即使无差异曲线在 X^a 有角隅，也一定有从上接触而不相交意义上的一般化相切线。有人也许很想说不决定区域可以缩小成邻近 X^a 的一个点，然而这样做并不能得到什么。而且，数学家喜欢考虑 X^a 点邻域的“泰勒”展开式。并略去其高阶项。或许在处理预算资料时会发现，这个同鲍利和沃尔德的名字连接在一起的方法甚至还有某些实际统计上的用处。

但从基本的观点来看，无法回避这样的事实，对于无论怎样微小的任何有限移动而言，总会留下一个未知区域；当移动量减小时，这个区域也会缩小，但除了意义不大的消失移动场合以外，①它永不会消失。因此，依照迪维锡的做法，②采用微分或无穷小来作研究，对眼前的目的来说，会使我们一无所获。这些做法避免了时间逆转和因子逆转上的困难，但这并不表示它们有什么优越性，事实上，它们不过是在避免主要问题的内在困难。

观察两种情形各自的价值总和，我们有时，虽然并不总是如此能够确定地说出一种情形是否比另一种情形更差。但用这些方法，我们却永远不能宣称两种情形同样合意。事实上，就像在稍后的讨论中即可明白的那样，关于有限个点的价格和数量的知识，还不能使我们决定两个点是否相等；但在极限上点数变成无限时，我们能幸运地决定这种情况下的无差异点。

考虑由第三点产生的附加信息，也可以得到这个结果。现在我们有三对点，可以证明，当其中任何两对受到检验的时候，我们经过计算的价值总和将给出一个确定的答案。在那种情况下，可以只考虑每对点本身，而不顾第三点。当然，根据第五章的讨论，十分清楚，一个相容的序数偏好域永远不会产生 A 比 B 好，B 比

---

① 值得一提的是，即使知道了无差异曲线在 X^a 的曲率，大概也不能够使我们缩小未知区域，它使我们有信心断定，无差异曲线可以任意接近密切圆，而对任何有限的微小移动来说，那离差可正可负，并且可以是任何量。

② F. 迪维锡：《理性经济》(巴黎，1928)。

C 好，而同时 C 又比 A 好这样的矛盾论证。因为序数效用之间的关系是传递的。

但较好或较差这种关系由价值总和来显示的时候，它们就不是传递的关系了；这就是我何以要在别处提出一个新的符号以表示在这种特定的意义上“显示的”偏好。因此，如果我们的价值总和给出一个确定的结果，使得

$$\sum P^a X^b \leqq \sum P^a X^a \tag{69}$$

这个关系就可以用符号

$$X^b \circledless X^a \tag{70}$$

表示，因为

$$X^b \circledless X^a \quad \text{蕴涵} \quad U(X^b) < U(X^a) \tag{71}$$

且此又转而蕴涵

$$U(X^a) \nless U(X^b) \tag{72}$$

那么为了避免逻辑上的矛盾，我们必须能够指出这样一个定理

$$X^b \circledless X^a \quad \text{蕴涵} \quad X^a \nless X^b$$

但这同毫无意义地断言

$$X^b \circledless X^a \quad \text{蕴涵} \quad X^a \circledgtr X^b \tag{73}$$

或错误地断言

$$X^b \circledless X^a \quad \text{且}\ X^c \circledless X^b \quad \text{蕴涵} \quad X^c \circledless X^a \tag{74}$$

绝非同一回事。

在上述假设下，最多只能断定

$$X^a \not\circledless X^c \tag{75}$$

这比传递性弱得多。无法定义等式这个事实，是显示偏好的代数与基数或序数的代数截然不同的一个补充说明；因此，两个点不能

放在下面三种类型的任一种中：A 比 B 差，或 B 比 A 差，或两者一样好。我们所能说的一切是：A 显示出比 B 差，或 B 显示出比 A 差，或什么都没表明。只要假定是相容的偏好域，这些类型就都相互排斥。

恰恰因为这里欠缺传递性，关于第三点的知识才能增加两个给定点相比较的消息。关于单独选取的点 X^a 和 X^c，我们的价值总和不能给予什么说明，但是中间点 X^b 却可用以指出它们相互间真正的序数关系。现在我们恰好有条件指出点 X^b 和 X^c。会使我们关于 X^a 的未知区域缩小多少。

如果这两个补充点都落入旧的未知区域，我们的条件比起以前就没有什么改善。但如果 X^b 位于关于 X^a 确定的上区域，并且 X^c 位于关于 X^b 确定的上区域，那么即使 X^c 位于 X^a 的不确定区域内，我们也依然能确定地说出它比 X^a 要更好一些。因此，我们缩小了自己的未知域。在最有利的情形下，这个区域能够被缩小到什么程度呢？

这个问题从几何上说，可以证明最佳结果就是 X^b 必定落在 X^a 的提供曲线上。我们接着画出经过 X^b 的提供曲线。这条曲线将穿过那条旧的提供曲线，由于所有在新提供曲线以上的点一定比 X^a 要更好一些，因此我们的未知区域就缩小了。如果现在我们让 X^b 取旧的提供曲线上的每一个位置，上述程序按我们的意愿多次重复，将产生新提供曲线的一个参数族。这个新曲线参数族的下包络线为我们规定了不确定域新的上边界。

同样，我们能够获得最佳的下边界，让 X^b 沿着原预算线移动，经过每一个这样的点产生一条新预算线，或者，总的说来，产生新预算线的一个参数族。这个新预算线参数族的上包络线就是我们新的下边界。我们的新边界必然落在旧边界的里面,不过仍然留有未知区域。

如果加入第四个点,我们可以更进一步缩小未知区域;对第五个点说亦然。直观地说,很明显,就有限个点而言这些边界永不会相交;但在极限,当点数成为无限时,上下边界将趋于同一极限,显然,这极限就是经过 X^a 的无差异曲线。沿着这条无差异曲线的点,并且只有这样的点,永远不能在有限的一串点中找到自己的位置。以便使它们同初始情形明确联系起来。因此,对一维的无限点说来,我们可以绘出任何无差异曲线。至于二维的无限点,我们能够决定整个无差异域。事实上,有了这样多的知识以后,我们完全可以对显示偏好弃之不顾,而代之以把每点上的斜率因子全部“结合”成一个单参数族的无差异曲线。

上面讨论了与在最佳环境中缩小我们未知域有关的问题。事实上我们几乎没有必要做得这样好。我们经常遇到的情形给出了一个例子,其中我们知道一条完整的预算线(支出途径、收入消费曲线等),这条预算线给出所有商品随着货币收入的变动但不随不变价格而变动的行为。这样一种情形是由对行为或多或少相同的人们所作的观察提供的,所有这些人都面临同样价格,但全部支出则不同。

这不仅仅在统计上相当重要,而且与通常的指数经济理论也有特别的关系,在指数经济理论中,是在两个价格情形之间作比较,而不是在两种特殊的价格-商品情形间进行。应用我们前面的分析,可知关于沿着两条预算线数目无限的点的知识,还不足以能决定整个偏好域,或甚至于一条单一的无差异曲线,或甚至不足以使我们能把两条预算线上相同满足的点一一配对。如果我们在任一条线上选一个已知点,然后过这个点画一条预算线和一条提供曲线,那么这后两个轨迹将把另一条预算线分成三部分。下边的部分将由所有较初始点更差的点组成,上边的部分将由所有较初始点更佳的点组成,而中间的部分就构成我们的不确定区域。

当然,两种价格情形相互越是接近,不确定区域就会越小。因此,通过认识许多中间预算线,我们能缩小自己的未知域。在极限上,当预算线的数目变得无穷大从而使得每个间距无限减小的时候,我们就逼近完全的无差异域了。

易于产生不确定的结果,是以上到此为止所考虑的价值总和都存在的不利之处。如果需要的话,我们可以将就这种情况;不过我们先必须决定,是否不可能设计出这样一个数量指数,它只能依据全部商品的价格和数量算出并且可以作为序数效用的一个不会出差错的指标。难道我们就不能找到这样一个魔术般的公式,当它在任何偏好域,或在至少有适当凸性的偏好域中被应用时,会具有上述这些性质?

答案是否定的。到目前为止,还没有人设计出这样一个公式。下面的数学推演证明,究竟为什么即使我们许可有一般函数而非简单的价值总和,也没有人能做到这点。从问题的性质说来,任何这样的一般公式都将是一种或多种(通常是 2 种)情形中数量和价格的函数。不失一般性,我们可去除一种情形,这种情形表示一个任意的变动点,而把其余的情形都看作是固定的。根据这种情形的价格和数量(P, X),我们一定能够建立一个单值函数 Q,只要

X 点保持在(未知)偏好域中的同一条无差异曲线上,Q 就是不变的。因为这一定是个数量指数,所以很明显,重要的只能是相对价格,因此,我们可以把第一种商品作为标准产品来表示所有价格。于是 Q 可以写成

$$Q=\theta\left(x_1,\cdots,x_n,\frac{p_2}{p_1},\cdots,\frac{p_n}{p_1}\right) \tag{76}$$

对可被观察的均衡数量说来,价格比率等于边际替代率($^1R^2,\cdots,{}^1R^n$),或等于边际效用比率($U_2/U_1,\cdots,U_n/U_1$)。尽管这种关系的形式从这个偏好域到那个偏好域会发生变化,而且对此我们无论如何无法知道,然而在每个特定的情况下,这些比率同商品数量之间仍然具有函数关系。因此,Q 将是由 x 单独决定的唯一函数。事实上,既然 Q 沿着一条无差异曲线是不变的,那么它本身一定是一个基数效用指数;它的关于每个商品的偏导数(计算方法是每个 x 对 Q 的直接效应加上以价格受到的影响的变动为媒介的所有间接效应),可以理解为边际效用,它们的比率等于可被观察的价格比率,等等。

由于最后这个事实,方程式(76)可写成如下形式

$$\theta\left(x_1,\cdots,x_n,\frac{\partial Q}{\partial x_1}\Big/\frac{\partial Q}{\partial x_2},\cdots,\frac{\partial Q}{\partial x_1}\Big/\frac{\partial Q}{\partial x_n}\right)-Q\equiv 0 \tag{77}$$

这个恒等式是一个一阶偏微分方程而且偏好域必须满足这个方程,在全部偏好域中,只有有限的小子集能满足它。结果是,我们证明了,在一致的序数偏好域的一般情况下,不可能找到一个魔术般的公式来作为数量指数。

事实上,习惯的做法是对数量指数的形式作更多的限制,即要

求它是各分量数量的一阶齐次函数，等等。这样一来，就把可应用性的范围更进一步地限制在具有比例性支出等等性质的偏好域中了。

对任何特定的 θ 来说，确定偏好域上的确切限制也许是一个有些数学难度的问题。但这里 θ 代表拉斯佩耶斯数量指数，设想它作为第二个点数量分量的函数，基点固定，我们将立即看到，唯一可能的偏好域是无差异曲线为一族平行直线的偏好域。当然，既然凸性已被否定，所有（购得商品的）相对价格又都不能变动，那么这几乎是多余的悖论。

“理想指数”是最普遍流行的一种指数。它是拉斯佩耶斯指数和帕斯卡指数之间的等比中项。A. 科努斯和 S. 布切克温尔[①]以及 S. 亚历山大（在一篇未公开发表的哈佛大学论文中），已经证明，这个指数只对无差异曲线是某种双曲线的情况来说才正确。这个定理，可以由显式解出隐含的微分方程来导出。对已提到的其他“近似”公式也可推导出相同的结果。

我冒昧提出下述结论作为本节分析的结尾：指数理论的重要经济内容，在于它试图利用有限的价格和数量资料去表示序数偏好比较。上述公式似乎设计得最好，它能显示这个基本内容，而且也最能表明必然要涉及的内在限制因素。下一节将证明同样的分析在与更经常碰到的指数问题公式联系到一起时是很有用的。

---

① 参见 H. 舒尔茨：“指数理论的一个误解”一文，载《计量经济学》杂志，第 7 期（1939），第 8 页。

指数的公式表述

现在我们能应用自己的工具分析各种更为熟悉的指数了。我们首先考虑，在两种不同的价格情形之间，生活价格如何比较。众所熟知，从情形(X^a)变动到情形(X^b)，这期间的生活价格指数定义为两种费用的比率，一个费用是按第二种情形的价格计算最便宜的一束商品的费用，这束商品产生的满足必须等于初始情形下原先一束商品带来的满足；另一种费用是按初始价格计算的原先那束商品的费用。

我们假定已知(根据对不同收入的"相同"个人的经验研究)两种价格情形(P^a)和(P^b)中的价格扩张途径。它们由下列参数方程组定义：

$$x_i=h_i(p_1^a,\cdots,p_n^a,I),\quad (i=1,\cdots,n) \tag{78}$$

$$x_i=h_i(p_1^b,\cdots,p_n^b,I),\quad (i=1,\cdots,n) \tag{79}$$

考虑最初扩展途径上的初始情形(X^a)。同这点相应的无差异轨迹将在点(X^{ab})上与第二条扩展途径相交使得

$$U(X^{ab})=U(X^a) \tag{80}$$

一种生活价格指数定义如下：

$$I^{ab}=\frac{\sum P^b X^{ab}}{\sum P^a X^a} \tag{81}$$

同样，另一种定义如下：

$$I^{ba}=\frac{\sum P^a X^{ba}}{\sum P^b X^b} \tag{82}$$

其中

$$U(X^{ba})=U(X^{b}) \tag{83}$$

且(X^{ba})位于“最初的”扩展途径上。

这些分别的指数并不严格相关；一般地，它们也不是互为倒数。由于我们不知道假设的偏好域，(X^{ab})也不知道，所以我们无法把指数算出。

但是，根据以上阐明的理由，我们知道扩展途径(b)上所有的点相对于(X^{a})来说可分成三个组类：

$$1.\quad (X)\textcircled{<}(X^{a})\quad \sum P^{a}X\leqq\sum P^{a}X^{a} \tag{84}$$

$$2.\quad (X^{a})\textcircled{<}(X)\quad \sum P^{b}X^{a}\leqq\sum P^{b}X \tag{85}$$

$$3.\quad (X)\textcircled{\not<}(X^{a})\quad \sum P^{a}X>\sum P^{a}X^{a} \tag{86}$$

$$(X^{a})\textcircled{\not<}(X)\quad \sum P^{b}X^{a}>\sum P^{b}X$$

特别是，考虑式(84)和式(85)中的等号，我们得到由

$$\sum P^{b}X=\sum P^{b}X^{a} \tag{87}$$

和

$$x_{i}=h_{i}(p_{1}^{b},\cdots,p_{n}^{b},I),\quad (i=1,\cdots,n) \tag{88}$$

相交来定义的边界点。称这点为$(^{u}X^{ab})$。

考虑

$$\sum P^{a}X=\sum P^{a}X^{a} \tag{89}$$

和

$$x_{i}=h_{i}(p_{1}^{b},\cdots,p_{n}^{b},I),\quad (i=1,\cdots,n) \tag{90}$$

的相交点，称它为$(^{l}X^{ab})$。由定义

$$(^{l}X^{ab})\textcircled{<}(X^{a})\textcircled{<}(^{u}X^{ab}) \tag{91}$$

因而

$$U({}^{l}X^{ab})<U(X^{a})<U({}^{u}X^{ab}) \tag{92}$$

或者

$$U({}^{l}X^{ab})<U(X^{ab})<U({}^{u}X^{ab}) \tag{93}$$

由于沿着一条扩展途径，一束商品的费用和它的“效用”单调相关，因此我们有

$$\sum P^{bl}X^{ab}<\sum P^{b}X^{ab}<\sum P^{bu}X^{ab} \tag{94}$$

因此，用适当因子(如果它不等于零)来除，我们有

$$\frac{\sum P^{bl}X^{ab}}{\sum P^{a}X^{a}}<\frac{\sum P^{b}X^{ab}}{\sum P^{a}X^{a}}<\frac{\sum P^{bu}X^{ab}}{\sum P^{a}X^{a}} \tag{95}$$

或

$$\frac{\sum P^{bl}X^{ab}}{\sum P^{a}X^{a}}<I^{ab}<\frac{\sum P^{bu}X^{ab}}{\sum P^{a}X^{a}} \tag{96}$$

在特定假设下这些都是可计算指数有效的双重界限，更直接的办法是，由$({}^{u}X^{ab})$的定义，我们有

$$\sum P^{bu}X^{ab}=\sum P^{b}X^{a} \tag{97}$$

于是，双重界限为

$$\frac{\sum P^{bl}X^{ab}}{\sum P^{a}X^{a}}<I^{ab}<\frac{\sum P^{b}X^{a}}{\sum P^{a}X^{a}} \tag{98}$$

根据对称性，我们有

$$\frac{\sum P^{al}X^{ba}}{\sum P^{b}X^{b}}<I^{ba}<\frac{\sum P^{a}X^{b}}{\sum P^{b}X^{b}} \tag{99}$$

这里$({}^{l}X^{ba})$可以对称于$({}^{l}X^{ab})$来定义。而且，这四个界限并不严格相关，也没有一对必然是倒数关系。而且从前面一节的分析可以得出，这些是在我们的假设下可能的最好双重界限，而且由于无差异曲线呈凸状，它们永不会收敛成等式。

很明显，仅由价格和数量计算，就可决定这两个上限，可是，点($^{l}X^{ab}$)和($^{l}X^{ba}$)只有在各扩展途径的某些区间上实际被了解后才能算出来，如果去掉这个假定，我们可提出这样一个问题：仅仅根据价格和数量计算，能算出什么下限？这是个更为困难的问题，一般对它的回答也不够满意。

我们记得($^{l}X^{ab}$)是(X^{a})的预算面和第二种价格情形的扩展途径的交点。由于不知道这条扩展途径，所以我们不能算出($^{l}X^{ab}$)。但如果我们把问题限制在正数范围内，那就总有可能在预算平面上寻到一个点，它的费用低于($^{l}X^{ab}$)，这个点必定是一个下限。预算面上的这样一个点，如果按照价格(P^{b})计算费用，它将提供一个关于预算面上所有点的极小值。

我们把这个点表示为($^{\lambda}X^{ab}$)。它可以通过求

$$F=\sum_{1}^{n}p_{i}^{b}x_{i} \tag{100}$$

的极小值来导出。约束条件为

$$\sum_{1}^{n}p_{i}^{a}x_{i}=\sum_{1}^{n}p_{i}^{a}x_{i}^{a} \tag{101}$$

这是一个约束最小值的问题，而且，由于这些方程都是线性的，不允许取负值，因此可以推知，所取的极小值是约束极小值或边界极小值。事实上，很容易证明极小值($^{\lambda}X^{ab}$)就是$(0,0,\cdots,{}^{\lambda}x_{m}^{ab},\cdots,0,0)$这里的$x_{m}$是这样的一种商品，它在两种情形间的价格比率是最低的，即

$$\frac{p_{m}^{b}}{p_{m}^{a}}\leqslant\frac{p_{i}^{b}}{p_{i}^{a}} \tag{102}$$

($^{\lambda}X^{ab}$)很容易算出，因为

$$ {}^{\lambda}x_m^{ab} = \frac{\sum P^a X^a}{p_m^a} \tag{103} $$

因此，该下限由勒纳先生发展为

$$ \frac{\sum P^{b\lambda} X^{ab}}{\sum P^a X^a} = \frac{p_m^b}{p_m^a} \frac{\sum P^a X^a}{\sum P^a X^a} = \frac{p_m^b}{p_m^a} \tag{104} $$

由对称性，$p_l{}^a / p_l{}^b$ 是 I^{ba} 的一个下限，这里

$$ \frac{p_l^a}{p_l^b} \leqslant \frac{p_i^a}{p_i^b} \tag{105} $$

在特殊情况下可能有其他下限。很可能我们实际观察到的情形 (X^b) 会使得

$$ (X^b) \circledcirc (X^a) \tag{106} $$

即

$$ \sum P^a X^b \leqslant \sum P^a X^a \tag{107} $$

回忆 $({}^{l}X^{ab})$ 的定义，很明显，

$$ \sum P^a X^b \leqslant \sum P^{al} X^{ab} $$

及

$$ \sum P^b X^b < \sum P^{bl} X^{ab} \tag{108} $$

因此在这种情况下我们有下限如下：

$$ \frac{\sum P^b X^b}{\sum P^a X^a} < I^{ab} \tag{109} $$

注意，仅当式(106)实现时，上式才成立。另一方面，给定

$$ (X^a) \circledcirc (X^b) \tag{110} $$

我们有

$$ \frac{\sum P^a X^a}{\sum P^b X^b} < I^{ba} \tag{111} $$

除非在等号碰巧成立的场合，这些界限较那些能从整个扩展途径推导出来的极限要差一些。同式(104)给出的勒纳极限相比，它们可能要好一些，也可能要差一些，究竟如何依所选的场合而定。注意绝不可能有：

$$(X^a)\,\textcircled{$<$}\,(X^b)$$

同时又有

$$(X^b)\,\textcircled{$<$}\,(X^a)$$

因此不可能同时推导出两个指数的下限。事实上，给定

$$(X^b)\,\textcircled{$\not<$}\,(X^a)$$

和

$$(X^a)\,\textcircled{$\not<$}\,(X^b)$$

用这种方法绝不可能算出任何一个下限。

如果我们放宽关于最初信息的假定，那么仍有可能取得其他界限。运用上节的方法，可以利用关于第三点的知识；也可以利用关于任何中间扩展途径的知识，事实上，在界限上所有中间扩展途径都是已知的，即：我们知道函数

$$x_i = h^i(p_1, \cdots, p_n, I), \quad (i = 1, \cdots, n)$$

无差异图本身可由它们隐含地解出。①

揭示出通常数量指数间的相似关系是可能的。让我们把从第 a 种情形到第 b 种情形的数量指数定义如下：

$$Q^{ab} = \frac{\sum P^b X^b}{\sum P^b X^{ab}} = \frac{\sum P^b X^b}{\sum P^a X^a}\ \frac{\sum P^a X^a}{\sum P^b X^{ab}} = \frac{I^b}{I^a I^{ab}} \tag{112}$$

---

① 因为没理由排除“低档”产品，所以我不讨论在单调扩展途径上所作的假定的影响。

这就是说，这个指数是商品束 X^b 的实际费用与按 (P^b) 计算最便宜的一束商品的费用的比率，后面这束商品将必定产生同 (X^a) 相等的满足。

同样

$$Q^{ba}=\frac{\sum P^a X^a}{\sum P^a X^{ba}}=\frac{I^a}{I^b I^{ba}} \tag{113}$$

很明显，如果对一个情形的偏好甚于另一种情形，那么它们间的指数将会小于 1，即

$$U(X^a)U(X^a)<U(X^b) \quad 蕴涵 \quad Q^{ba}<1 \tag{114}$$

而且反之亦然。同样

$$U(X^a)<U(X^b) \quad 蕴涵 \quad Q^{ab}>1 \tag{115}$$

从而

$$Q^{ba}>1 \quad 蕴涵 \quad Q^{ab}<1 \tag{116}$$

和

$$Q^{ab}>1 \quad 蕴涵 \quad Q^{ba}<1 \tag{117}$$

更一般的是

$$Q^{ab}=1 \quad 蕴涵 \quad Q^{ba}=1 \tag{118}$$

这里不等式按指定的顺序选取。

但

$$Q^{ab}\neq\frac{1}{Q^{ba}} \tag{119}$$

除非遇到特殊情况。上述那些关系是无差异轨迹具有凹性的结果。

当然，如果缺乏关于偏好域的知识，那就不可能计算出这些指

数，因为我们不知道(X^{ab})和(X^{ba})。我们由上节了解到

$$\sum P^{b\lambda}X^{ab} \leqslant \sum P^{bl}X^{ab} < \sum P^{b}X^{ab} < \sum P^{bu}X^{ab} \tag{120}$$

因此，

$$\frac{\sum P^b X^b}{\sum P^{b\lambda}X^{ab}} \geqslant \frac{\sum P^b X^b}{\sum P^{bl}X^{ab}} > Q^{ab} > \frac{\sum P^b X^b}{\sum P^{bu}X^{ab}} \tag{121}$$

或

$$\frac{\sum P^b X^b}{\sum P^{b\lambda}X^{ab}} \geqslant \frac{\sum P^b X^b}{\sum P^{bl}X^{ab}} > Q^{ab} > \frac{\sum P^b X^b}{\sum P^b X^a} \tag{122}$$

同前面一样，仅当我们知道了扩展途径，才能算出$({}^{l}X^{ab})$。从式(103)我们发现

$$\frac{\sum P^b X^b}{\sum P^{b\lambda}X^{ab}} = \frac{p_m^a}{p_m^b}\ \frac{\sum P^b X^b}{\sum P^a X^a} \tag{123}$$

因此

$$\frac{p_m^a \sum P^b X^b}{p_m^b \sum P^a X^a} \geqslant \frac{\sum P^b X^b}{\sum P^{bl}X^{ab}} > Q^{ab} > \frac{\sum P^b X^b}{\sum P^b X^a} = \text{“帕斯卡”指数} \tag{124}$$

同样

$$\frac{p_l^b \sum P^a X^a}{p_l^a \sum P^b X^b} \geqslant \frac{\sum P^a X^a}{\sum P^{al}X^{ba}} > Q^{ba} > \frac{\sum P^a X^a}{\sum P^a X^b} = \frac{1}{\text{拉斯佩耶斯}}$$

同以前一样，如果我们有

$$(X^b) \circledless (X^a)$$

或

$$(X^a) \not\circledless (X^b)$$

则其他界限仍有可能存在。

现在只有在“帕斯卡”指数大于 1 或“拉斯佩耶斯”指数小于 1 的情况下，才有可能说出哪一种情形更要好一些。但是，这样做就

把整个这方面的理论变成了枯燥无味的练习，因为即使没有任何限制，或甚至没有引入这些指数，也总是能够决定哪种情形要更好一些的。由于我们的问题在它能有答案的时候，靠着前面分析的“显示”偏好总能找到解答，所以数量和价格指数的导入就显得太间接、显得不必要，甚至还会造成错误。说它是间接和不必要，因为它是从前面的简单分析中演绎出来的。说它会造成错误，因为它倾向于对算出的指数数值赋予重要性。[①] 在现在的指数领域内，并不存在一条有效的一般定理不能从上节的分析中推导出来。

当然，在比例性支出的情况下，会出现某些新的不变量。(1)总有可能推出双重界限；(2)各指数互为倒数，即

$$Q^{ba}Q^{ab}=1=I^{ab}I^{ba} \tag{125}$$

在指数理论的现在形式中还有最后一个严重缺点，即它们用比率表示。如果我们允许把生产要素当作负商品，那么分母就可以为零或者变号。这种做法极大地扩展了我们在许多不同目的下所作的分析的一般化范围。既然我们所希求的一切只是对价值总和作代数比较，因此用比率来表示就显得既不必要又不合意了。因而上节的分析方法更为可取。

配给下选择的纯理论

本章至此为止，我们讨论了因变量和独立变量一般变换的意

① 见 W. 里昂惕夫：“综合商品和指数问题”一文的精辟评述，载《计量经济学》第4期(1936)。

义。在讨论中,自然引入了对综合商品和指数的研究。同时,这里也提出了一个相关的问题,即在消费者身上,除了已有的那个总收入固定条件以外,还要加上别的各种限制,这问题既重要又使人感兴趣。显然,这些限制包括配给。

最简单的一类配给是由政府规定每个人对某种特定商品所能消费的最大数量。相对说来食糖是同质的,又是普遍需要的,因此它提供了一个一般例子。通常个人在配给下受到不等式限制。他绝不能超过定量消费,但不必一定达到定量。当然,要使配给产生作用它就得在多数个人实际购买他们配给量的形势下实施。否则,法律无法实行有效的强制,而个人行为也不会发生变化。

个人像以前一样使序数效用最大化,不过现在他还受到附加约束,这约束的形式是

$$x_i \leqslant b_i, x_j \leqslant b_j, \cdots \tag{126}$$

式中假设每单位时间里商品 $i, j, \cdots$ 的最大个人配额分别是 b_i, $v_j, \cdots$。为了阐明这种环境下的均衡条件,我们必须注意分别其间各种可能出现的情况。在最简单的配给情况下,限额是如此微小以致每一个都是有效的。上面方程中的等号就适用于这种情况。在此,我们失去的自由度与有效配给的商品数目相同。因为每个偏微分都假定其他商品是不变的,所以我们的均衡条件如果用剩下的商品来表示,它就恰同以前的一样。然而,由于我们只是写下那些不冻结在给定水平上的商品的偏导条件,所以我们能继续使全体保持一致性。因此,如果用不等号“大于”来代替等号,那么,对于包括在式(112)中的每个方程,我们都可省略一个这样形式的方程

$$\varphi_i + \lambda p_i = 0 \tag{127}$$

因为,支出在商品上的最后1美元的边际效用,要等于它支出在其他方面时每个方面各自所产生的边际效用这句话,仅仅是指那些数量能随意增加的商品而言的,那些被专断地限制在某个配额下的商品,它们的支出边际效用,可能会并且通常总是超过那些非配给商品的支出边际效用。

至此,我们已研究了那种所有配额都生效的情况。假如对任一特定商品的限额不能生效,那么与此相应的就不再是等号,而是不等号了,于是,我们可以完全不顾该商品被配给这个事实,而在实际上把它当作非配给商品来对待。

单一商品配给理论就谈到这里,这是个初等理论,凭直观就可一目了然。但在离开这个话题以前,最后还有一点应当说明。由上述分析,我们大概会想到,当局能够独立配给的商品,只是$(n-1)$种,而不是全部的n种。因为,如果被配给的是除一种商品外的所有其他商品,那么,最后这种未受配给的商品看来大概会被预算方程有效冻结,并因此而不再受到政府的控制。事实上,情况并不如此。严格说来,预算方程本身并不是一个等式。从它可以得出全部支出能够达到的最大限额,但不可以得出全部支出必须达到那个数额。当局能够对所有n种商品实行配给,即使这样做意味着个人不能花掉他的全部收入。

然而这里发生了一个术语上的问题。货币本身难道不能算作一种商品吗?其次,当我们说到全部支出的时候,我们难道没有把它的一个组成部分,“储蓄”,在作为对未来商品支出的意义上,包括在内吗?经过考虑以后,我想,读者会得出这个结论:这主要是一个语词上的问题，它之所以如此令人困惑恼怒，很大程度上是因为，在使用“货币”和计价物这些概念的时候，习惯就是遣词不确切，意义不明确的。

我们考虑各种惯例，不论其中哪一种，假如它保持一致性，就是可满足的。我们可把不同时期的商品包括在我们的商品之内，又可假设某种关于未来价格的预期。对现在的目的来说，假定现在商品总支出能与现在收入不同，只是因为有一定数量的储蓄存在，而与储蓄采取的形式（现金及债券等）无关，比较简便。如果储蓄由通常的偏好计算决定，那么关于未来的收入、价格和序数时间偏好率等，必须作出某些隐含的假定。

倘若愿意，一个有力的政府可任意限制现在所有商品的消费量，而同时只允许很少量的收入剩余留作将来的使用。通常，政府并不限制储蓄，为了使配给方案产生预想的效果，可以改为依靠对人收税的办法。因此，对这个问题的进一步研究能够推迟进行。

单一商品配给的某些缺陷，引起对某种形式“点配给”的需要。限制个人的不再是单一商品的数量，而是许多商品的加权总和，相对权数由点价格来规定。但如此一个加权总和只不过是表示经过变换的一组新变量中的一种单一商品。正是为了这个缘故，我们才把一般配给理论纳入现在论变换和综合商品的这一章中。

假若我们研究那些用来把商品分组的标准，以及各组商品的点价格如何决定的问题，我们就很可能进入福利经济学的范围。哪些商品应该划入一组，每组的相对价格应该怎样，以及究竟有多少组等等，关于这些问题，只要说到行政上的考虑，消费和生产方面的可替代性标准，就足够了，它们会帮助找出答案。而且，尽管严格说来并不是非这样不可，但每种商品通常总是被限制在一个组内，这样做的目的，是为了避免买卖时处理许多种代币或代价券所造成的困难。

每个消费者面临的除了有以美元计的价格$(p_1,\cdots,p_n)$和货币收入I以外，还有r组点价格$(p'_1,\cdots,p'_n)$，$(p''_1,\cdots,p''_n)$，…，$(p^r_1,\cdots,p^r_n)$，和每单位时间可支付点的固定总额，$(I',I'',\cdots,I^r)$。对大多数商品来说，每一组点价格都会有零，而对一组给定的商品来说，则除去一组点价格以外，所有其他的点价格总等于零。

情况既然是这样，理性的消费者一定会在一般化的预算约束

$$\sum_1^n p_j x_j \leqslant I,\ \sum_1^n p_j x_j \leqslant I,\ \sum_1^n p'_j x_j \leqslant I',\cdots,\ \sum_1^n p^r_j x_j \leqslant I^r \tag{128}$$

的限制之下，使$U(x_1,\cdots,x_n)$最大化。暂时可假定矩阵$[p^k_j]$的秩是$(r+1)$。对应于每一组特定的完全的点价格以及支出配额，每种商品的最适度数量都将由此得出。写出每种商品的需求表，我们可把上述结果概括地记作所有价格和点以及所有总收入或支出的一个函数。故

$$x_i = h^i(p_1,\cdots,p_n;p'_1,\cdots,p'_n;\cdots;p^r_1,\cdots,p^r_n;I,I',\cdots,I_r),\quad (i=1,\cdots,n) \tag{129}$$

为了使得按合适的美元价格计算消费量（即拨作消费用途的那部分总产量）能在个人间"公平"地分配，管制当局可付诸实现的政策目标就是决定点价格和配给额。除了研究这些政策问题，经济学家还对纯粹实证的经济问题感兴趣，他们凭借求极大化的一般程

序，来研究需求函数内在的各种性质。

为此目的，我们必须考察极大化的均衡条件。就像式(128)中等号所表示出的情况那样，假设所有分组的配给限额都“有效”，则由通常的拉格朗日乘数法，容易看出一阶条件是

$$U_i+\lambda p_i+\lambda' p'_i+\cdots+\lambda^r p_i^r=0,\quad (i=1,\cdots,n) \tag{130}$$

如果对这里谈到的个人来说，如有特定一组配额不能生效，那么该组在上述方程中的拉格朗日乘数可估定为零。

这些意思用文字叙述就是：理性的消费者对每一种商品的购买量，都将达到这样的一点，在这点上商品的边际效用等于它的各种美元和点价格的加权平均，权数是最后 1 美元或一组配给票券的边际效用。①

正则极大值充分必要的二阶条件，包含在这样一个命题之中：效用函数的海赛矩阵一定表示$(r+1)$个线性约束下的负定二次型矩阵。这等于在下述矩阵上施加某些条件，而这矩阵是由加边海赛矩阵与约束条件矩阵及其转置阵和零共同组成的。如果我们依次画掉对应于$(n-r+1)$种商品中每一种商品的行和列，那么得出的$(n-r+1)$个主子式的符号一定正负交替出现，最小的主子式为负，下一个一定为正，如此等等。因此，令

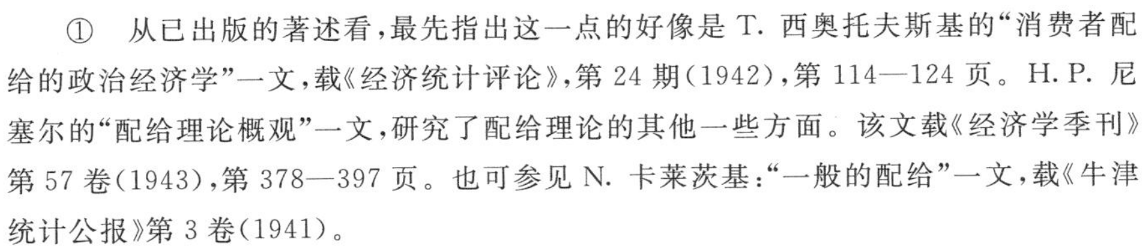

① 从已出版的著述看，最先指出这一点的好像是 T. 西奥托夫斯基的“消费者配给的政治经济学”一文，载《经济统计评论》，第 24 期(1942)，第 114—124 页。H.P. 尼塞尔的“配给理论概观”一文，研究了配给理论的其他一些方面。该文载《经济学季刊》第 57 卷(1943)，第 378—397 页。也可参见 N. 卡莱茨基：“一般的配给”一文，载《牛津统计公报》第 3 卷(1941)。

$$\Delta_m = \begin{bmatrix} U_{ij} & p_i^k \\ p_j^s & 0 \end{bmatrix} \quad \begin{matrix} (i,j=1,\cdots,m) \\ (k,s=0,\cdots,r) \\ [m=(n-r+1),\cdots,n] \end{matrix} \tag{131}$$

则

$$(-1)^m \Delta_m > 0 \tag{132}$$

可观察价格和数量上的具有重要观察意义的约束条件，总是作为二阶极值条件的结果出现这种情况将一直贯穿全书。既然是这样，那么，在将补偿价格变动的概念适当地加以一般化之后，这些意思就能得到最为简洁的阐述。至少，自从斯拉茨基那个时候以来，研究价格和收入的综合变动已经成为惯例，在这种变动中，收入总是随着价格一道变化，以使得个人始终停留在同一条无差异曲线上。

如果在这种情况中再加进配给条件，那么由此产生的辅助限制将使问题变得更加复杂。已有价格或已有点价格的上升，将使个人的境况变坏。但他可用许多不同的方法——改变货币收入，改变同组或不同组的点配给额，或者混合使用这两种方法——来对此进行补偿。对我们现在的研究目的最为有用的思考方法，是把一种商品美元或点价格补偿变化的特定状况作为考虑的对象，在此状况下，凭借相同商品总支出配给额（美元或特定一组的点配给额）同时所作的变动，个人将保持自己的境况恰同以前一样地好。当补偿恰同上述一样时，我们让第 j 种商品第 k 组点价格引起的第 i 种商品的变化写成偏导形式 $(\partial x_i/\partial p_j^k)_{\text{comp}}$。然后，当这种情况被视作带有一固定数 k 的一个 n 乘 n 矩阵的时候，它一定是 $(n-r+1)$ 阶半负定矩阵。因此，一种商品关于它自身点价格变动所作的补偿变动一定总是负的；此外，在交叉乘积和若干相互作用项上还有不等式存在。对上述情况的完整表述，可以这样来说：上面矩阵中自然数阶数最小的主子式一定为负，其次一个则一定为正，如此正负交替下去，最后到第$(n-r+2)$个主子式以前为止，而第$(n-r+2)$及其后阶数更高的所有主子式一定都等于零。这个陈述的最后部分，等同于一个更为显著的命题：需求函数是每组点价格和支出的零阶齐次函数。

如果愿意的话，可以把不在对角线上的项解释为广义的互补系数，它们遵守通常的对称法则，对后一点的证明，可以留给读者当作一次练习。读者容易证明，补偿项矩阵事实上不过是位于Δ_n矩阵逆的矩阵西北方向的那个分块矩阵，虽然这个子矩阵已被左乘了纯量$(-\lambda^k)$。①

有兴趣的读者也可独立展开第三章介绍的一般勒夏特利埃-布朗原理。如果用文字来表述，它的经济意义可概括如下：假设在一个已定的均衡位置上，价格发生了（有补偿的）变动，那么对不受配给额外约束的个人来说，由此造成的该商品需求量变动，就会比那些受到配给约束的个人来得幅度要大；而且，每个新约束的加入，都会使需求更加缺乏弹性。

在配给制下面，需求倾向变得缺乏弹性，这个情况具有许多重要的政策含义。特别是，它有助于说明，为什么在一个受到许多直接控制的制度中，用以吸收过剩收入的财政措施只具有次要意义上的效果。深究这个问题，得考虑有效需求，这超出了我们目前的

① 参见第五章第120页。也可参见第426—427页。

讨论范围。

大部分经济学家感兴趣的，不是稍有造作的补偿性点价格变化，而是通常在假定了其他条件不变时的那种变化，在这里，假定保持不变的是支出和其他诸点价格。由均衡条件的显微分，以及通常的各种看法，很容易证明这种变化可以分解为两个部分：补偿变动和收入效应。所以

$$(\partial x_i/\partial p_j^k)_{\text{cet. par}}=(\partial x_i/\partial p_j^k)_{\text{comp}}-x_j(\partial x_i/\partial I^k) \qquad (133)$$

除去（“通常的”）低档消费品外，式中第二项总是正值；因此，一种商品由它的点价格上升引起的变化，在一切正常情况下一定是负值。但若考虑通常的低档商品，我们就可能（但不必然）遇到通常所说的吉芬悖论，这时，一种商品点价格上升，会引起对它更多的购买。

对配给理论的研究，可以用对它的独特数学性质所作的几点评论来做结束，因为正是这些性质，才使它同一般分析的任何线性约束情形有了区分。首先，尽管理论上可以设想一个存在负价格的情况，但使所有点价格为正，差不多已是普遍采用的惯例。（例如，可对那些将取得过多主要商品的人发配给券，等等。）

其次，管理当局经常制定与美元价格成比例的配给点价格。对不同商品或商品组实施美元支出控制，为此提供了一个特殊的例子，更特别的例子是全面的支出控制，在这种控制下，发给个人美元支出配额券，它在数量上通常总要小于个人的可支配收入。如果不把储蓄视作 n 种商品中的一种，那么这种做法就等于引入了阶数小于 $(r+1)$ 个的线性约束；结果如果在式(128)中使用等号

该方程就会在逻辑上不一致。因此，我们必须求助于不等式；在这种情况下，美元预算方程必须放松，以支持新的配额分配。[①] 很难会有这种情况：配给券或限额给得过分慷慨，使上面说到过的那个辅助约束变成不等式，结果造成配给无效。

如果消费者由于放弃一种或另一种商品若干一定量的配给券就能对一种商品进行支付，那么一个完全不同的数学问题就会发生。根据不同配给券的相对价格和稀缺程度，消费者的花费通常总是选择在一种商品上，而不是在另一种商品上。这种消费方式，使人联想起格雷沙姆定律。消费者如果对许多商品有相同的选择自由（虽按不同的相对比率），他就总会把一种给定的配给券花费在那些相对有利的商品之上，这种情况，可以说形式上与古典的比较利益说完全一样，尽管后者被用于研究这样的问题：在许多商品中间，究竟有哪些会出口，又有哪些会进口？

按照黑市或公开市场决定的比率，或者根据政府的规定，不同种类的配给票证能够相互转换，这种情况，把上述情况融合在内，

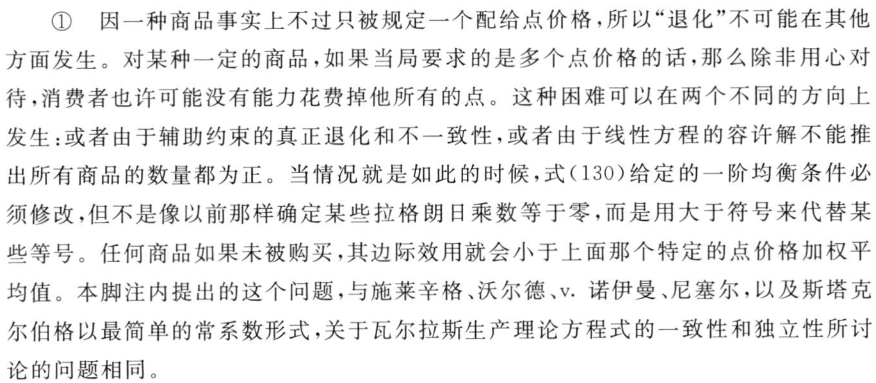

① 因一种商品事实上不过只被规定一个配给点价格，所以“退化”不可能在其他方面发生。对某种一定的商品，如果当局要求的是多个点价格的话，那么除非用心对待，消费者也许可能没有能力花费掉他所有的点。这种困难可以在两个不同的方向上发生：或者由于辅助约束的真正退化和不一致性，或者由于线性方程的容许解不能推出所有商品的数量都为正。当情况就是如此的时候，式(130)给定的一阶均衡条件必须修改，但不是像以前那样确定某些拉格朗日乘数等于零，而是用大于符号来代替某些等号。任何商品如果未被购买，其边际效用就会小于上面那个特定的点价格加权平均值。本脚注内提出的这个问题，与施莱辛格、沃尔德、v. 诺伊曼、尼塞尔，以及斯塔克尔伯格以最简单的常系数形式，关于瓦尔拉斯生产理论方程式的一致性和独立性所讨论的问题相同。

除非政府明确阻止这种交易，否则不同配给组和货币不可避免发生交易。套利将创造出支配市场的交换比率，任何个人作为一个微不足道的消费者，不能对此作出可以觉察得到的影响。一旦个人面对业经确定的比率，他就会按此比率买卖每种类型的配给点，于是我们研究的问题也就不再是一个许多辅助约束的问题了。所以，假如橘子的配给票证可以每张 5 美分买卖，那么如果一商品值 25 美分和两张橘子配给票，那么该商品就可简单地看作一个值 35 美分的商品。消费者的货币收入由于需要买卖配给点可能有所增减；或者简单地说，即个人有较高的收入，同时面临一组较高的新价格，仅仅由于作了这些简单的修正，约束消费者的条件就又回复到了原先那种标准类型的预算方程。如果第一，第二，……第 r 个配给点的美元价值是$(b', b'', \cdots, b^r)$，这新的预算方程就成为

$$\sum_1^n \left(p_i + \sum_1^r b^k p_i^k\right) x_i = I + \sum_1^r b^k I^k \qquad (134)$$

事实上，从福利角度能够证明，各种配给票本身以及它们同货币之间的自由交换，具有某种最适度的意义。只要交换使双方都获利，这种做法实际上就是允许个人用间接的方法交换商品，对最后的这两句话必须加以限制。它们一定不能表示这样的意思：如果票证或商品能被交换，每个个人的境况就会较以前更好。因此，如果说富人从穷人手中买进过剩的配给票证对贫富双方都有利的话，那么他们的支出由于富人的缘故将引起稀缺的配给商品价格上涨，却使得中等阶级的利益受到损害。

然而可以证明，自由交换在下述意义上实现最适度：伴随着每个个人点配置的适当调整，引入自由交换会导致每个人的境况都

得到改善。在上面例子中，富人和穷人的利益可依然增加，而中等阶级则可被贿赂保持默认态度。我这样说，意思并不是表示中等阶级应该接受这种贿赂，因为不然的话，就等于说相信以前的状况已经尽善尽美了。这里所说的一切，也不应认为是替票证交换作辩护，因为在设计一种能分辨对具体每个人的损害的点配置方法的过程中，事实上肯定会存在非常棘手的困难。

第七章　消费者行为理论的若干特殊问题

第五章仅涉及一个序数偏好域，我在那里用这种最普遍的形式，详尽地论述了效用分析的内容。现存文献还对许多特殊的问题进行过大量讨论。这些问题都含有另外的一些特别假定。为了能十分完整地阐明消费者行为理论的现状，我想仔细地研究几个这样的特殊问题，以便揭示它们的实际意义。因为所作出的每个特别假定，经常总是独立于其他所有的假定，所以我的这种研究会破坏整本书论述的统一性。但要完成原先的计划，除了不顾连续性以外，并没有任何其他的选择。将要讨论的题目包括：基数效用、效用的独立性、互补性的度量及货币边际效用的不变性。

很明显，每个假定只要它不是没有意义的，就是施加在经验资料上的约束条件，对基本假设作任何简化都必须付出代价。这代价就是使理论的现实意义和适用范围受到限制，因为这样一来已有的资料上面就被施加了额外的经验约束。许多作家对此显得一无所知；无论如何，几乎没人指出这些假定的高昂代价，也很少有人举出什么证据来支持他们认为可以接受的假定。

更为严重的困难是，尽管事实上这个领域并不是最近才发展起来的，而且也已经运用了数学的表述方法，但在许多作家的论点中间，仍然充满着含糊不清的假定。因为这些假定几乎没有什么重要的操作意义，所以它们的含混性质一直未被真正注意。把某种不严格界说、不明确的假定用于问题的研究，会推导出形式酷似定理而内容并不确定的无效结论。

自从马歇尔以来，这种困难反复出现，其原因就在于那种在分析中引入某种称作“近似”的数学关系的做法变成了习惯。在均衡点的邻域内，对这种关系的描述是确切的。然而很明显，由于它对于每个严格连续函数都能适用，所以即使容许（如同在泰勒展开式场合），这种关系仍然缺乏重要的意义。而且，那些引入的约束据称只在均衡的约束邻域内有效，但由于对这些假设的解释十分不同，所以在通常使用中，它们事实上往往会推论出各种结果。在下面的讨论中，我们有机会更深入地研究这些问题。

基数度量的效用

我们从第五章知道，一切实际市场行为独立于所选择的特殊效用指数，或者，甚至完全独立于任一效用量度。[1] 然而许多作家除去原点和标度不变这一点以外，只愿意采用基数度量的效用概念。

兰格[2]、费雪[3]等经济学家坚持认为，尽管从描述实证行为的

---

① 某些作家尽管对此有所认识，但仍坚持认为，回避使用效用是一种“噱头”，一种自找麻烦的公理尝试。从现在的操作方向看，这种观点显然肤浅。

② 奥斯卡·兰格：“效用函数的确定”一文，载《经济研究评论》（1934），第1卷，第218—225页。

③ 欧文·费雪：“量度‘边际效用’和测定公平累进所得税的统计方法”一文，载《纪念约翰·贝茨·克拉克经济论文集》（纽约，1927）。

立场看来，可量度的效用是多余的，但对福利经济学来说，为使规范科学起见，它却是十分必要的。

然而丝毫没有必要这样，虽然我不能详细考虑这个问题，但指出这一点还是可以的。假设福利经济学要在个人之间进行比较的话，只要作出明确的价值判断，使得我们能够找出每一个人消费的商品和劳务的一切可能组合的序数关系，就足够了。选用个人基数效用，我们会一无所获。①

总之，有无数种途径可对特殊效用指数进行选择并将它定义为正式的基数度量的效用，这一点十分明显。因此，可以从原点经任意一个表示商品和劳务一种组合的点画一条直线。在这条直线上面，原点到任一点的距离都可当作效用指数来用，并可赋予单独的名称。

独立效用假定

上面阐述的那种选择方法明显是任意的。其他方法可能更为精致，但同样也是任意的。仅仅使用价格和数量资料，费雪教授②和弗里希教授③不仅测定了那种据说是边际效用和总效用的东

① 当然，如果把总福利视作个人基数效用的代数和，那就会需要这种基数度量的效用。但这个假定太随便而且没有道理。A. 伯克(伯格森)："重新表述的某些福利经济学问题"，文载《经济学季刊》52 期，第 2 号，1938 年 2 月，第 310—334 页。

② 费雪，见前引书。

③ R. 弗里希："测度边际效用的新方法"，载于《经济理论文集》第 3 卷(杜宾根 1932)；H. 舒尔茨：《需求的理论和计量》，第 111—117 页。

西，而且测定了它们的数值如何随收入、数量等的变动而变动的情况。尽管确切地说，这两位作家的分析技巧十分不同，但他们的基本原理乃是一样的。借助于只包括两种消费品的简化情形，我们便能对此给予说明。

对价格、数量以及总收入的大量观察资料给定以后，就能够在一定限度上大致描绘出整个无差异图。然而，对于这样绘出的无差异轨迹的一族参数，我们仍然无法说出它们的编排序号。要是原点和标度不变，为了挑出一个指定是效用“真实”量度的特殊效用指数，费雪教授和弗里希教授都使用了下面这个定义。所选定的那个效用指数，如果存在的话，可写成这样的形式

$$\varphi=f(x)+g(y) \tag{1}$$

即，对于它来说

$$\frac{\partial^2\varphi}{\partial x\partial y}\equiv 0 \tag{2}$$

如果有一个效用指数可以写成方程(1)的形式，那么服从同一法则的任一其他指数与它的区别，一定只在于作了一次线性变换。为此，考虑另一指数

$$F=F(\varphi) \tag{3}$$

对于它

$$\frac{\partial^2 F}{\partial x\partial y}\equiv 0 \tag{4}$$

连续对式(3)求关于 x 和 y 的偏微分，我们得到

$$\frac{\partial^2 F}{\partial x\partial y}=F'\varphi_{xy}+F''\varphi_x\varphi_y \tag{5}$$

此式和式(2)都要求

$$F''\varphi_x\varphi_y \equiv 0 \tag{6}$$

或

$$F''(\varphi) \equiv 0 \tag{7}$$

因此

$$F = a + b\varphi \tag{8}$$

式中的 a 和 b 分别是原点和标度常量。

因此，很显然，效用应该“独立”的假定，有助于选出一个效用指数来作为基数度量的效用。然而，甚至这种惯常的做法，一般说来也是不适用的。尽管如同上述证明表明的那样，这种做法能确保我们不会有两种不同的标度，但一般说来，它连一个标度都不能向我们提供。

如果我们假定一个无差异域，除了服从通常的凹性约束以外，不再受到其他限制，那么一般来说，甚至没有一个效用指数能够写成如下形式

$$\varphi = f(x) + g(y)$$

$$\varphi_{xy} \equiv 0 \tag{9}$$

让我们写出一个正统的效用指数。

$$H = H(x, y) \tag{10}$$

是否存在一个变换 F 使得

$$\varphi = F[H(x, y)] = f(x) + g(y) \tag{11}$$

对此问题的回答通常一定是否定的。必须先在无差异域上施加更多任意约束。

让无差异域独立于任何效用概念，定义为如下形式：

$$-\left(\frac{dy}{dx}\right)_{H=\text{常量}}=R(x,y) \tag{12}$$

式中的 R 是 x 和 y 的函数，服从下面的曲率条件：

$$R_x-R_yR<0 \tag{13}$$

可写成形式

$$\varphi=f(x)+g(y)$$

$$\varphi_{xy}\equiv 0$$

的效用指数，其存在的充分必要条件为：

$$RR_{xy}-R_xR_y\equiv 0 \tag{14}$$

或

$$\frac{\partial^2\log R}{\partial x\partial y}\equiv 0 \tag{15}$$

必要条件可由微分

$$R(x,y)=\frac{f'(x)}{g'(y)} \tag{16}$$

证出，充分条件也同样很容易给出。

如果

$$\frac{\partial^2\log R}{\partial x\partial y}\equiv 0$$

$$\log R=\log h(x)-\log k(y)=\log\frac{h(x)}{k(y)} \tag{17}$$

式中 h 和 k 是任意函数。它们构成表达式

$$Rdx+dy=\frac{h(x)}{k(y)}dx+dy \tag{18}$$

容易将此式变换成恰当的微分

$$d\varphi=h(x)dx+k(y)dy \tag{19}$$

或

$$\varphi=\int_a^x h(x)dx+\int_b^y k(y)dy+\text{常数}$$
$$=f(x)+g(y) \tag{20}$$

现在我们必须探讨(14)式约束条件的含义。为了定义基数度量的效用,效用独立的假定看起来要包括:(1)一种习惯,借助于这个习惯,可从无数可能的效用标度中指定一个作为效用正式的基数尺度;(2)施加在偏好域,并从而施加在实际价格-数量状况上的一个任意的事前约束。我们现在必须研究这个事前约束的含义。

式(14)这个函数约束,是下面一般形式

$$M(R,R_x,R_y,R_{xx},R_{yy},R_{xy},x,y)=0 \tag{21}$$

的二阶偏微分方程。要是边界条件包括两个任意函数,它将适用于定义唯一解函数

$$R=\bar{R}(x,y) \tag{22}$$

更具体地说,如果有两种不同价格情形,对应于每一种情形中随收入而发生的数量变动,存在两条支出途径,只要这两条途径被作为实际可被观察到的资料给定,那么,根据而且仅仅根据这些观察资料,我们就能用适当的外推法来确定整个的无差异曲线域。

凭直觉很难想象事情为什么会是这样;确实,几乎没有一个经济学家会如此鲁莽,以至于主张个人的行为在一切可以想到的情况下都能从如此少的观察资料中获得。然而,这却是我们从明显无害的效用独立假定中不得不得出的结论。

此外,式(14)对需求函数施加了确定的限制,虽然这些限制的妥当性同样是可疑的并且不可能凭直觉得到理解。在两个商品的

简化场合,需求的均衡条件可写成

$$\frac{P_x}{P_y}=R(x,y)$$

$$I=P_x x+P_y y \tag{23}$$

它们可变换为:

$$x=m\left(\frac{P_x}{P_y},\frac{I}{P_y}\right)$$

$$y=n\left(\frac{P_x}{P_y},\frac{I}{P_y}\right) \tag{24}$$

这些需求方程必须满足约束条件

$$\frac{\partial^2 \log \dfrac{P_x}{P_y}}{\partial x \partial y}\equiv 0 \tag{25}$$

当存在两种以上的商品的时候,那个极其可能的独立效用指数所暗含的限制条件,就会具有不同的更为复杂的形式。如果存在一个指数 F,对于它

$$F_{ij}\equiv 0,\quad (i\neq j) \tag{26}$$

于是

$$F_{ij}\equiv F'(\varphi)\varphi_{ij}+F''(\varphi)\varphi_i\varphi_j\equiv 0 \tag{27}$$

这里 φ 是任何其他指数。因此

$$\frac{\varphi_{ij}}{\varphi_i\varphi_j}=T(\varphi),(i\neq j) \tag{28}$$

式中的 T 是一个任意函数,而 φ 则是任一的效用指数。考虑 $(n-1)(n-2)/2$ 个可积性条件,它们隐含了另外的 $n(n-1)/2$ 个条件。应该注意,这些都是恒等式,不论在何处都是成立的。它们不

仅仅是必要的条件，而且变换

$$F=\int_{a}^{\varphi}\theta\int_{0}^{v}T(\theta)d\theta dv \tag{29}$$

表明，它们也是充分的条件。

根据无差异变化，这些条件还可采取另一种形式。令

$$\frac{p_j}{p_i}\equiv-\frac{dx_i}{dx_j}={}^{i}R^{j}(x_1,\cdots,x_n) \tag{30}$$

它们显然满足于等式

$$\frac{{}^{i}R^{j}}{{}^{i}R^{k}}\equiv{}^{k}R^{j},\quad(i,j,k=1,\cdots,n) \tag{31}$$

如果一个独立的效用指数是可能的话，那么我们一定有

$$\frac{\partial^{i}R^{j}}{\partial x^{k}}\equiv0,\quad(j\neq k\neq i) \tag{32}$$

由于式(31)有 n^3 个关系，所以上面的 $n(n-1)^2$ 个关系不会都独立。至多是 $n(n-2)$个关系独立，并可写成如下形式

$$\frac{\partial^{1}R^{i}}{\partial x_j}\equiv0,(i\neq j)(i,j=2,\cdots,n)$$

$$\frac{\partial\left(\frac{{}^{1}R^{i}}{{}^{1}R^{2}}\right)}{\partial x_1}\equiv0,\quad(i=3,\cdots,n) \tag{33}$$

这些条件既是必要的又是充分的。除了别的以外，它们还隐含了第五章方程式(14)中的$(n-1)(n-2)/2$个可积性条件。另一方面，如果后者一开始就被设定的话，那式(33)中的方程就不会都是独立的，其数目也能够减少。

于是我们有了 $n(n-2)$个一阶偏微分方程。在相同数目的任意函数约束下，可唯一地确定一般解。然而实际上对一个支出途径

的观察资料包括有$(n-1)$个函数。因此，对超过$n(n-2)/(n-1)$个或超过n个支出途径的观察资料，可用来反驳独立的可能性。

用文字来表述，独立的含义就是，任一商品的购买量x_i，可以用它的价格p_i，其他任一商品的价格p_j，以及单独在这两种商品上的支出数量，即购买了其他一切商品以后总支出中剩下的数量这几项来表示。因此，一般需求函数

$$x_i=h^i(p_1,\cdots,p_n,I)$$

可写成特定形式

$$h^i(p_1,\cdots,p_n,I)\equiv h^i\left(p_i,p_j,I+p_ix_i+p_jx_j-\sum_1^n p_kx_k\right) \tag{34}$$

条件是i不等于j，这些条件满足式(25)中的约束条件和某些一致性关系，它们似乎是充分必要的。

R. G. D. 艾伦曾经推得两种商品情形下的方程式(15)，此外，我不知道以前还有谁导出过独立性的这些完整的价格-数量含义。[①] 然而斯拉茨基和米尔顿·弗里德曼都曾推得独立商品的一组组不完全的必要条件，尽管他们绝不曾导出过充分条件。[②] 他们得出的条件，与上面所说的根本不同，并且具有一个在我看来称作局部意义的独立比较适宜的形式。在(X)空间的一个给定点上，也许有可能找到一个变换$F(\varphi)$，使得

① R. G. D. 艾伦："互补品和竞争品不同定义的比较"，载《计量经济学》杂志，第2期(1934)，第168—175页。

② 米尔顿·弗里德曼："庇古教授从预算数据计量需求弹性的方法"，载《经济学季刊》，1935年，11月，第151—163页。

$$F_{ij}=F'\varphi_{ij}+F''\varphi_i\varphi_j\equiv 0, \quad (i\neq j) \tag{35}$$

因此，如果只有两种商品 x_1 和 x_2，那么在任一点上这都是可能做到的，于是局部条件就退化成平凡恒等式。在任何一点上，$(X)=(x_1,x_2)$，令

$$-\frac{F''(\varphi)}{F'(\varphi)}=\frac{\varphi_{12}(X)}{\varphi_1(X)\varphi_2(X)} \tag{36}$$

及

$$F_{12}(X)=0 \tag{37}$$

这与前面的非局部条件不同，在后一条件下，上述关系不是恒等式而是在一个点上的等式。

在 n 种商品的一般情形下，上述这种形式的变换只在下述关系成立的时候，才有可能，

$$\frac{\varphi_{12}(X)}{\varphi_1(X)\varphi_2(X)}=\frac{\varphi_{ij}(X)}{\varphi_i(X)\varphi_j(X)}, \quad (i\neq j\neq 1) \tag{38}$$

这$[n(n-1)/2-1]$个独立条件同前面一样，不必是恒等式。即使它们处处成立，也不必定把独立性隐含在内。假使局部条件成立，第五章(34)方程式给出的那种加边行列式就会采取特定的形式，而加于需求函数上的某些限制就能作为其结果推导出来。

斯拉茨基①证明了

$$\varphi_{ij}=(-\lambda)_{\varphi}\left(\frac{p_{ij}}{p}-\theta_{\varphi}\frac{p_{n+1,n+1,ij}}{p}\right) \tag{39}$$

① E. 斯拉茨基："消费者均衡定理"，载于《经济学家杂志》第 51 期(1915)，第 23—26 页。

其中
$$p=\begin{vmatrix} K_{11} & K_{12} & \cdots & K_{1n} & \frac{\partial x_1}{\partial I} \\ K_{12} & K_{22} & \cdots & K_{2n} & \frac{\partial x_2}{\partial I} \\ \vdots & \vdots & & \vdots & \vdots \\ K_{1n} & K_{2n} & \cdots & K_{nn} & \frac{\partial x_n}{\partial I} \\ \frac{\partial x_1}{\partial I} & \frac{\partial x_2}{\partial I} & \cdots & \frac{\partial x_n}{\partial I} & 0 \end{vmatrix} \tag{40}$$

角标表示适当的余子式。此外，

$$\theta_{\varphi}=-\frac{\partial\log(-\lambda)}{\partial I}\varphi \tag{41}$$

使用的是第五章的符号。

如果指数存在，使得在一个点上

$$F_{ij}\equiv 0,\quad (i\neq j) \tag{42}$$

那么
$$\theta_F=\frac{p_{12}}{p_{n+1,n+1\cdot 12}}=\frac{p_{ij}}{p_{n+1,n+1\cdot ij}},\quad (i\neq j\neq 1) \tag{43}$$

这些就是需求函数上有意义的$[n(n-1)/2-1]$个独立限制，它们毫无遗漏地表示了独立性假定的所有局部含义。

我还想指出，如果(1)独立性是可能的；(2)可被写成独立效用加法的和的效用指数，被定义为“正式”基数效用指数，那么式(43)中的方程就可用来确定收入的边际效用。以上情况使我留意到，我们从不缺少成堆的效用尺度。

弗里德曼先生曾导出下面这 $n(n-1)$ 个局部独立条件：①

① 弗里德曼，前引书，第 162 页。

$$\frac{\eta_{ii}}{\eta_{jj}}=\left(\frac{\eta_{iI}}{\eta_{jI}}\ \frac{1-k_i\eta_{iI}}{1-k_j\eta_{jI}}\right)+\frac{\eta_{iI}}{\eta_{jj}}\left[\frac{(k_j-k_i)-k_ik_j(\eta_{iI}-\eta_{jI})}{1-k_j\eta_{jI}}\right] \quad (44)$$

在两维的情况下，这个限制是无意义的。

从它们的数目过剩这个事实来看，很清楚它们不能全都是独立的。事实上，我并不能证明它们是完全的，也就是说，不能证明它们等于上述的斯拉茨基条件；的确，我要大胆推测它们是不等的。①

① 弗里德曼先生拒绝接受庇古定理，该定理认为

当 $\frac{\eta_{ii}}{\eta_{jj}}=\frac{\eta_{iI}}{\eta_{jI}}$ 时 $\frac{k_i}{\eta_{iI}}\doteq 0\doteq\frac{k_j}{\eta_{jI}}$ （＊）

因为“…η_{iI} 和 K_i［我的符号］被推断是相反的关系”。当然，只有在一组特别的无差异曲线被指定以后，这整个问题才会明确。然而在概率及猜测的范围内，弗里德曼先生的命题似乎是错误的。第五章证明了

$$\frac{\sum_1^n k_i\eta_{iI}}{\sum_1^n k_i}=1$$

即不论商品数目有多少，全部收入弹性的加权平均值一定等于 1。平均值 k 由

$$\frac{\sum_1^n k_i}{n}=\frac{1}{n}$$

给定。当商品数目增加时，k 值趋近于零。

对实际预算研究作一通盘考察，读者就会确信，在比例围绕 $1/n$ 变化的时候，收入弹性分布在 1 的周围。

也可参见 A. C. 庇古和 N. 乔治斯库-罗根：“货币边际效用和收入弹性”一文，载《经济学季刊》第 50 卷，第 3 期(1936)。

但上述庇古定理要以限制性的独立假定作为前提。倘若能够证明，无论在什么情况下，对于小数值的 k_i/η_{iI}，此定理都能成立，那么，它就大有用处。

下面这个特例表明，这种说法一般说来是不正确的。假设对 n 种商品所作的消费是始终保持固定比例的完全“联合”的消费，那么不论商品的数目如何，$\eta_{iI}\equiv 1$ 并且 $\eta_{iI}/\eta_{jI}\equiv 1$。另一方面，也很容易证明：$\eta_{ii}\equiv -x_ip_i/I$。最后结果是 $\eta_{ii}/\eta_{jj}\equiv k_i/k_j$。即使我们使诸 k 同收入弹性相较变得任意地小，它们的比率仍可取得 1 以外的任何数值。因此，庇古定理（＊）是错误的。

当然，这个例子依赖于高阶导数的非连续性，但我总以为，凭借适当选择的连续导数，我们能够接近这个条件。

毫不夸张，个人通过内省是不可能判断他的需求函数是否满足上述关系的。实际上，这些关系是从无数可能的函数关系中任意选择出来的，它们能够确立的可能性无限小。独立性是竞争和互补这两个极端类型之间的中间类型，如果通常采用这样一个方式来提出问题，那独立假定基本上就是一个可行的命题。如果使用未知量等概率的基本概念的话，我们一开始总会默认这个独立假定。根据我们前面所作的研究，即使把较老的独立性和互补性概念上的那种严重模糊不清的意思完全撇开，这种做法所包含的错误依然十分显著。①

互补性

在我看来，互补性问题一直受到人们的注意，超过了它按照它的内在重要性应该受到的注意。然而，希克斯和艾伦对这个题目感兴趣，结果，他们揭示出在帕累托的观念中存在着致命的不一致性，并且对效用的基数和序数概念作了新的阐述。

较老的作者如费雪、帕累托和埃奇沃思，提出把效用函数交叉导数的符号作为两种商品 x_i 和 x_j 互补性质的定义；这就是说，商品是互补的、独立的还是竞争的，取决于：

① 也许可以争辩说，如果把这些情况都视作纯粹的操作假设，它们就不会与独立性假定形成如此尖锐的矛盾。然而稍作研究便可发现，根据这个观点，是无法对如此一个假设进行检验的。相反，在处理统计资料的过程中。一开始就在暗中对它作了假定。因此，我们必须回过头来检查原始的经验资料。注意到这一点是有意义的。在两个商品的情形中，对三条支出途径的观察资料将足以同独立性假定产生矛盾。

$$\frac{\partial^2 \varphi}{\partial x_i \partial x_j} \gtreqless 0 \tag{45}$$

如果我们假定的只是一个序数偏好域，那么各种数字的效用指数都同样许可。在效用指数变动的时候，这交叉导数也要改变符号。考虑 φ 的一个单调变换，

$$\begin{aligned} &U = F(\varphi), \frac{dF}{d\varphi} > 0 \\ &U_i = \frac{dF}{d\varphi}\varphi_i \\ &U_{ij} = \frac{dF}{d\varphi}\varphi_{ij} + \frac{d^2F}{d\varphi^2}\varphi_i\varphi_j \end{aligned} \tag{46}$$

通过适当选择，任意项 $d^2F/d\varphi^2$ 能够使得变换后新的交叉导数的符号不同于变换前旧的交叉导数的符号。作为这种可变性的一个必然结果，如此定义的互补性似与现在讨论的两个商品情形下的个人预算习惯完全没有关系。同样，个人对两种商品是互补品还是竞争品（糖和咖啡，啤酒和猪肉，等等）的内省的、自发的、直觉的指派，和这样一个尺度也不相符合，相反，倒和偏好域和需求函数的行为主义性质一致①。

① 希克斯和艾伦，斯拉茨基和舒尔茨都曾提出，互补性的不变尺度是无差异曲线体系和需求函数的特性。也许两个商品 x_i 和 x_j 间互补性的最简单尺度就是

$$K_{ij} = \frac{\partial x_i}{\partial p_j} + x_j \frac{\partial x_i}{\partial I} = K_{ji} \quad 或 \quad \epsilon_{ij} = \frac{K_{ij} p_j}{x_i}$$

的符号。

如果只有两个商品，这里的符号必定总是正的；在许多商品的情形下，为了满足关系式

（转下页）

在过去的五年里，世界上最优秀的经济学家耗费了大量的时间和精力研究希克斯教授的《价值与资本》①一书。在此期间，似乎没有一个人注意到，作者给出了两个或更多不同的（而且不一致的？）互补性定义，书里正文中的文字定义（第44页）好像与数学附录中的定义（第8段）不同，这种情况表明，互补性概念也许根本就不重要。②

这种情况在许多方面都可见到。当数学定义能够应用于只有两种商品的场合时，那个文字定义就不够了。（这与在两种商品场合互补性的数学定义只容许一个可能的代数指数这种情况并不相

（接上页）

$$\sum_{1}^{n} p_j K_{ij} = 0, \quad (i = 1, \cdots, n)$$

$$K_{ii} < 0$$

至少必须有一个正号。里昂惕夫曾提出下面这个与旧的观念最为接近的独立性的不变尺度：

$$\frac{\partial^{2i} R^j}{\partial x_i \partial x_j} = \frac{\partial^2 \log\left(\frac{U_i}{U_j}\right)}{\partial x_i \partial x_j} = 0$$

上述观点第一次提出以后，希克斯教授的两本书，《价值与资本》和《价值的数学理论》问世了，可是，我仍然确信，希克斯本人对经济理论的真正贡献，并不在于他对互补性所作的研究，而且，扩大对这个概念的讨论，与其说是这个论题的必然结果，不如说是对旧时爱好的一种奉献。

① J. R. 希克斯：《价值与资本》（牛津，1939）。

② 事实上，在第44页的脚注中还有第三个定义。在只有3种商品的场合，这个定义显然等同于另外两个定义中的一个；然而在一般场合，这定义的表述就显得含糊其词，这是因为，消费者为获得上述这两种商品的既定数量所提供的最大货币量，会改变其他所有商品的购买量。作者的想法好像是除上述两种商品和计价物以外，其他所有商品都保持不变，而在这种情况之下，这个定义就变得与那个文字定义完全一样了。困难兴许就存在于希克斯的“货币”概念的独特用法上。

干）没有理由说明为什么不同的两个定义在任何特殊情况下都应该规定同样的答案，所以毫不奇怪我们可以构想出无数例子，在这些例子中，两种商品如麦子和亚麻，依据一个定义是互补品，而按照另一个定义就成了替代品。然而我们马上就会见到，事情甚至比这还要坏。根据文字定义，麦子和亚麻同时既有可能是互补品又有可能是替代品，最后要视选出充当计价物的第三种商品而定。这个定义是不明确的；它（或确切地说是它们）不是反映两种商品的性质，而是表示 3 种商品的性质。

数学附录中的那个定义规定把矩阵（φ_j^i）中第 i 行第 j 列的元素作为第 i 种和第 j 种商品间的互补系数，在这里

$$x=\psi(p,U) \tag{47}$$

用矩阵符号表示每个无差异水准的需求曲线。

由于第五章论及的那个齐次性质的缘故，这 n 个需求函数显然不能反过来用诸 x 和 U 去规定每个 p。所能决定的只是相对价格。我们可用任何一个价格作为计价物，舍弃一个上面的方程后，再把其他方程倒转过来，从而得到用（$n-1$）种商品和序数水准 U 表示的（$n-1$）个相对价格。最简便的做法是把计价物的数量 x_k 和它的需求方程也省略掉。于是我们有

$$\frac{p_i}{p_k}={}^kN^i(x_1,\cdots,x_{k-1},x_{k+1},\cdots,x_n,U), \quad (i\neq n) \tag{48}$$

令（${}^kN_j^i$）$=N_k$ 为这个变换的矩阵。于是相应于第 i 种价格和第 j 种数量的那个元素就代表互补性的那个文字定义。很容易证明，这个矩阵同第一个矩阵一样，是对称矩阵。事实上，它一定是负定

的，就像 ψ 矩阵一样。

最后陈述的这两个结论由逆需求函数的定义推得，按照这个函数

$$N_k = \psi_k^{-1}(p_k^{-1}\delta_{ij}) \tag{49}$$

式中 ψ_k 被定义为一个由原矩阵 ψ 去掉 k 行 k 列而成的矩阵。既然从前几章已知它是负定矩阵，所以它的逆一定也是负定的。

虽然矩阵 N 和 ψ 的对角线元素符号必须一致，即是负的，可是除去实际上并不重要的 3 种商品的情况以外，非对角线项的符号却不必一致。更为重要的是，N 矩阵一定行一定列元素的符号，可以依哪种商品被称作货币或计价物而有所不同。一个个别的例子就足以说明这种可能性。假定在一个以效用可以相加为特征的偏好域中，我们有 n 种商品。除了最后那种商品以外，让所有商品的边际效用都递减。那么，根据上述文字定义，如果第三种商品被用作计价物的话，起首那两种商品就是替代品；除非那最后一种商品的边际效用递减，当它充当计价物的时候，起首那两种商品一定会是互补品。没有理由说明，我们称作最后的那种商品为什么不会是低档品。确实，在饶有趣味的边界情况下，有一种商品的边际效用不变，当这种商品被用作计价物的时候，按照文字定义每一对商品都是独立的；如果其他任何商品来充当计价物，那么，不包括这边际效用不变的商品在内的所有其他商品，都容易证明是替代品。然而如果按照数学附录中的那个定义，那么，不论什么商品作为计价物，不包括这边际效用不变商品的所有商品，一定总是独立的商品。

代表性元素 N_k 可以用无差异轨迹的斜率来表示，读者可自己证明它对下标 k 的依赖关系。

瓦尔拉斯在使用计价物概念的时候是颇谨慎小心的。交换活动中惯常充作计价筹码的商品，总是可携带、可分割、可辨认的耐用的商品，正是在这个意义上，他把计价物同货币区别开来。马歇尔说到货币的时候，通常指的就是收入，我们在谈到收入边际效用不变的时候会再次看到这种情况。希克斯似乎在交替使用上述含义以及第三种含义，按照后面这种含义，货币表示的是一个综合商品，它由全部商品中除去一两种后剩下的其他所有商品组成。结果是，对这个问题的看法日趋模糊不清，以上所述只不过是其中的一个例子而已。

即使互补性就其本身而论并不重要，难道可以说它作为发现“不规则”现象的条件的一项指标也不重要吗？因此，希克斯在讨论交换的一般均衡体系的稳定性问题的时候，在第 71 页上说：“假使收入效应可被忽略，假使互补性并不存在，那么均衡的交换体系一定是稳定的。”因此，互补性概念似是有用的，它能指出一个稳定的体系将在何处失灵。不幸的是，这个看法是错误的。如同作者以后在别处指出的那样，他犯了一个暂时的错误。如果能够忽略收入效应，那么他的那个作为所有个人负定对称矩阵总和的矩阵 x_{rs}，本身一定也是负定和对称的。因此，不管互补性①，根据希克斯条件它一定是完全稳定的。如果收入效应不能忽略，那矩阵就

① 这些观点初次提出以后，我发现希克斯已经察觉了他的错误。参照 J. R. 希克斯：“消费者剩余与指数”一文，载《经济研究评论》第 9 卷，第 2 号，第 133 页，注释 2。

可能是不对称的；按作者的说法，不对称容易引起不稳定；这个说法不太妥当。纯粹不对称，而不是别的什么，趋向是造成稳定；被忽略的收入效应是造成这种不一致的祸首，而在它们的影响对造成不对称没有全部用尽的时候，它们为害最大。

希克斯在讨论利率变动对“生产时期”的影响这个问题时，再次引入了这个互补性概念。[1] 但在这里，正确给出的二阶极大条件同样证明，互补性并不能使希克斯的生产时期随利率下降而缩短。

希克斯平均生产时期的定义是，就贴现率 $\beta=(1+i)^{-1}$ 的变动量而言的贴现价值 C 的弹性。[2] 用数学符号表示，就是 $(\beta dC/d\beta)/C$。它的确切用途似乎还没有被明白指出。尤其，希克斯的“平均时期”还有着这样一个反常的特征：它不是“内部平均值”，即，不是位于被平均时期最长和最短期限间的值。因此，不能将它看作就是庞巴维克简单的平均生产时期的一般化。举例来说，设想在那种最简单的“点投入点产出”情况中，价值 99 美分的投入，投资一年生产出譬如 1 美元价值的产品。庞巴维克的平均时期为一年，不管利率，它与希克斯需要小心区别加项和减项的概念不同。希克斯的时期，在利率为零时是 100 年，而在利率为 1%时是无限长。事实上，因为所谓的“边际投资”的缘故，它总是无限长的。作者希望，在把贴现因子引入平均时期的计算法则以后，也许能抵挡住奈特教授的反对，后者认为，时期是无限的；但是，在很多

① 希克斯：《价值与资本》，第 222 页注释 1 及第 328 页。

② 恰如它的作者所指出的那样，这里是一例有维度的弹性表达式。有关这个表达式的分析上的说明，读者可参照本书第四章第一节。

场合，希克斯只是成功地使有限看上去成为无限①。

然而这里并不打算深入阐述奈特反对奥地利学说的那些意见。附带地说一下关于生产计划和利率关系的最基本的定理是什么，这就足够了。运用前几章介绍的那些方法，容易证明在厂商实现

$$C=x_0+x_1\beta_1+x_2\beta_2+\cdots+x_n\beta_n \tag{50}$$

极大化的时候，那些贴现因子务必使下列不等式得以成立

$$\sum_{0}^{n}\Delta x_j\Delta\beta_j\geqslant 0 \tag{51}$$

如果所有时期的利率都相等，再如果我们借助于极限方法，我们就会有如下确定的定理

$$\sum_{1}^{n}(dx_j/d\beta)j\beta^{j-1}\geqslant 0 \tag{52}$$

收入边际效用的不变性

离题话少说，现在来研究在分析消费者行为时经常用到的另一个独特的限制性假设。就其本身而论，收入边际效用不变这个问题只是那些最不重要的经济理论问题中的一个，但是，它却引起了无

① 为了使得一个长度无限的过程产生有限的平均值，实际上，并不总是一定要采用贴现因子的。许多作者已经说明长久的时期如何得到较小的权数就能产生收敛的无限序列。因此，可以想象一锅永不停止炖煮的菜肴，常有某些东西被随便地加入其中，又常有某些东西被随便地从其中取走。现在加入其中的某些部分，会留在炖锅中永远不被取走，这就像炖锅中的某些菜肴有着无限长的年头一样。但是，对于炖煮菜肴的平均年头是有限的，所以每一分子在炖锅中停留时间的平均期望也是有限的证明，在无限过程中是一个简单的练习。

数的讨论，这种讨论绝大多数水平不高，因此，值得在此略做评述。由于我已在别处①对这个问题做过相当完整的分析，所以这里我只想把问题概要叙述一下，并且不准备对某些较近文献加以评论，这些文献是在关于所引证的论文的评论写出后才得到的。②

如同在下节将要获知的那样，收入边际效用不变的大部分意义，是从它同消费者剩余这个论题的关系（真实的和未经证实便提出的）中推得的。最好在开始就指出，全部的文献中渗透着一个意思模棱两可的概念；有的时候，不变性被解释为就是不变的意思，而在另外的一些时候，它又被用来指几乎不变的意思。这后一种用法通常涉及某种极限过程；或者认为所述的变化是“微小的”，而不论它究竟指什么意思，或者认为在某特定商品上的花费占全部支出的百分比是微小的，等等。那种未加证实便提出的结论，其本身就是含糊其词的，由于它经常所指的是“可能”而不是必然，③所以使问题变得更加复杂。因此我认为，如果我们一开始便检查收入边际效用不变的文字含义，我们就能更富有成效地完成对这个假说的实际意义的精确说明。

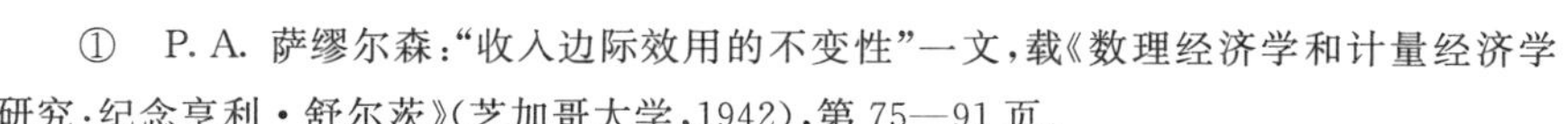

① P. A. 萨缪尔森：“收入边际效用的不变性”一文，载《数理经济学和计量经济学研究：纪念亨利·舒尔茨》（芝加哥大学，1942），第 75—91 页。

② A. 亨德森：“消费者剩余和补偿变动”一文，载《经济研究评论》，第 3 卷，第 2 号（1941 年 2 月），第 117—121 页。J. R. 希克斯：“消费者剩余的复活”，载于上面同一期杂志，第 108—116 页。J. R. 希克斯：“消费者剩余与指数”一文，载《经济研究评论》，第 9 卷，第 2 号，第 126—137 页。罗伯特·L. 毕晓普：“消费者剩余和基数效用”一文，载《经济学季刊》第 57 卷，第 3 期（1943 年 5 月），第 421—449 页。

③ 这是马歇尔留下的许多令人困惑不解的问题中的又一个。不把问题说得棱角分明，是马歇尔风格的一个侧面。但是，天才可以原谅的东西，普通凡人却不能容忍。

在第五章的方程式(31)中,我们已经遇到过一λ 形式的边际收入效用。根据前面的均衡方程式(29),花费在每种商品上的支出的边际效用一定相同,而且等于由最适度分配在所有商品上的1美元额外支出所产生的边际效用(比率)。①

我一向过分注意地坚持着使用收入的边际效用这个概念,同时又小心翼翼地避免着使用货币的边际效用这个在文献中更常碰到的术语。这是为了使得包含在这个题目讨论中的第二个因含糊而经常铸成错误的概念,能不再流行。在理论研究中,货币有许多不同的含义,其范围可从抽象的非金属、非纸币、习惯的会计单位,直到特殊的计价筹码、在交换中得到普遍接受的商品、随意规定为计价物的任何商品,以及收入或支出。根据马歇尔的所有著述以及他的思路,我们显然有理由认为,他一定是打算着把货币的内涵简单地当作就是包括英镑和美元在内的收入和支出的委婉语。用他自己的话说,它是"货币或一般购买力"。② 特别是,那种在计价物意义上考虑的货币,同他的用法完全无关,这个概念甚至未被列入他的索引。

说收入或货币的边际效用保持不变,这话究竟是什么意思?在我们终于提出这个疑问的时候,这就成了一个重要的问题。按照帕累托的解释,这大概是指选作计价物的特定商品的边际效用在它的数量发生变动时保持不变,根据洛桑学派的用法,这个解释

① 这是第三章第48—49页和第四章第83页讨论的沃格-瓦伊纳定理的一个简单例证。

② A. 马歇尔:《经济学原理》,第八版,第838页。关于这个问题的更为完整的讨论和更为详细的引证,读者可参照我写在纪念舒尔茨一书中的那篇论文。

是可以理解的。但希克斯和盎格鲁-撒克逊传统中的其他人也许认为这应该是马歇尔的含义，这个看法非常令人意外。在今天，虽然关于马歇尔本人的真实用意是什么，已不再是一个非常重要的问题了，但是说明至少有两种不一致的意思以及它们不同的含义仍是重要的。而且，如果不同意思都能成立的话，许多作家一定会错误地提出平行无差异曲线的必要条件和充分条件（上述形式第一个表述的几何意义）。①

对式(29)和式(30)中的方程作更细致的观察，就能看出收入的边际效用并不能无论关于什么都不变。它是全部价格和收入的一个函数。如果我们把全部价格和收入都加一倍，收入的边际效用就只能减半。因为，根据第五章描述的那个齐次性质，收入和价格如此加倍以后，所有实物数量不会变化，所以，所有实际边际效用也不会变化，但收入的边际效用是用每个实际效用除以它们各自的价格来表示的。因为分子不变，随着分母加倍，整个分式的值一定减半。如果收入的边际效用关于所有价格以及收入是不变的话，价格和收入的同时变动就一定不会对它有所影响；既然由于这样一个变动，收入的边际效用一定减半，所以我们碰到了一个矛盾。因此，在收入和每个价格变动的情况下，收入的边际效用不会不变。②

对于$(n+1)$个数量来说除了其中的一个以外，收入的边际效

① 从希克斯的著作和所引用的两篇文章里可以见到，还有一个误解渗透在他的论述中。正如毕晓普所指出的那样。这个问题的根本不在于能否忽略收入效应这点上。而且，在希克斯的某些陈述中，似乎也包含了保持实际收入不变或对于实际收入变动的“调整”这样的问题。

② 参见《数理经济学和计量经济学研究》一书，第76页。

用至多可以与所有剩下的那些个数量都无关。我们可设定 n 个一阶偏导数等于零,却不能设定($n+1$)个。我们选哪 n 个呢?显然这里有($n+1$)种不同的方法可供选择。其中有一个包含这样的意思:收入边际效用不变,是关于 n 个价格,而不是关于收入而论的。在其他地方,我已经指出这是那种纯粹的马歇尔情况。其他的选择包括,关于收入,关于($n-1$)种价格,或者关于除一种以外的所有价格,收入的边际效用不变。① 这是关于不变性的第二种假说。

在我那篇被收进纪念舒尔茨文集的论文里,我详细阐明了每个假说的不同含义。虽然真正导致荒谬结论的是第二种假说,但如果是就观察得到的有关价格和预算资料来说的话,那么上述每一种假说的含义都是极为不现实的。

在总结这些假说的实际含义以前,我应该首先指出,收入的边际效用从形式上看是一个拉格朗日乘数,根据第四章第 81 页上的结论,如果我们将一种效用指数换成另一种(这是我们在序数偏好域中享有的特权),收入的边际效用一定会发生变化。在每个点上,对于每一种不同的效用指数来说,我们有不同的收入边际效用。如果在我们使用某种指数的时候,对于一个既定的变动来说表达式不变的话,那么只要我们换用另一种指数,这表达式就会发

① 那种其价格变动影响收入边际效用的物品,不必就是那被选作计价物的商品,因为只要我们坚持选某种其他商品作为"货币",也可以防止混淆,特别是因为,在静态理论的范围之内,并没有特殊的理由可以说明,为什么这种特定的物品应该是可分的、耐用的并且具有货币的所有其他性质。然而在文献中间,把这种物品选作计价物已经成为惯例。

生变动。如果我们为了除去负号而定义了一个等于$-\lambda$的新表达式的话，那么，我们实际上就必须指出那种它所适用的基数效用指数。我们可用字母m表示这个新表达式，再加上一个表示所述效用指数的下标。

于是，

$$m_\varphi=m_\varphi(p_1,p_2,\cdots,p_n,I)=-\lambda=f(p_1,p_2,\cdots,p_n,I) \quad (53)$$

如同在那本关于舒尔茨的书中所证明的那样，这一定是一个负一阶齐次函数；根据关于齐次函数的欧拉定理，它的关于每个独立变量的弹性的和一定等于负一，以使得每一个都不能为零。

如果效用指数φ经过单调变换成了一个新的指数$U=F(\varphi)$，那么就这个新的效用指数来说，收入的边际效用具有下述性质，即

$$m_U=F'(\varphi)m_\varphi$$

$$\frac{dm_U}{d\alpha}=F'\frac{dm_\varphi}{d\alpha}+F''m_\varphi\frac{d\varphi}{d\alpha} \quad (54)$$

因为我们能够使F''具有任何符号，所以除了那种我在别处讨论过的特殊情况以外，收入的边际效用能够按我们的意愿在任何的方向和数量上作出变动。

那么，我们是否已经打破了说得上是收入边际效用不变的一切可能性呢？完全不是。因为我们只需要假定存在某种基数指数（即使我们自己喜欢使用另一种基数指数，或者不用基数指数），对于这个指数成立这两种不同假设的非局部的强约束。

证明第一个假设即纯粹马歇尔假设包含着对每种商品需求的收入弹性一定是1，而对每种商品需求的价格弹性用该商品自己的价格表示一定等于-1，这不过是一次练习而已。而且，对每种

商品的需求同所有别的商品的价格变化没有关系。一定存在一种用数字将无差异曲线编序的办法,可使得效用在原来的意义上能够相加并且独立;实际上,除了任意确定的原点和标度以外,效用函数就是像 $k_i \log x_i$ 这样的项的线性组合,其中系数 k 表示花费在每种商品 x 上的不变支出比例。这些含义既是必要的又是充分的。

根据大家熟知的恩格尔定律和对于预算的大量研究成果,几乎没有必要指出,甚至作为极限微小变动的初步近似,上述这种观点也与所有可观察到的这种现实完全相反。

如果关于第二种假设做一次不很困难的练习的话,我们就能够证明,这种假设的含义是,对除计价物外的每种商品的需求,只取决于相对计价物价格而言的它的自身的价格,而同货币收入或实际收入完全无关。对计价物的需求则以相应的方式取决于所有的价格和收入。这些条件也是既必要又充分的。它们中还包含着这样的意思:无差异族是平行的,它们的斜率单单在沿计价物品变动的方向上是不变的。

当然,没有人曾经观察到,而且大概永远不会有人能观察到,所有额外收入都被花费在一种商品上的偏好类型。[①] 应注意甚至在我们忽略了"二阶微小变动"的时候,上述这种情况对于瞬时变动率而言,就是近似地说也是不正确的。

---

① 也许金·米达斯是个例外,虽然他的分析包括了某种动态的考虑,而这超出了目前的范围。对于一个他那种类型的商品来说,用所考虑的商品去衡量全部的价值也许不是不合适的;因此,一个书籍收集家生存所必需的食物,可以简单地看作就是亚当·斯密《国富论》第一版的某个部分。

在我们详细阐述为什么人人都应当永远希望收入的边际效用不变的理由以前，关于这个量的准不变性还可以说几句话。当然，如果初始情况发生非常小的变动，收入的边际效用也会起很小的变动，这就像随体系中其他量的变化一样。但是这只是连续性的结果而已。然而认为收入边际效用的变动率是微小的，情况就完全不同了，而且这正是唯一重要的事情。数学家们在今天使用无限小和微分方法已经有点不太时兴，尽管能为这些方法规定十分严密的基础。但在马歇尔正处全盛期的维多利亚女王时代，这些却是人们十分熟悉的工具，因此我们可以确信，像马歇尔这样一个数学水平仅次于伟大的数学家雷利勋爵的人，一定十分擅长使用这些工具。因此，马歇尔毫无理由地对他的那个收入边际效用的变动量是“二阶小”①的命题感到满意，这实在令人吃惊，而我则相信，这个命题是不正确的。就数学方法而论它们并不如此；事实上，我们对于那种能被视为二阶导数的东西所作的描述在这里是无关的。

如果人人都对不变性怀有好感才能令人安慰的话，我们就可以给出下列公式，来说明花费在一种商品上的相对数量，是怎样同关于这种商品价格变动的收入边际效用的弹性密切联系着的。

$$\frac{Em_{\varphi}}{Ep_{i}}=-k_{i}\left(\frac{Em_{\varphi}}{EI}+\frac{Ex_{i}}{EI}\right) \tag{55}$$

① 马歇尔:《经济学原理》，第 842 页。在关于“二阶小”的论点中出现了真理的细嫩萌芽，即如果六种不同的消费者剩余概念中的每一个，都相对于一个可变价格（后者称作 p_i^b）画出，那么在原点 p_i^a 上，它们全体有一条共同的切线 $-q_i$。

假如括弧内的这两个分式并不同时增大，而且后一个分式对所有商品的平均值一定是1的话，那么当花费在所述商品上的支出百分比等于零的时候，左边的弹性值一定趋向于零。但是另一方面，同这种商品联系着的任何“剩余”自然也变得很小，因此就没有理由再去区别微小的阶数。

消费者剩余为何多余

当然，上述不变性问题，虽然我认为并不重要，但是，它却从马歇尔关于消费者剩余的概念中导出了它的意义，上一代的经济学家热衷于研究消费者剩余这个概念，并在长期的争论中崭露自己的才华。由于所涉及的许多论点本质上具有数学的性质，又由于绝大多数反对意见的表述没有突破文科的方法，所以，虽然关于这个概念的主要难点绝大部分已揭示出来，但整个讨论的水平却没能有所提高。此后，随着数学方法在经济理论中的复兴，经济学家却对这个问题失去了兴趣，对这个题目的阐述便主要地出现在初等教科书和教室里。

按照作者现在的看法，事情本来就应该这样。这个题目在学说史上是重要的，而纯粹作为一个数学难题，也有一定的吸引力。这些陈述是在知道了希克斯近来所作的改造消费者剩余学说的尝试后作出的。详细分析希克斯论述的要旨会引导我们远离当前的研究，因此，仅作少数权威性评论就足够了。

首先，关于消费者剩余这个概念有用与否的判断，同允许福利经济学充当经济理论中一个重要组成部分的问题并没有什么关系，因为从来都没有人主张后面这个论题必须以正确的消费者剩余概念作为它的先决条件。那么能否说即使消费者剩余概念是不必要的，但它仍是一个有用的构成概念呢？关于这个心理学上的问题，我们无法作出最后的解答。从历史的角度来说，有关行业成本递增和递减的那些重要命题，都可归因于马歇尔的消费者剩余概念，这些命题，最好可以说是一些不完整的推论，而最坏则可以说是一些绝对错误的陈述，做个文字游戏或用俏皮话来说，这种陈述好像就是关于行业外部经济和外部不经济的庇古学说的翻版。庇古学说的早期形式，同马歇尔的学说非常近似，但我们从奈特和庇古本人的著作中可以知晓，这种早期的形式是十分错误的。[①]对庇古来说，这绝不是一个报酬递减或递增的问题；它只是一个关于每个单位是否考虑或不考虑它对社会经济量（价格除外）的全部影响的问题。如果它们不考虑这个问题，而我们用外部经济一词表示的正是这样的一种情况，那么当然就有必要对“看不见的手”进行干预。在马歇尔出版的著作中，我从未见到他对问题提出过这样的说明，而且，即使他通过消费者剩余这个概念在无意中发现了这个结论，由不正确的试探推得正确的定理，这也绝不会是第一次。

此外，也可以这样说，所述概念的那些优缺点同局部均衡方法在特殊问题上的应用很少有关。就它同指数理论的关系来说，这个概念在经过修改和变更以后，按照庇古、科努斯、哈伯勒、斯特

① F. H. 奈特：“对社会成本的若干错误解释”，载《经济学季刊》第 38 期(1924)，第 582—606 页。A. C. 庇古：《福利经济学》，第四版(伦敦，1932)，第 11 章及附录 3。

勒、里昂惕夫、勒纳、艾伦、弗里希、沃尔德的传统用法，其本身就是一种真正的指数经济理论。①

如果我们打算重新开始对下列问题给予解答，则消费者剩余对其中的任一个来说，都是不必要或不合意的。这些问题是：罗宾逊、克鲁索，一个社会主义国家或一个资本主义经济应当建造一座桥梁吗？间接税应当比直接税更受欢迎吗？如果统一价格不能维持企业活力，那就应当允许差别价格吗？生产不同产品的厂商的数目应当减少吗？用什么方法来减少？某一小的产业应当通过征税或津贴来扩展或收缩吗？等等。撇开与本题无关的个人之间的

① 在希克斯的推论中(《经济研究评论》第9卷，第2号，第126—137页)，某些大家熟知的精确定理，其实是近似地推导出来的。另外，他的最重要的结论，即拉斯佩耶斯指数值同补偿变动之间的差额等于一般化的替代项，这一点，不仅对于微小的移动来说是千真万确的，而且作为对两个项不同是由于偏好域曲率的缘故那样一个熟知的观念的一种转述，它也是千真万确的。这个结论在运用于第8节展开的福利经济学时，只有同那种用基数衡量福利的尝试(方向错误)联系在一起才会有意义，这种尝试是要说出一种移动是否比另外两种移动得益的总和更好一些。然而，即使我们对福利的基数化有兴趣，这种做法也是不合适的，因为可以证明，指数理论中用到的价值总和，只是对于它们所表示的变动的质的方向来说才具有意义；一般来说(除了合比例支出的寻常情况以外)它们甚至连任意的一个基数指数也不能构成。在希克斯的结论运用于我所谓的纯粹马歇尔情况的时候，可以见到这些含义的某些部分。让我们假设效用"实际"上能以基数衡量并且由上述加法的对数的形式表示，以便对每种商品的需求都取单一的形式并且独立于所有其他的价格。然而，在希克斯的意义上任何两种商品都是可替代的，如果说通常客观意义上的独立性仍然包含着后者意义上的替代性，这种情况似乎令人感到惊奇，我们能够提醒读者注意的只能是希克斯界说的那个形式上的定义。因为每一种商品都不受其他价格变动的影响，所以两种价格一起变动引起的效用的基数变化恰好同每种价格分别变动引起的变化的和是一样的。然而按照第8节的那个希克斯定理，联合价格下降造成的"收获"，比两个价格分别下降造成的"收获"的和要小一些，所以，这个结论显然缺乏理由。

关系方面不谈，所有这些问题，我们都能更方便（也更可靠！）地凭借消费者的序数偏好域来回答。

正是为了这些原因，我才主张除了能列入一个脚注以外，任何一本《原理》都不应将消费者的剩余包括在论述福利经济学的篇章之中，虽然，在解毒剂和替换物备于近旁的时候，这个概念在我的那本纯粹的《初级读本》中尚有一席之地。

消费者剩余的多种形式

谈到消费者的剩余，马歇尔提及的不是随便哪一种，而是至少六种相互联系的表示方式。接受其中的一个作为根本方式，然后再表明其余的表示式都不能正确地衡量这个数额，实在是太容易了。所以，瓦伊纳教授①论证说，马歇尔用需求曲线以下的面积作为来自贸易的收获的指数，是不正确的，因为这个数额同那个由一个全有或没有（all or none）开价得出的数量不相符，好像后者是消费者剩余的根本的正确的表示一样。如同毕晓普所证明的那样，②就它们对基数效用收获的近似程度而言，后者可能比前者更糟，毕晓普把基数效用收获作为消费者剩余的基本尺度。希克斯起初把那全有或没有的量值作为基本尺度，而现在又采用第四个量值作为基本尺度，他称它为补偿变动。其中究竟哪一个正确只

① J. 瓦伊纳：《国际贸易理论研究》（纽约，1937），第 9 章，第 4 节。

② J. 瓦伊纳：《国际贸易理论研究》（纽约，1937），第 9 章，第 4 节，第 421 页散见全书。

能是一个思想史上的问题；如果面临一个全有或没有的开价，马歇尔会选择哪一种呢？不幸，这已不再是一个有观察意义的问题。虽然在我看来，马歇尔或许会赞同毕晓普的意见，而把其他尺度视作它的或好或坏的近似，但我自己却宁愿指出它们每个之间的关系，而不愿把其中的某一种看作就是根本的或专用的尺度。

收在《纪念舒尔茨》一书里的我的那篇论文，简洁而十分详尽地描述了这些关系，下面增补的这几页，除了稍微有些更动以外，[①]几乎是一字不差从那里照抄来的。

在检查马歇尔的消费者剩余概念以前，让我们考虑一下它的各种用法。其中，它被提出作为一种尺度，衡量单一商品价格上涨（下跌）造成的效用收获（损失）。把它应用于分析商品税所涉及的负担问题，也一直在进行尝试。对于一定数量的所述商品，也要用它决定完全歧视的垄断者能从消费者身上确切获得的极大收益量。

因为假定消费者行为理论中只有一个序数偏好域，所以对来自价格变动的收获的任何数字衡量，实际上几乎都不会附带什么意义。特别是，我们并不能富有成效地对由两种既定价格情形之间的移动引起的收获和在两种别的价格情形之间造成的收获作比较[②]。而且，所有与赋税的负担有关的有效定理，都能独立于效用变动的任何数字衡量来陈述。因此，如果有某处不应当使用消费

① J. 瓦伊纳:《国际贸易理论研究》(纽约，1937)，第 9 章，第 4 节，第 87—90 页。

② 然而，我们可以把基础价格情形变动产生的收获和来自同一基础情形的另一种价格变动的情况进行比较，因为这可改变成两种新情形的序数比较。所以可说那初始情形“互相抵消了”。

者剩余概念的话，我们应当不会受到大的干扰。这个概念的唯一好处，似乎在于它容易在两维中表示出来。但就连这也是靠不住的。

考虑一种初始的价格和收入情形$(p_1^a,\cdots,p_n^a,I^a)$，以及相应的商品的购买量$(x_1^a,\cdots,x_n^a)$。对于任一选定的效用指数φ来说，一定同时存在一个既定的效用量$\varphi(X^a)$。假定仅一种价格发生变动，而收入保持不变。对应于新的价格和收入$(p_1^b,\cdots,p_n^b,I^b)$或$(p_1^a,\cdots,p_i^b,\cdots,p_n^a,I^a)$将会有每种商品新的数量$(x_1^b,\cdots,x_n^b)$和新的效用量$\varphi(X^b)$，这里$p_i^b$小于$p_i^a$。

我们对下列数量感兴趣：

1. 由价格变动所造成的效用收获(损失)或$\varphi(X^b)-\varphi(X^a)$。

2. 价格变动范围内的第i种商品的需求曲线与p_i轴之间的面积，或

$$-\int_{p_i^a}^{p_i^b} x_i d p_i$$

3. 消费者宁愿按旧的一组价格进行交易时对x_i^b所愿付出的货币的最大数额，超过他在新的情形中对第i种商品的支付额的那个量。(如果我们所处理的情况不是价格下跌而是价格上涨则这个量可以是负值)把这称为${}^bE_{ab}$。

4. 额外收入量，这是消费者一定要的，如果他在新情形中的境况要同他在消费原来那个量的x_i时的境况一样好的话。称之为${}^aE_{ab}$。

5. 在初始收入上使得按新的一组价格同按旧的一组价格所进行的交易具有相同吸引力的收入变动。称之为${}^b\Delta I_{ab}$。

6. 在初始收入上,使得按旧的一组价格同按新的一组价格所进行的交易具有相同吸引力的收入变动。称之为$^{a}\Delta I_{ab}$。①

按照马歇尔的消费者剩余学说,所有这六种量除了维度常数以外全都相等。可是,我们显然得到过这种告诫:他的学说绝对地只有在收入的边际效用不变和效用独立的时候才能够成立。现在我想探讨每种这样的量在下面四种情况中的价值:(1)在通常无限制的稳定需求情况下;(2)在收入边际效用不变的第一种解释的情况下;(3)在第 i 种商品不是计价物时的第二种假设的情况下;和(4)在当第 i 种商品本身的收入边际效用不变时的第二种假设的情况下。下面只是极其概略地指出一下证明过程。

在通常情况下我们有下列关系:

$$\varphi(X^b)-\varphi(X^a)=\int_{p_i^a}^{p_i^b}\left(\frac{d\varphi}{dp_i}\right)dp_i=\int_{p_i^a}^{p_i^b}\sum_1^n\left(\frac{\partial\varphi}{\partial x_j}\frac{\partial x_j}{\partial p_i}\right)dp_i$$

$$=\int_{p_i^a}^{p_i^b}m_\varphi\sum_1^n\left(p_j\frac{\partial x_j}{\partial p_i}\right)dp_i=-\int_{p_i^a}^{p_i^b}m_\varphi x_i dp_i \tag{56}$$

$$^{b}\Delta I_{ab}=\max\left(\sum_1^n p_j^b x_j^b-\sum_1^n p_j^b x_j\right),\text{这里 }\varphi(X)=\varphi(X^a) \tag{57}$$

$$\geqslant\sum_1^n p_j^b(x_j^b-x_j^a) \tag{58}$$

$$\geqslant\sum_1^n (p_j^a-p_j^b)x_j^a \tag{59}$$

---

① 交换下标将改变代数符号。所以

$^{b}\Delta I_{ab}=-^{b}\Delta I_{ab}$。$^{a}\Delta I_{ab}$,而非$^{b}\Delta I_{ab}$ 和$^{b}E_{ab}$,能够大于 I。

如果只有第 i 种价格发生变动，这就变成

$$^{b}\Delta I_{ab} \geqslant (p_i^a - p_i^b) x_i^a \tag{60}$$

同样：

$$^{a}\Delta I_{ab} = \min\left(\sum_1^n p_j^a x_j - \sum_1^n p_j^a x_j^a\right)，这里\ \varphi(X) = \varphi(X^b) \tag{61}$$

$$^{a}\Delta I_{ab} \leqslant \sum_1^n p_j^a (x_j^b - x_j^a) \tag{62}$$

以及第 i 种价格单独变动的话

$$^{a}\Delta I_{ab} \leqslant \sum_1^n p_j^a (x_j^b - x_j^a) = (p_i^a - p_i^b) x_i^b \tag{63}$$

在通常情况下，①不可能确定 $^{b}\Delta I_{ab}$ 和 $^{a}\Delta I_{ab}$ 或者 $^{b}E_{ab}$ 和 $^{a}E_{ab}$ 的相对量。

$$^{b}\Delta I_{ab} \gtreqless {}^{a}\Delta I_{ab}，\quad {}^{b}E_{ab} \gtreqless {}^{a}E_{ab} \tag{64}$$

在两维情况下，我能够证明

$$^{b}E_{ab} = -\int_{p_i^a}^{p_i^b} x_i d p_i + \int_{p_i^a}^{p_i^b} (\bar{p}_i - p_i) \frac{\partial x_i}{\partial p_i} d p_i \tag{65}$$

这里的 $\bar{p}_i$ 一定是消费者自由挑选出的那组商品的流行价格，当这

---

① 如果我们舍去低档商品现象以使需求保持“正常”的话，

$$^{b}\Delta I_{ab} < {}^{a}\Delta I_{ab} \quad 且 \quad {}^{b}E_{ab} < {}^{a}E_{ab}$$

实际上

$$^{b}\Delta I_{ab} - {}^{a}\Delta I_{ab} = \int_{p_i^a}^{p_i^b} [x_i(p_1^a, \cdots, p_i, \cdots, p_n^a, \varphi^b) - x_i(p_1^a, \cdots, p_i, \cdots, p_n^a, \varphi^a)] d p_i$$

$$= \int_{p_i}^{p_i^b} \int_{\varphi^a}^{\varphi^b} \frac{\partial x_i}{\partial \varphi} d\varphi d p_i$$

对于充分小的价格变动来说，概念 2 总是处在相应的一对 Δ 或 E 等等之间。

组商品由实行完全歧视的垄断者以一种“全有或没有”的开价来供给的时候，消费者实际对它进行消费。方程(65)中的右边第一项，是需求曲线下的面积。第二个“校正”项可以是另一种符号。① 根据${}^{a}\Delta I_{ab}$ 的定义，也可推得

$$ {}^{b}\Delta I_{ab} \geqslant {}^{b}E_{ab} \quad 和 \quad {}^{a}\Delta I_{ab} \leqslant {}^{a}E_{ab} \tag{66} $$

在情况(b)中，我们发现

$$ {}^{b}E_{ab} < {}^{b}\Delta I_{ab} < {}^{a}\Delta I_{ab} \leqslant {}^{a}E_{ab} \tag{67} $$

和

$$ {}^{a}\Delta I_{ab} > \frac{\varphi(X^{b}) - \varphi(X^{a})}{m_{\varphi}} = -\int_{p_i^a}^{p_i^b} x_i d p_i > {}^{b}E_{ab} ② \tag{68} $$

在情况(3)中，下列关系一定满足：

$$ \frac{\varphi(X^{b}) - \varphi(X^{a})}{m_{\varphi}} = -\int_{p_i^a}^{p_i^b} x_i d p_i $$

$$ = {}^{b}E_{ab} = {}^{b}\Delta I_{ab} = {}^{a}\Delta I_{ab} = {}^{a}E_{ab}, (i \neq 1) \tag{69} $$

虽然这不是马歇尔的解释，但是在这种情况中证明消费者剩余似乎最有根据。不过，上述等式不能够对每种商品都同时成立。③

对于情况(4)来说，除了前面脚注中提到的那个不等式可能例外，方程(67) 一定成立，不过，式(69)则肯定是错误的。

其他结论至少可在两个方向上引申出来。可以允许一个以上

① 在“正常”的两维情况下，它会取负号；这就是，一个实行完全歧视的垄断者能够强使消费者的实际所得小于需求曲线下方的面积。

② 最后这个不等式在两种商品的情况中也一定成立。我没有展开对于这个不等式在 n 维情况下成立的圆满证明。

③ 情况(3)充分保证方程(69)中的诸等式成立。其中有些在别的情况下也能成立。

的价格以及收入发生变化，而上述的许多不等式不变。[①] 这可留给感兴趣的读者当作一次练习。我们也可尝试推得在 n 种商品情况下的精确不等式，以使与概念(3)和(4)有关的相当复杂的状况表现出来。

① 通常，线积分会代替简单积分，因为前者的积分途径无关紧要。

第八章 福利经济学

公共政策和福利问题尽管最早在哲学家、神学家、小册子作者特别是请愿者和改革者的著述中才有所涉及，但经济学却常关心着这些问题。而至少从重农学派和亚当·斯密时起，由主要的经济文献，我们永远不会缺少这样的感觉：在某种意义上，完全竞争表示着一种最优情形。当然，这个学说的精确形式在长时间里已经修改（并不在任何一个方向上常驻），而且，证明的各种尝试存在着相当大的差别（只在少得惊人的几处地方尝试作出严格的证明）。

尽管这个学说的含义经常被认为保守甚至是反动的，并且反映着经济学家的“御用”地位，但重要的却是要强调，在整个18世纪这个学说都是“激进的”，而且最近几十年间发生的一些事件（例如，T. N. E. C，以及经济学家关于反托拉斯的任务和意见）表明，它已变成了通常所认为的保守势力一边的眼中钉。此外，某些年轻时代就对分析经济学感兴趣的社会主义著述家，从这个学说中发现了可能促进社会主义国家计划工作的方法。

不难理解，18世纪，存在着这样的一种倾向，就是从一个最终的均衡系统的运转中去找出它的目的论上的意义，早期那种对这个学说不加批判的忠诚，一部分就是由这种倾向引起的，而这个系统，如果简单地看作一种机械结构的话，它并不缺乏美学上的内容。[①] 但是，说老一辈经济学家认为，他们的事业就是从设计角度作简单的讨论，可能是不公正的，尽管这样的一个指责，对于某些盲目的追随者来说还能维持。

这种情况，在关于国际贸易的论著中最容易见到，因为在那些文献中，有关关税的争论最明显地表露了经济学家的福利观点和政策主张，这一点，甚至直到现在也是如此。因为自由贸易不过是纯粹竞争的一个显著的例证，而在纯粹竞争这个领域中间，形式上的证明已经尝试过多次，或者我们至少能够用许多例证拼凑出作者隐含在其中的信念。

1. 确信竞争才是最佳状况的最通常的理由，也许导源于这样的一种认识，交易中的任何一方，既然总有可能拒绝交易，所以同他在交易进行前的位置相对照，他不会由于交换而受损害。因此，进行贸易比不进行贸易要好，交换是相互获益的事情；一方的收获并不就是另一方的损失。如果仔细琢磨这个论点，我们就会发现，实际上这个论点并不隐含纯粹竞争是最佳状况这样一个观点，尽管在经过适当解释以后，这个论点倒能提供一个反对禁止关税的例证。

① 讨论这个学说与下述那些学说和观点的关系。可能离开了本题。那些学说和观点是："天赋人权"的学说，它把竞争看作永远不变的法则，因此人类不能对它加以干涉，即使他们有此愿望；把颠倒的观念再颠倒过来的自然选择学说，这个学说，通过"适者"生存这个循环定义，把竞争的结果定义为最好的结果；马尔萨斯的观点，即，要使"最优秀"的人显示出来，困苦和竞争是必要的，竞争对于我们的祖先是十分有益的，因此对于我们一定也是十分有益的；最后是其他为保持现状而设想出来的各种论点。

2. 包括第一个论点和其他内容在内的更为精致的第二个论点，依据的是这样的一个事实，在纯粹竞争中实现的均衡位置，表示着每个个人同他的初始商品赋予及其所面临的市场状况相一致的最佳境况。但每个个人能使境况变好，并不意味着这种好就是非常好或最好；虽然在纯粹竞争中每个个人都把价格看作是既定的，但是对于市场来说，价格仍是一个变量，而且，依据任何普通的伦理观念，不同于纯粹竞争的市场条件可能导致更好的结果，这也绝非没有可能性。然而，即使把所有的伦理观念都搁置一边，在现存的市场状况下，买卖双方都为自己而竭尽全力，那么，(如果说)在垄断的情况下，事情是否还会同样清楚呢？如果与任何其他的行为模式作比较的话，纯粹竞争唯一与众不同的特点就是，每个个人面对的市场，条件是一条他必须接受的表示着交易是按不变价格进行的“直线”。很明显，这种最佳是什么意义上的最佳，这个问题还未得到解答。

瓦尔拉斯似乎从未突破过这个第二论证阶段上的论点。① 他的主要缺点完全不在于他从不完全的前提一下就跳到概括性的结论上去这个事实，而是在于他满足于这样的一种非常有限的最适度，由于玩弄双关语这样的文字游戏，他似乎把这种有限的最适度的意义同那些更为通常更为重要的意义混淆了起来，而完全竞争

① 对照维克塞尔关于这个问题的说得非常透彻的评论。K. 维克塞尔：《政治经济学讲义》(英译本。纽约：麦克米伦。1934)，卷Ⅰ，第72—83页。

正是因为后面这些意义才被认为是最适度的。①

3. 论证的第三阶段，试图证明的仍是：满足的总和在某种意义上的最大化；完全竞争对相互利益的合乎理想的协调的影响；或（在最朦胧的形式上）自由贸易（完全竞争）使世上（所有个人）的收入最大化；而不是每个个人的境况由于竞争而变得最好这一点，因为这是不可能的，除非每个人都能当作所有的人来作解释。这种证明自然涉及那些对于不同个人的效用相加以及对于能够对它们作出比较和衡量的某种方法的理解。虽然除了杰文斯——他犯了一个同他提出的“贸易体”的效用的概念有关系的有趣的错误——以外，早期使用边际效用的经济学家都知道，在对纯粹竞争条件下的交换行为进行描述的时候，并不一定要作出个人之间的效用比较，但是在做这些假定的时候，他们没有现代经济学家所作的那些保留。

劳恩哈特似乎是唯一试图对这个定理给出严密证明的经济学家。如同维克塞尔在刚才引证过的那一节中所指出的那样，他的

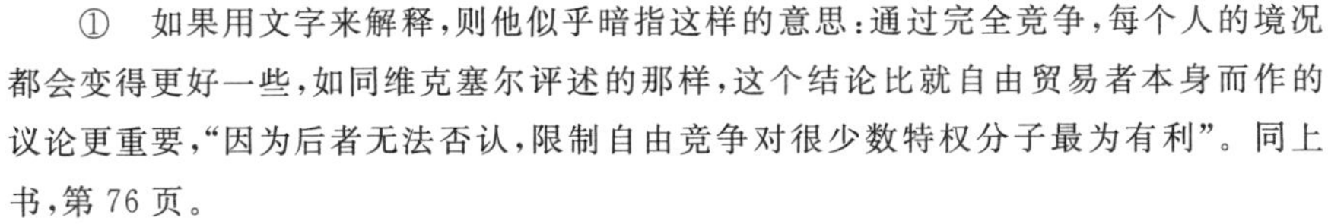

① 如果用文字来解释，则他似乎暗指这样的意思：通过完全竞争，每个人的境况都会变得更好一些，如同维克塞尔评述的那样，这个结论比就自由贸易者本身而作的议论更重要，“因为后者无法否认，限制自由竞争对很少数特权分子最为有利”。同上书，第76页。

事实上，瓦尔拉斯论点中的一处修改使得其中的错误变得严重起来。他坚持完全竞争产生最大的满足，是同按统一价格所进行的交易相一致的。即使撇开那种在非歧视的垄断条件下的交易也是按统一价格进行的反对意见不说，我仍认为这个看法有误。撇开我们暂时可以忽略的多重均衡情况不谈，完全竞争条件下的均衡位置只能被唯一地决定。它是唯一的一种可能，而不是这些条件下的最适度状况。因此，它既是最糟的也是最好的位置。

论证在数学上和逻辑上是错误的。但是，对他那种想使论证变得精密的尝试，必须加以称赞，而且同许多不清楚的文字描写所阐发的思想相比，我们从他那些明确的错误中能够学到更多的东西。

在许多现代的经济学家看来，第三种论证方法的障碍在于它假定不同个人的效用能够比较，而且事实上还能够一起相加。他们认为这样做是“不科学的”。但是对上一代的经济学家来说，在个人之间进行效用的比较几乎是没有问题的；对像埃奇沃思这样深受边际主义传统影响的人来说，个人效用——而且社会效用——就像他早晨用的果酱那样真实。而对马歇尔来说，则消费者剩余一词总是复数的名词所有格形式。

马歇尔和维克塞尔都反对完全竞争能导致最大满足这个他们认为是流行的看法：作为一个较次要的反对意见，他们俩提出，可能存在多重均衡位置；事实上，这是关系不大的，因为每一个稳定的均衡即使不是极大，同它紧接领域中的点比较起来也是一个相对极大值。然而他们主要的反对意见却在于这样的一个事实，就财富和能力现存的分配来说，竞争条件下的归属过程会使得个人的收入分配变得很不平均，以致只有在每个个人的天性差异很大的情况下，他们收入的边际效用才有可能相等。他们俩都认识到，在这样的环境之中，对完全竞争的任何能把收入从富人那里转移到穷人手中的干预都是有益的。

4. 可以认为，在这个阶段里，马歇尔和维克塞尔正宣告了第四个命题，这就是，假设收入分配是最适度的话，在完全竞争条件下实行的交换就是最适度的。至于维克塞尔，他所作的说明在为何收入分配不适当的时候完全竞争不是最适度状况的论证（“讲义”第80页)，为证明为何在收入分配适当的时候完全竞争就是最适度状况铺平了道路。[①] 维克塞尔也认识到，当收入分配不是最适度的情况的时候，不完全竞争条件的发生可使局面得到改善，但是，由于完全竞争是“生产极大化”的一个必要条件，所以这不是改善局面的最好的办法。稍后，在对它进行历史回顾的时候，我将再回到这个问题上来。

虽然马歇尔认为，不适当的分配使人对竞争的地位产生疑问，但他仍然相信，许多决断都包括对所有阶级产生或多或少的相同影响的替代办法。他一直因这个假定太易获得而受到批评，然而，包括某些语言纯正癖者在内的许多现代经济学家，依据着充足理由律(或许它是不充足理由?)利用这些条件为赞成或反对商品价格的变动(并未事先假定这些变动对于穷人的关系要比富人更重要)而进行争论，却是确实的。

然而就是撇开由收入分配不适当而产生的问题不谈，马歇尔对完全竞争条件下实现的均衡位置也还有许多重要的反对意见。这些反对意见是由他对消费者剩余所作的分析引起的，而正是这种分析被认为差不多就是他那本《经济学原理》最重要的贡献。通过对面积所作的几何比较，他得出了这样一个结论：在竞争条件

① 事实上他的证明似乎是犯了一个小的错误。在估量由出于竞争水准的价格变动引起的效用变动时，他实际上假定了在非竞争情况下，所有个人都仍处在他们的提供曲线上。严格说来，这是不可能的。正确的说法或许是，他的论证(稍作修改)表明，从一个人手中把商品或收入转移到另一个人手中并不能使竞争环境有所改善。很不幸，也许是由于翻译的缘故，在“自由竞争能确保交易各方获得最大满足”(同上引书，第81页)。这句话的表达中，也存在着一个并不严重的错误。事实上，这里最大化的是所有个人的效用总和而不是每个人的效用。

下，成本递增行业的产量会有很大幅度的增加，而成本递增行业的产量却会变得很小。从现代的立场来看，这些结论显然只在非常有限意义上才是正确的。而且，虽然马歇尔的结论并不完全错误，但他却是由错误的推论得出这些结论的。

用很少的几段文字，不容易阐明马歇尔推理中的各种错误。首先，他在第四篇第十三章所作的阐述，是极其不完全的，其次，马歇尔对递减成本的论述，大家都认为不能令人满意，要避免由此产生的一些不太重要的困难是不可能的。然而，后面这种情况确实是马歇尔逻辑矛盾的一个鲜明例证，他的局部均衡理论和工业分析都同这种矛盾分不开，不论何处他都未曾提出一个完整的或令人满意的同组成它的厂商有关的工业理论。如果有人对此表示怀疑，那么他只需把马歇尔的杰出门生庇古在其1912年的《财富和福利》一书中对这些问题所作的论述，同他在《福利经济学》一书后几版中所作的论述或瓦伊纳在第三章所引用的那篇发表在《国民经济学杂志》上的文章中所作的论述作个比较就行了。

另一个不适当的地方——虽然能够容易地给以纠正——在于马歇尔忽略了生产者剩余，他没有同消费者剩余一起对称地论述生产者剩余，因此，根据第468页脚注2中的那个推理，就可能得出一个稀奇古怪的结论：在许多情况下，即使成本递减的工业没有扩展，成本递增的工业也会收缩。

除了需要注意庇古在他的福利分析中基本上从不利用消费者剩余概念这点以外，冗长地讨论马歇尔的推理似乎毫无意义。最初，庇古主要是确切地阐明马歇尔的那些关于成本递增和递减的工业的条件，但是，由于阿林·扬、奈特和罗宾逊所作的批评的结果，他对这些结论作了认真的修改。[①] 在他学说的最终形式中，他认为只要没有技术上的外部经济和不经济存在，说一个封闭经济在竞争条件下实现均衡是正确的。在这些条件下，因为每一个人采取的行动都会对其他人产生影响，而他在决策时对此并未加以考虑，所以表面上看来进行干预似乎是有事实根据的。但这只对技术要素（抽烟的危害等等）适用；在一个工业中厂商扩大需求造成的要素价格变动，表示与理想产量的决定无关的各种转移。（公平地说，应该承认，正确地使用消费者剩余和生产者剩余概念，可能有助于避免在这点上犯错误）

假如不是希克斯教授（他的权威饶有影响力）最近赞成消费者剩余学说理应在福利领域中获得重要地位这样一个观点的话，[②] 本来是没有理由重提这些不愉快的往事的。如同我在第七章中指出的那样，仔细阅读他的论证，更加坚定了我这样的一个信念：经济学家——不论是数理的还是文字的，新手还是专家——最好废弃消费者剩余。它是一种只能被那些不使用它也能成功地处理问题的人使用的工具，但却并不全被这样来使用。如同希克斯所承认的那样，在说明"均衡"或"最适度"条件的时候，它是没有用的。

---

① F. H. 奈特："社会成本解释上的几个谬误"，《经济学季刊》(1923)，转载在《竞争的伦理学》一书中(纽约：哈珀，1935)，第 215—236 页。阿林·扬："庇古的财富和福利"，《经济学季刊》第 27 卷(1913)，第 672—686 页。D. H. 罗宾逊："那些空盒子"，《经济学杂志》第 34 期(1924)，第 16—31 页。

② J. R. 希克斯："恢复消费者剩余"，载《经济研究评论》第 8 期(1941)，第 108—116 页。

而且,甚至在由于个人人数很多而引起的问题能够规避的克鲁索经济的情况下,它通常也只用来表示由对一种商品的最适度数量的偏离导致的效用的损失。

在这方面,它的主要结论阐明,假如其他商品能被继续调节在最适度状态的话,那么由一种商品的数量变差引起的效用(二阶)变动,依赖于该种商品的离差量与均衡条件下的离差量的积。这个结论由消费者剩余来导出并不比由简单的直观来导出更有道理。而如果深钻下去的话,我们就会发现,无论在什么情况下,甚至对于上述论证依据的无穷小(二阶)的阶数来说,这个定理也是不正确的。

因此,有一种商品 x_{n+1} 的边际效用完全不变,使得

$$U=L(x_1,x_2,\cdots,x_n)+mx_{n+1} \tag{1}$$

并且商品能够按照由关系

$$\sum_{1}^{n+1} b_i x_i = c \tag{2}$$

指出的不变技术比率相互转换的场合,是对消费者剩余最有利的场合,在这种场合中,为了上面这个结论能够正确,由 x_1 的数量微小变化导致的效用变动是

$$\delta^2 U=0+\frac{1}{2}L_{11}\delta x_1^2 \tag{3}$$

这大概是必要的。事实上,只要对第三章中的那个推理作一个简单的扩充,它就能由

$$\delta^2 U = 0 + \frac{1}{2}\sum_{1}^{n}\sum_{1}^{n} L_{ij}\delta x_i \delta x_j \tag{4}$$

给出。如果我们继续上升到高阶无穷小的话,这种场合就会变得

更糟，即使我们把关于计价物效用的不切实际的假设丢掉，并假设最初的并不是一个均衡位置，这种场合仍然很糟。

即使消费者剩余真的对一个既定变化引起的效用变动作出了一种基数计量，也难以看出这种计量能有什么用处。这种基数计量，仅仅在仔细考虑另一种在同一点起始或终止的移动的时候，才有意义，而且，它之所以能有意义，也仅仅因为它是序数偏好的一种指数。就社会政策问题而说，这种情形是相当罕见的，在谈到把一些垄断的祸害引进一种工业（假设所有其他工业在此变化前后都是竞争性的话），同把某种垄断引进另一种工业相比，是否要更好一些，抑或更糟一些的问题的时候，社会政策问题就具有几分学术味道了。

递减成本和不可分的初始成本的经常出现，它同垄断竞争联系在一起，这不可避免会产生"全有或没有"性质的各种问题。撇开由于许多个体而引起种种困难之外，我们就可以见到，正确的决策必须参照序数无差异曲线，而不是别的什么东西。有关决定差别产品最优量的某些困难，张伯伦、卡塞尔和卡恩没有使用消费者剩余就恰当地提出来了。①

我们可以根据这些冗长的离题话断定：在为外部经济及解释它们作某些省略留出适当的余地以后，新古典经济学的奠基者们相信，只要收入分配适当，完全竞争一定能在"交换和生产"中导致

① E. H. 张伯伦：《垄断竞争理论》（第三版，坎布里奇：哈佛大学出版社，1938），第 94 页。J. M. 卡塞尔："过剩生产力和垄断竞争"，《经济学季刊》第 11 卷（1937），第 426—443 页。R. F. 卡恩："关于理想产出的若干评论"，《经济杂志》，第 45 期（1935），第 1—35 页。

一种最优。但他们并不相信，在生产要素的所有权和个人能力的一个既定的过去的分配中，经由完全竞争归属的各种收入在任何意义上都是最佳的，而且也不必用适当的方法来加以修正。

5. 分析在最优“生产”和最优“交换”这些标题下遇到的那些问题以前，我想概要指出确有那么一些经济学家在试图更强有力地证实竞争条件下归属的收入实际是正当的和最好的这个见解。例如，在较早的年代里，巴师夏就希望证明，竞争是有益的，它能导致“……适量的效用和享乐始终增大，和越来越平均分配……”①巴师夏的分析能力，甚至在他那个时代恐怕也不是最高的。

面对收入极不平均这一不容否认的事实，对不平均怀有西欧那种潜在偏见的著述家们，只得或者指望将来有一天竞争会达成更好一些的结果，或者把现存的不平均归咎于制度方面公认的对于竞争的巨大偏离，或者期待用个人特性(包括财产所有权)的不平等来为收入的不平等辩护。

虽然西尼尔把节欲加进真实成本说充实的内容之中，帮助支持了这个学说，但对任何一个富有生活经验的人来说，努力和收入之间的这种反常关系，一定会成为修正最简单形式上的古典的真实成本学说的原因。然而这个学说在个人能力不均等以及相关的非竞争集团学说的那些不容否定的事实中找到了最后的避难所。这便产生了关于适切的能力是不是“获得特性”的界限以及能力分配和收入分配一致性程度的许多问题。尽管很多这样的讨论是没有意义的，而且从绝大多数的观点来看，也是没有关系的，但是，如果我

① F. 巴师夏:《和谐的政治经济学》(第二版，爱丁堡，1880)，第 101 页。

们从思想史的角度来看问题，那么这些就不会损害它的重要性了。

在分析经济学家中，J. B. 克拉克是非常出名的，[①]因为，他相信不仅生产要素的边际生产力在竞争条件下会归属于它们，而且这是一种“道德上无可非议的”“自然法则”，因为边际生产力是它们“实际的”“特定的”产物。诚然克拉克自己认为，他独立发现的边际生产力学说对于冯·杜能来说是一种改进，主要原因在于，同后者相比较，他证明了这个学说在伦理上是公平的，而杜能却相信这个学说包含了剥削。克拉克清楚阐明了个人收入和功能收入之间的区别，他应该想到，对竞争条件下决定的收入在伦理上是公平的证明，不过反映了相信正确和错误的感情进入了分析，这通常对分析是不利的。我们就要见到，即使所有收入都由个人服务得到，克拉克的命题同人们广泛持有的伦理观念也不相容；而且，即使把它作为定义而不是定理来理解，也仍旧可以发现它同对不同个人的福利所作的清楚的伦理评价是不相容的。然而，它却具有相当的吸引力，特别是在一个尚待开发的社会中，因为在那种社会里，每个人都被认为是在“他的”产物能被鉴别的条件下的独立劳动者。在分析的意义上，这样说总是不错的，克拉克第一个领悟他的学说，他煞费苦心地从（广义的）“无差异区域”慢慢进展到内部边际概念。

6. 虽然维克塞尔和马歇尔认为，如果收入分配适当的话，竞争就是最优的，但帕累托却抛弃了它而另外更为坚定地主张[②]：不管收

---

① J. B. 克拉克：《财富的分配》（纽约，1899）。

② V. 帕累托：《政治经济学手册》（1909）第六章，也参见数学附录，第 89 段，散见全书。

入怎样分配，而且即使不同个人的效用被认为事实上不能加以比较的话，竞争也总能产生一个**最大的集体效用**。**在这个意义上，一个最优位置由下面的要求来确定：即不再存在任何可能会使人人的境况变得更好一些的变化或移动**。

他的论述不容易懂，经济学家也未对它给予同帕累托赋予它的重要性相应的注意。然而它却构成了许多现代观念的基础，并且直接引出了巴龙的重要贡献。帕累托似乎也是最早论述集体主义制度下计划的判断标准的人之一。

帕累托的阐述，由于他使用了微分或一阶（无穷小）变分而变得有些复杂。这是19世纪的数学家和物理学家使用得非常普遍的一种方法，而且，由于它的形式便利于推理，所以直到今天仍被经常使用。而在适当的限制条件下面，我们能给这种方法规定一个精确严密的基础。但是，在那些牵涉要对问题作细致解释的微妙之处，特别是，如果出现了关于任何既定的微分表示式是否就是“恰当”微分这样的问题时，与其说它使问题变得清晰易懂，毋宁说它往往使问题变得更加晦涩难解。

帕累托不愿意把不同个人的效用或最高限度相加在一起，不论是整体相加即（$U^1+U^2+\cdots$）还是微小变量相加即（$\delta U^1+\delta U^2+\cdots$）。因为，这样会卷入不同个人的效用比较，此外，它还得依赖于每个人选定的最高限度的特定基数指数。但在每个人效用相加的变分表示式被任何一种选作计价物的商品 a 的边际效用遍除以后，他对比较这些表示式感兴趣。因为，如果我们检查下面这个表示式的维数的话。

$$\frac{1}{U_a^1}\delta U^1+\frac{1}{U_a^2}\delta U^2+\cdots \tag{5}$$

(同通常一样,这里的下角标表示偏微分,而上角标则用来表示不同的个人)我们发现这个表示式只表明了商品 a 的维数,其他则什么也没说明。

帕累托试图证明,如果初始状态是一种完全竞争条件下的均衡状态,那么当它同基本的稀缺商品以及既定的技术保持一致时,任何可能的变化都不能使上面的表示式取正值。他认为,如果能够做到这样的话,那么就有可能经过整理使得这个表示式中的每一项都取正值,于是每个人的境况都会比以前变得更好一些。然而使这个表示式取正值是不可能的。事实上,由于每个商品都是按最小单位成本(边际产品比例等等)出售,①而且每个人的无差异曲线与相互价格交换轨迹相切,因而,只要把上式看作(一阶)微分表示式,就能够证明它一定等于零。如果使用高阶微分的话,厂商和个人的二阶极大-极小条件将保证,对均衡状态的所有有限的背离来说,表示式(5)总是负的,或许帕累托曾试图这样证明。

虽然帕累托的论述有些粗略,需要加以扩充(后来巴龙作了部分扩充),但他论证的主要线索还是清楚合理的。然而,一联系到他对极大值意义的基本解释,就有某些问题出现。首先,能够把微分表示式(5)看作某种表达式的恰当微分吗?事实上,帕累托后来为这种表达式起了一个名称,把它叫作 δU;δU 是表达式 U 的恰当微

① V. 帕累托:《政治经济学手册》(1909)第六章,也参见数学附录,第 89 段,第 646 页。

分，但表达式 U(社会效用?)存在吗？帕累托没告诉我们，不过推测起来，如果他提防着有这种问题会提出来的话，他一定会回答说不。我们将会看到，巴龙确实使用一个微分同式(5)相当的表达式，不过他清楚认识到这是一个构成式，它包括计价物品的维度，但不涉及效用维度。

然而，对帕累托论述最重要的反对意见，是认为他对在他的意义上，最优点并不是唯一的点这个事实强调不够。[①] 如果收入从一个人到另一个人的转移能够任意进行的话，就会有一个新的均衡点存在，而且绝对没有办法决定新点比旧点是否更好一些或更糟一些。他的诸个最优点构成无数多种值。这种轨迹能够在那些与完全竞争十分不同的制度下(例如通过多边垄断)得到。根据帕累托的或其他的微分准则，在帕累托系统内，要判定可称之为"一般契约轨迹"上的两个点中究竟哪一个更好一些，甚或要判定一个既定的偏离契约轨迹的移动以及由此达到的非最优点是好是坏，都是不可能的。事实上，就在通常的经济思想中比较广泛提到的那些方案而论，显然，这样一种移动会被认为是合意的，然而帕累托证明，不管这种移动怎样合意，总还有更好的移动存在，这种移动，对那些"应该"受到损害的人来说，代表同样(序数)数量的损害，它将为那些应该获益的人带来更多的利益。这是一个意义重大的贡献。

7. 1908 年，巴龙用意大利文写了一篇出色的文章，进一步详细

① 在早期巨著《教程》所作的讨论中(第二篇，第 90 页)，他明确假定收入分配是"可聚集"的，但在后来的那本最完整阐述新观点的《手册》中，他关于最优点依赖于初始的收入分配，因而缺乏唯一性的论述，却不能达到最突出的地位。

地展开了帕累托最优条件，尤其是它们同集体主义制度下的生产计划的关系，但这篇文章直到 1935 年才被翻译成英文。[①] 巴龙完全避而不提效用，而且事实上甚至也没采用无差异曲线的概念，因此，他能够沿着近些年已同经济的指数理论相连在一起的路线开辟新的天地。

同上面论及的绝大多数著述家都不一样，巴龙认为，自由竞争使产量或产量总和实现极大化，然后产品可根据任何既定的方式进行分配这个论断不能令人满意。不同质的产品不能相加。而且，比起极大的产量来或许还是闲暇好。重要的是，那些不明确采用一般均衡方程的著述家，会掩饰那些据称是极大化了的“产品”的定义。因此，维克塞尔[②]把他所作的证明限制在不同资源可提供相同产品的情况下，而且仅在这种情况下证明了不同的边际条件可能都是最优的。奈特为了说明最优条件[③]，分析了商品移动的各种可取的途径，他所作的非常卓越的论述，同样是正确的。

令人惊异的是，庇古教授尽管实际上得出了正确的结论，却从未正面对待过社会产品的定义问题。他对指数所作的论述，标志着他独立作出的一个重要贡献，但充其量它不过为个人或社会福利变化提供了一个近似的标准或指标。他似乎并未认真提出，被极大化的东西是由一种理想的价格指数缩减过的产量的货币价值。对像第六章所讨论的那样的指数理论作更精确的限制，也不会有什么

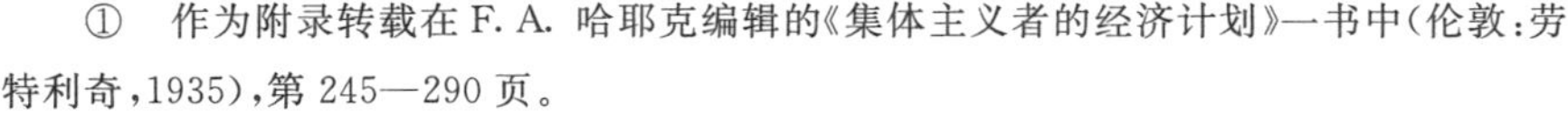

① 作为附录转载在 F. A. 哈耶克编辑的《集体主义者的经济计划》一书中（伦敦：劳特利奇，1935），第 245—290 页。

② 维克塞尔，同前引书，第 140 页，散见全书。

③ 奈特，同前引书，第 219 页。

用处。

巴龙提议不同产品在由它们各自的价格加权以后可以相加；通常认为把这些价格表示为对计价商品 a 的比率比较便利。就巴龙来说，在代数上可简单地把生产性劳务当作负的商品和劳务来看待。因此，他的福利体系能够包括工作多少为宜的决策。于是，所有个人一起消费的每种商品的全部总和可写作

$$A = a^1 + a^2 + \cdots$$

$$B = b^1 + b^2 + \cdots \qquad (6)$$

如此等等

而回忆起

$$\delta U^i = U^i_a \delta a^i + U^i_b \delta b^i + \cdots \qquad (7)$$

我们能把上述帕累托方程(5)写成等价形式

$$1(\delta a^1 + \delta a^2 + \cdots) + p_b(\delta b^1 + \delta b^2 + \cdots) + \cdots$$

$$= \delta A + p_b \delta B + \cdots \qquad (8)$$

在从式(4)到式(8)的全部推演过程中，利用了这样一个条件：对每个人来说，任何两种商品的边际效用比率等于它们的价格比率。虽然巴龙本人并没有使用这个术语，但毫无疑问，如果要说明与帕累托的联系的话，他就不得不这样做。

当把价格看作常数时，可以把表达式(8)当作下面这个表达式的变形：

$$\Phi = A + p_b B + \cdots \qquad (9)$$

如果已知生产性劳务不变，以致能够把它们略去的话，表达式(9)就会等于(除了涉及现在可以忽略的资本的动态因素以外)国民生产的货币价值。如果所有生产要素都包括在内的话，它就表示消费品

价值同生产性劳务报酬之间的净差额。在许多假设下，根据完全竞争的全部条件这个数量一定等于零。

巴龙证明，把价格视作固定参数，完全竞争将极大化这个表达式，这就是说，与最小成本相等的价格条件相偏离的任何变动一定会使(8)式中既定的 $\delta\Phi$ 取负值。因此，如果我们不是处在完全竞争的条件之下，而且对所有可能的变动来说表达式(8)也不等于零的话，具体说明一个会使 $\delta\Phi$ 取正值的移动应该是可能的。但我们可把 $\delta\Phi$ 看作由与每个个人有关的相同表达式的总和组成，即

$$\delta\Phi=\delta\varphi^{1}+\delta\varphi^{2}+\cdots=(\delta a^{1}+p_{b}\delta b^{1}+\cdots)+(\delta a^{2}+p_{b}\delta b^{2}+\cdots)+\cdots \quad (10)$$

即使对任何移动来说，总的 $\delta\Phi$ 为正，每个人的 $\delta\varphi$ 也不一定就是正的；但正值的诸 $\delta\varphi$ 则一定会强过负值的诸 $\delta\varphi$。因此，可由那些得到益处的人来对那些受到损害的人进行补偿，而且这样做过以后，仍然还会剩下一个可分配给每一个人的净收获。

巴龙论述的基本要旨就是这些。爱挑剔的读者或许会想到这样一个问题，在估价表达式极大值的过程中，价格是任意设定的，要使用哪种价格呢？巴龙所使用的是那种在考虑与竞争条件彻底决裂前盛行的价格；如果只希望证明并非所有个人的境况都能靠背离竞争条件而得到改善，他的这种做法足够了。①

巴龙和帕累托不同，他确信最适度生产条件的导出不必涉及这样一个论据：在竞争的条件下，商品的数量固定增加个人交换不会

① 事实上，巴龙在一段文章中论述了不同的价格，这段文章，我觉得比较难解。见前引书，第 255 页。

对双方都有利。这种失误无疑是由他那种避免使用无差异曲线和效用的愿望而造成的，然而甚至在没有这些解释的情况下，由于使用了他所提倡的指数理论那些扩大的交换条件仍可以包括在里面。在巴龙这篇文章写成后的三分之一个世纪里，在讲英语的国家中还没有人对这个问题作过更好的阐述，研究者的注意力也还没有转到这个方向，这种情况对于巴龙所做的工作来说是一种赞颂。

8. 下一个值得我们注意的作者是 A. P. 勒纳，他被认为不久以前独立发现了帕累托条件，即证明通过完全竞争实现相等边际，将导致上述特殊意义上的最适度生产和交换。①

事实上，在生产方面，他对这个问题的论述与帕累托和巴龙还稍有不同。他们证明，在生产和成本方面，向着完全竞争条件的移动使每一个人的境况都能变得更加好一些，因为这能更多地向人们提供每一种商品，然而他们依然研究个人。而甚至在假设个人不存在的集体化了的国家里，产量仍能在勒纳所阐述的意义上保持最优，即对于既定的所有其他产品的特定数量来说，在竞争中实现的边际相等的条件，足以给出任何一种产品的极大值。这同帕累托-巴龙的生产命题几乎一样，尽管不是完全相同。

霍特林教授大概也是独立地在他的两篇文章中②发现了同帕累托生产和交换最适度条件密切联系着的一些条件。特别是，他

① A. P. 勒纳："垄断的概念和垄断力的衡量"，《经济研究评论》第 1 期(1934)，第 157—175 页。"经济理论和社会主义经济"，《经济研究评论》第 2 期(1934)，第 51—61 页。

② H. 霍特林："一般福利与税收以及铁路和公用收费率问题的关系"，《计量经济学》，第 6 期(1938)，第 242—269 页，"埃奇沃思的赋税悖论和供需函数的性质"，《政治经济杂志》，第 40 期(1932)，第 577—616 页。

坚决主张为定价提供适当基础的是边际成本而不是平均成本，而且他还引人注目地发现了这在铁路收费率和大多数成本递减的公用事业问题上的应用。稍微分析一点来说，他非常典雅又不失一般地证明了他想要证明的每一个问题，然而他赖以作为基础的主要假设，相互之间以及它们同一般均衡方程式之间却只是隐含地联系着。另外，他的福利研究实际上分为两个不同的题目：一方面，是所引的第一篇文章以及第二篇文章的大部分所研究的那个题目；另一方面，是他涉及“基本定理”（特别是第 248—256 页）的第二篇文章的第二节所研究的那个题目。大致地说，霍特林的这两项不同贡献可分别归在最优生产条件和最优交换条件的标题下；或者，稍微分析一点来说，在需求分析方面，霍特林教授对无预算限制的厂商同有预算限制的消费者之间的差别，以及对其中每一方的研究都作出了很多贡献。这种二重性解释了为什么像弗里希这样精明的读者也会因霍特林的证明而感到迷惑①。

9. 最后应提到的作者是 A. 伯格森教授。② 他是理解他以前

① 篇幅的限制不允许我们详细检查霍特林精确的推理步骤，尤其是，由于他的结论明显没有瑕疵，所以这样做也没有必要。霍特林教授对他的体系最初所作的详细说明，实际上是把迪普特-马歇尔建立的局部均衡推广到许多相互关联的工业中去。可是，除非我们把自己的注意力只限制在生产问题上，这将不会导出一般均衡方程式。导出这些方程式要求增加消费者对商品的特定需求函数和他们的生产性劳务的供给函数。在消费者和厂商混合的系统内，赋予霍特林的线积分、纯损失和价格潜力（相当于巴龙的 Φ 函数）以意义的可积性条件是不满足的。即使帕累托-巴龙-勒纳条件有效，它对说明这种有效性来说也是不重要的。虽然霍特林在讨论消费税的时候，对消费者又单独作了考虑但他所作的两种论述却从未能适切地结合成一体。

② A. 伯格森：“改造福利经济学的某些方面”，《经济学季刊》，第 12 卷（1938），第 310—334 页。

所有贡献者的成就，并能对它们进行综合的第一个人。此外，他第一个明确表示了序数的社会福利函数观点，依据这个观点，各种学派的思想都能得到说明，并第一次表示出各自的意义。他十分宽容地蓄纳其他各派的研究成果，甚至在那些他本人在改进的形式上独立地重新发现了许多基本定理的地方，也是如此，可惜他的贡献很少受人注意。无疑，部分原因是他表述上的数学性质，以及从头到尾使用了相当难懂的微分符号。下面我所作的分析，只是把他的重要研究加以扩充和展开而已。①

社会福利函数

坚持在科学的分析中间没有伦理的价值判断这样一个观点，

① 近年来，卡尔多和希克斯已对福利经济学的某些方面作了阐明。N. 卡尔多："经济学中的福利命题"，《经济杂志》，第 49 期(1939)，第 549—552 页。J. R. 希克斯："福利经济学基础"，《经济杂志》，第 49 期(1939)，第 696—712 页。还应该提到一篇重要文章，这篇文章指出要考虑到垄断竞争必需修正庇古的分析。这就是 R. F. 卡恩的"关于理想产出的一些评论"，《经济杂志》，第 45 期(1935)，第 1—35 页。O. 兰格为福利经济学提供了一篇阅读方便、文体简洁的综述："福利经济学基础"，《计量经济学》杂志，第 10 期(1942)，第 215—228 页。席托夫斯基对福利经济学讨论的新发展作了描述，见"简论经济学中的福利命题"，《经济研究评论》，第 9 卷(1941)，第 77—88 页。因为对自由贸易所作的讨论表明了经济学家对这些福利问题所持有的看法，又因为这个论题提供了便于理解的例证，因此，重温一下自由贸易方面的文献，是会令人满意的。可这里只能参考：J. 瓦伊纳在《国际贸易的理论研究》(纽约：哈珀，1937)一书中所作的概述；T. 席托夫斯基的"重新考虑的关税理论"，《经济研究评论》，第 9 卷(1942)，第 89—110 页；以及 P. A. 萨缪尔森的"福利经济学和国际贸易"，《美国经济评论》，第 28 期(1938)，第 261—266 页；和"来自国际贸易的收益"，《加拿大经济学和政治科学杂志》，第 5 期(1939)，第 195—235 页。

对现代经济学家来说，是很时髦的事情。特别是罗宾斯教授，他坚决主张这样一个观点，[1]而今天，把罗宾斯作为经济学家所作的纯分析，同他作为公民所作的宣传、非难和政策建议加以区别已经成为习惯。实际上，如果把这个区别推向极端的话，这种有点患精神分裂症的规则就会变得很难遵循，并且会使陈述变得相当冗长乏味。然而在本质上，罗宾斯无疑是正确的。根据愿望的想法使作出好的分析和描述受到很大的阻碍，而且伦理的结论也不能采用同推出或证实科学假设一样的方法来推得。

但由此就得出结论说经济学中不能容纳称作“福利经济学”的内容却是不正确的。检查各种价值判断的结果，是经济分析正统的传统做法，不管怎样，理论家都有自己的价值判断，这就如同对比较伦理学的研究，其本身就是一门同人类学中其他分支相当的科学一样。如果经济学家分析罗宾逊·克鲁索为使他的（稀奇古怪的）偏好达到极大而采取的生产管理的方法是合适的话，那么经济学家就不必因此而专心致志于研究那些嗜好以及那些形成或应当形成嗜好的方式。天文学家宣告了行星轨道是某种极小积分轨道的原理，就不再关心它们是否应该是极小；行星也不会关心我们所知道的这些。我们上面所作的历史回顾应该说明，福利经济学领域具有丰富和重要的内容，不必乞求新的经济思想方法。我这样说，并不包括这样的意思，即因为福利经济学的许多定理确实不要求个人间的效用比较，所以它已具有科学的内容；毕竟这只不过是一个细节而已。对于科学的分析来说，涉及个人间效用比较的

① L. 罗宾斯：《论经济科学的性质和意义》（伦敦，1932）。

那部分也具有实际内容和意义，即使科学家认为推出或证实(除了在人类学水平上的以外)价值判断(他搜肠刮肚想出它的含义)并不构成他任务的任何一个组成部分。同样，数学中的概率论也是先把“同等可能”事件的最初说明以及对不同“类别”或“分组”的度量接受下来，作为基本的不加定义的假定，而不顾及它的正确性，然后再去绞尽脑汁想出这些假定以及附属于它们的假说的数学含义。然而，最合理的做法是指出，那些在福利经济学中阐明的定理，在技术的意义上是没有意义的命题和假说。因为这些定理表示的是从假定中演绎出来的含义，而就现实而论，这些假定本身并不是富有意义的可驳斥的假说。

我们把一个体系的所有经济变量的函数作为我们讨论的起点，而不追究它的由来，据认为，这个函数是表征某种道德信念的。这种信念可以是仁慈的君主的，完全唯我主义者的，“善心善意者的”，厌世者的，国家的，种族的，集团思想者的，或上帝的等等。任何可能有的信念，包括我自己的，都是允许的，虽然由于人的意志(包括对自己的信念)是脆弱的，所以一开始最好先把自己的信念略去。我们只要求信念能够明确回答一种经济体系的结构是否比其他任何一种要更好一些，抑或更坏一些或“无差异”，而这些关系是传递的；这就是说，A 比 B 要更好一些，B 比 C 要更好一些，则蕴涵着 A 比 C 要更好一些，如此等等。这个函数只需要一个用序数表示的定义，因为使用(任何)一种基数指数或指标，或许会便利一些，但或许会很不便利。对这个函数(在多维空间)的无差异轨迹不必假定任何特殊的曲率。利用无数可能的指标或基数指数中的一个，我们可把这个函数写成如下形式

$$W=W(z_1,z_2,\cdots) \tag{11}$$

这里的诸 z 代表所有可能的变量,其中许多都是非经济性质的。

存在于这些 z 之间的许多“技术”关系,限制着我们使这些 z 作独立变化的自由。这些技术关系的内容大概就决定于抽象的水准,价值判断的拟订者需要对抽象的水准作出研究。如果他是一个十足的空想家的话,他也许希望忽视各种制度上的关系,而不管它们经验上的重要性;的确,他可以竭尽全力,废弃能量守恒定律,并且使体系的技术生产力大大扩大。另一方面,除了那些与中央银行有关的事情以外,他也许希望把所有社会的和经济的制度都看作是固定的,并且永远不会变化。(那些具有宿命论的人也许确实认为限制是如此的多以至于不再有选择问题存在的余地)换句话来说就是,加在变量上的辅助限制虽然本身并不是福利经济学研究的适切课题,但却必然把它们视作是既定的条件。

在这些限制条件下,福利函数可以写成下面这个最一般的形式

$$g^i(z_1,z_2,\cdots)=0 \tag{12}$$

W 可能有一个上界(即使不需要诸 z 只有唯一的值来同这个极大值水平相对应)。如果作出某些正则性假定的话,指出这个极大值的形式上的条件是可以做到的,这些条件包括拉格朗日乘数、矩阵、阶数以及约束条件下的二次型的定性等。可是,形式主义地研究这些条件并没有什么特别的意义。

如果不是因为许多人觉得专门研究 W 的形式以及变量 z 和约束条件的性质是一件有意义的事情的话,这个论题本来是能够用那些陈词滥调来结束的。

(1)一则,除了通过不同的价格和工资非常间接地对消费和工作等的数量产生影响以外,价格通常并不包括在福利函数本身之内。

(2)此外,某些变量可以看作是对一个特定的个人或家庭而言的,例如,诸 z 之一可能表示约翰·琼斯消费的茶叶的量,或者表示他提供的非熟练劳动量。

(3)常常进一步假定,某个人对既定商品的消费数量,同另一个类似的人所消费的量具有相同的记号;在技术方面,简而言之,这意味着某些变量成为技术方面的条件,这些条件把一种商品的生产总量同它的投入联系在一起,而不管产量的最终分配。不论对接受这个假定可说些什么,如果就不同个人提供同质的不同劳务作出相似的假定,事情将变得更糟。然而,即使在最严格的意义上,每个人的才能也是各有所长的,社会很少有时间或耐性去学会鉴别每个人的兴趣和才干,而且,由于对不同的个人缺乏完全的“甄别”,所以就把它们当作仿佛是完全可替代的个人来对待;因此,就我们的目的来说,在许多情况下都可以对他们作出这样的假定。这样做并不意味我们只涉及单一等级的劳动;相反,等级的数目可能非常大,分类可能非常细,而我们只是假定,不论是实际还是潜在的,在每一等级中都有很多的个人存在。

(4)经常假定,既定等级的生产劳务可以无差别地在许多用途中使用。从技术上来说,这意味着某些 z 只是作为某种总和而成为福利函数的组成部分的。如伯格森指出的那样,这个假定暗中包含着价值判断,所以罗宾斯在讨论资源在各种可供选择的用途间适当配置以便使产量或个人效用(在某种意义上)实现极大化这个问题的时候,甚至在罗宾逊·克鲁索的水准上,也无法避免这些价值观念；更确切地说，如果不假定资源至少在两种用途之间是无差异的话，那么几乎不能推出有意义的边际条件。

(5)来源于现代西方文明中个人主义哲学的一个更极端的假定认为，个人的偏好应该“考虑的”。如果经过任何移动后个人仍留在同一条无差异曲线上，那么社会福利函数就没有变化，而对社会福利的增加或减少来说，道理也与此相似。事实上，对法学原理、社会习俗和道德态度所作的研究表明，这种假定很少在极端的形式上认真提出来。甚至“精明”的成年人也不可能去吃喝那些他们认为是最好的东西，个人不能靠卖身来换得更多的现在消费，牛奶配给券也不能按其所有者的意志同啤酒相交换，如此等等。

但具有正统的传统经济学家倾向于把上述的情况视作例外。[①] 然而，近年来，许多经济学家都坚持认为，个人的嗜好和需要在相当程度上是由社会习惯和广告决定的，因此在最终的意义上几乎不能说这种嗜好和需要是属于他的，弗兰克·奈特就是一个出名的例子。所有这些，都能从街头演说者所说的戏谑语中辨

① 然而，可以考虑一下下面这段有趣的文字，它是从颇具古典遗风的埃德温·坎南那里引证来的。靠考虑损失一个便士的硬币会使酒徒和公爵不舒服到什么程度，我们将永远不能决定是应该把一便士花在啤酒上还是应该接受更高收入附加税：我们应当而且也正是这样做出决定的，那就是，在笼统地对这两种方法在长期里给整个社会带来的总利益作出某种粗略的估计以后，再作决定。举例说来，如果我们发现更廉价的啤酒对那些营养不良的儿童意味着能得到较好的食物，而减少附加税意味着马匹能得到更多的训练，从而能更快地跑完轻载短程距离的话，我们一定会倾向于多纳附加税；但如果我们发现啤酒价格下跌意味着酒鬼能得到更多的啤酒，而减少附加税意味着人们能有更多的居住舒适和卫生的房屋的话，我们社会倾向于对啤酒征税。引自《经济杂志》，“评乔赛亚·斯坦普爵士的《基本赋税原理的现代发展》一书”，转载于《一位经济学家的抗议》（伦敦，1927），第 279 页。

认出来，他们对那些执拗的听众说："当革命到来的时候，你们将吃上草莓和奶油，并且喜欢上它！"还要注意的是，甚至那些古典的经济学家，在他们的文献中也没有想到个人以及家庭；当然，某些充满自信的中心人物将在家庭的范围内行使不可捉摸的主权，结果是连那些集体的无差异曲线也被归纳到个人主义的基础之上。

(6)再者，不必一定要是约翰·多恩，我们也能发现上面假定中的错误，特别是，如果我们考虑下面这个有密切联系的假定，即个人的偏好仅仅取决于他所消费的东西，而不取决于别人消费的东西的话。如同凡勃仑很有特色地指出的那样，许多消费的动机都同其他人有或没有同样的东西有关。炫耀性支出，"与琼斯保持同样的消费水平"，摆阔气，要派头，撑面子，对消费习惯作任何实际估价的时候，这些都是很重要的方面；而如果我转向对权力方面进行分析的话，那么不仅在国家的规模上"满足"是相对的，而且狗占马槽这样的策略也是合理的。

如果不作上面这六个假定，福利经济学的许多结论仍将继续有效，但如果考虑到某种在分析方法上同马歇尔-庇古类型的外部技术经济和不经济相似的"外部"消费经济的话，它们将需要修正。

(7)各种极端的学派，不管它们的思想多么歧异，对于上面的这些假定，暗中大概都是全部接受的。下一个假定涉及更能引起争论的价值判断，但这个假定很有 19 世纪形成的现代思想的特征，特别是代表了古典和新古典经济学家的信念。这个假定是说，福利函数关于所有个人的消费是完全(或非常接近)对称的。

连同上述假定一起看待，在严格的形式上，这个假定与个人公开偏好类型很不相同这个显然的事实是不相容的。因此，除了包括一个非常值得注意的价值判断以外，这个假定还包括了一个非常确定的关于事实的假定。那些一向信奉和要求收入均等的经济学家，并不赏识这个假定，他们的做法，是让个人来决定自己消费的正确形式。可是，容易证明，（以美元、计价物或抽象的购买力衡量的）收入均等规则，适用于不同嗜好的个人，但它要在所有的环境中都能成立，实际上就不会同任何有定值的确定 W 函数相容，均等成为一种盲目崇拜的偶像和某些人的习惯用语，纵使这是一个有用的规则，但由于手段变成了目的，法则的字面意义优先于它的精神实质，所以均等变成了一种某些人盲目崇拜的偶像和经常使用的借口。

因为，在某种情形下是最优确定的均等收入，包含着某种好比在素食主义者与非素食主义者间存在的相对福利；所以按照蔬菜与非蔬菜不同的相对价格，一种均等的收入分配可能不再是最优分配。这种情况其实并不会使那种把第七个假定作为前提的推理变得无效，因为拥护这种观点的人心中都有这样一个看法：个人都是极为相像的，一旦得到同等的对待，他们就会显现出相同的需要类型。而且，在全部推理过程中，他们会婉转地主张，即使有人不相信完全均等，但能够有比现实生活更少的不均等总是合乎人们的意愿的。①

同样，那种个人应当公正地得到归属于他的生产力的信念，同

① 上面这段话的意思并不是说，运用福利函数会导致把不均等比作均等这样一种信念。它只是表明，不同嗜好的存在，使货币收入的均等变得毫无意义。这同安托尔·弗朗斯关于平等对待贫富者的法律所说的格言稍微有点相似。在伯格森作出论述以前，虽然人们对此已有所察觉，但却没有人能确定地分析这个微妙的区别。

具有假定(1)至(6)性质的 W 函数也是不相容的。技术情况的变化将改变个人的命运，即使初始情形被认为是最优的，这种变动也能造成不是最优的最终结果。也许资产阶级爱好自由放任是历史上的情况，其中大量的个人崇拜偏导数即归属边际生产力。

我们还可以相似地说出许多种不同的表示方式和信念，它们是日常用语的一部分，经过检查可以证明它们自相矛盾并且毫无意义。埃奇沃思指出，“最大多数人的最大幸福”这个口号，就是一例；而我们则可以增加这样一句名言，那就是，“每个人都有自己的价值”。就像奈特教授不断坚持的主张那样，西方人的信念是个大杂烩，它们的来源既不相同甚至也不相容。幸亏他的生活足以划分成几个各自独立的部分，因此他可以在每个部分可容忍的含混程度范围内，对自己的任务作出不同的假设；而只有最极端的内省主义者才担心这样会发生混乱。

(8)最后一个假定把福利函数定义为每个人在经验中感受的基数效用的总和的极大值，这个假定是上一代经济学家的独特表征，就本质来说，它是不需要的。在伯格森那时以前，这种假定甚至在那些领先的文献中也不多见，而在今天，我们可以发现它已成为过去的痕迹。这种假定主要渊源于功利主义的经济思想，那时效用这个概念可以在行为的、心理的、生理的和伦理的意义上交替地使用。

较老的作者常常反复思考有关效用极大或痛苦极小的问题；比如，从总体上说，人是否应在绝对零度下“蚀本”动手术，而不去从不幸的境遇中寻找最好的解决办法就是这样的一个问题。答案取决于作者当时的神学观点和内分泌腺。佩利、西奇威克和其他人可以郑重地发问：是拥有众多的人口，每个人都对巨大数量的社会效用作很少一点贡献的情况较好一些呢，还是社会效用的量较少，但每个人平均的效用量达到极大这种情况来得更好一些？

在财政学方面，个人效用可以相加的假定和效用递减规律被用来证明征收累进税是有道理的。这个学说以最概括的形式提出把极小总牺牲或极大总效用作为行动的合适目标。这个目标只有在所有个人的（税后）收入边际效用都相等，或者所有个人拥有相等的收入，又假设个人本质上都相类似的条件下才能达到。① 另一方面，为了使所有个人的牺牲相等，必须提高既定税收总额的标准，是一种非常保守的学说；根据这种学说，我们只能确认税收应当随收入而增加，但不必有比例地随收入而增加。②

这种论点在今天已不很流行，因为假定人们关于适当的政策所作的结论同假定这些论证的前提一样容易。前者不仅更为直

① F. Y. 埃奇沃思："税收的纯理论"，《经济杂志》，第 7 期（1897），第 550—571 页。

② 如果对所有的 X 来说，

$$U(X)-U(X-t)=\text{常数}$$

那么在每一个收入水平上，均等牺牲的条件都能得到满足。

对这个式子求微分以确定关于 X 的 t 的明显变化

$$\frac{dt}{dX}=\frac{U'(X-t)-U'(X)}{U'(X-t)}$$

由于边际效用递减，所以这个式子取正值。但如我们希望有累进税的话，税后收入对税前收入的弹性一定小于 1。但

$$\frac{X}{X-t}\ \frac{d(X-t)}{dX}=\frac{XU'(X)}{(X-t)U'(X-t)}$$

小于 1，当且仅当边际效用曲线的弹性小于 1。因此，就伯努利效用法则而言，均等牺牲与其说蕴涵了累进税制不如说蕴涵了比例税制。

接，而且更为诚实。此外，作为上述论证一部分的某些理由在许多现代的论述和观念中是隐而不见的。在战争负担的分配中，中等富裕阶层总要表明他们承担了很大的牺牲，因此提出要对战争的负担作新的分配，以使下层社会与他们共同分担。比较贫困的农夫和劳工，把注意力集中在富人们作出实际牺牲以后，能给他们留出多少的问题上面；无论他们自身所拥有的是怎样的少，不是同他们战前所拥有的水准相比，而是同他们所认为的那个公平的水准相比来决定的。不论战时是否是弥补往日错误的适当时机，对于这个目的来说预期战争带来的讨价还价的好处没有用处，总是太过分了一点。

同第八个假定联系在一起的，是那个能把实际收入当作一个同质的量来看待以便在个人之间进行分配的隐含的假定。在一个只有一种商品的世界里，或者，在一个所有商品的相对价格都固定不变的世界里，这样假定可能确实是正确的。然而事实上，价格将发生变化，这种变化视货币收入如何分配而定。因此严格说来，福利函数所包含的真实判断，一定是关于许多不同商品的那些判断。甚至对于一个持有确定见解又很专心于价值判断的人来说，这也确实是一个问题。然而，如果他求助于关于个人偏好应该考虑的假定(5)的话，个人就能为自己决定按既定的价格应该怎样开支他的货币。于是，我们的伦理观察者只需要在不同个人既定的满足水准之间，对他的偏好是什么作出决定就可以了。

可以这样认为，即使个人自身没有唯一的基数效用指数，我们的伦理观察者也一定会发现基数指标。然而这样说却是完全错误的。当然，如果效用可以相加，我们首先就得去抓住它们，而不必把它们加在一起。[①] 如果作出假定(5)的话,基数效用就成为 W 独立变量进入函数 W。但 W 函数本身是用序数才可确定的,结果它就有了无数个可供同样有效使用的指标。因此,如果把其中之一写作

$$W=F(U^1,U^2,\cdots)\tag{13}$$

这时,如果我们要把一组个人效用的基数指数变化成另一组指数 $(V^1,V^2,\cdots)$ 的话,我们应该仅仅改变函数 F 的形式,以便使社会所决定的一切都保持不变。因此,让我们把归于不同个人的一种商品结构,改变成另一种结构,而使 W 保持不变,或者在社会决定的意义上无差异。于是,对诸 U 或 F 重新定义也不能改变这样一个事实:社会无差异轨迹与基数的编序不相关。用这种专门术语来说,关于个人嗜好可以计数的假设(5)的意义,包含在这样一个要求之中,这要求就是,在归于同一个人的两种商品之间,社会无差异曲线的斜率恰好等同于个人无差异曲线的比率。假定(6)再进而指出,归于其他个人的商品的变动,对这些曲线没有影响。

数学分析

上面讨论的那些假定,可以用数学形式来描述。因此,假定

---

① 从任何伦理的观点来看,即使有人希望把效用在一起相加,那种认为消费者在商品上支出货币的情况如何会对恰当的税收产生影响的看法,似乎也是愚蠢的。但这却是近年来衡量边际效用的尝试所必然包含的结论,如果它们说得上同政策有关的话。R. 弗里希:《衡量边际效用的新方法》(图宾根,1932),I. 费雪:"一种统计的衡量'边际效用'和检验累进收入税公正性的方法",《纪念约翰·贝茨·克拉克经济论文选》(纽约,1927)。

(2)和(3)蕴涵着这样一层意思，即我们体系中的那些重要变量，可以看作很多商品和生产劳务($X_1,X_2,\cdots,X_n,V_1,V_2,\cdots,V_m$)，这些总量可以在体系中的各个人之间进行分配；用上角标表示不同的个人，下角标表示不同的商品和劳务，归于每个人的数量可以如下写出。(虽然生产劳务可以写作负商品，我还是选择遵守文献中更通常遇到的常规做法)

$$\begin{aligned} X_i &= \sum_{k=1}^{s} x_i^k, \quad (i=1,\cdots,n) \\ V_j &= \sum_{k=1}^{s} v_j^k, \quad (j=1,\cdots,m) \end{aligned} \tag{14}$$

社会福利函数只包括归于每个个人的商品和劳务数量，而不涉及它们的价格或总数。因此，方程(11)被特别指明为

$$W=W(x_1^1,\cdots,x_n^1;\cdots;x_1^s,\cdots,x_n^s;v_1^1,\cdots,v_m^1;\cdots;v_1^s,\cdots,v_m^s) \tag{15}$$

这个式子阐述了前面四个假定的含义。

假定(5)和(6)使式(11)更加特定化，以致福利函数可以写作

$$\begin{aligned} W=W[&U^1(x_1^1,\cdots,x_n^1;v_1^1,\cdots,v_m^1),\cdots, \\ &U^s(x_1^s,\cdots,x_n^s;v_1^s,\cdots,v_m^s)] \end{aligned} \tag{16}$$

这里基数形式的诸 U 和 W 都是任意的。假定(7)是没有意义的，除非能使各个 U 完全相同；然而，如果这是可以做到的话，W 就一定要是 U 的对称函数。假定(8)要求存在一个基数 W 和诸基数 U，使得 W 成为诸 U 的总和。在人类学水准上说，这涉及(除了它的任意性以外)加在同一和不同个人的商品和劳务之间的社会无差异曲线比率上的确定的限制。这同第七章所讨论的独立个人效

用的经验限制相似。

在上一节中已经指出，必须假定“技术”限制同福利函数本身一样带有任意性。然而，自从瓦尔拉斯用公式对一般均衡作出系统阐述以来，习惯的看法是由工程师来指出投入产出间的基本关系，而生产本身只在厂商或工业中发生，这两者与个人不同，它们自身和独自是没有价值的。在现代工业的环境中，这不是不现实的。然而甚至在这里也会出现许多可供采用的有意义的做法。那些我们称之为是经济学、工程经济学和工程学等方面的问题，在相当的程度上是一个选择的问题。我们可以假定，一切涉及相对边际生产力的生产决策，都是工程师或工程经济师所关心的问题，而对经济学家来说，则可认为他们已经推得了诸 X 和诸 V 之间的变换关系，这种关系的形式是：

$$T(X_1, X_2, \cdots, X_n; V_1, V_2, \cdots, V_m) = 0 \tag{17}$$

这个隐含的关系可以这样解释：当所有投入和所有其他产出的量既定的时候，它能给出任何一种极大化的产出，或者换个说法，当所有产出和所有其他投入的量既定的时候，它能给出任何一种投入的极小值。

然而，如果我们从诸如每个商品的生产函数这样的更为根本的技术假定出发的话，上述变换轨迹就不再是一个公理而是一个经推导得出的定理了。在它的背后，存在许多有意义的最优生产条件，这些条件涉及边际生产力以及其他通常认为是经济上的而不是工程上的量。

生产条件

在综合的福利经济学中，我们可以首先导出一组生产条件，因为使这些条件有效只需要最弱的伦理假设，这假设简单地说就是，在其他商品和劳务都保持不变的情况之下，无论哪一种产出，总是越多越好；同样，这也可以说成，就相同的产出而论，投入总是越少越好。

在最简化的技术条件之下，我们可以将那个把每种产出同那些专用于该产出的投入联系在一起的生产函数看作既定的。

$$X_i = X^i(v_{1i}, v_{2i}, \cdots, v_{mi}), \quad (i=1, \cdots, m) \tag{18}$$

这里的第一个下角标表示生产要素的种类，第二个下角标表示利用这种要素所生产的商品。显然，被用来生产所有商品的要素总量可由下式给出

$$V_j = v_{j1} + v_{j2} + \cdots + v_{jn}, \quad (j=1, \cdots, m) \tag{19}$$

通常总是假定生产函数具有偏导数（边际生产力），但上面表示的这个公式包括了那种所谓固定比例或固定系数的情况，在这种情况下，生产函数具有带角隅的等值线。

方程(18)和(19)代表$(n+m)$个关系。如果除了一种产出（劳务）以外，我们任意地指定了其他所有的产出，我们就能够使这种未被指定的产出极大（极小）化。这是一个约束极值问题。一阶偏导条件可以直接表示为我们函数一阶偏导数矩阵的比例性和秩的性质。然而，直接用拉格朗日未定乘数法来表示这些条件可能更说明问题。为此，我们建立下述函数

$$\Phi=\pi_1X_1+\pi_2X_2+\cdots+\pi_nX_n+\lambda_1V_1+\lambda_2V_2+\cdots+\lambda_mV_m \quad (20)$$

并把所有变量视作似乎是独立的，把诸 π 和诸 λ 视作（未定的）常数，然后确定它的极大值。如果写出全部的正确的二阶极值条件，我们就知道，它们与那些在 Φ 函数真的达到极大时必须具有的条件是十分不同的。这些二阶条件的一致仅仅是偶然的事情；Φ 不取极小值，或者，它处在极值位置上，而不只是处在一个稳定值上，这些也都只不过是偶然的事情。

这个问题似乎既深奥又隐秘，好像很少有实际意义。然而，主张一切有意义的东西都包括在同极值位置相联系的不等式而不是等式之中，这正是本书的基本要旨。这一点，对于福利经济学领域来说也是正确的。从更深的观点来看，那些由完全竞争者视作参数的市场价格，恰恰就是拉格朗日乘数。拉格朗日表达式 Φ，相当于巴龙的 Φ 函数，也相当于霍特林的价格潜力，可以把它看作一个用货币或任何计价物表示的产出或国民生产额的价值减去要素成本后形成的概念。

如果说一场竞争游戏能导致最优条件的话，那么这部分是出于偶然的缘故。因为，在有利于维持原子竞争（简单说就是不存在递减成本）的情况下，正常极大值问题的二阶条件同那些在价格固定时保证产出的货币价值实现极大化的条件完全一致这一点，是十分明确的。在实际技术方面存在递增报酬的地方，作为一种实际经济现象的竞争机制就会失灵。正是在这样的条件之下，才有可能把集体主义看作一种严肃的社会政策。因此，就像兰格所说的那样,[①]如果一个社会主义政权坚持把价格作为参数,机械地实行竞争策略的话,它的那些经营管理人员就会迫不及待地离开 Φ 的极小值,即使这个极小值可能确实就是递减成本条件下实现极大福利所需要的那个值。

上面这段话的寓意既不是指价格应该中断它同边际成本的关系,也不是指社会主义条件下不可能实行计划。它不过是说在有计划的社会中,分散的经营者们应该戒除对原子的、被动的和参数的价格行为的刻板模仿。应该考虑需求曲线的正确形状,而不是在它们没有无限弹性的时候妄称它们有无限弹性,这并不意味着分散的经营者应该像垄断者那样重视他们对价格所施加的影响。[②]

消去拉格朗日乘数以后,一阶极值条件将取如下的形式

$$\frac{\dfrac{\partial X_i}{\partial v_{1i}}}{\dfrac{\partial X_k}{\partial v_{1k}}}=\cdots=\frac{\dfrac{\partial X_i}{\partial v_{mi}}}{\dfrac{\partial X_k}{\partial v_{mk}}}=\frac{T_{X_k}}{T_{X_i}},\quad (i,k=1,\cdots,n) \tag{21}$$

或等价的形式

$$\frac{\dfrac{\partial X_1}{\partial v_{j1}}}{\dfrac{\partial X_1}{\partial v_{r1}}}=\cdots=\frac{\dfrac{\partial X}{\partial v_{jn}}}{\dfrac{X}{\partial v_{in}}}=\frac{T_{V_j}}{T_{V_r}},\quad (j,r=1,\cdots,m) \tag{22}$$

用文字来表述,这个形式可以这样阐说:**如果一种既定的要素**

① O. 兰格的一篇文章,载于 B. E. 利平科特编辑的《论社会主义经济理论》一书中(明尼阿波利斯:明尼苏达大学出版社,1938),第 55—142 页。

② 如果对福利条件作出完整论述的话,我们就能知悉,在递减成本的情况下,要对一个既定的极大位置是否代表极大中的极大,差别产品的数目是否应该减少这样的问题作出决定,将会出现异乎寻常的困难。

用于生产某种商品时的边际生产力与这同一要素用于生产另一种商品时的边际生产力的比，等同于任何另一种要素用于生产第一种商品时的边际生产力与这种要素用于生产第二种商品时的边际生产力的比的话，那么就可以说，生产要素得到了恰当的配置。可以证明共同的比值等于用第二种商品（替换的数量）表示的第一种商品的边际成本。[①]

在两种商品、两种要素的情况下这些条件的几何意义很容易用杰文斯-埃奇沃思-鲍利-勒纳盒图来推得，这图由一个方盒构成，方盒的各边分别等于可以获得的两种要素的总量。盒内的任意一点，如果以左下角为准来确定位置的话，就可看作代表着生产第一种商品时使用掉的两种要素的量，因此可在盒内画出等产量线。这同一个点如果就右上角来确定位置的话，它就代表着分配给第二种商品的要素量，它的等量线也可添加在同一张图上。

如果我们指定一种商品的量，并且限制其中一条等量线的移动，那么，只有在我们达到另一种商品的最高生产线，或者达到两条相对的等产量线的切点时，我们才算达到了最优的位置。几何图形正确指出了与常规的递减报酬十分不同的二阶条件，所有这些切点的轨迹，可以适切地称为“一般契约”曲线，代表着无数的最优位置。如果我们沿着这条轨迹指出各个产品的量，然后对照着

---

① 把不同日期的投入和产出作为变量引入时间过程中的最优行为，这一点可以包括在上述公式之中。但在这样做的时候，就会发现，这违背庞巴维克时代以来绝大多数经济学家的观念，没有一个资本主义国家，也没有一个社会主义国家只有一个单一的实际利率。仅仅在时间过程中所有商品的相对价值保持不变的极其不寻常的情况之下，等式才是必要的。

另一种产品标出一种产品的量，那么最后给出的轨迹就是叫作替代、变换或机会成本曲线的 T。这条曲线任意一点上的斜率，代表一种商品以另一种商品为单位衡量的机会成本，或者代表用某个第三种的量表示的边际成本比率。①

在生产要素的量既定的时候，这条替代曲线是不动的，但随着要素量的任何变动，它也会发生移动。因为同既定的变换曲线有关，这些生产要素在不同的用途间必须被看作无差异的。②

如果对规模报酬不变以及仅有一种要素（也许等同于一个综合的量）作出假定的话，我们就能得到古典情况下的直线形的变换曲线。如果只作出上述第一个假定，但存在一个以上生产要素的话，那么除非商品碰巧以相同的比例使用，这些要素变换曲线将凹向原点，因为存在变动要素报酬递减规律，这条曲线也可因为其他同规模报酬有关的理由而被假定具有这种形状。可是，如果这些情况发生在递减成本的场合，这条曲线就会凸向原点。

在所有这些情况之下，让厂商或计划人员实际上都把价格看

① 有关的几何图形，可参见 W. F. 斯托尔珀和 P. A. 萨缪尔森合写的“保护政策和实际工资”一文，载《经济研究评论》，第 9 卷（1941），第 58—74 页。

② 仅在最后两个既不必要又不实际的假定给出以后，这个所谓的机会成本学说才能在形式上有效。甚至在这些条件之下，通常所表述的公式也颇似那高声念颂着的急促而不清楚的咒语，空洞而没有意义，因为它并不以很直接的方法陈述均衡条件。闲暇被当作替换品看待，阐述得最清晰的机会成本学说是完全用言语表达的，由于这一事实，使上面所有这些情况变得更加复杂。因此，在对机会成本学说作细致描述和说明时，它就不可避免地，蜕化成完全的一般均衡条件，在这种条件中，要素供给和偏好方程一定要引入这种条件之中，即使作为不等式也要列入。这样说并不意指我们必须接受暧昧的心理学术语以及古典理论家们对实际成本所作的解释。

作既定的，然后试图使产出或 Φ 的值达到极大。在报酬不变的情况下，某一种（具有比较利益的）商品将完全特定化，或者，在临界价格比率等于成本变换比率的时候完全无差异。如果消费两种商品，而这又是一个封闭经济的话，那么唯一有关系的一定是后者的临界价格比率。

在递增成本的情况下，给定价格比率，厂商将在使诸价格同诸边际（变换或要素）成本成比例的产出水平上达到均衡。可是，在递减成本情况下，试图按固定价格实现极大化的社会主义国家的计划人员，将会在两种商品之间，集中生产其中的某一种商品。但只有在一个能按既定价格比率与外部世界真正进行贸易（无限量）的开放经济当中，这种生产才能达到最优。在一个封闭的计划国家中，合意的情况应该是，两种商品都生产一些，使价格比率等于边际成本比率，即使这样做意味着 Φ 取极小值，如果我们把分权的计划人员所采取的被动方法看作一个均衡的过程，那么很显然，恰当的最优点将是极小而不是极大值，它根本不可能是一个均衡点。或许，如果计划人员像巴拉姆的驴子那样行事的话，这个点就可以看作一个极度不稳定的均衡点，一有最轻微的干扰，它们就会立即偏离均衡。

因此，在最初的这两种情况下，竞争导致最优都是偶然的事情，因为正是在这些情况之下，仅当我们处于式(18)的极大值上时，拉格朗日表达式(20)才会取极大值。在这些偶然的情况下，只要我们愿意，我们就可以认为生产决策同偏好无关，在这个意义上，对于那些被视为最重要的商品来说，它们同样是最好的决策。在递增报酬条件下，我们甚至有可能永远不能决定最好的社会变换曲线。

事实上，我们的生产条件可以采取比式(18)中孤立的单一生产函数更为复杂的形式。就初步的极大化行为来说，究竟工程师应做多少，经济学家又应做多少，对这个问题的看法在某种程度上带有任意的性质。在竞争条件下，价格对决策具有重要性这点被看作分界线；但对福利目的来说，我们可以完全不需要价格。然而，虽然把问题叫作工程问题似乎有些麻烦；但某些经济学家还是喜欢从变换函数 T 开始。

如果我们更详细地考察生产可能性，我们就能明显地看到，在许多情况下，它是不可能以单一变换函数 T 而告终的。因此必须先假定，商品被划分成两组或两组以上，使得没有一种生产要素能在一组以上的地方派上用处。于是我们至少能有同商品组数一样多的独立变换曲线。当然，这些曲线在形式上可以合并成一个单一的隐式方程，例如，通过使它们和的平方等于零的方法就能做到这一点，不过这样做没有什么价值。然而，变换曲线的多样性并不产生不确定性；我们要作的选择越少，边际条件也就越少。

纯粹交易条件

上面一节所论述的生产条件，可以在相当弱的假定的基础上推得，这些假定凭借的是这样一个事实，就全部商品来说，不管怎样划分它们，数量较多总比较少要好一些。但这些仍然还只是必要条件，它们不是充分条件，因为还必须对既定的可资利用的商品应该怎样划分，以及应该实际利用哪一种可供利用的生产数量这样的问题作出决定。

即使在这两项决定中，后面这项决定已经作出，把一定总量的全部商品和劳务在个人间进行分配的问题也仍然存在。一旦明确指定一个确定的 W 函数，最终的最优点就很容易决定。但在这里，在最初六个严格的假定作出（即使是隐含的）以后，现代福利经济学家在作假定(7)或确定的其他任何特定福利函数的时候变得胆小和犹豫起来。他一直习惯于反对作出伦理的假定。因此，只要可能，他总是愿意发展更多的最优条件，这些条件在一般范围内同指定的 W 形式无关。事实上，从帕累托那时起我们就已知道，满足这种愿望，并且再指定另一组必要的而不是充分的条件是可能的，这些条件一定在个人间流行。

这里所作的简单假定是，在达到作为个人 U 的单调函数这个限度之外，它是未定义的，或者说是未指定的。我们不能在 (U^1, U^2) 平面上绘出 W 循着它是常数的点的轨迹。我们只知道向这平面的东北方向移动使 W 增加因此是好的；向西北方向移动使 W 减少因此是坏的；在既定点附近发生的向着另外两个象限中任何一个的移动不能决定好坏。

用文字来说，这个简单的假定可以这样表述：要是所有个人的境况变好（坏）了一些，我们就能肯定地断言那个已知的移动是好（坏）的。在其他方面我们必须推迟作出判断。在数学方面，很清楚，因为除了一个人以外，其他所有个人的效用水平均被任意指定，所以在所有商品具有固定总量这个条件约束下面，剩下这个个人的效用实现极大就成为均衡的必要条件。因为

$$\sum_{j=1}^{s} x_i^j = \bar{x}_i, \quad \sum_{j=1}^{s} v_r^j = \bar{V}_r \tag{23}$$

$$U^j(x_1^j,\cdots,x_n^j,v_1^j,\cdots,v_m^j)=\overline{U}^j,\quad (j\neq k)$$

我们必须使

$$U^k=U^k(x_1^k,\cdots,x_n^k,v_1^k,\cdots,v_m^k) \tag{24}$$

极大化。

靠使用拉格朗日乘数或直接法，能容易地证明在均衡时，一个人所消费的两种商品的边际效用比率一定等同于其他任何一个消费同样商品的人所消费的这两种商品的边际效用之比。如果一个人的消费中缺少一种或更多的商品的话，可以把某种不等式列入以使上述条件一般化。我们可以如下的形式写出一阶均衡条件：

$$\frac{U_i^1}{U_j^1}=\frac{U_i^2}{U_j^2}=\cdots=\frac{U_i^3}{U_j^3} \tag{25}$$

应当注意，这里所涉及的永远只是相同个人的边际效用比率。[①]因此，不需要对不同个人的效用进行比较，而且甚至对单一的个人来说，也不需要计数的效用。

用图形来说明，均衡可以用上节提到的同一个盒形图来表示。盒子的维度表示现存商品的固定数量。位于左下角的任意一点代表第一个人的消费量，因此等值线现在可解释为无差异曲线。一个以右上角作参照的点，代表第二个人的消费，他的等值线可以叠加在另一个人的等值线上：如果指定了第二个人的效用，我们就能使第一个人的效用实现极大化，办法是沿着第二个人既定的无差异曲线移动，直至达到（在切点上）第一个人最高的无差异曲线。

① 不必分别指出生产要素的均衡条件，只要记住生产要素可以作为商品对待就可以了。

因为对第二个人的效用最初是任意指定的，所以最后的均衡也是任意而不是唯一的。当然，所有这些任意点的轨迹，就是我们所熟悉的埃奇沃思契约曲线，它们代表着一个满足必要的交换条件的点的集合。

在经过上面这一节讨论以后，对于不用拉格朗日乘数和不用价格比率也能用符号表达那些不同比率的等式这些内容，就没有必要再详细重述了；而且，这也并非没有可能，在某些情况下，甚至实行竞争策略也会造成偏离而不是趋近最优位置。同前面说过的一样，这是因为约束极大值的二阶条件与那些确实一定会使拉格朗日表达式取极值的二阶条件并不一样。

应该注意，离开契约曲线的任何一点，均可作一种能使两个人都获益的趋向契约曲线的移动。这同埃奇沃思所说的交易事实上必定中止在契约曲线上的某个地方这种情况并不一样；因为在许多种类的双边垄断中，一个最终的均衡可以在契约曲线以外达到。这同契约曲线上的点比契约曲线以外的点要好一些的说法也不一样。后面我将讨论这个重要条件的正确表达形式。

不过最好还是先完整地写出一阶均衡条件，如果我们要使生产和交易都达到最优，也就是说，如果我们把这一节同上一节的条件结合在一起的话，这些条件是必须成立的。因此，(1)在每一个人所属的任何两种商品之间，我们一定有一个共同的无差异边际比率；而且，这个共同的无差异比率一定等于这样一个比率，按照这个比率，其中一种商品能在生产的意义上变换成另一种商品，这种变换是由于资源从一种商品的生产转移到了另一种商品的生产而发生的。(2)就所有的个人来说，在供给更多的生产要素和在

对一种既定商品的消费中得到更多享受之间，我们一定有一个共同的无差异比率；这个共同的比率一定等于这样一个比率，按照这个比率，更多供给那种要素的结果是所述商品的更多生产。

用数学说明，就像兰格已经证明的那样，

$$
\begin{aligned}
&\frac{U_{xi}^{1}}{U_{xj}^{1}}=\cdots=\frac{U_{\bar{x}i}^{s}}{U_{\bar{x}j}^{s}}=\frac{T_{X_i}}{T_{X_j}}, \quad (i,j=1,\cdots,n) \\
&\frac{U_{vk}^{1}}{U_{xi}^{1}}=\cdots=\frac{U_{vk}^{s}}{U_{\bar{x}i}^{s}}=\frac{\partial X_i}{\partial v_{ki}}=\frac{T_{Vk}}{T_{Xi}}, \quad (i=1,\cdots,n) \quad (k=1,\cdots,m)
\end{aligned}
\tag{26}
$$

虽然这些条件可以不同的方式重新写出，但它们（在一阶水平上）只是必要条件而不是充分条件，它们的个数一定比体系内未知数的个数要少。这是因为考虑到这样一个事实，即在各个用途上使用的全部要素和所消费的全部商品一定等于一切个人所有的这些数量的总和，这就是说，连方程（14）也考虑到了。我们还缺少$(s-1)$个方程。必须对不同个人如何进入 W 函数作出明确假定，因为只有在这个基础之上，才能补足短缺的方程。下节将详细讨论这个问题。

回到方程（26），这个方程代表结合的生产和交换条件，我想指出它们的各种替换形式。首先从它们容易推得这样一些条件：对所有个人来说，任何两种要素之间的无差异比率一定是相同的，并且一定等于两种要素在任何一种商品生产中的相对边际生产力。

其次，把起首那个均衡条件看作价格与边际效用之比和边际成本比率之间的特定等式，这样有时是方便的。在文献中，关于价格是应该等于边际成本呢，还是仅仅每一种商品有相同比例的离差这个问题偶尔还有一些不确定。如果递减成本非常普遍的话，这种区别就特别重要，因为在这种情况下，如果资本主义的垄断者或社会主义的管理当局所定的价格只等于边际成本的话，他们就不可能收回他们的全部生产成本。必须求助直接税来弥补这个差额，或者依靠国有生产要素得到的估算收益，在规模报酬不变的情况下，这些收益适宜在全体国民中进行分配。

只要所使用的是价格比率，就没有必要规定衡量成本的单位是美元、劳动、肥料或者替代机会成本。在通常的解释中，局部均衡条件是隐含地假定着的，而且成本、工资和价格总是用美元作为计量单位表示。在这些条件下，价格是一定等于边际成本呢，还是仅仅同边际成本成比例？如果我们所考虑的条件同诸如体现在方程(26)第二部分中的生产要素有关的话，这个问题的答案应该是等式。如果所有生产要素在不同用途间均无差异，并且数量完全固定(纯粹的奥地利学派主张)，那么我们不需要这些条件也行，因为只要价格同边际成本成比例就足够了。但若我们因为这些极其特殊的假定无论在实际上还是在理论上都不具有充分根据而将它们撇开的话，那么，如果所有价格均同边际成本成比例(比如说 2 倍)，我们就不可能达到最优状态。凭一些努力，每个人的境况或多或少会变得更好一些，这是因为，在上面描述的情况中，他们据以交换闲暇和商品的偏好条件不等于他们据以相互变换的真实生产条件。

我不需要提醒读者，同一个最优位置所包含的完全不等式比较起来，一阶条件实际上还不是最重要的。同样，也没有必要详细说明，仅当每种生产要素实际用于每个生产部门，每种商品都生产了一些，以及无差异函数具有连续偏导数的时候，上述条件才能成立。如果这些条件中缺少任一个条件，等式的个数就会减少，但无论情况怎样，在表征最优位置的时候，正确的一般不等式能防止出现任何实质性的含混不清。如果有多重均衡位置的话，就会发生一个密切相关的问题。在有强凸无差异域和强凹成本函数的情况下，这种事将不会出现。但没有理由说明，为什么人的本性应该表示出这种使经济评论家感到方便的简单的、有规则的特性。而成本方面，不适当的曲率正是递减成本、递增报酬、总合性和不可分性现象的本质，它们应该进入本题讨论。

特别是，哪里出现作为垄断竞争结果或原因的差别产品，哪里就会产生一种商品究竟是否应当生产的问题。如果进行生产的话，式(26)的边际成本条件应该得到实现，但在那些并不进行生产的地方，或许存在一个更好的极大值。这里的极值位置是隅角型的，因此必须由不等式来代替常规的等式。这牵涉到在一定的距离上作出决策；因此我们不可能靠一步步地摸索来达到最优状态，而只好果敢地用各种不同的组合来进行试验。在那些牵涉到"全有或没有"现象的地方，情形在变得更好一些以前，经常先变得更糟一些，因此仅仅决定是不够的。甚至在撇开下面第二段所述的困难以后，如果一个完全歧视性垄断者或政府当局能够靠某种不容讨价还价的商品出售来弥补它的全部成本的话，我们也无法决定一种商品是否应该生产。在这些涉及有限决定的情况下，我们一定要消费者(或鲁宾逊·克鲁索)回答，既定的数量丰裕的几种商品是否优于数量稀缺的许多种可替换商品。[①] 这里不可避免地会发生一些关于个人选择合理性的问题，但由于豪爽地承认了前

① 在某种特殊的情况下，消费者剩余可用来描述有限的不等式。但这种情况是罕见的，因此无论怎样，使用直接的办法总要更好一些。

面第三节所陈述的假定(5)和假定(6)具有有效性,所以这些问题迅即就忽视了。然而,不论这些问题有多么重要,它们是不能用演绎分析来解决的。

价格和边际成本相等这个式子,在许多人的思想中引起了混淆,这些混淆都同这样一个问题有关,在短期内固定的成本在长期是否是变量,因此是否靠价格来进行补偿。他们问道,价格是否应该超过短期边际成本,因为后者排除了长期可变成本的成分。有两种混淆可以通过这个问题得到揭示。第一,边际成本不是总单位成本的一部分但有时却被这样来对待。边际成本是发生在两种不同情形下的成本之间的差额,一般不能等同于成本、劳动、材料等的既定组成部分。这种混淆的表征是这样一个命题:竞争往往迫使价格跌落到原始成本或可变成本水平,以致完全成本不能得到补偿。当然,纯粹竞争(这实际上没有包含在前面这个命题中)含有价格等于边际成本的意义,它依赖于产出规模和价格水准,它们可以远远超过完全的单位成本。不仅艾尔弗雷德·马歇尔对这个问题说得不确切,而且就连 J. M. 克拉克的《间接成本经济学》那样的作出了很大贡献的著述,也犯有同样的失误,至少在说明上,以及在它对间接成本所起到的破坏竞争理论的作用所作的判断上表现出来。农业是完全竞争的最后据点,对农业的性质作一考察,可证明高水准的间接成本没有破坏竞争的趋向。除了不可模仿的产品差别以外,每个厂商在代表对某种产品大部分总需求的水准上递减的长期单位成本,是竞争解体的一个主要原因;即使所有的商品都能按订货生产,这个判断也是正确的。

边际成本不是必须偿付的成本的一部分,虽然价格和边际成

本相等同完全成本的补偿没有关系，同对投资的公正报酬，对要素份额的正确归属等的决定也没有关系。它的目的是获得正确的要素配置和避免不正常的产品配置。如果我们考虑的是一条波动的成本曲线，或者是一条在（长期或短期）濒临极大生产能力时显示隅角的成本曲线的话，这个目的就更应该强调。在极大生产能力点上，边际成本是不确定的，或者，如果你喜欢的话，它在任何一点上都可以是从有限量到无穷中的任何一个量。这里并没有为价格的决定提供线索，因此，只要生产是在极大生产能力点上进行，价格决定就不会有什么结果。同样，当一种商品的需求发生波动的时候，这种商品的成本曲线也会由于总和性等原因而显示出波动，正确定出的价格就会发生很大的变动；与其让一列火车空车开出，不如让票价跌至零。这个论点，并不反对如此定价不能弥补完全成本这样一个意见，也不反对乘客将倾向于一直等到列车最空的时候上车这样一个意见。同傍晚时缺少交通工具相比，令社会更为合意的能是什么呢？只要不使成本有所增加，他们就可以随意搭乘列车，向自己的雇员发放通行证的铁路公司，难道不是经常遵循这个明智稳妥的原则吗？从这个讨论中还可附带地了解到，在那些微小的需求变动会引起社会成本巨大变化的地方，使牌价和管理价格相对稳定并不是最理想的方法。

第二个混淆不是最重要的，它涉及价格应该超过短期边际成本这样一个判断，这个判断，来源于一个错误的认识，那就是以为，长期边际成本，“包括长期可变要素的变动”，因此大于短期边际成本。事实上，我们从沃格-瓦伊纳-哈罗德包络定理可知，如果生产在预定水准上进行的话，它们的瞬时变化率是相等的，对于从这点

向前的一个有限的实际移动来说，短期边际成本“不包括固定要素”，因此，它显然会大于而不是小于所有要素均作最优变动时的边际成本，不论产量是否达到预定水准，为了最好地利用现存的工厂设备，价格同短期边际成本必须相等；如果关于工厂规模是否应该变动需要作出决策的话，价格和长期边际成本的关系，就同这种决策有关。如果我们放弃对一阶最优条件所作的陈述，而以一定会得到满足的一般不等式来代替它们，那么很明显，对于每一种可予考虑的替代来说，最优位置一定会使一个不同的极大值条件（不等式）得到满足。因此，不论向前还是向后，迈一小步，迈一中步，迈一大步，迈一极大步，完全关闭一条作业线或者开辟一条新的作业线，等等，我们一定都会付出过高的代价。对边际成本或差别成本所作度量是完全不同的，上述的每一种情况中，都包含着这种度量同价格或收益之间的关系。①

个人之间的最优条件

前面两节试图根据最少引起争论的假定，来导出尽可能一般的条件。然而，我们已经知道，除非有更多的假定作为基础，不然就不可能推断出唯一的均衡点。这种结果是理所当然的，因为直

① 一旦掌握了这个事实，即可明白，“完全联合成本的配置”是个完全错误的问题，而且，不论对厂商还是社会来说，这个问题都没有什么重要意义。它获得今天所具有的实际意义，是由于侵入了价格形成中需要补偿的“完全成本”，这种侵入，不能说一定不合理，而且，对于例如田纳西流域管理局、关税委员会中的那些政府管制问题来说，它也有一定的实际意义。

觉使我们相信,没有一个最优位置能够独立于正确形式的 W 函数而存在。即使生产和交换的全部必要条件都得到满足,我们还是缺少许多方程,其个数与一个以上的个人人数相同。在罗宾逊·克鲁索的世界里只有一个人(对不起星期五先生),由于个人人数没有超过一,所以那里的均衡是唯一的。但一有一个以上的个人,前述条件就只能保证我们处在"一般化的契约轨迹"上,在这个轨迹上不可能存在使每个人都可获益的移动。

有无数个这样的点存在,其范围从所有利益由某一个人享有的状况,经过某种中间位置,直至另一个人享有全部利益的状况。没有正确定义的 W 函数,也就是说,没有关于个人间进行效用比较的假定,要决定这些点中哪一个点最佳是不可能的。用一组既定的伦理概念来定义一个福利函数,仅在这时,我们才能决定一般化契约轨迹上的最佳点。

所有这些都可用数学方式表示如下。方程(26)概括了前面两节的论点,给出了生产和交换的最适度条件,这些条件允许我们把系统的不确定程度归纳为系统中不同个人福利水平之间的隐含方程式。这可以写成

$$P(U^1, U^2, \cdots, U^s) = 0 \tag{27}$$

这表示除了一个人以外,我们可以随意指定所有个人的福利水平,因此最后这个人的福利是唯一决定的。当然,可能性函数的基本形状取决于技术和体系的其他假定约束,以及不同个人的嗜好。用符号来说明,虽然同一个隐函数可以许多不同的方式写出,但所说的轨迹在这些纯粹的术语变动中是不会变化的。然而,我们应该注意,由于每个 U 的精确计数形式是任意的,所以这条轨迹的

曲率性质并不附有什么重要的意义。

如果我们有一个确切规定的福利函数，那么在上述约束条件之下，我们就能求得

$$W = W(U^1, \cdots, U^s) \qquad (28)$$

的极大值。均衡的一阶条件取如下形式

$$\frac{W_i}{W_j} = \frac{P_i}{P_j}, \quad (i, j = 1, \cdots, s) \qquad (29)$$

这些条件，像不必用显式写出的正确二阶条件一样，同福利函数所涉及的纯粹符号方面的有异议的表达方式，同可能性函数，以及同个人效用的特定基数指数的选择都没有关系。

方程式(29)给出了我们所缺少的$(s-1)$个均衡条件，由此可知，我们的均衡最终是可以决定的。当然，对于这个问题的解释，并非一定要遵循上面这种思路。例如，庇古教授一开始就毫不犹豫地对效用作个人间的比较，他通过在式(12)这个约束条件之下所求得的式(11)的极大值，直接就达到了帕累托、巴龙和勒纳等人把人际效用比较纳入他们的系统以后方才达到的那同一个均衡状态。而且，就像下面更详细论述的那样，如果他们不愿意允许别人提出这些需要考虑的伦理问题的话，他们就不可能最终决定最优或确定的最后结论。

他们所作的分析，为把伦理观念引入准备了一条比较容易的通道，这种分析的真实意义也就在这里。因为，从他们的分析可以得出这样一个结论：达到既定伦理要求所必需的一切，都可以采取一次总缴人头税或补助金的形式。这些税金既可用抽象购买力，也可用实物形式表示，自然，所用的那种实物必须是能够对其他商

品进行自由交换的。因此,伦理当局只需对个人之间的最终收入分配作出决定,而不必对每一个人每种商品应该分配多少作出决定。

如果直接从一个经过恰当定义的(序数)福利函数开始分析,我们所要求的就是在系统的实物约束条件的限制下实现 W 的极大化。不论用或不用拉格朗日乘数,我们都能以许多不同的形式来表示那些最后的条件。这样一种紧凑的方法,为了尽可能避免重复上节中那些条件所具有的精确的形式(而不是实际内容),可以规定如下:

$$\frac{\partial W}{\partial x_i^1}=\cdots=\frac{\partial W}{\partial x_i^s}=\frac{\partial W}{\partial X_i}, \quad \begin{matrix}(i=1,\cdots,n)\\(j=1,\cdots,m)\end{matrix}$$

$$\frac{\partial W}{\partial v_j^1}=\cdots=\frac{\partial W}{\partial v_j^s}=\frac{\partial W}{\partial V_j}=\frac{\partial W}{\partial X_1}\frac{\partial X_1}{\partial v_{j1}}=\cdots=\frac{\partial W}{\partial X_n}\frac{\partial X_n}{\partial v_{jn}} \tag{30}$$

这些方程式,不仅同马歇尔《经济学原理》一书中那个出名的概括了他大部分最精彩论点的注释 5 十分相似,而且同庇古教授在他的《福利经济学》一书中追求的形式性质几乎完全一样。用文字来说,**这里包括了两个条件:第一个条件是,对于每个个人来说,同一商品(劳务)的边际社会效用(反效用)必须相等;第二个条件是,每种生产要素必须在各种可能的用途间进行分配,以使得它间接派生的边际社会效用在每个用途上一定相等,并且等于它的边际社会反效用。**

如果要素供给没有弹性,如果一种生产要素在不同用途间不是无差异,如果存在联合生产,或者,如果存在外部技术经济或不经济(以致一种商品的生产函数把用于其他方面的生产要素也包括在自身之内)等等,不论这里出现哪种情况,上述条件都必须加以修正，对于这些修正的说明，我们把它留给读者自己去作。上面这个方程式，如果用任何单一的偏导数遍除，就能取得一个与 W 的特定基数表达式无关的形式。

上面这组方程式虽然包括了勒纳生产条件，但没有包括交换条件。然而，如果我们作出上述体现个人主义的假定(5)和假定(6)，使得福利函数具有方程式(13)所描述的那种特殊形式的话，那么，借助恒等式

$$\frac{\partial W}{\partial x_i^r}=\frac{\partial W}{\partial U^r}\frac{\partial U^r}{\partial x_i^r} \tag{31}$$

这些方程式就同样包括上节中的交换条件。因此，构成“新福利经济学”的那些生产和交换条件，都包括在旧的福利经济学之中，虽然它们本身是不完全的。

如果我们把最后这个恒等式代入基本方程式(30)，它们就能容易地化成由式(26)加上新的个人间的因素描述的生产和交换条件，对我们来说，这些新的个人间的因素保证收入和一次付清补贴的最优分配。这些条件在数学上采取所有个人(用任一商品表示的)收入的边际社会效用相等的形式。

$$\frac{\partial W}{\partial x_i^1}=\frac{\partial W}{\partial x_i^2}=\cdots=\frac{\partial W}{\partial x_i^s} \tag{32}$$

合乎任一“个人主义”伦理的最优会受到一次总缴的人头税的影响这样一个命题是定理而不是公理。我们只要求这样的个人无差异曲线，即假定人们自动地按固定价格进行交易，通过对他们的收入施加影响，这种无差异曲线能使他们转向最终均衡，就能作出这个定理的证明。这个定理所具有的巨大社会政策意义，在一个

计划的或自由企业的经济内尤其值得强调。但它最为重要的意义还是在管理战略这方面。从逻辑的福利分析的观点来看，它并不是基本的定理。事实上，它并不是普遍正确的。

首先，一个或更多个人的无差异曲线，曲率具有这样一种性质，这种性质，使那些把价格看作或打算看作他无法控制的参数的个人，会迅即离开而不是趋近正确的最优位置。上节中论及生产条件时，讨论了价格和拉格朗日乘数以及二阶条件相似这个问题，那里所作的论述，在这里同样适用。

其次，实际上更重要的是，最优位置可以凭借歧视性“全有或没有”的出价、比例增减制等而不是靠按统一价格进行交换来达到。重要的事情是实现适切的边际条件，而不是发生在边际单位间的什么事情。（在这个问题上，可比较上面对把弥补完全成本作为定价目标所作的论述）在像这样的一个制度下面，一次性总付的补贴恐怕不足以实现最优点。

再次，事实上很难实际地设计出一种具有纯粹总和性质的税金或补贴。对收入征税，会影响关于努力和冒风险程度的边际决策。这是不言而喻的。不易引起注意的是，通常的伦理观念总是逼迫我们按照一个人的“条件”去安排我们的补贴，而这种条件部分就是他自己的行动和决策所造成的结果。在分析的方法上，这个问题和那些为不同能力的高尔夫球手公正决定每球计分值和制定公正“比赛规则”的问题相类似。我们希望全体参加竞赛的人机会均等，而不想要他们因担心失去对他们有利的竞赛条件而不去尽到自己最大的努力。在理想的状况下，社会的管理者们一定会了解每一个人潜在的能力；而且，为了纠正由不完善的一次性付清的人头税的缺陷引起的扭曲，他们将不得不创立一个兼有配额和惩罚的制度，这个制度赖以建立的基础，不是实绩，而是潜在的能力。

因此我们可以确认，每一个人至少应当得到一笔最低限度的收入，对那些所得低于这个最低限度的不幸者来说，他们的不足可由社会给予贴补。一旦那些收入少于最低限度的人认识到这一点，使他们在边际上工作的刺激就不再存在，至少就金钱的物质刺激而言是这样。这显然是一项糟糕的社会政策，我这样说，并不是因为我有那种赞成工作反对闲暇的粗俗偏见。相反，往后那些年里增加的实际收入可能有相当程度耗费在闲暇上。这项政策之所以错误，是因为它使社会的其他成员被迫放弃闲暇。它的失误在于，个人得到的补贴并不是一次付清的。仅当收入少于最低限度的人数在全部人口中只占一个很小的百分比或者在未来的乌托邦社会中我们有新的工作动机可以依靠的时候，这种政策才可容忍。我自己十分注意改变习惯的动机形式的可能性。但是，那些希望应用以代数表示一次性补贴的参数定价制度的人，却因此感到不舒服，因为，这些考虑同样在逐渐地损害“个人主义”的假定，而这些假定正是他们作分析的基础。①

① 对现阶段的资本主义来说，公正和激励之间的冲突是重要的。对一次重要的初步近似来说，高边际税率的不利影响，不是来自税率水平（假若它们低于 100％的话），而是来自税金公式的“曲率”，由于这个曲率的缘故，对于相等的收益和损失来说，因收益而增加的税收将超过因损失而减少的税收。但曲率正是税收和收入再分配“累进”的实质。唯一的解决办法是分担风险和制订税法，以便产生时间过程中平均的极大值。如果这样还不够，则可能仍然值得把公正看作不可避免的成本。

最后，因为只需作出关于收入的决定，所以对应该得到普遍认可的政治口号和信念作系统阐述这个令人头痛的问题就可得到简化。虽然，从政治的观点来看，这样做或许是合乎意愿的，但必须永远记住，从一致的伦理观点来说，所作的决定必须同福利函数本身有关。关于收入分配的信念是派生的而不是原始的。除非是在所有嗜好相同这样一种公认的非现实的情况之下，把这样的信念作为目的来提出就等于接受了一种“过时的信念”和接受了一个模糊不清不能明确规定的福利函数。除了别的情况以外，这样一个过程包括创造一个适合技术上相对稀缺的商品的现存分配的信念。（当然，这种信念是否不适当，本身并不是福利经济学的一部分内容，福利经济学并不认为要演绎出一种适切的信念。但是，福利经济学能够合理地指出不同伦理命题的含义）

新旧福利经济学

虽然在真正的意义上，只存在一种包罗一切的福利经济学，这种福利经济学在伯格森的著作中达到了它的最完善的形式，但是，要在新福利经济学和旧福利经济学之间作出区分还是可能的，新福利经济学大致包括前面几节论及生产和交换的那些内容，并且不作关于个人间效用可以比较的假定，而旧福利经济学却以这样的一个假定作为出发点。大致说来，这就是帕累托和庇古之间的区别。根据上面所作的讨论清楚可知，前者是包括在后者之内的，但反之则不然。

严格说来，这两种观点间并不存在对立。但是，成套的“新”学说的阐述者们设想他们的结论即使在我们不愿意作出任何伦理假定的时候也具有重要意义，这种情况并非不普遍，不能容许福利经济学进入经济理论的主要部分，这是罗宾逊的名言，对于那些认真接受这个名言的人来说，上面这种信念事实上几乎总是必要的。一旦领悟到罗宾逊的意见是个谬误，就不再需要信奉生产和交换条件同个人间的条件相分离的重要性了。不过，就其本身来说，评价它们的重要性仍是合乎需要的。

说新福利经济学避免任何伦理假定，这并不完全确切，我之所以省略这点而不去提它，是因为从对关于 W 函数的最初六个假定所作的讨论中，这一点已显而易见。但众所公认的是，它的假定更具有一般性并且较少引起争论，而为了这个缘故，它规定了不完全的必要条件，它的全部意义，只有在个人间的假定作出以后才会显露。拒绝迈最后一步，将使前面已迈出的两步变得毫无意义；这就好比倒满了一杯水然后拒绝饮用一样。说最初两个条件应当实现，但第三个条件没有意义，就好比是说一个人是否有头发可以不管，只要头发是卷曲的就行！

如果我们认为福利函数是可以确定而未加确定，并且寻找对所有可能的定义来说都一样正确的条件的话，新福利经济学继续存在的意义就很有限了。它不能告诉我们，任何两种处境中哪一种要更好一些，但它偶尔能排除一种既定的处境，因为在人人境况变得较糟这个意义上，这种处境比另一种处境要更糟一些。它不能告诉我们社会何时能在两种既定的处境中间真正作出选择。最重要的是，它不能告诉我们一个它能给予确定回答的移动，是否比另一个它不能给予确定回答的移动要好一些。如果我们所处的一点不在可能性函数上，我们就可确信，一定还有一个更好一些的点存在。但它不能断定，可能性函数上的既定一点，是否比不在可能性轨迹上的所有的点（或许多的点）要更好一些。

具体来说，新福利经济学被认为能对谷物法是否应当废除这样的问题作出更为清楚的说明。这项法令对许多个人有帮助，但伤害土地所有者。虽然不一定十分严密，但通常总是假定，可以预期自由贸易能导致一种新的“处境”，在这种处境中，那些因贸易而获益的人们会对那些因贸易而受到损害的人给予贿赂。事实上，由此并不能得到确定的行动指南。因为新福利经济学不能确定地断言：“谷物法应该废除，而土地所有者则应该得到补偿。”在我们所作的阐述中，偶尔也隐含着这样的一个命题，但很明显，这个命题涉及关于维持现状是适当的这样一个没有保证的假定，新福利经济学家认为，这个假定既不能算对，也不能算错，但没有意义。

在另一方面，新福利经济学也不能确切断定：“谷物法应该废除，而土地所有者则不应当得到补偿。”它只能消极地提出：“如果废除谷物法然后加以补偿是必要的话，那么这样做似乎要更好一些。”这不能用来真正指导行动。我们所有的人作为社会动物的经验表明，我们事实上不能确定地预见，“受过教育的善意的聪明人”实际上往往移向一般契约轨迹。作为对事实所作的经验陈述，我们不能同意埃奇沃思的这样一个主张，即双边垄断一定最终落在契约曲线上的某处。它们最终也许会在别处，因为一方或双方害怕这种讨论可能会危害他们认为可以容忍的现状的继续存在，不愿意讨论作出对双方都有利的移动的可能性。

席托夫斯基①曾试图通过研究对两种理想处境的双重检验，来弥补新福利经济学家通常陈述中存在的某些缺陷，在所研究的两种处境中，他把新处境中的收入分配，看成同旧处境中的收入分配相对称。虽然他的双重检验改善了某些早期的陈述，但它基本上还是一种消极的办法，一直达到为新福利经济学的范围划定限界的程度。他自己所作的积极阐述，也是一种"似乎要更好一些"的陈述，因此不能确定地指导行动。这种陈述并非毫无价值，但它们完全不能替代来自旧福利经济学的政策指令。

在"似乎要更好一些"陈述的有限范围之内，席托夫斯基好像独自感觉到存在着一种模糊的东西。"处境"这个词可以表示许多不同的意思。它可以用来指关税废除前每个人所达到的实际位置，也可用来指采取新的行动，即在具有各种补偿或没有补偿的条件下废除关税以后每个人所实际达到的新的状态。再说，它能够完全表示谷物法未废除时一切可能达到的位置，以谷物法废除后的一切可能位置。后面这种情况具有更为重要的意义，而借助前面论及的可能性函数，可以对这种意义作出描述。因此，完全正统的那种"似乎要更好一些"的陈述可以作如下表述："在它能使可能性函数向外移动的意义上，技术变化能使每个人的境况变得更好一些。"②我们不能由此就演绎出"技术变化是一件好事"这样一则名言，因为引入技术变化实际上意味着每一个人从原有位置向新

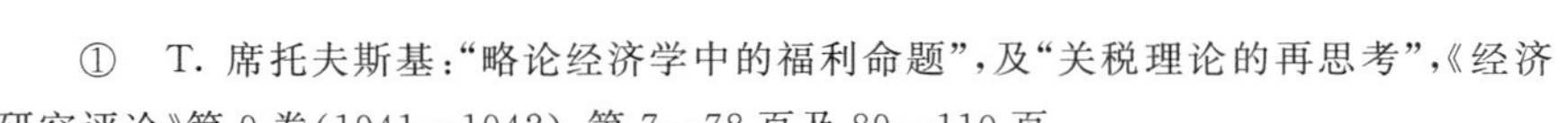

① T. 席托夫斯基："略论经济学中的福利命题"，及"关税理论的再思考"，《经济研究评论》第 9 卷（1941—1942），第 7—78 页及 89—110 页。

② 席托夫斯基实际上承认这种情况：可能性函数是给定一种挠曲而不是在每点都向外移动。

位置的一种矢量移动，而要每一个人都觉得这种移动对他来说预示着好事，几乎是不可能的。

在这个问题上，新福利经济学常常回复到这样一个模糊的陈述上来："从总体上说，可能的技术变动总会导致好的结果。"它不仅是以无知而不是以知识作为它或然性的基础，而且它也是没有意义的除非 W 函数的可行性得到承认。

在结束本节的时候，我想指出这样一个观点：我一直这样称呼的新福利经济学，其实只不过是一种滑稽可笑的模仿。从全体来看，帕累托、巴龙、霍特林和勒纳，都宁可避开个人间的判断，而不情愿否定它们。伯格森综合了不同方面的观点，就像兰格所做的一样，沿着施蒂格勒最近发展的路线[①]，卡尔多和希克斯是否易受批评，读者必须自己对此作出决定。

结　　论

在本章中，我试图对福利经济学的各个方面作一个简明的但相当完整的概述。在许多方面进一步发展这个论题以及进一步考虑许多相关的问题，这些都有可能。但篇幅的限制使我们不可能

---

① N. 卡尔多："经济学中的福利命题"，《经济杂志》，第 49 期（1939），第 549—552 页；J. R. 希克斯："福利经济学的基础"，《经济杂志》，第 49 期（1939），第 696—712 页；G. J. 施蒂格勒："新福利经济学"，《美国经济评论》，第 33 期（1943），第 355—359 页；P. A. 萨缪尔森："福利经济学的再评论"，《美国经济评论》，第 33 期（1943），第 604—607 页。参见 P. A. 萨缪尔森："福利经济学和国际贸易"，《美国经济评论》，第 28 期（1938），第 261—266 页。

这样去做，因此，我只好满足于最后再作两点评论。

首先，如果由于某种原因，许多最优条件不能实现，那么，在这种情况下，应该采取什么做法最好？对于剩下那些我们能加以实现的条件来说，我们应该做些什么？我们应该争辩说"两个错误不会产生一个正确的结论"并试图满足那些我们能予以满足的条件吗？许多条件不能实现，就必须对其余的条件进行修正，这种情况，会是可能的吗？显然，后面采取的办法是正确的办法。一部分最优条件的既定偏离，使剩下的那些条件不得不发生更换。因此，在一个几乎所有工业都按低于价格的边际成本（或者由于垄断，或者由于外部经济）进行生产的社会里，其余的生产在接近边际成本与价格相等的那点上进行，并不能令人满意。寻求每一情况下偏离最优条件的相同比例或绝对值也不是十分正确的；虽然在某种特别的例子里，如果生产要素的供给弹性为零，价格与边际成本的比例刚好相等。然而另一种例子表明，由于缺少某些条件，其余的条件不得不作更换，故意在边际成本之下把产品出售给具有高边际（社会）收入效用的集团有可能增加福利这种情况，提供了这样的一个例子。对于一个既定的不完善的收入分配情形来说，这样做会使原有的情形得到改善，虽然实现全部最优条件还会使情形变得更好一些。

最后一点要告诫的是，如果在我们的分析中引入动态条件，上面所陈述的最优条件就一定会发生相当大的变化。[①] 这种差异，

① 主张在资本主义或社会主义的条件下，个人能对他们应该消费什么商品做出决定，但关于储蓄却不能做出正确的决定，这个论点似乎暗示存在一种由于（转下页）

虽然不是本质上的，但仍然是重要的。完全根据静态条件作判断，垄断或专利制度似乎十分有害，而且肯定比原始的竞争条件和自由贸易的条件要差。但在一个动态的世界里，这些判断可能不得不完全改变，例如，赞成保护幼小工业，只有垄断者才能承担对大规模研究的刺激，(主张)对发明者必须提供奖励，等等。精确地说来，资本主义自由使用的激励措施最重要的确实同这些发展因素有关。

我们承认垄断在某些方面优于原始的竞争，并不包含它是一个工业可能存在的最好结构这样一种意思。必然会存在第三种更好的结构，这种结构也许是，也许不是比恢复和维持原始的竞争更少带有乌托邦的特点。

(接上页)引入动态条件而造成的质的差异。我提到过这样的论点;为了为储蓄和资本的形成提供资金，富人是必要的，而在社会主义国家中，政府应该决定资本形成的适切数量。如果我们指定一个满足最初六个假定并把未来的商品和劳务作为独立的变量包含在内 的 W 函数的话，则不论在资本主义还是社会主义国家中，这两点看法都是错误的。然而，特别在那些考虑到现在和将来的问题的地方，现代哲学家拒绝作出这样的假定，即人们认为对他们是最好的东西，真的就是最好的东西。自然，如果丢开个人主义的假定，我们的条件就一定会改变。但若我们是在一个静态的世界里否定这个假定的话，上述条件将仍会正确。

第二部分

第九章 均衡的稳定性：比较静态学和动态学

导　　论

对老一辈数理经济学家来说，最重大的成就是证明了，在各种极不相同的情况下，独立并且相容的经济关系的个数，均足以决定未知的经济价格和数量的均衡值。既然他们的一生只有有限的时间，所以他们停留在计算方程和未知数的数目这样一个阶段上裹足不前，就非常自然。然而，为什么经济学家在20世纪最初的25年里，会以这种工作为满足，还尚待解释，这种工作终归只是更艰苦工作的准备，其中几乎没有包括（至少明显地）具有观察的显著性意义的定理，这样的定理甚至在任何可以想象得到的环境条件下都能理想地根据经验来进行反驳。

说明在各个数据（参数）确定的公设条件（函数关系）下，一定变量（未知数）的均衡值如何决定，是比较静态学的任务。因此，在最简单的单一商品局部均衡的市场情况下，未知价格和销售量的均衡数量是由供给和需求这两种独立的关系的交点决定的，而供求关系本身则是在把其他价格和制度因素视作既定的条件下分别确定的。如果一个经济学家所能说的不过如此，那他就真易被嘲笑为只不过是一只学会了说“供给和需求”的鹦鹉。光知道有决定均衡的灵验的“法则”存在，并不能告诉我们这些法则具有怎样的性质。为了使分析能够有用，必须提供有关均衡数量由于作为独立数据的参数变化而发生变化的情况的信息。

在上面所作的说明中，让我们把“嗜好”看成一个只影响需求曲线的可变参数。增加需求会使价格上涨还是下跌？很明显，对这个问题上述那个在假定的变化的前后，价格由供给和需求的交点决定的命题，不能给我们解答。关于任何两条平面曲线中的一条发生移动的时候，它们的交点会怎样移动这个问题，也不能说出什么。然而绝大多数经济学家也许会争辩说，这个问题在各种极不相同的环境条件下都能给予确定的解答，那就是，价格将上涨。

这个结论是如何推导出来的呢？对很少的商品来说，甚至在均衡点的近旁，关于供求曲线确切形式我们也会有详细的来自经验的数量信息。要获得这样的信息，不仅需要大量的时间和金钱，而且在许多情况之下，关于需求者和供给者面临的价格发生实际变化时会出现什么情况这样一个问题，事实上不可能得到有用的经验信息。

这是经济学家面临的一个有代表性的问题：在缺乏精确的数量资料的情况下，他必须借助分析的方法来推定一个复杂系统定性的移动方向。迄今为止经济学家所取得的些微成就大致可以分别地列在两个标题之下：(1)由根据厂商或个人极大化行为的假定推得的定理，(2)与经济单位间的相互作用有关的稳定性条件。虽然直到最近，才对第一种形式有适切的研究，但由于这种形式的条件已为大家熟知,所以这里除去偶尔提到一下外,将不再对它作论述。不过,就像以后会明白的那样,从某种观点来看,把它们作为第二种形式的特例是合适的。本章的中心任务就是要证明,均衡的稳定性问题,同比较静态学中那些导出很多定理的问题有着十分密切的关系。这种对偶性构成了我所谓的对应原理的本质。

比较静态学

通过研究 n 个就参数 α 的预先指定值来说其均衡值可以决定的未知变量$(x_1,\cdots,x_n)$,可以对这个问题进行最一般化的探讨。我们假定 n 个独立相容、连续可微分的隐式关系,这些关系包含若干或全部未知数以及参数 α;即

$$f^i(x_1,\cdots,x_n,\alpha)=0,\quad (i=1,\cdots,n) \tag{1}$$

这些决定一组均衡值①

$$x_i^o=g_i(\alpha) \tag{2}$$

我们希望决定

$$\frac{dx_i^o}{d\alpha}=g_i'(\alpha) \tag{3}$$

的符号。

式(1)全体关于 α 求微分,我们可以把(3)表示为

① 当对于一个既定的 α 值,$\alpha=\alpha_1$ 来说,存在一个解$(x_1^o,\cdots,{}_n^o)$,又当矩阵$[\partial f^i/\partial x_j]$在$(x^o)$的一个邻域是 n 阶矩阵的时候,那么根据隐函数定理,方程式(2)就表示$(\alpha_1 x^o)$充分小的邻域中的单值连续可微分函数。

$$\frac{dx_i^o}{d\alpha}=-\frac{\sum_{j=1}^{n} f_\alpha^j \Delta_{ji}}{\Delta} \tag{4}$$

式中的下标表示偏微分，

$$\Delta=\begin{vmatrix} f_1^1 & f_2^1 & \cdots & f_n^1 \\ f_1^2 & f_2^2 & \cdots & f_n^2 \\ \cdots & \cdots & \cdots & \cdots \\ f_1^n & f_2^n & \cdots & f_n^n \end{vmatrix}=|f_i^j|$$

而 Δ_{ji} 是第 j 行第 i 列元素的余子式。

只有对这些行列式所包含的元素的性质加以先验的限制，才有可能推导出有用的定理。每一个未知数的导数取决于 $n(n+1)$ 个无穷的可能值。如果把各个不同的行列式展开的话，$n!$ 个项的总和会出现在分母和分子中。这些式子符号完全一致的概率，可以简单地看成就像从帽子中随机抽签的机会一样，随着变量数目的增加，会迅速地趋于零。幸运的是，就像即将证明的那样，分析均衡的稳定性将有助于估计这些复杂的表达式。

在上面提到的简单供求例子中，我们的未知数是(p,q)，因此均衡系统可写成：

$$\begin{cases} q-D(p,\alpha)=0, \quad (D_\alpha>0, D_p<0) \\ q-S(p)=0 \end{cases} \tag{5}$$

这里 α 是表示“嗜好”的移位参数，D_p 通常假定小于零。此外，

$$\frac{dp^o}{d\alpha}=D_\alpha^o \frac{1}{S_p^o-D_p^o} \tag{6}$$

$$\frac{dq^o}{d\alpha}=D_\alpha^o \frac{S_p^o}{S_p^o-D_p^o} \tag{7}$$

通常认为，价格在需求增加的时候是否上升，这取决于供求曲线在均衡点（相对于价格轴）的斜率的代数差。仅当供给曲线的斜率同这个代数差的符号相同时，数量才会增加。如果这个系统在瓦尔拉斯均衡的意义上是稳定的，那么就能够证出，供给曲线一定有比需求曲线更大的代数斜率，因此价格一定会上升；数量变动的符号一定是两可的，它将视供给曲线是正倾斜还是“向后上升”而定。①

稳定性和动态学

在明显地导出上面提到过的瓦尔拉斯均衡条件以前，我先转过来讨论稳定均衡的含义。如果以一个动态理论作为基础，这种理论决定所有变量从任意的初始条件出发经历时间的行为，我们就能发现稳定均衡的含义。如果我们有既定的 n 个变量 $[x_1(t), \cdots, x_n(t)]$ 和 n 个一般形式的函数方程式

$$F^i[x_1\underset{-\infty}{\overset{t}{(\tau)}}, x_2\underset{-\infty}{\overset{t}{(\tau)}}, \cdots, x_n\underset{-\infty}{\overset{t}{(\tau)}}, t]=0, \quad (i=1, \cdots, n) \qquad (8)$$

---

① 卡恩先生提出了区分“向前下降”和“向后上升”的负倾斜供给曲线，然而，由于这项建议没有以对达到均衡的过程所作的动态分析为基础，所以认真地用它来解决所有这些复杂问题是不适当的。参阅 R. F. 卡恩的“替代弹性和一个要素的相对分配额”，《经济研究评论》第 1 卷（1933），第 72—78 页；也参见 N. 卡尔多的“均衡决定的分类札记”，《经济研究评论》，第 1 卷（1933），第 122—136 页。

瓦伊纳教授提出，后面这种形式的曲线给出了在既定的价格上随时可得的极大量，尽管在这场论辩中，前面这种形式的曲线并没有得到什么补充的说明。

那么一旦指定某种初始条件，就能决定它们的行为。[①] 函数方程体系的例子，可以由一组组微分方程、差分方程、混合微分-差分方程、积分方程、积分微分方程以及更为一般的系统来给出。沿用弗里希教授的卓越术语，[②]变量的平稳或均衡值可由常量$(x_1^0,\cdots,x_n^0)$给出，此常量同样满足这些方程式，即

$$F^i[\overset{t}{\underset{-\infty}{x_1^o}},\overset{t}{\underset{-\infty}{x_2^o}},\cdots,\overset{t}{\underset{-\infty}{x_n^o}},t]=0\text{③},\quad (i=1,\cdots,n) \tag{9}$$

如果系统在时间t^0以前一直处于均衡状态，那么它在时间t^0以后就会继续处于均衡状态。不管怎样，均衡值$(x_1^o,\cdots,x_n^o)$可以达到，或许还可以维持一个有限的时期，然而，由于一般化的动态的"惯性"，系统随后不需要（一般也不会）继续保持均衡，而很可能"超过"界限。

均衡位置具有第一种完全稳定性，如果从任何初始条件开始，所有变量在时间变成无限时的极限接近它们的均衡值；那就是，

---

① 初始条件的构成取决于函数方程式的性质。对于微分系统来说，需要指定的只是在某个初始时间上的坐标值、速度和高阶导数。对于确定的差分方程式来说，这种情况仅就t的整数值而言才是正确的，因为在那里差分代替了导数。在一般情况下，连续时间区间上可能往后向$-\infty$延伸的变量值，是构成一个完备的初始条件集所必需的。

② R. 弗里希："论均衡和非均衡概念"，《经济研究评论》，第3卷(1936)，第100—105页。

③ 当然，这样的一个集合其实不必存在。因此，简易系统

$$\frac{dx}{dt}=e^x-x$$

没有定态的均衡值。因为$e^x-x=0$没有实根。同样，$dx/dt=1$也不定义平稳的均衡位置。

$$\lim_{t \to \infty} x_i(t) = x_i^o \qquad (10)$$

可以不管初始条件。另一方面，有时也这样陈述，如果一个系统偏离均衡后随即又能恢复均衡，那么这个系统的均衡就是稳定的。偏离等价于初始条件的任意变动，而且仅当某些函数方程式是瞬间松弛的或我们的系统扩大到包括有影响的推动力或冲击时，这种偏离才有可能发生。

如果对充分小的偏移来说，均衡是稳定的话，则第一种稳定性在此小范围内存在。小范围稳定性包括在完全稳定性之内，但反之则不然。对微小的有限偏移来说，一个体系可能是稳定的，但对大的偏移来说则不然。不过，小范围稳定性是完全稳定性的必要条件，因此，这里拟给予最详细的分析。

应该指出，那种在理论物理学中遇到的守恒动态系统，并不具有上述第一种稳定性。如果我们移动一个没有摩擦的单摆，它就会围绕稳定的均衡位置不停地摆动。[①] 然而，这种摆动是有界限的，它留存在均衡位置的一侧的时间永远不会超过一个有限的时间区间。这种行为可以表征为第二种稳定性或第二种意义上的稳定性。同前面一样，可以对小范围的和完全的第二种稳定性作出区别。在现在所作的大部分研究中，我将关心第一种稳定性的问题。

而且比较静态的方程式是一般动态分析的特例。的确它们可以从动态分析中完全抽取出来加以讨论。在力学史上，当动态的

① 通过损耗函数引进摩擦的动态系统，可以享有第一种稳定性。关于它们及相类似的问题可参见 G. D. 伯克霍夫的《动态系统》(纽约，1927)。

问题还没有得到系统表述的时候，静态的理论就已经形成了。然而，不管动态的考察是隐含的还是初步的，①不进行这种考察就无法讨论均衡的稳定性问题。我们发现，我们面对着这样一个反论：为了使比较静态的分析能产生较好的效果，我们必须首先发展动态学的理论。② 这里完全撇开动态学的其他用途。比如它在波动、趋势方面的应用等。我现在来对这些命题作一些说明。

Ⅰ. 用文字来解释供求相等的过程，通常所作的假定是，在任一价格水平上，如果需求超过供给，价格就会上升；如果供给超过需求，则价格就会下降。让我们将此更精确地表示如下：

$$\dot{p}=\frac{dp}{dt}=H(q_D-q_S)=H[D(p,\alpha)-S(p)] \qquad (11)$$

式中 $H(0)=0$，且 $H'>0$。

在均衡点的邻域中，这个式子可以展开成这样的形式

$$\dot{p}=\lambda(D_p^o-S_p^o)(p-p^o)+\cdots \qquad (12)$$

式中 $\lambda=(H')^o>0$，涉及 $(p-p^o)$ 的高次幂的项被略去。对于在时间零的初始价格 $\bar{p}$ 来说，这个简单差分方程的解一看就可以写成：

$$p(t)=p^o+(\bar{p}-p^o)e^{\lambda(D_p^o-S_p^o)t} \qquad (13)$$

如果均衡是稳定的话，

$$\lim_{t\to\infty}p(t)=p^o \qquad (14)$$

---

① 这看来涉及虚功的分析和一个稳定的静态（“平稳”）均衡位置的极小势能条件所具有的性质。

② 不要把这个立论与平常对比较静态学所作的批评混同起来，后者认为它从不去做它所不指望做的事情，即描述均衡之间的转换途径。

当且仅当下式成立时这才是可能的，

$$D_p^o - S_p^o \leqslant 0 \tag{15}$$

如果下面我们去掉大范围和小范围中的中性均衡，那么等号就可以略去，结果便成为

$$D_p^o - S_p^o < 0 \tag{16}$$

如果供给曲线是正倾斜的，这个条件就可以实现。如果它是负倾斜的话，那么（相对价格轴来说）它的倾斜度必须小于需求曲线的倾斜度。如果我们的稳定性条件得以实现，那么最初提出的那个问题就有了解答。当需求增加的时候，价格一定上升。

Ⅱ. 这些所谓的瓦尔拉斯稳定条件并不一定是唯一的稳定条件。① 如果所假设的是另一种动态模型，那么演绎推出的就将是完全不同的稳定条件，这些条件，反过来又引出另一种比较静态的定理。

因此，在马歇尔的长期名义价格理论中，假定供给数量的调节是一个相当缓慢的过程。如果“需求价格”超过“供给价格”，那么供给数量就会增加。保留我们在方程式(5)中所使用的符号，记住这里看作独立变量的不再是价格而是数量，然后把高次项略去，我们就得到下面这个差分方程

$$\dot{q} = k\left(\frac{1}{D_p^o} - \frac{1}{S_p^o}\right)(q - q^o), \quad (k > 0) \tag{17}$$

① 可以这样说，同马歇尔的很少被论及的稳定条件比较起来，认定上述稳定条件只是瓦尔拉斯稳定条件，其实包含了一个对历史的误解。事实上，可以一直追溯到《对外贸易纯理论》，在那里马歇尔对稳定均衡下了定义，定义中包括了所谓的向后上升的供给曲线，同瓦尔拉斯场合的情形极为相似。

它的解是

$$q(t)=q^{o}+(\bar{q}-q^{o})e^{k(1/D_{p}^{o}-1/S_{p}^{o})t} \tag{18}$$

如果均衡是稳定的，则

$$\frac{1}{D_{p}^{o}}-\frac{1}{S_{p}^{o}}=\frac{1}{D_{p}^{o}}\ \frac{S_{p}^{o}-D_{p}^{o}}{S_{p}^{o}}<0 \tag{19}$$

即相对数量轴来说，需求曲线的斜率的代数值小于供给曲线的斜率。因为需求曲线是负倾斜的，所以

$$\frac{S_{p}^{o}}{S_{p}^{o}-D_{p}^{o}}>0 \tag{20}$$

回到方程式(7)，我们知悉马歇尔的稳定条件要求，在一切场合，如果需求增加，数量就一定也增加，虽然价格变化方向的不确定仍属难免，因为它要取决于供给曲线的斜率的代数符号。

应该指出，这种向后下降的供给曲线并不是真正在每个假设的价格上即可得到的数量的意义上的供给曲线，虽然在由充分陡峭的需求曲线的波动给出的价格-数量点的轨迹的意义上，它是真正的供给曲线。照这种情况，它乃是一种可逆的长期关系。

Ⅲ. 还可以考虑一种动态模型。它适用于这样一种情况：某些商品的供应必须经历一定时间的滞后才能对价格作出反应，尽管价格本身是瞬间调整的。这就造成了众所周知的蛛网现象。使用与前面相同的符号，这个动态模型采取下面这种用差分方程表示的形式，

$$\begin{aligned} q_{t}&=S(p_{t-1}) \\ q_{t}&=D(p_{t},\alpha) \end{aligned} \tag{21}$$

在均衡的附近

$$(q_t - q^o) = \left(\frac{S_p^o}{D_p^o}\right)(q_{t-1} - q^o) \tag{22}$$

其解

$$q_t = q^o + (\bar{q} - q^o)\left(\frac{S_p^o}{D_p^o}\right)^t \tag{23}$$

的稳定性要求

$$\left|\frac{S_p^o}{D_p^o}\right| < 1 \tag{24}$$

如果供给曲线是正倾斜的话,那么相对于数量轴来,它的倾斜度的绝对值必须比需求曲线更为陡峭。在这种情况之下,趋向于均衡具有衰减振荡的性质。每隔一个的观察值在均衡值的一侧。

如果供给曲线是负倾斜的话,那么相对数量轴来说,它一定比需求曲线更为陡峭,这就像在瓦尔拉斯稳定性场合的一样。在这种情况下,达到均衡的轨迹是渐近的。像在瓦尔拉斯的场合一样,我们可以从中推演出比较静态方面的定理:即使数量变化方向不确定,价格也一定上升。

必须留意,一阶差分方程的解多于其对应的一阶微分方程的解。它不仅允许振荡解,而且稳定条件同一个方程的根的绝对值相联系,其中隐含了两个不同的不等式。如果记得 D_p^o 为负的话,就可以把(24)中的不等式写成

$$D_p^o < S_p^o < -D_p^o$$

这个新不等式告诉我们,任何由于需求增加引起的产量增加,不会同由于供给的“等量”增加造成的产量增加一般大。

Ⅳ. 马歇尔在《对外贸易的纯理论》中还考察了第四种动态模

型。让图 2 分别表示两个贸易主体(供给者和需求者)熟知的契约曲线均衡。在这两条曲线的交点(不必定唯一)上获得。如果均衡发生偏移,国家Ⅰ的行为将采取在它的契约曲线的水平方向上改变 x_1 的数量这样的方式如水平箭头所指的那样)。同样,国家Ⅱ会在它契约曲线的垂直方向上对 x_2 作出调整。这用数学来表述就是

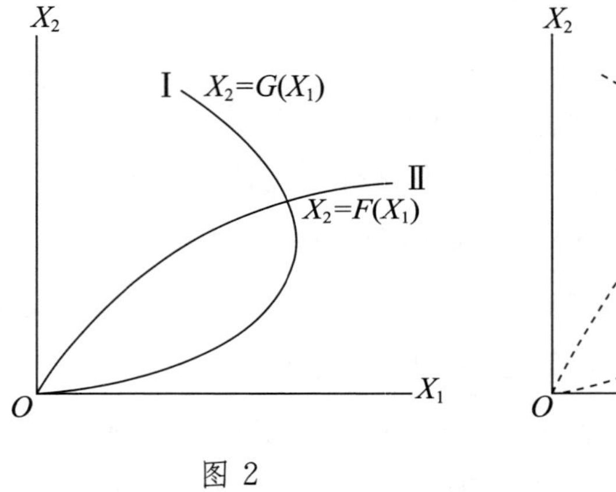

图 2

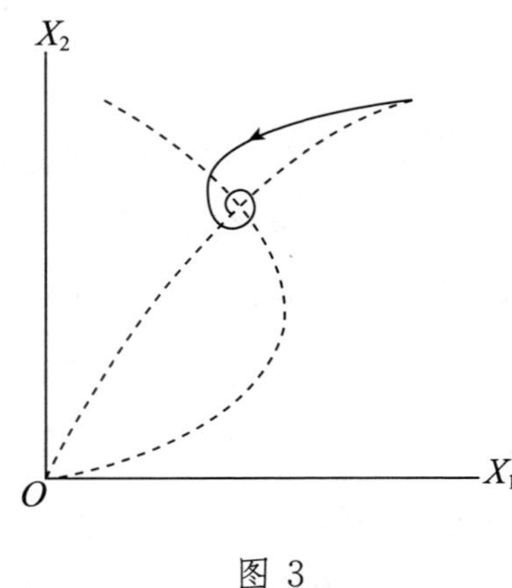

图 3

$$\dot{x}_1 = H_1[G(x_2) - x_1]$$
$$\dot{x}_2 = H_2[F(x_1) - x_2] \quad (25)$$

式中 $H_i'>0$,$H_i(0)=0$,而 $G(x_2)-x_1=0$,$F(x_1)-x_2=0$ 则分别代表国家Ⅰ和国家Ⅱ的静态契约曲线。对于 $H'_1=H'_2$ 以及适当的单位来说,在均衡的附近成立下面的联立微分方程组

$$\begin{aligned} \dot{x}_1 &= -(x_1 - x_1^o) + (G')^o(x_2 - x_2^o) \\ \dot{x}_2 &= (F')^o(x_1 - x_1^o) - (x_2 - x_2^o) \end{aligned} \quad (26)$$

其解所取的形式是

$$x_1(t) = x_1^o + k_{11}e^{\lambda_1 t} + k_{12}e^{\lambda_2 t}$$

$$x_2(t)=x_2^o+k_{21}e^{\lambda_1 t}+k_{22}e^{\lambda_2 t} \tag{27}$$

这里的诸 R 取决于初始值$(\bar{x}_1,\bar{x}_2)$,而诸 λ 则是特征方程

$$D(\lambda)=\begin{vmatrix} -1-\lambda & (G')^o \\ (F')^o & -1-\lambda \end{vmatrix}=0 \tag{28}$$

的根。

显然

$$\lambda=-1\pm\sqrt{(G')^o(F')^o} \tag{29}$$

如果 λ 的实部一定为负,即

$$R(\lambda)<0 \tag{30}$$

则均衡就将是稳定的。如果$(G')^o$ 和$(F')^o$ 具有相反的符号(举例来说,如果一国的需求有弹性,而另一国的需求没有弹性的话),这个条件就一定会得到满足。它的解虽然是振荡的,但是衰减,就像图 3 所示的那样,它的解螺旋式地接近均衡,并且服从这样形式的一个方程,

$$x_i=x_i^o+e^{-t}(a_i\sin\theta t+b_i\cos\theta t),\quad (i=1,2) \tag{31}$$

但是,如果(G')和$(F')^o$ 都为正(每个国家的需求都具有弹性),则

$$\sqrt{(G')^o(F')^o}<1 \tag{32}$$

$$(G')^o(F')^o<1 \tag{33}$$

并且

$$(G')^o<\frac{1}{(F')^o} \tag{34}$$

由于这两条契约曲线相对于 x_1 轴的斜率是

$$\left(\frac{dx_2}{dx_1}\right)_{\mathrm{I}}>\left(\frac{dx_2}{dx_1}\right)_{\mathrm{II}} \tag{35}$$

所以均衡是渐进达到的。

如果两条曲线都是负倾斜，则稳定就会要求

$$\left(\frac{dx_2}{dx_1}\right)_{\mathrm{I}} < \left(\frac{dx_2}{dx_1}\right)_{\mathrm{II}} \tag{36}$$

显然，曲线具有相同符号时的一般条件可以写成

$$\left|\frac{dx_2}{dx_1}\right|_{\mathrm{I}} > \left|\frac{dx_2}{dx_1}\right|_{\mathrm{II}} \tag{37}$$

因此，在每个这样的场合均衡都是渐近达到的。[①] 如果把条件转换成供求曲线而不是契约曲线所要求的条件的话，我们就会发现，这里推得的稳定性条件所隐含的条件与前面几种情况的条件既不相同也不相容。

V. 在上面考察的四种情况中，我所关心的一直是第一种稳定性问题。遵照加州大学弗朗西斯·德雷什的建议，让我们假设价格的下降并不是发生在瞬间供给超过需求之际，而只是发生在累积存量超过某个正常值 Q^o 之时，即

$$\dot{p} = \lambda(Q^o - Q) + \cdots = \lambda Q^o - \lambda\int_0^t (q_S - q_D)dt, \quad (>0) \tag{38}$$

因为存量等于生产数量和消费数量之间的累积的差。先对 t 求微分，接着略去带高次幂的项，然后重新定义时间单位以去掉维数常量 λ，我们就会有

$$\bar{p} = (D_p^o - S_p^o)(p - p^o) \tag{39}$$

① 稍微有些矛盾，在这种场合，稳定的均衡位置没有必要被不稳定的均衡位置隔开，因为有复根的可能性。

它的解是

$$p(t)=p^{o}+c_{1}e^{(\sqrt{D_{p}^{o}-S_{p}^{o}})t}+c_{2}e^{-(\sqrt{\quad S_{p}^{o}})} \tag{40}$$

诸 c 依赖于初始价格以及价格的变化。

仅当

$$D_{p}^{o}-S_{p}^{o}<0 \tag{41}$$

才有可能避免爆炸性状态。但是,如果上面的不等式实现的话,那平方根将会是一个纯粹的虚数,其结果是解将采取不衰减的调和形式:

$$p(t)=b_{1}\cos\sqrt{S_{p}^{o}-D_{p}^{o}}\,t+b_{2}\sin\sqrt{S_{p}^{o}-D_{p}^{o}}\,t+p^{o} \tag{42}$$

因此,如果我们要求我们的二阶微分方程至少有第二种稳定的话,我们就会达到与情况Ⅰ中一样的比较静态学定理。

在反对假定这样一种非衰减的系统的理由中,至少有一种是重要的。如果在我们的系统上添加随机冲击或误差,那么它们所具有的累积倾向就会使得周期的预期振幅将随时间的推移而增加。这可以用熟知的大量分子在随机碰撞影响下的布朗运动来加以说明。分子的"随机游动"及其平均方差,随观察时间的延长而增大。① 经济分析在采用相类似的假设之前,应当先举出某些可

① 不必把随机冲撞看作麻烦的事情。当它们不存在的时候,摩擦就会把系统限制在某个固定的水准上,而不是限制在(忽视摩擦的)"真正"的均衡水准上。随机冲撞经常所起的作用是保证它们实现了的平均值近似地等同于均衡值,这就恰同放在磁石上方一张纸上的铁屑,在假设磁力线能够穿过的条件下,被轻轻拍打时显现的结果一样。

以表明它有效的统计方面的证据。①

我们现在已经概述的五种不同的动态模式及其相关的稳定条件,都是适用于简单的只有一种商品的市场的。除情况Ⅳ和Ⅴ可能是例外,所有这些从数学上说都是很浅显的。只凭直观或简单的几何方法,就可显示稳定的充分条件。然而,它们却都是重要的,因为在经济科学史上,它们每一个都起过重大的作用;而确切地说来,由于它们所具有的简明性,他们对一般所涉及的原理提供了有用的说明,在下一节中,我打算考察更为复杂的问题。

多种市场的稳定性

虽然在这个阶段,从形式上发挥前面所说明的那些一般系统的基本原理可能会更好一些,但前面的讨论为我们考察最近在希克斯教授手里受到相当重视的一个问题提供了一个非常便利的机

---

① 通过假定价格不仅在存量很大的时候有下降倾向,而且在当期供给大于当期需求,即存量被累积的时候也有下降倾向,我们就能避免不衰减系统。于是我们有

$$\dot{p}=\alpha\left[Q^{o}-\int_{0}^{t}(q_{S}-q_{D})dt\right]-\beta(q_{S}-q_{D})$$

或 $$\ddot{p}=\alpha(D_{p}^{o}-S_{p}^{o})p+\beta(D_{p}^{o}-S_{p}^{o})\dot{p}.\quad(\alpha,\beta>0)$$

这个均衡是稳定的,仅当

$$R(\lambda)<0$$

或,当 $$\lambda^{2}-\beta(D_{p}^{o}-S_{p}^{o})\lambda-\alpha(D_{p}^{o}-S_{p}^{o})=0$$

或,当 $$D_{p}^{o}-S_{p}^{o}<0$$

这和情况Ⅰ中的条件以及刚推导出的条件相一致。事实上,当其中一个系数为零的时候,它们每一个都是特例。对中间值来说,解的连续变动区域在衰减调和运动和以指数方式接近均衡之间。

会，在《价值和资本》一书的第八章以及数学附录第 21 节中，希克斯试图把单一市场的稳定性条件推广到任何数目的市场系统中去。处理的方法是假定的，除去暗含的以外，稳定性条件不能从动态模型中由演绎推得。[①] 这里像定理一样推得的命题被假定为就是稳定性的定义。

按照希克斯教授的看法，如果需求的增加使价格上升，那么对一个单一市场来说，均衡就是稳定的（这里一开始就不把情况Ⅱ和情况Ⅳ考虑在内）。但对多种市场来说，如果对单一商品需求的增加在所有其他价格调整后提高了这种商品的价格，均衡还只是不完全的稳定，只有对一种商品的需求的增加，甚至在任何一部分其他商品的价格任意保持不变（借助于松弛其他均衡条件）的时候，能够使这种商品的价格有所提高，均衡才是完全稳定的。

为能依据更加基本的均衡稳定性定义来检验这些准则的必要性和充分性，让我们把下面这种形式的瓦尔拉斯条件合乎常规地加以一般化：如果一种商品的供给超过对它的需求，这种商品的价格就会下降，这些供求量中的每一个都可看作所有其他价格的函数。

用数学来表示就是：

$$\dot{p}_i=-H_i(q_S^i-q_D^i)=-H_i[q_S^i(p_1,\cdots,p_n)-q_D^i(p_1,\cdots,p_n)]$$

---

① 确实，在 88 页的论述中暗示到一点动态过程。接近均衡的过程似乎可看作在分离的时间区间上发生的有限步骤；即与某种差分方程式相一致。准确地说，正如后面一般讨论将揭示的那样，这个论点不会导致与我下面讨论的微分方程系统实质上不同的稳定性条件。

$$=H_i'\sum_{j=1}^{n}a_{ij}^{o}(p_j-p_j^{o})+\cdots \tag{43}$$

这里

$$0=q_S^i(p_1,\cdots,p_n)-q_D^i(p_1,\cdots,p_n)=-q_i(p_1,\cdots,p_n) \tag{44}$$

代表供给和需求的静态方程，a_{ij}^{o} 代表 q_i 对在均衡价格集合上计算的第 j 种商品价格的偏导数。通常，$a_{ij}^{o}\neq a_{ji}^{o}$。① 然而，首先考虑对称的情况（例如以不包括企业家为结构特征的市场）是有益的。让调整速度 H_i' 固定为一。方程式(43)的解可以写成

$$p_i(t)=p_i^{o}+\sum_{j=1}^{n}k_{ij}\delta_j^{\lambda t} \tag{45}$$

这里$(\lambda_1,\cdots,\lambda_n)$是特征方程的特征根而

$$f(\lambda)=\begin{vmatrix} a_{11}^{n}-\lambda & a_{12}^{o} & \cdots & a_{n1}^{o} \\ a_{12}^{o} & a_{22}^{o}-\lambda & \cdots & a_{n2}^{o} \\ \cdots & \cdots & \cdots & \cdots \\ a_{1n}^{o} & a_{2n}^{o} & \cdots & a_{nn}^{o}-\lambda \end{vmatrix}$$

$$=|a-\lambda I|=|a_{ij}^{o}-\lambda\delta_{ij}|=0 \tag{46}$$

① 如果每一需求和供给的制定都涉及厂商的极大化利润，那么众所周知的可积性条件就能保证这个式子相等。在需求者方面，这种相等是不必要的，而且，如果我们所考察的是一个总购买与生产性服务总销售相抵的消费者的话，那么严格地说来，这样一个适用于商品和劳务每一种组合的等式，就很有可能会导致荒谬的结果；它可能暗含着成比例的支出，因此，每一种商品的消费为零就是这种服务的提供为零。对于一般的需求或供给函数来说，我们不必期望“收入效应”会抵消，因为个人通常既在消费市场又在要素市场上面对厂商。

诸 k 取决于矩阵 a 及初始条件。[①] 同前面一样，稳定要求 $R(\lambda_j)<0$。

根据众所周知的赫米蒂安矩阵定理，在对称情况下，所有的根一定都是实数。如果均衡要稳定的话，它们就必须是负的。按照一个古典的定理，并且仅当 a 是负定二次型矩阵时，这种情况就会出现；这也就是说，全部主子式的符号像下面这样交错出现，

$$|a_{ii}^o|<0;\quad \begin{vmatrix} a_{ii}^o & a_{ij}^o \\ a_{ji}^o & a_{jj}^o \end{vmatrix}>0;\quad \begin{vmatrix} a_{ii}^o & a_{ij}^o & a_{ik}^o \\ a_{ji}^o & a_{jj}^o & a_{jk}^o \\ a_{ki}^o & a_{kj}^o & a_{kk}^o \end{vmatrix}<0$$

$$i\neq j\neq k\neq i \tag{47}$$

任何一个形如下式的比的符号一定为负：

$$\frac{\begin{vmatrix} 1 & 0 & \cdots & 0 \\ 0 & a_{jj}^o & \cdots & a_{jk}^o \\ \cdots & \cdots & \cdots & \cdots \\ 0 & a_{kj}^o & \cdots & a_{kk}^o \end{vmatrix}}{\begin{vmatrix} a_{ii}^o & a_{ij}^o & \cdots & a_{ik}^o \\ a_{ji}^o & a_{jj}^o & \cdots & a_{jk}^o \\ \cdots & \cdots & \cdots & \cdots \\ a_{ki}^o & a_{kj} & \cdots & a_{kk} \end{vmatrix}} \tag{48}$$

① 如果根互不相同，那么根就以多项式的项的形式，$te^{\lambda t}$，$t^2e^{\lambda t}$，…，$t^se^{\lambda t}$ 出现，其中 $(s+1)$ 是一个重根的次数。不管怎样，稳定性问题只取决于诸 λ，而不受这种乘式的影响，因为衰减确实发生，指数总是控制着解的渐近性质。

但确切地说来，这个比率在其他商品价格恰当的子集保持不变的情况下，当第 i 种商品的净供给增加一个单位时，等于这种商品的价格变动量。因此在这种情况中，可以把希克斯教授提出的稳定性准则看作正确的定理。

在不存在完全对称的地方（在商业循环分析中这种情况几乎始终没有出现过），希克斯准则不仅完全不再是必要条件，而且在许多场合也不再是充分条件。[①] 即使在希克斯的意义上既不是完全稳定也不是不完全稳定的一个系统，也仍可保持第一种的稳定性。我长期猜想完全稳定是第一种稳定性的充分条件。但这种推测被证明是错误的。像不完全稳定一样，完全稳定既不是必要条

① 需要提出注意的一点是关于不加区别地把价格或数量当作独立变量。这会导致第 44 页关于补偿性定义的文字讨论和第 311 页中的数学定义之间的矛盾，这种不一致性可能导向相反的符号。当涉及非对称矩阵时，互换独立变量（正如第 63 页关于稳定性的文字讨论和第 315 页及 325 页关于稳定性的数学条件之间的差别一样）就特别重要。

$$\frac{dx_i}{dp_i}<0,\ \begin{vmatrix} \dfrac{dx_i}{dp_i} & \dfrac{dx_i}{dp_j} \\ \dfrac{dx_j}{dp_i} & \dfrac{dx_j}{dp_j} \end{vmatrix}>0,\cdots$$

其中，

$$\frac{dx_i}{dp_j}\neq\frac{dx_j}{dp_i},$$

上式意味着下式吗？

$$\frac{dp_i}{dx_i}<0,\ \begin{vmatrix} \dfrac{dp_i}{dx_i} & \dfrac{dp_i}{dx_j} \\ \dfrac{dp_j}{dx_i} & \dfrac{dp_j}{dx_j} \end{vmatrix}>0,\cdots$$

答案是肯定的，但证明却不容易。如果涉及两个以上的变量，即使在对称的情况下，积 $(dp_i/dx_i)(dx_i/dp_j)$ 不必具有正号。

件，也不是充分条件。[①] 不管怎样，这是一个非常严格的条件，虽然不完全稳定性所要求的并不十分严格；这些极限确实仅在对称的情况下收敛。为什么应该指望任何一个体系都具有完全的稳定性，或为什么经济学家应该对这种性质产生兴趣，已有的对这些问题的回答肯定是不清楚的。希克斯教授没有使用明显的动态模型，他所用的大概是类推的办法，从众所周知的极大化条件展开论证，根据这些条件，任意偏移和变量所经历的任何变换中，一定会有一个极大值存在。结果，某些变量可以作为常数，而对于剩下的任意一个子集来说，各种不同二次型定性一定都能得到保证。另一方面，就真实的动态均衡过程而论，这种均衡对于任意的初始条件或偏移，以及对于变量的任意非奇异变换来说，一定是稳定的，但对诸如在希克斯使其他价格的子集保持不变的做法（通过违反

① 矩阵

$$\begin{bmatrix} \in & 1 & 0 & 0 \\ 0 & \epsilon & 1 & 0 \\ 0 & 0 & \epsilon & 1 \\ -1 & 1 & -1 & 1+\epsilon \end{bmatrix}$$

对于充分小的诸 ϵ 来说，其所有的主子式均为正，而某些根的实部为负。这表明，甚至希克斯的完全稳定性也不能保证动态稳定。参见 P. A. 萨缪尔森的“希克斯稳定与真正动态稳定之间的关系”，《计量经济学》杂志，第 12 期（1944），第 256—257 页。而且，如梅茨勒近来证明的那样，如果对不同市场所有可能的（正的）调整率来说系统是稳定的话，那么希克斯条件就是必要的（但不是充分的）；而如果所有非对角线项非负的话，希克斯条件就成为稳定性的充分必要条件了。L. A. 梅茨勒：“多种市场的稳定性：希克斯条件”，《计量经济学》杂志，第 13 期（1945），第 272—292 页。对于上面这个矩阵的逆矩阵一定由所有相同符号的元素构成这点的证明，见 J. 莫萨克的《国际贸易的一般均衡理论》（布卢明顿，印第安纳州：普林西波尔出版社，1944），第 49 页。

或放松真正的动态关系)中所涉及的那种任意修正过的动态运动方程来说,这种均衡就不一定稳定。希克斯的做法原则上显然是不正确的,尽管在某些实际情况中,甚至在某些可以任意视作常数的变量没有"均衡"行为时作均衡是稳定的假设,也仍可能是有用处的。(后面讨论凯恩斯模型同时也就是叙述了这样的一个例子)

总之,适合于每一种情况的充分必要条件是 $R(\lambda_j)<0$,其中 λ_j 代表矩阵 α 的特征根。这个条件并不等价于希克斯的条件。①

在对计量经济学会的一次演讲中,兰格教授认为,②每个市场中的反应速率可能不同,这使我们可以不像式(43)那样写成

$$\dot{p}_i = H'q_i + \cdots \tag{49}$$

而是写成

$$\dot{p}_i = H_i q_i + \cdots \tag{50}$$

这里 $H_i = H_i'(0)$ 是适用于第 i 市场的(正)系数。

甚至连这也不是充分一般的,除非一个特定的商品分类得到确认,以及如果我们的公式在商品和价格线性变换的条件下保持

---

① 下面的解释证实了这一点。系统

$$\dot{p}_1 = -2p_1 + 4p_2$$

$$\dot{p}_2 = -p_1 + p_2$$

具有第一种稳定性,但它既不是完全稳定的,也不是不完全稳定的系统

$$\dot{p}_1 = p_1 - p_2$$

$$\dot{p}_2 = 2p_1 + p_2$$

是不完全稳定的,且离均衡更远。

② O. 兰格:"经济均衡稳定性"的摘要,《计量经济学》,第 10 期(1942),第 176—177 页;《价格的适应性与就业》(布洛明顿,印第安纳:普林斯比亚出版社,1944),附录。

不变。我们不能选择因此只得认可某一市场的调整率将取决于其他市场上的超额需求，结果用矩阵形式表示就成为，

$$\dot{p}=Hq+\cdots=Hap+\cdots \tag{51}$$

这里 q 是诸 q_i 的列；a 是 a_{ij}^o 的方阵；而在这里，H 现在可不必再是正的对角线矩阵了。一开始要求 H 是正定矩阵，或至少是准正定矩阵似乎是合理的，后面这种矩阵的表达式已在第六章中定义了。然而，如果我们使用那种像第六章方程式(47)所给出的变换 c 的话，那么

$$\begin{aligned} q&=c\bar{q}; \qquad \bar{q}=c^{-1}q \\ p&=c'^{-1}\bar{p}; \qquad \bar{p}=c'p \end{aligned} \tag{52}$$

于是就可以证明

$$\begin{aligned} \dot{\bar{p}}&=\bar{H}\bar{q}+\cdots=c'H\bar{q}+\cdots=\bar{H}\bar{a}\bar{p}+\cdots \\ &=(c'Hac'^{-1})\bar{p}+\cdots \end{aligned} \tag{53}$$

由此可得出这样的结论：约束不能单独加在 H 上，但可以只加在 H 和 a 的积上；就是说，结果既取决于静态矩阵 a，也取决于动态反应的速率矩阵 H。在某些坐标系统中，H^{-1} 为准正定矩阵，a 为准负定矩阵，这些构成稳定性的充分条件，但绝不是必要条件。

在离开多种市场的稳定问题之前，我想概要地述说一下引入存货的影响以及它同第二种稳定性的关系。设价格下降不仅发生在当期供给超过当期需求的时候，而且发生在现在的存货（在时间中积累的当期生产和消费的偏差）超过均衡数量的时候。于是，对于适当的时间单位和相等的调整速率来说，

$$\dot{p}_i = Q_i^o - \int_0^t (q_S - q_D) d\tau = Q_i^o + \int_0^t \sum_{j=1}^n a_{ij}^o (p_j - q_j^o) d\tau + \cdots$$

或

$$\ddot{p}_i = \sum_{j=1}^n a_{ij}^o (p_j - p_j^o) + \cdots \tag{54}$$

它的解取如下形式

$$p_i(t) = p_i^o + \sum_{j=1}^n (k_{ij} e^{\sqrt{\lambda j}\, t} + h_{ij} e^{-\sqrt{\lambda j}\, t}) \tag{55}$$

这里$|a_{ij}^o - \lambda_j \delta_{ij}| = 0$，而对于其中非重根来说，诸 R 和诸 n 为视初始条件而定的常数。显然，除非 $\sqrt{\lambda_j}$ 全部都是纯虚数，即除非 λ_j 是负实数，这种运动将是爆炸性和不衰减的。

如果系统是对称的，那么很显然，它将导致与第一种稳定性条件相同的条件。如果系统不是对称的，那么二阶导数处处替代一阶导数(由于那个依据累积的存量而不是瞬时的流量的假设)，就会包含为保证第二种稳定而加于系数上的条件，要比前面保证第一种稳定所要求的条件更要严格这种情况。当然，这是因为要求负实根的缘故。①

① 我们可以考虑第 291 页脚注②中间那个假定的一般化形式，在那里价格变动取决于存量和流量，即

$$\ddot{p}_i = \sum_{j=1}^n a_{ij}^o [\alpha \dot{p}_j + \beta (p_j - p_j^o)], \quad \begin{pmatrix} \alpha > 0 \\ \beta > 0 \end{pmatrix}$$

如果对 $\beta > 0, \alpha = 0$ 来说是稳定的，同样对 $\beta = 0, \alpha > 0$ 来说也是稳定的话，那么或许就能够证明对于所有的中间情况来说都是稳定的。

对凯恩斯体系的分析

到现在为止,我已考察了几个从经济理论中提取出来的例子。那里所采用的分析技术,如果应用于商业周期问题,也许会更卓有成效。为了说明这一点,我想稍微详细地分析一下《通论》中提出的简单凯恩斯模型某个细节。不同的作者,比如米德、希克斯和兰格,明显地用数学形式发挥了凯恩斯体系的含义。① 凯恩斯所强调的三个基本的关系是:(1)消费函数,这个函数使消费(从而储蓄-投资)同收入相联系,并且一般地说也同利率相联系;(2)边际资本效率,它使净投资同利率以及收入水平(当资本设备的水平固定的时候,这种固定是相对于所研究的那个短期来说的)相联系;(3)流动性偏好序列,这个序列把现存的货币数量同利率和收入水平联系在一起。

用数学来表示,这些关系可以如下写出:

$$C(i,Y)-Y+I=-\alpha \tag{56}$$

$$F(i,Y)-I=-\beta \tag{57}$$

$$L(i,Y)=M \tag{58}$$

这里 i,Y,I 分别表示利率、收入和投资;C,F,L 分别表示消费函数、资本的边际效率表列和流动性偏好表列。M 表示现存的货币

① J. E. 米德:"一个凯恩斯先生体系的简化模型",《经济研究评论》杂志,第 4 卷(1937),第 98—107 页;J. R. 希克斯:"凯恩斯先生和'古典理论':一项建设性的说明",《计量经济学》杂志,第 5 期(1937),第 147—159 页;奥斯卡·兰格:"利率和最适度消费倾向",《经济学》杂志,第 5 期(1938),第 12—32 页。

数量，把它看成一个参数；α 是一个表示消费倾向表列上移的一般参数；同样，当参数 β 增大的时候，边际效率表列也向上移动。

我们有用三个参数决定三个未知数的三个关系，即：

$$
\begin{aligned}
i &= i(\alpha,\beta,M)\\
Y &= Y(\alpha,\beta,M)\\
I &= I(\alpha,\beta,M)
\end{aligned}
\tag{59}
$$

如在这部分第一节中所说明的那样，凯恩斯均衡系统的有用性在于，它阐明了未知数的变化是参数数据变化的结果。更明确地说，什么是

$$
\frac{di}{d\alpha},\frac{dY}{d\alpha},\frac{dI}{d\alpha}
$$

$$
\frac{di}{d\beta},\frac{dY}{d\beta},\frac{dI}{d\beta}
$$

$$
\frac{di}{dM},\frac{dY}{dM},\frac{dI}{dM}?
$$

的符号呢？全部对参数求微分并估量所得出的线性方程，我们发现

$$
\begin{aligned}
&\frac{di}{d\alpha}=\frac{-L_Y}{\Delta},\frac{dY}{d\alpha}=\frac{L_i}{\Delta},\frac{dI}{d\alpha}=\frac{F_YL_i-F_iL_Y}{\Delta}\\
&\frac{di}{d\beta}=\frac{-L_Y}{\Delta},\frac{dY}{d\beta}=\frac{L_i}{\Delta},\frac{dI}{d\beta}=\frac{(1-C_Y)L_i+C_iL_Y}{\Delta}\\
&\frac{di}{dM}=\frac{1-C_Y-F_Y}{\Delta},\frac{dY}{dM}=\frac{F_i+C_i}{\Delta}\\
&\frac{dI}{dM}=\frac{F_Y(F_i+C_i)+(1-C_Y-F_Y)F_i}{\Delta}
\end{aligned}
\tag{60}
$$

这里

$$\Delta=\begin{vmatrix} C_i & C_Y-1 & 1 \\ F_i & F_Y & -1 \\ L_i & L_Y & 0 \end{vmatrix}=L_Y(F_i+C_i)+L_i(1-C_Y-F_Y) \quad (61)$$

通常在一个先验的、直观的、实际经验的基础上作出下述假定：

$$C_Y>0, F_Y>0, F_i<0, L_Y>0, L_i<0 \quad (62)$$

同时 $C_i \gtreqless 0$

而它的数量意义，在现代的讨论中通常被假定是较次要的。

为了估量我们的九个导数，我们需要能够毫不含糊地决定所有的分子以及公分母 Δ 的符号。Δ 由五项组成，其中两项的符号为正，两项为负，一项不定。在沿着严格静态路线的演绎分析的基础上，不能够推得它的有关符号。而且，即使 Δ 的符号决定了，九个导数中除去四个以外，其余五个的分子符号将发现是不能确定的。

这是一个典型的例子。如果我们要导出有用的定理，我们就必须进一步考虑更为一般化的动态系统，这种系统把静态的凯恩斯分析作为特例包含在里面。可以有各种不同的方法来进行动态分析。我打算采用两种方法，第一种方法依据差分系统并能得出十分确定的结论。

情况 1，让我们像以前一样假定，第二个边际效率关系和第三个流动性偏好关系的有效时间是如此之短，以致可以将它们看作只瞬时有效。然而让我们假定，I 现在表示“意愿的”投资，并且，只在均衡即所有变量取定态值的时候，这个数量才等于储蓄-投资的量。但是，如果由于某种变化，消费（比如说）可能突然增加，而国民收入却没有机会变动，那么由于存货减少等原因，实际的储蓄-投资就会低于“意愿的”投资。结果，收入往往会趋于上升。同样，实际的储蓄-投资如果超过意愿投资，也会使收入趋于下降。用数学来表示，这个假定可以阐述如下：收入的变化率同意愿的储蓄-投资与实际的储蓄-投资的差额成比例。这里所作的讨论与储蓄同投资是否相等的争论没有关系，尽管有可能出现相反的情况。细心的读者不应当因为我所提出的公式同罗宾逊恒等式之间的表面相似，而造成误解，依据罗宾逊的恒等式，投资与储蓄间的差额成为收入的时差。

用动态方程代替方程式(56)，(57)和(58)，我们有

$$\dot{Y}=I-[Y-C(i,Y)-\alpha] \tag{63}$$

$$0=F(i,Y)-I+\beta \tag{64}$$

$$0=L(i,Y)-M \tag{65}$$

它们的解的形式是：

$$\begin{aligned} Y&=Y^{o}+a_{1}e^{\lambda t}\\ i&=i^{o}+a_{2}e^{\lambda t}\\ I&=I^{o}+a_{3}e^{\lambda t}\end{aligned} \tag{66}$$

这里

$$\Delta(\lambda)=\begin{vmatrix} C_i & C_Y-1-\lambda & 1\\ F_i & F_Y & -1\\ L_i & L_Y & 0\end{vmatrix}=\Delta+\lambda L_i=0 \tag{67}$$

仅当

$$\lambda=-\frac{\Delta}{L_i}<0 \tag{68}$$

时，均衡是稳定的。但 $L_i<0$；因此

$$\Delta < 0 \tag{69}$$

是明确的。

这里建立了四个定理：资本边际效率的增加将(1)提高利率和(2)增加收入；消费倾向的提高将(3)提高利率和(4)增加收入。但新货币的创造又将对利率产生怎样的影响呢？只有考察更为严格的稳定条件才能对这个问题作出解答。让我们假定，(比如说)利率由于中央银行的措施适当而保持不变。这个假定等价于去掉流动性偏好方程式(65)，并且把剩下的方程中的 i 看作不变。如果在这些条件之下均衡是稳定的话，我们一定会有

$$\begin{vmatrix} C_Y - 1 - \lambda & 1 \\ F_Y & -1 \end{vmatrix} = 0 = (1 - C_Y - F_Y) + \lambda \tag{70}$$

或

$$-\lambda = (1 - F_Y - C_Y) > 0 \tag{71}$$

这里导出了另一个重要的定理：(5)边际消费倾向加上边际投资倾向的和不能超过 1，否则系统就不会稳定(在利率固定的时候)。[①]同时它也告诉我们(6)货币数量的增加一定会使利率降低，如果其他条件不变的话。

我们还剩下四个符号没有确定。对于利率的变动，储蓄会作

---

① 如果我们把投资也看作一个独立的参数(比如说通过政府的活动)，我们就会失掉方程式(57)，而有稳定性条件

$$|C_Y - 1 - \lambda| = (C_Y - 1) - \lambda = 0$$

$$\lambda = C_Y - 1 < 0$$

即边际消费倾向必须小于 1。但由于边际投资倾向被假定为正，所以这个条件比前述条件要弱。

任何方向的变化，所以其中的两个符号，将取决于储蓄变动的方向。如果我们假定，在正常情况下，由于收入既定，储蓄将随着利率的提高而增加，或者，如果它们减少的话，其减少的量不会同投资减少的量一样多，那么我们又能得到三个正确的定理：货币数量的增加，(7)增加收入，并且(8)增加投资，(9)边际效率表的增加，使投资增加。只剩下最后一个不确定项了，增大消费倾向的投资的效应是什么呢？答案是不明确的，从本质上来看，它取决于流动性偏好的斜率和边际效率斜率的数量大小。当收入增加的时候，货币变紧，因为需要融通更多的交易。这时往往会压低投资。作为一种抵消的力量，收入增加通过边际投资倾向往往使投资有所增加。这里究竟哪种效应更强一些是无法在事前先验地决定的。

我准备了一个 3×3 的分类表来说明这九项的符号。除去四项外，其余五项都有确定的符号，在那四项中，用问号表示的那一项实质上符号是不明确的。另外三项在问号下显示了它们在正常情况下被假定的符号。

		i	Y	I
消费倾向增大	α	+	+	?
资本的边际效率增大	β	+	+	? +
货币数量增加	M	−	? +	? +

情况 2，现在我转向一个以差分方程作为基础的系统。考察的依据同卡恩-克拉克乘数框图的依据相似，即使只是因为这个缘故，作这种考察也是值得的。而且，这样做还可以把微分系统和差分系统间在分析上的悬殊差别揭示出来。让我们把前面的阐述次

序颠倒过来，以投资作为独立参数，而以利率作为常数。让消费为前一时期收入的既定函数：

$$C_t = C(i, Y_{t-1}) = C(Y_{t-1}) \tag{72}$$

如果均衡是稳定的话，这个方程必须满足何种性质的条件呢？显然，收入等于消费加上投资：

$$Y_t = C_t + I_t \tag{73}$$

记住投资被看作一个常数 $\bar{I}$，因此，利用消费关系，我们得到

$$Y_t = C(Y_{t-1}) + \bar{I} \tag{74}$$

或者，达到一个初步近似

$$(Y_t - Y^o) = C_Y^o (Y_{t-1} - Y^o) \tag{75}$$

式中的

$$Y^o = C(Y^o) + \bar{I} \tag{76}$$

是均衡收入水平，因为投资等于 $\bar{I}$。

这个差分方程的解取如下形式

$$Y_t = Y^o + K(C_Y^o)^t \tag{77}$$

因此，仅当

$$|C_Y^o| < 1 \tag{78}$$

或

$$-1 < C_Y^o < 1 \text{①} \tag{79}$$

---

① 这个不等式，实际上是对凯恩斯就他的基本法则所受到的批评而作出的答复的形式上的证明，证明的主旨是要他们解释，如果他们所说的是正确的话，那么为什么经济系统不是那样令人绝望地不稳定呢？见 E. W. 吉尔博伊：“消费倾向：答复”一文中所引证的凯恩斯一封信的一些段落，《经济学季刊》，第 53 卷（1939），第 634 页。虽然这个答复基本上是正确的，但凯恩斯确实忽视了其他稳定器存在的可能性，例如边际投资倾向、利率等。

时，它是稳定的。虽然通常把边际消费倾向假定为正值，但不如此，均衡也仍然有可能是稳定的。即使边际消费倾向处在零和负1之间，我们仍可饶有兴味地看到“乘数”为正，

$$\frac{dY^o}{d\bar{I}}=\frac{1}{1-C_Y^o}>0 \tag{80}$$

由于负了“二次”的结果，它小于1。

现在让我们把那个投资作为已知数的假定去掉，虽然利率仍保持不变。我们的动态系统将有这样的形式

$$C(\bar{i},Y_{t-1})-Y_t+I_t=0 \tag{81}$$

$$F(\bar{i},Y_t)-I_t=0 \tag{82}$$

并且，均衡是稳定的，仅当

$$|\lambda|=\left|\frac{C_Y}{1-F_Y}\right|<1 \tag{83}$$

或

$$-|1-F_Y|<C_Y<|1-F_Y| \tag{84}$$

在此，如果边际投资倾向小于1（$1-F_Y>0$），①这就会导致本质上同前面一样的稳定性条件，就是说，边际消费倾向加上边际投资倾向一定小于1（$C_Y+F_Y<1$）。但这里却存在着矛盾，如果边际投资倾向充分大，即大于2，边际消费倾向就可能超过1，然而均

① 在边际效率关系中，我使投资依赖于把投资包含于其中的收入之中。其他作者，特别是兰格（见前引书）则使投资仅依赖于消费。结果是无差异的，因为能够证明它们相等。然而，如果假定 $dI/dC>0$，边际投资倾向 $dI/dY=(dI/dC)/[1+(dI/dC)]$ 就不能超过1。如果把一个期间的滞后放进式(82)，那么消费和投资倾向的和一定小于1。

衡却经常是稳定的！而且，超过某个临界值以后，边际投资倾向越是大，体系就越是稳定。这是由于忽视了 Y 和 I 间的滞后的结果。

如果我们现在所考察的系统中没有一个变量被看作既定的，即

$$\begin{aligned} C(i_t, Y_{t-1}) - Y_t + I_t &= 0 \\ F(i_t, Y_t) - I_t &= 0 \\ L(i_t, Y_t) - M &= 0 \end{aligned} \tag{85}$$

那么均衡就要求

$$|\lambda| = \left| \frac{L_i C_Y}{\Delta + L_i C_Y} \right| < 1 \tag{86}$$

在被认为是正常的情况下，边际投资倾向小于 1，同前面一样，这要求

$$\Delta < 0 \tag{87}$$

于是，情况 1 中所有八个行列式的符号立即就成为正确的。

在可能但不通常出现的情况中，

$$1 - F_Y < 0 < C_Y < (F_Y - 1) - \frac{L_Y}{L_i}(F_i + C_i) \tag{88}$$

在这里，均衡总是稳定的，但我们的 3×3 符号表现在变成了如下的形式：

	i	Y	I
α	−	−	?
β	−	−	?
M	−	?	?

用文字来表述，在所有的环境条件下都能保持正确的唯一的定理是：如果均衡是稳定的话，货币数量的增加一定会使利率降低。

这个例子说明了系统以差分方程为基础所涉及的额外的复杂性。后面将解释之所以会这样的某些理由。

我希望，这里所引用的例子足以说明，动态分析能把比较静态的问题解释清楚。几乎可以肯定，如果能够推导出有实用意义的定理，任何复杂的理论和商业周期问题都会要求相似的分析处理。

第十章　均衡的稳定性：线性系统和非线性系统

导　　论

上面一章指出，在比较静态学和动态学之间形式上存在着一种密切的相互依赖的关系。据我所知，以前的经济文献还从未直接对此作过确切的说明，因此，鉴于找不到更好的名称，我只把它叫作对应原理。本章的主旨在于更深入地探究这个原理的分析特征，并且揭示出它的双向性质：不仅对一个系统所作的动态稳定性研究能够得出有效的静态分析的定理，而且各种已知的（比较）静态系统的性质，也可以利用来导出有关一个系统的动态性质的信息。

在纯粹经济理论经历从静态模式到动态模式这样一场思想革命的时刻，对于这个原理的理解就显得更为重要。尽管更早的预示可以在文献中找出许多，我们还是把大变动年代的开始只确定在十年前拉格纳·弗里希在《纪念卡塞尔论文集》中的论文发表的时候。[①] 这篇论文中所提出的观点的变化，可以比作从经典力学

---

① 拉格纳·弗里希："动态经济学的传播问题和推动力问题"，《纪念古斯塔夫·卡塞尔经济论文集》（伦敦，1933），第171—205页。

转变到量子力学所发生的观点变化。因此，恰如在物理学领域内，在某种程度上阐明新旧理论之间的关系是适当的一样，在我们的领域中进行相似的研究看来也是适当的。

然而，在开始研究这些不可回避的技术问题以前，有关静态和动态系统的差别附带地说几句话应该是妥当的。普遍认为，一个动态系统可以看作是任意的一组函数方程，它们同(在最一般意义上的)初始条件一起，决定着作为时间函数的某些未知变量的解。按照这种定义，无时间限制的静态系统只是动态系统的退化了的特例，在这种特例中，函数方程取简单的形式，并且把恒为常数的时间函数确定为解。然而，我们可以更窄地定义一个动态系统，以使得那种函数方程仅仅涉及“同一瞬间”的变量的系统，可以不把它看作真正的动态系统，这种系统虽然包含时间，但时间却只被视作一个参数。① 这就排除了那些“历史的”及无时间变化惯常静态系统。② 然而，定义动态方程解的某些子集的方程，很可能同那些定义静态系统的方程在结构上完全一样(因此时间序列分析的定态解，比如说乘子方框图簇，就可以由一个与时间无关的瞬时系统的公式确定一样的公式来决定)，这构成了静态和动态又一种可能的双向关系。

再者，根据第三种看法，静态系统可以视作重衰减动态系统的

① 拉格纳·弗里希：“论均衡观念和非均衡观念”，《经济研究评论》，第3期，1936年2月，第100—105页。

② 在第十一章，我相当详尽地论述了存在于完全因果系统和历史的或不完全因果系统之间的区别，也述及了那个与此密切相关的把稳定均衡观念推广到明显涉及时间的系统中去的论题。

极限情况。因此,任何只允许唯一解 x^o 的静态方程

$$f(x)=0$$

都能和形如下式

$$f\{x_t+\Delta(x_t-x^o)\}=0$$

的动态系统建立关系。由此可直接得出等价的线性差分方程式

$$x_t+\Delta(x_t-x^o)=x^o$$

或
$$x_{t+1}=x^o$$

因此,不论 x 的初始值如何,在下一"瞬间",该系统总能取到它恰当的静态值。这可以容易地推广到一个变量以上的系统中去。

下面,我就来论述静态和动态的关系,这些论述大部分落在这里所讨论的三个标题中的第二个之下。

函数方程和定态解

我们从一个包括 n 个未知函数 $\{x_1(t),\cdots,x_n(t)\}$ 但不明显包括时间的 n 个函数方程的方程组

$$F^i\{x_1\overset{t}{\underset{-\infty}{(\tau)}},x_2\overset{t}{\underset{-\infty}{(\tau)}},\cdots,x_n\overset{t}{\underset{-\infty}{(\tau)}}\}\equiv 0,\quad (i=1,\cdots,n)\tag{1}$$

出发,这个方程组表述着一个动态系统,然后把定态解 $(X_1^o,\cdots,X_n^o)$ 定义为这样一个解,对于它来说

$$F^i\{\overset{t}{\underset{-\infty}{x_1^o}},\overset{t}{\underset{-\infty}{x_2^o}},\cdots,\overset{t}{\underset{-\infty}{x_n^o}}\}\equiv 0\tag{2}$$

最后这些方程对应于一组 n 个变量 $(x_1,\cdots,x_n)$ 的寻常静态函数:

$$f^i(x_1,\cdots,x_n)=0,\quad (i=1,\cdots,n)\tag{3}$$

显然,这里的

$$f^i(x_1^o,\cdots,x_n^o)=0,\quad (i=1,\cdots,n) \tag{4}$$

业经大量研究的函数方程形式是微分方程、差分方程、积分方程和各种混合型方程。其中第一种方程,具有最为成熟的理论,并为各种原理提供了有价值的例子。因为经济观察本质上是由就时间的整数值而定义的数据系列所构成的,所以经济学家也许会对第二种方程即差分方程最感兴趣。

上面分类的函数方程具有这样一个共同点,即,它们都可以写成一个带有无数未知数的无数方程集合的极限。但是,惯常不用形式(1)来记一个联立微分方程组;而是应用定义的奇异狄拉克 δ 函数,使下述恒等式在形式上成立

$$f(x)=\int_{-\infty}^{\infty}\delta(a-x)f(a)da \tag{5}$$

任何线性微分方程都可以写作积分方程。同样,任何下述形式的积分方程

$$B(t)+\int_0^{\infty}k(a)B(t-a)da=0 \tag{6}$$

式中 B 是解析的,而 k 则具有有限的各阶矩,都可以写成一个无限阶的微分方程,即

$$B(t)+\sum_0^{\infty}c_iB^i(t)=0 \tag{7}$$

其中

$$c_i=\frac{(-1)^i\int_0^{\infty}k(a)a^ida}{i!} \tag{8}$$

差分方程和混合型方程也可看作是无限阶微分方程;利用狄拉克方程或通过扩展的积分定义,它们同样能够适当地表示为积分方

程。在下面的讨论中,我将研究几乎不涉及收敛问题的形式恒等式,并且省略严格的证明。因为这种做法在所有的应用科学中都有足够的先例和实际理由。

最值得注意的是联立微分方程组和联立差分方程组。不失一般性,它们可以写成下面的正规形式:

$$\frac{dx_i}{dt}=f^i(x_1,\cdots,x_n),\quad (i=1,\cdots,n) \tag{9}$$

和

$$\Delta x_i(t)=g^i\{x_1(t),\cdots,x_n(t)\} \tag{10}$$

或

$$x_i(t+1)=G^i\{x_1(t),\cdots,x_n(t)\}=x_i+g^i \tag{11}$$

如果方程不具有这种形式,它们可以通过引入新的变量而变换成这种形式。

对定态解来说,

$$\frac{dx_i}{dt}=0=f^i(x_1,\cdots,x_n),\quad (i=1,\cdots,n) \tag{12}$$

或

$$\Delta x_i=0=g^i(x_1,\cdots,x_n)=G^i-x_i,\quad (i=1,\cdots,n) \tag{13}$$

具有如下泊松核形式的联立沃尔泰拉线性积分方程组

$$x_i(t)=\phi_i(t)+\sum_1^n\int_{-\infty}^t K_{ij}(t-\epsilon)x_j(\epsilon)d\epsilon,\quad (i=1,\cdots,n) \tag{14}$$

也是令人感兴趣的。遗憾的是,非线性积分方程的理论还只是一些不完整的片段。

线性和非线性系统

到现在为止，大部分经济学家关心的都是线性系统，这并不是因为有谁相信事实就是如此简单，而是因为非线性系统所引起的数学方面的困难。这是可以理解的，也是情有可原的，因为所有的思想进步都是一点一点发展的。不过，从研究工业波动的立场来看，这可能是一个相当严重的限制。因此，在一个线性系统内，波动的幅度取决于初始的偏移；并不涉及像充分就业和零就业间的那种内在幅度。用确定系数的办法把如此一个固定的幅度导入线性系统，使得衰减解和爆炸解均不存在，这种尝试，似乎是弄错了方向。如同上章第290—291页所指出的那样，系统的离差是无限增加的。与此相关的是，这里生成的不是唯一的一个幅度，而是线性地依存于初始条件的幅度。

如果我们坚持认为一个系统是线性的，而且不明确包含时间，那么我们就被限制在常系数微分系统和常系数差分系统的情况之中。这种形式在数学上是简单的，而且能得到精确解。但由于必须作出特殊的假设，所以为此付出的代价也是高昂的。

一个变量的非线性微分方程

然而我要证明，在形式方面，均衡的稳定性问题，只要不是宏观动态商业周期分析中的那些问题，很大程度上都是依赖于线性系统的解的。这一点可以用一个变量的简单微分方程来给予说明。

$$\frac{dX}{dt}=\dot{X}=f(X)=A_0+A_1X+A_2X^2+\cdots \tag{15}$$

这里 f 是解析的并可以表示为一个幂级数。求解这个方程不会引起困难,因为它可以借助于一个单一积分解出,即

$$t-t_0=\int_h^X \frac{dX}{f(X)}=F(X) \tag{16}$$

让我们假定存在一个“简单”的定态解 $X=X^o$,使得

$$\begin{aligned} f(X^o)&=0 \\ f'(X^o)&\neq 0 \end{aligned} \tag{17}$$

然后变换变量

$$x=X-X^o \tag{18}$$

把式(15)变成形式

$$\dot{x}=f(x+X^o)=\frac{\sum_0^\infty f^i(X^o)x^i}{i!}=0+a_1x+a_2x^2+\cdots \tag{19}$$

这里不再包括常数项,且 a_1 不等于零。

于是我们能断言:

定理Ⅰ:微分方程式(19)的一个形式解可以用简单线性系统解的一个无穷幂级数来写出

$$\dot{x}=a_1x \tag{20}$$

或

$$x(t)=\sum_1^\infty c_i\{g_1(\alpha,t)\}^i=\sum_1^\infty c_i\{\alpha e^{a_1t}\}^i \tag{21}$$

式中的α是一个依存于初始条件的常数。①

由代换可以证明这在形式上是成立的(即与收敛问题无关)。因此

$$\dot{x}=a_1\sum_1^{\infty}ic_ig_1^i=\sum_1^{\infty}a_j\left\{\sum_1^{\infty}c_kg_1^k\right\}^j \tag{22}$$

展开并使相同次数的g_1的系数相等,我们发现每个c都能连续地由诸a和所有前面的诸c决定。

$$\begin{aligned} &c_1=\text{任意数}\\ &c_2=\frac{a_2c_1^2}{a_1}\\ &\cdots\cdots\\ &\cdots\cdots\\ &\cdots\cdots\\ &c_n=M(c_{n-1},\cdots,c_1) \end{aligned} \tag{23}$$

在变换成那种不包括常数项的形式以前,方程式(15)在形式上可以用相似的方法由方程

$$\dot{x}=a_0 \tag{24}$$

的解的无穷幂级数解出,即

$$x=\sum_1^{\infty}K_ig_0^i(t,\alpha)=\sum_1^{\infty}K_i\{a_0t+\alpha\}^i \tag{25}$$

但这只是含t的约定幂级数解,而且它不能告诉我们关于系统稳定性的任何问题;不论诸α如何,每一项独自都会趋于无穷大,尽

---

① E. 皮卡德:《解析论》,第Ⅲ篇,第185页;G. D. 伯克霍夫:《动态系统》(纽约,1927),第三章。

管并不需要无穷和趋于无穷大。

众所熟知,这样的一个指数级数,在一个充分小的时间区间中对于绝对值充分小的 α 来说是收敛的。然而,如果系统具有一阶稳定性,①即,如果 $a_1<0$,那么对于 t_0 和 $+\infty$ 之间的所有 t 值来说,这个级数都会收敛,因为 $|e^{a_1 ti}|$ 随时间递减,在极限上趋近于零。由于每一项都趋近于这样一个极限,所以

$$\lim_{t\to\infty}x(t,\alpha)=0 \tag{26}$$

因此,如果系统具有一阶稳定性,那它一定也具有局部稳定性。需要强调指出的是,这是一个精确解,其中没有一项可以因阶数太小而加以省略。同样,如果系统具有一阶不稳定性,那它在小范围内也一定是不稳定的。然而,系统可能是中性的一阶均衡,因而或者具有小范围稳定性,或者具有小范围不稳定性。在这种情况下,a_1 将变为零,因此我们必须考虑最低阶非零项的稳定性。后面将进行这种考察。我们可以把结论概述如下:

定理Ⅱ:(a)一阶稳定性是小范围稳定性的充分条件。(b)不存在一阶不稳定性是小范围稳定性的必要条件。

实例:逻辑法则

我们可以通过考虑最简单的非线性系统来说明上述原理,即

$$\dot{X}=A_0+A_1X+A_2X^2 \tag{27}$$

① 不要同上一章使用的第一种稳定性概念相混淆。

如果存在任何“简单的”定态解的话，这里

$$A_1^2-4A_0A_2>0 \tag{28}$$

本质上不失一般性，我们可以通过仅仅涉及平移和标度改变的 X 的线性变换，和 t 的标度改变使上述系统变成如下形式

$$\dot{x}=x(1-x) \tag{29}$$

方程

$$x-x^2=0 \tag{30}$$

有为 0 和 1 的根，其中每个都代表一个定态解。通常认为，维尔赫尔斯特-珀尔-里德逻辑法则满足上述微分方程，按照这个法则，一个变量的百分比变化，将随着这个变量的数量渐近地趋向极限而线性地缩小。不过，上述方程显得稍微有点更一般些，因为它允许非 S 形的解存在。

通过积分，可以发现它的一般解为如下形式

$$x=\frac{1}{1+Ke^{-t}} \tag{31}$$

式中 K 是一个参数，它由 x 在零时刻的初始值按照下面这个公式决定。

$$K=\frac{1}{x(0)}-1 \tag{32}$$

对于 $K=0$ 来说，我们有定态解

$$x(t)\equiv 1 \tag{33}$$

而对于 $K=\infty$ 来说，则我们有定态解

$$x(t)\equiv 0 \tag{34}$$

可以容易地证出，虽然单位定态水准是由所有邻近运动逼近的，但

后面这个定态水准却是不稳定的。我们可以把所有可能的初始条件分类如下：

$$\left.\begin{array}{r}1\leqslant x(0)\leqslant\infty,-1<K\leqslant 0\\ 0<x(0)\leqslant 1,0\leqslant K<+\infty\end{array}\right\}\lim_{t\to\infty}x(t)=1;$$

$$x(0)=0,K=\infty,x\equiv 0$$

$$-\infty<x(0)<0,-\infty<K<-1,\lim_{t\to\infty}x(t)=-\infty \tag{35}$$

现在让我们对这个问题应用展开定理。[①] 围绕零均衡点展开，并决定系数 c，我们容易得到

$$x=\alpha e^{t}-\{\alpha e^{t}\}^{2}+\{\alpha e^{t}\}^{3}-\{\alpha e^{t}\}^{4}+\cdots=\sum_{1}^{\infty}(-1)^{i-1}\{\alpha e^{t}\}^{i} \tag{36}$$

对于既定的 t 值和充分小的 α 值来说，容易知悉它是一个收敛级数且等于下式的几何级数展开式

$$\frac{\alpha e^{t}}{1+\alpha e^{t}}=\frac{1}{1+\dfrac{1}{\alpha}e^{-t}} \tag{37}$$

但对大的 t 值来说

$$|\alpha e^{t}|>1 \tag{38}$$

且级数发散。这证实了我们的预料即零均衡水准是不稳定的。

变换

$$y=x-1 \tag{39}$$

使我们能应用展开定理来决定其他均衡水准的稳定性。我们的微分方程变成

---

① 参看 A. J. 洛特卡：《物理生物学原理》(巴尔的摩，1925)，第 64—68 页。

$$\dot{y}=-y-y^2 \tag{40}$$

而按照新的变量，这均衡水准等于零。像以前一样由代换决定诸 c，我们得到

$$\begin{aligned}y(t)&=-\{Ke^{-t}\}+\{Ke^{-t}\}^2-\{Ke^{-t}\}^3+\{Ke^{-t}\}^4-\cdots\\&=\sum_1^{\infty}(-1)^i\{Ke^{-t}\}^i\end{aligned} \tag{41}$$

这可看作

$$y=\frac{1}{1+Ke^{-t}}-1 \tag{42}$$

的形式上的展开。对于小的 K 值和非负的 t 值来说，它一致收敛，而且在时间趋向无限的时候，每一项都趋近于零。因此，均衡是小范围稳定的。

这个例子同样也阐明了指数级数的收敛域。从式(31)的精确解容易知悉，对于离开均衡的所有可能的偏移，即 $y(0)>0$，$x(0)>1$ 来说，以及对于所有绝对值小于 1（$-1<y(0)<0,0<x(0)<1$）的负偏移来说，定态水准（$y=0,x=1$）都是稳定的。但式(41)的级数展开式，却仅在 $|K|<1$ 或 $\left(-\frac{1}{2}<y(0)<+\infty,\ \frac{1}{2}<x(0)<\infty\right)$ 时才是收敛的。① 因此，它的收敛域比真正的稳定性区域要小。它只是提供了一个下界，它通常不会同时又是稳定性区域的上界。

---

① 这个展开式在曲线具有拐点的水准上，即，在

$$\dot{y}(t)=0=f'\{y(t)\}\dot{y}$$

处失效，我大胆推测这可能是一种普遍的现象，但完全没作证明。

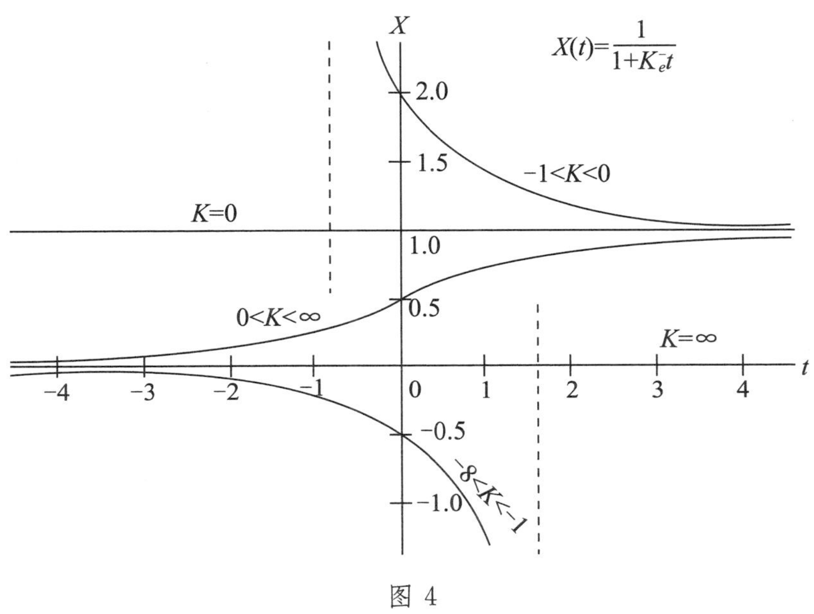

图 4

图 4 中指出了这个方程对应于所有可能的初始条件 $x(0)$ 的解。可见单位定态水准是稳定的;零定态水准是不稳定的。这个图形显示了一个以前从未提及的性质。上分支线和下分支线各自都趋近有限 t 值的渐近线。这意味着对于围绕零水准的负偏移来说,在某个有限的时间过后,系统将以无限的速率从均衡退出。对于上分支线来说,可以不确切地认为,在"按极大的速度从无穷大进入第一象限"以后,系统趋近均衡。

这个例子还提出了一个无疑是正确的"分离定理"。(小范围)稳定均衡点被确定的不稳定均衡点所分离;反之亦然。(在对此进行解释的时候,只要略去单侧稳定性-不稳定性位置,稳定均衡或不稳定均衡就可以具有较高的阶数)

高阶稳定性问题

到目前为止，我所考虑的只是“简单的”定态状态；即那些带有一次项不为零的幂级数表达式的定态状态。我现在转向“退化”的定态状态，它们与下述方程的重根相对应。

$$\dot{X}=0=f(X) \tag{43}$$

其中

$$\frac{d^i f(X^o)}{dX^i}=0, \quad (i=0,\cdots,n-1;n\geqslant 2) \tag{44}$$

在这样一个根的邻域中，微分方程取下述形式

$$\dot{x}=a_n x^n+a_{n+1}x^{n+1}+\cdots \tag{45}$$

其中 $$n\geqslant 2$$

方程的解是

$$\dot{x}=a_n x^n \tag{46}$$

其中略去了高次幂，由前面的情况类推，可以期望对于充分小的初始均衡偏移来说，这个解支配了剩余的项。在研究简化系统的时候，这可以通过分析推得（即定理Ⅰ和Ⅱ）；对于高阶系统来说，这种推测虽然尚未给予证明但无疑也是正确的。因此，我们希望研究方程(46)的解的稳定性。如果它们全部稳定（或不稳定），我们就可断定所述均衡位置具有第 n 阶稳定性（不稳定性）。

依据初等的积分方法，我们可以得到式(46)的精确解；因此

$$\begin{aligned} x^{-n}dx &= a_n dt \\ x^{1-n} &= (1-n)a_n t + x(0)^{1-n} \end{aligned} \tag{47}$$

x 的显式解会有两种情况,究竟发生哪种情况取决于 n 是奇数还是偶数。

当 n 为偶数时,

$$x(t)=\frac{1}{\{a_n(1-n)t+x(0)^{1-n}\}^{1/(n-1)}}$$

当 n 为奇数时,

$$x(t)=\pm\frac{1}{\{x_n(1-n)t+x(0)^{1-n}\}^{1/(n-1)}} \tag{48}$$

这里要适当选取符号,以使 x 满足初始条件 $x=x(0)$。这两种情况都可包含在下面这个含有符号函数的式子中

$$x(t)=\{\operatorname{sgn} x(0)\}^n \frac{1}{\{a_n(1-n)t+x(0)^{1-n}\}^{1/(n-1)}} \tag{49}$$

显然,如果 n 是偶数,$(n-1)$就是奇数。因此,括号里的第二项取什么符号依赖于初始位置是正值还是负值。因此,不论 a_n 的符号如何,对某个 t 值和某一偏移来说,分母将等于零,这表示 x 变得无穷大,因此均衡是不稳定的。事实上,在 n 是偶数的时候,均衡具有单侧的稳定性-不稳定性。如果 $x(0)$与 a_n 同号,则运动将是不稳定的;如果 $x(0)$与 a_n 异号,则运动将是稳定的。因此,我们有单侧的稳定性-不稳定性。

如果 n 是偶数,那么分母的第二项就会始终为正。并且仅当 a_n 为负(结果是第一项为正)时,分母将保持同号并且随着 t 趋于无限而趋于无限。从而,我们有下列定理。

定理Ⅲ:如果第一个非零系数是负奇数,则系统是小范围稳定的;如果第一个非零系数是正偶数,则系统是不稳定的。如果第一个非零项是偶数,则系统具有单侧稳定性-不稳定性。

这个定理显得与极大值的第二类必要条件有很强的类似。写出微分方程

$$\dot{X}=f(X)=F'(X) \tag{50}$$

其中 $$F(X)=\int_a^X f(X)dX$$

则我们已经得到的结论可以概括如下：

定理Ⅳ：

(a)如果$F(X^0)$给出F的一个相对极大值，那么X^0就是上述微分方程的一个定态解，并具有小范围的稳定性；而且其逆定理也成立。

(b)如果$F(X^0)$给出F的一个相对极小值，那么X_0就是一个不稳定的均衡水准。

(c)如果X^0是$F(X^0)$的一个非极值的定态值，那么该系统就具有单侧稳定性-不稳定性。另一方面，如果F假定一个定态值，而$F'=f$假定一个极值，那么这个均衡就是稳定-不稳定的均衡。

(d)如果$F'(X)$恒等于零，那么均衡就是中性的。

把稳定性问题同静态极大问题连接起来的可能性，不过是对应原理的一个特别的方面，后面，我们将有机会再次涉及它。

单侧稳定性-不稳定性一例：马尔萨斯和适度人口论

凭直觉是不能明白单侧稳定性-不稳定性的含义的；幸运的

是,可以用一个众所周知的简单的经济例子来说明它。按照马尔萨斯的说法,人口的增加、减少或保持稳定,取决于人均生活资料水准(实际收入,食物,等等)。令 X=总人口,S=人均实际收入。于是,人口的百分比增长率成为生活资料水准的增函数,这函数在某个"最低生活资料水准"S^o 上从负值转到正值用。用数学来表示,这样成为

$$\frac{1}{X}\frac{dX}{dt}=\psi(S) \tag{51}$$

其中 $$\psi'(S)>0,\psi(S^o)=0$$

但收入(生产)水准本身依赖于就既定资本、土地和技术而论的人口(劳动力)水准。而且,马尔萨斯还或隐或现地假定了(人均)报酬递减规律。因此

$$S=\phi(X),\phi'(X)<0 \tag{52}$$

最后这个关系使我们能把 S 当作一个变量消去,而用含有人口变量的项来表示人口增长率。

$$\frac{1}{X}\frac{dX}{dt}=\psi\{\phi(X)\}=f(X) \tag{53}$$

其中 $$f'=\psi'\phi'<0$$

而且一个定态水准 X^o 对应于

$$f(X^o)=\psi(S^o)=0 \tag{54}$$

因为 $f'(X^o)<0$,所以均衡是稳定的。如果人口超过均衡水平,那么每个家庭获得的生活资料就会少于最低水准,因此,人口将会减少。如果人口低于均衡水平(经历了战争,等等),那么平均收入就会提高,因此人口也会增加。在图 5 中,最低生活资料水准

用 MM' 表示。低于这个水准，人口就会像长箭头所指的那样下降；高于这个水准，人口就会像另一个长箭头所指的那样上升。$R'R$ 是报酬曲线，交点 E 代表一个稳定的均衡位置，就像短的定向箭头所指示的那样。

更现代的理论提出了在发展的早期有报酬递增存在的可能性。在这种情况下，报酬曲线和最低生活资料水准之间可能会有两个交点，即形成两个均衡点。在下图中，新的报酬曲线是 $R''R$，新的交点是 E_2。因为这里

$$f'=\psi'\phi'>0 \tag{55}$$

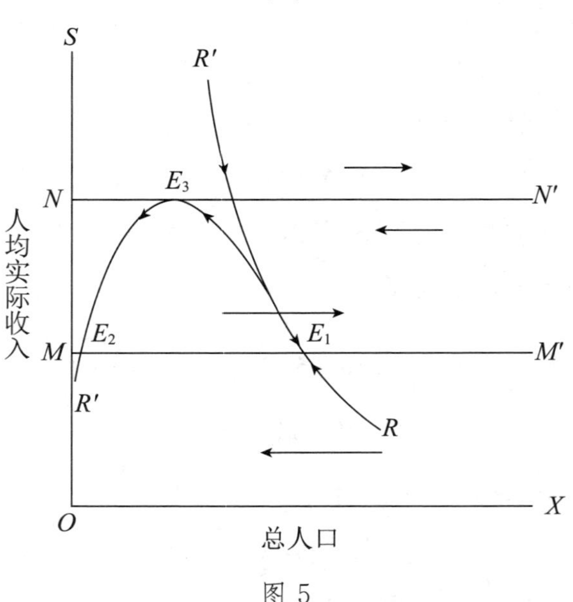

图 5

所以新的均衡点是不稳定的。如果人口降到这个水准以下，那么由于人口随报酬下降而下降等原因，人类就会有灭绝的危险。

大约十年以前，适度人口理论一度相当风行。按照这个理论

的某一种形式,在某个中间点上,平均报酬将达到最高水平。如果教育能把所有家庭必须具备的最低舒服标准提高到这个最高水平,那么人口就能达到这里最优的均衡水平。用不着考虑这个方案的是非曲直,我所想指出的仅仅是这样的一个均衡水平具有单侧稳定性-不稳定性。对从均衡趋向更多人口的偏移来说,它是稳定的,因为这样的一个移动使报酬降低从而引起人口朝均衡的方向下降。但对人口的负偏移来说,它是不稳定的,因为这些移动也使报酬降低,从而引起人口更进一步的下降,一直降到人口灭绝点为止。在图 5 中,生活资料(舒服)的最低水准确实由教育不可逆转地提高到 NN',因此它同 $R''R$ 的交点 E_3 代表最大的人均实际收入水平。那里的箭头指明了均衡点的单侧性质。

用数学分析式来表示,则为

$$f'=0 \tag{56}$$

且非零一阶导数为负偶数。因此,f 在极值上,定理Ⅳ(c)适用。均衡是单侧的。[①]

“n”个变量的联立方程组

定义:n 个联立微分方程组

① 我不必告诫读者留意,按照现代人口统计的倾向性看法,上述理论是缺乏现实性的。因为在西欧和北美的大部分地方,人口净的和总的再繁殖比率都是低的,也许没有哪个实际收入水准能够导致一个定态的人口。而且,这些比率还会随着实际收入的增加而下降;不过,我们假定这个效应是不可逆的。

$$\dot{x}_i = f^i(x_1, \cdots, x_n) = \sum_j a_{ij} x_j + \sum_{j,k} a_{ijk} x_j x_k + \cdots,$$
$$(i = 1, \cdots, n) \tag{57}$$

其中所有各项的求和范围都从下标 1 加到 n，被认为具有一个简单的定态解(0，…，0)，只要矩阵(a_{ij})具有 n 个(不同的非零)根$(\lambda_1, \cdots, \lambda_n)$，这些根对任何一组不全为零的整数 $i_1, \cdots, i_n$ 来说，都不能通过下述形式的线性可通约性关系相联系。

$$i_1\lambda_1 + i_2\lambda_2 + \cdots + i_n\lambda_n = 0 \tag{58}$$

在这种情况下，仅涉及线性项

$$\dot{x}_i = \sum_{j=1}^{n} a_{ij} x_j \tag{59}$$

的方程的基本解集可以写成如下形式

$$\alpha_1 e^{\lambda_1 t}, \alpha_2 e^{\lambda_2 t}, \cdots, \alpha_n e^{\lambda_n t} \tag{60}$$

这里诸 λ 是矩阵(a_{ij})的特征根，或特征方程的根。

$$D(\lambda) = \begin{vmatrix} a_{11}-\lambda & a_{12} & \cdots & a_{1n} \\ a_{21} & a_{22}-\lambda & \cdots & a_{2n} \\ \vdots & \vdots & & \vdots \\ a_{n1} & a_{n2} & \cdots & a_{nn}-\lambda \end{vmatrix}$$
$$= (\lambda_1 - \lambda)(\lambda_2 - \lambda)\cdots(\lambda_n - \lambda) \tag{61}$$

于是我们有下述定理：①

定理Ⅴ：微分方程组的一个形式解用一阶方程中的幂级数解给出，即

$$y_i = G^i(\alpha_1 e^{\lambda_1 t}, \alpha_2 e^{\lambda_2 t}, \cdots, \alpha_n e^{\lambda_n t})$$

---

① 参见皮卡德，前引书；伯克霍夫，前引书。

$$= \sum_{j} c_{ij}(\alpha_j e^{\lambda_j t}) + \sum_{j,k} c_{ijk}\alpha_k\alpha_j e^{(\lambda_j+\lambda_k)t} + \cdots \qquad (62)$$

记住,在满足不可通约性关系(58)的情况之下,这可通过形式代换来加以证明。每一组 c 都可根据前面各组 c 和已知的诸 a 来决定。

对线性系统来说,矩阵 a 可能有(成对)对应于衰减项或非衰减的正弦-余弦项的复根。如果所有的根,不论是实根还是复根,其实部都为负,那么该系统就被认为具有一阶稳定性,因为这里隐含着线性系统的衰减运动(指数的或调和的)。决定所有实部为负的充分条件和必要条件,是稳定性问题的一个重要组成部分,在数学附录 B 中,将对此作出论证。

这里我想提出定理Ⅱ的一般化形式。

定理Ⅵ:(a)一阶稳定性是小范围稳定性的一个充分条件;(b)不存在一阶不稳定性是小范围稳定性的一个必要条件。

由上可以推出这样的一个结论:如果所有实部均为负值,则可以证明,对于所有充分小的 t 值和 α 值来说,级数(62)收敛。由于对于 α 和 t 的有限值来说,这级数收敛,由于所有各项的绝对值都递减,所以这级数的收敛永远不会中止。

如果上述形式的可通约性关系成立的话,就不会有一个"简单的"定态均衡位置存在。即使这样的一个关系确实存在,只要不存在零根,上述定理也照样有效。如果没有根消失,线性可通约性关系就把下述形式引入无穷级数项中,

$$p_n(t)e^{(i_1\lambda_1+\cdots+i_k\lambda_k+\cdots)t} \qquad (63)$$

这里 $p_n(t)$ 是多项式。如果全部 λ 的实部都是负的,指数就将居于支配地位,因此解就仍将是稳定的。

零根或实部为零的根即纯虚数，会带来比较大的困难，因为小范围的稳定性依赖于高次项。据我所知，在数学文献中，除去作为特例，对这个问题还没有过完整的分析。所以，除了证明同那种与某个函数的极大相联的多变量体系有关的一般定理以外，我不打算深入这个问题。

在进行这种证明以前，我把到目前为止已经获得的结论简要地概述如下：除奇异情况外，非线性联立微分方程组的小范围稳定性，取决于线性体系的稳定性。这种依赖关系是可以严格定义的，而且可以有把握地略去小量的平方项，等等。

具有极大性质的定态的稳定性问题

如果$(X_1^o,\cdots,X_n^o)$给出一个二次可微的函数$F(X_1,\cdots,X_n)$的一个孤立的相对极大值，那么由中值定理不难证明

$$\frac{\partial F}{\partial X_i}=F_i(X_1^o,\cdots,X_n^o)=0,\quad (i=1,\cdots,n) \tag{64}$$

而且，假定我们有一个孤立的定态值的话，那么对于充分接近但不等于X^o的X的值来说，则有

$$\begin{aligned}&F_1(X_1,\cdots,X_n)(X_1-X_1^o)\\&\quad+F_2(X_1,\cdots,X_n)(X_2-X_2^o)+\cdots<0\end{aligned} \tag{65}$$

假定我们有一个既定的微分方程系统

$$\frac{dX_i}{dt}=f^i(X_1,\cdots,X_n)=F^i(X_1,\cdots,X_n) \tag{66}$$

只有特定的微分方程系统可以写成这样。可惜篇幅不允许讨论这

个特定系统所满足的充分条件和必要条件。

定理Ⅶ：$(X_1^o,\cdots,X_n^o)$是上述系统的一个定态解，且它在小范围是稳定的。

把均衡点变换到原点$(0,\cdots,0)$，我们有

$$\frac{dx_i}{dt}=F_i(X_1^o+x_1,\cdots,X_n^o+x_n) \tag{67}$$

此外，对于充分小的非零 x 值来说，$\sum_1^n F_i x_i < 0$

用 x_1 去乘(67)式中的第一个方程，用 x_2 去乘第二个方程，如此乘下去，然后把乘积加总，我们便得到

$$\sum_1^n x_i\frac{dx_i}{dt}=\frac{d}{dt}\left\{\sum_1^n\frac{x_i^2}{2}\right\}=\sum_1^n F_i x_i<0 \tag{68}$$

对于充分小的 x 值来说，平方和是递减的。因此，当 t 趋向无限时，它趋向一个与零无异的极限，如果

$$\lim_{t\to\infty}(x_1^2+x_2^2+\cdots+x_n^2)=0 \tag{69}$$

则

$$\lim_{t\to\infty}x_1=0,\lim_{t\to\infty}x_2=0,\cdots,\lim_{t\to\infty}x_n=0 \tag{70}$$

因此，均衡是稳定的。可以肯定，一个适当的相对极小值将产生不稳定均衡，而一个非极值的定态值将产生稳定性-不稳定性。

这个定理虽然不能适用于所有的微分方程，但它对于经济系统却是非常重要的。在它的范围内，由于它并不要求诸 f 必须是解析的，由于它能同时包括一阶稳定性和高阶稳定性，所以，它是过分地一般了。在经济方面，它所说的是，该系统将像爬山一样一直往上攀登并到达顶点。

一个变量的差分方程

我们已经对微分系统的问题作了相当完整的分析，因此，现在必须转到差分方程系统上来，对经济理论来说，差分方程系统也许更为重要。最简单的情况可以由一个变量的一般非线性差分方程来给出

$$X(t+1)=f\{X(t)\} \tag{71}$$

或

$$\Delta X(t)=g\{X(t)\}=f-X(t) \tag{72}$$

这个方程如此简单，所以我们可以在图上指出它的解，在一张图上，显示出在一个均衡位置邻域上的所有可能的定性行为形式。图 6 中描出了两个函数，其中一个函数把（垂直轴上）X 的相继的值同（水平轴上）X 的既定值联系在一起，另一个函数简单地说就是 45°线。

对于任何初始条件来说，方程的解都可由所指出的方式连接在两个函数之间的折线来表示。任一初始值 $X(t)$都会导出一个由该 $X(t)$垂直上升至 $f\{X(t)\}$曲线而指出的新值 $X(t+1)$；这个新值一定能转移到横坐标上，以便导出它的后继值。这种转移可以通过将这个新值水平地移动到 45°线来实现；然后一个垂直移动产生下一个新值，而整个过程可以这样一直进行下去。定态的均衡位置由 f 函数和 45°线的交点确定，或者，用数学分析的方式表示，就是由方程

$$f(X)-X=0 \tag{73}$$

的根来确定。

这个图从本质上说明了所有可能的均衡类型。在所指出的

24 个均衡点中,只有 16 个代表着不同的均衡类型,其余 8 个则是重复的。点 A 表示一个小范围稳定的均衡位置。它不论向两个方向中的哪一个方向偏移,结果都会渐进地返回均衡。点 B 表示不稳定均衡;偏移造成的结果是不断递增的单向非均衡运动。C 也表示一个稳定均衡位置,它与 A 的区别在于,它表现出一阶中性,而且只具有高阶稳定性。D 具有一阶中性,但其高阶是不稳定的。因此它在小范围内是不稳定的,而且,非均衡的衰减是单调的。E 具有一阶中性,但它的下一次非零导数是偶数。结果,它表现出单侧稳定性-不稳定性。

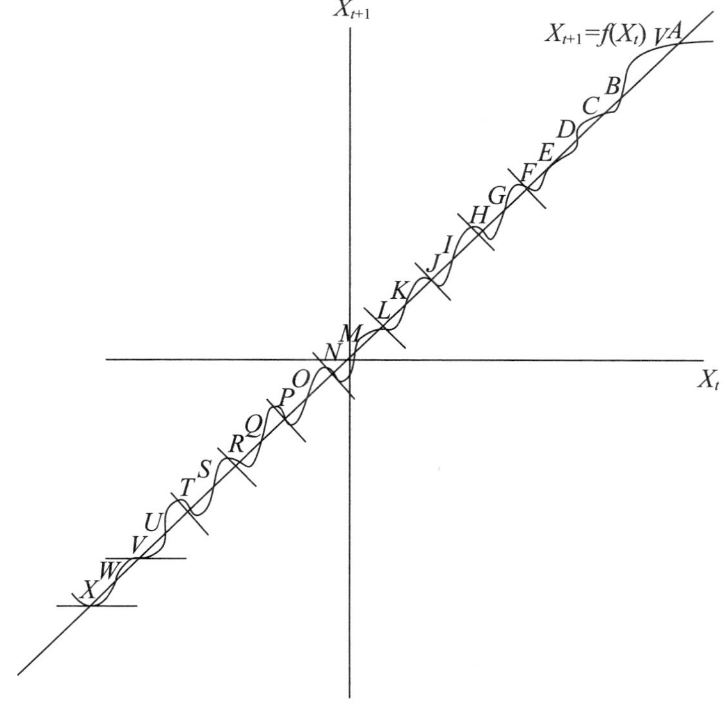

图 6

到现在为止,我们所碰到的还只是那些同一个变量的微分系统的均衡一样的均衡。单一差分方程的均衡形式其实要丰富得多,这可由下述那些种类而得到说明。F 具有一阶稳定性,因此是小范围稳定的。它不是像 A 那样单调地趋向均衡,而是靠时期二的衰减振荡来达到均衡的。G 具有一阶中性和高阶中性,简单地表示一个小范围中性均衡的位置。不论系统处于什么状态,它都会继续把这个状态保持下去。H 与 F 的不同仅在于 H 是不稳定的,它是沿着爆炸性振荡的途径从均衡发散开去的;I 只是 B 的重复,K,M、O、Q、S、U 和 W 也是如此。

J 表示一个中性均衡位置,系统按不变的振幅围绕这个位置振荡。(在物理学中,通常将此称为稳定均衡。用上一章的术语来说,它具有第二种稳定性——不要和二阶或高阶稳定性混淆)L 同 J 一样的地方是具有一阶中性,而同 J 不一样的地方是它表现出具有高阶稳定性。均衡是通过衰减振荡达到的。N 也表现出有一阶中性,但它具有振荡性质的高阶不稳定性。P 和 R 像 L 和 N 一样,分别具有高阶振荡稳定性和不稳定性,但它们在分析上稍有差异。T 具有各种阶数的振荡中性,因此具有小范围中性。J 可以看作它所包括的特例。最后,V 和 X 虽然都具有一阶稳定性,但在数学分析上却属于奇异型,而且,它们也应该被区别开来。因为前者具有的是单调稳定性,而后者具有的却是振荡稳定性。

下列分类可清楚阐明各种可能的形式。

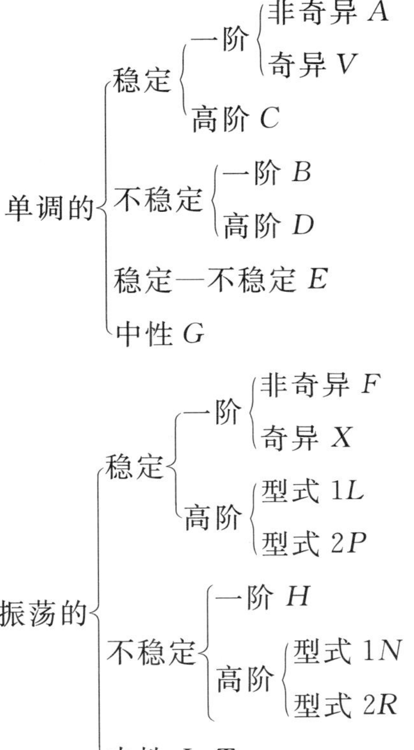

从数学分析来看，这 16 种情况之间的差别可视 $f(X)$的一阶导数和高阶导数而定。在单调和振荡间所作的初次划分依$f'(X)$是正值还是负值为转移。在单调类别中，如 f'小于 1，我们就有一阶稳定性，如果 f'大于 1，则我们有一阶不稳定性。如果 f'等于 1，我们所有将是一阶中性并且必须继续求高阶导数。如果所有导数都等于零，我们就有小范围的真正中性。如果第一个非零导数是奇数而且为正，则我们有高阶稳定性；如果它是奇数但为正，则我们有高阶不稳定性。如果第一个非零高阶导数是偶数，我们就会有单侧的稳定性-不稳定性。

在振荡类别中，情况变得更加复杂。如果 f' 的绝对值小于 1，则我们有一阶稳定性；如果它的绝对值大于 1，那我们就会有一阶不稳定性。如果 $f'=-1$，那我们就必须继续求高阶导数。如果所有这些导数都等于零，我们就会有中性振荡均衡（J）。更一般地说，如果所有奇数高阶导数都等于零的话，那么均衡就会像在 T 的情况那样，既是中性的，又是振荡的。当 $f'=-1$，且第一个非零导数是奇数并为正值时，均衡具有高阶振荡稳定性；如果它虽是奇数但却为负值的话，均衡就会具有高阶振荡不稳定性。如果 $f'=-1$，并且第一个非零导数是偶数的话，我们就要继续考虑第一个非零的奇数导数。和前面所述的情况一样，我们有稳定性还是不稳定性，要视这个导数是取负值还是取正值而定。

我们最后面临的是 $f'=0$ 的奇异情况。如果一个非零导数是奇数并且取正值，我们就有单调稳定性；如果它是奇数但取负值，或者，如果它是偶数，而可取任何符号，我们都会有稳定的振荡均衡。如果所有导数都成为零，均衡就会像本章第一节所指出的那种情况一样，具有完全的稳定；如果发生偏移，体系将在“瞬间”返回均衡，而不仅仅是渐近地趋近均衡。

关于一个一阶系统从任何初始条件出发的定性行为，可以恰当地作一些陈述。毫无疑问，我们可以证明，这种定性行为一定是下述情况中的一个：(a)无限地离开；(b)趋近一个均衡水平；或(c)，趋于某个周期有限的周期性运动。如果这种行为是可逆的，就是说，如果 $f(X)$ 不仅是单值函数，而且还允许一个单值的逆存在，那么有可能处在(c)这个标题之下的周期性运动就只能是时期二的那种周期性运动。在这里，比定态性均衡水平更一般地研究这种运动的稳定性含义是不合适的。如果这样去做的话，毫无疑问，我们一定会发现有一个关于处理稳定的和不稳定的周期性运动的有效的“分离”定理存在。由于上图中重复的某些均衡点的连续性（罗尔定理等），那种必要性暗示了这样的一些关系。

解　析　解

可以像微分方程系统的精确解一样，指出一般非线性解析差分方程的精确解，令

$$x(t+1)=a_1x(t)+a_2x(t)^2+a_3x(t)^3+\cdots \tag{74}$$

或

$$\Delta x(t)=(a_1-1)x(t)+a_2x(t)^2+a_3x(t)^3+\cdots \tag{75}$$

我们把上面两个表达式中一次项为零的情况排除在外；又把所有奇异和中性的一阶均衡情况排除在外，使得 $a_1\neq1,0$ 或 -1。

这里的形式解可由简单线性方程的解的幂级数给出

$$x(t+1)=a_1x(t)$$

$$\Delta x(t)=(a_1-1)x(t) \tag{76}$$

令

$$g_1(t)=\alpha a_1^t \tag{77}$$

定理Ⅷ：式(74)的形式解由下式给定

$$x(t)=c_1\{\alpha a_1^t\}+c_2\{\alpha a_1^t\}^2+c_3\{\alpha a_1^t\}^3+\cdots \tag{78}$$

如果 $a_1\neq1,0$ 或 -1，这个定理可以通过形式代换来证明。每一个 c 都可依据所有前面的诸 c 和已知的诸 a 求得。

更一般地，我们有 n 个差分方程式的正规形式

$$x_i(t+1)=\sum_j a_{ij}x_j(t)+\sum_{j,k}a_{ijk}x_j(t)x_k(t)+\cdots \tag{79}$$

在这里，a 的特征根$(\lambda_1,\cdots,\lambda_n)$的绝对值永远不会等于零或 1，而且，这里没有下述形式的线性可通约性关系存在，即对于不全等于零诸整数 m 来说，不存在

$$m_1\log\lambda_1+m_2\log\lambda_2+\cdots+m_n\log\lambda_n=0 \tag{80}$$

因此，我们有

定理Ⅸ：差分方程系统的形式解可由下述线性系统解的升幂级数给出

$$x_i(t+1)=\sum_j a_{ij}x_i(t) \tag{81}$$

或

$$\begin{aligned} x_i(t)&=\theta^i(\alpha_1\lambda_1^t,\cdots,\alpha_n\lambda_n^t)\\ &=\sum_j c_{ij}\{\alpha_j\lambda_j^t\}+\sum_{j,k}c_{ijk}\{\alpha_j\lambda_j^t\}\{\alpha_k\lambda_k^t\}+\cdots \end{aligned} \tag{82}$$

每一组 c 都可通过形式代换由所有前面各组 c 和已知的诸 a 来决定。如果某些根是多重根，或者，如果式(80)的线性可通约性关系确实成立，那么，假若所有根的绝对值始终既不等于零，也不等于1 的话，就很可能会存在一个类似的幂级数解，它的项按含 t 的多项式因子增加。

上节中关于这种级数收敛的论述在这里也全都适用。不过，我们必须记住，差分方程系统的一阶稳定性隐含着

$$|\lambda_i|<1 \tag{83}$$

而且反之亦然。沿着我们现在已经熟悉的途径，很容易推导出下面这个定理。

定理Ⅹ：对一个差分方程系统来说，一阶稳定性是小范围稳定

性的一个充分条件；而不存在一阶不稳定性则是一个必要条件。

篇幅不允许我用经济实例，比如说用由适用于非线性供求曲线的熟知的蛛网定理所提供的例子来解释上面这些议论。

其他函数方程

虽然这还未被证明，但我们却可以大胆地猜测，更一般的非线性函数方程，在一个均衡点的邻域中可以表示为相对应的简单线性系统的一个幂级数解。因此，在适当的假设之下，函数方程可以像泰勒展开式那样写成

$$
\begin{aligned}
&X_i(t)+F^i\{X_1(\underset{-\infty}{\overset{t}{\tau}}),\cdots,X_n(\underset{-\infty}{\overset{t}{\tau}})\}\\
&=\{X_i(t)-X_i^o\}+\sum_j\int_{-\infty}^t K_{ij}(t-\tau)\{X_j(\tau)\\
&\quad -X_j^o\}d\tau+\sum_{j,s}\int_{-\infty}^t\int_{-\infty}^t K_{ijs}(t-\tau_1,t-\tau_2)\{X_j(\tau_1)\\
&\quad -X_j^o\}\{X_s(\tau_2)-X_s^o\}d\tau_1 d\tau_2+\cdots
\end{aligned}
\tag{84}
$$

这里的 K_{ij}，K_{ijs} 分别表示一阶和二阶泛涵导数。可知线性体系

$$X_i(t)-X_i^o+\sum_j\int_{-\infty}^t K_{ij}(t-\tau)\{X_j(\tau)-X_j^o\}d\tau=0 \tag{85}$$

的解形如

$$X_i(t)-X_i^o=\sum_1^\infty \alpha_{ij}e^{\lambda_j t} \tag{86}$$

这里的诸 λ 是超越方程

$$D(\lambda)=\left|\delta_{ij}+\int_0^\infty K_{ij}(v)e^{-\lambda^v}dv\right|=0 \tag{87}$$

的无穷根。在人口分析中，这种形式的单一积分方程发挥了重要的作用，它以无数指数表示的解被 A. J. 洛特卡[①]称为是这些方程的赫茨-赫格洛茨解。或许可以证明，线性系统无穷解的一个无穷幂级数能为非线性系统规定一个解。

同样，混合形式的方程

$$y'(t)=f\{y(t),y(t-\theta)\} \tag{88}$$

也是可以用弗里希-霍姆线性方程

$$y'(t)=ay(t)+by(t-\theta) \tag{89}$$

来表示。

如同在前述积分方程中一样，这个方程的边界或初始条件在一个区间上必定包含一个任意函数，所以，指数解数目一定无限，因为只有这样，任意函数才能根据它们展开。(这对不全是 t 的整数值定义的差分方程来说也同样真实，任意周期函数可能加入到解中，因此它们可以用傅立叶无穷指数级数来表示)这就引出了双重无穷级数的问题，不过，在此我们不能讨论这个问题。

---

① 作为一篇杰出的应用文献，参见 A. J. 洛特卡的“对工业重置理论的一个贡献”，《数理统计年鉴》，第 10 卷(1939)。

第十一章　动态理论的一些基本内容

在前两章中，我研究了许多取自理论和商业周期方面的饶有历史意义的经济实例，然后努力提出：动态分析不仅就自身而论显得十分重要，而且作为一种能借以推得比较静态方面的有用的定理的辅助手段，也显得十分重要。现在，我想用分析的方法来研究这个问题的形式方面，而较少使用解释性的经济资料，同时，我将尽量提出这个问题一般化的可能方向。

静态学和动态学[①]

在经济学家的著述之中，“动态”和“静态”这两个字眼，常常只被当作好和坏、现实和不现实、复杂和简单的同义词来使用。我们要指责一个人的理论，就把它贬称为静态，我们要宣扬自己的理论，我们就把它褒称为动态。这样的例子，实在是多不胜举。

某些经济学家试图运用他们所理解的理论物理学中的动态学和静态学的关系，来类推出经济学中动态学和静态学的区别。无疑，这是一条有效的富有建设性的研究路子。但是，以为有许多经

① 下节引自我的一篇论文：“动态学，静态学和定态状况”，仅稍加补充。《经济统计评论》，第 25 期（1943），第 58—61 页。

济学家都具备处理分析动态学的形式性质所必需的技术知识，那就未免太过分了。他们在寻找同质量、能量、惯性、动量、力和空间相对应的经济概念时陷入困难是必然的。弗兰克·奈特教授论“静态学和动态学”的文章是一个恰当的例子，尽管在其他方面这篇论文确实令人兴奋。[①]

显然，这种情况是真实的，在马歇尔的著述中尤其是这样，[②]那就是，经济学家利用了力学和生物学方面的相似情况。在那里，进化和有机体的成长被用来作为静态均衡分析的对立物。一般来说，马歇尔对递减成本的处置中含有不少模糊之处，这种结果看来是令人失望的。而且，一旦我们考察更为精确的生物科学，我们就会徒然地为了发现科学真理而去寻找秘密的或任何别的什么新武器。如果血液能用物理学中常见的热力学定理作一个简单的、抽象的、严密的描述，那就更好了；如果不能的话，我们就只好以更复杂、更笨拙的解释为满足了。确实，按照已故的 L.J. 亨德森的看法，那种由物理学理论所表征的真正的稳定均衡观念，最初通过观察认识到的时候，事实上和人体抵抗疾病的经验是有关系的，正因此，古代的人们把它们表示为众所周知的 Vix medicatrix naturae

① 《竞争的伦理学》，第六章（纽约，1939）。这是一篇英语译文，原文发表在 1930 年的《国民经济学杂志》上。

② 参见《经济学原理》第八版的附录中有关静态方法和生物学的论述。马歇尔在他著述中表示的，只不过是通常所熟知的东西，比如被预料任何聪明的门外汉都会知晓的他那个时代的生物学概念。因此，不能指望马歇尔辨别结论性的真理和其时流行的观念。然而，在他写作的当时，即使不被说服，他也不可避免会受到风行于 19 世纪末年的斯宾塞学说的影响。

（自然治疗）。[①]

没有必要这样认为，在生物学范围内碰到的问题，一定会比物理学范围内的问题更加复杂，更加不易受简单公式的支配。显然，几乎没有一门生物科学会比必定包含在物理学中的气象学更不"精确"[②]。虽然在这里，从少数假定引申出来的简单而抽象的理论，似乎还不如有经验的实践者凭借直觉的预感，但这只不过是反映了这门学科目前还处于初期状态。人们以这样的一种方法来探讨新的真理。这种方法同比较领先的学科所采用的方法是一样的，因此可以期望，粗浅的经验常识一定会被更加精确更加清晰的公式所代替[③]。

把所有同其他学科相似的地方搁到一边，只要隐约提到就好，最先在经济理论主要系统中占据首位的一定是动态学。从斯密到

① 参见 J. A. 熊彼特:《经济发展理论》(剑桥，麻省，1934，英文版)，序言，第 11 页，说到穆勒的静态学和动态学观念以及这些知识的来源的地方。

② 当然，可以说在气象学中，不可能像在其他物理科学中那样来进行实验。但是，天文学又如何呢？虽然在某些方面，它是所有科学中最精确的学科，但在天文学中是不可能进行实验的。

③ 在讨论数学方法在经济学中所受到的限制问题时，瓦伊纳教授表达了这样的一种信念:这个论题的生物学性质。可以说，使得这种方法的应用受到限制。对此，我认为他的意思是指这个论题是复杂和困难的，而不是指需要任何基本不同的研究方法。见"马歇尔经济学，其人及其时代"，《美国经济评论》，第 31 期(1944)，第 223—236 页。

古斯塔夫·卡塞尔在他的《经济学的基本思想》(纽约，1925)一书的第一章中认为，经济动态学是跟在纯粹静态经济和"准静态"匀速发展经济之后的第三个分析阶段。

穆勒的古典经济学家，有人口和积累的长期运动理论[①]。J. B. 克拉克打算把静态与动态严格地分开。[②]（还可以增加成倍的别的例子）克拉克提出的有名的静态状况和熊彼特教授提出的“迂回流动”，引出了一个为人们长期争论的术语问题，即静态与定态的关系问题，现在这个问题已由弗里希教授加以澄清，差不多人人对此都觉得满意。

定态是一个表征经济变量在时间过程中的行为的术语；它通常的意思是恒定性，但偶尔也概括地把时间过程中周期性重复的行为包含在内。在这个意义上使用定态这个术语，一个动态系统的运动就有可能是定态的：例如，满足牛顿运动定律，不受干扰就会保持静止的钟摆运动，或者，国民收入在投资变动后产生的衰减瞬变的几何级数变动，这种变动具有通常“方块图”的性质。

然而静态所指的却是假设的决定系统行为的定律的形式和结构。定义为一对曲线的交点的均衡常常是静态的。通常，它“没有时间”，在静态状况中，一切都不是以关于过程的持续时间来说明的，不过，可以很好地把它定义为在时间过程中保持不变。像上面这样定义的简单静态系统，也可以具有存在定态的性质；然而，如同我们立刻就会知悉的那样，可以设计静态系统在时间过程中不存在定态。

关于动态这个术语，我想至少可能有两种定义。首先，它可以

① 见 L. 罗宾斯：“论定态均衡概念中的某种歧义”，《经济杂志》，第 40 期(1930)，第 194—214 页。

② J. B. 克拉克希望继续他父亲未竟的事业，以建立一门动态学来作为静态学的补充。见 J. B. 克拉克：《社会经济学序言》(纽约，1936)。

作为一个把静态作为特殊情况也就是退化情况包括在内的一般名词来定义。其次，在另一方面，它可以作为所有非静态体系的全体来定义。对第一种定义可说得很多；但是，由于第二种定义说出了某些在文献中争论的问题，所以这里将对它进行讨论。因为所考虑的只是定义的用词问题，所以这个决定不会涉及实质问题。

我们可以这样说，一个系统是动态的，如果它在时间过程中的行为是由那些在本质上把“不同时点的变量”包含在内的函数方程式决定的话。这个表述形式被认为是弗里希教授提出的。[①] 那些由差分方程定义的系统，即那些含有一个变量和它的滞后值的系统，和“连续”计入变量先前值的积分方程，都是这种动态系统的特例。由于对“不同时点的变量”这个累赘的提法可随意解释，所以我们能够使微分方程包含在这个定义中，记住，微分系数所表征的是定义在一点的邻域中的函数的行为。这个定义也包括混合型或更一般的函数。

需要提请读者注意的是，不同时点的变量必须在本质上成为问题的一部分。因此，一个包含每单位时间的生产率即时间导数的体系，仍然可能是静态系统。这或许是由于那个比率是时间导数的变量本身没有经济意义的缘故。它可以解释为从生产开始的时间或初始日期以来累积的生产量；没有一个有意义的经济过程依存这个变量。如果领悟每个变量都能写成某个东西的导数，即写成它自己积分的导数，也许就能够理解现在这样强调的必要性

① 拉格纳·弗里希：“论均衡和非均衡概念”，《经济研究评论》，第 3 期(1935—1936)，第 100—106 页。

了。而且,对一个动态系统的形式的处理,使我们有可能把它变成静态形式,在这个意义上,一个体系可能是伪动态系统。因此,除非我们只为那些把经济上重要的不同时点的变量不可消除地包括在自己的系统里面并保留动态的名称,我们将无法发现有无动态系统存在。

按照现在的定义,一个系统的历史变动不可能是动态变动。如果头一年庄稼由于气候有利而丰收,第二年收成不好,等等,那么这个系统即使不是定态的,也是静态的。如果把长期变动视作一种已知的数据,而系统又能在瞬间自我适应,那么上述说法也适用于一个表示连续增长或连续趋势的系统。①

另一方面,一个动态系统的行为只取决于它的初始条件和已经流逝的时间,日历日期从一开始就不进入过程,在这个意义上,一个真正的动态系统可能完全是非历史的或因果的。对于许多目的来说,以那些既是历史的又是动态的系统作为研究对象是必要的。技术变化对经济系统的影响就是一个恰当的例子。技术变动可以看作一种已知的历史数据,经济系统对它所作出的反应的形式是非瞬间的或者说是动态的。带有正规周期性质的商业循环提供了又一个例子。这种循环是由施加在一个本身具有内在(衰减)周期的过程上的外部振荡力量而引起的。

因此,我们可以区分四种不同的情况,它们由静态-动态和历史-因果所有可能的结合组成:

---

① 我认为亨利·穆尔的移动均衡属于这种静态型式,虽然围绕长期趋势的移动具有动态的性质。H. L. 穆尔:《综合经济学》(纽约,1929)。

1. 静态和定态

2. 静态和历史

3. 动态和因果(非历史)[①]

4. 动态和历史

差不多所有的系统都可被列入其中的一个类别当中;而且,根据上述观点或上述旨意,可以对分析作这样的陈述,以使得一个既定的系统可被任意地置入一个类别而不是另一个类别。因此,如果一个系统衰减得非常厉害,以致它极其迅速地趋向均衡值的话,那么,为了简化分析起见,可以忽略掉它的动态性质。

况且,虽然一个系统从非常广义的观点来看,是因果的,但是,如果为了争辩的目的,某些变动被当作不可解释的事实的话,那么,这个系统也仍可被视作是历史的。(事实上,每一个历史的系统都可以看作一个不完全的因果系统)在一个气象学家式的经济学家看来,由气候扰动和太阳黑子引起的商业循环会构成一个因果过程。但经济学家通常却宁可把因果关系看作单向的关系,并愿意采取这样的一种劳动分工;他不用研究天文学,只要他把经济分析推导到一个“非经济”的原因,就可认为他的工作已完成。[②]然而,经济学的传统边界并不是不可侵犯的,如果商业循环的起因

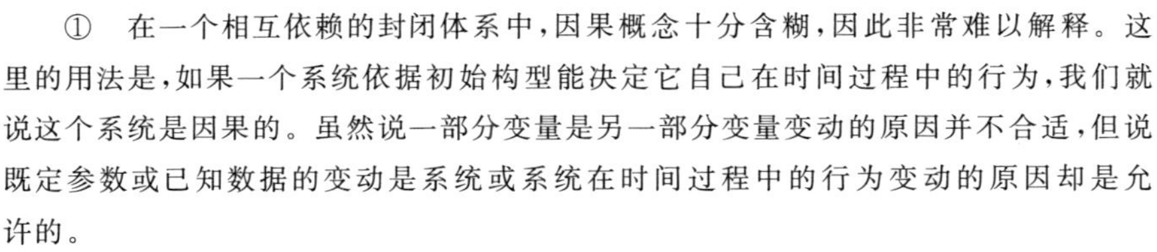

① 在一个相互依赖的封闭体系中,因果概念十分含糊,因此非常难以解释。这里的用法是,如果一个系统依据初始构型能决定它自己在时间过程中的行为,我们就说这个系统是因果的。虽然说一部分变量是另一部分变量变动的原因并不合适,但说既定参数或已知数据的变动是系统或系统在时间过程中的行为变动的原因却是允许的。

② J. A. 熊彼特:《经济发展理论》,第1章。

在气象方面，经济学家就应当在那个方向建立新的分支学科，这正像我们今天要了解实际经济现象，就必须建立财政政策的政治理论一样。

有一组重要的现象不能够方便地放进上述四个类别之中，我把这种现象叫作动态随机过程，一个衰减摆动的钟摆在遭到“随机”冲击时所呈现的情况就是例证。那些在研究商品循环时产生的动态问题同这些过程是有关系的，因此，我们应当有理由讨论这些过程。

对于一个既定的由所述时间序列中起特殊作用的机会决定的冲击范式来说，我们只能具有上面形式 4 的那种动态历史系统。但如果我们所考察的是一切可能的冲击的全体，而且，这些冲击只要被看作从一个确定的总体中随机抽出的，就可预期它们是会发生的话，那么就很明白，这里所涉及的事实上不是日历时间，而只是自过程开始以来已经流逝的时间。在这种情况下，它更像形式 3 而不是形式 4，虽然因果这个字眼似乎已不再合适。

因此，最好的办法看来是再指定两个类别：

5. 随机的和非历史的

6. 随机的和历史的

当我们具有一个包含随机变量的动态系统，并且或者这个系统的结构在本质上随时间变化，或者这个系统在总体上具有随机变量本质地随时间变化的特征的时候，后面这种情况就会出现。形式 5 和形式 6 的简单例证可由

$$X_{t+1}=\frac{1}{2}X_t+\{h_t\},\quad X_{t+1}=\frac{1}{2}X_t+t+\{m_t\} \tag{1}$$

给出。

在这里的第一个例子中，任何瞬间都可能出现的随机变量 h 是从一个不变的总体中取得的；而在第二个例子中，随机变量 m 是从一个在每一瞬间都定义不同的总体中取得的。[①]

希克斯在他最近所著的《价值与资本》[②]一书中，过分简单地描述了一个动态学的定义："我把那些我们并不计较日期的经济理论称为静态经济学；而把那些对每一个数量都必须注上日期的一部分理论，称之为动态经济学。"（第 115 页）

对于上述的六种类别来说，这个过分一般的定义是不够精确的。第二种类别包含了历史地移动的静态均衡，它当然要求变量被注上日期；但它却并不因此而变成动态的。当然，我所反对的只是他的定义，而不是他的实际分析，因为他分析的许多系统，都是严格意义上的动态系统。

① 上述形式的随机过程公式，最初似乎是由 G. U. 尤尔阐明的。参见尤尔、斯拉茨基和弗里希在 H. 沃尔德编的《定态时间数列分析的研究》（厄普萨拉，瑞典，1938 年）一书中的论文。然而，马科夫链和布朗运动等概念在数学文献中可以追溯到很久以前。参见 S. 钱德拉斯克："物理学和天文学中的随机问题"，《现代物理学评论》，第 15 期（1943），第 1—89 页。

如后面所解释的那样，许多涉及随机过程的体系部分地仍然可以由上述四种型式的非随机模型来描述。概率和统计参数本身通常可以视作因果决定的坐标。因此，如果已知以方程（1）描述的第一个体系在零时取 k 值，以及 h 的平均离差和标准离差分别是 a、b 的话，那 X_t 的期望（平均值）就可由一个因果的动态方程来给出，这种方程与去掉随机项后的方程（1）十分相似。

② J. R. 希克斯：《价值与资本》（牛津，1939）。

因果的系统

我所谓的一个完全的因果决定系统，指的是属于上述分类中第三种类别的那种行为由(广义的)初始条件决定的系统。在某种程度上，这个系统只决定于自这些初始条件建立以来已经消逝的那些时间。那也就是说，除了在较迟的时间周期中情况不变以外，对较迟的一个时间周期相似地规定一定的初始条件，就会导致系统作出相似的演变。这用数学来表示就是，如果 $\bar{x}$ 代表在时间 t^0 的初始条件，我们的解就会取形式

$$x=f[t-t^o;\bar{x}(t^o)] \tag{2}$$

这里 x 和 $\bar{x}$ 表示一组有限的或无限的变量。

402 没有这个约束，我们的系统就会是一个本质上决定于那个确定初始条件的时间的历史的系统，并且只能写成

$$x=f[t;t^o;\bar{x}(t^o)]①\tag{3}$$

因此，微分方程

$$\dot{x}+x=0 \tag{4}$$

并不明确地包含时间，它的解形式是

$$x(t)=\bar{x}(t^o)e^{-(t-t^o)} \tag{5}$$

尽管

$$\dot{x}+x=t \tag{6}$$

---

① 这表示的是一个参数而不是两个参数的一族曲线。t^o 的变化并不会导入新的解，它只是简单地改变与每个解都相一致的初始条件 $\bar{x}(t^o)$。

有解

$$x(t)=(t-1)+[\bar{x}(t^{o})+1-t^{o}]e^{-(t-t^{o})} \tag{7}$$

这里第一种是完全的因果系统；第二种则不是。对第一种情况来说，规定初始条件（$\bar{x}$ 的值）和知悉已经消逝的时间以后，就足以确定 x 的数量；在第二种情况之下，同样也必须知悉事先指定初始条件的历史上的日期。①

或许应当明确地说出，并没有什么形而上学的意义附加在这个定义之上。不仅所牵涉的可以是任意的时间标度，而且，如我们稍后就会知悉的那样，任何一个历史的系统都可以看作一个“不完全”的因果系统。此外，我们系统的要素很可能是些概率，它们本身是确定的，虽然某些变化的值可能并不确定。

仅从上述定义就可以明显地见到因果系统的某些重要的性质。如果在一个有限的时间周期内，一个系统确实恢复到同它出发时一样的初始条件，那么这个系统的运动一定是完全周期性的，

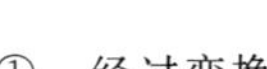

① 经过变换

$$t'=t+a$$

完全的因果系统本质上不会发生什么变化，它只是变成时间标度，由变换

$$t'=h(t),h''(t)\neq 0$$

定义的历史的系统，尽管对于简单的标度变化来说，维度不变足以使一切基本保持不变。相反地，在特殊的情况下，可能存在把历史的系统转变成因果系统的（时间的）变换；即历史系统

$$t\frac{dx}{dt}+x=0$$

经过变换 $t=e^{t'}$，这里 $t'=\log t$

以后，变成一个在新时间 t' 上的完全的因果体系，即

$$\frac{dx}{dt'}+x(t')=0$$

因为它的这种回复运动一定会在以后的周期中不断地再次重复①。而且，一个确定的经济系统在下降过程中的构型，不会同它在上升过程中的构型恰好一样。某些相关的变量（成本、价格等）一定会呈现出不同的形态，要不然，它们相关的动态方面（时间导数、滞后值等）一定会呈现出不同的形态。

现在让我们来考察某些确定的因果决定系统。一个仅对某些侧面感兴趣的研究者，可能希望致力于一个特殊的变量子集，而忽略它们同所有变量的总体的相互依赖关系。对一个初次近似来说，被排除的那些关系可以假定为是一些任意给定的时间函数。这里所研究的系统本质上是一个“不完全的”因果系统，而这样的系统是不能够同其他的历史的系统区别开来的。因此，如果已知三个实体，其中有一个同另外两个相比较质量要大得多，而且离开它们的距离也很远，那么，假定两个较小的实体在引力场中关于时间是变化的（当外部实体一直处在它的“相对”独立的运行轨道上时），就是分析它俩行为的方便方法；尽管事实上三个实体一起构成了一个独立于时间的引力场。

哪些变量该视作已知数据，哪些变量该视作未知数来加以分析，将取决于每个场合的切近的目标和对于当前的特殊相互关系所作的判断。经济学家常常把某些传统的非经济变量如技术、嗜好、社会制度条件等视作已知资料；虽然对其他学科的研究者来

① G. D. 伯克霍夫和 D. C. 刘易斯：“因果系统的稳定性”，《科学哲学》，第 2 期(1935)，第 304—333 页。

说，还存在一个解释和分析的过程，而不仅是历史。[①] 另一方面，我们可以把研讨的范围限制在经济领域内。因此，在研究一个假设的短期存货周期的时候，我们可以把较长期的波动视作既定。而且，在阐述一个特定过程的时候，通常必然会超出传统经济变量的范围，特别是，例如，常常会涉及政治领域。现实世界似乎并不符合分类学教员所作的那种划分。

在列举的把某些变量视作独立或任意参数的许多理由中间，同动态分析有关系的理由尤其值得引起我们注意。同其他过程相比较，某些过程的变动被认为是缓慢的。因此，我们在无穷回归中，对长期趋向和短期趋向等作出区分。这些过程的相互作用将在后面作更详细的描述。

定态状态及其一般化

第九章中，一个由 n 个一般形式是

$$F^i[x_1\overset{t}{\underset{-\infty}{(\tau)}},\cdots,x_n\overset{t}{\underset{-\infty}{(\tau)}},t]=0,\quad (i=1,\cdots,n) \tag{8}$$

的函数方程定义的动态系统的定态或均衡状态，是由一组常数 $(x_1^o,\cdots,x_n^o)$ 描述的，对这组常数来说，

$$F^i(\overset{t}{\underset{-\infty}{x_1^o}},\cdots,\overset{t}{\underset{-\infty}{x_n^o}},t)\equiv 0 \tag{9}$$

即使该系统并不是一个完全的因果系统，就是说，即使它明确

① 参见 J. A. 熊彼特:《经济发展理论》，第一章。

包含时间，它也仍然可能具有一个或更多的定态均衡水平。因此，虽然在第401页脚注①中所描述的那个系统是个历史的系统，但它仍具有定态均衡水平 $x\equiv 0$。然而，一个历史的系统具有定态的均衡位置，这只能是例外的情况；就像我们在第九章已经指出的那样，甚至完全的因果系统也可能没有这种位置。因此，考虑能使一个定态均衡一般化的方法，是合意的。

如果我们的系统的变量被“注明日期”，并且明确包含时间的话，那么即使它们并不是弗里希意义上的包括不同时点的变量的真正动态系统（导数、积分和更复杂的函数），那一般化的方法也是显而易见的。我们的历史的（而在弗里希意义上是静态的）系统具有形式

$$F(X,t)=F^{i}(x_1,\cdots,x_n,t)=0,\text{①}\quad (i=1,\cdots,n) \tag{10}$$

这个系统的一个解是

$$X=X^{0}(t) \tag{11}$$

它使得

$$F[X^{0}(t),t]=0 \tag{12}$$

因此，可以给这个解起个专门名称，叫作移动均衡，然而，这几乎没有什么大的价值，因为移动均衡只是系统可能的演变②。因此，让

① 我将经常借助矩阵记号，用这种记号，一组变量 $(x_1,\cdots,x_n)$ 可以用 (X) 来表示，一组函数 $[f'(x_1,\cdots,x_n),\cdots,f^{n}(x_1,\cdots,x_n)]$ 可以用 $f(X)$ 来表示，如此等等。因此，$f(X)=0$ 表示 $f^{i}(x_1,\cdots,x_n)=0$，在这里 $i=1,\cdots,n$。

② 我们十分有可能认为，对于由方程式(10)所定义的那个均衡的离差，是随机误差或机会误差原因所致，因此，移动均衡表示的是实际观察值的修正了的趋势，我们可能会有 $f(x+\epsilon,t)=0$，这里 ϵ 是一个随机变量。

我们转到真正动态的历史系统上来。

为了确定起见，让我们来考虑那种由 H. L. 穆尔在他最初试图决定经验供求弹性时所假设的动态系统。虽然他采用的是一般的均衡方法，依照这种方法，每种商品的数量都依赖于所有的价格，如果我们所注意的是一个只包括一种商品 q 和它的价格 p 的局部均衡的市场，那么这个问题的那些形式上的困难就会大大减少。

对商品的需求是一个它的数量与它的价格和时间之间的函数关系，

$$q_t = D(p_t, t) \tag{13}$$

完全是出于无心，或许，纯粹是为了同时导出供给弹性和需求弹性的统计上的目的，穆尔假定供给的数量决定于时间和上一个时间周期的价格。

$$q_t = S(p_{t-1}, t) \tag{14}$$

上述这两个方程一起组成了一个动态系统，对于 p 和 q 既定的初始值来说，这个系统决定了 (p, q) 的演进。即，

$$\begin{aligned} p_t &= f[t, \bar{p}(t^o)] \\ q_t &= g[t, \bar{p}(t^o)] \end{aligned} \tag{15}$$

这里存在一个运动的参数族；每一运动都由有效的力决定，但并不能把它们全都称作移动均衡，否则，这个术语就会失却意义。

如果时间并不明确进入我们的方程，即，如果供给曲线和需求曲线都不移动，则定态均衡显然由

$$\begin{aligned} D(p^o) - q^o &= 0 \\ S(p^o) - q^o &= 0 \end{aligned} \tag{16}$$

来定义。因为这是稳定运动，且此处定义 $\Delta p_t = p_t - p_{t-1}$，所以

$$\begin{aligned} p_t &= p_{t-1} = \cdots = p^o \\ q_t &= q_{t-1} = \cdots = q^o \\ \Delta p_t &\equiv \Delta q_t \equiv 0 \end{aligned} \tag{17}$$

当时间被明确包含在内的时候，移动均衡的相似位置是什么呢？让我们考察下面可采用的其他一些定义：(1)穆尔似乎力主这样一个定义，根据这个定义，移动均衡可以表示为一种统计趋势；(2)由相等的供给和需求来定义的移动均衡；(3)由后面将要描述的“弗里希摒除过程”定义的移动均衡。

1. 把均衡简单地作为一种统计上相适应的趋势来表示，显然没有普遍的有效性。特别是，如果把这种方法应用于因果场合(尤其是在那些非振荡趋近均衡的地方)，那它就不一定引致恰当的均衡水平，也不一定引致任何定态水平。穆尔接受它的外观，部分或许是由于它同接着就要描述的标准的假设的关系。对于后面讨论的随机系统来说，适应趋势更容易得到辩解，但却仍然不是最优的定义。

2. 初看起来，由供求均衡定义的移动均衡的判别标准似乎是定态情况的自然推广。然而细加考察，就可发现在这个表述中存在着一些模糊不清的地方。给定任何一个价格，需求瞬刻就会作出反应，但供给的反应却要在一年以后才能作出。供求相等的意义何在？(当然，每年在最短期里的价格是由需求数量和就所有可能移动而言的短期供给所决定的)然而，如果那移动非常“慢”的话，我们作为初次近似，可以不顾 p_t 和 p_{t-1} 之间的差别，而使等式

$$D(p_t, t) = S(p_{t-1}, t) = S(p_t - \Delta p_t, t) \doteq S(p_t, t) \tag{18}$$

成立，根据的假定是 $\Delta p_t \doteq 0$。解

$$D(p_t,t)-S(p_t-0,t)=0 \tag{19}$$

我们得到

$$p_t=p_1(t) \tag{20}$$

而我们可以把这称作为价格的移动均衡。自相矛盾的是，我们在价格不变的假设基础上，推得了一条价格的移动均衡轨迹！然而，这正是连续近似方法的特征。作出明知是错的假定，以后再加以改正。通过使

$$\Delta p_t=\Delta p_1(t) \tag{21}$$

和使

$$D[p_2(t),t]-S[p_2(t)-\Delta p_1(t),t]=0 \tag{22}$$

可以导出第二次近似，而第 n 次近似可由关系

$$D[p_n(t),t]-S[p_n(t)-\Delta p_{n-1}(t),t]=0 \tag{23}$$

导出。如果函数序列$[p_i(t)]$一致收敛于极限函数 $\bar{p}(t)$，那么 $\bar{p}(t)$就是我们原来系统的一个解。

上述的方法在本质上同经历缓慢变化的一个生物学或化学系统的移动均衡是一样的①。如果系统由

$$\dot{x}=f(x,t) \tag{24}$$

定义，这里的 f_t 是微小的移动均衡（初次近似），$x_1(t)$由

$$\frac{d(x_0)}{dt}=0=f(x_1,t);x_0=\text{常数} \tag{25}$$

定义。二次近似 $x_2(t)$由

① A. J. 洛特卡：《物理生物学原理》（巴尔的摩，1925），第 21 章，这里有许多参考材料。

$$\dot{x}_1 = f(x_2, t) \tag{26}$$

定义；而第 n 次近似则由

$$\dot{x}_{n-1} = f(x_n, t) \tag{27}$$

定义。函数序列可能抑或不能一致收敛于极限函数；如果它能够收敛，那么这极限函数就是原来系统的一个解。（不必一定是单一变量；不论所涉及的变量数目是多少，都不会影响这个论点）

上述定义有下面这些有利的长处。对于并不明确涉及时间的非历史因果系统来说，它不会在初次近似中产生恰当的定态均衡位置。同样，连续近似在形如

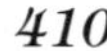

$$y = f(x); x = f^{-1}(y)$$

的变量变动和形如

$$t' = g(t); t = g^{-1}(t')$$

的时间变动的条件之下是不变的。

然而，这些优点并不能胜过包含在这个定义中的占压倒优势的缺点。那被近似的东西到底是什么呢？假设我们精确地知道方程(24)所有的解都具有形式

$$x = \psi(t, \bar{x}) \tag{28}$$

那就完全失去了近似的必要。这些解中究竟哪一个可以合法地被称为移动均衡呢？如果上述特殊的连续近似方法完全收敛，则那个又神秘又任意选出的特定解就能荣获这个尊称①。因此，我反

① 在近似序列中的递次函数 $x_i(t)$ 一般并不满足同一初始条件，因此，我们充其量只能决定所得到的那个最终解会满足哪种初始条件。

对用上面这种近似方法来定义一个唯一的移动均衡，虽然对于达到特殊解来说，这种方法可能还是适宜的。

形如

$$\dot{x}-a(t)x=b(t) \tag{29}$$

的线性微分方程的一般解，等于它的任一特殊解加简化齐次方程

$$\dot{x}-a(t)x=0 \tag{30}$$

的一般解。令

$$x=cu(t) \tag{31}$$

代表式(30)的一般解，这里 c 是一个由初始条件确定的参数。令 $v_1(t)$ 为式(29)的一个特殊解。于是

$$v_1(t)+cu(t) \tag{32}$$

就成为式(29)的一般解。显然

$$[v_1(t)+au(t)]+ku(t) \tag{33}$$

也是一个一般解，因为括号中的表达式是一个对特定的 a 而言的特殊解。

在某些学科中（电力网络理论等），不“含”形如$[au(t)]$的项的特殊解附有特别的重要性，因此有人认为，这大概是一个可以接受的移动均衡的定义。这里所涉及的函数已不再是那些简单的初等函数，因此，上述那个判别标准就不再能毫不含糊地确定一个唯一的函数了。不过，单单可以修正这个标准以便用它来确定一个唯一的函数。事实上，由上节所述的那种形式的收敛近似序列定义的极限函数，常常就表示这种特殊解。然而，我并不认为，接受

这个定义会达到什么有用的目的。①

对初次近似有一种有趣的解释值得倍加注意。我们经常会碰到这样一种均衡的概念，系统在达到均衡以前，因为历史的扰动力而又背离均衡后退。设想一个孩子手里拿着根绳子，在绳子的另一端绑着一块石头。如果他不动地站立着，那么在石块垂直不动地悬吊着的时候，均衡就达到了。然而，在这个孩子走动的时候，定态均衡是永远不可能达到的，均衡位置只有在他的运动有可能中止连续不断的移位时才能达到。

我们可以把这个均衡称作后退均衡。对于时间 t 来说，它是这样一种定态均衡的位置，这种均衡只有在 t 后面的所有历史的变动都停止的时候才有可能达到。这也就是说，在我们所有的函数方程中，都要在那些确实发生在 $\bar{t}$ 后面的时间 t 上写上一横。
412 结果是一个假设的或虚假的完全因果系统。对于一个新的 $\bar{t}$ 来说，我们有一个对应的虚假均衡，因此，我们的后退均衡可以定义为一个时间的函数。

为了说明这个概念，让我们来看一个简单的例子。令

$$\dot{x}+x=t \tag{34}$$

为一个历史系统。在 t 等于 $\bar{t}$ 时，后退均衡是对应因果系统

---

① 在一个定期有外加力存在的线性系统（电气等）里，微分方程的一般解可以写成纯粹周期运动和一个瞬变值的和在衰减系统的情况下，瞬变值在极限上一定趋向于零，而那运动则接近纯粹的周期函数，对于某些目的来说，把纯粹周期函数定义作为“移动均衡”来定义并给它以特殊的处理可能是方便的，特别是如果周期函数是纯正弦波的话。

$$\frac{dx}{dt}+x(t)=\bar{t} \tag{35}$$

的定态均衡，在这个因果系统中，等号右边被视作常数项。显然，这样一个均衡位置由

$$0+x=\bar{t} \tag{36}$$

给出。但严格说来，这是方程式(25)的初次近似 $x_1(t)$，特别是在下述情况下更是如此：

$$\frac{dx_0}{dt}=0=t-x_1 \tag{37}$$

在停止历史的变化以后，这个系统的虚假轨迹只是一个可能解。对在时间 $\bar{t}$ 的其他初始条件，可以定义各种不同的解。尤其是，让我们考察初始条件 $u(\bar{t},\bar{x})$，这里的 u 是历史系统(34)的一个真实解。相对应的虚假轨迹可以写成

$$x=v[\bar{t},u(\bar{t},\bar{x})] \tag{38}$$

对于由(34)定义的特定系统来说，

$$u(t,\bar{x})=t-1+(\bar{x}+1)e^{-t} \tag{39}$$

$$v[t,u(\bar{t},\bar{x})]=(-e^{-t}+\bar{x}+1)e^{-t}+\bar{t} \tag{40}$$

可知这个历史系统的实际解是虚假解族 $v[t,u(\bar{t},\bar{x})]$ 的一条包络线。短时间的虚假运动和真实运动在它们相切的地方极其近似。就是说，如果那孩子突然停止走动，那摆动的石头就会改变运动状态；但新的运动轨迹会同原有的运动轨迹相切，而且，对短暂的时间间隔来说，它们不会有太大的背离。

虚假曲线趋近渐近线或假设的定态均衡。这些相对于时间描

出的均衡值形成了一条后退均衡曲线，这种时间函数通常并不是真实动态方程式的解。① 然而，假设均衡的稳定性是能够确定的，而且，如同后面将可获知的那样，它和实际运动的稳定性有某种关系。

3. 现在，我要短暂地转到由弗里希教授定义的“正常”值或“均衡”值。② 这个值的定义可以用去掉我们 n 个函数方程

$$f^i[\underset{-\infty}{x_1^t(\tau)},\cdots,\underset{-\infty}{x_n^t(\tau)},t]=0,\quad (i=1,\cdots,n) \tag{41}$$

中的 m 个方程的子集，然后用 m 个假设方程的集合

$$g^i(\underset{-\infty}{x_1^t},\cdots,\underset{-\infty}{x_n^t},t)=0 \tag{42}$$

代替它们的办法来给出。在新的 n 个方程的集合中，那些瞬时形式的变量（至少在某些它们出现的地方）被加上横线并被视作未知数。在其他任何地方（在变量的所有动态形式中，也可能在某些出现瞬时形式的地方）代替的都是对一组特殊的初始条件定义的一组原函数方程的一个解。这将产生用加横线的变量（$\bar{x}_1,\cdots,\bar{x}_n$）表示的具有特殊形式（10）的 n 个历史方程式。这些方程式定义了移动均衡。

弗里希教授完全感觉到了，在定态的情况下，这个定义同均衡概念并不一致；他甚至于认为，“在用精确的动态数学术语表述经

① 举例来说，后退均衡是系统

$$\ddot{y}+y=t$$

的一个解，$y=t$ 是后退均衡同时又是这个系统的实际运动，这是可能的。如果那孩子始终迈着稳健的步子行走，那用绳子和石头做成的摆就会垂直悬挂。

② R. 弗里希：“论均衡和非均衡概念”，载《经济研究评论》，第 3 卷（1936），第 100—105 页。

济推理的倾向占优势的时候”，[①]前者终究将代替后者。不过他相信，现代经济学家所牢记心中的，正是这个概念。

我不清楚最后这个猜测是否正确，尤其是，因为我不熟悉斯堪的纳维亚经济学家的原著。[②] 不过对眼前的目的来说，这一点关系不大；重要的是指出这个“正常”均衡概念和我们正在考察的移动均衡并不相同。

“正常”运动的某些显著特点是：

(1)它通常并不是原来集合的一个解。实际上，也没有一组能够产生解的初始条件存在。

(2)它不唯一，而是决定于为原来的一组方程指定初始条件所必需的那许多个参数。这是因为它所依赖的是无数可能解中插入修正的方程 f 和 g 集合中的那个特殊解。(见上面那个加重点号排印的句子)

(3)对于那虽然可能是历史的方程式，但本质上是由静态定义的系统来说，提出有关它们的稳定性问题是没有意义的。

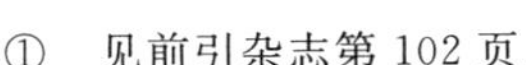

① 见前引杂志第102页。

② 弗里希教授引用实际利率和自然利率之间那种由维克塞尔及其信奉者阐明的关系来说明这个概念。他把复杂高深的概念归结为这些关系，像他这样说明某些新维克塞尔信奉者的论点，我怕是过分厚道了。事实上，维克塞尔本人多半考虑的是隐含的动态关系系统，这种系统不明确包含时间，也就是说，没有历史的变化(例证是，在同戴维森教授的争论中，他主张由于不可逆的技术变化，在一个经历生产扩展的系统中，均衡要求稳定的价格)。在一个非历史的框架中，有可能建立一个维克塞尔系统的动态模型，在这个模型中，自然利率所表示的是这个系统的定态均衡水平，而不是另一个假设的系统的解。如果这一点得到认可的话，那么，一个引入历史变化因素的系统所对应的条件又是什么呢？这使我们又回到了最初提出的那个疑问。

因为所有这些理由，对于我们现在的目的来说，用它表示移动均衡是不能令人满意的。①

问题的解答

我们已依次考察了移动均衡的各种不同的定义，而且对每一种定义，都找出了加以否定的充分理由。这个情况，使我们不得不想起应该重新审查我们前面定下的那个目标，正是为了那个目标，我们才期望着找到一个移动均衡的概念。

应该记得，在非历史的因果系统的情况下，定态均衡状态的定义中并没有发现存在模糊不清的地方；事实上，促动我们探求移动均衡的，正是那个把历史系统定态状况概念加以一般化的愿望。

① 还有一个移动均衡概念是由如

$$\dot{y}-y=0$$

这样的一个因果系统的爆炸的指数解提出的。这个系统的解的形式是

$$y=ke^{i}$$

依据上述定义，除去定态均衡，每一种运动均衡都是移动均衡。由定义可知，所有的移动均衡都是不稳定的。小冲击的影响在经历时间后会成倍地扩大。另一方面，变量($\dot{y}/y$)却可能是相对稳定的。

举例来说，当上述概念运用于具有不变的特定出生率和死亡率的人口上的时候，就会同由婴儿成长曲线表示的移动均衡大不相同。给定一个小的冲击（麻疹之类），小孩的体重就会偏离“正常”的成长曲线，但通过以后的追赶，他的体重还可以再达到“正常”的成长水平，因此没有证据可以表明，在小孩以后的成长过程中有一个中断期存在。同样，一个经济也会从（比如说）一场战争的影响下复苏过来，并且继续走上它的长期发展的道路。但对于上面所提到的人口来说，绝对人数在经历一次冲击（战争之类的）后是永远不会再相同了，即使它的相对年龄分布和其他性质有可能再次趋于稳定的形式。

让我们退一步问，为什么我们会对一个定态均衡的位置感兴趣，显然，它只不过是所述动态系统无数可能运动中的一种状态而已。然而，这却向我们提示了问题的答案，如果定态均衡是稳定的话，那么一切运动最终都会趋近于它。①

因此，我们要考察动态系统所有运动的行为；这个问题可以通过考察一个单一的特殊运动来加以研究，实际只是一种巧合。指出甚至在非历史的情况下我们恰恰也能够专心注意任何其他的单一运动而不是均衡运动，或许对我们不无启发。因为，如果所有的运动都趋近均衡运动，那么它们一定也相互趋近。因此，每一个运动一定趋近任何一个随机选出的运动。

这启示我们像下面这样来回答我们的两难问题。在一个历史的系统中，我们所考察的不应当只是那种被特别赋予移动均衡名称的特殊运动的稳定性而应当是每一种运动的稳定性。这并不妨碍我们对具有特殊性质的特殊运动给予特别的注意。（举例说来，如严格的周期运动，某些坐标呈线性增加的平稳运动等）

这也启示我们应该怎样来回答这样一个纯粹用文字语言表达

① 令 $x^o(t)=x^o$ 表示一个系统的均衡位置。令 $x^i(t)$ 表示任一别的运动。于是，如果均衡稳定，则一定

$$\lim_{t\to\infty} x^i(t)=x^o$$

即，对任何一个已知的正数 ϵ 来说，不论它是如何的小，都会存在一个 t^o，使得

$$|x^i(t)-x^o|<\epsilon,\text{就 } t>t^o \text{ 而论。}$$

但这在 $x^i(t)$ 和 x^o 之间是对称的，所以可说均衡位置趋近任何运动，同样，把这反过来说也是正确的。由此很容易得出这样一个结论，任何运动 $x^i(t)$ 都趋近一个任意挑选出来的特殊运动 $x^1(t)$。

的问题:究竟哪些过程应当被指定为均衡过程?一旦我们舍去均衡概念中的规范和目的论含义,我们如何运用这个概念就不再很要紧。这个概念可以只用在定态值上。从这种狭义的观点来看,一个竞争的行业只有在所有长期条件如厂商的进入,每一厂商正确的产量等都得到满足以后,才有可能处于均衡状态。

对于其他目标来说,我们可把这个概念运用于那些中间的短期情形,在这种情形中,即使由于价格背离平均成本而引起厂商数目变化或打算变化,每个厂商也仍按照等于边际成本(但高于平均可变成本)的价格进行生产。对于最后所述形式的情形来说,由于更深一层的条件在这里得到实现,所以厂商数目按因果决定率进行变化这一点是可以保留的。其他的经济学家,可能更愿意把这个概念应用于包括所述商品各种投机存量在内的瞬时的供求条件。

我发现使用速率十分不同的均衡过程是方便的,某些均衡过程的速率与其他的相比是很缓慢的。在一个无穷的回归过程中,每一个长时期中存在一个较短的时期,而在每一个较短的时期中存在一个更短的时期,依此类推。对于分析的目的来说,便利的方法常常是,把缓慢的过程视作已知数据,而使注意力集中在那些被认为是重要的过程上。例如,在对投资水平、收入水平和就业水平所作的短期研究中,假定资本存量完全固定或敏感常常会给分析带来方便。当然,从长期的观点来看,资本存量只是净投资的积累,况且,就假设的最终均衡和系统在时间过程中的简单生长过程来说,资本同系统中其他变量间的相互影响,本身就是一个值得研究的问题。

比如说，依据其他情况不变这样一个假定，我们可以置那样一些变量的变动于不顾。这些变动从属于比我们所考察的运动要“慢”得多的那些运动。这不外就是古典力学中的“微扰”方法。同时，我们能把那些比我们所考察的运动要“快”得多的运动抽象掉，办法或者是假定它们迅速衰减，已不再会产生影响，或者是把它们纳入这样的一些动态方程（微分和差分等）中，这些方程决定着体系离开均衡的行为。

上述第一种可取的办法是比较静态学而不是明确的动态学常用的理由。如果我们能够肯定系统稳定并且强衰减，则只要对假定作适当的修正，忽略分析从一种均衡到另一种均衡的精确途径就不会有什么太大的损害。当然，在我们经过选择忽略掉某些动态过程的时候，我们也仍然会保留其他一些动态过程；比如说，在对过去 20 年中的资本形成进行研究的时候，我可以把存量的变动忽略不计，但却仍然保留体现在它的长期过程中的加速原理这样一种选择。

在第二种可取的办法中，较短时期的过程包含在（比如说）这个系统的微分方程式里，容易理解，这些微分方程式并不一定在每一时间的瞬间都能真正成立。很可能有一个更短期的理论存在，能解释更高阶次的微分方程是如何导致系统（迅速）衰减并趋近那些假定的微分方程关系的。在不断缩短的时期中，情况依此类推。

或许可以争辩说，如此一般的含义同均衡一词的传统用法有冲突。认为炮弹不仅在它落地以后的静止状态中，而且在它沿着平均弹道飞行以及围绕着这条轨道行进时的每一个点上都处在均衡当中，对均衡的这种说法难道不是牵强附会吗？或许，这个术语会产生混淆；但是，在严密地加以限制以后，它的使用可能会带来一些方便。

只要把它们代入下述函数方程，就可对任何一个运动$[u_1(t),\cdots,u_n]$的稳定性作出检验

$$x_i(t)=u_i(t)+\eta_i(t) \tag{43}$$

上式所述方程只是对诸η定义。因为诸u是既定函数，所以代入的结果是关于诸η的n个函数方程。由于诸u构成原系统的一个解，所以存在一个诸η的形如$(0,0,\cdots,0)$的一个解。如果对所有可能的初始条件来说

$$\lim_{t\to\infty}\eta_i(t)=0, \quad (i=1,\cdots,n) \tag{44}$$

则原来那个解就是稳定的。

而且，如果原函数方程属于一种非常一般的方程类别(微分方程、差分方程、积分方程等)，那么对于充分小的移位来说，那些导得的方程可以视作诸η的线性方程。然而，这些导得的方程不但不独立于时间，而且通常还明确地把时间包含在内。

这在单一变量的情况下最容易获知。我们令隐函数方程为

$$f[u(\tau)\overset{t}{\underset{-\infty}{+}}\eta(\tau);t]=0 \tag{45}$$

式中

$$f[u\overset{t}{\underset{\infty}{(\tau)}};t]=0 \tag{46}$$

因为u是一个解。倘若关于函数f和它的高阶函数导数的连续性作出某些假定，则就会有一个同一点的普通函数的泰勒展开式非常相似的展开式存在。这个展开式得

$$f[u(\tau)\overset{t}{\underset{-\infty}{+}}\eta(\tau);t]=0+\int_{-\infty}^{t}K_1(t,\tau_1)\eta(\tau_1)d\tau_1+\cdots \tag{47}$$

式中的 K_1 是 f 的函数导数。这看来只产生积分方程，但求助于斯蒂尔杰斯积分或具有性质

$$\int_{-\infty}^{\infty} f(x)\delta(x-a)dx = f(a) \tag{48}$$

和

$$\int_{-\infty}^{\infty} f(x)\delta'(x-a)dx = -f'(a) \tag{49}$$

的迪拉克算子 $\delta(x)$，一般线性微分方程和差分方程可以容易地写成线性积分方程。因此，

$$\frac{dx}{dt}+x(t)=0 \tag{50}$$

取得

$$\int_{-\infty}^{\infty} K(t,\tau)x(\tau)d\tau = 0 \tag{51}$$

式中

$$K(t,\tau)=-\delta'(\tau-t)+\delta(\tau-t) \tag{52}$$

把稳定性问题，至少是一阶的稳定性问题，转变成对于线性系统的考察具有不可估量的价值，这是因为，迄今所有的数学知识大部分都同这种线性系统有关。

稳定性概念

第九章虽对各种稳定性作了一番讨论，但所作的论述肯定是不完全的，至少对这个术语已被用到的各种含义，还没有一个粗略的概括。

(a)这个概念有时在非常广泛的意义上使用。任一均衡位置只要离它的偏差有界就是稳定的。如果没有一个运动趋向于无穷，那么每一个运动都是稳定的。对于许多目的来说，这种含义是不能令人满意的。可以提出比稳定性更合适一些的名词来表示这种性质。一只尖端放在水平地上的摇摆不定的鸡蛋在上述意义上就算是稳定的。

(b)当彭加勒创造出波伊森意义上的稳定性这个用语的时候，他所指的完全是另一种定义。“这就是，尽管系统从一个任意的初始状态开始不会再精确地重复它自身，但它通常总能回复到它的初始状态的附近，并且在一个长期的时间间隔中近似地重复它的运动。”[①]这定义与通常所用的稳定性的含义很不相同，因此，用重复这个术语来表示也许更适合具有这种性质的系统。

(c)在非守恒物理系统中普遍使用的稳定性概念，就是我称之为第一种类型稳定性的那个概念。在每一个运动在极限都趋近均衡位置(和每一个其他运动)的时候，这个概念有效。它在时间上是不可逆的；往回迫使所有稳定的系统都会变成不稳定。[②]

在这个标题下再作划分当然是可能的。因此，只要所有的运动在一个既定运动的充分小的邻域中都稳定，则就有局部的第一种类型的稳定性存在。第一种类型的一阶稳定性，需要某种充分

① G. D. 伯克霍夫和 D. C. 小刘易斯：“因果系统的稳定性”，《科学哲学》，第 2 期(1935)，第 310 页。

② 可以把这称为李雅普诺夫(Liapounoff)意义的稳定性。(见 E. 皮卡德：《分析论文》第 3 篇，第 200 页)。一阶不稳定性排除这种意义上的稳定性，也在那里得到证明。伯克霍夫把这种稳定性叫作单侧稳定性。

条件成立，即在我们函数方程展开式中的线性项就其本身来说能够产生一个完全稳定的系统的时候，才能占据优势的地位。对于稳定性的这种定义我们差不多完全考虑到了。

(d)所有守恒的物理系统在时间上是可逆的，因此，体积在相空间中保持不变。这种系统排除了第一种类型的稳定性。由于一个守恒的系统没有衰减损耗的摩擦力，所以它如果被迫离开稳定均衡，就不会再重新回到并停留在定态均衡上。因为均衡位置代表的是一个最小的总能量，所以一只单摆只要从垂线位置移开，就会比它处在均衡位置具有更高的总能量(等于势能加上零初始动能)。总能量一定是守恒的，所以在经过均衡位置的时候，系统一定会保持运动状态，否则，它就不能提供某些加在极小化了的势能上的动能。

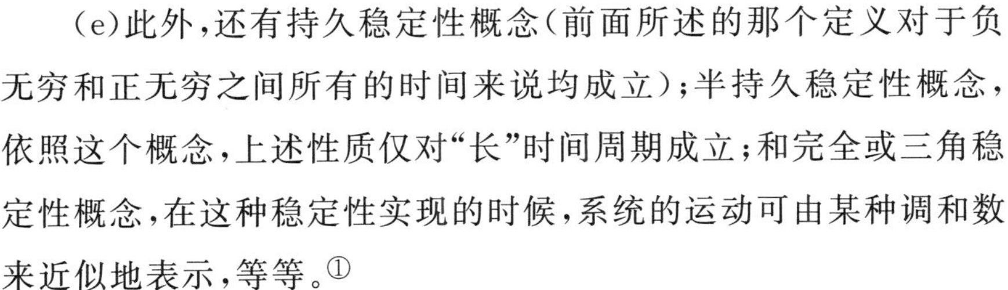

(e)此外，还有持久稳定性概念(前面所述的那个定义对于负无穷和正无穷之间所有的时间来说均成立)；半持久稳定性概念，依照这个概念，上述性质仅对“长”时间周期成立；和完全或三角稳定性概念，在这种稳定性实现的时候，系统的运动可由某种调和数来近似地表示，等等。①

除了指出与这里所述的内容有很大不同的情况以外，不必再对这个问题作更加详细的阐述，因为对于稳定性的分析以及这种分析所蕴含着的对一般动态轨迹的定性行为的研究，引出了某些高等数学中最困难的问题。

① 更详尽的讨论见伯克霍夫：《动态系统》(纽约，1927)，第四章。

商业循环的性质

我们已经知悉,动态学中有许多有意义有成效的问题同商业循环本身并没有什么关系,虽然对理解那些通常被划分在经济理论这个标题之下的过程来说,它们还是很重要的。但是,在动态学的所有分支中,最受人注意的是那个研究就业、收入和一般商业活动的波动的分支部分。人们已经作出了很多的解释,并随之提出了各种不同的名称。事实上,已经有许多不同的理论存在着,因此,必须设计出许多不同的分类系统来使它们全部归类(例如,消费不足、过度投资,等等;或摩擦的、制度的、货币的;外生对内生的;如此等等)。为了能集中地研究所涉及的分析上的差别,而不去太注意历史的、制度的和个人的差异,我想简略地对这些理论作一个概括。

(1)用外生和内生这两个术语来描述循环理论,这在今天已是常事。外生指的是这样的一些理论,它们认为循环的根源在于某些外部的非经济的事实,这些事实按拟周期的方式变化,由于某种原因而产生经济的时间序列循环。通常举太阳黑子或气象理论作为这种类别的典型。由于那些我们为之寻找解释的经济波动本身是拟周期,而不是严格周期,所以外生因素并不真正一定要具有很规则的周期性和振幅。外生因素也不一定要完全独立于它同经济系统的相互影响之外;严格地说来,唯一必要的是,发生作用的路线大体上只有从外部进入经济系统内这样一个方向。从分析上来说,极端的外生理论类似于一个“受外力推动”的周期运动,在这种理论中，经济系统对外部推动力的反应是在瞬刻之间完成的。从我前面提出的那六种类型来看，这种系统属于静态的历史的类型。

(2)在另一个极端，存在着纯粹的内生理论，即所谓的自生循环。强调货币因素，以及存货、加速原理、心理等因素的各种理论，都可以归在这个名下。系统的这些决定因素构成了产生涉及不同时间周期的循环运动的动态方程(滞后、导数等)。一旦进入循环，繁荣就让位于萧条，萧条后复苏，复苏又被繁荣来代替，这样的变化周而复始。

有一些经济学家认为，这个观点包含了不能允许的循环推理：它说明了循环一旦发生，其自身是怎样永远地存在下去的，但它回避了最初那个循环怎样会存在的问题。即使这种反对意见正确，它也不会有什么特别的结果，因为有无数能够引起初始周期的外生因素和机会因素存在。如同下面就会说明的那样，一个循环并不需要从上述过程开始，事实上，只要有一个对于均衡的初始偏离，那么不管这种偏离有多小，并且不具有周期的性质，循环都会发生。

内生的模型

从分析上来说，纯粹内生循环通常比作满足简单牛顿二阶微分方程的无摩擦的单摆运动。更详细地研究这个概念会碰到一些困难。首先，必须把所有的衰减都排除在外，否则循环就会终止；同样，大部分理论把反衰减或爆炸性行为也排除在外。在物理系统中，有各种伟大的自然“守恒”规律保证系统一定落在衰减和反衰减间、稳定和不稳定间的细细的分界线上。但在经济世界里却没有与此相对应的规律存在，因此，这里研究的这种经济系统的系数和结构关系似乎根本没有可能恰好引致零衰减。

另一个存在的困难是，甚至在内生的理论中，也不可把这个经济系统完全孤立起来看待。它也是受到外界的干扰的，所不同的只是把这些干扰视作同商业循环没有什么重要的关系。如果我们所考察的是这样的一个系统，这个系统就其本身而论正处在稳定和不稳定之间的分界线上，那么就可以说这个系统在前面所述的第二种意义上是稳定的。但如果我们现在允许随机变动来冲击这个系统，那么在它变动(期望的)幅度随着时间增长，以及它的变差在极限处趋于无穷的意义上，这个系统是不稳定的。[①]

426

因此，我认为卡莱茨基[②]的下述主张是欠考虑的，那就是，在实际决定一个假定的微分和差分方程混合的系统的系数时，应该加上运动具有零衰减这样一个条件的主张。他的目的是要推导出一个波动幅度不变的系统，不论我们把什么视作这种假设的实际基础，我们对这个目的都有同感。但是，即使强加上这样一个很不可能存在的约束，他也无法实现他所乞求的目的，即得到一个波动幅度不变的系统。

同样重要的是，到目前为止所作的纯内生分析，并不能对循环

① 在第370页，论述在零衰减存在的地方，诸A的和及它们的平方和都不会收敛。

② M.卡莱茨基：“商业循环的宏观动态理论”，《计量经济学》杂志，第3期(1935)，第327—352页。

的精确幅度或近似幅度提出什么说明。同单摆系统一样，它们本质上是线性的，每一个线性系统能具有任何一种幅度，究竟为哪一种幅度，仅视最初移位的大小和符号而定。因此，借助于或小或大的初始移位，可使一只单摆作或小或大的摆动。为了解释观察得到的循环的振荡水平，赞成线性外生理论的经济学家必须追溯循环开始前的原始扰动值，而且还必须说明，连续的冲击为什么不会使循环增大。

对于这些在一个简单线性的纯内生模型中所遇到的基本困难，我们可以采取两种不同的回避方法。第一种方法是把那个系统具有零衰减的假定去掉，而代之以系统依靠外部冲击来阻止波动消失这个假定，在技术文献当中，对这种方法已经作过广泛的讨论。这种解决困难的方法包含着这样的一个含义，即放弃系统是纯粹内生的假定，但仍保留系统是线性的假定。后面几节将对此作更详细的讨论。需要强调指出的是，使系统保持循环活力的外生推动力，本身并非一定要具有拟振荡的性质。

另一种可供使用的方法是舍弃线性假定，即使这样做在数学上会带来一些很大的困难也在所不惜。对于稳定性的定性问题来说，“局部”关系所具有的重要结论可以视作“全局”稳定性或不稳定性的必要条件。因此，线性关系作为初次近似是有用的，即使公认这种近似并不精确，但它还是能许可的。然而，在定量的动态学和经济波动问题方面，如果我们要得到正确的量和质的结果，我们就必须放弃这种近似。

因为线性系统缺乏非线性系统所具有的那种质的丰富性，所以线性系统是否衰减和是否稳定同初始移位的大小没有关系。在说明特殊幅度的波动同初始移位无关的理论中引入非线性系统是破天荒的。因此，非线性系统可能具有一个不稳定的定态水平，所以，只要均衡位置稍有偏移，系统便立即开始递增的振动。但振荡并不是无限的，最终总会达到一个特定的幅度并维持下去。任何进一步扰动都会引起一个从上或从下接近既定周期运动的一个运动，上述那种周期的运动可能在这个意义上是稳定的。

微分方程

$$\ddot{x}-\mu(1-x^2)\dot{x}+x=0 \tag{53}$$

可以作为这样一个非线性方程的例子来加以考虑。尽管零是这个系统的定态均衡水平，但对上述方程在这个水平上的系数所作的估量却证明这个均衡是不稳定的。就对于均衡的小的偏离来说，这种系统的行为与一个爆炸性振荡的线性系统十分相像，但最后，非线性总会强行地表现出来，从而使运动在一个固定的幅度上安稳下来。从几何上来说，$(x,dx/dt)$同相空间中的均衡点由原点给出，扩展螺线就从该点出发。不过其中每一条螺线都趋近代表周期运动的一条封闭曲线。如果我们最初把这条封闭曲线以外的一点作为始点，那么，我们就会得到从外面趋近这条封闭曲线的收缩螺线。检验一个周期系数由沿着所述周期运动估量的式(53)的系数推得的二阶变分线性微分方程的解，可以证实这个周期运动的小范围稳定性。反过来可把这个方程的变分看作稳定的，因为，它的全部“特征指数或乘数”都具有负的实部。[①] 周期解的唯一性是很难证实的，不过在所列举的情况中，它是被证实了的。

---

① 见 G. D. 伯克霍夫：《动态系统》，第三章。

在理论物理学中，这种非线性系统在“自激振荡”或“松弛振荡”的标题下受到一定程度的注意。[①] 这个领域还剩下很多的工作要做。在经济学方面，有一种非线性系统得到了完整阐述。我指的就是所谓的蛛网定理，在这个理论中，供给滞后一个周期，这通常引出一个一阶非线性差分方程，这种方程非常简单，所以有可能完全用图形来进行解释。

如同我们在前面章节中见到的一样，那线性的蛛网情况只允许存在三种可有性：不管是什么幅度，这系统或者是衰减的，或者是反衰减的，或者确切地说，是介于两者之间的。(事实上，在现实生活中；不论是在经济系统中还是在物理系统中，趋向无穷的运动都是不可想象的。因此，如果一个线性系统不稳定，那么它的运动就会一直增大到它不再保持线性；它的结构就会“瓦解”，等等)放弃线性假定，我们就会发现这个系统可具有与定态均衡不同的特殊的周期运动。因此，对于不稳定的均衡点来说，就会存在一个稳定的“盒子”，所有邻近的运动都趋向这个盒子，盒子的大小决定循环的唯一幅度。当然，可能存在多个这样的周期运动；每一个都是稳定和不稳定相交替的。在现实生活中，最后这种运动在绝大多

① 这种形式的方程式有时称作范德波尔方程式，它是以那个对这种方程式奉献了很多精力的人的名字命名的。但是，这种方程式的历史至少可以追溯到19世纪，部分文献目录可以在T. 冯·卡尔曼的“工程师亟待解决非线性问题”一文中找到，《美国数学学会公报》第46号(1940)，第615—683页。也可参见诺曼·莱文森和奥利弗·K. 史密斯合写的“松弛振荡”的一般方程式一文，《图克数学杂志》，第9期(1942)，第382—403页；B. 范德波尔：“松弛振荡”，《哲学杂志》第2期(1926)，第978—992页。

数情况下可以看作是稳定的。[①]

在其他地方的经济分析中，可以找到一些有关非线性动态学的建议。[②] 但是，由于解的形式上的困难是如此之大，因此还有非常多的工作留待着我们去做。这事格外重要，因为对各种用文字表述的理论所作的仔细分析表明，其中最简单的一些理论在本质上是依赖于非线性要素的。那些我所谓的“弹子台”理论是其中范围广大的一类，这些理论研究“比方说，达到充分就业的最高限度，然后反弹回来”的系统，从诸如此类的研究中演绎出循环的转折点。这种类别中的另一个例子是霍特里的银行最低储备比率概念，系统依照这个比率弹回。这样一个概念用于解释下转折点是欠成功的，因为在经济系统中并没有（适切的）自然底部存在。[③]

发现最简单的实际概念可以引出最复杂的数学问题，并不是始料不及的事情。这一事实使用文字表述或用数学表述的研究者们变得谦恭起来，不过，他们绝不应该因此而气馁。

---

① 关于蛛网定理的文献有很多。其中论述最完整的看来是 W. 里昂惕夫的“迟缓报价与局部均衡”一文，载《国民经济学杂志》，第 5 卷(1934)。

② 见 Ph. le Corbeiller，“les Systemes Autoentretenus et les Oscillations de Relaxation”，载《计量经济学》杂志，第 1 期(1933)，第 328—332 页。J. 丁伯根：《商业循环理论的统计检验》，(日内瓦：国际联盟，L939 年)。

③ A. H. 汉森教授在他《财政政策和商业循环》(纽约，诺顿，1941)一书的第 13 章中似乎把那个使平均消费倾向为 100%的水平看作就是这样一个自然底部。即使我承认低于这个水平的某些向上倾向起作用，我还是觉得这样表述问题有点太过分。R. F. 哈罗德的《贸易循环》(牛津，1936)相当重视同他的“动态决定因素”有关系的非线性因素。

外生和内生混合的理论

在这两种截然相反的类型中，并不一定只能赞成其中的一种，而毫无其他的选择。也许，绝大多数经济学家都是折中主义者，所以他们更喜欢这两种类型的组合。比如，一个认为实际波动具有不同长度的经济学家，似乎能很有道理地认为康德拉节夫长波从根本上说具有外生的性质，因为它事实上决定于战争、黄金发现和技术革命。它对于系统的影响可能牵涉到内生的、短暂的循环运动，但这些运动可能发生在很短暂的时间周期当中，因此，比之于康德拉节夫循环的长度来说，可以把它们视作“迅速衰减”而忽略不计。①

另一方面，那些极端短暂的波动，就其存在的时间而论，几乎全部可以用关于存量的动态学、加速原理和投机等内生原因来加以解释。就随机的和系统的扰动而论，这些短循环如果没有承受比较长期的投资运动，也许早就不复存在了。

为了有助于弄懂上面那些论述，读者可以自己来构筑这样的一个模型，在这个模型中，自发净投资的正规周期运动将被附加在一个乘数和加速原理都起作用的系统上。自发运动的周期应该比

① 就整体来说，我们宁肯期望更多的不规则幅度和周期存在于由外生因素造成的循环中，也不情愿它们出现在内生性质的循环中。这愿望符合这样一个流行的观点，即造成记载在经济史上的少数“长波”的原因是多方面的；也符合这样的一个观念，即甚至对这样一种运动的质的特性，也很少能对它将来的情况做出预测。有关所有这些问题的观点，读者可以参考众所熟知的熊彼特、米契尔和汉森的前引诸书。

它所对应的(衰减的)作用过程的内在周期为长。特别是,可以考虑方程式

$$Y(t+2)-\alpha(1+\beta)Y(t+1)+\alpha\beta Y(t)=P(t), \tag{54}$$

式中 α 是边际消费倾向,β 是所谓的加速原理“关系”,而 $P(t)$ 则表示周期运动,但它不一定就是纯粹的正弦波。①

如果这种过程长时间进行下去,那它最后就会趋近收入的周期运动,在这种运动中,自发投资带动收入变动,最后运动的幅度同 $P(t)$ 的幅度成比例,正合的比例因子随着左侧内在周期对右侧公设的周期的接近即随着对共振的趋近而递增。

然而,如果我们在一个任意的时点闯入这个运动的话,那么除了这种运动以外,还存在一个衰减的瞬时运动,它的质的属性只取决于乘数关系系统的内生响应特征。这能引起较短的循环,比如说,长期波动所遭受的冲击就能使这种循环获得生命。②

线性随机形式的混合系统

到现在为止,我所考察的一直是内生和外生混合的系统,在这种系统中,外生力量具有周期的或至少是拟周期的性质。然而还

---

① 参照 P. A. 萨缪尔森:“乘数分析和加速原理之间的相互作用”,《经济统计评论》,第 21 期(1939),第 75—78 页。E. G. 本尼恩曾设计出许多有趣的算术模型,在这种模型中,理论与模型的结果获得完全一致。

② 如果我们把线性假定去掉,系统的响应就会表现出某些不同。收入的幅度不会再与函数 $P(t)$ 的幅度简单成比例,最终解也不会再是周期成分和瞬时成分的简单相加的结合。然而,从质的方面来说,这种结果将是对在转变期具有较短的特征波的周期运动的最后趋近。除非使它们继续下去,否则它们就会消失。

存在一种随机的理论，它是为了依据响应随机冲击的衰减系统来解释拟周期循环而构想的。后者尽管衰减，却能使系统的波动继续进行下去。[①] 但在起这种作用的时候，它们往往使既定运动的相位移动，所以普通的周期图分析并不能长期连续地显示在响应系统内在频率附近的“显著”周期。如果我们认为普遍的周期图分析就是傅立叶分析，并且认为后者就等于通过最小二乘法来拟合对所述时间序列的最佳单一调和级数的话，这在直观上是很明显的。通常的周期图的纵坐标等于时间序列（以绝对值和百分率表示的）总方差中那个能由内在频率的最佳调和级数来解释的部分。因为连续不断的相位扰动，所以没有正弦波能长期连续地作出良好的拟合。[②]

其他常见的时间序列分析方法（计算高峰和波谷间距离等）是否足以甚至在上述方程(1)那种形式的人为构造的模型序列中恢复已知的周期，这还是一个未决的问题。然而，从斯拉茨基[③]和其他人的著作中可以看得很清楚，由这种序列产生的时间序列在质

① H. 沃尔德：《定态时间序列分析的研究》（厄普萨拉，瑞典，1938）。

② 参照前一个脚注举出的参考书。也参见拉格纳·弗里希贡献给卡塞尔纪念集的卓越论文“动态经济学中的传播问题和推动力问题”，《纪念古斯塔夫·卡塞尔经济论文集》（伦敦，1933），第 171—205 页。虽然普通的周期图分析做不到这点，但诺伯特·威纳的“一般化调和分析”却明确了是为这种类型的问题而构想的。参见他 1930 年写的一篇数学论文，发表在 H. T. 戴维斯：《经济的时间序列分析》一书中（布卢明顿，印第安纳：普林西波尔出版社，1942），也可参见巴特尔的 1935 年的文章，以及后者富于启发的“调和标度盘”(harmonic dial)概念。

③ 尤金·斯拉茨基：“循环过程起因的随机求和”，《计量经济学》杂志，第 5 期(1937)，第 105—146 页。

的方面同通常遇到的经济的时间序列非常相像。①

根据上面一章的分析，很显然(除了在长数列中可忽略的最终调整以外)，衰减动态随机系统的解具有下面这种型式

$$L(Y)=Y(t)+a_1Y(t-1)+\cdots+a_nY(t-n)=\{z_t\} \quad (55)$$

式中的 z 是一个时间系列不相关的随机变量，它是从一个存在最初二个矩$(0,\sigma_z^2)$的不变的总体中得出的，并取如下形式

$$Y(t)=A_0Z(t)+A_1Z(t-1)+\cdots+A_nZ(t-n)+\cdots \quad (56)$$

随着 t 的增大，这个序列中的系数的数目就会变成无穷，但这使它们的和及平方和有穷并分别等于 $\left(1/\sum_0^n a_i, k\right)$ 。根据常见的中心极限理论，容易证明(除最终调整以外)$Y(t)$的方差可由

$$V_t=(A_0^2+A_1^2+\cdots+A_t^2)\sigma_z^2 \quad (57)$$

给出，或者由

$$V_\infty=k\sigma_z^2 \quad (58)$$

给出它的极限形式，式中 k 是有限量。$Y(t)$的实际频率分布随着 t 的增大而趋于某个极限，它具有为零的均值，而方差则等于最后给出的表达式。这通常总是真实的，即使 Z 的最初的频率分布并不全是正态分布(例如高斯分布)。

有兴趣的读者可自己阐明，除了渐近正态分布的平均值按照

① 特里格夫·哈维尔莫的文章“计量经济学中的概率方法”,《计量经济学》杂志，第 7 期，补遗(1944)，论述了根据经验决定这些随机关系的问题。H. B. 曼和 A. 沃尔德的文章“论线性随机差分方程的统计处理”,《计量经济学》杂志，第 11 期(1943)，第 173—220 页，证明惯常对自相关所作的最小二乘处理是一个(渐近地)同决定 α 系数相“一致”的方法。探讨这个问题会越出本书的范围。在 1942 年的《数理统计年报》上的许多文章，都论述到了自相关系数的样本分布。

上节所述的周期函数波动以外，把一个随机变量加在一个周期性的力量上，会引起与上述运动恰好相似的受迫运动。他也可以自己去得出一个系列相关的具有随机含义的变量 z_t。

非线性随机系统

为非线性系统建立同上节所述相应的随机理论，是一个更加困难的问题。到现在为止，我一直认为这还是一个差不多完全没有探索过的领域。这里所能做的，不过是对这个问题作一概述。

让我们来考察一个形如

$$Y(t)-f[Y(t-1),\cdots,Y(t-n),Z(t)]=0 \tag{59}$$

的非线性系统，它的初始条件可用缩写的矩阵形式记成

$$Y_0=[Y(-i)] \tag{60}$$

式中 i 的值从零取到$(n-1)$。如果愿意，可以把诸 Y 和诸 Z 视作许多变量的列矩阵。同前面一样，Z 指的是在时间过程中从同一总体中抽取出来的随机变量，它是序列无关的。就形式来说，这个系统的解可以写成

$$Y(t)=F_t[Z(t),Z(t-1),\cdots,Z(0),Y_0] \tag{61}$$

式中 F 的正合性质要视 f 的正合性质而定。数学附录 B 中的第八节证明，对变量 Y 和 Z 重下一个适切的定义，我们就可把方程式(59)看作仅仅取决于上一个周期 Y 值的一阶差分方程。虽然这个新 Z 的某些组成部分中现在有零存在，但同前面一样，在连续的诸 Z 之间仍然不存在序列相关。

就像在任何同经济现实相适应的衰减经济系统上所发生的那

些情况一样，在对 f 的偏导数施加某些约束的条件下适用的极限理论应该有可能阐明不会再是那些对线性系统成立的内容了。在样本容量变得很大的时候，有如此多的非线性统计数字最终都归于正态分布这一众所熟知的事实，说明许多适用非线性系统的极限理论实际上可能都具有高斯形式。① 建立一些条件，使情况在这些条件下必定就如上所述，可能是一件相当精细的工作。然而，我们不能认为，在绝大多数情况下，最终都一定是高斯分布。我立即就会指出这样一个非线性系统，它所趋近的最终分布并不是高斯形式；事实上，一个有界但不趋近定态（概率）状态，而是按一种简单的周期形式无限振荡的非线性系统，可以给出这样的一个例证。

对这种困难的非线性情况进行分析，成功的关键在于把我们的主攻方向由研究任一受一组特定随机冲击轰击的特殊运动转到分析这样的一种概率状态，它对应于所有可能的冲击形式，并且按照它们的可能性进行加权。这两种方向上的研究方法是存在差异的，在某种程度上，它们就相似于单一分子运动同统计力学中分子群的总体运动，以及同描述一个系统宏观状态的气体动力学的研究方法之间所存在的那些差异。虽然，这种相似并不是很完全的，因此不能太过分强调。

首先，让我们假设在时间 t 的初始条件为已知。然后由所知的关于 Z_t 的总体概率，我们立刻就可写出在 Y_t 给定时描述 Y_{t+1}

① 同绝大多数从一个样本来计算的统计量不同，依据诸 Z 进行运算的 F 肯定不是对称函数。

的条件概率，即

$$P(Y_{t+1}, Y_t) = H(Y_{t+1}, Y_t) \tag{62}$$

只要已知 f 和 Z_t 的概率分布，就能够容易地确定式中 H 的精确形式。

假若我们假定 Y_t 的精确概率分布为已知，并等于 $P_t(Y_t)$，那就可能把 Y_{t+1} 的分布写成形式

$$P_{t+1}(Y_{t+1}) = \int_{-\infty}^{\infty} H(Y_{t+1}, Y_t) P_t(Y_t) dY_t \tag{63}$$

要留意的是，即使在非线性场合，不同时间瞬间的概率也可由一个递归的线性函数来建立相关关系。

为了具体起见，我们可以说明 H 在形如

$$y_{t+1} = ay_t + Z_t \tag{64}$$

这样一种只有一个一阶变量的最简单的场合中取什么形式，式中 Z 的概率密度由 $R(Z)$ 给出。然后，对应于方程式(63)，我们有关系

$$P_{t+1}(Y_{t+1}) = \int_{-\infty}^{\infty} R(y_{t+1} - ay_t) P_t(y_t) dy_t \tag{65}$$

要获知 P_t 是否趋近一个极限分布，很自然的做法是在上述方程的两边都放上一个相同的 P，然后对导得的方程解出对这种未知的分布形式。这是一个具有无穷极限的弗雷德霍姆型积分方程。对于上面给出的 R 的特定形式以及小于 1 的 a 来说，极限的存在是有保证的。

我们获知，对于绝对值大于 1 的 a 来说，方差可无限增大，而且不可能存在不紧要的零解以外的极限形式。我们还可以换另一种方式来对此加以说明。如果我们在式(63)的积分前面放上一个

参变量 λ，然后求满足式子两边的函数 P，那么只有在 λ 是 H 核的特征值或本征值的时候，这样的一个函数才会存在。对非衰减线性系统来说。$\lambda=1$ 不是一个特征值。要指出由一个非线性系统引出的积分方程恰巧在什么时候具有等于 1 的特征值，并推得相应的本征方程 $P(t)$，这是一件在数学上存在着相当的困难的工作。

如果我们可以假设非线性的 f 给出有界值，而不管前面诸 Y 的值如何，那么就可以把这个问题化简。显然，这种化简仅仅对非线性系统来说才是可能的；前面对充分就业和零收入的实物界限所作的讨论表明，假定有保证这类事实的界线存在，通常是切合实际的。因为这个假定使得 Y 的绝对值一定小于某一个数 M，所以我们的积分以 $-M$ 和 M 而不是以无穷极限作为界限。这样一来，弗雷德霍姆方程中的奇异点就被去掉了。希望数学家和经济学家能对这种连续但有界的情况展开充分的研究。

我想把自己的分析限制在 Y 是离散变量而不是连续变量这样一个比较简单的情况之下。借助于足够细微的分类，我们对于现实的近似实际上可以达到任意程度，因此在本质上不失所涉及的一般性。以斯蒂尔吉斯积分代替上述积分，两种情况就可以同时加以讨论。虽然，在所讨论的比较简单的情况中，这些积分可以由和式来表示。但在这种情况中，Y 只能取整数值，而 Y 和 Z 的概率函数在每一时点都是可数的数字序列。对应于核 H，我们现在有一个矩阵 H，它的性质决定于 f 函数和概率序列 $R(Z)$。

然而，为了使这个问题更容易处理，我们对所存在的其他一些困难也必定加以注意。甚至在简单的线性情况下，虽有 Z 取整数值、初始的诸 Y 也取整数值，但下一个阶段的诸 Y 却并不会只限于整数值，除非这个积分方程的系数本身都是整数，让我们通过在简单线性方程(64)中设定 a 等于 1 来满足这项要求。我们的 H 矩阵于是可知包括无限的行和列，每一列由关于不同 Z 值的概率序列 R 组成，同时 $R(0)$像下面这样集中在矩阵的对角线上：

$$
\begin{array}{lll}
\multicolumn{3}{c}{\cdots\cdots\cdots\cdots\cdots\cdots\cdots\cdots\cdots\cdots\cdots\cdots} \\
\cdots R(0) & R(-1) & R(-2)\cdots \\
\cdots R(1) & R(0) & R(-1)\cdots \\
\cdots R(2) & R(1) & R(0)\cdots \\
\cdots R(3) & R(2) & R(1)\cdots \\
\multicolumn{3}{c}{\cdots\cdots\cdots\cdots\cdots\cdots\cdots\cdots\cdots\cdots\cdots\cdots}
\end{array}
\qquad (66)
$$

严格处理无穷矩阵以及它们的特征根和向量并不是一件容易的事情。在这种情况下我们可以确定的是，根据概率加总一定等于 1 的这个性质，一定有一个为 1 的特征根存在，但我们并不能对此赋予任何明确的意义，也不能由此解释相应的特征向量。

可以认为这困难是因为我们自己要把 R 序列看作无穷而造成的。但是，在离对角线的距离达到一定程度以后，作出 R 内只有有穷个项的假定，其实只不过是把零引入每一行。这矩阵仍然一定会被看作无穷大的，而且，如果我们能足够长久地等候下去的话，Y 就可以取到任意的整数值，而不管这个值有多大。

更大的困难在于，主要系数等于 1 的衰减系统不可能全部系数都是整数。很明显，一个方程，如果它所有的根的绝对值全都小于 1，那么它一定有一个小于 1 的乘积，因此一定会有一个系数不是整数。

因此，甚至在离散变量的情况下，我也应当作出非线性的假定，那就是使定义系统动态轨迹的差分方程能够得出 Y_t 的有界值。假定诸 Y 除了离散以外，在这种有界的间隔中还只能取有限个数值是方便的，这就等于说，我们“达到”了某种程度的精确性。由于我们能作出细微的分类，所以不会严重失去所涉及的一般性。在这种情况下，总计 n 个不同值的 Y 在时间 t 的概率可以由下述方程来表示：

$$P_{t+1}=HP_t \tag{67}$$

式中的诸 P 是 n 个元素的列矩阵，而 H 是 $n\times n$ 方阵，它的性质取决于非线性系统的性质以及 Z 的概率分布。要注意的是不管在什么情况下 H 的列的总和总为 1。这是从下面这个考虑中必然得出的结论，这就是，如果在一个既定的时间 Y 确定在 i 位置（因此向量 P 除了在第 i 个元素上为 1 外处处为零）的话，那么一个周期以后它也一定会在某一个确定位置。但在这种条件下面，下一个周期 n 个位置中每一个位置出现的概率只能是第 i 列，因此，它们相加得到的和一定等于 1。还要注意的是，由于它们被解释为条件概率，所以 H 所有的元素一定都是正的。

因为列相加的和等于 1，所以我们可在对角线的每一个位置上都放上一个负 1，然后把每一行都同第一行相加。这样做的结果是得到一个第一行全为零的奇异矩阵。这说明 1 是一个特征根。同样，所有元素全都为正并且相加的和为 1 这一事实，保证了绝对值大于 1 的特征根不可能存在。因为，如果存在这种特征根我们就能够选择初始条件，对这些初始条件来说，P 中一个既定的元素可以呈无限的指数增长。这就会同没有一个 P 的（概率）元素可以超过1的假定发生矛盾。

在绝大多数情况下，将只存在一个为1的根，而所有其他的根的绝对值则都小于1。因此，不论 Y 原来的概率分布情况如何，它总会逐渐地趋近一个由对应于单位特征根的特征向量 H 来描述的定态概率状态。它总满足方程

$$HP=P \tag{68}$$

式中的 P 是一个正规化矩阵，所以它的元素（而不是它们的平方）相加为1。诸 P 的精确值可以通过解 $(n-1)$ 个线性方程来求得。所需注意的是那些有保证的解与极限的高斯形式无关。

在特殊情况下，单位特征根可能并不简单，所以不会只达到一个唯一的定态概率分布。在另外的一些情况下，还可能有另一种特征根存在，它们的绝对值等于1，它或者是复数，或者等于负1。不论是在这两种情况中的哪一种情况之中，对于“绝大多数”初始概率状态来说，所有的只会是周期振荡，而不会是对一个定态概率状态的趋近。一个简单的例子可以由一个

$$\begin{bmatrix} 0 & 1 \\ 1 & 0 \end{bmatrix} \tag{69}$$

2×2 的 H 矩阵来提供。如果我们是从一个概率向量 (a,b) 开始的话，那么由于负特征根的缘故，它将产生振荡序列 (b,a)，(a,b)，(b,a)，等等，而永远不会趋近某一个极限。[①]

① 见W. 费勒：《数学概率导论及其应用》（纽约：威利，1950）中对于马科夫过程所作的讨论。

第十二章　结论

经济学是一门正在成长中的学科，那里还有着许多许多的事情要等着我们去做。因此，本书唯一适当的结尾是指出一些尚待解决的重要问题，以呼吁人们作进一步的研究。

在第一和第二两章中，我扼要叙述了比较静态学的一般问题：我们能抱怎样的希望，从我们所有的关于均衡条件的定性的和定量的知识中，来推演出这样一些关于我们的变量在已知数据发生变化时随之所发生的变化的方向和数量的有意义的定理。第三章所表示的是，在很大的一类情况中，经济学家是如何依据这样一个假设，即均衡位置所表示的是一个极大或极小位置，来推得这些确定的定理的。那些同一个确定的极值位置相联系着的不等式，可以视为比较静态学中那些定理之所以卓有成效的原因。

恰同第五章所论述的是消费者行为理论所要求的约束极大一样，第四章阐述了这种极值分析在厂商的成本理论和生产理论中的应用。消费者行为理论的特殊问题，在第六和第七两章中得到讨论。第八章所阐述的福利经济学对于静态极大和极小的研究，最终就是在这种分析中完成的。

第二篇第一章所叙述的是，仅从卓有成效的比较静态学的角度来看，动态分析也必定是有用的。事实上，对应原理阐明了动态稳定条件和比较静态偏移估量之间的关系，就那些对推导确定的有意义的定理感兴趣的经济学家来说，这个原理为他们的思想工具库提供了又一件有力的分析武器。

第十章对动态系统自身，尤其是对它们的稳定性问题进行研究，虽然在十一章中，我讨论了动态分析的各种基本问题，包括由研究商业循环而产生的那些形式问题。

广义来说，分析经济学的发展是一个依次自然演化的过程。首先，我们看到，静态均衡水平的决定这个观念，是瓦尔拉斯所达到的最高成就。在帕累托和其他经济学家手下，这个观念得到了进一步的斟酌和阐发。

但是，帕累托又向前迈进了一步。他通过说明已知数据的变动会如何移动均衡位置，为比较静态学奠定了基础。即使早期的古诺，也是这种“无穷小”分析的先驱，虽然他所涉及的是一些比较狭义的问题。

尽管帕累托为比较静态学奠定了基础，但正因为他几乎从来没有考虑到有关极大值位置的第二不等式，所以他自己的著述中很少有这方面的确定定理。而在他间或这样去做的时候，他也由于在陈述过程中出现数学误差而遭受挫折。W. E. 约翰逊、斯拉茨基，希克斯和艾伦，乔治斯库-罗根、霍特林和其他现代著述家，继续沿着这条道路前进，他们迈出了第三步，并开始取得不断的进展。

可是，有关一个经济单位内极大化行为的只是一部分经济理论。在那些注意到个人间的相互作用的地方，卓有成效的比较静态学的范围就会由第四次进步即领悟对应原理而获得很大的扩展，依据对应原理，可知一个系统的比较静态行为同它的动态稳定性性质存在密切的关系。

在我们研究了一个系统对既定参数的变化所作的反应以后，继续向前跨进的第五步自然是研究它的由时间推移而引起的行为。因此，我们为了动态学自身（特别是就各个运动的质的属性而论）而发展动态学。

任何理论结构的有用性在于它能洞悉在有某种已知资料或参数变动时经济变量随之而作的变动。在动态学的王国中，这种常见的情况应该同在静态学的王国中一样成立的。因此，下一步，合乎逻辑地应该是开创比较动态学。它将把比较静态理论作为特例包括在内，而且，实际上也会把以前走过的五步中的研究的那些问题全都包括在内，不过它所包括的疆域比这还要广阔得多。

比较动态学的中心观念是相当简单的。我们使某些（恰为我们目前所不必加以考虑的）东西发生变动，然后研究这些变动对于所研究的经济系统在时间过程中的整个运动或行为的影响。可以获知的是，比较静态学所涉及的是一个变动“持久”进行的特殊情况，它只研究这种变动对定态均衡的最终水平所产生的影响。

在比较动态学中，我们所考虑的是一类更为广义的变动。

（a）我们可以改变初始条件。由定义可知，这种变动会按已知的方式改变系统即时行为。根据连续性假设，我们可以推得，对上述初始条件的某个邻域来说，系统的位置也会在同一个方向上作出变动。对于中间的一段时间来说，必须把它分开进行研究才能决定系统的情况如何。然而，对于一个稳定的系统来说，由稳定性定义清楚可知，在一个充分长的时间周期之中，系统的行为并不会发生决定性的改变。

(b)我们可以使某些作用于系统的外力发生变动。因此,我们可以改变自发投资。事实上,必须加以考虑的还有各种不同的情况。外力的变动可以是持久的,可以是间歇的,也可以是短暂或瞬时的。对最后这种情况的分析,可以包括在初始条件变动这个名目之下。就稳定的系统来说,它对于一个持久变动所作出的反应,为我们描述了这个系统从一个"比较静态水平"到另一个比较静态水平所实际遵循的道路。

而且仅仅对于线性动态系统来说,上述变动可以最一般地看作全都是单位推动力的,或系统初始条件的瞬时变动的累积效应。这是从那个基本的作为许多应用数学分析的基础的叠加原理必然推得的结论。

(c)最后,还可以改变系统的某些内部参数。例如,我们可以问,边际消费倾向或"关系"的变动会对系统的行为产生什么影响。而且,这种变化也是可以分为持久发生的,正在变动中的,或者是短暂的,等等。

已知数据的变动可以采取多种不同的形式,与此相适合的是,可供我们选用来描述"施加在系统行为上的引致效应"的情况也是很多的。除去最简单的情况以外,我们可以发现,以各种方式综合包含在系统每一瞬间的引致变动中的信息是必要的。

从短期的角度来看,兴趣将集中在系统立即作出的反应上。这个问题的答案经常可以通过一种形式同比较静态中所采用的形式相同的方法来获得,所不同的主要是某些变量被真正当作动态性质的变量来对待。

这可通过凯恩斯学派所曾分析过的一个重要例子来加以说

明。在这个例子中，投资被看作一个变量，它的值由一个像第九章结尾时所讨论的那些关系一样的关系的系统来决定。对于通常的凯恩斯学派的理论来说，至少在短期，资本存量被当作不变的。通过"求解"这样一个系统，我们最后可以把这些关系减少到一个投资量 I，资本存量 K 和某个参数值 α 之间的单一方程。这个参数可能正是系统的储蓄量。现若我们对这个参数的变化对于资本存量即将发生的影响感兴趣，那么通过把投资当作仿佛就是普通的静态变量，然后像第二章所述的那样，解出均衡方程，以决定投资关于参数 α 的变动方向我们就能给出这个问题的答案。

不过，为了解答我们比较动态学的问题，我们必须一开始就讲明这样一个事实，我们以前一向视作普通静态变量的投资，实际上是资本存量的变化率，即等于 dK/dt。如果比较静态分析告诉我们的是投资由于储蓄增加而减少，那么我们就可以断定，在某个充分短的时期中，现存的资本数量一定会比它在此前情况下所有的数量要少一些。因为，如果知道从同一点出发的两条曲线是按不同的比率增长的话，我们就能肯定地知道至少对某个小区域来说，具有较高增长率的那条曲线会超过另一条曲线。

如果碰巧的话，这里所作的论述也可同样适用于更广泛的问题，那就是，在长期中，储蓄的变化会对资本带来什么影响这样一个问题。因此，如果我们不是简单地询问什么水平的消费可使现在的投资极大化，而是把兰格所提出的问题拓宽，①从而探求导致每一瞬间资本最大的那些消费水平的话，那么我们就会发现，不论

① O. 兰格："利率和最佳消费倾向"，《经济》杂志，第5期(1938)，第12—32页。

多长时期的资本形成，只有兰格所提出的判别标准在每一瞬间都得到满足的时候，才能实现极大化。

然而，当比较动态问题是以更一般更切实的形式提出的时候，我们就可以证明上述这种相互适用的结论差不多是完全偶然的事情。为此，我们来考察一个含有二个或 n 个动态方程的系统，

$$\frac{dx_i}{dt}=g^i(x_1,\cdots,x_n,\alpha),\quad (i=1,\cdots,n) \tag{1}$$

并再进一步假设，α 的增大总是使 dx_i/dt 也随之增大，即 g_α^1 总是取正值。现在问，是否就可以由此推出 α 的增加总是导致 x_i 在每一个连续的瞬间均变得更大呢？答案是否定的。从既定的初始条件开始，对于某个充分短的时间瞬间来说，这当然是对的，但是，持续下去它却不一定是对的。我把凯恩斯-兰格系统减少到只有一个变量，在这种情况下，那较强的定理是正确的。因为在这种场合，我们可以用显式解出下述形式的微分方程，

$$t-t^0-\int_{x_1^0}^{x_1}\frac{du}{g^1(u;\alpha)}=0 \tag{2}$$

然后，根据上述 t，x_1 和 α 间的隐含关系的偏微分容易证明，t 不变时，x_1 关于 α 的变动，一定同确定的已知系数 g_α^1。保持相同的符号。读者可以自己去做出它的几何论证。

在多变量情况下，不仅系统的直接解不再可能存在，而且对应原理也变得绝对不再正确。在经济方面，这种情况是不难想象的。如果参数 α 对第二个变量的成长有显著影响，那么经过一个充分长的时期以后，这种间接影响就可能超过对第一个变量有利的直接影响。读者可以想着去设计一个比上述情况更为复杂的模型，

把 α 作为动态参数放到里面。因此，构造一个赤字财政在短期对资本成长产生有利影响的模型并非难事，但是，增长的债务所积累起来的坏影响对资本的成长是不利的。我不想对上述假定的真实性作出判断，而只想简单地指出，在经济系统中，也可能会出现那种医学上很普通的现象，即短期的治疗可能带来长期的有害影响。

当然，如果我们把注意力集中在长期定态均衡位置的性状上，那么比较静态的方法就会再次获得它应有的声誉。设定所有的时间导数、差分等皆等于零，则由此产生的系统就能像第二章中的任何一个静态系统那样解出。

最后，经济学家常常对施加在系统运动的某个特征上的影响感兴趣。对于一个波动的无趋向的系统的平均水平、周期性、衰减和幅度来说，“关系”的变化究竟会产生怎样的影响呢？我们并不一定要把自己限制在简单的稳定系统之中。因此，最重要的是要知道，按年龄的死亡率的变动会如何影响净再出生率；或者在明确给定的通货膨胀缺口下，延迟收入支出的时期会如何影响通货膨胀率。

沿着比较动态学的道路前进，分析的经济学在未来一定会取得更大的发展。可以这样认为，它将有助于研究各种不同的问题——从单一小商品的平凡的特性，到商业循环中重要成分的波动，乃至于堂堂的经济发展的问题。

数学附录 A

经济学家在任何地方都无法方便地找到许多收集在一起的重要的数学定理。我把同本书所讨论的问题关系最密切的那些数学定理中的一部分搜集到一起，在表达上则不苛求严密。

Ⅰ. 一元函数的极大值条件

设
$$z=f(t)$$
为一个在闭区间
$$a\leqslant t\leqslant b$$
中处处都具有连续二阶导数的确定的函数。z 将在点 t^0 享有一个相对极大，如果对 t 的邻近值来说成立：
$$f(t)\leqslant f(t^0), a<t^0<b \tag{1}$$

为使这些条件得到满足，
$$f'(t^0)=0 \tag{2}$$
和
$$f''(t^0)\leqslant 0 \tag{3}$$
是必要的。

其中第一个条件可以下面这种方式导出。由中值定理
$$f(t)-f(t^0)=(t-t^0)f'[t^0+\theta(t-t^0)], \quad 0<\theta<1$$

假设 $$f'(t^0)>0$$

则由于我们所作的连续性假定，存在一个区间

$$|t-t^0|<m$$

且在这个区间内下述不等式处处成立

$$f'(t)>0$$

因此，对所有那些比 t^0 大的邻近值来说，我们有

$$f(t)-f(t^0)>0$$

这同我们的假定有矛盾。同样，

$$f'(t^0)<0$$

也会导致矛盾。因此

$$f'(t^0)=0$$

第二个必要条件可用相似的方法导出。根据有余项的泰勒展

450 开式，我们有

$$f(t)-f(t^0)=(t-t^0)f'(t^0)+\frac{(t-t^0)^2}{2}f''[t^0+\theta'(t-t^0)],$$

$$0<\theta'<1$$

由(2)可知 $$f'(t^0)=0$$

所以 $f(t)-f(t^0)=\dfrac{(t-t^0)^2}{2}f''[t^0+\theta'(t-t^0)],\quad 0<\theta'<1$

假设 $$f''(t^0)>0$$

则根据连续性假定，在区间

$$|t-t^0|<m'$$

上 $$f''(t)>0$$

结果，在此区间上

$$f(t)-f(t^0)>0$$

但这是一个矛盾。因此

$$f''(t^0)\leqslant 0$$

事实上,在适当的连续性条件下能够证明,一阶非零导数一定是偶数,而且对一个相对极大来说取负值。

我把方程式(3)中的等号去掉时的函数的极大值定义为正则极大值。使 z 在 t^0 取正则极大的充分必要条件是

$$f'(t^0)=0$$

和

$$f''(t^0)<0 \tag{4}$$

同样,在相同假定条件下函数具有极小值的必要条件是

$$f'(t^0)=0$$

和

$$f''(t^0)\geqslant 0 \tag{5}$$

一个正则极小值的充要条件是

$$f'(t^0)=0$$

和

$$f''(t^0)>0 \tag{6}$$

Ⅱ. 多元函数的极大值条件

令 $$z=f(x_1,\cdots,x_n)$$

为一个在一开区域 S 上具有各种连续二阶偏导数的确定函数。于是,假如对于充分接近(X)的值来说

$$f(x_1,\cdots,x_n)\leqslant f(x_1^0,\cdots,x_n^0)$$

则在 S 内一定存在一点(X^0),使 z 在 X^0 上取得极大值。

使得这个结论正确的必要条件是:

$$\frac{\partial f(x_1^0,\cdots,x_n^0)}{\partial x_1}=0$$

$$\frac{\partial f(x_1^0,\cdots,x_n^0)}{\partial x_2}=0$$

$$\vdots$$

$$\frac{\partial f(x_1^0,\cdots,x_n^0)}{\partial x_n}=0$$

和

$$\begin{aligned}0\geqslant\frac{\partial^2 f}{\partial x_1\partial x_1}h_1^2+2\frac{\partial^2 f}{\partial x_1\partial x_2}h_1h_2+2\frac{\partial^2 f}{\partial x_1\partial x_3}h_1h_3+\cdots+2\frac{\partial^2 f}{\partial x_1\partial x_n}h_1h_n\\+\frac{\partial^2 f}{\partial x_2\partial x_2}h_2^2+2\frac{\partial^2 f}{\partial x_2\partial x_3}h_2h_3+\cdots+2\frac{\partial^2 f}{\partial x_2\partial x_n}h_2h_n\\+\cdots\cdots\cdots\cdots\cdots\cdots\cdots\cdots\cdots\cdots\\+\cdots\cdots\cdots\cdots\cdots\\\frac{\partial^2 f}{\partial x_n\partial x_n}h_n^2\end{aligned}$$

这里$(h_1,h_2,\cdots,h_n)$是任意数,而偏导数则在点(x^0)取值。

如果我们采用下面的符号

$$f_i^0=f_i^0(x_1^0,\cdots,x_n^0)=\frac{\partial f(x_1^0,\cdots,x_n^0)}{\partial x_i},\quad (i=1,\cdots,n)$$

和

$$f_{ij}^0=\frac{\partial^2 f(x_1^0,\cdots,x_n^0)}{\partial x_i\partial x_j}$$

那么我们的必要条件就可用符号记成

$$f_i^0=0, \quad (i=1,\cdots,n) \tag{7}$$

和

$$\sum_1^n \sum_1^n f_{ij}^0 h_i h_j \leqslant 0 \tag{8}$$

一个正则极大值的充要条件是

$$f_i^0=0, \quad (i=1,\cdots,n)$$

和

$$\sum_1^n \sum_1^n f_{ij}^0 h_i h_j < 0 \tag{9}$$

$h_i(i=1,\cdots,n)$不全为零。除了所有一阶偏导数为零以外，一个正则极大值要求系数是二阶偏导数的负定二次型。最后这个条件，是就简单正则极大值而论二阶导数为负的单一变量条件在多变量情况下的一般化。它的意义将在后面那一节中加以详述。

通过使用一种使我们能把这个多变量问题转变成单一变量问题的方法，我们很容易对上面这些必要条件作出证明，依靠这个方法，我们能够充分运用前面这一节的结果。

设 $$x_i=x_i^0+th_i \quad (i=1,\cdots,n)$$

式中 h_i 可取任意值，显然，对一极大值来说，我们必定有

$$f(x_1^0+th_1,x_2^0+th_2,\cdots,x_n^0+th_n)\leqslant f(x_1^0,\cdots,x_n^0)$$

对于并不全部等于零的诸 h 的既定值来说，f 可看作单一变量 t 的一个函数，因此上述条件可写为

$$f(t)\leqslant f(0)$$

由上节我们知道这要求

$$f'(0)=0$$

和 $$f''(0)\leqslant 0$$

然而，通过完成指定的微分，我们发现

$$f'(0)=\sum_1^n f_i^0 h_i=0 \tag{10}$$

和 $$f''(0)=\sum_1^n\sum_1^n f_{ij}^0 h_i h_j\leqslant 0$$

为使(10)式对诸 h 的任意值都能满足，每个偏导数的值必须成为零，即

$$f_i^0=0,\quad (i=1,\cdots,n)$$

对于一个正则相对极大值来说，我们通过这种方法得到

$$f_i^0=0,\quad (i=1,\cdots,n)$$

和 $$\sum_1^n\sum_1^n f_{ij}^0 h_i h_j<0,\quad \text{并非所有的 } h=0$$

这些条件既是必要的又是充分的。

同样，一个正则相对极小值要求

$$f_i^0=0,\quad (i=1,\cdots,n)$$

和

$$\sum_1^n\sum_1^n f_{ij}^0 h_i h_j>0,\quad \text{并非所有 } h=0 \tag{11}$$

适当的二次型在最后这种情况一定是正定的。

Ⅲ. 约束极大条件

如前一样，令

$$z=f(x_1,\cdots,x_n)$$

为一个在开区域 S 上具有二阶偏导数的确定函数。此外，我们把辅助条件加在下面 m 个具有 n 个变量的隐函数形式中的变量的允许值上，这些函数定义在 S 上，具有连续二阶偏导数。

$$\left.\begin{array}{l} G^1(x_1,\cdots,x_n)=0 \\ G^2(x_1,\cdots,x_n)=0 \\ \qquad\vdots \\ G^m(x_1,\cdots,x_n)=0 \end{array}\right. \quad (m<n)$$

在什么条件下 S 上的一点(X^0)会给出一个对于 z 来说的相对极大，并且满足辅助条件？这样一个点被定义如下：

$$f(x_1,\cdots,x_n)\leqslant f(x_1^0,\cdots,x_n^0)$$

这里 $G^k(x_1,\cdots,x_n)=G^k(x_1^0,\cdots,x_n^0)=0,\quad (k=1,\cdots,m)$

而(X)则充分接近(X^0)。

解决这个问题的方法，最容易想到的自然是使用我们的 m 个辅助条件去消掉 m 个变量，而用剩下的$(n-m)$个变量来表达它们。我们假定矩阵

$$\begin{bmatrix} \dfrac{\partial G^1}{\partial x_1} & \dfrac{\partial G^1}{\partial x_2} & \cdots & \dfrac{\partial G^1}{\partial x_n} \\ \dfrac{\partial G^2}{\partial x_1} & \dfrac{\partial G^2}{\partial x_2} & \cdots & \dfrac{\partial G^2}{\partial x_n} \\ \vdots & \vdots & & \vdots \\ \dfrac{\partial G^m}{\partial x_1} & \dfrac{\partial G^m}{\partial x_2} & \cdots & \dfrac{\partial G^m}{\partial x_n} \end{bmatrix}, \text{或}[G_i^k] \quad \begin{array}{c}(k=1,\cdots,m) \\ (i=1,\cdots,n)\end{array}$$

的秩为 m，使得至少有一个 m^2 行列式不等于零。这就确实地保证了我们能用剩下的$(n-m)$个变量唯一地解出 m 个变量的辅助条件。因为我们的变量的个数是任意的。所以我们可以不失一般

性地将此写成

$$x_i=\pi^i(x_{m+1},x_{m+2},\cdots,x_n),\quad (i=1,\cdots,m)$$

将此代入原先的那个表达式，z 现在能用没有约束条件的变量 $(x_{m+1},x_{m+2},\cdots,x_n)$ 来表示，上一节的分析因此也能用上。

然而，在这个过程中对称性丧失得很多，因为全部变量所得到的不是同样的对待。幸运的是，使用一种可以严格给予证明的分析技巧，导出一组更为对称的条件是可能的。

考虑拉格朗日乘数表达式

$$H=H(x_1,\cdots,x_n)=f(x_1,\cdots,x_n)$$
$$+\lambda_1G^1(x_1,\cdots,x_n)+\cdots+\lambda_mG^m(x_1,\cdots,x_n),$$

这里诸 λ 是不全为零的常数，它的值在后面被决定。很明显，对于满足上面指出的那些辅助条件的 (X) 值来说，第一项后面的所有的项必定消失，使得我们新的表达式等于 z。这暗示着，对于在 (X^0) 上的一个极大值来说

$$\frac{\partial H^0}{\partial x_i}=H_i^0=\frac{\partial f^0}{\partial x_i}+\lambda_1\frac{\partial G^{1^0}}{\partial x_i}+\cdots+\lambda_m\frac{\partial G^{m^0}}{\partial x_i}=0,$$
$$(i=1,\cdots,n)\quad (12)$$

约束于 $G^k(x_1^0,\cdots,x_n^0)=0,\quad (k=1,\cdots,m)$

对于我们的目的来说，用显式表示对这个陈述的严格证明是不必要的。①

① 参见 Cerathé odory, Variationsrechnung und Partielle Differentialgleichungen Erster Ordnung(Leipzig und Berlin, 1935)，第 164—189 页。式(12)的条件同下面式(13)的条件相同。Cara théodory 证明，如果式(13)的某个大于 m 阶的子式不等于零，那么我们就能够——由隐函数定理——用 f 解出某个 x，这里的 f 既可大于也可小于极值 f^0。这是一个矛盾。

最后两组一起构成具有$(n+m)$个未知数$(x_1,\cdots,x_n,\lambda_1,\cdots,\lambda_m)$的$(n+m)$个方程式。在适当的约束条件之下,所有的 x 值和 λ 值都将被唯一地决定。

上面第一个必要条件可以独立于诸 λ 来加以表示。考虑矩阵

$$\begin{bmatrix} \dfrac{\partial f}{\partial x_1} & \dfrac{\partial G^1}{\partial x_1} & \dfrac{\partial G^2}{\partial x_1} & \cdots & \dfrac{\partial G^m}{\partial x_1} \\ \dfrac{\partial f}{\partial x_2} & \dfrac{\partial G^1}{\partial x_2} & \dfrac{\partial G^2}{\partial x_2} & \cdots & \dfrac{\partial G^m}{\partial x_2} \\ \vdots & \vdots & \vdots & & \vdots \\ \dfrac{\partial f}{\partial x_n} & \dfrac{\partial G^1}{\partial x_n} & \dfrac{\partial G^2}{\partial x_n} & \cdots & \dfrac{\partial G^m}{\partial x_n} \end{bmatrix}$$

即

$$\left[\frac{\partial f}{\partial x_i};\frac{\partial G^k}{\partial x_i}\right], \quad \begin{matrix}(i=1,\cdots,n)\\(k=1,\cdots,m)\end{matrix}$$

这个矩阵的秩必定等于 m;即每个$(m+1)^2$ 行列式必定等于零。因此

$$\left|\frac{\partial f}{\partial x_i};\frac{\partial G^k}{\partial x_i}\right|=0, \quad \begin{matrix}(i=1,\cdots,m+1)\\(k=1,\cdots,m)\end{matrix} \tag{13}$$

等等,即(n)变量每次取$(m+1)$的所有可能的组合。这些将产生$(n-m)$个关于 f 和诸 G 的偏导数的独立条件。

为了具体起见,我们来看带一个辅助约束条件的多变量函数求极大值的情况。根据上述条件,在约束轨迹和 z 的等值轨迹间的一个极值切线上,将产生$(n-1)$个在经济理论的许多分支中都熟知的条件。

除了一阶偏导数的第一组必要条件外,像在上节中的情况一

样，二阶偏导数还存在某种附加的第二组条件。下式一定成立：

$$\sum_1^n \sum_1^n H_{ij}^0 h_i h_j = \sum_1^n \sum_1^n \left(\frac{\partial^2 f^0}{\partial x_i \partial x_j} + \lambda_1 \frac{\partial^2 G^{1^0}}{\partial x_i \partial x_j} + \cdots + \lambda_m \frac{\partial^2 G^{m^0}}{\partial x_i \partial x_j} \right) h_i h_j \leqslant 0 \quad (14)$$

因为 $$\sum_1^n \frac{\partial G^{k0}}{\partial x_i} h_i = 0, \quad (k = 1, \cdots, m)$$

总之，对一个正则约束极大值来说，必要条件是

$$H_i^0 = 0, \quad (i = 1, \cdots, n)$$

和 $$\sum_1^n \sum_1^n H_{ij}^0 h_i h_j < 0 \quad (15)$$

因为 $$\sum_1^n \frac{\partial G^{k^0}}{\partial x_i} h_i = 0, \quad h \text{ 不全} = 0$$

这些需要确定线性约束下特定二次型的第二组条件的定性，这将在后面论述。

Ⅳ. 二次型

n 个变量$(h_1, \cdots, h_n)$的实(齐次)二次型定义如下：

$$\begin{aligned} Q(h_1, \cdots, h_n) = & a_{11} h_1^2 + a_{12} h_1 h_2 + \cdots + a_{1n} h_1 h_n + \\ & a_{21} h_2 h_1 + a_{22} h_2^2 + \cdots + a_{2n} h_2 h_n + \\ & \vdots \qquad\qquad \vdots \qquad\qquad \vdots \\ & a_{n1} h_n h_1 + a_{n2} h_n h_2 + \cdots + a_{nn} h_n^2 \end{aligned} \quad (16)$$

a 都是实常数。一个只有一个变量 x 的二次型的形式为

$$Q(x) = ax^2$$

具有两个变量(x,y)的二次型可写成

$$ax^2+2bxy+cy$$

因为乘法是可交换的，所以很明显，任何二次型均可构造成对称的，即

$$a_{ij}=a_{ji}, \quad a=a' \tag{17}$$

因为，如果尚不是对称的话，我们可以在毫不影响它的值的情况下把它重新写成对称的

$$\sum_1^n \sum_1^n \frac{a_{ij}+a_{ji}}{2} h_i h_j$$

除非另外指出，我们将只述及对称的二次型。

一个正定二次型是除了所有变量为零这种情况以外（在这种情况下二次型为零）始终是正值的那种二次型。一个负定二次型是那种除了在原点外始终是负值的二次型。正定或是负定二次型都是确定的二次型。一个半定二次型是虽然符号绝不会改变但在除原点外的一些点上也可取零值的二次型。因此，一个半正定二次型更适宜被称作非负二次型。所有既非确定又非半定的二次型叫作不定二次型。

一个有 n 个变量的二次型是奇异的，如果它的矩阵

$$a=[a_{ij}]$$

的秩①小于 n，即行列式

$$|a_{ij}|=0$$

① 如果上一个矩阵全部的$(r+1)$阶行列式都等于零，那么，它具有秩 r。不难发现，所有更高阶的行列式也等于零。

可以看到，所有半定二次型都是奇异二次型。

少于三个变量的二次型

在单一变量的情况中，容易决定

$$Q(x)=ax^2$$

的定性。这个二次型是(1)正定，(2)半定且奇异，或(3)负定，这取决于 $a \gtreqless 0$

确定二元二次型是否是正定是比较困难的。如果

$$Q=ax^2+2bxy+cy^2$$

除了在原点(0,0)以外始终为正，那么显然，对(1,0)来说，它也一定为正。但

$$Q(1,0)=a \tag{18}$$

所以一个必要条件是

$$a>0 \tag{19}$$

同样，可以证明

$$c>0 \tag{20}$$

这些条件是必要的，但不是充分的。为了导得另一个必要条件和全部确定充分条件，让我们考虑一个具有参数 y 的 x 的二次方程式。

$$f(x)=ax^2+(2by)x+(cy^2)=0$$

如果这个二次型是正定的话，对任何不等于零的 y 来说 x 一定不等于零。通过熟知的二次方程求根法则，我们解得

$$x=-\frac{2by\pm\sqrt{4b^2y^2-4acy^2}}{2a}=\left[\frac{-b\pm\sqrt{b^2-ac}}{a}\right]y$$

但这种二次方程式绝不会产生 x 的实数值，否则，它就不会是正定二次型了。因此，上述解式根号下的表达式一定为负，作为一个附加的必要条件，我们有

$$ac-b^2>0 \tag{21}$$

然而，我们的三个必要条件式(19)，(20)和(21)并不全是独立的。其中最后的那个必要条件，连同前面两个中的任何一个，就可以把这三个条件全部蕴涵在内。这些条件的充分性蕴涵在这样一些事实中：这种二次型对所取值(1，0)来说，是正的，仅在(0，0)时才为零，并且永不改变符号；因此，这种二次型是正定的。

这些条件可以更便利的形式给出。显然，两个变量的矩阵形如

$$\begin{bmatrix} a & b \\ b & c \end{bmatrix}$$

如果我们把一个行列式的主子式定义为这样一个子行列式，它由原行列式划去同一行同一列后的元素构成，它对角线上的元素就是原矩阵对角线上的元素。那么我们的必要条件和充分条件就蕴涵在这样一个命题当中：主子式必须全部为正。虽然一共有三个主子式存在，但它们并不全是独立的，使自左上角开始再连续加上相应的行和列的主子式相继为正，由此便可规定一个完全的集合。(在这种情况下只有一行和一列相加)

沿着相同的途径可以证明，这种二次型在负定时

$$a<0$$

$$\begin{vmatrix} a & b \\ b & c \end{vmatrix}>0 \tag{22}$$

即第一个主子式为负，相续的主子式交替改变符号；其中奇数阶的为负，偶数阶的为正。这是因为仅当$[-a_{ij}]$是正定时$[a_{ij}]$才是负定。

变量数目为任意的二次型

适用于仅有几个变量的二次型的特殊方法，在一般情况下是不能应用的，因此，我们必须寻找到更一般的方法。如果二次型原来是正定的话，那么，经过下述形式的变量非奇异变换

$$h_i=\sum_1^n b_{ij}p_j, \quad (i=1,\cdots,n)$$

式用矩阵符号表示是

$$h=bp, p=b^{-1}h$$

这个二次型还会继续保持正定。这种说法的正确性的根据在于我们认识到，如果使原点对着原点，那么 h 空间中的每一点与 p 空间的每一点就只存在一种唯一的关系。因此，Q 在变换后所取的值只能是它在变换前所取到的那个值。

$$Q(h)=Q(bp)=\hat{Q}(p)$$

特别是，可令变换 b 使 Q 成为平方和形式①

$$Q(bp)=\hat{a}_1p_1^2+\hat{a}_2p_2^2+\cdots+\hat{a}_np_n^2 \qquad (23)$$

---

① 用矩阵符号表示，为

$$Q=h'ah=p'(b'ab)p, \quad \text{其中 } h=bp$$

b 的选定必须要使

$$b'ab=\begin{bmatrix}\hat{a}_1 & 0 & \cdots & 0\\ 0 & \hat{a}_2 & \cdots & 0\\ \vdots & \vdots & & \vdots\\ 0 & 0 & \cdots & \hat{a}_n\end{bmatrix}=[\hat{a}_j\delta_{ij}], \text{这里 } \delta_{ij}=\begin{cases}1\text{for } i=j\\ 0\text{for } i\neq j\end{cases}。$$

众所周知，能够做到这点的变换是无穷多的。

我们的问题现在已被缩小成一个比较简单的问题，即决定一个平方和形式的二次型的确定性。显然，这个二次型是正定的，当且仅当

$$\hat{a}_j > 0, \quad (j = 1, \cdots, n) \tag{24}$$

由著名的西尔威斯特惯性定律可知，诸 a 的正系数个数和负系数个数是独立于所采用的变换的。因此很显然，如果在经过一个特定的变换 a 以后，诸 $\hat{a}$ 全部为正，那么对于任何可能的变换来说，它们也一定全部为正。

变换成平方和

在无数可能的变换中，有两种变换具有特别的意义，因为它们确定地表明了矩阵 a 正定蕴含着那些加在它上面的条件。首先，存在一种变换 b——由推广的“完全平方”方法得到——使得

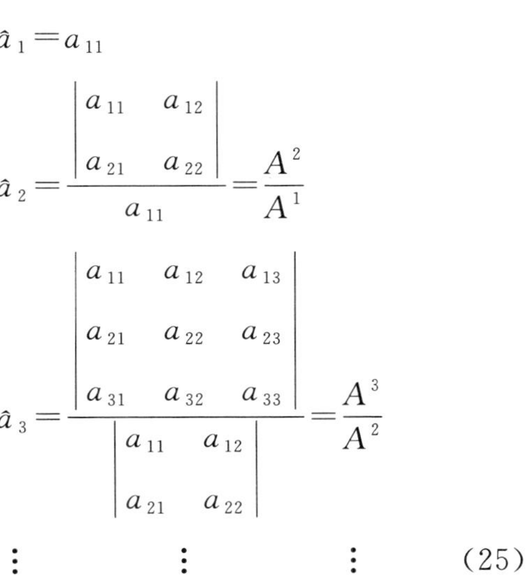

$$\hat{a}_1 = a_{11}$$

$$\hat{a}_2 = \frac{\begin{vmatrix} a_{11} & a_{12} \\ a_{21} & a_{22} \end{vmatrix}}{a_{11}} = \frac{A^2}{A^1}$$

$$\hat{a}_3 = \frac{\begin{vmatrix} a_{11} & a_{12} & a_{13} \\ a_{21} & a_{22} & a_{23} \\ a_{31} & a_{32} & a_{33} \end{vmatrix}}{\begin{vmatrix} a_{11} & a_{12} \\ a_{21} & a_{22} \end{vmatrix}} = \frac{A^3}{A^2}$$

$$\vdots \qquad \vdots \qquad \vdots \tag{25}$$

$$\hat{a}_n=\frac{\begin{vmatrix} a_{11} & a_{12} & \cdots & a_{1n} \\ a_{21} & a_{22} & \cdots & a_{2n} \\ \vdots & \vdots & & \vdots \\ a_{n1} & a_{n2} & \cdots & a_{nn} \end{vmatrix}}{\begin{vmatrix} a_{11} & a_{12} & \cdots & a_{1,n-1} \\ a_{21} & a_{22} & \cdots & a_{2,n-1} \\ \vdots & \vdots & & \vdots \\ a_{n-1,1} & a_{n-1,2} & \cdots & a_{n-1,n-1} \end{vmatrix}}=\frac{A^n}{A^{n-1}}$$

因此，这些比率全都为正既是必要又是充分的。① 但

$$A^1=a_{11}=Q(1,0,\cdots,0)>0$$

所以二次型为正定的充分必要条件是主子式($A^1,\cdots,A^n$)必须为正。

Q 的极小值性质

在明确讨论第二种变换以前，先宜提出某些初步的意见。由于二次型中的诸 h 是二次齐次的，所以，如果它的符号在由

$$h_1^2+h_2^2+\cdots+h_n^2=1 \tag{26}$$

定义的单位超球面上始终是正的话，那么除了在原点以外，②它就

---

① 参见 H. 汉考克:《极大和极小理论》，第 89—91 页。

② 这可说明如下。如果对任何不一定在单位超球面上的 $h=(h)$ 的值来说 Q 是负的话，那它对于所有在超球面上的值来说就都会为负。假设

$$\sum_1^n h_i^2=r^2$$

则点($h_1/r,\cdots,h_n/r$)在单位超球面上，且

$$Q\left(\frac{h}{r}\right)=\frac{1}{r^2}Q(h)$$

因此它们的符号相一致。

处处为正。因此，考察满足式(26)单侧条件的 Q 的符号并不失一般性。

既然 Q 处处连续并具有连续的导数，所以它在封闭超球面上一定会得到一个极小值。对于正值的二次型来说，Q 在单位超球面上的极小值为负是充分必要条件；因为这时，也只有在这时，它才是除原点外处处取正值。

这个极小值可以被明确地计算出来。考虑

$$Q=\sum_{1}^{n}\sum_{1}^{n}a_{ij}h_ih_j$$

满足

$$\sum_{1}^{n}h_i^2-1=0$$

建立表达式 $H=\sum_{1}^{n}\sum_{1}^{n}a_{ij}h_ih_j-\lambda\left(\sum_{1}^{n}h_i^2-1\right)$

按照上一节的论证，要得到极小，必须

$$2\sum_{1}^{n}a_{ij}h_j-2\lambda h_i=0,\quad (i=1,\cdots,n)$$

或

$$\sum_{1}^{n}(a_{ij}-\lambda\delta_{ij})h_j=0,\quad (i=1,\cdots,n) \tag{27}$$

这些是线性齐次方程，它们具有一个非零解，当且仅当行列式

$$D(\lambda)=|a_{ij}-\lambda\delta_{ij}|=0 \text{①} \tag{28}$$

这是一个 λ 的 n 次方程，因此将具有 n 个根，虽然其中某些根可能相重。为了简化起见，我们假定它们都不相同。让我们用

① 这被叫作矩阵 a 的数值方程、行列式方程和特征方程，它的根是矩阵 a 的特征根。

$$\lambda_1<\lambda_2<\cdots<\lambda_n$$

来表明它们。至少其中有一个根一定是实数,因为一个实数的最小值确实存在。事实上,我们的对称实数矩阵只是汉密尔顿矩阵的一个特例,根据众所周知的汉密尔顿矩阵定理,所有的根一定都是实数。① 对应于任一 λ_k,存在一个唯一解$(h_1^k,\cdots,h_n^k)$,它既满足方程式(27)又依赖由式(26)定义的单位超球面。

还有,用 h_1^k 乘式(27)中的第一个方程,用 h_2^k 乘第 2 个方程,一直乘到第 n 个方程,然后把所有的乘积相加在一起,我们便得到

$$\lambda_k=\sum_1^n\sum_1^n a_{ij}h_i^k h_j^k=Q(h^k),\quad (k=1,\cdots,n) \tag{29}$$

由此可以得出这样的结论,诸 λ 中最小的 λ_1,就等于二次型的极小值。因此,二次型为正定的充分必要条件是它的矩阵的所有特征根都取正值。②

同样,二次型是半正定的,如果尽管有一个或一个以上的 λ 等

---

① H. 汉考克:《极大和极小理论》,第 107—109 页。

② 可以证明,λ_2 是 Q 在这样一个点集上的极小值,这个点集依赖单位超球面,并且满足由

$$h_1'h_1+h_2'h_2+\cdots+h_n'h_n=0$$

定义的约束条件。如果我们再靠近另一个约束条件

$$h_1^2h_1+h_2^2h_2+\cdots+h_n^2h_n=0$$

λ_2 将使 Q 达到极小。一般地说,在条件

$$\sum_1^n h_i^2=1$$

$$\sum_1^n h_i^j h_i=0,\quad (j=1,\cdots,r-1)$$

的约束下,λ_r 使 Q 达到极小。

于零,但诸 λ 没有一个为负的话。二次型是负定的,并且仅当所有的 λ 都取负值。

变成平方和的第二种变换

这还可以用另一种方法来证明。考虑变换

$$p_k = \sum_1^n h_i^k h_i, \quad (k=1,\cdots,n) \tag{30}$$

它是正交的,即①

$$\sum_1^n p_i^2 = \sum_1^n h_i^2$$

$$\sum_1^n h_i^k h_i^m = \delta_{km} \tag{31}$$

因此

$$h_i = \sum_1^n h_i^k p_k, \quad (i=1,\cdots,n) \tag{32}$$

① 用矩阵符号表示是

$$b=[h_i^k]$$

正交性的定义是

$$bb'=I,\text{所以 } b'=b^{-1}$$

因此,$p=bh$ 蕴涵 $h=b'p$。

为证明任何二行不同的 h 正交,要注意

$$ah^k=\lambda_k h^k, ah^j=\lambda_j h^j$$

和 $$0=(h^j)'ah^k-(h^k)'ah^j=(\lambda_k-\lambda_j)(h^k)'h^j$$

如果两个根不相等,则最后的乘积一定等于零,所以诸 h 正交。

由于由共轭复数组成的两个向量不可能正交,所以这就证实了上面那个关于所有对称矩阵的根一定都是实数的论断的正确性。

和

$$Q(p)=\sum_{1}^{n}\sum_{1}^{n}a_{ij}\sum_{1}^{n}\sum_{1}^{n}h_{i}^{k}p_{k}h_{j}^{m}p_{m}$$
$$=\sum_{1}^{n}\sum_{1}^{n}\left(\sum_{1}^{n}a_{ij}h_{i}^{k}h_{j}^{m}\right)p_{k}p_{m}$$①
$$=\sum_{1}^{n}\lambda_{k}p_{k}^{2} \tag{33}$$

这证明原来的二次型可以变换成系数是矩阵 a 特征根的一个平方和。这再一次证明,如果二次型是正定的话,诸 λ 必须全都为正,反之亦然。②

一个矩阵的特征方程式

让我们更详细地考察 n 次行列式方程

$$D(\lambda)=|a_{ij}-\lambda\delta_{ij}|=(\lambda_1-\lambda)(\lambda_2-\lambda)\cdots(\lambda_n-\lambda) \tag{34}$$

把行列式展开,这就变成

$$(-\lambda)^n+c_1(-\lambda)^{n-1}+\cdots+c_{n-1}(-\lambda)+c_n=0 \tag{35}$$

这里

① 对上面括号中的表示式等于 λ_k 的证明,是由 h_i^m 乘式(27)中第 i 个方程然后求和来导出的。因为变换 b 的正交性质,这给出了

$$\sum_{1}^{n}\sum_{1}^{n}a_{ij}h_{j}^{k}h_{i}^{m}=\lambda_k\sum_{1}^{n}h_{i}^{k}h_{i}^{m}=\lambda_k\delta_{km}$$

② 上述讨论暗中假定所有的特征根都不相同。如果它们不是全不相同,那么由于矩阵 a 的对称性和线性约束的缘故,它仍可被变换成一个元素为特征根的对角线矩阵,但不是通过唯一的正交变换。

$$c_1=a_{11}+a_{22}+\cdots+a_{nn}=\text{所有 } n \text{ 个一阶主子式的和}$$

$$c_2=\begin{vmatrix} a_{11} & a_{12} \\ a_{21} & a_{22} \end{vmatrix}+\begin{vmatrix} a_{11} & a_{13} \\ a_{31} & a_{33} \end{vmatrix}+\cdots$$

$$=\text{所有 } n(n-1)/2 \text{ 个二阶主子式的和} \tag{36}$$

$$\vdots$$

$$c_r=\text{所有的 } n!\ /r!\ (n-r)! \text{ 个 } r \text{ 阶主子式的和}$$

$$\vdots$$

$$c_n=|a_{ij}|=D(0)$$

根据熟知的多项式的根和系数间的关系,我们有

$$c_1=\lambda_1+\lambda_2+\cdots+\lambda_n=a_{11}+a_{22}+\cdots+a_{nn}$$

$$\begin{aligned} c_2=&\lambda_1\lambda_2+\lambda_1\lambda_3+\cdots+\lambda_1\lambda_n \\ &+\lambda_2\lambda_3+\cdots+\lambda_2\lambda_n \\ &+\cdots+\lambda_{n-1}\lambda_n \end{aligned} \tag{37}$$

$$\vdots$$

$$c_r=\text{从}(\lambda_1,\cdots,\lambda_n)\text{中一次取 } r \text{ 个的所有可能积的和。}$$

$$\vdots$$

$$c_n=|a_{ij}|=D(0)=\lambda_1\lambda_2\cdots\lambda_n>0$$

笛卡尔符号法则要求,如果所有的 λ 都是正的,则所有的 c 也一定是正的,反之亦然。显然,所有主子式为正是充分条件。

很清楚,二次型 Q 的定性蕴含了所有由其中部分变量的子集构成的二次型的定性,因为在某些 h 被设定等于零的时候,后者只是前者的特例。所有这些子集矩阵的特征根一定是正的。根据 398 页脚注②所描述的对于诸 λ 性质的考察,一定可以得出这样

的一个结论:任何一个这样的特征根 λ^*,都能满足关系

$$\lambda_1 \leqslant \lambda^* \leqslant \lambda_n \tag{38}$$

根据这一事实,对由于子矩阵特征根的积等于相应的主子式,所以全部主子式一定是正的这样一个命题,我们就有了另一种证明其必要性的方法。

逆矩阵的定性

经济问题中屡见不鲜的是,在已知矩阵 a 是定的时候,[①]能够确定逆矩阵 a^{-1} 的主子式是十分重要的。因此,下述定理非常有用。如果 a 是一个正定型矩阵,则 a^{-1} 一定也是正定型矩阵。

令
$$Q=h'ah$$
实施变换
$$h=a^{-1}p \tag{39}$$
因为矩阵 a 对称,所以在这里 $a=a'$。于是

$$Q=p'a^{-1'}aa^{-1}p=p'a^{-1'}Ip=p'a^{-1}p \tag{40}$$

这证明原来的二次型可以变换成一个其矩阵是原矩阵的逆的新的

---

①
$$a^{-1}=\begin{bmatrix} \frac{A_{11}}{A} & \cdots & \frac{A_{1n}}{A} \\ \vdots & & \vdots \\ \frac{A_{n1}}{A} & \cdots & \frac{A_{nn}}{A} \end{bmatrix}$$
这里的 A 是矩阵 a 的行列式,A_{ij} 是行列式 $A=|\alpha_{ij}|$ 中第 i 行第 j 列元素的余子式。a^{-1} 被称作 a 的逆,因为根据性质
$$aa^{-1}=a^{-1}=I$$
变换 a 之后的变换 a^{-1} 等于恒等变换 I。只有非奇异矩阵有逆矩阵。

二次型。根据我们前面所作的讨论，这个逆矩阵一定是肯定的。①

V. 约束条件下的二次型确定问题

现在让我们来推导对于满足 $m(<n)$ 个线性的约束条件

$$\sum_{1}^{n} g_j^{\alpha} h_j = 0, \quad (\alpha = 1, \cdots, m) \tag{41}$$

的 h 来说，下述二次型

$$Q = \sum_{1}^{n} \sum_{1}^{n} a_{ij} h_i h_j$$

为正定的充要条件。其中 $|g_j^{\alpha}|$ 的秩为 m②。当然，用约束方程消

---

① 西尔威斯特的特征根定律描述了更为一般的关系。$f(a)$ 的特征根等于 $f(\lambda)$，其中诸 λ 是 a 的特征根。这个结论得自下述恒等式：

$$ax = \lambda I x$$
$$f(a)x = f(\lambda I)x$$
$$= f(\lambda) I x$$

这里的 $f(a) = a^{-1}$，上述定理成为一个特例。在上述定理中 f 必须是有理函数。

② a 作为一个正定二次型的矩阵，当然是充分条件，因为，如果它处处为正，那么对满足 m 个约束条件的值的子集来说显然也一定为正。但是，这不是一个必要条件。在斯拉茨基对这个论题作出经典论述以前，经济学家在处理效用理论时所犯的技术性错误，都同不能认识这一点有关。在单侧条件

$$\sum_{1}^{n} p_i x_i = I$$

约束下，求

$$U = \varphi(x_1, \cdots, x_n)$$

的极大值并不要求把海赛矩阵

$$[\varphi_{ij}]$$

是负定二次型作为第二个条件。事实上，这个矩阵的确定性在效用指数一般单调变换情况下是不变的，这种变换的形式是

$$F = F(\varphi)$$
$$F_i = F'\varphi_i$$
$$F_{ij} = F'\varphi_{ij} + F''\varphi_i\varphi_j$$

而后面将进一步展开的正确条件是不变的。

去 m 个变量，代入 Q，再将上节的理论应用于一个有$(n-m)$个变量的二次型，这是完全可以的。但是，这样做丧失了对称。

同上节一样，考察 Q 在由

$$\sum_1^n h_i^2-1=0 \tag{42}$$

定义的单位超球面上的行为，不失一般性。把这个附加的单侧条件同式(41)中的 m 个方程联在一起，然后使 Q 极小化。建立表达式

$$H=\sum_1^n\sum_1^n a_{ij}h_ih_j+2\sum_1^m\mu_\alpha\sum_1^n g_j^\alpha h_j-\lambda\left(\sum_1^n h_j^2-1\right) \tag{43}$$

这里的 λ 和诸 μ 是拉格朗日乘数。在一个极小值上，我们一定有

$$H_i=2\left(\sum_1^n a_{ij}h_j+\sum_1^m\mu_\alpha g_i^\alpha-\lambda h_i\right)=0,\quad (i=1,\cdots,n) \tag{44}$$

或

$$\sum_1^n(a_{ij}-\lambda\delta_{ij})h_j+\sum_1^m\mu_\alpha g_i^\alpha=0,\quad (i=1,\cdots,n)$$

$$\sum_1^n g_j^\alpha h_j=0,\quad (\alpha=1,\cdots,m) \tag{45}$$

$$\sum_1^n h_j^2-1=0$$

这些方程的一个非零解存在，当且仅当下列加边行列式等于零，

$$D_m(\lambda)=\begin{vmatrix} a_{ij}-\lambda\delta_{ij} & g_i^\alpha \\ g_j^\alpha & 0 \end{vmatrix}$$

$$=(-1)^nA(\lambda-\lambda_1)(\lambda-\lambda_2)\cdots(\lambda-\lambda_{n-m}) \tag{46}$$

这里 $A>0$,这$(n-m)$次方程的根全是实数,因为行列式对称。用代数顺序写出它们就是

$$\lambda_1 \leqslant \lambda_2 \leqslant \cdots \leqslant \lambda_{n-m}$$

那么我们也很容易证明,如果二次型在上述约束条件下是正定的话,最小的根 λ_1 就一定为正,并等于 Q 的约束极小值的绝对值,反之亦然。因此,一个正定二次型的充要条件是上述加边行列式方程所有的根都取正值。①

回忆所有的根都是实根,然后运用笛卡尔符号法则,就能像上节一样证明,下述加边主子式的符号一定都是$(-1)^m$。

$$0<(-1)^m B^r=(-1)^m \begin{vmatrix} a_{ij} & g_i^{\beta} \\ g_j^{\alpha} & 0 \end{vmatrix}, \quad \begin{matrix} (i, j=1, \cdots, r) \\ (\alpha, \beta=1, \cdots, m) \\ m+1 \leqslant r \leqslant n \end{matrix} \qquad (47)$$

这$(n-m)$个条件都是充要条件。

如果是约束条件下的负定二次型,那么行列式 B^r 一定会交替变换它的符号,头一个具有符号$(-1)^{m+1}$,下一个就会取相反的符号,如此等等,即

$$(-1)^r B^r>0, m+1 \leqslant r \leqslant n \qquad (48)$$

加边矩阵的逆矩阵

对许多经济问题来说,知悉我们矩阵的逆矩阵具有哪些含义

① 负定二次型的充要条件是所有这些根都取负值。如果根的符号不相同,它就是不定型。如果有一个或一个以上的根为零,但其余的根符号相同,则它就是半定二次型。

是相当重要的。后者可用矩阵记号写成

$$
R=\begin{bmatrix}
a_{11} & \cdots & a_{1n} & g_1^1 & \cdots & g_1^m \\
\vdots & & \vdots & \vdots & & \vdots \\
a_{n1} & \cdots & a_{nn} & g_n^1 & \cdots & g_n^m \\
g_1^1 & \cdots & g_n^1 & 0 & \cdots & 0 \\
\vdots & & \vdots & \vdots & & \vdots \\
g_1^m & \cdots & g_n^m & 0 & \cdots & 0
\end{bmatrix}=\left[\begin{array}{c|c} a & g \\ \hline g' & 0 \end{array}\right] \tag{49}
$$

这个矩阵已被分成四个子矩阵；其中一个是 $n\times n$ 阵，还有一个是 $m\times n$ 阵，再一个是 $n\times m$ 阵，最后的那个是 $m\times m$ 阵。这个矩阵是对称阵，即

$$
R=R' \tag{50}
$$

逆矩阵由下式定义

$$
RR^{-1}=I=\text{单位矩阵}
$$

它可以写成

$$
\left[\begin{array}{c|c} a & g \\ \hline g' & 0 \end{array}\right]\left[\begin{array}{c|c} \hat{a} & \hat{g} \\ \hline \hat{g}' & q \end{array}\right]=I \tag{51}
$$

施行矩阵乘法运算，我们得到

$$
\left[\begin{array}{c|c} a\hat{a}+g\hat{g}' & a\hat{g}+gq \\ \hline g'\hat{a}+0 & g'\hat{g}+0 \end{array}\right]\left[\begin{array}{c|c} I & 0 \\ \hline 0 & I \end{array}\right]=I \tag{52}
$$

这里蕴涵了下列四个矩阵恒等式：

$$
\begin{aligned}
&a\hat{a}+g\hat{g}'=I \\
&a\hat{g}+gq=0 \\
&g'\hat{a}=0 \\
&g'\hat{g}=I
\end{aligned} \tag{53}
$$

可以证明，假若 Q 在约束条件下正定，$\hat{a}$ 就是一个半正定二次型。它的秩仅为 $(n-m)$；即所有具有比 $(n-m)$ 更高阶的行列式都等于零。

数学附录B　差分方程和其他函数方程理论

1. 在第一个数学附录中，我已对那些在经济分析中起重要作用的定理作了一个非常概略的综述。但是，更加详尽地描述差分方程和其他函数方程，看来是合适的。第一，虽然简单差分方程理论比微分方程理论在许多方面都更为基本，但在数学教程中惯常却并不讲授差分方程，经济学家也无法从自己的需要出发，找到关于这门学科的便于理解的注释读物。[①] 第二，恰同微分方程对物理学家具有主要意义一样，对动态经济学家最重要的是差分方程，因此，对它们的解释应当占有突出的地位。

单一方程

2. 一个差分方程可以写成如下形式的一个隐函数关系

$$f[y(t+n),y(t+n-1),\cdots,y(t),t]=0 \qquad (1)$$

这被称作 n 阶差分方程，因为它包含了在 n 个不同的（相等间

① 经济学家可以查考 G. 布尔：《论差分演算法》（伦敦，1880）；L. M. 米尔恩-汤姆森：《有限差分法》（伦敦，1933）；P. M. 巴彻尔德：《线性差分方程引论》（麻省、剑桥，1927）；N. E. 纳伦德：《差分计算方法讲义》（柏林，1924），此书有更高层次的讨论和参考目录。

隔!)时期中的变量 y。需要注意的是,各个 y 值对于各个差额是整数的 t 值定义这一事实其实并不包含什么限制,因为,不论相等间隔的各个相继值之间的差额是怎样一个数量,我们都可以通过重新定义时间变量而使得这种差额等于 1。虽然 t 的各个值之间的差额是一个整数,但 t 并不一定只能取整数值。不过,对于经济学的目标来说,通常我们只需要考虑定义在各个整数时间值上的那些 y 的值。通过把时间划分成充分小的单位,我们可以把这个过程中涉及的误差控制在任何一个所需要的水平上。如同我们即将获知的那样,这样做大大简化了数学理论,并且使差分方程理论同微分方程理论变得非常相似。

方程(1)是一个 t 的恒等式。读者从这里可以获知,它是可以用多种形式写出的,例如,不是作为 $[y(t+n),\cdots,y(t)]$ 之间的单一关系,而是作为 $[y(t),\cdots,y(t-n)]$ 之间的关系,等等。但因为方程(1)把显项 t 作为最后因子包含在内,所以我们这种以所示方式重写的差分方程,一定会涉及对函数 f 形式上的一些修正。非历史系统尽管在动态经济学中具有极大的意义,但因为它并不明确牵涉时间,所以在方程(1)中略去最后一项 t。

3. 差分方程因为涉及变量不同时点的值而得名。然而,在它被写作方程(1)的时候,却并没有直接采用有限差分概念 $\Delta^n y$,在论插值法的书本中,[①]这个概念被定义如下:

$$\Delta y(t)=y(t+1)-y(t)$$

① 见 E. T. 惠特克和 G. 罗宾逊:《观察演算》(第三版,伦敦:布莱基,1940),第1—4章。

$$\Delta^2 y(t)=\Delta y(t+1)-\Delta y(t)$$
$$=\{y(t+2)-y(t+1)\}-\{y(t+1)-y(t)\}$$
$$=y(t+2)-2y(t+1)+y(t) \tag{2}$$
$$\Delta^n y(t)=\Delta^{n-1} y(t+1)-\Delta^{n-1} y(t)$$
$$=\sum_0^n \frac{n!}{(n-i)!i!}(-1)^i y(t+n-i)$$
$$\Delta^0 y(t)=y(t)$$

显而易见，有关 y 的 n 个邻值的知识，使我们能计算出 y 的和它的起首$(n-1)$个差分的值[见下面的方程(6)]。因此，通过代入方程(1)，我们总能把它写成如下的形式：

$$F[\Delta^n y(t), \Delta^{n-1} y(t), \cdots, \Delta y(t), y(t), t]=0 \tag{3}$$

式中的 F 和 f 的关系如下

$$F[\Delta^n y, \cdots, \Delta y, y, t]$$
$$=f\left[y+n\Delta y+\frac{n(n-1)}{2}\Delta^2 y+\cdots+\Delta^n y, \cdots, y+\Delta y, y, t\right] \tag{4}$$

不仅每个像(1)式这样的差分方程可以写成(3)式，而且由于(2)式所给出的关系，每个形如(3)式的方程也可以反过来写成式(1)那样的形式。因此，这两种形式是完全等价的，我们可以根据方便对它们任作选择。事实上，尽管后面将会说明应当如何对待这两种形式，但在文献中最经常遇到的形式是方程(1)。

4\. 只要我们对算子概念略加考察，它们之间的相互关系就会进一步显现出来。因此，Δ 可以看作一个由(2)式中的第一个方程所定义的差分算子。同样，我们可以通过关系

$$Dy(t)=y'(t), D^2y(t)=Dy'(t)=y''(t), \text{等}$$

来定义微分算子 $D(=d/dt)$。19 世纪，英国数学家布尔使用了移位算子 E，他追随莱布尼茨在早些时候所作的富有启发的建议，把 E 定义为

$$Ey(t)=y(t+1), E^2y(t)=y(t+2), \text{等等}$$

算子法的成功根源于这样一个认识，即可以把它们当作似乎是代数量那样来对待。因此，我们可以完全撇开 y 函数，而写出算子恒等式

$$E=1+\Delta \tag{5}$$

把这看作满足普通二项式定理的代数表达式，我们即可导得关系

$$E^n=(1+\Delta)^n=1+n\Delta+\frac{n(n-1)}{2}\Delta^2+\cdots$$
$$+\frac{n!}{(n-i)!i!}\Delta^i+\cdots$$
$$\Delta^n=(E-1)^n=E^n-nE^{n-1}+\frac{n(n-1)}{2}E^{n-2}+\cdots$$
$$+(-1)^i\frac{n!}{(n-i)!i!}E^{n-i}+\cdots \tag{6}$$

注意上述第二个式子要和方程(2)保持一致，第一个式子要同方程(4)一起使用。

【练习】

1. 任何一年猪肉价格与均衡值的离差，其代数值都是上一年离差的 3/4，不过符号相反。列出猪肉价格的差分方程。凭直观回答，这个过程是稳定的呢，还是不稳定的？（提示：把价格与均衡值的离差用来作为你的变量）写出

这个序列的最初几项。

2. 用数字 2、4、8、16、32 作出一个差分表。你能用这些给定的数字填写多少差分列？对于能从一组既定数字导得的差分表来说，同它列数相关的一般规则是什么？注意三角形形式。

3. 用方程(3)而不是(1)的形式写出练习 1 中的差分方程。

4. 用符号 E 和符号 Δ 分别写出差分方程 $y(t+2)-a(1+\beta)y(t+1)+a\beta y(t)=0$.

5. E^{-1} 的含义是什么？

6. 后退差分算子 ∇ 由 $\nabla y(t)=y(t)-y(t-1)$ 定义。对应于方程(5)的关系，给出它与 E^{-1} 的关系。

7. 使用符号 D，依据 $y(t)$ 写出 $y(t+1)$ 的普通泰勒展开式，证明关系 $e^{D}=E$。(提示：利用级数展开式 $e^{x}=1+x/1!+x^{2}/2!+\cdots$)正弦 D 所指的含义是什么？$1/(1-\Delta)$ 的含义是什么？

8. t^{2} 的一阶差分是什么？二阶差分及三阶差分呢？二次多项式的三阶差分是什么？n 次多项式的 n 阶差分是什么？n 次多项式的 $(n+1)$ 阶差分呢？

9. 写出练习 2 中的数字所满足的差分方程。

10. 让我们把一个递升阶乘多项式定义为：$x^{(n)}=x(x-1)\cdots(x-n+1)$。证明 $\Delta x^{(n)}=nx^{(n-1)}$。这对你有何启示？

方程组

5. 到目前为止，我们所考察的方程一直只有单一变量。但适用于经济系统的方程绝大多数涉及多个变量。因此，我们必须引入一个 m 变量 $(y_1,\cdots,y_m)$ 的差分方程组概念。这些方程由一组与问题所讨论的变量有关的差分方程构成。恰同一个静态系统只有在它所包含的方程和未知数个数一般多时才可望得到确定一样，一个动态系统所包含的相容的独立方程个数，必须同系统所有的未知数一般多。因此，我们系统所取的形式是

$$
\begin{aligned}
&f^1[y_1(t+n),y_2(t+n),\cdots,y_m(t+n);\cdots;\\
&\qquad\qquad y_1(t),y_2(t),\cdots,y_m(t);t]=0\\
&\vdots \qquad\qquad\qquad\qquad\qquad\qquad (7)\\
&f^m[y_1(t+n),y_2(t+n),\cdots,y_m(t+n);\cdots;\\
&\qquad\qquad y_1(t),y_2(t),\cdots,y_m(t);t]=0
\end{aligned}
$$

同前面一样，如果愿意的话，可以利用 Δ 和 E 之间的关系把它写成有限差分形式。上述方程组中的每一个方程，所包含的时滞周期数并不一定相同；通常，方便的符号表示办法是把每个方程都写成这样一种形式，即使它们所包含的时滞周期数，好像与那个不论出现在哪一个方程中的最大的时滞周期数都保持相同。从本附录第二节末尾的讨论中明白可知，我们可以通过移动时间参照点来使某个 $y_i(t+n)$ 出现在每个方程中。

6. 像方程(7)这样定义的差分方程系统，可以看作一个对每个 t 值皆成立的恒等式。因此，它等价于无数隐含的关系。由于每个新的时间周期所定义的新变量同存在的方程式一样多，所以这样的一个差分方程系统不会发生有变量不能决定的过度决定问题。然而事实上，如果我们把 t 限制为有限的若干个相继值，我们就总能发现，我们所有的方程比未知数个数要少一些。因此，除非我们添加上某些所谓的“初始条件”或“边界条件”，否则这个系统在形式上是不确定的。

这可用一笔每年派生利息6%的货币来加以说明。虽然这笔货币在时间过程中的性态可用一个简单的差分方程来作出描述，但只有在我们规定开始时货币有多少，或者，采用另一个做法，规定到任一既定日期本金必须增加到多少的时候，这个过程才会完全确定。

在上述单一变量的一阶差分方程例子中，所能任意指定的初始条件只有一个。因此，这个系统可以称作一阶系统。如果我们有一个由两个差分方程组成的系统，其中每一个方程都是三阶的话(即包含三个周期的时滞)，那么我们能够任意加以指定的初始值的个数便可获知是 2 和 3 的乘积。一般来说，若有 m 个变量的差分方程存在，且每个方程皆包括 n 个周期的时滞的话，则我们即可获知所能任意加以指定的初始条件个数是 m 和 n 的乘积，而且就称这个数字为该系统的最高阶次。[①]

7. 添加的初始条件等于系统的阶次，这实际是为我们提供了前节讨论中所缺少的那些方程，从而使我们的未知数个数不再超过关系式个数。事实上，众所熟知的是，由于不相容性、不独立性和重根等原因，一个隐式方程等于若干指定变量数的系统或许并不能唯一地决定一个解。然而，在任何一个有实际意义的经济系统中，指出若干能使系统得以决定的适当关系，这从来都是经济学家而不是数学家所肩负的任务。而且，在因果的动态系统中，自然

① 为了方便和保持一致起见，我没有使用数学上通常所惯用的那个提法，即，如果出现这种情况，该系统的阶次至多是 n 和 m 的乘积。由于采用了第五节末尾所述的那种规定，所以我可确保这个阶次恰好就是 n 和 m 的乘积。

是把因果关系看作时间上单向发生的关系，即是从过去到现在而不是从未来到现在发生的关系。因此，把注意力集中在这样一些情况上是方便的，在这些情况中，特定的边界条件其实就是足以使系统开始发生作用的初始条件，系统开始发生作用以后，每一步都能决定它自己的性态。这意味着对 $y_i(t+n)$ 来说，隐式方程(7)可以作为“以前”诸 y 的单值函数而以显式解出。

$$y_i(t+n)=J_i\left[y_1(t+n-1),\cdots,y_m(t+n-1);\cdots;\; y_1(t),\cdots,y_m(t);t\right],\quad (i=1,\cdots,m) \tag{8}$$

在这些条件的基础之上，如果我们任意指定的初始条件具有如下形式

$$\begin{bmatrix} y_1(0) & y_2(0) & \cdots & y_m(0) \\ \vdots & \vdots & \cdots & \vdots \\ y_1(n-1) & y_2(n-1) & \cdots & y_m(n-1) \end{bmatrix} \tag{9}$$

那么显然，我们能依据方程(8)决定数量$[y_1(n),\cdots,y_m(n)]$。把这些加到前面所规定的那些变量之上，我们就能够决定下一个时刻的诸 y，以后各相继时刻的诸 y 的决定皆可无限地依此类推。换句话来说就是，我们能够利用熟知的数学归纳法来表述重要的存在和唯一性定理：一个如(8)式所示的差分方程组，如果满足(9)式所给出的那种规定初始条件，则对所有可能的 t 值来说，一定有一个解存在。这个解是唯一的。

这个定理的价值，并不是在于它告诉我们如何去找一个方便解，而是在于它向我们保证，一旦我们找到了一个解，并且通过代入差分方程和初始条件对它作出验证以后，我们就可放心地确信它就是唯一可能的解。

8. 本节要保证的是，任何一个 S 阶系统，不论 m 和 n 的值如何，都可由 S 个变量的一阶差分方程的系统来替代。凭借对 $S=nm$ 个新变量 $Y_{11},\cdots,Y_{nm}$ 重新作如下的定义

$$\begin{aligned} &Y_{1i}=y_i \\ &Y_{2i}=Ey_i \\ &\vdots \qquad\qquad (i=1,\cdots,m) \\ &Y_{ni}=E^{n-1}y_i \end{aligned} \tag{10}$$

把由 S 阶系统缩减为所谓正规形式的这种约化总是可能的。读者可以证明，由(8)式定义的系统用新变量表示成为

$$\begin{aligned} EY_{1i}&=Y_{2i} \\ EY_{2i}&=Y_{3i} \\ &\vdots \qquad\qquad (i=1,\cdots,m) \\ EY_{n-1,i}&=Y_{ni} \\ EY_{ni}&=J^i \end{aligned} \tag{11}$$

我们的初始条件可以简单写成

$$[Y_{ji}(0)]=[Y_i(j-1)] \tag{12}$$

为了作出解释，让我们来考察只有一个一元二阶方程的系统。

$$y(t+2)+a_1y(t+1)+a_2y(t)=\sin t;y(0)=b_0,y(1)=b_1 \tag{13}$$

这个系统明显是二阶。把新变量定义如下

$$\begin{aligned} Y_1(t)&=y(t) \\ Y_2(t)&=Ey(t) \end{aligned} \tag{14}$$

我们可把上述系统写成正规形式

$$EY_2(t) = -a_1 Y_2(t) - a_2 Y_1(t) + \sin t$$
$$EY_1(t) = Y_2(t)$$
$$Y_1(0) = b_0$$
$$Y_2(0) = b_1 \tag{15}$$

读者应当自己设计一些例子，就像上面第四节练习 4 中的情况那样。

要注意的是，方程式(7)能由相同的变量定义而写成 S 个一阶隐式方程。确实，一个所含未知数个数大于方程式个数的不确定系统，总能够转换成一个(同样是不确定的)一阶系统。

9. 我们已经获知一个单一的高阶方程式可以变换成若干一阶方程式。那么，反过来是否有可能呢？一个一阶系统(从而任何系统)能否变换成一个最高阶次等于正规系统的最高阶次的单一方程呢？通常，对这个问题的回答是肯定的，虽然指出这种约化比实际完成这种约化要容易得多，而且在奇异情况下，有关诸 f 偏导数的某些条件不能满足，这种约化便不可能进行。同样，一个良好确定的显式系统经过约化，也许只可能表示为一个变量的含糊的隐式高阶关系。因此，良好确定的系统

$$Ey_2 = y_1^2; Ey_1 = y_2 + y_1 \tag{16}$$

可以约化为良好确定的 y_1 的二阶方程

$$E^2 y_1 - Ey_1 = y_1^2 \tag{17}$$

但在 y_2，我们仅能获取含混的隐式方程

$$(E^2 y_2 - Ey_2 - y_2^2)^2 = 4y_2^2 Ey_2 \tag{18}$$

让我们假设我们有一个 S 阶的正规系统，

$$y_i(t+1) = J_i[y_1(t), \cdots, y_s(t), t], \quad (i = 1, \cdots, s) \tag{19}$$

或用缩写符号记为

$$EY=J(Y,t)$$

它一定包含 $2S$ 个变量，即在两个时刻的诸 y。给出 $2S$ 个变量的 S 个方程式，除了其中一个瞬时的 y 以外，所有的 y 都不可能消去，所以剩下的差分方程只涉及那个 y。如果我们写下恒等式

$$\begin{aligned}E^2Y&=J(EY,t+1)\\E^3Y&=J(E^2Y,t+2)\\&\vdots\\E^SY&=J(E^{S-1}Y,t+S-1)\end{aligned}\tag{20}$$

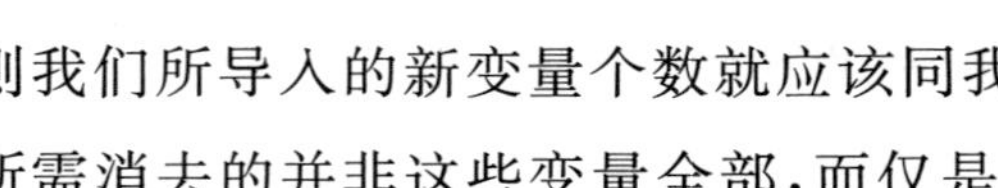

则我们所导入的新变量个数就应该同我们所有的方程个数相同但所需消去的并非这些变量全部，而仅是那个所述变量以外全部所涉的变量。我们总共有 S^2+S 个变量的 S^2 个方程式，所以我们要设法消去 $(S-1)(S+1)$ 个变量，我们的方程个数比这些要消去的变量个数多 1。因此我们可望消去这些变量，使剩下的那个方程即为合意的单一变量的 S 阶方程。①

10. 关于差分方程所说的一切，稍加修改便可适用于微分方程。用算子 E 写出差分方程式(1)，然后再用算子 D 代替 E，读者可以通过这个办法，写出一个对应于这个差分方程的单一微分方程。同样，他可以用算子 E 写出方程组(7)，然后用算子 D 代替 E 来导出一个微分方程组。这同样适用于初始条件和系统的阶的概

① 读者可参照 F. R. 莫尔顿的《差分方程》(纽约，1930)一书。第 6—9 页，对这个问题的更完整的论述要参考微分方程。就线性方程来说，P. A. 萨缪尔森的“特征方程系数的显式决定方法”对这个问题作了详尽的研究。载《数理统计年鉴》，第 13 期(1942)，第 424—429 页。

念。证明一个方程系统如何总能约化为一阶正规形式的那些论证，同样可直接适用于微分方程。读者可参考刚才所引用的莫尔顿的著作的第一章来检查他的全部推理。

【练习】

1. 两个国家中每一个国家的国民收入皆等于国内投资加消费品生产加出口的和。每一个国家的消费和进口分别是该国上一时期的收入决定函数。设立一个描述在时间过程中每个国家的国民收入性态的差分方程组。用所假定的不变边际消费倾向和进口来确定这些方程。

2. 运用第十章所述的 45°线作图法来分析，方程式 $Y'^{\,2}_{+1}+Y_t^2=0$ 是否能唯一地定义一个因果系统。如果必要可对此方程稍作修正以消除所有不明确的地方。初始条件 Y_0 是否可以完全任意地指定？（提示：用几个算术例子试试）

3. 联立方程 $EY(t)=Z(t)$；$EZ(t)=5Y(t)+2Z(t)$，由一个 y 的单一方程转变为正规形式。这个方程的正规形式是什么，用于它转变为正规形式的那些定义是什么？

4. 已知方程组 $Ey_1=y_2$，$Ey_2=y_1$，导出每一个变量独自的二阶方程式。

5. 在地球吸力场中下落的物体满足方程 $d^2x/dt^2=-g$。把它转换为正规形式。

6. 用 Δ 形式写出一个差分方程组、定义阶、正规形式等的概念。

11. 如果所要求的仅是数值答案，那我们只用每个时间瞬间的差分方程，就可以相继算出这些变量的新值。对于任意长度的时间间隔来说，情况都可依此类推。然而，这种做法在实际上是冗长乏味的，而且，由于每个阶段都不可避免地会有四舍五入的情况存在，所以解的精确性一定会因为它的长度增加而下降。（对一个稳定的系统来说，如果四舍五入的误差保持在某个限度之内，则解的误差也会保持有界）

这种实际数值例子方法在经济学中使用得相当普遍，从提供例解的角度来看，它是很有价值的[①]。但是，我们永远无法肯定，另一个算术例子就不会同由这一个例子推得的原理发生矛盾，所以，甚至以提供有关解的定性信息的目的而论，这种方法的有用性也是很有限的。毕竟，我们的寿命甚至不足以完成一个序列，也不足以尝试所有可能的初始条件，或改变结构关系的形式。

不幸的是，如果我们只是完全一般地考察差分方程的话，那就不会有能简单写出显式解的分析方法存在。对微分方程来说，以上所述同样也是正确的。初入门的学生，可以教给他们各种能有效使用于特定方程的特别技巧，但对高层次的学生来说，能使他们感到满意的必定只是能告诉他存在一个唯一解的存在定理；通常，对存在定理的证明还会告诉他如何才能（艰苦地）近似于这个解。

沿着这两条路线，如果我们把范围限制在线性系统之中的话，我们就能得到更为完善的结论。或许，如第十一章所示这个限制是严格的，特别是对分析商业循环的目的来说更是如此。然而，我们在第十章已经证明，如果我们主要是对稳定性，特别是局部稳定性感兴趣的话，线性假定如何就不是严格的限制。

因此，在以下所作的大部分论述中，我们将主要注意具有这样

---

① E. 伦德伯格：《经济扩展的理论研究》（伦敦，1937）。

两个性质的系统。第一，它们是线性的。研究线性系统还有一个好处，那就是绝大部分数学命题都与此有关。第二，它们并不明确涉及时间。大多数有意义的经济系统具有因果而非历史的性质，并且满足于这个要求。因此，研究这种系统可以简化我们的任务，并增加数学的魅力。

事实上，如果我们坚持认为一个系统是与时间无关同时又是线性的话，那么留给我们的就只能是那种过分简单的常系数系统，而关于这种系统的理论是相当完整和初等的。我们将确切地看到，相同的情况对微分方程来说也是正确的，因此，只要精通这两个分支学科中的一个，再掌握另一个就不会有什么太大的困难了。从更为基本的观点来看，其中每一个都只是更为一般的线性运算方程理论的例示而已。

12. 然而，存在这样一种差不多总能指出一个或多或少的完全解的非线性情况。下述形式的一阶方程就是这种情况。

$$y_{t+1}=f(y_t) \tag{21}$$

第十章用 45°图表示了各种类型具有性质 $a-f(a)=0$ 的均衡解 $y_t=a$。从图上显然也可看明白，有边界的运动并不必定趋近均衡位置，但它可能趋近一个周期运动（蛛网定理的盒形轨迹之一）。这种盒形轨迹中，既有一些是稳定的，又有一些是不稳的。我们可以用里昂惕夫教授[①]所建议的方法，来检验一个在 S 个周期中每个周期都重复的运动的稳定性。让我们定义

① W. 里昂惕夫："Verzögerte Angebotsanpassung und Partielles Gleichgewicht"，*Zeitschrift für Nationalökonomie*，Band V(1934)。

$$f_1(x)=f(x)$$
$$f_2(x)=f[f(x)]$$
$$\vdots \tag{22}$$
$$f_s(x)=f[f_{s-1}(x)]=f[f\{f_{s-2}(x)\}]\text{等。}$$

则，对于既定的初始值 y_0 来说，方程(21)的解由

$$y(t)=f_t(y_0) \tag{23}$$

给出是正确的。然而，与其说这就是一个解，还不如说它仅指出有一个解存在，因为所述的诸 f 可能是非常复杂的函数。

假设$(a_1,a_2,\cdots,a_s)$表示原方程的一个周期解。它正确的充分必要条件是新的差分方程

$$y_{t+1}=f_s(y_t) \tag{24}$$

满足

$$f_s(a_i)=a_i,\quad (i=1,\cdots,s) \tag{25}$$

运动稳定的充要条件是新单一差分方程的上述均衡位置稳定。这可以凭借第十章所研究的那些方法来加以检验。

【练习】

证明周期运动的稳定性取决于

$$|f'(a_1)f'(a_2)\cdots f'(a_s)|\gtreqless 1$$

［提示：$f_s'(a_i)$等于什么？］

13. 在并不明显涉及时间的一阶微分方程场合，

$$dy/dt=f(y) \tag{26}$$

可以像第十章所指出的那样直接由积分求解。因为每个运动皆是

单调的，所以它的解的多样性受到限制。因此，如果有边界的话，那运动一定会趋近一个均衡点。当然，可能有很多均衡点存在，它们或是稳定的，或是不稳定的。

【练习】

1. 设 $f(x)=x^i$，$f_k(x)$的一般表达式是怎样的？

2. 证明 $f(x)$的每一个均衡值皆是 $f_2(x)$的一个均衡值。它的逆命题也正确吗？共同均衡点的稳定性情况如何，它们一致吗？

线性系统

14. 如果一个系统所包含的独立变量的表达式都是一次的，即其中没有高次幂、交叉乘积和非初等函数的话，那么这个系统就是一个线性系统。对于本节的主旨来说，排除时间因素或使它线性地介入问题都是不必要的。我们可把线性系统写成如下形式

$$L[y(t)]=f(t) \tag{27}$$

式中 L 表示整个变量系统的任何一般运算，f 表示一个或一组已知函数。就本节所论的目的来说，L 甚至不必一定只能表示差分方程而不能表示微分方程。相反，它可表示在整个 t 间隔上 y 的一个隐函数，用第九章，第 283 页上的符号表示，它可写成

$$L[y(t)]=F[y\underset{-\infty}{\overset{+\infty}{(\tau)}};t]$$

L 必须满足的基本线性性质是：

$$L(y_1+y_2)=L(y_1)+L(y_2) \tag{28}$$

由此直接可得出一般关系

$$L(a_1y_1+a_2y_2+\cdots+a_ny_n)$$
$$=a_1L(y_1)+a_2L(y_2)+\cdots+a_nL(y_n) \tag{29}$$

由线性系统的这个一般定义直接可以推得两个重要的一般定理。

叠加定理：当 f 由两个不同的 f 的和组成时，式(27)的解等于适合于其中每一个 f 的解的和。用数学符号表示，这可写成更为一般的形式：

$$L(y_i)=f_i \quad \text{蕴含} \quad L(\sum a_iy_i)=\sum a_if_i \tag{30}$$

证明可从(29)式直接得出。

这意味着一个受到诸多的力作用的系统，它的解就等于每个力分别作用的结果的和。即使严格地说这并不完全正确，但经济情况可能和这种条件比较近似。

对许多线性系统来说，可以给出一个解 f 的基本集合，而任何 f 都可分解为这个集合的组成部分。假如这是事实，我们的问题马上得到解决。

第二个定理所述的是：(27)式两个任意解的差一定满足约简(或齐次)方程

$$L(y)=0 \tag{31}$$

如果我们分别把其中的每个解代入(27)式，然后再用其中的一个表达式减去另一个表达式，我们就可直接得到这个定理。由于右端的函数将被约去，所以按照式(29)，我们可以重新组合左端的各项以求得满意的结果。

只要简单地对各项重新排列一下，就可导出这个定理的一个最重要的推论。(27)式的最一般解(即任意解)可以写成某一个特解和约简方程(31)的通解的和。

这个推论使得我们在决定解的唯一性、多重性和边界条件等的时候，有可能把注意力集中在那些更易于把握的约简方程上。靠技巧、运气或直感来得到非约简方程的一个特解常常是可能的，而眼前这个推论告诉我们，如果只能找到约简方程的通解的话，我们可以如何来把它变换成一般解。

【练习】

1. 如果存在边界条件，证明上述议论适用于形如 $ax=b$ 的单一线性代数方程。证明，如果约简方程只有一个单一解的话，完全方程就也只存在一个单一解。它的逆命题能成立吗？两个方程当中，任一方程的解的唯一性能够保证另一个方程的解的唯一性吗？（提示：区分三种可能的情况，a 和 b 皆不为零，a 和 b 都为零，只有其中的一个为零）

2. 考察两个（或更多）线性代数方程。证明两个约简或非约简方程中任何一个的解的唯一性，隐含了另一个的解的唯一性。证明，不管怎样，如果非约简方程没有解，则约简方程就能有许多解。列举出所有的可能性，然后借助代数教科书证明我们怎样才能确认每种可能的情况。（提示：矩阵和行列式术语是有用的）

3. 分别证明下述积分和差分微分混合方程是线性的，

$$y(t)+\int_{-\infty}^{t}k(t-a)y(a)da=f(t)$$

$$y'(t)+ay(t-1)=f(t)$$

它们是否明显包含时间？

15. 由于形如

$$L(y)=0 \tag{32}$$

的约简或齐次系统很重要，所以我们将用好几节的篇幅来对它加以说明。我们的分析虽然绝大多数都应用于联立方程，但偶尔地我们也会愿意把注意力放在一个变量的单一高阶方程上。在涉及差分方程的场合，可以把这种方程写成如下形式

$$a_0(t)y(t+n)+a_1(t)y(t+n-1)+\cdots+a_n(t)y(t)=0 \quad (33)$$

差分方程的许多数学理论所关注的是诸 a 为简单多项式或解析函数的情形，这就恰同普通微分方程的许多经典理论所关注的是诸 a 具有同样简单形式的情形一样：

$$a_0(t)y^n(t)+a_1(t)y^{n-1}(t)+\cdots+a_n(t)y(t)=0 \qquad (34)$$

不管怎样，如果我们坚持认为经济系统是非历史的，即与日历时间无关的话，或者，如果我们还坚持认为它是线性的话，那么这些 a 就一定是常数，于是我们就有了常系数方程。

494

16. 不论时间是否明显介入，从方程(29)很容易推导出这样一个定理：约简方程(32)的一组解的线性组合本身就是一个解，即

$$L(c_1y_1+c_2y_2+\cdots+c_sy_s)=0 \quad 若 \quad L(y_i)=0 \qquad (35)$$

既然两个解之间的差是一个线性组合，所以我们直接可以得到这样一个推论：

$$L(0)=0 \qquad (36)$$

如果 y 是表示全部变量的一个集合的话，那么零理所当然一定是代表全部等于零的变量的一个集合。

在分析微分方程以及差分方程的时候，数学家通常总是先找出由特解构成的某一个基本解集，然后再由它们的线性组合来写出任何解。这种以未确定系数写出的线性组合，称作约简系统的通解。

如果确有一个存在定理，能够保证满足某些初始条件的约简

系统有唯一解的话，我们当然就该料想通解中不确定系数的个数应当等于任意指定的初始或边界条件的个数，或等于系统的阶 S。

读者应当留意的是，并不是任何约简系统的 S 个不同解都构成一个基本解集，因此，如果这 S 个解中一个或一个以上的解可以用 t 的等式写成其他解的线性组合的话，我们就说这组基本解线性相关，所以不能成为通解的解基。因为在这种情况下全部 S 解的一个线性组合可以看作一个小于 S 个线性无关解的线性组合，从而在这样一个表达式中的常数个数一定小于 S，所以不能指望满足 S 个任意的初始条件。

17. 然而，其逆并不一定为真。如果我们找到 S 个线性无关(即不是线性相关)的解的话，我们并不能由存在定理就必然得出它们构成一般解的解基这样一个结论。实际上，在我们所使用的通解这个词的意义上，很可能并没有通解存在。数学教科书对此所作的强调也许并不恰当，因为它们过于专注微分方程中能阐明更强的定理的特例。因此，

$$D^2 y(t)=0 \tag{37}$$

有线性无关解$(1,t)$，它构成一个通解的解基，用它可以写出任何一个解。但

$$E^2 y(t)=0 \tag{38}$$

有两个线性无关解，

$$\begin{aligned} y_1(t)&=1, \quad t=0; \quad y_2(t)=1, \quad t=1 \\ y_1(t)&=0, \quad t\geqslant 0; \quad y_2(t)=0, \quad t\geqslant 1 \end{aligned} \tag{39}$$

它们并不能提供像上面这样的一个解基。虽然对适当的初始条件来说，

$$y_3(t)=1,\quad t=2$$
$$y_3(t)=0,\quad t\geqslant 2 \qquad (40)$$

是式(38)的一个解，但它不能写成两个线性无关解的线性组合。[①]

缺少通解并不意味着对于既定的初始条件来说我们不能找到一个解。我们的存在定理保证，我们是能够找到这样一个解的。事实上，这样的一个解可以写成基本解的一个线性组合。不过，上述例子告诉我们，对于每一个初始条件来说，线性无关的基本解很可能有不同的集合；不必一定要存在同样适合所有的初始时间的一组基本解。

常系数线性算子方程

18. 现在我转向常系数的差分方程和微分方程。因为后面将证明，任何阶次方程的解皆可以一阶方程的解写出，所以我打算对这种最简单的一阶方程加以考察。在一阶情况下，我们的差分方程变成

$$(E-q)y(t)=f(t)$$
$$y(t_0)=b \qquad (41)$$

① 可能的反对意见是，对于所有的 t 值，尤其是等于 0 的 t 来说，$Y_3(t)$并不满足差分方程(33)。然而，如果一个解对于任意给定的初始条件来说符合所规定的定律，那么它就可以被认为满足一个差分方程。指出一个解在 t 的某一个时间间隔上线性无关在另一个时间间隔上就可能变得线性相关这一点，对于我们弄清眼前这个矛盾是有帮助的。还应该指出的是，在我们所引证的这样一种例子中，差分方程的解在初始条件的右端是唯一的，但在左端却并不如此。而且，在这个例子中间，如果这个差分方程由一个“等价”的低阶差分方程置换，时间的不可逆性就会消失。

而相应的微分方程则变成

$$(D-q)y(t)=f(t)$$
$$y(t_0)=b \tag{42}$$

其中每一个都可视作下述简单算子 h 的一般一阶方程的一个特例。

$$(h-q)y(t)=f(t)$$
$$y(t_0)=b \tag{43}$$

因为 h 是一个允许的因子，所以唯一的必要条件是有一个存在定理，以保证上述方程对任意指定的初始条件都存在一个唯一的解。在这里，我们不必操心存在定理应当如何建立，我们已经获知对差分方程来说它是如何得到证明的，所以对微分方程来说，读者可以参考任何一本有关微分方程的著述而作出相应的证明。除了 E 和 D 以外，h 的例子尚有 $\Delta, tD, E+5$，等等。另一方面，像 D^2 这样的一个算子就不可能是一个允许的 h，因为对应于(43)式的系统不可能有唯一解。这是因为，满足二阶微分方程所必要的是两个而非一个初始条件。

我们可以设定，上述系统的解可以写成以 q 和 b 作参数的 f 的线性函数，即写作 $F(t,q,b;f)_h$，式中 F 具有基本的线性性质

$$F(t,q,c_1b_1+\cdots+c_sb_s;c_1f_1+\cdots+c_sf_s)_h$$
$$=c_1F(f,q,b_1;f_1)_h+\cdots+c_sF(t,q,b_s;f_s)_h \tag{44}$$

根据这一事实，容易证明，h 是一个线性算子，它具有性质

$$h(c_1y_1+c_2y_2)=c_1hy_1+c_2hy_2$$
$$h^2y=h(hy)$$
$$\vdots \tag{45}$$

$$h^n y = h h^{n-1} y$$

$$h^0 y = 1y$$

$$h0 = 0$$

$$P(h)Q(h)y = Q(h)P(h)y$$

式中的 P 和 Q 是多项式。

19. 到目前为止，我们还没有对 h 的负次幂下过定义。自然，可以把

$$y = h^{-1} f(t)$$

定义为

$$hy = f(t)$$

的解。但根据存在定理，显然，除非我们指定某个初始条件，否则这个解就不会有明确的含义。这种情况，同我们所熟知的函数的不定积分 $D^{-1}f$ 的不确定性是对应的。在能获得一个确定的答案以前，我们需要积分的一个常数或者积分的一个确定的下限。即使熟知海维赛德算子法的读者可能认为从这样一个步骤中可以获得增进记忆的好处，我们还是不可能有利用 h 负幂的机会。这些好处会被那些围绕在通常对这个方法所作的某些解释周围的神秘气氛所抵消。一般地，这里所概述的方法虽然形式上稍微有些夸大，但总是属于“古典类型”的方法。现代作者们坚信，对于海维赛德-柯西算子运算、布罗米奇-瓦格纳围道积分以及拉普拉斯变换等所仔细进行的验证，将表明如果存在不同于古典的方法，后者将具有更多的优点。在此，我们不必一定坚持这种看法。这些议论本来是打算用于常系数有限阶常微分方程而不是打算用于同偏微

分方程，或褶合积分等相联系的拉普拉斯变换的。①

20. 最初考虑的约简方程，$f(t)$等于零，所以我们把注意力集中在形如 $F(t,q,b;0)_h$ 的解上。由于(45)式所给出的那些 h 的线性性质，这个解可以用特殊形式 $bF(t,q,1;0)_h$ 写出。因此，初始条件等于 1 的约简一阶方程具有特别的重要性。因此，让我们确定 F 函数对于 h 等于 E 和 h 等于 D 来说的精确形式。

显然，如果

$$Ey=qy,y(t_0)=1$$

则

$$\begin{aligned} &y(t_0+1)=qy(t_0)=q \\ &\quad\vdots \\ &y(t_0+t)=qy(t_0+t-1)=qqy(t_0+t-2)=\cdots=q^t \\ &y(t)=q^{t-t_0} \end{aligned} \tag{46}$$

或

$$F(t,q,1;0)_E=q^{t-t_0}, \quad (t\geqslant t_0)$$

当然，对上述关系的最终证明在于发现这样一个事实，即在代入差分方程的时候，q^{t-t_0} 满足它和所述的边界条件。我们的存在定理保证它是唯一解。

我们可以把(42)式的微分方程重新写成这种形式

$$dy/y=qdt \tag{47}$$

对每一边求积分，取反对数，然后插入适当的积分常数以满足在 t 等于 t_0 时初始条件为 1 的要求，我们容易发现，这个解就是

① G. 多伊奇：《拉普拉斯变换的理论和应用》(柏林，1937)。

$$F(t,q,1;0)=e^{q(t-t_0)},\quad (t\geqslant t_0) \tag{48}$$

读者可以证明，算子 Δ 和 tD 分别有基础解

$$F(t.q,1;0)\Delta=(1+q)^{t-t_0},\quad (t\geqslant t_0) \tag{49}$$

和

$$F(t,q,1;0)_{tD}=(t/t_0)^q,\quad (t\geqslant t_0) \tag{50}$$

到目前为止，一直隐含假定 q 是一个实变量。然而，即使假定 q 是形如$(a+ib)$的复数的话，上述证明步骤的细节在本质上也不会有什么改变。或许可以争辩说实际经济过程不必用复数来描述。这很容易得到承认。但是，当我们碰到高阶方程的时候，我们就会明白，此解总能用高阶多项式根的纯代数组合来写出。为使每个多项式的根恰好等同于它的次数，我们必须导入复数。因为这些根是以共轭形式出现的，所以最终总有可能重新组合各项并用实数来表示一切。因此最为便利的是在中间步骤中使用复数。

21. 现在我们可以研究这种基本一阶解的稳定性了。显然，初始条件在这里只是作为比例因子，所以它不能对稳定性问题有所影响。在什么条件之下会有

$$\lim_{t\to\infty}F(t,q,1;0)_h=0 \tag{51}$$

如果我们对 4 个特定的对应于 4 个不同算子 E、D、Δ、tD 的 F 逐个进行研究的话，很显然，我们会分别得到下述这些条件：

E：　根的绝对值一定小于 1，即 $|q|<1$；

D：　q 的实部一定为负，即 $R(q)<0$；

Δ：　$(1+q)$的绝对值一定小于 1，即 $|1+q|<1$；

tD：q 的实部一定为负，即 $R(q)<0$。

在复平面中，上述第一个条件的含义解释为，q 一定在一个单

位圆内，所以它的绝对值即模数总小于 1。对微分系统来说，q 值一定在复平面的左半面。后面将证明，约简方程的稳定性将决定系统的稳定性。

22. 前面介绍了约简方程的基本解 $F(t,q,1;0)_h$，现在我要介绍的是非约简方程的基本特解。把这两种解组合在一起，就可以写出一般一阶系统(43)的解。非约简方程的特解是这样的一个解，对于这个解来说，初始条件 b 为零。按照上述符号，可把这个特解写成 $F(t,q,0;f)_h$。在这里，我们不必关注任何既定算子如何找到，因为，存在定理向我们保证了它的存在性，而且常常还提示我们如何去找到它。

读者可证明下述式子确实表示各简单算子的基本特解。

$$D: \int_{0}^{t-t_0} e^{q(t-t_0-a)} f(a)\,da$$

$$E: \sum_{0}^{t-t_0-1} q^{t-t_0-1-i} f(i) \tag{52}$$

等等。

由于有存在定理，所以我们不必证明，只需作一些必要的检验。

现考虑表达式

$$y(t)=F(t,q,0;f)_h+bF(t,q,1;0)_h \tag{53}$$

由代入证明它是一般方程(43)的一个解。它的初始值是

$$y(t_0)=F(t_0,q,0;f)_h+bF(t_0,q,1;0)_h=0+b \tag{54}$$

它满足恰当的初始条件，因此成为唯一解。

23. 我们可以证明任意阶次的最一般系统的解是由两个部分

组成的:初始条件均为零的约简方程的一个特解,和指定常数足以满足所规定初始条件的约简方程的一个"通"解。

事实上,一阶情况一旦被分析透彻,一般情况就能得到纯代数的处理。下面我将试着完成对简单算子作"代数"处理的海维赛德算法程序。就我所知,在数学文献中,虽然积分或求和概念曾在某种程度上得到过讨论,但由于特殊算子法早已占据了主要的地位,所以那里是缺少这样一个完整的程序的。而且,甚至在最简单的常系数常微分方程场合,现在流行的想法也是介绍诸如拉普拉斯变换这样的超越观念。然而如下所示,虽然拉普拉斯变换对于那些熟悉它的人来说或许是有用的,但对于分析和计算的严密性和简洁性来说,它却不是必要的。就根本意义来说,它是一种"使问题相互抵消"的技巧,但从审美的观点来看,它表示的却是同所论问题并没有"自然"联系的无关干扰。此外,现在所作的处置可以解释所谓的"古典"方法和"算子"方法之间的联系,证明它们是完全相等的。除了那些笼罩在许多关于算子法的讨论上的令人遗憾的神秘气氛以外,文献中充满了各种对立和矛盾的主张,以及关于论述另一些方法的优点的相反意见。

撇开所讨论的简单算子和所使用的代数处置,现在所作的论述本质上是古典的,只有一个重要补充,那就是,充分使用决定解常数的方程的特殊代数特征。经过如此的扩充,古典方法不仅达到了同算子法一样的结果,而且实际上经过了同样的中间步骤。这两种方法不论在什么地方相异,占上风的总是古典方法。对于那些必须作拉普拉斯变换的情况来说,此概念适合于推广到 29 节中的任一算子。

24. 我们可以阐明一个定理而不是一个假定来作为开始。如果 h 是一个简单算子，它使得系统

$$\begin{aligned}(h-q)y&=f(t), \quad (t\geqslant t_0)\\ y(t_0)&=b\end{aligned} \tag{55}$$

对适当的极限函数 f 以及任意复数 q 来说有一个唯一解，那么一般 n 阶方程

$$\begin{gathered}P_n(h)y=h^n y+a_1h^{n-1}y+a_2h^{n-2}y+\cdots+a_{n-1}hy+a_ny=f(t)\\ y(t_0)=b_0\\ hy(t)]_{t=t_0}=b_1\\ \vdots\\ h^{n-1}y(t)]_{t=t_0}=b_{n-1}\end{gathered} \tag{56}$$

①

就一定有一个解，而且这个解是唯一的。

我将指定一个解来证明这个定理的第一部分，而把它的唯一性留到后面讨论。首先，让我们注意代数中这样一个事实，即如果我们把 n 次多项式的根的重数计算在内的话，我们会发现它们恰好每个皆有 n 个根。如果用 q_i 表示第 i 个根，我们可以把这些多项式写成如下形式

$$P_n(x)=(x-q_1)(x-q_2)\cdots(x-q_n) \tag{57}$$

让我们把 n 个新多项式定义如下：

$$P_{n-1}(x)=P_n(x)/(x-q_1)=\sum_0^{n-1}a_{i,n-1}x^{n-1-i}$$

$$P_{n-2}(x)=P_{n-1}(x)/(x-q_2)=\sum_0^{n-2}a_{i,n-2}x^{n-2-i}$$

---

① 为简明起见，我们可以把 $h^ky(t)]_{t=t_0}$ 写成 $h^ky(t_0)$，这里不会出现混乱。

$$\vdots \tag{58}$$

$$P_r(x) = P_{r+1}(x)/(x - q_{n-r}) = \sum_0^r a_{i,r} x^{r-i}$$

$$\vdots$$

$$P_1(x) = P_2(x)/(x - q_{n-1}) = \sum_0^1 a_{i,1} x^{1-i} = x - q_n$$

$$P_0(x) = P_1(x)/(x - q_n) = 1$$

同样，让我们把某些新函数定义如下：

$$\begin{aligned} Z_0(t) &= f(t) \\ (h - q_1)Z_1(t) &= Z_0(t) \\ (h - q_2)Z_2(t) &= Z_1(t) \\ &\vdots \\ (h - q_n)Z_n(t) &= Z_{n-1}(t) \end{aligned} \tag{59}$$

根据我们对一阶系统所作的假设，一旦我们指定了初始值 $[Z_1(t_0), Z_2(t_0), \cdots, Z_n(t_0)]$，则这里的每一个函数都是可确定的。很快我们就会对此作出规定。

依据(59)式中 $Z_k(t)$ 的定义，显然，

$$\begin{aligned} f(t) &= Z_0(t) \\ &= (h - q_1)Z_1(t) \\ &= (h - q_1)(h - q_2)Z_2(t) \\ &\cdots \\ &= (h - q_1)\cdots(h - q_n)Z_n(t) \end{aligned} \tag{60}$$

因此，$Z_n(t)$ 是我们方程的一个解，剩下只要弄清我们所选的 $Z_i(t_0)$ 正好能给出适当的初始条件即可。

容易验证

$$Z_{n-j}(t)=P_j(h)Z_n(t) \tag{61}$$

如果在初始时间估量这个表达式，我们会有

$$\sum_0^j a_{i,j}h^{j-i}Z_n(t_0)=\sum_0^j a_{i,j}b_{j-i}=Z_{n-j}(t_0),$$

$$(j=0,1,2,\cdots,n-1) \tag{62}$$

对于一组既定的 b 来说，有足够的方程来决定右端的各项。

把上述结构再扼要述说一下：先找出多项式 P 的根，再由综合除法或其他方法定义 n 个新的多项式 P_i，然后依据诸 b 估出 $Z_j(t_0)$，通过反复运用上节方程(54)中的方法，利用刚才决定的初始条件可依次解得 $Z_1(t)$，$Z_2(t)$，…，$Z_n(t)$，结果 $Z_n(t)$即为所求的解。这些就是对上述定理第一部分的证明。

我们只要先假定有两个不同的解存在，然后证出这样会造成矛盾，便可证明唯一性。显然，(56)式任意两个解间的差会满足初始条件皆等于零的约简方程。因此，我们只需要证明带有零初始条件的约简方程不可能有一个不恒等于零的解便可。对于一阶的情况来说，我们的存在定理可以保证不可能有非零解存在。我们可继续用归纳法来证明，如果$(n-1)$阶约简方程对于零初始条件来说只有唯一零解的话，则 n 阶方程也一定同样如此。

让我们假设，$(n-1)$阶方程有唯一的零解，而 n 阶方程却有非零解 $Y(t)$。则

$$\{P(h)Y\}=(h-q_1)\{P_{n-1}(h)Y\}=(h-q_1)Z=0 \tag{63}$$

式中

$$h^iY(t_0)=0,\quad (i=1,\cdots,n-1)$$

$$Y(t)\neq 0$$

而 Z 则由这个方程定义。关于$(n-1)$阶方程的唯一性假设表明 Z 绝不能为零，因为不然的话，上述不等于零的 Y 就会满足$(n-1)$阶方程。另一方面，Y 的 n 个零值的初始条件却使 $Z(t_0)$一定为零。如果初始值为零，且满足一阶方程，Z 就一定会恒等于零。于是，我们引出了一个矛盾，关于解的唯一性的结论因此得证。

可以注意的是，在上述问题中，可以毫无困难地导入特征多项式 P 的重根的情况。同样，可以察知的是，在实际的数值计算中，上述找解的方法并不一定是可资遵循的最好方法。不过，既然它只取决于一阶方程的重根，那么，如果某些适宜解一阶方程的方法随手可得的话，我们就很容易把它变成为一种机械的程序（例如微分分析器、卡片穿孔机等）。

【练习】

1. 写出取 $y(0)=1, y'(0)=0$；以及 $y(0)=0, y'(0)=1$ 的约简常系数二阶微分方程的解。

2. 写出初始条件为零的非约简方程的解。

3. 应用 F 函数，对任意算子 h 重述(1)和(2)。

25. 对于规定初始条件的 n 阶一般算子方程来说，由于我们已经证实它的解存在并且唯一，所以现在可以探讨得到这个解的更好一些的办法。我们的工作可以分为两个部分：找出一个和零初始条件相一致的特解，和找出一个满足规定初始条件的约简方程的解。显然，根据特解所可能具有的特性分解这个问题肯定还会有其他方法存在。因此，在许多物理问题中，右边函数 $f(t)$所表示的是周期的推动力，而求得的特解则是该系统所谓的稳态响应，尽管约简方程的解产生了这种“瞬变现象”，但它在衰减系统中是一定会消失的。

约简方程不包括任意函数，又比较简单。所以，我们首先就来研究这种方程。对于绝大系数一般情况来说，它的解可以建立在一阶解 $F(t,q,1;0)_h$ 之上，为了简化起见，我们可以把后者写成 $F(t,q)$。现在可以讨论它的某些性质。

首先，因为

$$F(t_0,q)\equiv 1 \tag{64}$$

$$\frac{\partial^k}{\partial q^k}F(t_0,q)\equiv 0 \tag{65}$$

再者，作为约简一阶方程的一个解，由它的定义可知，

$$\begin{aligned} hF&=qF\\ h^2F&=q^2F\\ &\vdots\\ h^nF&=q^nF \end{aligned} \tag{66}$$

和

$$P(h)F=P(q)F \tag{67}$$

由于我们系统的线性性质，我们有

$$P(h)\left[\frac{y(t,q_2)-y(t,q_1)}{q_2-q_1}\right]=\frac{P(h)y(t,q_2)-P(h)y(t,q_1)}{q_2-q_1} \tag{68}$$

如果 y 是参数 q 的一个连续可微函数，我们最终能获得

$$P(h)\frac{\partial y}{\partial q}=\frac{\partial}{\partial q}P(h)y \tag{69}$$

我们暂时撇开所有的边界条件来求解约简方程

$$P(h)y=0$$

首先我们建立一个辅助定理:如果 $\bar{q}$ 是方程

$$P(q)=0$$

的 s 个重根中的一个根,并使得

$$\begin{aligned} &P^{i}(\bar{q})=0, \\ &P^{s}(\bar{q})\neq 0, \end{aligned} \quad (i=0,1,\cdots,s-1) \tag{70}$$

则

$$P(h)\frac{\partial^{k}}{\partial q^{k}}F(t,\bar{q})=0, \quad (k=0,1,\cdots,s-1) \tag{71}$$

这里的最后一个表达式是$\left[P(h)\frac{\partial^{k}}{\partial q^{k}}F(t,q)\right]_{q=\bar{q}}$的简写。

实际上,由式(70)可以逐项写出下式:

$$\begin{aligned} P(h)\frac{\partial^{k}}{\partial q^{k}}F &=\frac{\partial^{k}}{\partial q^{k}}P(h)F(t,\bar{q})=\frac{\partial^{k}}{\partial q^{k}}[P(\bar{q})F(t,\bar{q})] \\ &=P^{k}(\bar{q})F(t,\bar{q})+kP^{k-1}(\bar{q})\frac{\partial}{\partial q}F(t,\bar{q})+\cdots \\ &\qquad +P(\bar{q})\frac{\partial^{k}}{\partial q^{k}}F(t,\bar{q}) \\ &=0, \quad (k<s) \end{aligned} \tag{72}$$

当然,这种形式的特解的任何线性组合也是解。如果重根按照它们的重数计算,则每一个多项式都有 n 个根,因此每个相异根所生成的形如(71)式的特解恰同根的重数一般多。由此必然可以得出这样一个结论,我们有

$$\sum_{1}^{r}m_{i}=n$$

个特解，但不能证明它们全都线性无关。我们取这些特解最一般的线性组合

$$y = C_{10} F(t, q_1) + C_{11} \frac{\partial}{\partial q} F(t, q_1) + \cdots + C_{1, m_t - 1} \frac{\partial^{m_1 - 1}}{\partial q^{m_1 - 1}} F(t, q_1)$$

$$+ C_{20} F(t, q_2) + C_{21} \frac{\partial}{\partial q} F(t, q_2) + \cdots$$

$$+ C_{2, m_2 - 1} \frac{\partial^{m_2 - 1}}{\partial q^{m_2 - 1}} F(t, q_2) + \cdots\cdots C_{r0} F(t, q_r)$$

$$+ C_{r1} \frac{\partial}{\partial q} F(t, q_r) + \cdots + C_{r, m_r - 1} \frac{\partial^{m_r - 1}}{\partial q^{m_r - 1}} F(t, q_r)$$

$$= \sum_{k=1}^{r} \sum_{j=0}^{m_k - 1} C_{k,j} \frac{\partial^j}{\partial q^j} F(t, q_k) \qquad (73)$$

式中$(q_1, q_2, \cdots, q_r)$是 P 的具有不同重数$(m_1, m_2, \cdots, m_r)$的相异根。这个线性组合是约简方程的一个解。所剩的是要决定 n 个系数$(C_{10}, \cdots, C_{r, m-1})$，以满足(56)式中的那 n 个任意的初始条件。因此，

$$h^i \sum_{k=1}^{r} \sum_{j=0}^{m_k - 1} C_{kj} \frac{\partial^j}{\partial q^j} F(t, q_k) = b_i, \quad (i = 0, 1, \cdots, n-1) \qquad (74)$$

或因为(66)式和(69)式

$$\sum_{k=1}^{r} \sum_{j=0}^{m_k - 1} C_{kj} \frac{\partial^j}{\partial q^j} [q_k^i F(t_0, q_k)] = b_i, \quad (i = 0, 1, \cdots, n-1) \qquad (75)$$

由(69)知，不管 q 如何，$F(t_0, q)$都等于 1，所以，我们有

$$\sum_{k=1}^{r} \sum_{j=0}^{m_k - 1} C_{kj} (q_k^i)^{(j)} = b_i, \quad (i = 0, 1, \cdots, n-1) \qquad (76)$$

式中

$$\left[\frac{d^j}{dq^j}q^i\right]_{q=q_k} \begin{aligned} &=(q_k^i)^{(j)}=\frac{i!}{(i-j)!}q_k^{i-j}, & (i\geqslant j) \\ &=0, & (i<j) \end{aligned} \tag{77}$$

当所有这些根皆相异时,这个系统的行列式取熟知的不等于零的范德蒙形式

$$\begin{vmatrix} 1 & 1 & \cdots & 1 \\ q_1 & q_2 & \cdots & q_n \\ q_1^2 & q_2^2 & \cdots & q_n^2 \\ \vdots & \vdots & & \vdots \\ q_1^{n-1} & q_2^{n-1} & \cdots & q_n^{n-1} \end{vmatrix} = \prod_{i>j}(q_i - q_j) \tag{78}$$

因此,这 n 个方程能解得 n 个 C,以满足 n 个初始条件。对恒等式(78)的证明可由这样一个事实推得,即上述行列式是一个以任何 q_i 表示的$(n-1)$次多项式,对任何等于 q_i 的 q_j 来说它等于零。这加上以诸 q 表示的对称性,即可导得(78)式的右端。另一种证明方法采用归纳法。

在一般的重根情况下,上述行列式变成没有两个 q 相等的

$$V=\begin{vmatrix} 1 & 0 & \cdots & 0 & 1 & \cdots \\ q_1 & 1 & \cdots & 0 & q_2 & \cdots \\ q_1^2 & 2q_1 & \cdots & 0 & q_2^2 & \cdots \\ \vdots & \vdots & & \vdots & \vdots & \\ q_1^i & (q_1^i)^{(')} & \cdots & (q_1^i)^{(m_1-1)} & q_2^i & \cdots \\ \vdots & \vdots & & \vdots & \vdots & \\ q_1^{n-1} & (n-1)q_1^{n-2} & \cdots & (q_1^{n-1})^{(m_1-1)} & q_2^{n-1} & \cdots \end{vmatrix}$$

$$
\begin{vmatrix}
0 & \cdots & 1 & \cdots & 0 \\
0 & \cdots & q_r & \cdots & 0 \\
0 & \cdots & q_r^2 & \cdots & 0 \\
\vdots & & \vdots & & \vdots \\
(q_2^i)^{(m_2-1)} & \cdots & q_r^i & \cdots & (q_r^i)^{(m_r-1)} \\
\vdots & & \vdots & & \vdots \\
(q_2^{n-1})^{(m_2-1)} & \cdots & q_r^{n-1} & \cdots & (q_r^{n-1})^{(m_r-1)}
\end{vmatrix} \tag{79}
$$

可以证明，这种一般化的范德蒙行列式不等于零[①]。这可通过归纳法来加以证明，但对眼前的目的来说，我们可以略去对这个问题的证明，而只注意它的结论，即所有的常数都能唯一地决定。

这里我想指出的是可以一劳永逸地作出一般化的范德蒙矩阵的逆矩阵，其结果能适用于不同的初始条件。反演的精确形式可由综合算法迅速导出，它与线积分法和多项式的部分分式展开式密切相关，所以古典方法和算子法是相符的。[②]

26. 我现在转向具有零初始条件的非约简方程特解的决定问题。在对那基本的存在定理的证明之中，我们已经知悉这样一种方法，即这种解是能够由一阶方程的基本解 $F(t,q,0;f)_h$ 来构成的。一旦后者对实际发生的大量不同的 f 被列成表格或分出类别，那么所剩的工作就是简单地计算

---

① P. A. 萨缪尔森："一种简单的插值方法"，《美国科学院学报》，第29期(1943)，第397—401页。也可参见F. R. 莫尔顿的《微分方程》(纽约，1930)，第十五章。

② P. A. 萨缪尔森："矩阵特征向量的有效计算"，《美国科学院学报》，第29期(1943)，第393—397页。

$$
\begin{aligned}
F(t,q_1,0;f)_h &= Z_1 \\
F(t,q_1,q_2,0;f)_h &= F(t,q_2,0;Z_1)_h = Z_2 \\
F(t,q_1,q_2,q_3,0;f)_h &= F(t,q_3,0;Z_2)_h = Z_3 \\
&\vdots \\
F(t,q_1,q_2,\cdots,q_n,0;f)_h &= F(t,q_n,0;Z_{n-1})_h = Z_n
\end{aligned}
\tag{80}
$$

最后这个式子就是所要求的解。

本节要描述另一种方法，根据这种方法，同零初始条件相一致的特解可由一阶解 $F(t,q,0;f)_h$ 来构成。首先，让我们回顾这样一个代数问题，那就是形如

$$\frac{1}{P(x)}=\frac{1}{\prod_{i=1}^{r}(x-q_i)^{m_i}},\left(\sum_1^r m_i=n\right) \tag{81}$$

的任何有理表达式都能分解成如下形式的分式

$$
\begin{aligned}
\frac{1}{P(x)}=&\frac{A_{11}}{(x-q_1)}+\frac{A_{12}}{(x-q_1)^2}+\cdots+\frac{A_{1m_1}}{(x-q_1)^{m_1}} \\
&+\frac{A_{21}}{(x-q_2)}+\cdots+\frac{A_{r1}}{(x-q_r)}+\cdots+\frac{A_{rm_r}}{(x-q_r)^{m_r}}
\end{aligned}
\tag{82}
$$

在通常情况下，这里所有的根都是相异的，式中的系数分别是简单的 $1/P'(q_i)$。在我们碰到一个重根的时候，这些系数就由

$$A_{ij}=\frac{1}{(m_i-j)!}\left[\frac{d^{m_i-j}}{dx^{m_i-j}}\frac{(x-q_i)^{m_i}}{P(x)}\right]_{x=q_i} \tag{83}$$

来给出。从数值上来说，这些系数可以很快地由综合除法估定。

下面这个重要恒等式是(82)式的直接结果。

$$1\equiv\sum_{i=1}^{r}\sum_{j=1}^{m_i}A_{ij}\frac{P(x)}{(x-q_i)^j} \tag{84}$$

现在，让我们回到求解带有零初始条件的非约简方程的问题上。在一阶场合，表达式

$$y=\frac{1}{h-q}f(t) \tag{85}$$

到目前为止还没有什么意义。不过，它看上去很像我们方程式的解，或者，如果算子表达式能像任何代数量那样对待的话，它或许就是这样的一个解。我们第一次有可能给出负幂 h 或关于 h 的有理式的意义。将上述表达式定义为

$$\frac{1}{h-q}f(t)=F(t,q,0;f)_h \tag{86}$$

我们立即就可以想到 $[1/P(h)]f(t)$ 就是 n 阶方程的解。但如何解释它呢？只要我们还记得分式的用法，我们就能求解，因为这是在全部都是简单根的情况下

$$y=A_{11}F(t,q_1,0;f)_h+A_{21}F(t,q_2,0;f)_h+\cdots+A_{n1}F(t,q_n,0;f)_h \tag{87}$$

或者，是在一般的情况下

$$y=\sum_{i=1}^{r}\sum_{j=1}^{m_i}A_{ij}F_j(t,q_i,0;f)_h \tag{88}$$

在这里，我们定义

$$\begin{aligned}
&F_1(t,q_i,0;f)_h=F(t,q_i,0;f)_h, && (h-q_i)F_1=f\\
&F_2(t,q_i,0;f)_h=F(t,q_i,0;F_1)_h, && (h-q_i)^2F_2=f\\
&\quad\vdots && \quad\vdots\\
&F_s(t,q_i,0;f)_h=F(t,q_i,0;F_{s-1})_h, && (h-q_i)^sF_s=f
\end{aligned} \tag{89}$$

显然，(88)式满足所述问题中的零初始条件。代入 n 阶方程

以后，依据恒等式(84)，我们有

$$P(h)y=\sum_{i=1}^{r}\sum_{j=1}^{m_i}A_{ij}\left[\frac{P(h)}{(h-q_i)^j}\right](h-q_i)^jF_j(t,q_i,0;f)_h$$

$$=\sum_{i=1}^{r}\sum_{j=1}^{m_i}A_{ij}\left[\frac{P(h)}{(h-q_i)^j}\right]f$$

$$=1f(t) \tag{90}$$

要注意，我们对负算子所作的讨论纯粹是探索性的，因此同我们的证明关系不大。尽管从符号来看括号中的表达式似乎是涉及负算子的，但实际却并不如此。

对具有零初始条件的非约简方程所作的第二步讨论至此告一段落。

27. 在有关微分方程的初等数学文献之中，充满了求诸特定 f 的非约简方程(例如多项式，指数式，三角函数式等等)特解的方法和技巧。但在这里，我们只需要对其中两种方法进行讨论。

第一种方法是形式级数展开，它在差分方程领域比在微分方程更为重要，因为后者收敛并不总是确定的。让我们来写出形式表达式

$$\frac{1}{P(x)}=\frac{1}{\alpha_0+\alpha_1x+\cdots+\alpha_nx^n}=\beta_0+\beta_1x+\beta_2x^2+\cdots\quad(\alpha_0\neq0) \tag{91}$$

各项皆乘 $P(x)$，然后使相似项的系数相等，就可得到用诸 α 决定的 β 的无限序列的方程式

$$\beta_0=\frac{1}{\alpha_0}$$

$$\beta_1=-\frac{(\alpha_1\beta_0)}{\alpha_0}$$

$$\beta_2 = -\frac{(\alpha_1\beta_1 + \alpha_2\beta_0)}{\alpha_0} \tag{92}$$

$$\vdots$$

$$\beta_s = -\frac{(\alpha_1\beta_{s-1} + \alpha_2\beta_{s-2} + \cdots + \alpha_s\beta_0)}{\alpha_0}$$

由诸 α 来决定 β 序列实际上有许多不同的方法（代数除法，差分方程，$1/P(x)$ 的泰勒展开式，行列式等等）。

从形式上看，特解

$$P(h)y = f$$

由无穷级数

$$y = \frac{1}{P(h)}f = \sum_{j=0}^{\infty}\beta_j h^j f \tag{93}$$

给出。根据（86）式和（87）式，上式中的 $1/P$ 现在存在不同的定义。不论右边是否有意义，就是说，不论级数是否定义，收敛与否都取决于 h，f 和诸 α，因此，

$$(\alpha_1 D + 1)y = f \tag{94}$$

对于 f 等于下述形式中的 t^3 来说，上式有一个有限的收敛解

$$\begin{aligned} y &= 1f - \alpha_1 Df + \alpha_1^2 D^2 f - \alpha_1^3 D^3 f + \cdots + (-\alpha_1)^i h^i f \\ &= t^3 - \alpha_1 2t^2 + \alpha_1^2 4t - \alpha_1^3 4 + 0 - 0 + \cdots \end{aligned} \tag{95}$$

存在。同时，对 f 等于 $e^{\lambda t}$ 的情况来说，我们有一个形式级数

$$\begin{aligned} y &= \sum_0^{\infty}(-\alpha_1)^i D^i e^{\lambda t} \\ &= e^{\lambda t}\sum_0^{\infty}(-\alpha_1\lambda)^i \end{aligned} \tag{96}$$

它对于小于 1 的 $|\alpha_1\lambda|$ 来说是收敛的，但在其他情况之下，它似乎

是发散的。然而,如果我们使用“形式”恒等式

$$\sum_{0}^{\infty}(-\alpha_1\lambda)^i=\frac{1}{1+\alpha_1\lambda} \tag{97}$$

那么,即使我们并不总是通过惯常的途径,我们也能得到正确的答案 $e^{\lambda t}(1+\alpha_1\lambda)^{-1}$。

让我们把差分方程写成下述形式

$$\alpha_0 y(t)+\alpha_1 y(t-1)+\cdots+\alpha_n y(t-n)=P(E^{-1})y(t)=f(t),$$

$$\begin{aligned} E^0 y(0)=y(0)=0 \\ E^{-1}y(0)=0 \\ E^{-(n-1)}y(0)=0 \\ f(t)\equiv 0,\quad (t<1) \end{aligned} \tag{98}$$

则

$$y(t)=\frac{1}{P(E^{-1})}f(t)=\sum_{0}^{\infty}\beta_j E^{-j}f(t) \tag{99}$$

这个式子往往在 t 项后终止,并且能满足方程和初始条件。

【练习】

1. 证明 β_t 是下述方程的一个解。

$$P(E^{-1})y=a_0 y(t)+a_1 y(t-1)+\cdots+a_n y(t-n)=0$$

$$\begin{aligned} y(0)=1 \\ y(-1)=0 \\ \vdots \\ y(-n+1)=0 \end{aligned}$$

2. 若 $P(x)$ 有 n 个单根,q_i^{-1},且 $R(x)=\alpha_0^{-1}x^nP(x^{-1})$,证明

$$\beta_t = \sum_1^n \frac{1}{R'(q_i)}(q_i)^{t+1-n}$$

3. 若 α_t 等于 $\alpha^t/t!$，β_t 等于什么？（提示：考虑 e^n 和 $1/e^a$ 的级数展开）

4. 用行列式写出 β_t。

5. 用诸 α 写出起首的 3 个 β。

28. 当 $f(t)$ 本身就是一阶约简方程的解的时候才使用第二种求特解的方法，那就是说，

$$P(h)y = f$$

这里

$$hf = \bar{q}f \tag{100}$$

我们试一下形如

$$y = cf \tag{101}$$

的一个解，其中 c 是常数。经过代入和约去 f 以后，我们有

$$c\bar{P}(\bar{q}) = 1. \tag{102}$$

如果 $\bar{q}$ 并不是 P 的一个根的话，这个式子就有一个解

$$c = \frac{1}{P(\bar{q})} \tag{103}$$

在电机工程学中，研究频率响应是重要的，c 是转换函数，对于 $\bar{q}$ 是纯虚数的情况来说，它代表一个阻抗。

如果 $\bar{q}$ 是 P 的一个根，我们就会遇到共振现象，因此，我们必须求得解

$$y = \frac{c\partial^m f(t)}{\partial q^m} \tag{104}$$

$m+1$ 是根 $\bar{q}$ 的重数。经过代入和化简，我们得到

$$c = \frac{1}{P^m(\bar{q})} \tag{105}$$

如果 f 由两个或更多的元素 $f_1, f_2, \cdots$ 构成，它们分别是一阶约简方程在 q 等于 $q_1, q_2, \cdots$ 时的解的话，那么通过叠加，我们所求得的非约简方程的一个特解将是

$$y=\frac{1}{P(q_1)}f_1+\frac{1}{P(q_2)}f_2+\cdots \tag{106}$$

如果任何 q 式皆是 P 的根的话，(104)式所作的修正自然就是恰当的了。

在微分方程和差分方程方面，重要的例证可由周期的推动力给出。任何性态良好的周期函数都能写成傅立叶级数，这级数中的每一项皆满足带有纯虚数(单位模数的复根)系数的一阶微分(差分)方程。除非发生完全共振(尽管这在衰减系统中是不可能的)，我们的解可以这样构成，即逐项虽然都有同一调和元素，但系数却相差一个因子 $1/P(q_i)$。所推得的解(如果它收敛的话)将是与推动力相同周期的周期时间函数。

最后，如果我们的 $f(t)$ 能够写成一般积分

$$f(t)=\int_0 F(t,q)dW(q) \tag{107}$$

式中

$$hF(t,q)=qF(t,q)$$

c 代表复平面上的某周线，则我们试求形式解

$$y=\int_c F(t,q)\frac{1}{P(q)}dW(q) \tag{108}$$

如果式中 $P(q)$ 等于零，这就是一个异常积分，虽然它的极限常常提供令人满意的解。

数学家们将会认为，在微分方程领域内，实际上可能发生的所

有的诸 f，都能通过使 q 等于 ia，F 等于 e^{iat}，以及运用傅立叶积分定理而写成(107)式的形式。

29. 拉普拉斯变换的技巧现在可推广到比 D 更广泛的一类简单算子上。拉普拉斯变换定义为

$$\mathfrak{L}(q;y)=\int_0^{\infty} e^{-qa}y(a)da \tag{109}$$

对于更广泛的一类 y，以及对小于某个常数的 q 的实部来说，它总是收敛的。

拉普拉斯变换所具有的使它成为解微分方程有用技巧的基本性质如下：

$$\begin{aligned} \mathfrak{L}(q;Dy)&=q\mathfrak{L}(q;y)-y(0) \\ \mathfrak{L}(q;D^2y)&=q^2\mathfrak{L}(q;y)-qy(0)-Dy(0) \\ &\vdots \\ \mathfrak{L}(q;D^ny)&=q\mathfrak{L}(q;D^{n-1}y)-D^ny(0) \\ &=q^n\mathfrak{L}(q;y)-q^{n-1}y(0)-q^{n-2}Dy(0)-\cdots \\ &\quad -qD^{n-1}y(0)-D^ny(0) \end{aligned} \tag{110}$$

然后，对下式的两端作拉普拉斯变换

$$P(D)y=\sum_0^n a_iD^{n-i}y=f(t)$$

$$D^ky(0)=b_k,\quad (k=0,1,\cdots,n-1) \tag{111}$$

我们得到

$$\begin{aligned} P(q)\mathfrak{L}(q;y)=\mathfrak{L}(q;f)&+b_0(a_0q^{n-1}+a_1q^{n-2}+\cdots+a_{n-1}) \\ &+b_1(a_1q^{n-2}+\cdots+a_{n-2})+\cdots \\ &+b_{n-2}(a_0q+a_1)+b_{n-1}a_0 \end{aligned} \tag{112}$$

这是一个关于 q 的表达式，且不涉及任何算子。求解这个包含未知函数的表达式，我们得到

$$\mathfrak{L}(q;y)=\frac{R(q)}{P(q)}+\frac{\mathfrak{L}(q;f)}{P(q)}=\bar{Y}(q) \tag{113}$$

式中的 R 是一个多项式，它包含初始条件 b_k，而且次数小于 n，由于 f 是已知的，所以我们未知函数的拉普拉斯变换是确定的。在一般的条件下，我们可以证明，一旦我们确定了解 Y 的拉普拉斯变换的话，它在“本质上”就是唯一的解。一种反变换的方法可由周线积分

$$y(t)=\frac{1}{2\pi i}\int_{0-i\infty}^{0+i\infty}\bar{Y}(q)e^{qt}dq \tag{114}$$

给出，式中的积分路线在 $\bar{Y}$ 所有极点的右侧。

不论怎样，一旦决定 $\bar{Y}(q)$，$y(t)$ 的决定就是一个不必我们去关心的细节。大量的变换表可以用来帮助得到涉及广泛的 f' 的逆拉普拉斯变换。

我们只要找到这样一个泛函数，它适合于任何允许的 h，并具有基本性质

$$\mathfrak{L}(q;hy)_h=q\mathfrak{L}(q;y)_h-y(t_0) \tag{115}$$

我们就能使这个理论得到扩充。下面这个表达式从形式上回答了我们的问题

$$\mathfrak{L}(q;f)_h=\lim_{t\to\infty}\frac{F(t,q,0;f)_h}{F(t,q,1;0)_h} \tag{116}$$

式中的 q 和 f 使得

$$\lim_{t\to\infty}\frac{f(t)}{F(t,q,1;0)_h}=0 \tag{117}$$

这就是一般化的拉普拉斯变换。我们对它证明如下：

$$\mathfrak{L}(q;hf)_h = \lim_{t\to\infty} \frac{F(t,q,0;hf)_h}{F(t,q,1;0)_h} \tag{118}$$

根据定义

$$\begin{aligned}
&(h-q)F(t,q,0;f)_h = f, \qquad F(t_0,q,0;f)_h = 0 \\
&(h-q)F(t,q,1;0)_h = 0, \qquad F(t_0,q,1;0)_h = 1 \\
&(h-q)F(t,q,0;hf)_h = hf, \quad F(t_0,q,0;hf)_h = 0
\end{aligned} \tag{119}$$

这些系统中的每一个都有唯一解。现在可以证实的是

$$F(t,q,0;hf)_h \equiv hF(t,q,0;f)_h - f(t_0)F(t,q,1;0)_h \tag{120}$$

因为

$$hF(t_0,q,0;f)_h - f(t_0)F(t_0,q,1;0)_h \equiv f(t_0) - f(t_0) = 0 \tag{121}$$

和

$$\begin{aligned}
&(h-q)[hF(t,q,0;f)_h - f(t_0)F(t,q,1;0)_h] \\
&\quad = h[(h-q)F(t,q,0;f)_h] - f(t_0)(h-q)F(t,q,1;0)_h \\
&\quad = h[f] - 0
\end{aligned} \tag{122}$$

所以，对于我们假设中所限制的 q 和 f 来说：

$$\begin{aligned}
\mathfrak{L}(q;hf) &= \lim_{t\to\infty}\left[\frac{hF(t,q,0;f)_h}{F(t,q,1;0)_h} - f(t_0)\right] \\
&= \lim_{t\to\infty} q\frac{F(t,q,0;f)_h}{F(t,q,1;0)_h} + \lim_{t\to\infty}\frac{f(t)}{F(t,q,1;0)_h} - f(t_0) \\
&= q\mathfrak{L}(q;f)_h + 0 - f(t_0)
\end{aligned} \tag{123}$$

证毕。

因此,具有规定边界条件的一般 n 阶问题的解可以由

$$\mathfrak{L}(q;y)_h=\frac{R(q)}{P(q)}+\frac{\mathfrak{L}(q;f)_h}{P(q)}=\bar{Y}(q)_h \tag{124}$$

的反变换给出,或形式地写为:

$$y(t)=\mathfrak{L}^{-1}\left[\frac{R(q)}{P(q)}\right]+\mathfrak{L}^{-1}\left[\frac{\mathfrak{L}(q;f)_h}{P(q)}\right] \tag{125}$$

而且,甚至在 $\mathfrak{L}$ 不收敛的情况下,“$\mathfrak{L}$”也是能够“反演”的,爱好数学的读者可以自己对此作出验证。只要 $f(t)$ 能产生一阶算子方程的唯一解,那么它的行为在无穷远点是无关紧要的。

【练 习】

1. 证明,当 $t_0=0$ 时,

$$\mathfrak{D}(q;y)_E=\sum_0^{\infty}\frac{y(i)}{q^{i+1}}=\bar{Y}(q)_H$$

2. 什么是 $\mathfrak{D}(q;y)\Delta$? 什么是 $\mathfrak{D}(q;y)_{tD}$?

3. 如下作出 E 的变换表然后加以验证。

$y(t)$	$\bar{Y}(q)_E$
$a^t=F(t,a,1;0)_h$	$\frac{1}{q-a}$
ta^{t-1}	$\left(\frac{1}{q-a}\right)^2$
$\frac{t(t-1)\cdots(t-n+1)a^{t-n}}{n!}$	$\left(\frac{1}{q-a}\right)^{n+1}$
$F(t,a,0;y_1)_h$	$\frac{\bar{Y}_1(q)_h}{q-a}$
$\sum_0^{t=1}y_1(i)y_2(t-1-i)$	$\bar{Y}_1(q)_E\bar{Y}_2(q)_E$

$y(t)$	$\bar{Y}(q)_E$
$\dfrac{\partial^n y(t,a)}{\partial a^n}$	$\dfrac{\partial^n \bar{Y}(q,a)_h}{\partial a^n}$
$Ey(t)$	?

4. 找出“古典的”和一般化的拉普拉斯变换法之间的关系。

多变量系统

30. 现在让我们回到多变量$(y_1, y_2, \cdots, y_m)$线性系统上去。因为，决定动态系统，我们一定至少要有 m 个算子方程，当然，这些方程可以是高阶的，比如说 n 或少于 n 阶的，因此，可以把它们写成

$$
\begin{aligned}
&a_{0,11}h^n y_1 + a_{0,12}h^n y_2 + \cdots + a_{1,11}h^{n-1}y_1 + \cdots \\
&\qquad\qquad + a_{n,1m}y_m = f_1(t) \\
&a_{0,21}h^n y_1 + a_{0,22}h^n y_2 + \cdots + a_{1,21}h^{n-1}y_1 + \cdots \\
&\qquad\qquad + a_{n,2m}y_m = f_2(t) \\
&\quad\vdots \\
&a_{0,m1}h^n y_1 + a_{0,m2}h^n y_2 + \cdots + a_{1,m1}h^{n-1}y_1 + \cdots \\
&\qquad\qquad + a_{n,mm}y_m = f_m(t)
\end{aligned}
\tag{126}
$$

或写成

$$
\begin{aligned}
&P_{11}(h)y_1 + P_{12}(h)y_2 + \cdots + P_{1m}(h)y_m = f_1(t) \\
&P_{21}(h)y_1 + P_{22}(h)y_2 + \cdots + P_{2m}(h)y_m = f_2(t) \\
&\quad\vdots \\
&P_{m1}(h)y_1 + P_{m2}(h)y_2 + \cdots + P_{mm}(h)y_m = f_m(t)
\end{aligned}
$$

式中的 $P_{ij}(h)$是 h 的 n 次或小于 n 次多项式；用矩阵符号表示，这就成为

$$a_0h^ny+a_1h^{n-1}y+\cdots a_{n-1}hy+a_ny=f(t)$$

和

$$Py=f$$

式中$(a_0,\cdots,a_n)$是 m^2 矩阵，y 和 f 是有 m 个元素的列矩阵。当然，a 的有些元素可以由零组成。

我们系统的最高阶数是 nm，但实际阶数可能比这要低一些。我们用系统的实际阶数表示能够任意施加该系统之上的初始条件的最大个数。①

作为使用矩阵符号的一次练习，读者可以证明，通过对变量的重新定义，②可以把系统写成一阶的形式

$$A_0hY+A_1Y=F \tag{127}$$

式中

$$A_0=\begin{bmatrix} I & 0 & \cdots & 0 & 0 \\ 0 & I & \cdots & 0 & 0 \\ \vdots & \vdots & \cdots & \vdots & \vdots \\ 0 & 0 & \cdots & 0 & I \\ 0 & 0 & \cdots & 0 & a_0 \end{bmatrix}$$

---

① 可以表明系统的阶数 s 等于下面这个行列式中 q 的阶数：

$$\Delta(q)=|a_0q^n+a_1q^{n-1}+\cdots+a_n|$$

参见 P. A. 弗雷泽，W. J. 邓肯和 A. R. 科勒合著的《初等矩阵及其在动态学和微分方程中的若干应用》(剑桥，1938)，见第 5.4 节。

② 弗雷泽、邓肯、科勒：《初等矩阵》，第 5.5 节。

$$A_1=\begin{bmatrix}0 & -I & \cdots & 0 & 0\\ 0 & 0 & \cdots & 0 & 0\\ \vdots & \vdots & \cdots & \vdots & \vdots\\ 0 & 0 & \cdots & 0 & -I\\ a_n & a_{n-1} & \cdots & a_2 & a_1\end{bmatrix},\quad F=\begin{bmatrix}0\\ 0\\ \vdots\\ f\end{bmatrix}$$

虽然我们的系统可以转换成一阶系统，但它还不是以 Y 和时间函数明确表示 hY 的“正规”形式

$$hY=AY+f \tag{128}$$

如果 A_0 是非奇异阵，就是说，如果它的行列式值不等于零的话，我们就可以在(127)式的两侧左乘上 A_0^{-1}，从而立即把它转换成正规形式

$$hY=-(A_0^{-1}A_1)Y+(A_0^{-1}F) \tag{129}$$

同样，在(126)式中，如果 α_0 是非奇异的话，我们的最高阶算子就能通过左乘 a_0^{-1} 而由那些较低阶的算子解出。

如果 a_0 是奇异的话，我们的系统就不是良好指定的。因此，在下述三种情形中，一定会有一种情形占据优势。(1)在某些变量之间存在着纯粹的静态代数关系。借助于这些关系，可以消掉一个或更多的变量，由此造成的较小系统，它的主矩阵因此将是非奇异的；(2)这些关系并不全部独立，所以唯一解并不存在。任意时间函数将进入解内(例如，一个由两个恒等方程组成的系统，允许选择一个变量作为一个任意时间函数)；(3)系统是不一致的。

31. 描述一个良好确定的动态系统，是经济学家的责任。在下面的论述中间，我们将假定这项任务已适当地完成了，因此，不论何时，只要需要，我们的系统都能写成 s 阶的正规一阶形式

$$hy=Ay+f \tag{130}$$

所具有的初始条件是

$$y(t_0)=b$$

同前面一节的情况一样，我们可以分两步求出我们的解：首先，求出约简或齐次系统的解

$$hy=Ay \tag{131}$$
$$y(t_0)=b$$

然后，求出非约简系统的解

$$hy=Ay+f \tag{132}$$
$$y(t_0)=0$$

这两个解的和就是我们的一般系统式(130)的解。

32. 我们在前面就已获知，一个变量的简单一阶方程的解，为更复杂情况下的解提供了构件。因此，我们试求如下形式的一个解

$$\begin{aligned} y_1 &= c_1F(t,q,1;0)_h = c_1F(t,q) \\ &\vdots \\ y_s &= c_sF(t,q,1;0)_h = c_sF(t,q) \end{aligned} \tag{133}$$

式中的 F 同以前各节的定义相同，诸 c 和 q 是未知常数。代入(131)式以后，由于 hF 等于 qF，我们得到

$$\begin{aligned} qc_1F &= A_{11}c_1F + A_{12}c_2F + \cdots + A_{1s}c_sF \\ qc_2F &= A_{21}c_1F + A_{22}c_2F + \cdots + A_{2s}c_sF \\ &\vdots \\ qc_sF &= A_{s1}c_1F + A_{s2}c_2F + \cdots + A_{ss}c_sF \end{aligned} \tag{134}$$

公因子 F 可以从方程的两端约去，于是我们得到 s 个不涉及时间

的代数方程。如果这些方程能够满足，那么我们总能获得算子方程的一个解，尽管它不一定就是那种与适当初始条件相一致的解。

我们的线性方程与已知的 A，未定 c 及 q 有关。我们的方程是 c 的齐次方程，可以写成

$$
\begin{aligned}
&(A_{11}-q)c_1+A_{12}c_2+\cdots+A_{1s}c_s=0\\
&A_{21}c_1+(A_{22}-q)c_2+\cdots+A_{2s}c_s=0\\
&\vdots\\
&A_{s1}c_1+A_{s2}c_2+\cdots+(A_{ss}-q)c_s=0
\end{aligned}
\tag{135}
$$

如果诸 c 全都为零，则我们可得算子方程的一个平凡解。我们何时能求得一个非平凡解呢？根据普通的线性方程理论（克莱姆法则，等等），我们知道，一个齐次线性方程组有非平凡解，当且仅当它的行列式为零，即只要

$$
\Delta(q)=\begin{vmatrix}
A_{11}-q & A_{12} & \cdots & A_{1s}\\
A_{21} & A_{22}-q & \cdots & A_{2s}\\
\vdots & \vdots & \cdots & \vdots\\
A_{s1} & A_{s2} & \cdots & A_{ss}-q
\end{vmatrix}
=\pi_0 q^s+\pi_1 q^{s-1}+\cdots+\pi_{s-1}q+\pi_s=0
\tag{136}
$$

对于随机选择的 q 来说，上述行列式往往不等于零，因此我们就得不出非平凡解。但 q 是由我们支配的，我们可以把它选得使行列式为零。这个行列式是 q 的 s 次多项式，通常把它称作上述矩阵的本征方程（或特征方程）。这些特征方程的根的个数一定是 s（计算重数）。它们被称作特征根或本征根。如果我们指定以 $(q_1,\cdots,q_s)$ 表示它们，我们就能写出

$$
\Delta(q)=(q_1-q)(q_2-q)\cdots(q_s-q)=0 \tag{137}
$$

事实上，求出一个矩阵的特征根并非易事。根据行列式定义，特征多项式的系数可以当作既定阶次的主子式的和来决定（参照数学附录 A，第 400 页），因此，任何求解多项式根的惯常做法都可在此加以利用。但是，甚至用最简洁的方法①这些算法也是冗长乏味的。幸运的是，经济学家并不总是要求这些根的数量值。

让我们回到求解约化算子系统的问题上去。如果我们把一个特征根 q_i 代入(133)式的 F 中，然后决定 c 以取得(135)式的一个非零解，我们就能得到满足我们约简系统的一个解。要注意的是，我们对诸 c 的选择是不唯一的；每个 c 都加 1 倍，又会使我们得到一个解。

满足齐次方程的诸 c 列称作特征向量或本征向量，有时也称作模态列或法。分量某些特征根可能是复根，因此特征向量也将是复向量。当然，共轭复数总是能够组合起来以仅给出最终解答中的实数。

如果 q_i 是单根的话，$\Delta^t(q_i)$就不等于零，$[A-q_iI]$的秩就为$(s-1)$。因此，除了比例因子以外，对应 q_i 的特征向量是唯一的。我们可以通过某种正规化的方法来消除这种含糊性。

如果所有的根都相异，一般解就能被简单地写出。在有重根存在的地方会出现某些复杂的情况。但是，这些情况并不是内在的，所以很少引起经济学家关注。下面我将说明如何能够避开这些困难。但为了真正能以数学的眼光看问题，读者必须参考初等

① 弗雷泽、邓肯和科勒：《初等矩阵》，第四章和第五章。

因子和除数理论。[①]

如果 s 个根都是单根，而且 s 个特征向量已经正规化的话，我们就能得到约简方程(131)式的如下的特解：

$$\begin{matrix} c_{1,1}F(t,q_1); & c_{1,2}F(t,q_2); & \cdots & c_{1,s}F(t,q_s) \\ c_{2,1}F(t,q_1); & c_{2,2}F(t,q_2); & \cdots & c_{2,s}F(t,q_s) \\ \vdots & \vdots & & \vdots \\ c_{s,1}F(t,q_1); & c_{s,2}F(t,q_2); & \cdots & c_{s,s}F(t,q_s) \end{matrix} \tag{138}$$

式中的 $F(t,q)$ 是 $F(t,q,1;0)_h$ 的一种缩写。这些特解的任何线性组合也是一个解，即

$$y_j = K_1 c_{j,1} F(t,q_1) + K_2 c_{j,2} F(t,q_2) + \cdots + K_s c_{j,s} F(t,q_s), \quad (j=1,\cdots,s) \tag{139}$$

注意诸 c 和诸 q 只取决于矩阵而不取决于初始条件。但诸 K 一定由 s 个初始条件决定。因此

$$\begin{aligned} y_1(0) &= K_1 c_{1,1} + K_2 c_{1,2} + \cdots + K_s c_{1,s} = b_1 \\ y_2(0) &= K_1 c_{2,1} + K_2 c_{2,2} + \cdots + K_s c_{2,s} = b_2 \\ &\vdots \\ y_s(0) &= K_1 c_{s,1} + K_2 c_{s,2} + \cdots + K_s c_{s,s} = b_s \end{aligned} \tag{140}$$

或

$$cK = b$$

如果矩阵 c 是非奇异阵的话，这些方程足以依据诸 b 解出诸 K。读者可参考任何一本数学教科书来证明 c 是非奇异矩阵，以及

① M. 博契尔：《高等代数导论》(纽约，1933)。

$$c^{-1}Ac=[q_i\delta_{ij}]$$①　　(141)

在相异根情况下，约简系统(131)式的解可以用紧凑形式写成②

$$y=c[F(t,q_i)\delta_{ij}]c^{-1}b \tag{142}$$

33. 如果 b 是单位矩阵的话，我们就能取得一个基本解集。在形式上，这个集合可以写作 $F(t,A)$，它或者由数学附录 A 中提到的西勒维斯特征法则延伸得到，或者由定义

$$F(t,A)=\sum_0^\infty m_i(t)A^i \tag{143}$$

得到，这里的诸 m 可以由恒等式

$$F(t,q)=\sum_0^\infty m_i(t)q^i \tag{144}$$

形式地加以定义。由于性质

$$hF=qF \tag{145}$$

$$h\sum_0^\infty m_i(t)q^i=\sum_0^\infty m_i(t)q^{i+1} \tag{146}$$

以及我们所有的形式恒等式

$$\begin{aligned} &hm_0(t)\equiv 0\\ &hm_i(t)=m_{i-1}(t),\quad (i=1,\cdots)\end{aligned} \tag{147}$$

所以

$$hF(t,A)\equiv AF(t,A) \tag{148}$$

---

① 在数学附录 A 中，这一论证连同对称矩阵一起使用，对于对称矩阵来说，c 是正交的，即 $c^{-1}=c^1$。

② 弗雷泽、邓肯、科勒：《初等矩阵》，第五章。

同时

$$F(t_0,A)\equiv I \tag{149}$$

从形式上来说，即使有相等的根存在，上述关系也是成立的。本节所给出的形式解有时是非常方便的解。对于微分方程系统

$$Dy=Ay \tag{150}$$

来说，$F(t,A,1;0)_D$ 取形式

$$F_D=e^{At}=I+A\frac{t}{1!}+A^2\frac{t^2}{2!}+\cdots \tag{151}$$

对于系统

$$Ey=Ay \tag{152}$$

我们有

$$F(t,A,1;0)_E=A^t \tag{153}$$

但对稳定性研究来说，这些解并不是非常方便的。

34. 如果不全是单根，而是有某些重根存在的话，我们就可记

$$\Delta(q)=(q_1-q)^{m_1}(q_2-q)^{m_2}\cdots(q_r-q)^{m_r} \tag{154}$$

式中的$(q_1,\cdots,q_r)$是 r 个重数分别为$(m_1,\cdots,m_r)$的相异根。

同前面一样，有形如 $c_iF(t,q_i)$的特殊解存在，但除了比例因子以外，诸 c 不再唯一；事实上，即使诸 c 被唯一确定，也不会有足够数目的这样的特解存在，这些特解组合起来，可以得出对应 s 个任意初始条件的通解。

前面，在多重根的情况下，我们试过形如

$$\frac{\partial F(t,q_i)}{\partial q},\frac{\partial^2 F(t,q_i)}{\partial q^2},\cdots,\frac{\partial^{m_i-1}F(t,q_i)}{\partial q^{m_i-1}}$$

的根，在这里，我们也应当这样做。

设 $R(q)$是矩阵 q 的转置伴随阵，

$$P(q)=A-qI \tag{155}$$

这就是说，$R(q)$是由余因子 $P(q)$组成的矩阵的转置。

在此，我们并不着重于代数理论，但可以证明，[①] 从矩阵 $\left[\frac{d^kR(q_i)}{dq^k}\right]$的列中可以选出这样一些向量，它们在乘以偏导数以后，将给出一个完全解。然而，通过把 s 个不同变量的 s 个一阶方程化简为每个变量的 s 阶方程这种办法，我们可以避开上面这些困难。[②]

因此，如果

$$\begin{aligned} hy &= Ay \\ y(t_0) &= b \end{aligned} \tag{156}$$

则

$$\begin{aligned} hy(t_0) &= Ab \\ h^2y(t_0) &= A^2b \\ &\vdots \\ h^{s-1}y(t_0) &= A^{s-1}b \end{aligned} \tag{157}$$

由于凯莱-汉密尔顿定理，每个矩阵都满足它自己的特征方程，即

$$\Delta(A)\equiv 0 \tag{158}$$

从(156)式，我们可得

---

① 弗雷泽、邓肯和科勒:《初等矩阵》，第五章第 10 节。

② 这里提到的解决办法不仅在理论上是简单的，而且在计算上也是最佳的。见萨缪尔森:“矩阵特征向量的有效计算”，《美国科学协会会刊》，第 29 期(1943)，第 393—397 页。

$$\Delta(h)y=(\pi_0 h^s+\pi_1 h^{s-1}+\cdots+\pi_s)y=\Delta(A)y=0 \quad (159)$$

因而每一个变量，比如说 $y_i(t)$，皆满足一个 s 阶方程。从式子(157)中，我们也可知道$[y_j(t_0),hy_j(t_0),\cdots,h^{s-1}y_j(t_0)]$的值。从而，我们有了一个良好决定的系统，它的解可从 24、25 和 26 节中的方法求得。因此，很显然，我们的最终解将取如下形式

$$\begin{aligned} y_j(t) &= c_{j,11}F(t,q_1)+c_{j,12}\frac{\partial F(t,q_1)}{\partial q}+\cdots+c_{j,1m_1-1}\frac{\partial^{m_1-1}F(t,q_1)}{\partial q^{m_1-1}} \\ &+c_{j,21}F(t,q_2)+c_{j,22}\frac{\partial F(t,q_2)}{\partial q}+\cdots+c_{j,2m_2-1}\frac{\partial^{m_2-1}F(t,q_2)}{\partial q^{m_2-1}} \\ &\quad\vdots \qquad\qquad\qquad \vdots \qquad\qquad\qquad \vdots \\ &+c_{j,r1}F(t,q_r)+c_{j,r2}\frac{\partial F(t,q_r)}{\partial q}+\cdots+c_{j,rm_r-1}\frac{\partial^{m_r-1}F(t,q_r)}{\partial q^{m_r-1}} \end{aligned}$$

$$(j=1,\cdots,s) \quad (160)$$

式中的 s^2 个诸 c 并不全是独立的。其中除去 s 个以外，全部可由上述矩阵决定。所剩下的 s 个 c 将视 s 个初始条件而定。

因此，如果有多重根存在的话，形如$\partial F^k/\partial q^k$ 的项就可能出现。但是，即使存在多重根，它们也不是一定会出现的。这就是说，不论初始条件 b 如何，对$(1<k<m_i)$来说，系数 $c_{j,ik}$ 可能恒等于零。举例来说，在矩阵

$$A=[-3\delta_{ij}] \quad (161)$$

中，-3 是一个重数为 s 的重根。在最终解中出现的，是 $F(t,-3)$，而不是$\partial F(t,-3)/\partial q$，或任何更高阶的导数。为了洞悉这种可能性，读者必须再次参考初等除数理论。

就所考虑的稳定性来说，除了边界情况（我们把它们排除在稳定性的强定义以外）以外，很显然，

$$\lim_{t\to\infty}F(t,q)\equiv 0$$

包含着

$$\lim_{t\to\infty}\frac{\partial F}{\partial g}=\lim_{t\to\infty}\lim_{\Delta q\to 0}\frac{F(t,q+\Delta q)-F(t,q)}{\Delta q}=\lim_{\Delta q\to 0}0=0 \quad (162)$$

因此，是否删除 F 的偏导数是没有关系的。①

35. 既然我们现在已经给出了约简方程的完全解。那么采用与上节一样的方法，我们就能指出非约简部分的解

$$hy=Ay+f$$
$$y(t_0)=0 \quad (163)$$

我们容易获知

$$h^0y=y$$
$$hy=Ay+f$$
$$h^2y=Ahy+hf=A^2y+Af+hf$$
$$h^3y=A^3y+A^2f+Ahf+h^2f \quad (164)$$

① 处在稳定性和不稳定性之间的两可情况可以由一个对称的守恒物理系统来提供。在这里，$F(t,iq)_D=e^{iqt}$，它既不衰减也不是不衰减。不过，$\partial F/\partial q=ite^{iqt}$ 是爆炸的，就像由共振理论所熟知的那样。但在有多重根存在的时候，自发约简系统 $y=Ay$ 就不会有爆炸解；对于 $A=A^1$ 的情况来说，初等除数理论确保所有形如 $(it)^ke^{iqt}$ 的项的系数为零，所以只有外力才能引起爆炸性共振。［1951 年补充：L. J. 萨维奇（《政治经济学杂志》，第 56 期，1948，第 202 页）正确地指出二重极限的论证是不合理的。他用 $h=\frac{1}{2}(\exp-2t)\times(D+1)$，以及对虚数 q 来说，$F(t,q)=\exp(-t+q\exp 2t)$ 作为例子对此作出说明］

$$\vdots$$

$$h^{s-1}y=A^{s-1}y+A^{s-2}f+A^{s-3}hf+\cdots+Ah^{s-3}f+h^{s-2}f$$

$$h^{s}y=A^{s}y+A^{s-1}f+\cdots+Ah^{s-2}f+h^{s-1}f$$

第一行乘 π_s，第二行乘 π_{s-1}，最后一行乘 π_0，然后相加，我们有

$$\Delta(h)y=\Delta(A)y+m_0f+m_1hf+\cdots m_{s-1}h^{s-1}f \quad (165)$$

式中右边的第一项根据凯莱-汉密尔顿定理为零，诸 m 是 A 的幂的线性组合。

变量$(y_1,\cdots,y_m)$每一个都必须满足非约简 s 阶方程。右边的驱动函数似乎取决于 hf，h^2f 以及 f；而且，我们无处假定还必须定义 h^kf 形式的表达式。如果我们写出一个有代表性的方程，比如说 y_1，上述矛盾就能被消除。我们有

$$\Delta(h)y_1=R_1(h)f \quad (166)$$

或

$$y_1=\frac{R_1(h)f}{\Delta(h)}$$

因为 R_1 最多为$(s-1)$次，所以很清楚，(通过部分分式展开或其他方法)我们能够避开所有形如 h^kf 的项。所出现的将只是 $F(t,q,b;f)_h$ 类型的表达式。

我们现在只要指定正确的初始条件。由于

$$A^ky(t_0)=0,\quad (k=0,1,\cdots)$$

所以我们的初始条件应该是

$$hy(t_0)=f(t_0)$$

$$h^2y(t_0)=Af(t_0)+hf(t_0)$$

$$\vdots \quad (167)$$

$$h^{s-1}y(t_0)=A^{s-2}f(t_0)+A^{s-3}hf(t_0)+\cdots$$
$$+Ah^{s-3}f(t_0)+h^{s-2}f(t_0)$$

现在我们有了一个非约简的 s 阶方程，它具有每个变量都必须满足的给定初始条件。因此，我们的上述问题可以化简为上节那些可以完全求解的问题。

【练 习】

1. 证明当 h 是 D 时，适切定义的 $\int_{t_0}^{t}e^{A(t-t_0-w)}f(w)dw$ 成为(132)式的解。

2. 证明对 $h=E$ 及 $t_0=0$ 来说，$\sum_{0}^{t=1}A^{(t-1-i)}f(i)$ 是相同的。

3. 运用前面定义的一般拉普拉斯变换 $\mathfrak{L}(q;y)_h$，从

$$hy=Ay+f$$
$$y(t_0)=b$$

推出

$$[\mathfrak{L}(q;y)_h]=\left[\frac{T_{ij}(q)}{\Delta q}\right][\mathfrak{L}(q;f)_h]+\left[\frac{T_{ij}(q)}{\Delta q}\right]b$$

式中$[T_{ij}(q)/\Delta(q)]$等于$[qI-a]^{-1}$，并且含有若干有理函数，它们的分子比分母次数要低一些。证明形如 $h^kf(t)$的表达式本质上并不进入解内。

36. 在本附录的 21 节中，我们已经获知，常系数微分方程系统稳定性的充要条件是：特征多项式根的实部全部为负，即，这些根必须全都在复平面的左半边。否则在我们的指数解中我们就不再会有所需的衰减因子。

幸运的是，决定这些稳定性条件是否被满足，并不一定要解出

特征方程的根。关于保证稳定性的多项式系数，存在已知简单的充要条件。这些条件被称作劳思-赫维茨条件。①

设我们的 n 次一般多项式写成

$$f(X)=a_0X^n+a_1X^{n-1}+\cdots+a_{n-1}X+a_n=0 \qquad (168)$$

式中 a_0 总能视作是正的，而且为了方便起见常常取为一。

如果系数 a 全是实数的话，我们熟知的是，所发生的那些复根将以共轭对 $(u+iv)$ 和 $(u-iv)$ 的形式出现。如果我们把多项式写成积 $a_0\prod_1^n(X-X_i)$，这些复根就会组合成实二次因子。因此可以推得每一个多项式皆能写成二次因子和线性因子的积，

$$f(X)=a_0(X+m_1)(X+m_2)\cdots(X+m_r)$$
$$(X^2+b_1X+c_1)(X^2+b_2X+c_2)\cdots \qquad (169)$$

除去 n 是奇数的情况以外，线性因子都能分解成二次因子，在 n 为奇数的情况下，f 能写成二次因子和至多一个线性因子的积。

现在，只有每个线性和二次因子都稳定，f 才能“稳定”。因此，我们必须研究这些简单的情况，幸运的是，这些情况完全可以用简单的方法来处置。显然，仅当线性因子

$$X+m_1=0$$

的系数符号相同的时候，它才有一个劳思根(实部为负的根)。因为 $-m_1$ 是它的根，所以据此 m 一定是正的。

---

① E. J. 劳思：《既定运动状态的稳定性》(伦敦，1877)，获亚当斯奖的论文；《刚体系统动力学》(第 6 版，伦敦，1930)，第Ⅱ篇，第六章；A. 赫维茨：“Ueber die Bedingungen, unter welchen eine Gleichung nur Wurzeln mit negativen reellen Theilen besitzt”，文载 *Mathematische Annalen*，第 46 期(1895)，第 273—289 页。

形如

$$X^2+bX+c=0$$

的二次因子，其所具有的根可以写成

$$X=\frac{-b\pm\sqrt{b^2-4c}}{2} \tag{170}$$

如果 b^2-4c 大于等于零，根就为实数并且二次表达式可以因式分解成二个线性表达式的积 $(X+m_1)(X+m_2)$。于是，显然有：等于 (m_1+m_2) 的系数 b 和等于 m_1m_2 的 c 应该都取正值；因为正数的和与积一定为正。

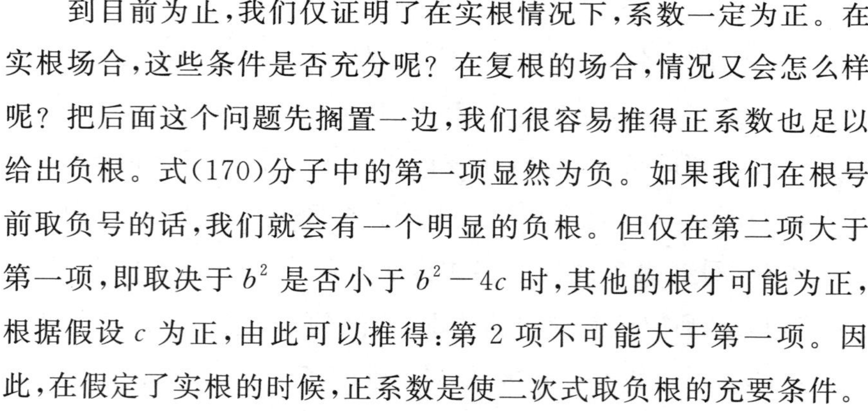

到目前为止，我们仅证明了在实根情况下，系数一定为正。在实根场合，这些条件是否充分呢？在复根的场合，情况又会怎么样呢？把后面这个问题先搁置一边，我们很容易推得正系数也足以给出负根。式(170)分子中的第一项显然为负。如果我们在根号前取负号的话，我们就会有一个明显的负根。但仅在第二项大于第一项，即取决于 b^2 是否小于 b^2-4c 时，其他的根才可能为正，根据假设 c 为正，由此可以推得：第 2 项不可能大于第一项。因此，在假定了实根的时候，正系数是使二次式取负根的充要条件。

复根的情况甚至更为简单。如果我们把两个根 $(u+iv)$ 和 $(u-iv)$ 相加，其中的复数部分就会约去，而 $-b$ 则为实部的和的 2 倍。如果这些实部为负，则 b 一定为正。不管怎样，c 是正的，否则就不可能是复根，这也就是说，只要 c 大于零，b^2-4c 就一定小于零。因此，如果是劳思根的话，我们的系数一定为正。这就是对于必要性的证明。如果 b 和 c 都取正值并且所得的是复根的话，我们就能从(170)式中直接可以推得 u 一定为负的结论。对充分性的证明就是这样。

因此，根据我们对实根和复根情况所作的论证，我们可以阐明一个简单的定理：二次多项式根的实部皆负的充要条件是它的系数皆为正。

如果所有根全是劳思根，我们立刻可以演绎出某些在一般情况下成立的必要（但不是充分的）条件。每个线性因子和二次因子一定有正系数，因此，我们多项式的全部系数一定为正。如果我们依据每本代数书中都述及的笛卡尔符号规则，所处理的仅仅是实根的话，这个必要条件也就是充分条件。

但在一般情况下没有理由排除复根。[①] 如果某些 b 是零或负数，而在组合成 a 系数时正系数又总是超过负系数的话，情况会怎样呢？这时我们的 a 系数全为正的陈述就不再充分了。这种可能性可以建立在一个简单的例子上。

$$(X+1)(X^2-0.001X+1)=X^3+0.999X^2+0.999X+1=0 \tag{171}$$

注意，即使复根具有正实部（$=+0.0005$），所有的诸 a 也全都为正。

我们知道，有许多可能的研究模式可资利用。如果知道不再涉及更高次的方程。我们就可以单独处理三次或四次的情况。甚至我们还可以推得更严格的必要条件，并希望充分发现足够多的必要条件，使它们成为充分条件。

因此，在三次情况下，我们有

① 如果所讨论的多项式是一个对称矩阵的特征方程，那么所有的根必定为实根，因而我们的分析就更简单些。

$$X^3+a_1X^2+a_2X+a_3=(X+m)(X^2+bX+c)$$
$$=X^3+(m+b)X^2+(c+bm)X+mc \tag{172}$$

我们形成积——不去管它为什么这样做——

$$a_1a_2-a_0a_3=(m+b)(c+bm)-mc(1)$$
$$=b(c+mb+m^2)+0 \tag{173}$$

如果全是劳思根，c、b、m 一定全都为正，由此我们可推得，表达式 $a_1a_2-a_0a_3$ 一定为正。

现在，我们有了一个新的必要条件，即全部四个不等式，

$$\begin{gathered} a_1>0 \\ a_2>0 \\ a_3>0 \\ a_1a_2-a_0a_3>0 \end{gathered} \tag{174}$$

它们是充分的吗？如果我们找出一个例子，它满足这些必要条件，却产生非劳思根，我们就会感到失望。但我们如何才能确信更聪慧、更热情的研究将不会提供这样的一个例子呢？只有通过充分性的证明。

事实上，后面将证明，这四个条件既是必要的，又是充分的，只有一个障碍，即它们不全是独立的。读者可以验证，条件 $a_2>0$ 能够从其他三个条件中演绎出来。（任何一个条件都能够从其他三个条件中推得吗？哪一个条件能够，哪一个条件不能够？）劳思的重大成就就是导出了一个易于计算的不相关的必要条件集。

作为对所谓劳思的检验行列式的一个介绍，我们考察 3×3 矩阵

$$\begin{bmatrix} a_1 & a_3 & 0 \\ a_0 & a_2 & 0 \\ 0 & a_1 & a_3 \end{bmatrix} \qquad (175)$$

它的三个按自然顺序排列的主子式 $\Delta_1, \Delta_2, \Delta_3$ 分别是 $a_1, a_2a_1 - a_3a_0, a_3(a_1a_2 - a_3a_0)$，如果它们全都为正的话，三次式为劳思式的充要条件就实现了。这表明了 n 次多项式的一个一般规则。把它的奇系数列成行，所有角标大于 n 的系数都作为零来看待，我们得到 $a_1a_3a_5a_7\cdots$。令其中的每一个元素都为一列的起首那个元素，各列元素的角标依次递减 1。按照常规，任何负角标都表示该系数为零。因此，我们得到一个数字的正方阵，其中我们需要考虑的只是起首的 n 行 n 列。

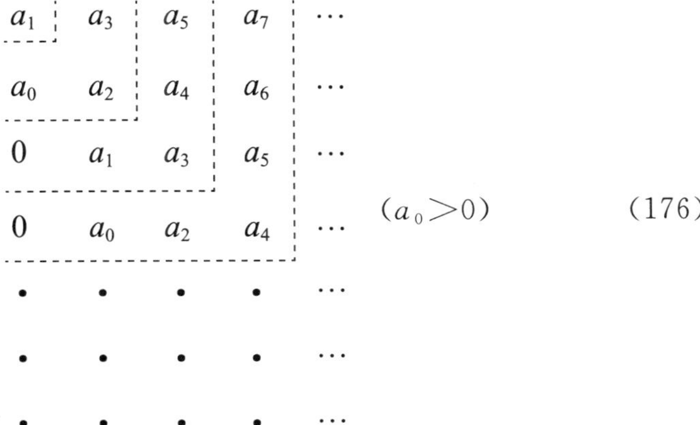

对于八次和九次的多项式，读者应当完整写出它们的矩阵。注意奇数和偶数 n 的区别。

劳思定理阐明：使所有根的实部皆取负值的充要条件是这个矩阵的主子式全都为正，即

$$\Delta_1 = a_1 > 0$$

$$\begin{aligned}&\Delta_2 = a_1 a_2 - a_0 a_3 > 0\\&\vdots\\&\Delta_{n-1} > 0\\&\Delta_n = a_n \Delta_{n-1} > 0\end{aligned} \tag{177}$$

这些条件中包含了那个诸 a 全都为正的条件，但反之则不然（除非所有的根都是实根）。

这里不能给出这个定理的严格证明。读者只好参考劳思获亚当斯奖的那篇论文了。但概略指出推理的轮廓是完全可能的。设 X 为复平面上的任意一点，把 $f(X)$ 标绘在另一个复平面上。考虑 X 平面上的任一封闭周线 C。$f(X)$ 在此周线内的根的数目可根据那个重要的考西定理决定，[①]它在本质上是拓扑性质的。按正方向（顺时针方向）转动周线 C，然后考虑标绘出的 $f(X)$。C 内根的个数等于 $f(X)$ 围绕原点打圈的次数；即如果我们把 $f(X)$ 写作 $P+iQ$ 的话，比率 P/Q 从正经过零到负的次数超过此比率从负经过零到正的次数。

劳思把右半个复平面，或更严格地说是，原点和虚轴右侧的无限大半圆作为它的周线 C。P/Q 在这个半圆上的符号变化是容易估定的。因此，如果右半平面没有根存在的话，P/Q 在虚轴上的符号变化的数目就是唯一决定，因此多项式 $f_1(X)$ 和 $f_2(X)$ 一定都是相互分离的实根，这里

$$\pm f(iX) = f_1(X) + i f_2(X) \tag{178}$$

根据古典的斯图姆定理，这里涉及取 $f_1(X)$ 和 $f_2(X)$ 的最大公约

① 参见关于复变量的任何一本教科书。

数以得到新的函数 $f_3(X)$ 和 $f_4(X)$…。最后，可以证明，这些辅助函数的条件等于(177)式所给出的劳思-赫维茨检验行列式。

从数值上来说，这些行列式能够容易地通过各种不同的高斯-杜利特尔方法赋值。作为一次练习，读者可以验证四次方程的条件如下：

$$
\begin{aligned}
a_1 &> 0 \\
a_1a_2 - a_0a_3 &> 0 \\
a_1a_2a_3 - a_0a_3^2 - a_1^2a_4 &> 0 \\
a_4 &> 0
\end{aligned}
\tag{179}
$$

值得注意的是，当我们连续地从一组稳定的系数移动到一组不稳定的系数的时候，a_n 或 Δ_{n-1} 初次变号；此外对诸 a 倒过来计的数目一定满足稳定性条件。①

37. 我们已经获知，对一个稳定的差分方程系统来说，特征方程根的实部并不必定为负。毋宁说，这些根的绝对值一定小于1。所有的根一定都落在单位圆内，而并不是都落在复平面的左半部分中。

对一次和二次方程来说，不难直接用代数方法解出它们的充要条件。但对高次方程来说，这种方法就显得繁琐不当了。幸运的是，只要应用复数变换，我们就可把这些问题化为业已给出全部

① 在P. A. 萨缪尔森的“多项式根绝对值小于1的条件”一文中，举有一个数值例子，并且还简要论述了一些更进一步的问题，《数理统计年报》，第12期(1941)，第360—364页。如果诸 Δ 有许多为零，则必须作进一步的检验。

答案的劳思问题。[1] 复数变换

$$X=\frac{Z+1}{Z-1},\quad Z=\frac{X+1}{X-1} \tag{180}$$

把单位圆转换成复平面的左半边。而且

$$f(X)=f\left(\frac{Z+1}{Z-1}\right)=\frac{a_0(Z+1)^n+a_1(Z+1)^{n-1}(Z-1)}{(Z-1)^n}+\cdots$$
$$+\frac{a_{n-1}(Z+1)(Z-1)^{n-1}+a_n(Z-1)^n}{(Z-1)^n} \tag{181}$$

如果多项式 $f(X)$ 在单位圆内无根，则右端的分子作为 Z 的多项式，一定满足劳思的条件。如果我们把这个多项式展开，我们就能发现充要条件是 $X+a_1=0$ 的根的绝对值小于 1，即

$$\begin{matrix}1+a_1>0\\1-a_1>0\end{matrix}\quad 或\quad |a_1|<1 \tag{182}$$

对于二次多项式 $X^2+a_1X+a_2=0$ 来说，读者可以证明，(a_1,a_2) 平面的稳定性区域是由

$$\begin{aligned}1+a_1+a_2&>0\\1-a_2&>0\\1-a_1+a_2&>0\end{aligned} \tag{183}$$

规定的一个三角形区域。

要注意的是，条件的个数总是比方程的次数大 1。这在下述 n 次方程的一般情况中也是正确的。

$$f(X)=X^n+a_1X^{n-1}+\cdots+a_{n-1}X+a_n=0 \tag{184}$$

---

① P. A. 萨缪尔森："多项式根绝对值小于 1 的条件"，《数理统计年报》，第 12 期(1941)，第 360—364 页。

我们构成 Z 的方程

$$\bar{a}_0 Z^n + \bar{a}_1 Z^{n-1} + \cdots + \bar{a}_{n-1} Z + \bar{a}_n = \sum_{i=0}^{n} a_i (Z-1)^i (Z+1)^{n-i}$$

$$= \sum_{i=0}^{n} a_i \sum_{k=0}^{i} \sum_{j=0}^{n-i} \binom{i}{k} Z^{i-k} (-1)^k \binom{n-i}{j} Z^{n-i-j} \tag{185}$$

式中

$$\begin{aligned} \binom{s}{t} &= \frac{s!}{t!\ (s-t)!}, \quad && s \geqslant t; \quad t \geqslant 0 \\ &= 0; && s < t \\ &= 0, && t < 0 \end{aligned} \tag{186}$$

经整理我们得到结合项

$$\begin{aligned} \bar{a}_0 &= \sum_{i=0}^{n} a_i \\ \bar{a}_1 &= \sum_{i=0}^{n} a_i (n-2i) \\ &\vdots \\ \bar{a}_r &= \sum_{i=0}^{n} a_i \sum_{k=0}^{n} \binom{n-i}{r-k} (-1)^k \binom{i}{k} \\ &\vdots \\ \bar{a}_n &= 1 - a_1 + a_2 - \cdots + (-1)^{n-1} a_{n-1} + (-1)^n a_n \end{aligned} \tag{187}$$

除了条件

$$\bar{a}_0 > 0$$

此外，我们还有劳思条件

$$\begin{aligned} &\Delta_1>0 \\ &\Delta_2>0 \\ &\vdots \\ &\Delta_n>0 \end{aligned} \tag{188}$$

在这里，它们是矩阵

$$\begin{bmatrix} \bar{a}_1 & \bar{a}_3 & \bar{a}_5 & \cdots \\ \bar{a}_0 & \bar{a}_2 & \bar{a}_4 & \cdots \\ 0 & \bar{a}_1 & \bar{a}_3 & \cdots \\ 0 & \bar{a}_0 & \bar{a}_2 & \cdots \\ \vdots & \vdots & \vdots & \cdots \end{bmatrix} \tag{189}$$

的按自然秩序排列的主子式。

读者可以验证，对一个三次方程来说，

$$\begin{aligned} \bar{a}_0 &= 1+a_1+a_2+a_3 \\ \bar{a}_1 &= 3+a_1-a_2-3a_3 \\ \bar{a}_2 &= 3-a_1-a_2+3a_3 \\ \bar{a}_3 &= 1-a_1+a_2-a_3 \end{aligned} \tag{190}$$

38. 从形式上来说，我们的稳定性判别标准是完善的。但对于大多数理论上的目标来说，各种系数的数值并不随手可得。最理想的是，能够在动态矩阵的特征行列式（麻烦地）展开以前，就从动态矩阵的质的特性推得它们是否稳定。不幸的是，很少有这种可能。然而，常常可以指出某些能确保微分方程稳定的充分条件——即我所谓的劳思条件；或者，可以指出，当模数小于 1 时，差分方程是稳定的——即我所谓的丁伯根条件，我以此纪念丁伯根教授在运用差分方程于经济学中所作的杰出工作。

下面列出的定理差不多都未加证明：

定理 1：如果矩阵 a 对称并且负定，即 a 是劳思矩阵的话，$x=ax$ 是稳定的。（数学附录 A，第 19 页，这个古典的问题处处可见）

定理 2：如果 a 准正定，使得 $\frac{a+a'}{2}$ 负定的话，那么 a 一定是劳思矩阵。［提示：$\frac{d}{dt}(X'X)=X'aX=X'\left(\frac{a+a'}{2}\right)X<0$。因此，$\lim_{t\to\infty}x_i(t)=0$，所以根一定是衰减的］

定理 3：如果 $a'a-I$ 负定，则 a 一定是丁伯根矩阵，即 $X_{t+1}=aX_t$ 是稳定的，$|a-\lambda I|=0$ 的根绝对值全都小于 1。（提示：根据假定，$X'_{t+1}X_{t+1}=X'_t(a'a-I)X_t=\Delta(\sum x_t^2)<0$，所以 $\lim_{t\to\infty}X_t=0$）

定理 4（梅茨勒）：如果 a 为第六章所定义的那种“希克斯”矩阵，它的非对角线元素全都为正的话，那它一定是丁伯根矩阵。

定理 5（梅茨勒）：如果 $\alpha_{ij}\geqslant 0$，且 $\sum_{j=1}^{n}a_{ij}<1$，那么 $(a-I)$，就是希克斯矩阵，从而（根据定理 4）也就是丁伯根矩阵。

定理 6（莫萨克）：如果 a 是希克斯矩阵，且 a 的所有非对角线元素都为正的话，所有 a^{-1} 的元素就一定为负。

定理 7（奥本海姆-英特马）：如果

$$A=\left[\frac{(v_i+\sum_j a_{ij})\delta_{ij}}{b_{ks}}\middle|\frac{a_{ij}}{(w_k+\sum_s b_{ks})\delta_{ks}}\right]$$

的符号全都为正，则 A^{-1} 的符号型式一定是

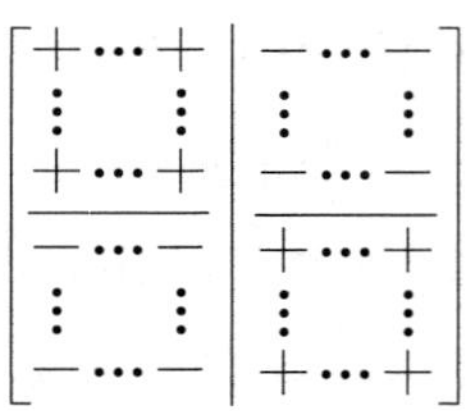

数学附录C

这里我把注意力集中于1947年之后在现代分析经济学中的某些发展，并讨论它们如何修正本书所得出的结论。这里我没有试图严格地叙述它们并平衡它们所涉及的领域。

1. 线性规划与比较静态

1947年以来，经济学家们越来越重视出现在边界上的极大化解，以及不是由牛顿导数所建立的等式而是由等式-不等式所表示的极大化解。《基础》中比较静态的大部分内容在作出适当的修改之后在这个领域里仍然是正确的。

线性规划提供了一个很好的例子。（R. 多尔夫曼，P. 萨缪尔森及R. 索洛在1958年给出了一个经济学家的概述，并论述了G. B. 但泽格，T. C. 库普曼，D. 盖尔，H. 库恩与A. W. 塔克，A. 查尼斯与W. W. 库珀，J. 冯·诺伊曼，以及W. W. 里昂惕夫，L. 康托罗维奇，里卡德·贝尔曼，L. S. 庞特亚金，M. 赫斯坦尼斯的工作，以及对于非线性规划的重要文献也作出贡献的其他人的工作）我的论述是简短的。

原问题。一个典型的线性规划极大值问题用矩阵形式简洁地定义如下：

$$\underset{x}{\text{Max}}\ c'x \quad \text{约束于} \quad ax \leqslant b, \quad x \geqslant 0$$

$$= c'\bar{x} = z[c, b, a] \tag{1.1}$$

$$= z[c_1, \cdots, c_n, b_1, \cdots, b_m, a_{11}, \cdots, a_{mn}]$$

其中

$$c = \begin{bmatrix} c_1 \\ \vdots \\ c_n \end{bmatrix}, b = \begin{bmatrix} b_1 \\ \vdots \\ b_m \end{bmatrix}, x = \begin{bmatrix} x_1 \\ \vdots \\ x_n \end{bmatrix}, u = \begin{bmatrix} u_1 \\ \vdots \\ u_m \end{bmatrix}, m \gtreqless n$$

$c' = c$ 的转置 $= [c_1, \cdots, c_n]$等等。

$$a = [a_{ij}] = \begin{bmatrix} a_{11} \cdots a_{1n} \\ \vdots \qquad \vdots \\ a_{m1} \cdots a_{mn} \end{bmatrix} = [a_{ji}]'$$

而且其中的$(\bar{x}_1, \cdots, \bar{x}_n)$是一个最优解。

对偶问题。这样一个原(极大值)问题具有一个与之相联系的对偶(极小值)问题,根据一个基本的对偶定理,这个对偶问题具有一个与(1.1)式相同的最优值:

$$\underset{u}{\text{Min}}\ u'b \ \text{s.t.} \quad u'a \geqslant c, u \geqslant 0$$

$$= \bar{u}'b \tag{1.2a}$$

$$= z^*[c, b, a] \equiv -z[-b, -c, -a'] \tag{1.2b}$$

$$= z[c, b, a] \tag{1.2c}$$

由于符号的改变把一个极小值问题转换成一个极大值问题,因而关系式(1.2b)成立是不足为奇的。关系式(1.2c)则不平常,它表达了线性规划的基本对偶定理。另一个基本定理是"顶点"定理,它使得但泽格的重要的单纯形算法成为可能。顶点定理指出非零

x（及非零 u）的数目绝不超过 $\min(m, n)$。

解的存在性。一个线性规划问题可能没有解，正如下面这两个例子所清楚表明的那样：

$$n=m=1: a_{11}=0=b_1, c_1=1; \text{或者}$$

$$c_1=b_1=1, a_{11}=-1$$

下面就是一个定理：当且仅当两组约束条件：$\hat{x}$ 及 $\hat{u}$ 使得 $a\hat{x} \leqslant b$ 且 $\hat{u}'a \geqslant c$ 都存在非负可行解时，一个对偶问题（因而也是两个对偶问题）才有一个最优解 $\bar{x}$ 和 $\bar{u}$。

鞍点公式。重新表示原问题及对偶问题解的第三种方式是运用下述鞍点或极小极大值点公式。

定义

$$L[x, u; c, b, a]=c'x+u'b-u'ax, \quad (x, u) \geqslant 0 \tag{1.3}$$

那么，$(\bar{x}, \bar{u})$ 就是一个极小极大值点，即

$$L[x, \bar{u}; c, b, a] \leqslant L[\bar{x}, \bar{u}; c, b, a] \leqslant L[\bar{x}, u; c, b, a]$$

$$L[\bar{x}, \bar{u}; c, b, a]=z[c, b, a] \tag{1.4}$$

作为"价格"的对偶变量。对偶定理的一个直接结果是

$$c'\bar{x}-\bar{u}'a\bar{x}=0=\bar{u}'b-\bar{u}'a\bar{x} \tag{1.5}$$

不仅这些和为零，而且它们的每个元素必定分别为零：

$$\bar{u}_i\left(b_i-\sum_{j=1}^{n} a_{ij}\bar{x}_j\right)=0, \quad (i=1, \cdots, m) \tag{1.5a}$$

$$\left(\sum_{i=1}^{m} \bar{u}_i a_{ij}-c_j\right)\bar{x}_j=0, \quad (j=1, \cdots, n) \tag{1.5b}$$

一个经济学家可能会猜测到 $\bar{u}_1$ 可以说成是(1.1)中第一个约束的"价格"或"影子价格"。(1.5a)式加强了这种联系，它指出如

果你有足够大的 b_1 使得第一个约束中不等式成立，那么这个约束的影子价格（或"边际成本"）就为零。（当土地供给过剩时，它的租金就是零；当地租为正时，就没有不使用的土地）

作为规范对偶价格的拉格朗日乘子。《基础》一再地把拉格朗日乘子当作虚拟价格或实际价格，这些价格既能把系统引向一个规范的均衡，也能从数量上衡量改变一个约束的大小所引起的、实证上的、比较静态上的效果。因而，一个消费者所购买的正数量的每种产品在其边际上所享受到的货币边际效用 λ 也是增加一单位收入将给消费者带来的效用的正确比率。

所有这种问题在线性规划以前很久就出现了。但是线性规划——以及下一节关于这种问题的非线性规划——相当好地阐述了它的含义。

包络关系。实际上，在 z 定义于其中的、$[c,b,a]$的$(n+m+nm)$维子空间的内部，z 是其变量的一个单值连续函数。而且 z 几乎处处（即，除一个测度为零的点的集合外）具有定义明确的偏导数：

$$\partial z[c,b,a]/\partial c_i = z_i[c,b,a], \quad (i=1,\cdots,n)$$
$$\partial z[c,b,a]/\partial b_j = z_{n+j}[c,b,a], \quad (j=1,\cdots,m) \qquad (1.6)$$
$$\partial z[c,b,a]/\partial a_{11} = z_{n+m+1}[c,b,a],\cdots,\text{等等}$$

对于系数$[c,b,a]$的特别奇异的选择，一个线性规划的最优解可能不是唯一的。那么，如果 $\bar{x}^1$ 和 $\bar{x}^2$ 是相互连结的解，它们给出相同的极大值 $c'\bar{x}^1=c'\bar{x}^2$，根据已知的、可行点的凸性，运用它们的凸结合 $m\bar{x}^1+(1-m)\bar{x}^2, 0<m<1$，我们就可以得到无数多个其他的最优解。如果解 x 不是唯一的，$z[c,b,a]$则显然缺乏

定义明确的偏导数$\partial z/\partial c$。一个完整的锥形具有与$z[c,\cdots]$的表面相切的支持超平面；并且任何这样的支持超平面的斜率都提供了可接受的解$\bar{x}$。尽管如此，我们将会看到《基础》中诸如比较静态的内容，仍然是正确的。

经济学家会正确地猜测到$\bar{u}_j$就是提到(1.1)式中约束的b_j所获得的边际收益。实际上，在$z[c,b,a]$是定义明确的子空间里，下列对偶关系几乎处处是明确定义的：

$$z_{n+j}[c,b,a]=\bar{u}_j,\quad (j=1,\cdots,n)$$
$$z_i[c,b,a]=x_i,\quad (i=1,\cdots,n) \tag{1.7}$$

可以表明$z[c,b,a]$是变量$(c_1,\cdots,c_n)$的(从下的)凸函数；从关系式(1.2b)中推得它必定是变量$(b_1,\cdots,b_n)$的凹函数。

相互性与定性。因而，在应用(1.7)式的所有点上，我们得到《基础》中典型的相互对称式和半定性关系：

$$(\partial\bar{x}_i/\partial c_j)=(z_{ij}[c,b,a])=(\partial\bar{x}_j/\partial c_i) \tag{1.8a}$$
$(\partial\bar{x}_i/\partial c_j)$是半正定的
$$(\partial\bar{u}_i/\partial b_j)=(z_{n+i,n+j}[c,b,a])=(\partial\bar{u}_j/\partial b_i) \tag{1.8b}$$
$(\partial\bar{u}_i/\partial b_j)$是半负定的

齐次性。《基础》中古典微积分关系式一再涉及一阶或零阶的齐次函数。这里仍然应用同样的函数。$z[c,b,a]$是变量c和变量b的一阶齐次函数；并且是变量a的负一阶齐次函数。即，对于为正的数值(γ,β,α)，

$$z[\gamma c,\beta b,\alpha a]\equiv\gamma\beta\alpha^{-1}z[c,b,a] \tag{1.9}$$

而且，只要在$z_i[c,b,a]$和$z_{n+j}[c,b,a]$的偏导数是由(1.7)所定义的地方，最优解$\bar{x}$就是$(b_1,\cdots,b_m)$的一阶齐次函数；

$(c_1,\cdots,c_n)$的零阶齐次函数;$[a_{ij}]$的负一阶齐次函数。一旦 c 和 b 互换之后,对于 $\bar{u}$ 也同样如此。因而

$$z_j[\gamma c,\beta b,\alpha a]\equiv\beta\alpha^{-1}z_i[c,b,a]$$

$$z_{n+j}[\gamma c,\beta b,\alpha a]\equiv\gamma\alpha^{-1}z_{n+j}[c,b,a] \quad (1.10)$$

微积分的相似性。为了强调说明:对于线性规划的等式-不等式形式所得到的这些齐次性关系式正是我们对一个传统的、微积分形式的经济模型所应当期望的结果,我们来考虑下面虚构的微积分型式的问题:

$$\begin{aligned}
&\underset{u_1,u_2}{\mathrm{Min}}[u_1b_1+u_2b_2] \quad \text{s. t. } (a_{11}u_1)^{3/4}(a_{12}u_2)^{1/4}=c_1, \quad u_i\gtreqqless 0\\
&=\bar{u}_1b_1+\bar{u}_2b_2\\
&=z[c_1;b_1,b_2;a_{11},a_{12}]\\
&=4(b_1^{3/4}b_2^{1/4})c_1(a_{11}^{-3/4}a_{12}^{-1/4})3^{-3/4}\\
&\equiv\gamma^{-1}\beta^{-1}\alpha z[\gamma c_1;\beta b_1,\beta b_2;\alpha a_{11},\alpha a_{12}] \quad (1.11)
\end{aligned}$$

这证实了人们所期望的齐次性。根据霍特林-罗伊-谢泼德对偶定理,z 相对于 b 的偏导数代表最优解 $\bar{u}$。它们也必定具有线性规划的最优解 $\bar{u}$(及 $\bar{x}$)所表现出来的齐次特性:

$$\begin{aligned}
\bar{u}_j&=\partial z[c;b;a]/\partial b_j,(j=1,2)\\
&=z_{n+j}[c;b;a],(j=1) \quad (1.12)\\
&\equiv\gamma^{-1}\alpha z_{n+j}[\gamma c;\beta b;\alpha a]
\end{aligned}$$

注意(1.12)式的包络关系对于在空间$[c_1;b_1,b_2;a_{11},a_{12}]$中的所有正的点都成立;与线性规划的情形相反,这里不存在奇异点,在奇异点上 z 有角隅并存在多个最优解。经济学家们习惯于带有水平分支的需求曲线,沿着这条需求曲线,对于一个价格存在多个

数量上的反应;对于经济学家来说重要的是:这样的一条轨迹如果它表示某种平衡的话,它就应当显示出价格变动与数量变动之间的一种平衡。连结着两个变量的单值函数仅仅是连结它们之间对应关系的特殊情形。

*形式良好的比较静态。*极大值体系通过它们的性质似乎表现出一种不可思议的才智,这种才智与其说是归因于形式上为零的牛顿导数,不如说归因于均衡的极值性质。因此,即使均衡解不是用第一级变差等式来表示,《基础》中比较静态的大部分规律在线性规划中仍然成立,对于这一点我们并不感到惊奇。

在多尔夫曼-萨缪尔森-索洛(1958,第 2—3 章)一书中描述了施蒂格勒-科恩费尔德最低成本的适当饮食问题,当提出下列关于它的问题时,让我们考虑一位爱思考的人如何猜测它的答案。

问:如果食物 1 的价格上升,即 b_1 上升,你将购买更多或更少的这种食物?

答:或许你必须更少地购买它:u_1 下降或保持不变。

问:如果对维生素 C 的日常需求上升,即 c_3 上升,那么对于满足维生素 C 的约束的影子价格或对偶价格将会发生什么情况呢?

答:那个对偶价格可能上升;$\bar{x}_3$ 上升或保持不变。

问:在希契科克-库普曼-康托罗维奇最低运输成本问题中,如果将你的货物从工厂 1 运到市场 2 的成本上升(c_{12} 上升),那么会出现什么样的可预期的结果?

答:从 1 到 2 的运输量可能会下降:u_{12} 下降。

这些都是显然的答复。为什么它们必定是正确的答复呢?深思熟虑之后,我们能验证它们的正确性,因为 $z[c_1,\cdots,c_n,b_1,\cdots,$

$b_m, a_{11}, \cdots, a_{mn}$]是 c 的(从下的)凸函数,而且根据对偶性,它是 b 的(从下的)凹函数。为了证实这一点,我们不需要牛顿微积分。像在第三章中(117)一样,我们写出下面这对不等式。设 b^1 和 b^2 是分别给定的向量:对于不变的 c 和 a,它们分别产生极小化的解向量 $\bar{u}^1$ 和 $\bar{u}^2$。那么由定义:

$$(\bar{u}^1-\bar{u}^2)\cdot b^1\leqslant 0,(\bar{u}^2-\bar{u}^1)\cdot b^2\leqslant 0 \tag{1.13}$$

将这两个不等式相加并重新排列式中的各项,得出:

$$\begin{aligned}&(\bar{u}^2-\bar{u}^1)(b^2-b^1)\\&=(\Delta\bar{u}_1)(\Delta b_1)+(\Delta\bar{u}_2)(\Delta b_2)+\cdots+(\Delta u_m)(\Delta b_m)\leqslant 0\end{aligned} \tag{1.14}$$

这个"弱公理"关系式为上面第一个正确的回答提供了一个合理的基础。当 b 的元素只有一个变动时,例如说 b_i 从 b_i^1 变化到 b_i^2,(1.14)式就变成:

$$(\Delta\bar{u}_i)(\Delta b_i)\leqslant 0 \tag{1.15}$$

改变一次符号之后,这里对于一个**极小值**问题所阐述的一切对于一个**极大值**问题也成立。现在我们有$(c^1,c^2;\bar{x}_1,\bar{x}_2)$且

$$c^1\cdot(\bar{x}^1-\bar{x}^2)\geqslant 0,c^2\cdot(\bar{x}^2-\bar{x}^1)\geqslant 0 \tag{1.16}$$

$$(c^2-c^1)\cdot(\bar{x}^2-\bar{x}^1)=(\Re_c)\cdot(\Delta\bar{x})=\sum_1^n(\Delta c_j)(\Delta\bar{x}_j)\geqslant 0 \tag{1.17}$$

如果 c 的元素只有一个变动,那么(1.17)变成

$$(\Delta c_i)(\Delta\bar{x}_i)\geqslant 0 \tag{1.18}$$

通过解一个线性规划问题就可以解出一个零和二人对策中两个对手的混合最优策略。反过来,一个线性规划问题可以转换成

一个二人对策并根据各种已知的对策算法求解。设 a_{ij} 是当彼得采用他的第 i 种策略且保罗采用他的第 j 种策略时彼得支付给保罗的数量。如果 a_{34} 下降，那么彼得采用他的第三种策略的概率或许会上升，而且保罗采用他的第四种策略的概率可能上升。而且，这些都是从(1.15)和(1.18)中得出的必然结论。

最后，(1.7)式的包络关系，它把 $\bar{x}$ 和 $\bar{u}$ 等同于 z 的梯度和 $z[\quad]$表面的支持超平面的斜率，在这里不存在 z 的唯一的偏导数，考虑到这里之后应当指出的是(1.14)和(1.17)式的弱公理不等式等价于 $z[c,b,a]$的明确的凸性和凹性。

整数规划。假定，对于给定的$[c,b,a]$，我们要求最优解 $\bar{x}$ 是由整数所组成的。那么，当

$$[a_{ij}]=\begin{bmatrix}1\\-1\end{bmatrix},[b_i]=\begin{bmatrix}\frac{1}{2}\\-\frac{1}{4}\end{bmatrix}\tag{1.19}$$

时，原问题的极大值就不再是定义明确的，而且也不存在可行的 x_1。

假定对于一个整数规划的原问题存在一个最优解 $z=I[c,b,a]$。当所有 b_i 在比例上都增大到 Mb_i 时，$I[c,b,a]$至少增加到 $MI[c,b,a]$，这里的 M 为任意的正整数。人们从直觉上会认识到 x 取整数值这个限制所带来的麻烦随着 M 增大而减少。情况的确如此，人们推断

$$\lim_{M\to\infty} I[c,Mb,a]M^{-1}=z[c,b,a]\tag{1.20}$$

当 $\bar{x}$ 不必是整数时，它是线性规划问题的解。因而，考虑

$$\underset{x}{\text{Max}}\ 1x \quad \text{s. t.} \quad 3x \leqslant 4, x \geqslant 0, x \quad \text{为整数}$$
$$= 1 = I[1,4,3] < z[1,4,3] = 1\frac{1}{3} \tag{1.21}$$

那么,对于

$$M = (1,2,3,4,5,6,7,8,9,\cdots,3K,3K+1,3K+2, 3K+3,\cdots)$$

$$I[1,4M,3]/M = \left(1,1,1\frac{1}{3},1\frac{1}{4},1\frac{1}{5},1\frac{1}{3},1\frac{2}{7},1\frac{2}{8}, 1\frac{1}{3},\cdots,1\frac{1}{3},1+K(3K+1)^{-1},1+K(3K+2)^{-1}, 1\frac{1}{3},\cdots\right)$$

$$\to 1\frac{1}{3} = z[1,4,3]$$
$$= z[1,M4,3]/M \quad \text{当}\ M \to \infty \text{时} \tag{1.22}$$

关于一个整数规划问题的比较静态可以说些什么呢?提高 c_i 对 $\bar{x}_i$ 有什么影响?不错,如果提高 c_i 的话,也必定提高 $\bar{x}_i$。这是弱公理正确性的必然结果,在这个推导过程中并不用到 $\bar{x}$ 是否为整数的任何知识。推导中的全部要求就是这些 $\bar{x}$ 是**最好的可行解**。我们仍然有

$$\sum_{1}^{n} (\Delta c_j)(\Delta \bar{x}_j) \geqslant 0 \tag{1.23}$$

如果对于 $j \neq i$, $\Delta c_j = 0$,那么

$$(\Delta c_i)(\Delta x_i) \geqslant 0 \tag{1.24}$$

其中 x 为整数。

后几节将表明线性规划解和通常的牛顿极值所共同具有的目的论的才智也出现在非线性规划中。

2. 非线性规划

牛顿微积分。当变量 x 可以取任何实数且 $f(x)$ 是二次可微函数时，众所周知，$\bar{x}$ 给出 $f(x)$ 的一个（局部的或整体的）极大值的必要条件［如附录 A 中的(2)和(3)］是：

$$f'(\bar{x})=0 \tag{2.1a}$$

$$f''(\bar{x})=0 \tag{2.1b}$$

如果(2.1b)中的不等号成立，x 就给出一个局部极大值，如果已知 $f(x)$ 是一个（从下的）凹函数

$$f(mA+[1-m]B)\geqslant mf(A)+[1-m]f(B),0<m<1 \tag{2.2}$$

这是 $\bar{x}$ 给出一个整体极大值的一个充分条件

$$\begin{aligned}&\text{Max}f(x)\text{ s. t. }-\infty<x<\infty\\&=f(\bar{x})\geqslant f(x)\end{aligned} \tag{2.3}$$

如果 $f(x)$ 是严格凹的，使得当 A 与 B 不同时，(2.2)中的等号不成立，那么 $\bar{x}$ 就是唯一的极大化值而且对于 $x\neq\bar{x}$，(2.3)中最后的不等式是一个强不等式。

在许多问题中，正如我们在第一节的线性规划模型中所看到的那样，我们的变量限定为非负的。一旦我们面临这样的不等式约束，我们就要离开附录 A 中标准的牛顿-魏尔斯特拉斯微积分而进入到库恩-塔克规划的领域里。

边界极大值。现在我们用下式来代替(2.3)

$$\underset{x}{\mathrm{Max}} f(x) \quad \text{s. t.} \quad x \geqslant 0$$
$$= f(\bar{x}) \tag{2.4}$$

定义 y 使得 $y^2 = x$，我们就能够用(2.1)式的牛顿条件来推导(2.4)中 $\bar{x}$ 必须满足的必要条件。下式等价于(2.4)：

$$\underset{y}{\mathrm{Max}} f(y^2) \quad \text{s. t.} -\infty < y < \infty$$
$$= f(\bar{y}^2), \bar{y} \text{ 满足} \tag{2.5}$$
$$2f'(\bar{y}^2)\bar{y} = 0 \tag{2.5a}$$
$$2f'(\bar{y}^2) + 4f''(\bar{y}^2)\bar{y} \leqslant 0 \tag{2.5b}$$

将(2.5a)式乘以 $\bar{y}$，(2.5b)式乘以 $\bar{y}^2$，我们能够验证(2.5)中的两个关系式隐含着下列三个关系式：

$$f'(\bar{x}) \leqslant 0 \tag{2.6a}$$
$$\bar{x}f'(\bar{x}) = 0 \tag{2.6b}$$
$$\bar{x}f''(\bar{x}) \leqslant 0 \tag{2.6c}$$

例：

(i) $f(x) = -(x-5)^2, \bar{x} = 5$

$f'(5) = 0, \bar{x}f''(\bar{x}) = -2\bar{x} = -2(5) = -10 < 0$

(ii) $f(x) = (1+x)^{-1}, \bar{x} = 0$

$f'(0) = -1, 0f''(0) = 0(2) = 0$

多个变量。如果 $f(x)$ 中的 x 是一个具有 n 个元素的行向量，它的梯度(列)向量写成：$[\partial f(x)/\partial x_i] = [f_i(x)]$；而且把 $f(x)$ 的海赛矩阵写成 $[\partial^2 f(x)/\partial x_i \partial x_j] = [f_{ij}(x)]$。那么利用附录 A 的方法可以验证牛顿必要条件分别是：

$$[f_i(\bar{x}_1,\cdots,\bar{x}_n)]=0 \quad (2.1\text{a}')$$

$$[f_{ij}(\bar{x}_1,\cdots,\bar{x}_n)]\text{是半负定的} \quad (2.1\text{b}')$$

而且，在库恩-塔克的边界情况下，

$$[f_i(\bar{x}_1,\cdots,\bar{x}_n)]\leqslant 0,[\bar{x}_i f_i(\bar{x}_1,\cdots,\bar{x}_n)]=0 \quad (2.6\text{a}')$$

$$[\bar{x}_1 f_{ij}(\bar{x}_1,\cdots,\bar{x}_n)\bar{x}_j]\text{是半负定的} \quad (2.6\text{b}')$$

库恩-塔克形式。库恩和塔克(1951 年)扩展了牛顿-魏尔斯特拉斯微积分的拉格朗日形式，把这种只涉及等式约束和独立变量无取值范围约束的情形扩展到不等式和边界极值的形式。(2.4)式的数量问题是库恩-塔克这类问题中的简单的一种，(2.4)的多变量形式也一样。[其简单性就在于(2.4)中仅有的边界式中变量都是非负的]

人们时常不得不考虑约束极大值，在这种问题中，向量 x 不仅是非负的，而且必须充分满足不等式约束。具体地，一般的线性规划问题为如下形式

$$f^0(\bar{x})=\underset{x_i}{\text{Max}}f^0(x_1,\cdots,x_n)=\underset{x_i}{\text{Max}}f^0(x) \quad (2.7)$$

$$\begin{aligned} \text{s. t.} \quad & f^1(x_1,\cdots,x_n)\geqslant 0,x\geqslant 0,m\gtreqqless n \\ & \vdots \qquad \vdots \qquad\qquad\qquad\qquad (2.8) \\ & f^m(x_1,\cdots,x_n)\geqslant 0 \end{aligned}$$

其中 $f^0,f^1,\cdots,f^m$ 为其变量的可微函数。当然(2.7)也可能无解，下面这个情形就是这样：$f^1=x-2\geqslant 0$，$f^2=-x+1\geqslant 0$，因而约束条件确定了一个空集。

借助于一个修正过的拉格朗日表达式，库恩和塔克推导出他们的一阶必要条件，

$$L(x,u)=u_0 f^0(x_1,\cdots,x_n)+\sum_1^m u_j f^j(x_1,\cdots,x_n)$$

$$=\sum_0^m u_j f^j(x) \tag{2.9}$$

然后，根据引导出(2.6a′)这个同样的逻辑，他们得出 x 作为一个极大值向量的必要条件是：$\bar{x}$ 及其存在的非负对偶变量 u 应当满足下面的 $2(n+m)$ 个等式及不等式：

$$\partial L/\partial x_i=\sum_0^m u_0 f_i^j(x)\leqslant 0,(i=1,\cdots,n)$$

$$x_i\left[\sum_{j=0}^m u_0 f_i^j(x)\right]=0 \tag{2.10a}$$

$$\partial L/\partial u_j=f^j(x)\geqslant 0,(j=1,\cdots,m)$$

$$u_j[f^j(x)]=0 \tag{2.10b}$$

$$x\geqslant 0,0\neq[u_0u_1\cdots u_m]\geqslant 0 \tag{2.10c}$$

在许多重要的应用中，能够保证 u_0 严格为正而且也能够把它正规化为单位 1，因而可以将它略去。当定义在(2.8)中的问题的约束满足文献“约束限制”中的各种条件时，我们就有这种保证。(库恩-塔克，M. 斯莱特，或者阿罗-赫维茨-尤扎沃对约束限制的讨论，可参见 A. 高山，1974 年，第二章)

例如，当(2.8)中仅有的约束是 x 为非负时，u_0 无疑地为 1 而且可以略去$(\bar{u}_1,\cdots,\bar{u}_m)$；那么(2.10a)刚好就是我以前的(2.6a′)；如果$[f^0(x_1),f^1(x_1)]=[x_1,-x_1^2]$，那么唯一的可行点是 $x_1=0$；因而当然有 $\bar{x}_1=0$ 而且仅仅当 $u_0=0$ 时，$v_0f_1^0(0)=u_0(1)$才能为非负。这是一个不满足约束限制的例子。

凹规划与鞍点。由于其简单性而备受经济学家们青睐的一种情形是其中$[f^0(x), f^1(x), \cdots, f^m(x)]$都是凹函数。因而如果一个非空可行点的集合满足约束条件,这个集合就是一个凸集。[如果这个集合的两个元素为 x^1 和 x^2,那么对于任意的正分数 m, $mx_1+(1-m)x^2$ 也是这个集合的元素。]

对于凹规划,任何满足(2.10)式的库恩-塔克必要条件的 $\bar{x}$ 必定是一个极大化解。因而必要条件也是充分条件。适合于 $f^0(x)$的约束极大化的变分条件(2.10)式也给出了 L 的一个极小极大值:

$$L[x_1, \cdots, x_n, u_1, \cdots, u_n] = f(x) + \sum_1^n u_j f^j(x) = L[x, u] \tag{2.11a}$$

$$\underset{x}{\text{Max}} \quad \underset{u}{\text{Min}} \quad L[x, u] \text{s. t. } (x, u) \geqslant 0$$
$$= L[\bar{x}, \bar{u}] \tag{2.11b}$$

$$L[x, \bar{u}] \leqslant L[\bar{x}, \bar{u}] \leqslant L[\bar{x}, u] \tag{2.11c}$$

例子。经济上凹规划的例子是很多的。在第 8 节对有价证券均值-方差最优化的讨论中,对于其均值的每个给定水平,当有价证券的方差需要极小化时就会出现二次规划问题。

更一般的有价证券算法也涉及库恩-塔克凹规划。因而,假定你必须决定你的财富 w_1 中有多大的份额投入到一种风险证券中,对于你所投入的每一美元其期望{收益}小于 1+利息率,并以现金的形式取得在每一美元上能够确实赚得的收益。如果你是厌恶风险的,极大化你的凹效用函数的期望值 $E\{u[财富]\}$,你肯定不想持有任何风险证券。你的 $\bar{w}_1$ 肯定不为正。的确,如果允许有卖空行为,$\bar{w}_1$ 就为负。但是,如果卖空行为是不可行的,且 $\bar{w}_1$

必定在区间[0,1]之内，我们的问题就是一个库恩-塔克的凹规划问题。你的最优的 $\bar{w}_1$ 将为 0，这里根据(2.10a)，$\partial(E\{u\})/\partial w_1$ 为负而不为 0；不过，正如(2.10a)所要求的那样，$\partial(E\{u\})/\partial w_1$ 与 w_1 的乘积是 0。

第三节对最优控制理论的讨论将考虑庞特亚金等人(1962)十分有用的“极大值原值”。一个汉密尔顿表达式 H 在严格的边界条件下将在一个约束极大值上。像下面这样的情形就会出现：

$$\begin{aligned}&\operatorname*{Max}_{v}\{f[v,K]e^{-rt}+pv\} \quad \text{s. t. } 0\leqslant v\leqslant 1\\&=H[p,K,t]\\&=f[\bar{v},K]e^{-rt}+p\bar{v}\end{aligned} \tag{2.12}$$

其中 f 是一个凹的、光滑可微的函数，$\bar{v}$ 满足变分不等式：

$$\begin{gathered}e^{-rt}(\partial f[v,K]/\partial v)+p-u_1\leqslant 0\\v\{e^{-rt}\partial f[v,K]/\partial v+p-u_1\}=0\\1-v\geqslant 0, u_1(1-v)=0\\(u_1,v)\geqslant 0\end{gathered} \tag{2.13}$$

当 $\bar{v}$ 是一个适当的分数时，(2.13)中的第一行是一个等式且 u_1 为零。当 $\bar{v}$ 为零时，(2.13)中第一行的 u_1 为零而且这一行可能为负。当 $\bar{v}$ 为 1 时，u_1 等于(2.13)中第一行左边各项的和而且二者都可能为负。

注意：在经济学和物理学里所遇到的许多极值问题中，(2.7)式的函数 $f^0(x)$ 并非处处可微，因此，不能直接地应用简单的库恩-塔克形式——或者只有在作出某些修正之后才能加以应用。尽管如此，这种问题仍然属于非线性规划而且它们的许多比较静态性质仍然正规。

这里是一个最简单的例子。三个统计观察值(x_1,x_2,x_3)的平均值是$\bar{x}$,它使得下式极小化:

$$\begin{aligned}\underset{x}{\operatorname{Min}}\{|x_1-x|+|x_2-x|+|x_3-x|\}&=\underset{x}{\operatorname{Min}} f^0(x)\\&=|x_1-\bar{x}|+|x_2-\bar{x}|+|x_3-\bar{x}|=f^0(\bar{x})\end{aligned}\qquad(2.14)$$

当x等于x_1或x_2或x_3时,$f^0(x)$没有一个定义明确的导数,因而不能直接应用(2.10)式库恩-塔克条件。不过,当三个观察值互不相等时,$\bar{x}$显然必定等于中间的一个,而且当两个或两个以上的x_j一致时,$\bar{x}$也必定与它们一致。根据这个理解,我们认识到比较静态的下述规律性:提高这三个观察值的任何变动也必然提高它们的中位数。

为了减少烦琐,假定我们把$(x_1,2,5)$的中位数写成$M(x_1,2,5)$并考虑极大值问题

$$\underset{x_1}{\operatorname{Max}}\quad M(x_1,2,5)-p_1x_1,x_1\geqslant 0,p_1>0\qquad(2.15)$$

为什么我们能够确信:降低p_1或许会提高x_1呢?

我们之所以能够确信这一点是因为:对于两个给定的、分别提高x_1的极大化解的p_1值,可以应用(1.17)的弱公理。我留给读者来验证:

$$(\Delta p_1)(\Delta x_1)\leqslant 0\qquad(2.16)$$

即使当M并不处处可微时仍然成立。

正是p_1只出现在双线性$-p_1x_1$的形式中这个事实证实了这个弱公理的正确性——这一点既适用于牛顿微积分情形,线性规划与库恩-塔克规划,也适用于最一般类型的规划。

3. 对偶与动态规划

哈罗德·霍特林(1932)激励本书涉足对偶理论。只是 E. B. 威尔逊在哈佛大学作关于吉布斯的热力学讲座之后才出现勒内·罗伊的著作(1942),它引起了我的兴趣并吸引了我的注意力。继罗纳德·谢泼德(1953)和萨缪尔森(1953)的工作之后,在一般对偶理论中出现了新的活动和自我意识。M. 富斯与 D. 麦克法登(1978)及迪沃特(1974)讨论了下面这些重要人物的工作,如路易丝·考特,J. R. 希克斯,W. M. 戈尔曼,H. 霍撒克及 1947 年以后的其他先驱者。

历史先驱。可以说对偶理论常常使你事半功倍。在数理逻辑中,C. S. 皮尔斯和 E. 施罗德在一个多世纪以前就发现:包含"而且"和"或者"的定题或同义反复的命题可以(通过适当地运用"不")转换成同构对。所有为真的、包含"而且"的定理都有其相应的而且亦为真的"或者"定理。在投影几何中,甚至更早地就认识到有关"点"的关系有其成对的、与"线"有关的关系。电力网是由"分支"和"结点"构成的并涉及"平行"与"序列"的联系,类似地,它也包括服从对称对偶性的成对定理。莱金德尔变换涉及用一条函数的"点"或"切线"对它进行描述,也涉及古典机械学的速度和动量,或热力学的广泛能及其结合力,人们发现这种变换也服从一个对偶关系。(而且最后的这种对偶形式最接近于经济学家们的现代对偶理论)从美学的观点上看,我们看到对偶这根线索贯穿着这些不同的领域。

在经济学上的出现。经济价值 pq 或 $\sum p_j q_j$ 表现出价格与数量之间的一个双线性结构，它实际上告诉我们对偶性质。我们记得线性规划和二人对策理论二者都表现了对偶性质。在第一种情形中，存在着原规划和对偶规划的问题；在第二种情形中是彼得和保罗在一个零和二人对策里各自的混合策略；在这两种情形中，都存在一个对称的极小极大值或鞍点形式。本书认为拉格朗日乘子本身具有对偶价格或影子价格的特征：使人感到吃惊的是在帕累托时代的作者几乎都没有注意到这个显而易见的特点。

里昂惕夫的投入产出模型涉及数量及其对偶价格。q 的列向量后乘他的 $[a_{ij}]$ 矩阵，p 的列向量后乘 a 的转置，$[a_{ji}]=a'$。

成本和生产关系表现出对偶性质。效用与间接效用——或者，更好地，由于以后将要说明的理由，间接负效用——具有一个对偶关系，如果我们将价格规范化并运用向量（P_j/收入）$=Y$，这个对偶关系就是完全的。利润函数和租金函数也表现出通常的对偶性质。在时间阶段的、单一初始要素的系统中，每人的消费与增长率之间的金律关系同实际工资与利润率之间的关系一样服从相同的韦塞克-布鲁诺关系。

只要我们把目光专注于这种逻辑结构中的内容，这个单子就可以一直列下去。对我来说最使我感到吃惊的是：在后期——20世纪50年代——人们才注意到自从李嘉图那时就变得显然的、在要素价格边界这个重要的概念中的隐含关系。如果在无时间性的系统中初始要素的实际工资或租金之间不存在这种交易关系，而且在时间阶段的系统中，同样这些实际比率与利息或利润率之间不存在这种交易关系时，我们怎样取得进展呢？而且只有当我试图探讨卡尔·马克思之所以能够得出同时存在一个下降的竞争利润率和一个下降的实际工资的条件时(萨缪尔森,1957 年,得出的答案是:从不如此),我才意识到要素价格边界被当作一个显然的定理。谁说马克思不是一个仍然存在的影响!

一个极大值体系的结构。为了表明霍特林式的形式对偶性,我用小写字母表示数量(x_i),用大写字母表示它们的**对偶**价格(X_i)。类似地,把**生产函数**写成 $f[x_1,\cdots,x_n]=f[x]$,相应地,把**负利润率函数**写成 $F[X_1,\cdots,X_n]=F[X]$。

如同萨缪尔森(1960c)一文一样,为了排除边界极值、多个内部解以及函数缺乏整体可转换性,我作出以下过强的假定。

$f[x]$严格单调递增:

$$f[y+x]>f[x],x,y>0 \quad (3.1a)$$

$f[x]$是严格凹的:

$$f[mx+(1-m)y]>mf[x]+(1-m)f[y];$$
$$x,y>0,\quad 0<m<1,\quad x\neq y \quad (3.1b)$$

$f[x]$二次连续可微:

$$\partial f/\partial x_i=f_i[x],\partial^2 f/\partial x_i\partial x_j=f_{ij}[x]\text{对所有的 }x>0\text{是确定的} \quad (3.1c)$$

$$\text{对于 }x>0\text{,仅当 }y>0\text{ 时 }f[x]=f[y] \quad (3.1d)$$

$$\lim_{x_i\to\infty}f_i[x]=0;\lim_{v_i\to 0}f_i[x]=\infty \quad (3.1e)$$

根据牛顿微积分,于是得到:

$$\underset{x_i}{\mathrm{Max}}\left(f[x_1,\cdots,x_n]-\sum_1^n X_jx_j\right)=\underset{w}{\mathrm{Max}}(f[x]-X\cdot x)$$
$$=-F[X_1,\cdots,X_n]=-F[X] \quad (3.2)$$

$$= f[x\{X\}] - X \cdot x\{X\}$$

其中的一一对应关系 $x \leftrightarrow X$ 由下式给出：

$$x = [x_i] = [x^i\{X\}] = x\{X\} = F[X]\text{的梯度} = [F_i[X]]$$

$$X = X\{x\} = [X^i\{x\}] = f[x]\text{的梯度} = [f_i[x]] \quad (3.3)$$

根据偏微分顺序的可交换性，在 x 及 X 的正象限上几乎处处成立下述相互关系或可积性：

$$(\partial x_i/\partial X_j) = (F_{ij}[X]) = (F_{ji}[X]) = (\partial x_j/\partial X_i)$$

$$(\partial X_i/\partial x_j) = (f_{ij}[x]) = (\partial X_j/\partial x_i) \quad (3.4)$$

$$(F_{ij}[X]) = (f_{ij}[x])^{-1}\text{，几乎处处为负定}$$

$$(f_{ij}[x])(F_{ij}[X]) = I = [\delta_{ij}]\text{，几乎处处成立} \quad (3.5)$$

对 $f[x]$所假定的所有这些良好性质，可以推导出对于对偶函数 $F[X]$亦同样成立（如果 $f[x]$缺少其中的某些良好性质，那么 $F[X]$未必刚好是 $f[x]$）。

例子：一个例子是科布-道格拉斯生产函数，

$$f[x] = bx_1^{\alpha_1} \cdots x_n^{\alpha_n},\ \alpha_i > 0,\ \sum_1^n \alpha_j = \alpha < 1$$

$$F[X] = -b\alpha(X_1^{\alpha_1} \cdots X_n^{\alpha_n})^{-1/\alpha} \quad (3.6)$$

$$x_i X_i = \alpha_i f[X] = (-\alpha_i/\alpha)F[X]$$

注意由于一阶齐次的科布-道格拉斯函数不能对所有的 X 提供一个有限的利润极大值而被排除掉。CES 函数 $[\sum_1^n (a_j x_j)^\beta]^\gamma$，$0 < \beta\gamma < 1 > \beta$，在任何情况下都是不能接受的：对于 $\beta > 0$，足够大的价格 X_j 将导致边界极大值；对于 $\beta < 0$，足够低的价格 X_j 将导致无限的利润及无限大的数量 x。

一般弱公理。即使 $f[x]$不是光滑可微的而且有角点，并在这些角点上可能存在多个一般化的支持切线，如果单独提高 X_i 的话，这必定会降低 x_i。因而，总可以得到我们在前面几节中已经遇到的对称弱公理不等式：

$$(\Delta X_1)(\Delta x_1)+\cdots+(\Delta X_n)(\Delta x_n)\leqslant 0 \tag{3.7}$$

第三—四章给出了这种必要的讨论。如果只有 ΔX_i 变动，那么

$$(\Delta X_i)(\Delta x_i)\leqslant 0 \tag{3.8}$$

$x^i\{X_1,\cdots,X_n\}=F_i[X]$就几乎处处可微。因而，除了一个测度为零的点的集合外，

$$\lim_{\Delta X_i\to 0}\frac{(\Delta X_i)(\Delta x_i)}{(\Delta X_i)^2}=\frac{\partial x_i}{\partial X_i}=f_{ii}[X]<0 \tag{3.9}$$

这里是一个可行函数 f 的例子，它违背我的某些过强的假定：

$$\begin{aligned}
f[x_1,x_2]&=2(\mathrm{Min}[x_1,x_2])^{1/2}\\
[x_1,x_2]&=[(X_1+X_2)^{-2},(X_1+X_2)^{-2}]\\
F[X_1,X_2]&=-[X_1+X_2]^{-1}\\
[X_1,X_2]&=[0,x_2^{-1/2}],x_2<x_1\\
&=[x_1^{-1/2},0],x_2>x_1\\
&=[1/2x_i^{-1/2}+a,1/2x_i^{-1/2}-a]\\
x_2&=x_1=x_i,-1/2x_i^{-1/2}\leqslant a\leqslant +1/2x_i^{-1/2}
\end{aligned} \tag{3.10}$$

对于这些有限关系的讨论参见萨缪尔森(1960c，定理 6；1971，图 1)，这种关系超出了(3.7)的弱公理型式，并且是等价于一个非点特征的可积条件的强公理。

整体可转换性。萨缪尔森(1949a，1953)提出了一组隐含关系的唯一可转换性(或“单一性”)问题，这组关系作为产品自由贸易

的结果出现在要素价格的均等性之中。隐函数定理,它的要素是一个雅可比行列式不改变符号,只是一个局部结果。D. 盖尔和H. 二阶堂(1965)能够证明一个广泛有用的结果:如果能够使得一组关系的雅可比矩阵的每个主子式在变量 x 的一个凸区域里处处为正,那么矩阵关系:

$$[g^i(x_1,\cdots,x_n)]=g(x)=X=[X_i] \tag{3.11}$$

在全部所确定的区域里就有一个唯一的逆,$x=g^{-1}[X]$

显然,(3.3)中的($X^i[x]$)是梯度关系($f_i[x]$),其中 $f[x]$ 是一个严格的凹函数,这一点将保证实现盖尔-二阶堂的充分性条件。转换的极值根源足以给出在任何非凸区域里逆关系的唯一性。

萨缪尔森(1960c)表明函数($F_i[X]$)和($f_i[x]$)服从《基础》中的勒夏特利埃原理:($\partial x_1/\partial X_1$)为负,并且它的值在($X_1,\cdots,X_n$)为给定变量时比在($X_1,\cdots,X_r;x_{r+1},\cdots,x_n$),$1<r<n$ 为给定的混合变量时更小。对于($\partial X_1/\partial x_1$)成立对偶不等式。即使违背了(3.1)式的严格条件,以至于(X,x)的相互关系不为单值,对于 X_1 或 x_1 的足够小的变动,仍然可以证明同样的勒夏特利埃定性结果。

一般化的势函数与混合对偶。在配给制度下,对生产者和消费者来说某些产品具有其数量限制而不是价格限制。或者,在短期内,一个可能面临一个固定的要素数量 x_i 而不是固定的价格 X_i。类似地,在热力学系统中,独立变量可能不再是特定的体积,熵,化学质量等等;取而代之的是它们可能为强度,绝对温度,化学势及其他力;或者这些特定的独立变量可能是体积,温度,氢的质量，氧的化学势等等一组混合变量。

为了处理诸如下面这组给定的混合变量，

$$(X_1,\cdots,X_r;x_{r+1},\cdots,x_n)=(X^I;x^{II}),1\leqslant r<n \quad (3.12)$$

萨缪尔森(1953,1960c,1965a)建立了一组势函数，它们在逻辑上与马蒂厄及吉布斯的古典热力学函数一样：内能，热函，自由能等等。这些函数对于独立变量的偏导数给出内生因变量的均衡水平。得到所有这些的新方法是由下述这些给出的：

对于限定在$[\widetilde{X}^I;\widetilde{x}^{II}]$上的$[X^I;x^{II}]$，未知数的均衡值$[\bar{x}^I;\bar{x}^{II}]$由下式给出：

$$\operatorname*{Max}_{x^I X^{II}}(f[x^I,\widetilde{x}^{II}]+F[\widetilde{X}^I,X^{II}]-\widetilde{X}^I\cdot x^I-\widetilde{x}^{II}\cdot X^{II}) \quad (3.13a)$$

$$=0 \quad (3.13b)$$

$$=\operatorname*{Max}_{x^I}(f[x^I,\widetilde{x}^{II}]-\widetilde{X}^I\cdot x^I)$$

$$+\operatorname*{Max}_{X^{II}}(F[\widetilde{X}^I,X^{II}]-\widetilde{x}^{II}\cdot X^{II}) \quad (3.13c)$$

$$=f[x^I\{\widetilde{X}^I,\widetilde{x}^{II}\},\widetilde{x}^{II}]-\widetilde{X}^I x^I\{X^I,\widetilde{x}^{II}\}$$

$$+F[\widetilde{X}^I,X^{II}\{\widetilde{X}^I,\widetilde{x}^{II}\}]-\widetilde{x}^{II}X^{II}\{\widetilde{X}^I,\widetilde{x}^{II}\} \quad (3.13d)$$

$$=F^*[\widetilde{X}^I;\widetilde{x}^{II}]+(-F^*[\widetilde{X}^I;\widetilde{x}^{II}]) \quad (3.13e)$$

$$\equiv(-f^*[\widetilde{X}^I;\widetilde{x}^{II}])+f^*[\widetilde{X}^I;\widetilde{x}^{II}] \quad (3.13f)$$

在我的严格正规性假定之下，下列梯度关系给出混合需求函数$(x^I\{\widetilde{X}^I,\widetilde{x}^{II}\},X^{II}\{\widetilde{X}^I,\widetilde{x}^{II}\})$

$$x^I=(\bar{x}_i)=(F_i^*[\widetilde{X}^I;x^{II}]),(i=1,\cdots,r)$$

$$=-(f_i^*[\widetilde{X}^I;\widetilde{x}^{II}]) \quad (3.14a)$$

$$X^{II}=(\bar{x}_{r+j})=(f_{r+j}^*[\widetilde{X}^I;\widetilde{x}^{II}]),(j=1,\cdots,n-r)$$

$$=(-F^*_{r+j}[\widetilde{X}^I;\widetilde{x}^{II}]) \tag{3.14b}$$

萨缪尔森[1960c,方程(3)—(13)]给出了一组相互关系和定性关系,即必定满足

$$\begin{bmatrix} \partial x^I/\partial\widetilde{X}^I & \partial x^I/\partial\widetilde{x}^{II} \\ \partial X^{II}/\partial\widetilde{X}^I & \partial X^{II}/\partial\widetilde{x}^{II} \end{bmatrix} = \begin{bmatrix} A & B \\ -B' & C \end{bmatrix} \tag{3.15}$$

同时也给出了$-x^I\cdot dX^I+X^{II}\cdot dx^{II}$的线积分,而这个式子正是$F^*$和$-f^*$的微分。完全对偶性处处成立。

效用对偶性。对偶性开阔了我们的视野,提高我们的理解力,但是只有当我们运用负的正规化的间接效用函数$-u^*[P_1/I,\cdots,P_n/I]$或$U[X_1,\cdots,X_n]$来达到充分对偶性这个顶点时,对偶性的全景才会向我们展现出来。

令$x=(x_1,\cdots,x_n)$表示你的消费数量的非负向量,$X=(P_1/I,\cdots,P_n/I)$表示你所面临的非负正规化价格向量,I表示你收入中正的总支出$\sum_1^n P_jx_j$。那么,$u[x_1,\cdots,x_n]=u[x]$就是无数个可行的序数效用指数中的任意一个;正是由于这一点,u的任意单调伸缩变换$\phi(u[x])$,$\phi'>0\lesseqgtr\phi''$,都是一个可行的效用指数。

为简明起见,同时为了保证对于每个正的X存在一个唯一的正x(反之亦然),我对$u[x]$作如下过强的假定:

$u[x]$是严格准凹的,

$u[a]=u[b]$意味着$u[ma+(1-m)b)]>u[a]$　　(3.16a)

$$a\neq b,0<m<1$$

$u[x]$是非饱和的　　(3.16b)

$u[y+x]>u[x],y>0$

$u[x]$二次连续可微

$u_i[x], u_{ij}[x]$对于 $x>0$ 是明确的 (3.16c)

如果 $x>0, u[y]=u[x]$就意味着 $y>0$ (3.16d)

那么下面这个约束极大值问题就给出 n 个均衡的需求函数，把它们写成：$x=x\{X\}$，

$$\begin{aligned}&\operatorname*{Max}_{x} \quad u[x] \text{约束于 } X\cdot x=1, X>0\\&=u[x\{X\}]=u[\bar{x}_1,\cdots,\bar{x}_n]=-U[X]\end{aligned} \tag{3.17}$$

其中$(\bar{x}_i)$是在 x 的正象限中几乎处处为确定的变分条件的唯一正根：

$$\begin{aligned}(X_i)&=\left(u_i[x]/\sum_1^n x_j u_j[x]\right),(i=1,\cdots,n)\\&=u[x]/x \text{ 的梯度}, u[x]\text{的梯度}=(X^i\{x_1,\cdots,x_n\})\\&=X\{x\}\end{aligned} \tag{3.18}$$

可以推知 $U[X]$具有 $u[x]$的所有性质，因而也是它的充分对偶。而且 $U[X]$的对偶就是最初的 $u[x]$。$\phi(u[x])$的对偶当然是$-\phi(-U[X])$。

简言之，(3.17)和(3.18)的对偶是：

$$\begin{aligned}&\operatorname*{Max}_{X} \quad U[X] \text{约束于 } x\cdot X=1, x>0\\&=U[X\{x\}]=-u[x]\\&=U[u[x]/x \text{ 的梯度}, u[x]\text{的梯度}]\end{aligned} \tag{3.19}$$

其中$[\bar{x}_i]=X\{x\}$是下面的隐含变差方程的唯一正根

$$\begin{aligned}(x_i)&=\left(U_i[X]/\sum_1^n X_j U_j[X]\right)\\&=U[X]/X \text{ 的梯度}, U[X] \text{ 的梯度}=x\{X\}\end{aligned} \tag{3.20}$$

我们可以用略微简单的形式改写关系式(3.18)和(3.20),它使我们回想起现代文献中的罗伊引理。我们引进有用的辅助变量 X_0 和 x_0,(如果我们愿意,我们可以把 X_0 当作 I_0,把 x_0 当作平衡放大所有 x 的比例因子)定义新的$(n+1)$个变量的函数

$$\begin{aligned} U[X_0;X_1,\cdots,X_n] &\equiv U[X_1/X_0,\cdots,X_n/X_0] \\ u[x_0;x_1,\cdots,x_n] &\equiv u[x_1/x_0,\cdots,x_n/x_0] \end{aligned} \tag{3.21}$$

那么

$$U[1;X_1,\cdots,X_n] \equiv U[X_1,\cdots,X_n]$$

$$U_i[1;X_1,\cdots,X_n] \equiv U_i[X_1,\cdots,X_n],(i=1,\cdots,n)$$

$$\begin{aligned} -U_0[1;X_1,\cdots,X_n] &\equiv \sum_1^n X_j U_j[X_1,\cdots,X_n] \\ &= X\cdot U[X]\text{的梯度} \end{aligned} \tag{3.22a}$$

$$\begin{aligned} u[1;x] \equiv u[x],u[x]\text{ 的梯度} &= (u_i[1;x]) \\ -u_0[1;x] &= x\cdot u[x]\text{ 的梯度} \end{aligned} \tag{3.22b}$$

借助于这些新的变量和函数,均衡变换 $X\{x\}$ 及 $x\{X\}$ 可以简洁地写成:

$$x_i = -U_i[1;X]/U_0[1;X] = -U_i[I;P]/U_0[I;P] \tag{3.23a}$$

$$X_i = -u_i[1;x]/u_0[1;x],(i=1,\cdots,n) \tag{3.23b}$$

运用(3.23)式的右边分别计算

$$(\partial x_i/\partial X_j)+x_j(\partial x_j/\partial X_0)\text{及}(\partial X_i/\partial x_j)+X_j(\partial X_j/\partial x_0)$$

根据函数 $u[\quad]$和 $U[\quad]$各自交叉导数的相等性质,我们可以推得斯拉茨基-希克斯可积关系及其不为人熟知的奇普曼-穆尔(1976,方程 4.14)对偶:

$$(s_{ij}[X]) = \left(\frac{\partial x_i}{\partial X_j} + x_j\frac{\partial x_i}{\partial X}\right) = I\left(\frac{\partial x_i}{\partial P_j} + x_j\frac{\partial x_i}{\partial I}\right)$$

$$=\left(-\frac{U_{ij}}{U_0}+\frac{U_i}{U_0}\frac{U_{0j}}{U_0}+\frac{U_j}{U_0}\frac{U_{i0}}{U_0}-\frac{U_j}{U_0}\frac{U_i}{U_0}\frac{U_{00}}{U_0}\right) \tag{3.24a}$$

$$=(s_{ji}[X])$$

根据 $U[X_0;X]$ 的零阶齐次性，我们能够验证

$$(s_{ij}[X])(X_i)=0,(X_j)(s_{ij}[X])=0$$
$$(X_j(s_{ij}[X])(X_i)=0 \tag{3.24b}$$

根据 $U[X]$（及 $u[x]$）的强准凹性，我们能够证明在 X 的正象限内，几乎处处成立：对于 $z\neq aX$，

$$(Z_1\cdots Z_n)(s_{ij}[X])(Z_1\cdots Z_n)'<0 \tag{3.24c}$$

关系式(3.23)—(3.24)——对边界极大值，有角点的无差异曲线以及无差异曲线的非凸性作了适当的限制——刚好概括了包括在消费理论中的所有内容

由对偶性

$$(S_{ij}[x])=\left(-\frac{u_{ij}}{u_0}+\frac{u_iu_{0j}}{u_0u_0}+\frac{u_ju_{i0}}{u_0u_0}-\frac{u_j}{u_0}\frac{u_i}{u_0}\frac{u_{00}}{u_0}\right)$$

$$=(S_{ji}[x])$$

$$=\left(\frac{\partial(P_i/I)}{\partial x_j}-(P_j/I)\sum_1^n x_k\frac{\partial(P_k/I)}{\partial x_k}\right) \tag{3.25a}$$

$$(S_{ij}[x])x=0 \tag{3.25b}$$

$$z'(S_{ij}[x])z<0 \text{ 对于 } z\neq ax \tag{3.25c}$$

混合变量：配给问题。同(3.12)—(3.15)的无约束极大值情形一样，通过把 $u[x]$ 和 $U[X]$ 结合在极大值形式中，当用给定的数量来代替某些的价格时，我们来最优地处理需求关系。

假定给你一个正的 I。另外，你面临的价格是($\tilde{P}$,…,$\tilde{P}_r$)，

$1 \leqslant r < n$；而且预先对你规定的配给数量是$(\tilde{x}_{r+1},\cdots,\tilde{x}_n)$。你的购买数量$(\bar{x}_1,\cdots,\bar{x}_r)$是多少？而且，如果你乐意购买的产品向量是$(\bar{x}_1,\cdots,\bar{x}_r;\tilde{x}_{r+1},\cdots,\tilde{x}_n)$，那么“实际价格”$(P_{r+1}/I,\cdots,P_n/I)$或$(\bar{x}_{r+1},\cdots,\bar{x}_n)$又是什么？利用充分对偶性最优地处理这个“混合价格-数量”问题如下：

约束于给定正的$(\widetilde{X}^I;x^{II})=(\widetilde{X}_1,\cdots,\widetilde{X}_r;\tilde{x}_{r+1},\cdots,\tilde{x}_n)$，

$\underset{x^I,X^{II}}{\mathrm{Max}}\ \{u[x^I,\tilde{x}^{II}]+U[\widetilde{X}^I,X^{II}]\}$约束于

$$\widetilde{X}^I\cdot x^I+\tilde{x}^{II}\cdot X^{II}=1 \quad (3.26\text{a})$$

$$=0 \quad (3.26\text{b})$$

$$=u[x^I\{\widetilde{X}^I,\tilde{x}^{II}\},\tilde{x}^{II}]+U[\widetilde{X}^I,X^{II}\{\widetilde{X}^I,\tilde{x}^{II}\}]$$

$$=u^*[\widetilde{X}^I;\tilde{x}^{II}]+U^*[\widetilde{X}^I;\tilde{x}^{II}]\equiv 0, \quad (3.26\text{c})$$

其中唯一的正向量$(\bar{x}_1,\cdots,\bar{x}_r,\bar{x}_{r+1},\cdots,\bar{x}_n)=(x^{\mathrm{I}}\{\quad\},X^{\mathrm{II}}\{\quad\})$是下面的变差方程的根：

$$u_i[x^I,\tilde{x}^{II}]=\lambda\widetilde{X}_i,(i=1,\cdots,r)$$

$$U_{r+j}[\widetilde{X}^I,X^{II}]=\lambda\tilde{x}_{r+j},(j=1,\cdots,n-r) \quad (3.27)$$

$$\lambda=\sum_1^r x_j u_i[x^I,\tilde{x}^{II}]+\sum_{r+1}^n X_j U_j[\widetilde{X}^I,X^{II}]$$

我留下读者去推导配给需求函数必须服从的混合斯拉茨基-奇普曼可积性和定性条件。

为了使得推导更容易，我们定义

$$u^*[x_0;X_1,\cdots;\cdots,x_n]=u^*[X_1/x_0,\cdots;\cdots,x_n/x_0]$$

$$u_j^*[1;X_1,\cdots;\cdots,x_n]=u_j^*[X_1,\cdots;\cdots,x_n],$$

$$(j=1,\cdots,n) \quad (3.28)$$

$$u_0^*[1;X_1,\cdots;\cdots,x_n] = -\sum_1^r X_j u_j^*[X_1,\cdots;\cdots,x_n] - \sum_{r+1}^n x_j u_j^*[X_1,\cdots;\cdots,x_n]$$

然后，运用如同(3.23)中的一个一般化过程，我们可以表明：

$$\bar{x}_i = -\frac{u_i^*[1;\widetilde{X}_1,\cdots;\cdots,\widetilde{x}_n]}{u_j^*[1;\widetilde{X}_1,\cdots;\cdots,\widetilde{x}_n]}(i=1,\cdots,r) \quad (3.29a)$$

$$\bar{x}_{r+j} = \frac{u_{r+j}^*[1;\widetilde{X}_1,\cdots;\cdots,\widetilde{x}_n]}{u_0^*[1;\widetilde{X}_1,\cdots;\cdots,\widetilde{x}_n]},(j=1,\cdots,n-r) \quad (3.29b)$$

因为 U^* 和 u^* 只是在符号上不同，因而(3.29)式也可以用 U^* 来表示，这样我们又发现即使(3.29a)和(3.29b)之间有符号差别也不破坏对偶性表达式上的对称性。

要素价格边界。在前面的(3.1)式中我没有容许 $f[x]$ 是一阶齐次的。函数 f 要表现出“收益递减”而不是“规模报酬不变”，这多少有点像所考虑的厂商具有固定的土地这种与时期有关的要素一样。如果一个厂商能够在任意给定的要素价格上购买它所需要的每一种要素，与此同时，它能够在一个固定的价格上生产并出售它的产品，那么它的生产函数的一阶齐次性就会引导出下面这三种与有意义的、唯一的正均衡相偏离的结果：如果，相对于产品价格来说要素价格规定得太低，那么厂商就可以获得无限的利润并使用无限的要素；如果给定的要素价格太高，厂商最好的利润产出为零，具有投入和产出为零的经营规模；如果要素的价格规定得十分特殊，使得厂商正好收支相抵，那么它的利润极大化的经营规模是无关紧要的，尽管它所使用的投入比例同在每个经营规模的成本极小化的点上是一样的。

当规模报酬不变时，完全竞争就是最能牢固保持的情形。从单个厂商的微观立场上看是不寻常的事情，从竞争的一般均衡这个竞争活动的整体的宏观立场上看也是如此。在第三种情形中，在规模报酬不变的情况下，要素价格和产品价格之间的独特关系正是决定要素价格边界的关系。它明确地指出了李嘉图和杜能具有启发性的洞察力，即谷物中工资率高，那么谷物中的地租率必然低。或者，如同我们将在一个时间阶段系统中会看到的那样，如果像劳动和土地这样的初始要素的实际收益高，那么稳定的竞争利息率必然低。萨缪尔森(1957，1962)，谢泼德(1953)及萨缪尔森(1953)探讨了目前为人熟知的要素价格边界的起源。D. G. 钱珀努恩(1953—1954)也给出了一个实际工资、利息率模型。

无时间性的单个产品模型。(3.1)仍然保持其良好性质，除非用凹性和严格准凹性代替严格凹性：对于投入按比例变动，成立弱凹性，根据古典的“收益率”：(1)规模报酬不变；(2)非比例变动的收益递减。对于一阶齐次情形，我用 $q[x]$ 和 $Q[X]$ 代替 $f[x]$ 和 $F[X]$。

对 $q[x]$ 加上过强的不变性条件以便从一开始我们就排除边界极值和多值解的情形。具体地，

$$q[x] \equiv m^{-1} q[mx] > 0, m > 0, x > 0 \tag{3.30a}$$

$$q[x+x] - q[y] \geqslant q[x+2y] - q[x+y] > 0, x, y > 0 \tag{3.30b}$$

$x, y > 0$，仅当 $y = ax$ 时等号成立。

对于 $x > 0$，仅当 $y > 0$ 时 $q[x] = q[y]$ (3.30c)

对于 $x>0$,存在$\partial q/\partial x_i=q_i[x]$和$\partial q_i/\partial x_j=q_{ij}[x]$ (3.30d)

根据上面的公理,我们就能够推导出欧拉恒等式

$$x\cdot q[x]\text{ 的梯度}=\sum_1^n x_j q_j[x]\equiv q[x] \tag{3.30e}$$

$$(q_{ij}[x])x\equiv 0,(q_{ij}[x])\text{的行列式}\equiv 0 \tag{3.30f}$$

$$z'(q_{ij}[x])z<0\text{ 对于 }z\neq ax\text{ 几乎处处成立} \tag{3.30g}$$

在这些条件下,用产品 q 表示的要素各自的实际报酬($P_1/P_q,\cdots,P_n/P_q$)由下式给出:

$$\begin{aligned}P_1/P_q&=q_1[x_1,\cdots,x_n]\\&=q_1[1,x_2/x_1,\cdots,x_n/x_1],x>0\end{aligned} \tag{3.31a}$$

$$\begin{aligned}P_i/P_q&=q_i[x_1,\cdots,x_n]\\&=q_i[1,x_2/x_1,\cdots,x_n/x_1],(i=2,\cdots,n)\end{aligned} \tag{3.31b}$$

这 n 个关系式依赖于$(n-1)$个 x/x_1 比率。在我的严格假定下,(3.31b)中$(n-1)$个隐方程总能用参数$[P_2/P_q,\cdots,P_n/P_q]$唯一地解$(x_2/x_1,\cdots,x_n/x_1)$。把结果代入(3.31a)式的右边,然后用$(P_2/P_q,\cdots,P_n/P_q)$解出 P_1/P_q,它就是我们所寻求的要素价格边界:

$$P_1/P_q=II[P_2/P_q,\cdots,P_n/P_q] \tag{3.32}$$

根据 $q[x]$的条件,可以表明

$$\partial(P_1/P_q)/\partial(P_i/P_q)=II_i[P_2/P_q,\cdots,P_n/P_q]<0$$
$$(i=2,\cdots,n)\text{,几乎处处成立} \tag{3.33a}$$

$$(II_{ij}[P_2/P_q,\cdots,P_n/P_q])\text{几乎处处为正定} \tag{3.33b}$$

因而,在涉及初始生产要素的无时间情形中,要素价格边界是 P/P_q 空间中的一条凸等高线。

单位成本对偶性。可以用效用化的对偶性来取代上面的推导过程以便达到 x_1 与其他 x 之间的对称性，并为不正规的函数情形铺平道路，新古典主义的批评者们认为不正规函数更加现实、更加相关。我们已经遇到过两种对偶性——非约束极大化的霍特林型对偶性和预算约束极大化的罗伊对偶性。萨缪尔森(1972a)讨论了谢泼德-萨缪尔森的第三种类型的对偶如何适合于其他的类型。

现在，用 $(x_1,\cdots,x_n)=x$ 表示投入要素；$q[x]$ 是产出；$(X_1,\cdots,X_n)=X$ 是用名义美元表示的要素价格。

考虑产品的单位成本极小化：

$$\underset{x}{\text{Min}}\{X\cdot x/q[x]\}$$

$$=\underset{x_i}{\text{Min}}\left\{\sum_1^n X_j x_j/q[x_1,\cdots,x_n]\right\},X>0 \qquad (3.34a)$$

$$=Q[X_1,\cdots,X_n]=Q[X] \qquad (3.34b)$$

$$=m^{-1}Q[mX],m>0 \qquad (3.34c)$$

$$=X\cdot\bar{x}/q[\bar{x}]=X\cdot(v\bar{x})/q[v\bar{x}],v>0 \qquad (3.34d)$$

其中正的最优化数值$(\bar{x}_1,\cdots,\bar{x}_n)$可以为任意数，只要它们具有满足下列变差条件的最优比率$(1,\bar{x}_2/\bar{x}_1,\cdots,\bar{x}_n/\bar{x}_1)=\bar{x}/\bar{x}_1$，

$$q_i[x/x_1]/q_1[x/x_1]=X_i/X_1,(i=2,\cdots,n) \qquad (3.34e)$$

在我的强假定下，(3.34e)中的$(n-1)$个隐关系式必然具有唯一的解 $\bar{x}/\bar{x}_1$，这个解将是 $\bar{x}/\bar{x}_1$ 的一个函数。

注：在我们知道了 $Q[X]$的形式之后，我们就可以把(3.34e)改写成更为对称的形式：

$$X_i/Q[X]=q_i[x],(i=1,\cdots,n)$$
$$=q_i[mx],m>0 \tag{3.34f}$$
$$=MX_i/Q[MX],M>0$$

可以证明，通过解(3.34e)所确定的逆函数具有函数 q_i/q_i 所具有的所有定性性质。并且可以推导出，$q[x]$的“对偶”$Q[X]$具有我们对 $q[x]$所假定的所有良好性质。的确，我们可以直接得出$Q[X]$的对偶就是 $q[x]$本身。（如果 $q[x]$缺乏我所假定的某些良好性质，$Q[X]$的对偶就不会与 $q[x]$刚好一致）

指定 x 为参数，极小化的 X 解出下面这个与(3.34)相反的极小值问题，即它的对偶问题

$$\underset{X}{\text{Min}}\{x\cdot X/Q[X],x>0$$
$$=q[x] \tag{3.35}$$

对称地，相应的要素价格比率和要素数量比率之间的对应 $\bar{x}\leftrightarrow\bar{x}$ 为下列 $2n$ 个变量的函数提供了一个整体极小值：

$$\underset{X,x}{\text{Min}}\frac{x\cdot X}{q[x]Q[X]}=1=\frac{\bar{x}\cdot\bar{x}}{q[\bar{x}]Q[\bar{x}]} \tag{3.36a}$$

$$q[\bar{x}]Q[\bar{x}]=\sum_1^n\bar{x}_j\bar{x}_j \tag{3.36b}$$

$$\frac{\bar{x}_i}{q[\bar{x}]}=\frac{\partial Q[\bar{x}]}{\partial X_i},\frac{\bar{x}_i}{Q[X]}=\frac{\partial q[x]}{\partial x_i},(i=1,\cdots,n) \tag{3.36c}$$

$$\bar{x}_i=m\frac{\partial\ln Q[X]}{\partial X_i},\bar{x}_i=M\frac{\partial\ln q[x]}{\partial x_i},$$
$$m>0,M>0 \tag{3.36d}$$

$$x_i/x_1=Q_i[X/X_1]/Q_1[X/X_1],(i=2,\cdots,n) \tag{3.36e}$$

实际上，不论 $q[X]$ 的可微性，对于

$$\Delta X=\bar{x}^2-\bar{x}^1 \text{ 及 } \Delta x=\bar{x}^2-\bar{x}^1, \tag{3.36f}$$
$$(\Delta\bar{x}_1)(\Delta\bar{x}_1)+\cdots+(\Delta\bar{x}_n)(\Delta\bar{x}_n)\leqslant 0$$

在我最初的强假定下，对于 X^2 与 X^1（或 x^2 与 x^1）之间不同的比率配置变化，(3.36b)式就是一个严格不等式。

科布-道格拉斯的例子。

$$q[x]=bx_1^{k_1}\cdots x_n^{k_n}n^{1/2}, k_i>0, \sum_1^n k_j=1, b>0 \tag{3.37a}$$
$$Q[X]=BX_1^{k_1}\cdots X_n^{k_n}n^{1/2}, bB=1$$

这种自对偶性是很奇特的，而且只是很小一类函数的特点，其中科布-道格拉斯是它的一种。而 $(x_1x_2)^{1/2}+x_1^{2/3}x_2^{1/3}$ 这种函数就是避免了这种自对偶性的一个较好的普通例子。

CES 生产函数不满足我的强条件，它具有不同于科布-道格拉斯单位 1 的替代弹性。尽管如此，(3.36)中所有的对偶关系对于它们在性质上仍然成立——正如在下一段将要表明的那样。而且，即使我们否定我们的函数具有新古典的光滑可微性，一旦我们在指定的点上，运用 q 和 Q 的支持超平面的斜率这种意义上的一般化的偏导数"代替"(3.36c)的偏导数，(3.36)中所有的关系仍然成立。

受遗弃的新古典主义。假定只存在一种从 $(x_1,\cdots,x_n)$ 中生产 q 的技术：

$$q=\mathrm{Min}[x_1/a_1,\cdots,x_n/a_n] \tag{3.38}$$

其中 a_j 表示正常数。所有的**定性上**的对偶关系仍然成立。现在

$$\underset{x}{\mathrm{Min}}\left\{\sum_{1}^{n} X_j x_j\right\} / \mathrm{Min}[x_1/a_1, \cdots, x_n/a_n]\}, X > 0$$
$$= a_1 X_1 + \cdots + a_n X_n \tag{3.39a}$$

对于正的、独立于 X 的 x*，

$$(\bar{x}_1 \bar{x}_2 \cdots \bar{x}_n)/\bar{x}_1 = (a_1 a_2 \cdots a_n)/a_1 \tag{3.39b}$$

$$\underset{X}{\mathrm{Min}}\left\{\sum_{1}^{n} x_j X_j / \sum_{1}^{n} a_j X_j\right\}, x > 0$$
$$= \mathrm{Min}[x_1/a_1, \cdots, x_n/a_n] \tag{3.40a}$$

对应于给定的正 x，$\bar{x}$ 必定满足

$$(\mathrm{Min}[x_1/a_1, \cdots, x_n/a_n] - x_i/a_i)\bar{x}_i = 0, (i = 1, \cdots, n)$$

$$\sum_{1}^{n} \bar{x}_j > 0 \tag{3.40b}$$

在 $q[x]$的等高线具有折点的地点，对应的 $Q[x]$的射线会遇到局部上是线性的等高线。而且(根据对偶理论)，在 $q[x]$的等高线仅仅具有局部弱凸性的地方，对应的 $Q[X]$的等高线就有折点。在 $q[x]$的等高线具有低的曲率或可替代性的地方，相应的 $Q[X]$的等高线就具有较高的曲率或可替代性。

CES 生产函数。根据上面的讨论，我们会正确地猜测到，当 $n=2$ 时，希克斯-罗宾逊替代弹性概括了 $q[x]$的局部曲率 σ，$Q[X]$对应于 σ 的 Σ 将是 σ 的倒数：

$$\begin{aligned} \sigma &= q_1[x] q_2[x] / q[x] q_{12}[x] \\ \Sigma &= Q_1[X] Q_2[X] / Q[X] Q_{12}[X] \\ \sigma \Sigma &= 1 \end{aligned} \tag{3.41}$$

* 原文这里为一个 X。——译者

对于 $n>2$，在 CES 情形下，成立一个相似的对偶倒数关系：

$$q[x]=\left[\sum_{1}^{n}(a_jx_j)^{(\sigma-1)/\sigma}\right]^{\sigma/(\sigma-1)},0<\sigma<\infty$$

$$Q[X]=\left[\sum_{1}^{n}(A_jX_j)^{(\Sigma-1)/\Sigma}\right]^{\Sigma/(\Sigma-1)},0<\Sigma<\infty \tag{3.42}$$

$$\sigma\Sigma=1$$

当 $\sigma\to 0$ 时，我们就接近于(3.38)中固定系数的 $q[x]$ 及(3.39a)中无限替代性的 $Q[X]$。

作为单位成本等高线的要素价格边界。现在我们有了要素价格边界的一个对称的推导过程，它为上面(3.31)中的第一种推导方法提供了一个方便的替代办法。在竞争的条件下，对于生产出来的任何正数量的产品，价格和极小化的单位成本必定相同：

$$\begin{aligned}P_q&=Q[X_1,\cdots,X_n]\\&=Q[P_1,\cdots,P_n]\end{aligned} \tag{3.43}$$

因而，要素价格边界是由下式所确定的凸等高线：

$$1=Q[P_1/P_q,\cdots,P_n/P_q] \tag{3.44}$$

注意，对于这个推导过程，我们不需要任何关于光滑性或无限可替代的技术的新古典假定。（第九章处理这个问题的分阶段的、斯拉法类型的一般化形式。）

一般均衡的价格边界与数量边界的对偶。注意一个惊人的事实，它如此不寻常以至于由自由的国际贸易而形成的要素价格均等化的全部理论都决定性地取决于它：在没有结合生产的情况下，而且无论投入产出的关系怎样复杂，当存在 N 种单独的产品并且它们是用 n 种共同的初始要素的特定供给生产出来时，每一种产品都有其自动的价格要素边界。

在数学上，考虑社会的生产可能性边界，

$$q_1 = h[L_1, \cdots, L_n, q_2, \cdots, q_N], n \geqslant 1, N \geqslant 1$$

$$= \mathrm{Max}\left\{q^1[L_{11}, \cdots, L_{n1}, q_{11}, \cdots, q_{N1}] - \sum_{i=1}^{N} q_{1i}\right\} \quad (3.45)$$

它对应于$[L_{ki}, q_{ji}]$并约束于：

$$q^j[L_{1j}, \cdots, L_{nj}, q_{1j}, \cdots, q_{Nj}]$$

$$\geqslant q_j + \sum_{i=1}^{N} q_{ji}, (j = 2, \cdots, N) \quad (3.45a)$$

$$L_k \geqslant \sum_{i=1}^{N} L_{ki}, (k = 1, \cdots, n); [L_{kj}, q_{ij}] \geqslant 0$$

586

那么，当函数 $q^j[\quad]$是一阶齐次、凹的并且是它们变量的单调递增函数时，h 就是一阶齐次的、凹的，并且是变量$[L_1, \cdots, L_n; -q_2, \cdots, -q_N]$的单调递增函数。所有这些在一个非新古典的世界里仍然成立，在那里函数具有折点和边界。

在任何点$[L_1, \cdots, L_n; q_2, \cdots, q_N]$上，可以表明，$h$ 的偏导数（或者，更一般的是在这些点上支持超平面的斜率）确定非负的实际价格比率：

$$[P_1/P_{q1}, \cdots, P_n/P_{q2}; -P_{q2}/P_{q1}, \cdots, -P_{qN}/P_{q1}]$$

如果允许出现结合产品，(3.46)中的变量可以用一条一般的要素价格边界联系在一起，而这个一般要素价格边界就是(3.45)中一般均衡的生产可能性边界的对偶：

$$P_{q1} = H[P_1, \cdots, P_n; -P_{q2}, \cdots, -P_{qN}] \quad (3.46)$$

其中 H 具有与 T 和 q^j 相同的定性性质。

正如萨缪尔森(1966)所表明的那样,无结合产品的情形特别容许并要求(3.46)式的关系变得等价于 N 个单独行业的自动要素价格边界:

$$1=Q^j[P_1/P_{qj},\cdots,P_n/P_{qj}],(j=1,\cdots,N) \qquad (3.47)$$

其 $Q^j[\quad]$与 $q^j[\quad]$之间的关系就是在(3.34)—(3.35)中所表明的 $Q[\quad]$与 $q[\quad]$之间的所具有的关系。(更正确地,因为(3.35)式是用来表明在(3.34)式中没有明确表示出来的投入产出关系,相对于产品投入需求$[q_{ij}]$极大化之后,$Q^j[\quad]$的对偶就是(3.45)中的 $q^j[\quad]$。直接就可以得出在细节上的限定条件,这一点可以留给感兴趣的读者)

李嘉图和重农学派的"净产品"。李嘉图认为谷物是劳动和土地生产出来的。但是,也可说,劳动是从谷物中生产出来的。所以,在第九节中保留了时间阶段性,因而萨缪尔森(1958)指出:李嘉图可以认为谷物最终是由土地生产出来的;在长期均衡中,它的价格以及其他任何产品的价格必定与它们各自所体现的(社会必需)土地总需求量成比率。重农学派具有相同的基本洞察力,它是魁奈在其《经济表》中的模糊想法所包含的真理的真正起源,他认为除农业之外的所有行业都是"不结果实的"。古典经济学家们的读者不能理解他们的许多论点,除非他理解他们的这个先入之见——由于李嘉图、斯密、穆勒、杜尔哥以及魁奈他们自己常常提出与用产品表示的劳动再生产的固定成本相当矛盾的论断,从而使得这种理解更加困难。

举出一个误解的例子就足够了。李嘉图在其著作的第三版中使学者们大吃一惊地断言:一个可行的发明可能降低对劳动的需求并降低国民收入或国民产值。K. 维克塞尔、N. 卡尔多、G. 施蒂格勒和一些不太知名的人都确信完全竞争就是帕累托有效率，因而它不可能降低国民收入或产值。因而，正是在这个平凡的认识上，伟大的李嘉图出现了一次疏忽。

李嘉图是对的。就维克塞尔等人的直观看法而言他们也没有错，但是，当他们指责李嘉图逻辑上的疏忽时，他们没有理解李嘉图-魁奈的净产品。当一项发明实现帕累托有效率的极大化净产出时，它可能而且必定破坏国民收入。这个平凡的认识使李嘉图受到太多的注意。但是，这一次关于技术变动所带来的可能的悲惨化，正是他而不是他们是正确的。

萨缪尔森(1953)说明我们的混合对偶函数 $f^*[X_1,\cdots,X_r;x_{r+1},\cdots,x_n]$或$-F^*[X_1,\cdots,X_r;x_{r+1},\cdots,x_n]$正好是莱金德尔变换的概念，它必须充分考虑到具有无限弹性的劳动和/或资本供给的古典模型。为了简单地说明这一点，我假定一种简单的(谷物:劳动，土地)克拉克-李嘉图技术。或者，对于它们无法缩小的极小值，为了保持时间阶段上的复杂性，直到第九节我才超出一个简单的，(谷物:劳动，土地，资本)或($q:L,T,K$)的克拉克-李嘉图-索洛技术。

我们从下面这个情形开始，其中谷物是由土地生产的，并且在每单位 L 的最低谷物工资为 $\bar{w}$ 这个固定成本上可再生产劳动的任何数量。对于固定在 $\bar{t}$ 上的土地供给，下式给出我们系统的均衡：

$$q=\bar{t}f[L/\bar{t}],f'>0,f''<0 \tag{3.48a}$$

$$\bar{w}=f'[L/\bar{t}] \tag{3.48b}$$

用它的逆函数 $v(\bar{w})$ 解出(3.48b),我们得到

$$L/\bar{t}=v(\bar{w}),v'=1/f''<0 \tag{3.48c}$$

$$q=\bar{t}\{f[v(\bar{w})-\bar{w}v(\bar{w})]\} \tag{3.49a}$$

$$=\operatorname*{Max}_{L}(\bar{t}f[L/\bar{t}]-\bar{w}L)=\bar{t}f^{*}(\bar{w}) \tag{3.49b}$$

注意(3.49b)概括了(3.48)—(3.49a)所包括的全部内容。同时也要注意:即使在偏导数是不确定的非新古典情形下(3.49a)仍然成立!

为了表明混合对偶函数的作用,这里我们来说明:当涉及 K(资本)和 T,且它们的供给固定在$(\bar{K},\bar{t})$上,同时 $\bar{w}$ 如同前面的规定一样,上面的分析是如何进行的。实际(自身)利息率(每一时间用谷物表示的谷物百分比)是 r。与 F. 拉姆齐(1928)和 R. 索洛一样,设新的(耐用)资本货物的生产具有与谷物相同的要素密度。现在(3.48)—(3.49)变成:

$$C+dK/dt=\bar{t}f[L/\bar{t},\bar{K}/\bar{t}] \tag{3.50a}$$

$$\bar{w}=f_{1}[L/\bar{t},\bar{K}/\bar{t}] \tag{3.50b}$$

解(3.50b)求其逆函数,

$$L/\bar{t}=v(\bar{w};\bar{K}/\bar{t})$$

$$\partial v/\partial\bar{w}=1/f_{11}<0,\partial v/\partial(\bar{K}/\bar{t})=-f_{12}/f_{11}\gtreqless 0 \tag{3.50c}$$

我推得 $C+dK/dt=\bar{t}f[v(\bar{w};\bar{K}/\bar{t}),\bar{K}/\bar{t}]$ (3.51a)

$$=\bar{t}f^{*}[\bar{K}/\bar{t};\bar{w}],f_{1}>0$$

$$f_{1}^{*}[k;\bar{w}]>0>f_{2}^{*}[k;\bar{w}] \tag{3.51b}$$

$$=\operatorname*{Max}_{L}\{\bar{t}f[L/\bar{t},\bar{K}/\bar{t},1]-\bar{w}L\} \tag{3.51c}$$

最后,考虑萨缪尔森(1978)中的李嘉图-穆勒标准模型,在这

个模型中资本也有其长期有效的再生产成本，它就是特定的利息率 $\bar{r}$，在 $\bar{r}$ 上净积累为零。现在我们有

$$C+dK/dt=\bar{t}f[L/\bar{t},K/\bar{t}] \tag{3.52a}$$

$$\bar{w}=f_1[L/\bar{t},K/\bar{t}],\bar{r}=f_2[L/\bar{t},K/\bar{t}] \tag{3.52b}$$

$$L/\bar{t}=v_1(\bar{w},\bar{r}),K/\bar{t}=v_2(\bar{w},\bar{r})$$

$$v_{ii}<0;v_{11}v_{22}-v_{12}v_{21}>0 \tag{3.52c}$$

那么
$$C+dK/dt=\bar{t}f[v_1(\bar{w},\bar{r}),v_2(\bar{w},\bar{r})];$$

$$\partial f/\partial\bar{w}<0,\partial f/\partial\bar{r}<0 \tag{3.53a}$$

$$=\operatorname*{Max}_{L,K}\{\bar{t}f[L/\bar{t},K/\bar{t}]-\bar{w}L-\bar{r}K\} \tag{3.53b}$$

$$=f^*[\bar{t};\bar{w},\bar{r}]=\bar{t}f^*[1;\bar{w},\bar{r}]$$

$$f_i^*[1;\bar{w},\bar{r}]<0,(i=2,3) \tag{3.53c}$$

维克塞尔等人没有能够正确判断的事实是：为了达到在李嘉图的 $\bar{w}$ 水平上的帕累托有效率，系统将由一只看不见的手引导去极大化李嘉图净产品而不是极大化库茨涅特的现代标准的国民产值。为了达到这一点，竞争系统必须通过减少劳动供给和减少库茨涅特的产品来应对“劳动节省的发明”（即降低 $f_1[L,K]$ 的发明），以便极大化李嘉图-魁奈净产品。这里没有矛盾。

对于加总的混合对偶。李嘉图了解到土地是异质的而不是同质的。而且他还可以把社会当作包括固定（未知）的土地的一个黑箱。当你把 L 投入到这个箱子中时，你观察到产出 $q=f[L]$ 从中产生出来。如果已知竞争是由斯密的看不见的手来引导（帕累托效率！），李嘉图就可以知道在所有使用的土地上分配劳动力以便保持他们的边际生产力相等。

现在假定李嘉图为这只黑箱提供的不是一个特定 L，而是一个特定的最低工资 $\bar{w}$。（我忽略 K 和 r）那么对于每个 $\bar{w}$，他会观察到这只黑箱产生出一个产出：

$$q=f[T_1,T_2,\cdots;\bar{w}]=f(\bar{w})\text{（简洁形式）} \tag{3.54}$$

土地，$T_1,T_2,\cdots$，直到分号的左边是没有被观察到的；观察到的是混合对偶关系 $f(\bar{w})$。在行业这个宏观水平上，微观上的土地异质性是怎样被忽视掉的呢？根据覆盖加总性，这正是表现了帕累托极大化竞争性均衡。读者可以把这个讨论扩展到一个类似的函数 $f(\bar{w},r)$ 上。（参见萨缪尔森，1982b，关于“覆盖加总性”的讨论）

OPEC 石油价格上升与对偶。在 20 世纪 70 年代，相对于工资和利润率来说，能源以及提炼的原材料的价格（铝土矿，纤维，食物，金属）的平均水平普遍上涨。同时，由通常的方法测量到的生产率比以前的趋势所显示的生产率下降或上升得更慢。戴尔·乔根森及其合作者，以及迈克尔·布鲁诺，发现为了运用如同(3.13)中的混合对偶函数 $f^*(X^I,x^{II})$，分析 OPEC 之后的变动是有益的。与道格拉斯-索洛的劳动-资本投入(L,K)一起，考虑一种具有给定价格 P_e 的原材料或能源投入 E。现在 $f[x]$就变成

$$q=f[E,L,K] \tag{3.55a}$$

那么

$$\operatorname*{Max}_{E}\{f[E,L,K]-P_eE\}=f^*(P_e;L,K) \tag{3.55b}$$

$$f_L^*,f_K^*>0,\partial f^*/\partial P_e<0 \tag{3.55c}$$

(3.55c)中的负不等式可以用来解释 70 年代“生产率”下降。更高的 P_e 如何对劳动和资本的单独需要产生影响依赖于它们交叉关

系的补充性-替代性。为了解释 70 年代所谓的就业上升中的风险，以及资本实际收益下降和市场的资本化，乔根森和各种协会努力验证这个假设：E 对于 K 比对于 L 更具有补充性。一个极端的模型是下面这个能源-资本的完全补充性情形：

$$f[E, L, K] = Lf(\mathrm{Min}[E/a, K/b]/L); a, b > 0 \quad (3.55\mathrm{d})$$

$$q = \underset{E}{\mathrm{Max}}\{Lf(\mathrm{Min}[E/a, K/b]/L) - P_e E\} \quad (3.55\mathrm{e})$$

$$= Lf(K/bL) - P_e(a/b)K, E = aK/b \quad (3.55\mathrm{f})$$

在这个极端模型中，直到 K/L 发生变化，劳动的实际工资才会受到 P_e 的影响；P_e 的上升立即减少资本的实际纯收益：

$$\partial q/\partial K = f'(K/bL)b^{-1} - P_e(a/b) \quad (3.55\mathrm{g})$$

$$\partial q/\partial L = f(K/bL) - (K/bL)f'(K/bL) \quad (3.55\mathrm{h})$$

由于篇幅所限，这里不能进一步讨论无时间的对偶性。下面我简短地转到动态规划上。

动态规划：分析机械学。欧拉、拉格朗日和赫米蒂安表明行星及原子的相互作用的牛顿运动可以用一个极小化原理来描述。因而，用一般化形式的坐标来表示的轨迹 $[y_1(t), \cdots, y_n(t)] = y(t)$ 及 $(d/dt)\{y(t)\} = \dot{y}(t) = [\dot{y}_1(t), \cdots, \dot{y}_n(t)]$ 可以作为下列积分的极小化极值而推导出来。

$$\underset{y_i(t)}{\mathrm{Min}} \int_a^b L[\dot{y}, y, t]dt \text{ s. t. } y(a) = y^a, y(b) = y^b \quad (3.56\mathrm{a})$$

$$= \int_a^b L[\dot{y}^*, y^*, t]dt \quad (3.56\mathrm{b})$$

$$= J[y_1^a, \cdots, y_n^a; y_1^b, \cdots, y_n^b; b, a] \quad (3.56\mathrm{c})$$

其中的最优化解必须满足古典的、正规情形下的变差条件：

$$(d/dt)L_i[\dot{y},y,t]-L_{n+i}[\dot{y},y,t]=0,(i=1,\cdots,n)$$

$$[y(a),y(b)]=[y^a,y^b] \tag{3.57}$$

只要 L 是 $\dot{y}$ 的凸函数且 $b-a$ 足够小，(3.57)中的任何解 y^* 都提供一个强极小值。（物理学家不像经济学家，他们似乎对于是否出现一个真正的极小值的兴趣没有对于这个积分是否有一个稳定值的兴趣大。的确，在一个典型的机械学场合中，L 是一个“行动积分”，它是动力学动源的正定二次式 $\dot{y}a[y]\dot{y}$ 与一个凸势能 $V(y)$ 之间的差，对于一个适当大的 $b-a$，我们会遇到一个**共轭点**，它使得作为一个极小值的 J 变得不确定。相反，我们经济学家必须关心这些极值）

可以证明，(3.57)式意味着

$$\partial J[y^a;y^b;b,a]/\partial y_i^a=-L_i[\dot{y}^*;y^a;t],(i=1,\cdots,n) \tag{3.58}$$

其中 $\dot{y}^*$ 是最优化的初速度。

为了说明(3.13)式的混合对偶性的莱金德尔变换如何进入分析机械学之中，我引进赫米蒂安的正规微分方程，它对应于(3.57)式的欧拉关系式。用下列偏导数定义一般化的动量$[p_1(t),\cdots,p_n(t)]=p(t)$：

$$p_i=\partial L[\dot{y};y,t]/\partial\dot{y}_i,(i=1,\cdots,n) \tag{3.59a}$$

$$H[p,y,t]=\operatorname*{Max}_{\dot{y}}\{-L[\dot{y};y;t]+\sum_1^n p_j\dot{y}_j\} \tag{3.59b}$$

$$\partial H[p,y,t]/\partial p_i=\dot{y}_i \tag{3.59c}$$

$$H[p,y,t]+L[\dot{y},y,t]\equiv\sum_1^n p_j\dot{y}_j \tag{3.59d}$$

$$H_{n+j}[p,y,t]+L_{n+j}[p,y,t]=0,(j=1,\cdots,n+1) \tag{3.59e}$$

当 $\dot{y}\leftrightarrow y$ 的关系是由(3.59a)或(3.59c)所确定的时候，成立这些对偶关系。

其结果，欧拉的(3.57)式可以放进赫米蒂安的规范形式中：

$$\begin{aligned} dp_i/dt&=-\partial H[p,y,t]/\partial y_i,(i=1,\cdots,n) \\ dy_i/dt&=+\partial H[p,y,t]/\partial p_i \end{aligned} \tag{3.60}$$

从这一点必然得出

$$\begin{aligned} \dot{H}[p,y,t]&=0+\partial H[p,y,t]/\partial t \\ &\equiv 0,\text{如果 } t \text{ 出现在 } L \text{ 或 } H \text{ 中} \end{aligned} \tag{3.60a}$$

拉姆齐-费雪被积函数。在经济学中，$-L[\dot{y};y;t]$经常取下述形式

$$\begin{aligned} &e^{-\rho t}u[\dot{y},y],u_i[\dot{y},y]\leqslant 0,(i=1,\cdots,n) \\ &u[\dot{y},y]\text{是强凹的},\operatorname*{Max}_{y}\ u[0;y]<\infty \end{aligned} \tag{3.61}$$

根据最初的惯例，我们可以使得

$$\operatorname*{Max}_{y}\ u[0,y]=u[0,\bar{y}]=0>u[0,y],y\neq\bar{y}$$

那么对于$(0,\infty)$上的集合(a,b)

$$\begin{aligned} &\operatorname*{Max}_{y(t)}\int_0^\infty e^{-\rho t}u[\dot{y},y]dt \quad \text{s. t.} \quad y(0)=y^0 \\ &=J[y^0;\rho]\leqslant 0 \\ &=\int_0^\infty e^{-\rho t}u[\dot{y}^*,y^*]dt \end{aligned} \tag{3.62}$$

其中的渐近均衡是在下面的鞍点上：

$$\lim_{t\to\infty}[\dot{y}^*(t),y^*(t)]=[0,y^\rho] \tag{3.63}$$

其中 $y^*(t)$是其最优路径且 y^ρ 是下面方程的根：

$$-u_{n+i}[0,y]+\rho u_i[0,y]=0,(i=1,\cdots,n) \qquad (3.64)$$

对于不太大的正 ρ，y^ρ 就是唯一的。利维亚坦和萨缪尔森(1969)表明大的 ρ 可能导致多个根 y^ρ。

庞特亚金形式。R. 贝尔曼(1954)和 L. 庞特亚特(1962)注意到可以用(3.59b)式代替(3.59a)式，而且甚至可以应用到更一般的情形中，在这种情形中 L 不必是光滑的而且极大值可以是库恩-塔克类型的边界极大值。

在(3.61)的拉姆齐-费雪情形中，赫米蒂安-庞特亚金函数 H 就变成：

$$\begin{aligned} H[p,y,\rho t] &= \operatorname*{Max}_{\dot y}\left\{e^{-\rho t}u[\dot y,y]+\sum_1^n p_j\dot y_j\right\} \\ &= e^{-\rho t}H[pe^{\rho t},y,0] \end{aligned} \qquad (3.65)$$

根据定义，其中

$$H[q,y,0]=\operatorname{Max}\left\{u[\dot y,y]+\sum_1^n q_j\dot y_j\right\} \qquad (3.66)$$

这个规范方程变成：

$$\begin{aligned} p_i &= -e^{-\rho t}H_{n+i}[pe^{\rho t},y,0],(i=1,\cdots,n) \\ \dot y_i &= +H_i[pe^{\rho t},y,0] \end{aligned} \qquad (3.67)$$

对于 $\rho>0$，这些规范方程与时间有关。但是通过定义新的变量

$$q=[q_1,\cdots,q_n]=[p_1e^{\rho t},\cdots,p_ne^{\rho t}]=pe^{\rho t} \qquad (3.68)$$

我们就得到了无时间的、“几乎规范”的方程：

$$\dot{q} = -H_y[q, y, 0] + \rho q$$
$$= (\dot{q}_i) = (-H_{n+i}[q, y, 0] + \rho q_i) \qquad (3.69)$$
$$\dot{y} = +H_q[q, y, 0]$$
$$= (\dot{y}_i) = (+H_i[q, y, 0])$$

对于 $\rho=0$ 或 ρ 充分接近于 0，当 $u[\dot{y}, y]$ 是一个严格的凹函数时，存在一个唯一的鞍点均衡，即下述方程的根：

$$0 = -H_y[q, y, 0] + \rho q \qquad (3.70)$$
$$0 = +H_q[q, y, 0]$$

M. 库兹(1968)表明接近于(q^ρ, y^ρ)的系统的局部稳定分析依 H 的特征多项式而定，

$$\Delta(\lambda) = \det \begin{bmatrix} -H^\rho_{yq} + \rho I - \lambda I & -H^d_{yy} \\ +H^\rho_{qq} & +H_{qy} - \lambda I \end{bmatrix} \qquad (3.71)$$

$$= (\lambda_1 + 1/2\rho - \lambda)(-\lambda_1 - 1/2\rho - \lambda) \qquad (3.72)$$
$$\cdots(\lambda_n + 1/2\rho - \lambda)(-\lambda_n - 1/2\rho - \lambda)$$

其中

$$H^\rho_{yq} = (H_{n+i,j}[q^\rho_1, \cdots, q^\rho_n, y^\rho_1, \cdots, y^\rho_n, 0])$$；等等。

衰减根的稳定性。《基础》的最后几章致力于所谓的衰减根的稳定性。最优控制理论的主要内容，以及它的所谓的大道定理或悬垂特征线与纯粹减幅根的稳定性相反。彭加勒证明了与时间无关的变差系统必然具有均衡点，并且它们的根是成对出现的，这些成对的根在数值上相等，在符号上相反——正如(3.72)所证实的那样。因此，在这 $2n$ 个特征根中，正好有半数破坏衰减根的稳定性。或许，对于正的 ρ，这个状况看起来略为糟一些：其他情况相同

时，增加 ρ 会使成对的根的积为正而不为 0，而且在这种意义甚至更加偏离由那些实数都是负数的特征根所定义的衰减根的稳定性。

一个“正规的”，1947 年以前的凯恩斯模型可以写成：

$$\dot{Y}=b[\bar{I}+c(Y)-Y] \quad b>0,0<1-c'(Y)<1 \tag{3.73}$$

$$0=b[\bar{I}+c(Y^*)-Y^*];0<Y^*=M\{\bar{I}\}<\infty \tag{3.74}$$

$$1<M'\{\bar{I}\}=1/[1-c'(Y^*)]<\infty \tag{3.75}$$

把一个任意正的初始 y^* 放进(3.73)中，

$$Y(t)\to Y^* \quad \text{当 } t\to\infty \text{时} \tag{3.76a}$$

$$\lim_{t\to\infty}\{Y(t)/[Y(t)-Y^*]\}=\lambda^*=c'(Y^*)-1<0 \tag{3.76b}$$

如(3.76)所示，它表现出“衰减根”的稳定性；如(3.75)所示，它表现出“规范的比较静态”的性质：增加投资提高均衡收入等等。而且，这个模型为《基础》中富有启发性的“对应原理”提供了一个典型例子：保持这个乘子为有限的基准是 c' 是分数；而且也是这个同样的基准使得这个系统的渐近偏差服从衰减的指数运动，

$$e^{\lambda*t}=e^{-|\lambda*|t},\lambda^*=c'(Y^*)-1<0$$

离题的讨论：一个人在 40 年中会学到一些东西。假定 $c'(Y)$ 在 Y 的一个区间上上升到高于 1；那么可能产出三个均衡点：Y_1^*，Y_2^*，Y_3^*，在第一个和第三个均衡点上 $c'(Y_i^*)$ 小于 1，在第三个均衡点上大于 1。那么在 Y_2^* 上，乘数 $M'(Y_2^*)$ 偏离为负。粗糙的对应原理正确地警告我们均衡的不稳定性与局部比较静态的导数的偏离一起出现，但是，问一问你自己：增加投资真的会使收入下降吗？不。它绝不会这样。这个系统经历鸡尾酒会上的数学家们现在所称之的一个“异常结局”。系统由投资的一个无限小的上升所

推动，以有限的方式上升到更高的均衡点 Y^* 上，并且仅仅极其微弱地大于 Y_3^*（而不是像所谓的比较静态的使人误解的导数 $M'\{Y_2^*\}$ 所指出的那样刚好低于 Y_2^*）。对于正确的整体对应原理的阐述参见萨缪尔森（1971d，图 1.3）。

走入歧途的不稳定性。与衰减根的稳定性相反，我们来考虑同时涉及乘数和加速数的哈罗德-多马动态模型：

$$I=S=\sigma Y, 0>\sigma=1-c'<1 \tag{3.77a}$$

$$I=\beta\dot{Y}; K=\beta Y, \dot{K}=I=\beta\dot{Y}, \beta>0 \tag{3.77b}$$

$$\dot{Y}=(\sigma/\beta)Y, Y(t)=Y^0 e^{(\sigma/\beta)t} \tag{3.77c}$$

$$\text{当 } t\to\infty \text{ 时 } Y(t)\to\infty \tag{3.77d}$$

（3.77c）告诉我们的是：由初始时间之后时间 T 上的移动所代表的边际储蓄倾向上升会加速这个系统的速度。我们对于实际上的比较静态的观念与此相反；我们期望节约可以降低一个凯恩斯系统的膨胀。一个粗糙的对应原理似乎得到证实：当（3.37d）显示出这个系统是反衰减的时候，它的比较静态就走向相反的一面。（哈罗德-多马的一个信徒向我们解释说：如果系统能够降低它自我保证的路径，α/β 的增长率就是它在目的论上必须具有的增长率；在自由放任的情况下，系统是否会这样做，或者一个微小的干扰导致系统非常大地偏离均衡之后它是否会继续这样做，则是另外一回事）

合理预期与跳跃振荡。现在考虑一个最优弹道，它具有一个动态性质，似乎既不表现出衰减根的稳定性也没有反衰减的爆炸性，而是二者的结合。拉姆齐的储蓄问题，它带有效用的二次式和生产的线性式，大概是可以检验的最简单的情形（即使它违背我的某些强充分条件)：

$$\underset{c(t),K(t)}{\text{Max}}\int_0^{\infty} e^{-\rho t}u[c]dt \quad \text{s. t.} \quad c=rK-\dot{K}\geqslant 0,$$

$$K(0)=K_0\leqslant 1/r$$

$$=\underset{K(t)}{\text{Max}}\int_0^{\infty} e^{-\rho t}u[rK-\dot{K}]dt,$$

$$r>0,\rho\geqslant 0,K\geqslant 0,\dot{K}\leqslant rK \qquad (3.78)$$

$$=\underset{K(t)}{\text{Max}}\int_0 e^{-\rho t}[-1+(rK-\dot{K})-1/2(rK-\dot{K})^2]dt,$$

$$rK-\dot{K}\geqslant 0$$

$$=\int_0^{\infty} e^{-\rho t}[-1+(rK^*-\dot{K}^*)-1/2(rK^*-\dot{K}^*)^2]dt$$

其中，对于 $r>\rho\geqslant 0$，$K^*(t)$满足

$$\ddot{K}-\rho\dot{K}+(\rho-r)rK=\rho-r,K(0)=K_0,K(t)\rightarrow r^{-1} \qquad (3.79)$$

因而，解必须能够抹掉反衰减的根 $\lambda_2=\rho-\lambda_1>0$，即它变成

$$K^*=r^{-1}+[K_0-r^{-1}]e^{\lambda_1 t}$$
$$\lambda_1=1/2\rho-1/2[\rho^2+4r(r-\rho)]^{1/2}<0<\lambda_2 \qquad (3.80)$$
$$=1/2\rho+1/2[\rho^2+4r(r-\rho)]^{1/2}$$

目的论从目的论上解决了这个难关。如果极大化过程受到干扰使得它偏离最优化轨道，它总是重新指向这个过程。一个没有骑车人的自行车是没有希望稳定的，它很快会倒在地上；有一个人骑它，它就会保持它的微妙的稳定(razor's-edge stability)。而且这是最优控制问题的一般法则。当 $\rho=0$ 时，这些根具有成对且符号相反的彭加勒性质。

$(\lambda_1, -\lambda_1; \lambda_2, -\lambda_2; \cdots \lambda_3 = u_3 + v_3\sqrt{-1}, \lambda_4 = -u_3 - v_3\sqrt{-1};$

$\lambda_5 = u_3 - v_3\sqrt{-1}, \lambda_6 = -u_3 + v_3\sqrt{-1}; \cdots)$

但是,必须这样来安排这 $2n$ 个初始条件$[K_1(0), \cdots, K_n(0); \dot{K}_1(0), \cdots, \dot{K}_n(p)]$使得对于每个向量$[K_i(0)]$,$n$ 个非特定的$[\dot{K}_1(0), \cdots, \dot{K}_n(0)]$刚好取右边的$[\dot{K}_i^*(0)]$的值,这样,它们最后的一项 $c_i e^{|\lambda_i t|}$ 具有为零的系数 c_i。

这个定性的结论不依赖于强的正规性假定。因而,对于 $\rho > r$,$\dot{K}$ 不能为负,这样边界条件就变成了约束性的:最优解把 K_0 永远保持在它的初始水平上,既不会向上也不会向下突然变动。

不确切的对应原理仍然可以应用吗?直觉上,在一个规范的系统中,我们希望对于每个 t,提高 K_0 使之越来越接近 K_∞ 将会提高 $K^*(t)$。在跳跃性的衰减稳定性情况下可以证实这个猜测吗?是的,对于 $\rho < r$ 及 $\rho > r$ 都是如此。

拉姆齐目前这个模型有点与众不同的是:在这个模型中,对于 $\rho < r$,系统的目的点是一个效用饱和点。通常地,r 是 K 的一个递减函数而不是一个常数;典型地,这个目的点是在 K^* 上,它是 $f'(K) = \rho$ 的根,因而更高的 ρ 意味着更低的 K^*。而且,从字面上看,对于 λ_1 和 λ_2 起说,(3.80)的公式似乎指出当 ρ 超过 r 时,两个 ρ 都是正的而且没有根能够衰减到均衡。实际上,两个根变成在经济上无关的根:对于 K_0 小于 r^{-1},ρ 超过 r 意味着 $K^*(t)$ 应当停留在它开始的地方;考虑到 $\dot{K}$ 上的符号约束,这正是它尽可能接近于吃掉其资本的情形。

宏观效率与合理性。这些都是关于一个骑车者或单个极大化投资者的容易情形。那么关于社会行为的时间路径是什么呢？一个竞争价格的轨迹是否是暂时的帕累托有效率。

如果没有不确定性，而且在规模报酬不变的情况下，普遍存在自由进入，有组织的期货市场和将来的市场，将规定市场的清算价格的格局使得不存在必定可以获利的套利交易。可以表明，对于一个一般化的冯·诺伊曼系统，正如我们将在(3.83)式所说明的那样，排除套利的零超额利润这个同样的条件保证暂时有效率。

不确定性、或然性等大大地增加了这个问题的复杂性。保罗·库特尼(1964)论述了 1900 年 L. 巴彻利尔的工作，1930—1960 年期间霍尔布鲁克·沃金的研究，以及 M. 肯达尔，B. 曼德尔布罗特，萨缪尔森，E. 法马，I. 费兰德以及其他人的工作，他建议商品、证券或股票市场在下述意义上是“有效率的”：某个物品今天的定价使得现在和下一时期之间的价格变化使你既可能获利也可能受损——你不能肯定是哪一种结果。(有些学者得到关于“无偏期望”的价格变动的更强结论)

“合理预期”学派(他们中有 R. 穆特，R. 卢卡斯，T. 萨金特，N. 华莱士)超出仅有的“有效市场”假设：他们认为经济学家们应当假定人们形成预期并按照预期行动，其“平均结果”就是“正确的预期”。卢卡斯(1981)就是一个有用的例证。如果这样一个合理预期假设为经验所证实，它将是一个重要的假设，对实证描述与预期及规范的政策目标都具有显著的意义。这里的篇幅只允许我考虑这个问题的一个方面。忽略掉随机条件，我从有效均衡这个角度考虑自我实现的偏离这个问题。

*一般化的冯·诺伊曼模型的新古典形式。*J. 冯·诺伊曼(1931)考虑了一个模型,模型中今天的产品是由昨天同样的产品通过有限多个可选择的、规模报酬不变的活动或技术来生产。今天所有的产出作为投入再放回这个“封闭系统”中。冯·诺伊曼证明存在一条唯一的均衡增长线,在一个等于利率的增长率上,必定确定一条唯一的价格比率线,并允许结合产品。

通过研究冯·诺伊曼均衡增长线的转换过程,我将他的分析一般化。为了简单起见,我考虑服从过强的正规性条件的新古典光滑模型。$K(t)=[K_1(t),\cdots,K_n(t)]$代表一个不同种类的资本货物向量;$\dot{K}(t)$是它们的净投资向量。

在每个短暂的时期内,假定竞争的价格体系使得社会处在它的有效率的瞬间生产可能性边界上。

$$\dot{K}_1=F[K_1,\cdots,K_n;\dot{K}_2,\cdots,\dot{K}_n]$$
$$=m^{-1}F[mK_1,\cdots,mK_n;m\dot{K}_2,\cdots,m\dot{K}_n],m>0$$
$$\partial F/\partial K_i>0;\partial F/\partial \dot{K}_{1+i}<0 \quad (3.81)$$

(3.81)的一个更一般的形式是在 K_n 之后加上一个消费向量 $c(t)=[c_1(t),\cdots,c_m(t)],m\geqq n,c_i$ 以 $\dot{K}_{1+i}$ 同样的方式进入函数 F 中,另外,打开这个系统,你可以在 K_1 之前加上一个初始投入向量$(L_1,\cdots,L_s)$,它们像 K 一样进入函数 F 中并且可以一直保持不变,并且使得 F 是剩余变量的严格凹函数。

无论对$[L(t),c(t)]$作什么假定,暂时有效率要求:从初始条件$[K_1(0),\cdots,K_n(0)]$开始到期末条件$[K_2(T),\cdots,K_n(T)]$结束,你必须达到 $K_1(t)$的极大值,即约束于

$$[K_1(0),\cdots,K_n(0);K_2(T),\cdots,K_n(T)]$$
$$=[K_1^0,\cdots,K_n^0;K_2^T,\cdots,K_n^T] \qquad (3.82a)$$

$$F[K_1,\cdots,K_n;\dot{K}_2,\cdots,\dot{K}_n]-\dot{K}_1=0,$$

$$\underset{K_i(t)}{\text{Max}}\int_0^T \dot{K}_1 dt = K_1(T)-K_1^0 \qquad (3.82)$$
$$=F^T[K_1^0,\cdots,K_n^0;K_2^T,\cdots,K_n^T]-K_1^0$$

其中 F^T 是一阶齐次的并且是它 $n+(n-1)$ 个变量的凹函数，具有与 F 相同的定性性质。（如果 $[L(t),c(t)]$ 在时间区间 $(0,T)$ 内是预先给定的，那么 F^T 必然是时间观察点 $[L(t),c(t)]$ 的函数，也是变量 $[K^0,K^T]$ 的函数）

(3.82)的暂时效率问题是变差的拉格朗日积分中的经典问题。萨缪尔森(1960d)推导出它的必要的变差条件(在特定的强假定下也是充分的)：

$$\frac{d}{dt}\frac{\partial F[K_1,\cdots]}{\partial \dot{K}_i}$$
$$=\frac{\partial F[K_1,\cdots]}{\partial K_i}+\frac{\partial F[K_1,\cdots]}{\partial K_1}\frac{\partial F[K_1,\cdots]}{\partial K_i}, \qquad (3.83a)$$
$$(i=2,\cdots,n)$$
$$\dot{K}_1=F[K_1,\cdots] \qquad (3.83b)$$

如果 $[L(t),c(t)]$ 进入 F 中这些条件仍然成立。这些条件可以解释为套利关系，并且在不同时间上的比率与相应的产品本身表示的自身利润率之间的一个完全市场中成立这些关系。

从一个给定的点 $(K_1^0,\cdots,K_n^0)$ 开始，并不存在一条从它出发的、唯一的有效路径。存在 $(n-1)$ 个无限条这样的有效路径。

F. 哈恩(1966)的“哈恩问题”提出了下面这个问题:在实际生活中如何解决不可套利的有效路径的这种不确定性。

当合理预期学者处理这样一个封闭的冯·诺伊曼系统时,他们可以得到一些安慰。对于这个系统,存在一个重要的古尾屋-稻田(1962)定理:从每个初始点 K^0 开始,存在一条唯一的路径,它是长久有效的并且渐近达到冯·诺伊曼均衡增长线。

$$\lim_{t\to\infty} K_i(t;K^0)/v_i e^{r*t} = c_i(K^0), (i=1,\cdots,n) \quad (3.84a)$$

其中

$$r^* = \operatorname*{Max}_{v_i} r \quad \text{s. t.} \quad rv_1 = F[v_1,\cdots,v_n,rv_2,\cdots,rv_n]$$
$$= r^* = F[\bar{v}_1,\cdots,\bar{v}_n,r^*\bar{v}_2,\cdots,r^* v_n]/\bar{v}_1 \quad (3.84b)$$

这条唯一的古尾屋-稻田路径就有仅有的、可延伸展的永久有效路径。每条通过 K^0 的其他有效路径在某个有限的时间内都会产生一个负价格或零必要投入或其他反常现象。如果它们在一开始就被预见到,我们就会把它们排除出去而不把它们作为永久有效的路径。

哈恩和我们中的大部分人力图分析具有正储蓄的开放系统。某些这种具有弱分离性的开放系统能够转换成技术生产力明显低一些的封闭冯·诺伊曼系统。因而,运用 K. 谢尔和 J. 斯蒂格利茨(1967)的方法,可以表明:将其总收入或利润收入储蓄一个固定部分的某些实证系统具有如同古尾屋-稻田定理所推导出来的定性性质。

在那个定理中出现的情况是:彭加勒的衰减与反衰减根只容许出现在衰减情形下的永久可延伸的路径中。合理预期学者们会发现,如果他们不得不去处理其中一半以上的特征根是反衰减的有关经济模型,这会使人感到麻烦。

对于封闭的冯·诺伊曼系统,从一个给定的点 K^0 出发的每条有效路径在其可行的时期内一直具有一个不变的收入/财富比率。参见萨缪尔森(1970c,1982c)和 R. 萨托(1981)对于资本/产出不变性的推导。如果我们把这个不变的比率当作这个路径的利息率,那么古尾屋-稻田路径就是一条具有最高可能的利息率的路径,即 r^*,它是冯·诺伊曼技术所固有的极大增长率。发现这个最好的自我实现的路径并坚持这个路径,这个系统多么明智。

仅有自我实现是不够的。考虑一条对于 $K(t)$ 的均衡增长路径,对于 $(v_i, r) \neq (\bar{v}_i, r^*)$,这条路径不是在 $(\bar{v}_i e^{r^*t})$ 上而是在 $(v_i e^{rt})$ 上。R. 拉德纳(1961),M. 森岛(1961),L. W. 麦肯齐(1963),多尔夫曼,萨缪尔森和索洛(1958),萨缪尔森(1949b)及其他学者阐述的"大道定理"使我们确信这一点——正如(3.83a)式一样,对于不变的均衡增长,它的左边等于零,并且只有 $K_i/K_1 = \bar{v}_i/\bar{v}_1$ 时才能令人满意。虽然如此,我认为如果每个人都把一个任意的均衡增长路径当作是自我保证的,那么,在事实上它就是自我保证的不过,重要的一点似乎是:只有 $(\bar{v}_i, r^*)$ 这条自我保证的路径使得一个持不同意见的人没有理由反对这个普遍的看法。

大道定理。假定我们为一段包括很多年的时间长度做计划,因而 $T \gg 1$ 或 $T \to \infty$。再假定,我们从任意一初始点 K^0 开始,并希望在任意一条特定的射线 K^T 上延伸得尽可能远,(K_i^T/K_1^T) 保持在任意的水平上。我们知道冯·诺伊曼线是最快的均衡增长线,这一点使得我们认为:一个为遥远的将来做计划的人应当从接近于这条线开始前进，对于大部分时间获得一个快速的增长路径，并且在达到他的最终目标线之前离开这条路径。萨缪尔森(1949b)作了这种猜测，多尔夫曼-萨缪尔森-索洛(1958)也作了这种猜测，但是直到拉德纳(1961)才把这个猜测提高到一个已知的定理。

在这里，我只给出它的许多可能的形式中的一种。

大道定理：对于任意的正向量 K^0 及任意预先给定的向量 (K_i^T/K_1^T)，在 $(0,T)$ 上，对于 $K^*(t)$ 的最优路径具有如下特性：当 T 变得足够大时，对于你愿望规定的时间 T 的任意大的一部分，每个 $K_i(t)/K_1(t)$ 与你乐意规定的、相应的冯·诺伊曼比率 $\bar{v}_i/\bar{v}_1$ 任意接近。即，对于任意正的 δ,η 且 $T>\tau(\delta,\eta)$，

$$|[K_i^*(t)/K_1^*(t)]-[\bar{v}_i/\bar{v}_1]|<\delta,\eta T<t<T(1-\eta) \quad (3.85)$$

另外，假定我们固定 (K_j^0) 并且比率 $(K_j^T/K_1^0)=(v_2,\cdots,v_n)$；现在我们就能够通过把所有变量用冯·诺伊曼极大化增长率 e^{-r^*t} 来贴现使得它们正规化，定义：

$$K_1^T=F^T[K^0;v_2K_1^T,\cdots,v_nK_1^T] \quad (3.86a)$$

$$=e^{r^*T}G^T[K^0;v_2,\cdots,v_n] \quad (3.86b)$$

那么可以表明

$$\lim_{T\to\infty}G^T[K^0;v]=G[K^0;v] \quad (3.86c)$$

$$\begin{aligned}&-G_{n+i}[K_1^0,\cdots,K_n^0;v_2,\cdots,v_n]\\&=-F_{n+i}[1,\bar{v}_2,\cdots,\bar{v}_n;\bar{v}_2,\cdots,\bar{v}_n],(i=2,\cdots,n)\end{aligned} \quad (3.86d)$$

最后的这些等式是用第一种产品作为标准产品来表示的产出 K_j

的价格比率。也可以说，当对这个独特的效率边界正规化之后，它实质上就变成一个没有曲率的超平面——这一点可以根据大道定理的性质，冯·诺伊曼极大化路径的悬垂线的稳定性推导出来。这个超平面的斜率就是那些与冯·诺伊曼线本身在局部相遇的地方的斜率。

离散时间的最优控制。对于连续的时间系统所定义的最优控制模型，如果它们对于变差的积分模型是正确的话，它们中的大部分对于离散时间的最优控制模型也是成立的。我们仅仅是用差分方程代替微分方程，对于边界不等式也同样如此。

因而，(3.81)式的动态冯·诺伊曼系统现在就由下式所代替。(为了节省篇幅，我将$[K(t),K(t+1),K(t+2),\cdots]$写成$[K,EK,E^2K,\cdots]$，依此类推)

$$EK_1=F^1[K_1,\cdots,K_n,EK_2,\cdots,EK_n] \quad (3.87a)$$

$$\begin{aligned} E^2K_1 &= F^2[K_1,\cdots,K_n,E^2K_2,\cdots,E^2K_n] \\ &= \underset{EK_1+i}{\mathrm{Max}}F^1[F^1(K_1,\cdots,K_n,EK_2,\cdots,EK_n), \\ &\quad EK_2,\cdots,EK_n,E^2K_2,\cdots,E^2K_n] \end{aligned} \quad (3.87b)$$

……

$$\begin{aligned} E^{T+1}K_1{}^* &= F^{T+1}[K_1,\cdots,K_n,E^{T+1}K_2,\cdots,E^{T+1}K_n] \\ &= \underset{EK^T_{1+i}}{\mathrm{Max}}F^1[F^T(K_1,\cdots,K_n,E^TK_2,\cdots,E^TK_n), \\ &\quad \cdots,E^{T+1}K_2,\cdots,E^{T+1}K_n] \end{aligned} \quad (3.87c)$$

如果假定 F^1 是凹的，可以推出 F^T 也是凹的。如果假定 F^1

* 原文这里为 E^{T+1}，漏掉了 K_1，下一行的 Max 下面原文写成 EK_{1+1}。——译者

是一阶齐次的，那么 F^T 也必定是一阶齐次的。而且，如果我们愿意，我们可以把一个初始要素向量$[L_i(t)]$放在 F^1 中 $K(t)$的前面；也可以把一个消费向量$[Ec_j(t)]$放在向量$[EK_{1+i}(t)]$的后面。

对于隐含在(3.87)式中 T 的极大值问题的必要的变差条件可以从上面(3.87b)式这单个极大值问题中推导出来。对于 0 到 $T+1$ 之间的任意 t，最优化要求

$$F_{n+i-1}[K_1,\cdots,EK_n]=-\frac{F_i^1[EK_1,\cdots,E^2K_n]}{F_1^1[EK_1,\cdots,E^2K_n]},$$

$$(i=2,\cdots,n;t=0,1,\cdots,T) \tag{3.87d}$$

它们是对应于(3.83b)式中欧拉-拉格朗日二阶微分方程的二阶差方程。(3.87d)与(3.87a)一起就能决定连结$[K_i(0)]$与$[K_{1+i}(T+1)]$的有效路径。从几何上看，(3.87d)指出：你在前一时期见到的生产可能性边界必定与明天的投入需求轨迹相切。这一点是由你在后天所在的点所要求的——一旦你认真地考虑这个术语和它的含义，你就认识到它是一个合理的有效率条件。

何时砍树? 对于积分来说的微分方程的最优化条件同对于加总来说的差分方程的最优化条件的对比并没有穷尽经济学家们所遇到的最优控制问题的各种形式。因而，这里涉及具有连续时间变量的一类古老的问题——在一棵树的什么年龄上砍伐它，何时报废一台机器，替换一辆汽车——而且，这些问题还不属于标准的变差微积分的内容。独立发展这些动态规划问题的荣誉应当归于里卡德·贝尔曼(1954)。但是在贝尔曼之前的经济文献中，加布里尔·普赖因里奇(1938)就已经理解到有必要通过考虑进树木、

机器或汽车将来循环的无限链条来修正哈罗德·霍特林(1925)对这种问题的处理。林业经济学早在1849(福斯特曼,1849)就已经正确地解决了这个问题。这里我列出林业文献中一个简洁的例子,萨缪尔森(1976b)更详细地概述了这些文献。

在用于林业的每一英亩的土地上(而且土地可能具有其他行业的可替代的市场用途),种一棵树需要一个单位的劳动。(单位定为容易记住的数字)在理想化的模型中,可以不需要更多的进一步的劳动就能获得树的木材,并且一直不变地在价格 P 上出售,木材的数量随着树的年龄 t 并根据技术-生物函数 $f(t)$ 而增长,为简单记,可以假定 $f(t)$ 在某个初始的年龄之后为正,严格凹的,并在 t_m 时达到一个极大值。每个人都可以借贷任何数目资金的利息率对应于 r 的一个利息力量(不存在不确定性!),因而本金与 e^{rt} 按比例地增长。在什么 $\bar{t}$ 上应当砍伐这棵树并出售其木材?

1. 轻率的专家说:"在年龄为 t_m 时砍倒它,那时每单位的劳动力的木材达到一个极大值。"

2. 林业的热心者说:"更早一点砍伐它,当每英亩的树木每年或每十年长出的、可维持的木材总量达到它的极大值时"。即,选取 t_g 来解下述极大值问题:

$$\operatorname*{Max}_{t}[f(t)/t]=f(t_g)/t_g \tag{3.88a}$$

其中 t_g 是方程

$$f'(t)/f(t)=1/t \tag{3.88b}$$

的唯一的根。显然,t_g 小于 t_m。

3. 大经济学家杜能提出了下面这个观点(欧文·费雪,伊莱·赫克舍和大部分专家都同意这个观点):"当树在物质上每一

时期增长的百分率等于货币每一时期增值的利息率时就砍倒这棵树”。即，取如下定义的 t_r，

$$\underset{t}{\mathrm{Max}}[e^{-rt}f(t)]=e^{-rt_r}f(t_r) \tag{3.88c}$$

其中 t_r 是

$$f'(t)/f(t)=r \tag{3.88d}$$

的唯一的根。

显然，t_r 小于 t_m，除非利息率为零。但是 t_r 超过 t_g 或低于 t_g 取决于利息率是太低还是太高。

4. K. 博尔丁及其他人认为：“取 t_i 来极大化对于你的投资项目所计算的内部收益率。”取 t_i 如下：

$$\underset{t}{\mathrm{Max}}\{t^{-1}\ln[(P/W)f(t)]\}=t_i^{-1}\ln[(P/W)f(t_i)]=r_i \tag{3.88e}$$

其中 t_i 是下述方程的根：

$$f'(t)/f(t)=t^{-1}\ln[(P/W)f(t)] \tag{3.88f}$$

如果 r_i 变得与市场利息率 r 一致，即 $t_i=t_r$，那么这个并不正确的标准是没有害处的。如果 $r_i<r$，大概只有愚蠢的厂商才会种树；如果 $r_i>r$，这是常见的情况，t_i 将小于 t_r。

5. 最后，正确的解决方法必须认识到砍树可以使土地用来进行一次新的有用的增长循环。除非土地是闲置的，当你计划何时砍伐第一次新种植的树时，你必须同时计划何时砍伐(因而也是再种植)未来所有的树。因而马丁·福斯特曼(以及 B. 奥林，M. 加夫尼，J. 赫什莱夫，萨缪尔森以及其他具有普赖因里奇-贝尔曼传统的人)认为：

在 t^* 时砍树，它使得你从树的木材中得到的收益减去工资成

本的贴现值在树木的无限循环中极大化；或者，换句话说，考虑一个周期，计算其收益减去初始工资成本的贴现值再减去树木成长的整个期间内支付的土地地租，然后极大化这个由地租调整过的贴现值；如果尽可能地发挥你的技术，竞争会使得地租达到均衡水平，在这个均衡水平上，一个周期用租金调整过的标准和无限个周期的标准给出刚好相同的 t^*，而这个 t^* 低于杜能-费雪的 t_r 并高于博尔丁的 t_i。

定义 t^*

$$\begin{aligned}&\operatorname*{Max}_t\{[Pf(t)-W](1+e^{-rt}+e^{-2rt}+\cdots)\}\\&=\operatorname*{Max}_t\{[Pf(t)-W][1/(1-e^{-rt})]\}\\&=[Pf(t^*)-W]/(1-e^{-rt^*})\end{aligned}\tag{3.88g}$$

其中 t^* 是下述方程的根，

$$\begin{aligned}f'(t)/f(t)&=r+r[Pf(t)-W]/[Pf(t)](1-e^{-rt})\\&=r+\text{地租调整项}\end{aligned}\tag{3.88h}$$

如果在分析中引进了现实的随机因素，我们仍然要把无限个循环这个范围考虑在内。

各态历经（遍历）概率。当随机（或概率）因素进入一个系统时，什么概念可以用来概括适用于一个确定系统的渐近稳定的均衡？答案是：一个独立于系统初始条件的遍历概率分布是这种均衡概念必需的概括。

古典的蛛网模型对遍历概率给出一个良好的说明。这里，需求与当期价格和货物的数量相关：(p_t,q_t)。供给与上期的价格和当期的数量相关：(p_{t-1},q_t)。一个确定性的例子是：

$$p_t = 1/q_t^{1/2}, q_t = cp_{t-1}; c = 1$$

$$\lim_{t\to\infty}(p_t, q_t) = (1,1) \tag{3.89a}$$

$$\lim_{t\to\infty}(p_{t+1}/p_t, q_{t+1}/q_t) = (-1/2, -1/2)$$

现在用随机变量 z_t 代替 c，z_t 与每个其他的 $z_{t\pm k}$ 都是独立同分布的。因而 z_t 可以具有一个对数正态分布。根据 z_t 的特定已知的概率分布，我们可以推出每个未来的价格（$\cdots, P_{t+1}, P_{t+2}, \cdots, P_{t+T}, \cdots$）在已知今天的价格 P_t 的条件下的概率分布：

$$\begin{gathered}\text{Prob}\{p_{t+1} \leqslant x \mid p_t = p^0\} = P_1(x; p^0) \\ \cdots \\ \text{Prob}\{p_{t+T} \leqslant x \mid p_t = p^0\} = P_T(x; p^0)\end{gathered} \tag{3.89b}$$

那么可以表明，对于一个充分小的函数 $1-P_1(x;1)$，当 T 增大时，这些概率趋近于一个遍历概率分布 $P(x)$，它独立于 p^0：

$$\begin{gathered}\lim_{T\to\infty} P_T(x; p^0) = P(x) \\ \lim_{T\to\infty}[\partial P(x; p^0)/\partial p^0] \equiv 0\end{gathered} \tag{3.89c}$$

实际上，在这种情况下，每个 $P_T(x;p^0)$ 和 $P(x)$ 都是对数正态分布。（参见萨缪尔森，1971a，对于一个随机投机价格模型的讨论，它不像蛛网模型，这个讨论与有效市场及合理预期学派的方法论是一致的）

有限时期。这种情形一般比无限时期的情形难一些。这是因为有限的情形要求你当时间不断缩短时改变你的决定。我们从这个问题的后面着手，递归地解下面这样一个问题：

$$\underset{N, t1, \cdots, tN}{\text{Max}} \sum_{j=0}^{N} F(t_j)\exp[-r(t_1 + \cdots + t_j)]$$

$$=\underset{N}{\mathrm{Max}} J_N[T] \quad \text{s. t. } t_1+\cdots+t_N \leqslant T \tag{3.90}$$

$$=\underset{N}{\mathrm{Max}} \sum_{j=0}^{N} F(\bar{t}_j)\exp[-r(\bar{t}_1+\cdots+\bar{t}_j)] \tag{3.90a}$$

其中

$$\begin{aligned} J_1[T] &= \underset{t}{\mathrm{Max}}\{e^{-rt}F(t)\} \text{ s. t. } t \leqslant T \\ &= e^{-r\bar{\tau}1}F(\bar{t}_1), \bar{t}_1=\tau_1\{T\} \\ &\cdots \\ J_M[T] &= \underset{t,\theta}{\mathrm{Max}}\{e^{-rt}F(t)+e^{-rt}J_{M-1}[\theta]\} \text{ s. t. } t+\theta \leqslant T \\ &= e^{-r\bar{\tau}}M\{F(\bar{t}_M)+J_{M-1}[\bar{\theta}_M]\}, \bar{t}_M=\tau_M\{T\}, \\ &\qquad M=2,3,\cdots \end{aligned} \tag{3.90b}$$

为了计算(3.90a)* 式所需要的特定的($\bar{t}_j$)，我们只需运用(3.90b)中循环定义的函数 $\tau_{N-j}\{T\}$ 从后面倒着解决这个问题，即，

$$\begin{aligned} \bar{t}_1 &= \tau_N\{T\} \\ \bar{t}_2 &= \tau_{N-1}\{T-t_1\} \\ &\cdots \\ t_{N-1} &= \tau_2\{T-t_1-\cdots-t_{N-2}\} \\ \bar{t}_N &= \tau_1\{T-t_1-\cdots-t_{N-1}\} \end{aligned} \tag{3.90c}$$

即使 $F(t)$ 是一个良好的凹函数，找出最好的 $\bar{N}$ 仍然是一个结合探索的问题[即把(3.90c)中得出的所有的 t_j 代入(3.90a)中，然而 t_j 的数目取决于 N，它们要一起决定出来。——译

* 原文这里为(3.89a)，而后面的(3.90b)在原文中为(3.90a)。——译者

者注]。

拉姆齐的离散时间储蓄模型。为了准备第九章的稳态投入产出分析,拉姆齐(1928)的离散时间模型值得在这里花点篇幅。用(3.62)的连续时间积分形式代替(3.90)式:

$$\underset{K(t)}{\text{Max}}\int_0^{\infty}e^{-\rho t}u[f(K)-\dot{K}]dt \tag{3.91a}$$

在离散情形下,我们面临下列形式的加总问题:

$$\begin{aligned}&\underset{K_t}{\text{Max}}\sum_0^{\infty}R^{-t}U[F(K_t)-K_{t+1}]\ \text{s. t.}\ K_0\ \text{即定}\\&=J[K_0;R]\\&=\sum_0^{\infty}R^{-t}U[F(K_t^*)-EK_t^*]\end{aligned} \tag{3.91b}$$

其中最优路径 K_t^* 满足二阶差分方程:

$$F'(K_t)=R\frac{U'[F(K_{t-1})-K_t]}{U'[F(K_t)-K_{t+1}]} \tag{3.91c}$$

对于(3.91a)来说,(3.91c)这个效率条件的对应式是

$$\frac{(d/dt)\{u'[f(K)-\dot{K}]\}}{u'[f(K)-\dot{K}]}=\rho-f'(K) \tag{3.91d}$$

在连续情形中我们有符号相反的成对的根这个彭加勒性质,在离散情形中,取而代之的是我们有成对互为倒数的根——同样一个是衰减的,一个是反衰减的。萨缪尔森(1967c,1970a)表明:同连续情形一样,定性鞍点,悬垂线及大道特性对离散情形也成立。

在离散情形中什么特性不再保持?有几点不成立。严格地说,不存在汉密尔顿型的**正规方程**。对于$\partial J[K_0;R]/\partial K_0$存在的包络关系看起来更像(3.58)式的$\partial J[K_0;\rho]/\partial K_0$,但是没有古典变差微积分中那样的赫米蒂安-雅可比偏微分方程。

特别地，对于 $\rho=0$，沿着任何一条有效途径，存在一个如下型式的“能量积分”

$$H=u[f(K)-\dot{K}]+\dot{K}u'[f(K)-K]\equiv\text{常数} \quad (3.91e)$$

对于延伸到无限远的最优规划，(3.91e)中的常数为 0 且投资的效用值正好等于消费的效用。

对于 $\rho>0$，沿着任何一条有效路径直到无限远，M. L. 韦茨曼(1976)表明在下述意义上系统具有一个固定的“收入/财富”比率：

$$\begin{aligned}\text{收入}\quad t&=u[f(K)-\dot{K}]+Ku'[f(K)-\dot{K}]\\&=\rho\times\text{wealth}_t=\rho\int_t^{\infty}e^{-\rho(t-s)}u[f(K_s)-\dot{K}_s]ds \quad (3.91f)\\&=\rho J[K(t);\rho]\end{aligned}$$

对于离散时间系统，不存在与(3.91e)和(3.91f)完全相似的不变性。(对于缓慢运动的系统，至多可以在这些数值上加上泰勒展开式的近似式和狭小的限制)

新古典的独特之处。第九节里我们既在新古典的形式下也在有限活动的形式下讨论里昂惕夫-斯拉法投入产出体系。在那里表明 J. B. 克拉克单部门、资本同质的模型的较简单的性质我们不能指望它们对于一般情形仍然成立(在一般情形中可能出现“重新选择”和“维克塞尔效应”及其他非克拉克效应，对于它们琼·罗宾逊曾经适当地提出警告)。但是，在离开冯·诺伊曼模型的新古典一般形式之后，我想指出某些克拉克预期对于它是不成立的。

考虑与消费向量(c_j)和初始要素向量(L_i)有关的、有效的稳

定状态,其中

$$\dot{K}_1=F[L_1,\cdots,L_s;K_1,\cdots,K_n,K_2,\cdots,\dot{K}_n;c_1,\cdots,c_m] \quad (3.92)$$

F 为一阶齐次的凹函数,

$$\begin{aligned} &F_i>0, i=1,\cdots,s+n \\ &F_j<0, j=s+n+1^*,\cdots,s+2n-1+m \end{aligned} \quad (3.92a)$$

对于暂时有效率,(3.83a)意味着稳态约束,即所有的自身收益率必定相同:

$$r=(\partial\dot{K}_i/\partial K_i),(i=1,\cdots,n) \quad (3.93a)$$

$$\begin{aligned} &\partial\dot{K}_1/\partial K_1 \\ &\quad=F_{s+1}[L_1,\cdots,L_s;K_1,\cdots,K_n,0,\cdots,0,c_1,\cdots,c_m] \\ &\quad=-\frac{F_{s+i}[L_1,\cdots;\cdots,0;\cdots,c_m]}{F_{s+n-1+i}[L_1\cdots;\cdots,0;\cdots;c_m]}, \quad (3.93b) \\ &\qquad (i=2,\cdots,n) \end{aligned}$$

(3.92)和(3.93b)给出了我们为了消除 K,并且对于每个 r 推导出稳态的初始要素与产品交易边界而需要的 n 个方程,这个边界就是

$$\begin{aligned} &0=G[L_1,\cdots,L_s;c_1,\cdots c_m;r] \\ &G_i>0,(i=1,\cdots,s) \\ &G_{s+j}<0,(j=1,\cdots,m) \end{aligned} \quad (3.94)$$

其中的 G 是一阶齐次的凹函数。

在一个克拉克资本模型中,你期望在同样的初始投入水平上

---

* 原文这里为 $s+n-1$。——译者

更低的正 r 意味着更多的消费。然而，在一个真正的新古典一般模型中，当 r 高出黄金律某个距离时，c 和 r 之间的关系可能改变其方向。一个规模报酬不变的凸技术并不排除这种可能。当一个人既在新古典主义中也在更一般的技术（新-新古典主义）中寻求优点时，我想警告这种错误。

注：如果所有的初始要素 L 都在哈罗德自然指数为 r 的水平上增长，即比例于 e^{rt}，我们可以考虑稳态的黄金时代，其中（K_i，$\dot{K}_i$，c_i）都像 $e^{\lambda t}$ 一样增长。现在我们就能得出在金律极大稳定态中稳态的（c_i/L_1，L_j/L_1）之间的关系，（c_i/L_1，L_j/L_1）对于每个 λ 都是可行的，在这个状态中 r 等于 λ。另外，当 r 远远高于 λ 时，我们就会丧失人均的（c_i，L_j）之间相互关系的单调性。所有这些都可以出现而无明显的“再选择”——而且并不隐含着帕累托无效率。对于(3.91b)的离散情形，可以充分应用所有同样的这些限定条件。

4. 需求模型中的货币

第五章第 2 节“关于货币需求的一点注释”提供了一个基于交易动机的模型，它(1)把宏观经济中的货币带到边际效用微积分的领域；但是(2)这样做需要对货币加以区分，我们需要货币是由于它能购买商品（如咖啡和理发），由于这些商品自身的缘故（从一杯咖啡中享受到的可口的味道和兴奋剂）而得到直接的边际效用；其结果(3)货币数量论中真理的萌芽可以作为一个有关齐次函数的定理而推导出来。本书的比较静态方程(117)没有具体指明可观察的需求关系的可检验含义，这些需求关系涉及用给定商品的价格和持有货币的机会成本（这个成本用收益资产上所放弃的利息收益来衡量）来表示的商品和货币的需求数量$(x_1, \cdots, x_n, M)$。自从 1947 年以来，许多作者并不完全成功地试图推导出可观察的需求函数的充分的经验特性。

只是在最近，R. 萨托和我才表明了对于这个一般情形，为什么识别一组完整的斯拉茨基-希克斯相互性和负定性具有内在的困难。萨缪尔森和萨托(1982)指出当根据偏好函数获得某些弱分离性条件时，如何取得完整的结果。值得高兴的是，我在这里摘录了我们的一些结果。

由于新古典理论明确地排除了货币主义的较为粗糙的模型，因而，值得简洁地总结一下在这个新古典的货币模型中正确的东西。

无货币的需求模型。为了便于全面评述，我仅仅从产品$(x_1, \cdots, x_n)=X$ 开始，你可以在给定的每期收入 I 的约束下并在给定的价格$(p_1, \cdots, p_n)=P$ 上购买这些产品。（注意：虽然这里的结果与下一节的对偶分析是一致的，但这里使用的是独立的符号形式）

为了简单起见，我对任何一种效用指数 $U[x_1, \cdots, x_n]=U[X]$作过强的假定：非饱和性，光滑的无差异曲线的凸性，无差异曲线不穿过轴线。

$$\partial U[x_1, \cdots, x_n]/\partial x_1=U_i[x_1, \cdots, x_n]=U_i[X]>0, X>0$$

$$\text{对于} \quad (i, j=1, \cdots, n) \tag{4.1a}$$

$$\text{存在} \quad \partial^2 U[X]/\partial x_i \partial x_j=U_{ij}[X]$$

$U[X]$是严格准凹的，

$U[A]=U[B]$　且　$A\neq B$　意味着对于 $0<m<1$，

$$U[mA+(1-m)B]>U[A]=U[B] \tag{4.1b}$$

$$\text{对于 } A>0, U[A]=U[B] \quad \text{仅对于} \quad B>0 \tag{4.1c}$$

注：$U[X]$可以由 U 的任意的单调伸缩变换来代替：$u[X]=f(U[X])$，$f'(U)>0\gtreqless f''(U)$。那么 $u[X]$具有(4.1)中 $U[X]$所具有的同样性质。

这些条件向我们保证，对于$[P,I]>0$，存在一个唯一的正需求向量 $\bar{x}=[h^1(P,I),\cdots,h^n(P,I)]=[h^j(P/I,1)]$，它由下述方程决定：

$$U^*(P,I)=U^*(P/I,1) \tag{4.2a}$$

$$=\underset{X}{\mathrm{Max}}U[X] \text{ s. t. } \sum_1^n p_j x_j = I = P\cdot X > 0 \tag{4.2b}$$

$$=U[\bar{x}]=U[h^1(P/I,1),\cdots,h^n(P/I,1)] \tag{4.2c}$$

其中$(\bar{x}_1,\cdots,\bar{x}_n)$是最优化的需求反应。

第五章总结了 1870—1940 年间在序数偏好理论的完整的经验意义方面的探讨。目前的强假定排除了非凸无差异曲线，在不连续点上具有多值的不连续需求曲线，以及不可数无限个元素的最优需求点的集合，等等。概括起来，

$$[\bar{x}_i]=[h^i(P,I)]=[h^i(P/I,1)]>0 \tag{4.3a}$$

$$=[-U_i^*(P,I)/U_{n+1}^*(P,I)] \text{（由对偶定理）} \tag{4.3b}$$

$$[s_{ij}]=\left[\frac{\partial h^i(P,I)}{\partial p_j}+h^j(P,I)\frac{\partial h^i(P,I)}{\partial I}\right]=[s_{ji}] \tag{4.3c}$$

$$[p_1 \cdots p_n][s_{ij}]=0 \tag{4.3d}$$

在(P,I)的正象限上，几乎处处(a. e.)成立：

$$[z_1 \cdots z_n][s_{ij}]\begin{bmatrix} z_1 \\ \vdots \\ z_n \end{bmatrix}<0 \quad 对于 \quad z\neq bP \quad 几乎处处成立。$$

带有货币的模型。现在 M 和 p 是在效用指数函数里。不过，之所以经常不断地需要货币只是由于它能够使你进行美元交易，如果我将所有的价格增高一倍，为了使你的处境不变，我也应当将你所需要的货币余额 M 增加一倍。简言之，U 必须是变量$[M,P]$的零阶齐次函数：

$$U[M,x_1,\cdots,x_n;p_1,\cdots p_n]\equiv U[M,X;P] \tag{4.4a}$$

$$\begin{aligned} &=U[1,x_1,\cdots,x_n;p_1/M,\cdots,p_n/M] \\ &=U[1,X;P/M],M>0 \\ &=U[aM,X;aP],a>0 \\ &=U[M/I,X;P/I],I>0. \end{aligned} \tag{4.4b}$$

对于每个正的、冻结的 P，$U[x_0,x_1,\cdots,x_n;P]$具有(4.1)中 $U[X]$ 所具有的所有强的正规性质，这里 $x_0=M$。

现在你所面临的极大值问题就由下式给定：

$$U^*=\underset{M,X}{\mathrm{Max}}U[M,X;P] \quad 约束于 \quad rM+P\cdot X=I>0 \tag{4.5a}$$

$$\begin{aligned} &=U[\overline{M},\bar{x};P]=U[\overline{M}/I,\bar{x};P/I] \\ &=U[H^0(r;P,I),H^1(r;P,I),\cdots,H^n(r;P,I);P/I] \end{aligned} \tag{4.5b}$$

$$=U^*(r;P,I)=U^*(r;P/I,1) \tag{4.5c}$$

其中($\bar{x}$,$\overline{M}$)或

$$\bar{x}_i = H^i(r;P,I) = H^i(r;P/I,1),(i=1,\cdots,n) \qquad (4.6a)$$

$$\overline{M} = IH^0(r;P,I) = IH^0(r;P/I,1) \qquad (4.6b)$$

是下面一阶变差必要[而且在(4.1)的假定下也是充分的]条件的根：

$$\frac{U_i[M/I,X;P/I]}{\sum_1^n x_j U_j[M/I,X;P/I]+(M/I)U_0[M/I,X;P/I]}=\frac{P_i}{I},$$

$$(i=1,\cdots,n) \qquad (4.7a)$$

$$\frac{U_0[M/I,X;P/I]}{\sum_1^n x_i U_j[M/I,X;P/I]+(M/I)U_0[M/I,X;P/I]}=r \qquad (4.7b)$$

这些是 $n+1$ 个独立的方程，它们能用来唯一地确定用 $n+1$ 个给定的参数(P,I)来表示的 $n+1$ 个未知数($\overline{M}$,$\bar{x}$)。

注意产品的需求对于价格和收入的加倍是不变的。相反，正如数量论所要求的那样，当所有的价格和收入增加一倍时对货币的需求也增加一倍。($\overline{M}$ 是一个一阶齐次函数而[x_i]是零阶齐次函数)当然，这并不证明一个货币主义者下面这个假定是正确的：利息率的变动使 $\overline{M}$ 保持不变(或“实质上不变”)。

不幸的是，它不是罗伊恒等式成立的情形，因而，

$$H^i(r;P,I) \neq -U_i^*(r;P,I)/U_{n+1}^*(r;P,I),(i=0,1,\cdots,n) \qquad (4.8)$$

另外，斯拉茨基关系不成立，而且一般地我们面临着：

$$H_j^i + H^j H_{n+1}^i \neq H_i^j + H^j H_{n+1}^i,(i,j=1,\cdots,n) \qquad (4.9)$$

为什么会是这样？而且文献中的作者在相信他们已经找到可

观察的需求函数$[H^i(r;P,I)]$的全部可检验的性质时在什么地方误入了歧途？这是由于下面这个形式的混淆效应——在经验函数 H^i 中不可能直接识别，

$$\partial(U_j[M,X;P]/U_k[M,X;P])/\partial p_i \tag{4.10}$$

使得我们一旦离开(4.2)式的无货币形式，就不能发现可观察的相互性和负定条件。

正如萨缪尔森和萨托(1982)所表明的那样，困难是内在的。不过，如果我们舍弃这种一般情形，正如某些作者所做的那样，假定产品偏好的弱分离性，我们就可以成功地完成货币模型的比较静力学。我们可以通过把 n 个产品的情形减少到单个产品和货币的可解情形来做到这一点。

单个产品和货币，对于 $n=1$ 且 $U[M,x_1;p_1]=U[M/p_1,x_1;1]$我们就回到了两个产品的标准情形：$U[x_0,x_1;1]$且 $P_0=rp_1$。现在，一个斯拉茨基负号条件实质上概括了这个理论的全部经验内容；而且根据经验观察它是完全可以检验的。

我们知道，我们的唯一条件是，在空间$(p_0/I,p_1/I)$中几乎处处成立：

$$(\partial\bar{x}_0/\partial p_0)+\bar{x}_0(\partial\bar{x}_0/\partial I)<0 \tag{4.11}$$

用 $h^0(r;P_1,I)$或 $h^0(p_0/p_1;p_1,I)$来表示，(4.11)就是一个显然的可检验的条件：

$$p_1^{-1}h_0^0(r;p_1,I)+h^0(r;p_1,I)h_3^0(r;p_1,I)<0$$

$$\text{几乎处处成立} \tag{4.12}$$

*弱可分离的产品。*现在假定每个效用指数函数具有弱分离性性质：

$$U(M,X;P)\equiv U[M,V(X);P]$$
$$\equiv U[1,V(x_1,\cdots,x_n);P/M] \qquad (4.13)$$

那么给出我们的需求函数$(\overline{M},\bar{x})$的(4.5)式这个极大值问题就可以分成两个阶段：对于预定用于$(x_1,\cdots,x_n)$的总支出的每个$\hat{I}$，(ⅰ)首先我们在$V^*(P,\hat{I})$上极大化$V(X)$；(ⅱ)然后我们选取极大化整个效用$U(M,V^*(P,\hat{I});P]$的、最优化的$(\hat{I}^*,M^*=\overline{M})$。

概括起来

$$\underset{M,X}{\mathrm{Max}}U[M,X;P] \quad 约束于 \quad rM+P\cdot X=I \qquad (4.14a)$$

其中 $$=\underset{M}{\mathrm{Max}}U[M,V^*(P,\hat{I});P] \quad 约束于 \quad \hat{I}+rM=I \qquad (4.14b)$$

$$V^*(P,\hat{I})=\underset{X}{\mathrm{Max}}V(X) \quad 约束于 \quad P\cdot X=\hat{I} \qquad (4.15a)$$
$$=V(\bar{x}_1,\cdots,\bar{x}_n)$$
$$=V(\cdots,h^j(P,\hat{I}),\cdots) \qquad (4.15b)$$

其中 $$\bar{x}_i=h^i(P,\hat{I})=h^i(P/\hat{I},1),(i=1,\cdots,n) \qquad (4.15c)$$

这里的产品需求函数$[h^j(P,\hat{I})]$毫无任何货币模型的特征，它们正好是(4.2)的无货币模型的需求函数(4.3)。

仔细检查一下(4.14b)的第二阶段的极大值问题，我们看到，当把价格向量P/I固定为参数时，这个问题就变成$(M/I,\hat{I}/I)$中一个标准的两产品问题的特殊情形。我用便于把这一点表示出来的形式改写$U[M/I,V^*(P/I,\hat{I}/I);P/I]$，即

$$u(y_0,y_1:P/I)=u(M/I,\hat{I}/I:P/I) \qquad (4.16)$$

其中的冒号表示P/I是固定参数。设(π_0,π_1)为(y_0,y_1)的价格，

我们知道这些价格将会规定在(rI,I)上。

现在来考虑比(4.14b)略微更加一般的问题。考虑用变量$(y_0,y_1;\pi_0,\pi_1,I)$表示的、标准的二实际产品问题，且向量P/I由下面背景条件确定：

$$\underset{y_0,y_1}{\mathrm{Max}}u(y_0,y_1:P/I)\quad 约束于\quad \pi_0y_0+\pi_1y_1=I \tag{4.17}$$

$$=u(\bar{y}_0,\bar{y}_1:P/I)$$

$$=u(g^0[\pi_0,\pi_1,I\cdot P/I],g^1[\pi_0,\pi_1,I:P/I]:P/I)$$

其中

$$\bar{y}_0=g^0[\pi_0,\pi_1,I:P/I]=g^0[\pi_0/I,\pi_1/I,1:P/I]$$

$$\bar{y}_1=g^1[\pi_0,\pi_1,I:P/I]=\pi_1^{-1}(I-\pi_0g^0\pi_0/I,\pi_1/I,1:P/I) \tag{4.18}$$

现在(4.14b)的解可以用函数g^j的形式来表示，即

$$\overline{M}=Ig^0[r,1,1:P/I] \tag{4.19a}$$

$$\hat{I}=Ig^1[r,1,1:P/I]=G[r;P,I] \tag{4.19b}$$

简记为$=G(r;P,I)$

现在解决了我们的极大化问题的两个阶段之后，我们就能把(4.19b)与(4.15c)结合在一起来得到我们最终的需求关系

$$\bar{x}_i=h^i(P,G[r;P,I]),(i=1,\cdots,n) \tag{4.20}$$

$$=H^i(r;P,I)=H^i(r;P/I,1)$$

$$\overline{M}=r^{-1}\left[I-\sum_1^n p_jH^j(r;P,I)\right]=IH^0(r;P,I)$$

$$=IH^0(r;P/I,1)$$

由于矩阵$[h_j^i+h^jh_{n+1}^i]$满足已知的对称性和定性条件，因而，

为了得到在函数 H^i 和它们的偏导数上所隐含的可检验的条件，我们所必须做的所有工作就是用可观察的函数 H^i 来表示 h^i 的表达式。从(4.20)中我们发现：

$$H_{n+1}^i = h_{n+1}^i G_{n+1}, H_j^i = h_j^i + h_{n+1}^i G_j, (i,j=1,\cdots,n)$$

$$h_{n+1}^i = H_{n+1}^i / G_{n+1}；\text{等等} \tag{4.21}$$

$$h_j^i + h^i h_{n+1}^i = H_j^i - H_{n+1}^i (G_{n+1})^{-1} G_j + H^i H_{n+1}^i (G_{n+1})^{-1} \tag{4.22}$$

现在我们就达到了可检验的条件这个目标。从(4.22)，(4.3d)和(4.3e)式中我们有：

$$[s_{ij}] = [H_j^i - H_{n+1}^i (G_{n+1})^{-1} (H^i - G_j)]^* \tag{4.23a}$$
$$= [s_{ji}], (i,j=1,\cdots,n)$$

其中每个 s_{ij} 是$[r;P,I]$的一个函数，而且成立：

$$[p_1 \cdots p_n][s_{ij}] = 0 \tag{4.23b}$$

在$[r;P,I]$空间中，$[s_{ij}]$几乎处处为$[r;P,I]$的函数，使得

$$[z_1 \cdots z_n][s_{ij}][z_1 \cdots z_n]' < 0 \quad \text{对于} \quad [z_j] \neq a[p_j]$$

$$\text{几乎处处成立} \tag{4.23c}$$

由于 r 不直接进入 U 里，我们直接可以推出：

$$(\partial \overline{M} / \partial r) + \overline{M} (\partial \overline{M} / \partial I) < 0$$

几乎处处成立。或者，撇开一个共同因素 I 之外，

$$H_0^0(r;P,I) + H^0(r;P,I)^2 +$$
$$H^0(r;P,I) H_{n+1}^0(r;P,I) I < 0 \quad \text{几乎处处成立} \tag{4.23d}$$

* 原文这里为$[s_{ij}] = [H_j^i = H_{n+1}^i (G_{n+1})^{-1} (H^i - G_j)]$，其中第二个等号应为减号。——译者

(4.23)中的这些条件是可观察的，而且它们穷尽了具有可分离的产品偏好的、产品和货币模型的需求函数的可检验含义[科学是一个前进的过程。我的直觉告诉我，即使没有弱分离性，(4.4)中对于效用函数中 M 的具体规定可以在需求函数上加上某些可检验的限制]。

M 的内生速率。在(4.23d)中我们已经推导出相对于利息率的补充变动而言对于现金余额的需求弹性必定为负，而不管任何可分离性特性。根据第三章中的方程(118)或第二章中的方程(70)这些直接方法，我们可以表明：当 r 变动同时 P 保持不变，而且 (dI/dr) 与 $\overline{M}$ 成比例地上升以便保持需求者在同样的效用水平上时，

$$(\Delta r)(\Delta\overline{M})<0 \tag{4.24}$$

换句话说，即使没有弱分离性，我们知道在 (r,P,I) 空间中，(4.23d)式以下述形式几乎处处成立：

$$(\partial\overline{M}/\partial r)+\overline{M}(\partial M/\partial I)<0 \tag{4.25}$$

因而，对于货币的周转速率如何随利息率的变动而变动，新古典理论提供了一个与极端的货币主义的过分简单的理论相对抗的合理理论。

5. 概率选择

前面几节的线性与非线性规划涉及确定的极大化。并列在第十一章中关于实证上描述性的系统的分类有：静态或动态的(时相型)，确定型的或随机型的，等等，现代决策所处理的极大值规划可

能是动态的也可能是随机的(或概率性的)。因而,在风险股票、证券和其他收益资产这些各种有价证券中,货币是对财富的一种完全保持方式,6—8 节中对这种作为财富持有方式的货币的处理将提供一个随机规划的例子。

不确定性和概率。欧几里得课本中的点、线、区域、三角形可以独立于它们与土地测量员或天文学者的测量的关系而由数学家们和逻辑学家们进行衡量和分析。概率论的公理化数学概念组合与测度构成了一个独立完整的演绎体系,这个体系独立于这些概念会使人们想象到的、与下面这些方面的任何联系:赌场;放射性发射,量子观测,统计力学和胶态原子的布朗运动;孟德尔的豌豆中波纹和点的稀少性和丰富性;男孩与女孩的出生比率,由于牵引车往后坐而引起的士兵死亡,以及许多类人们可能经历到的死亡或疾病的规律性。

当你必须决定是否做一次心脏旁支手术,或者是否向空中发射一枚报复性的核导弹时,对于概率概念与这种致命的、仅一次的决定是否有简单的相关,你可能会感到可以理解的奇怪。思想家很自然地询问不确定性现象是否能由“概率”这个准数学概念进行有用的处理。据认为不确定的某些部分——那些涉及风险,投机,保险,生产的重复性库存和质量控制,甚至重复性投资的策略——通过有益地运用概率程度而使得它们有更好的用途。

如果你在一个最优化过程中使用概率,它们就是你个人的或主观的概率概念。(当然,你可能认为它们实际上具有一个“客观”基础。或许你的这个想法甚至是正确的)一旦你采用更大的可能和较不可能这些定性上的概念——在 4 月比在 6 月“更可能”会下雨——如果你继续使自己遵循各种“一致性”公理，你就会发现你主观的、定性的概率开始结合到数学家们演绎的组合与测度理论上的数量所表示的刚好相同的方式中。

弗兰克·拉姆齐、布鲁诺·芬兰蒂、L. J. 萨维奇、罗伯特·施莱弗、霍华德·雷菲亚以及许多作者在过去的半个世纪里复活了与决策有关的贝叶斯主观概率概念。参见萨维奇(1954)、肯尼思·阿罗(1952)在一个重要的突破性发展中表明了当我们事先并不知道会得到哪一个可能的状态，以及我们对于我们期望每一分别可能的状态正是那个以后发生的状态中所包含的模糊和自信这两方面，我们自己到底在什么地方有所不同时，偶然市场的一个完全集合如何适应不同状态实际发生的可能性。

概率分布。这个附录对于你的随机极大化的讨论，我把你的不同结果的概率分布看作这个问题的既定事实。为简单起见，我将讨论货币的数值结果，用随机变量 X 来表示。(因而，在抛掷那个硬币时，如果正面向上你就取 $X_H=103$ 元；如果反面向上你就取它为 33 元)X 代表一个数值，但是取而代之的是我可以使它代表你消费的一个产品向量：$X=$(若干公升牛奶，若干磅面包，…)。

为了便于既讨论概率密度也处理离散概率，我使用累积概率分布

$$\text{Prob}\{X \leqslant x\} = P(x)$$

$$\lim_{x\to\infty} P(x)=1,\ \lim_{x\to\infty} P(x)=0 \tag{5.1}$$

当有限的可能性涉及有价证券而且我们已经排除了短期销售和借入的影响时，根据其性质随机变量 X 可能是非负的。那么在(5.1)式中，对于一切负的 x，$P(x)$为零。

期望值。X 的期望值，即它的一阶矩或（算术）平均值，以及 X 的方差，它的二阶矩或期望均方误差，它们可以用斯蒂尔杰斯积分来给出：

$$E\{X\}=\int_{-\infty}^{\infty} x dP(x) \equiv \int_{-\infty}^{\infty} x P(dx)=\mu$$

$$V\{X\}=E\{(X-E[X])^2\}=\int_{-\infty}^{\infty}(x-\mu)^2 P(dx)=\sigma^2 \quad (5.2)$$

例子：当 $P(x)$ 是处处可微时，$P'(x)$ 就是伴随着它的概率密度 $p(x)$。那么 $dP(x)$ 与 $p(x)dx$ 或 $P'(x)dx$ 表示同样的东西。如果对于随机变量 X 不但会出现离散值 $[x(1)<x(2)<\cdots<x(s)]$，而且它们对应于非负的概率 $(p_1, p_2, \cdots, p_s)$ 取这些离散值，$\sum_1^s p_j=1$。那么一旦我们从 $x=x(j)-\in$ 变动到 $x(j)$，$P(x)$ 就跳过 p_j；而且对于 $x(j)\leqslant x<x(j+1)$，$P(x)$ 停留在 $p_1+\cdots+p_j$ 这个水平上。

对于密度和离散变量的场合，我们分别有：

$$\int_{-\infty}^{\infty} x P(dx)=\int_{-\infty}^{\infty} x p(x) dx \quad (5.3a)$$

$$\int_{-\infty}^{\infty} x P(dx)=p_1 x_1+\cdots p_s x_s=\sum_1^s p_j x_j \quad (5.3b)$$

只要 $\sum_j p_j$ 趋近于 1，我们就可以用可数无限来代替有限的 s。那么当然会发生 $E\{X\}$ 不能由(5.3b)式所定义的那种情况，同样地，当连续随机变量的取值范围不是有限时，它可能在(5.3a)中并不收敛。

一个随机变量向量$(X_1, \cdots, X_n)=x$ 的联合概率分布，我把它写成：

$$\begin{aligned}&\text{Prob}\{X_1\leqslant x_1,X_2\leqslant x_2,\cdots,X_n\leqslant x_n\}\\&=P(x_1,\cdots,x_n)=P(x)\\&\lim_{x\to\infty}P(x)=1,\ \lim_{x\to-\infty}P(x)=0\end{aligned}\tag{5.4}$$

如果这个联合分布具有一个相应的联合概率密度 $p(x_1,\cdots,x_n)$，

$$\frac{\partial^n P(x_1,\cdots,x_n)}{\partial x_1\partial x_2\cdots\partial x_n}\equiv p(x_1,\cdots,x_n)\tag{5.5}$$

那么它的均值和方差-协方差就定义为：

$$E\{X_j\}=\int_{-\infty}^{\infty}\cdots\int_{-\infty}^{\infty}x_jP(dx_1,\cdots,dx_n)=\mu_j,(j=1,\cdots,n)$$

用简短的矩阵符号表示就是

$$\begin{aligned}&=\int_{-\infty}^{\infty}x_jP(dx)\\&=\int_{-\infty}^{\infty}\cdots\int_{-\infty}^{\infty}x_ip(x_1,\cdots,x_n)dx_1dx_2\cdots dx_n\\&=\int_{-\infty}^{\infty}x_ip(x)dx\end{aligned}\tag{5.6}$$

$$\begin{aligned}E\{(X_i-\mu_i)(X_j-\mu_j)\}&=\int_{-\infty}^{\infty}(x_i-\mu_i)(x_j-\mu_j)P(dx)=\sigma_{ij}\\&=\int_{-\infty}^{\infty}(x_i-\mu_i)(x_j-\mu_i)p(x)dx\end{aligned}\tag{5.7}$$

对于 $i=j,\sigma_{ij}=\sigma_i^2$，即 X_i 的方差。(5.8)

数值随机变量 X 或随机变量向量 X 的一个函数，如果根据情形而定我们可以把它写成 $u[X]$或 $u[x]$，那么这个函数本身就是一个随机变量。它的期望值由下面这个相关式给出：

$$E\{u[X]\}=\int_{-\infty}^{\infty}u[x]P(dx)=\overline{U} \tag{5.9a}$$

$$E\{u[X]\}=\int_{-\infty}^{\infty}u[x]P(dx)=\overline{U} \tag{5.9b}$$

有序的随机可能性。在确定的选择理论中，你将产品和数值向量按秩序排列大体如下：

(5 顶帽子，4 只手套)＞(3 顶帽子，1 只手套)

(5 顶帽子，2 只手套)～(3 顶帽子，4 只手套)　(5.10)

10 元＞5 元，100 分～1 元

其中"＞"表示"更好"，"～"表示"无差别"。而且上面的强偏好和无差别也许能够用作为序数效用偏好指数的某个数字效用函数来表示：

u[5 顶帽子，4 只手套]＞u[3 顶帽子，1 只手套]

u[5 顶帽子，2 只手套]＝u[3 顶帽子，4 只手套]　(5.11)

u[10 元]＞u[5 元]，u[100 分]＝u[1 元]

当然，u[　]的任何单调伸缩变换 $U(u)$，且 $U'(u)>0\lesseqgtr U''(u)$，都将给出一个 U[5 顶帽子，4 只手套]的指示函数，它正如 u 一样可以用来表示你的"＞"及"～"关系。

在随机选择中，你不是在 10 元和 5 元这样确定的数值之间排列及选择，也不是在(5 顶帽子，4 只手套)和(3 顶帽子，1 只手套)这样确定的产品向量之间排列及作出选择。相反，它们是随机可能性或选择。

与(肯定地得到 4 元)相比，你更喜欢(以相等的机会得到 3 元或 5 元)吗？与[具有概率 q 的 $x(3)$元及具有概率 $1-q$ 的 $x(4)$元]相比，你怎样评价[具有概率 p 的 $x(1)$元及具有概率 $1-p$ 的

$x(2)$元]? 对于特定非负的$(p,1-p;q,1-q)$及 $x(j)$元，假定你能够在这些随机可能性上作出序数偏好“$>$”及“$\sim$”决定。

例子：你“厌恶风险”，并且，与以相等的机会得到 3 元或 5 元相比，你倾向于有把握地得到 4 元。但是你只是轻微地厌恶风险，因而你认为有把握的 3.8 元与机会相等的 3 元或 5 元是无差别的。

认真地考虑之后，我们认识到你排列的每个对象，随机可能性或随机选择，都是为数值随机变量 X(元)定义的一个概率分布 $P(x)$。因而，你可以称肯定的 4 元为概率分布 $P(x)=P_A(x)$或 A。另外，肯定的 3.8 元可以称为 $P_B(x)$或 B，而 $P_C(x)$或 C 代表机会相等的 3 元或 5 元。那么，我们以前对于你的序数偏好判断的描述就可以写成：

$$[P_A(x)]>[P_B(x)] \quad \text{或} \quad A>B \tag{5.12}$$
$$[P_B(x)]\sim[P_C(x)] \quad \text{或} \quad B\sim C$$

现在，我们可以有把握地猜测对于你成立 $A>C$。只要你的偏好序是连续的并且遵循**传递**性质：

$$A\sim B \quad \text{且 } B\sim C \quad \text{意味着 } A\sim C \tag{5.13}$$

结果就必定如此。当涉及“$>$”及/或“$\sim$”符号时，成立相似的关系。

如果你的偏好关系在所有可能的概率分布$[P(x)]$的空间中具有无差别集合，这些集合具有某些熟知的拓扑性质，那么你的顺序关系“$>$”及“$\sim$”也能用一个数值效用函数指数 U 来表示，U 的变量是概率分布 $P(x)$的完整曲线。那么，$A>B\sim C$ 就能够表示成：

$$U[P_A(\overset{+\infty}{\underset{-\infty}{x}})]>U[P_B(\overset{+\infty}{\underset{-\infty}{x}})]=U[P_C(\overset{+\infty}{\underset{-\infty}{x}})] \quad (5.14)$$

这里的符号 $U[P(\overset{+\infty}{\underset{-\infty}{x}})]$ 只是一个表示函数的符号，正如第九章中方程(8)中所使用的符号一样。如果 U 可以作为一个指示数（函数），那么任何成立 $f'(U)>0\gtreqless f''(U)$ 的单调伸缩变换 $f(U)$ 也可以作为指示函数。

效用函数的例子。下面是随机可能性或概率分布中可以用作序数偏好的数值指数的一些可能的函数：

$$a+b\int_{-\infty}^{\infty} xP(dx),b>0\gtreqless a;\int_{-\infty}^{\infty} xP(dx)<\infty \quad (5.15a)$$

$$-\int_{-\infty}^{\infty} e^{-cx}P(dx) \text{ 或} \int_{-\infty}^{\infty}[1/2x-1/2e^{-cx}]P(dx),c>0 \quad (5.15b)$$

$$\int_{0}^{\infty} x^{1/2}P(dx),P(0)=0 \quad (5.15c)$$

$$\left[\int_{0}^{\infty} x^{1/2}P(dx)\right]^2 \quad (5.15d)$$

$$\int_{0}^{\infty} \ln[x]P(dx),P(0)=0 \quad (5.15e)$$

$$\int_{0}^{\infty} u[x]P(dx),P(0)=0,u'[x]>0>u''[x] \quad (5.15f)$$

$$\int_{0}^{\infty}[1+x^2]P(dx),P(0)=0 \quad (5.15g)$$

$$1/2\left[\int_{0}^{\infty} x^{1/2}P(dx)\right]^2+1/2\int_{0}^{\infty} xP(dx) \quad (5.15h)$$

$$\left[\int_{0}^{\infty} x^{1/2}P(dx)\right]^{1/2}\left[\int_{0}^{\infty} x^{-1}P(dx)\right]^{-1} \quad (5.15i)$$

（“伊西德罗”取自萨缪尔森，1950）

$$f\left[\int_{-\infty}^{\infty} v_1(x)P(dx), \int_{-\infty}^{\infty} v_2(x)P(dx)\right], v_i'(x) > 0 > v_i''(x),$$

$$(i=1,2),$$

对于所有的(a,b)

$$\int_{-\infty}^{\infty} \mid v_1(x) - a - bv_2(x) \mid P(dx) > 0 \qquad (5.15\mathrm{j})$$

$f[v_1(c), v_2(d)]$在空间(c,d)中是准凹的，$[v_1(c), v_2(c)] \equiv c$；

$$\int_{-\infty}^{\infty} R(x)P(dx) + 1/2\left[\int_{-\infty}^{\infty} S(x)P(dx)\right]^2$$

（M. 梅希纳，1982，第 295 页）

$$R'(x) > 0 > R''(x); S(x) > 0, S'(x) > 0 > S''(x) \qquad (5.15\mathrm{k})$$

期望效用极大化。例(5.15a)涉及货币期望值的结果本身——一个所谓的线性效用函数。早期的数学家如帕斯卡尔和费马*可以夸张地认为他们假定了人们按照(或应当按照)线性效用来行动，极大化期望代数货币收益而且在面临“公平博弈”的结果时是无差别的。在 18 世纪丹尼尔·贝努利**(1738)的圣彼得堡悖论之后，只要这种简单的货币通用，即使数学家也认识到所获得的杜卡***的价值低于失去的杜卡的价值。从这一点产生了贝努利-拉普拉斯极大化学说，它不是期望货币极大化而是极大化财富的效用结果期望值——“精神期望”，它是文献中一个奇怪的术语。当效用是货币财富的一个强凹函数而且财富的边际效用递减时，

---

* 帕斯卡尔(1623—1662)，法国哲学家、数学家、物理学家。旧译巴斯噶。费马(1601—1665)，法国数学家。——译者

** 丹尼尔·贝努利(1700—1782)，生于荷兰的瑞士物理学家、数学家。——译者

*** 杜卡：中世纪曾在欧洲许多国家通用的金币名称。——译者

这个学说意味着厌恶风险和寻求保险。在(5.15)中,例 b,c,d,e 和 f 符合期望效用极大化和厌恶风险的信条。

例 g 也符合期望效用极大化,但是,它涉及凸的而不是严格凹的效用,例 g 表现出对于风险的积极偏爱和对保险的反感。(如果你的函数 $u(x)$是 c 和 g 的效用函数的极小值,你就会表现出中等富有时的弗里德曼-萨维奇现象:有意避免小的有希望的赌注,同时寻求各种有希望或没有希望的冒险图大利的赌注)

所有其他例子——h,i,j,k——也涉及在下述意义上你是风险厌恶的,即有意避开公平或不公平博弈中的赌博或投资。但是,所有这些与期望效用极大化或偏好的信条相当不一致;而且,在数学的可以定义的意义上,几乎所有的、任意选择的偏好函数都偏离那个信条。[例 h,i,j 是函数,其曲线“在概率中是线性的”,但是,为了保证它们在 $P(x)$ 中既是准凹的也是准凸的,同时满足(5.17a)式,仅仅使它们像 E'{效用}这个信条所要求的那样“在概率中类似于线性”是不够的。梅希纳的例子 k 更一般地偏离那个信条,但是正如梅希纳(1981,1982)所指出的那样,它与风险厌恶是一致的]

抵制和转变。为什么你应当采用期望效用极大化这个信条?为什么不极大化概率函数达到相对极大值时的随机变量的值,中位数或效用结果的几何均值?为什么不像例(5.15i)中那样极大化某个函数,它与期望效用极大化函数这个信条相比对于风险能够给你的感受提供更好的满足?

假若你问:“为了发现我表现出来的风险厌恶性,我不必像这信条应用到我身上那样来行动吗?”那么妥当的回答应当是:“并非如此，许多风险厌恶者违背期望效用的信条。”

在 1950 年以前，我就停留在这一点上——如萨缪尔森(1950)。但是，通过与 L.J. 萨维奇的讨论和通信，加上出现了一篇基本论文(马沙克，1950)，引导我(至少在美学水平和第一级近似上)转向期望效用信条。这个转变之所以用了如此长的时间有如下各种原因：

(a)结果证明弗里德曼-萨维奇(1947)声称的他们所坚信的对于这个信条的公理是有错误的。萨维奇后来承认这篇论文中的每一点都是与那些偏离这个信条的例子相一致(15.14h，i 或 j)(见弗里德曼-萨维奇 1952，对于纠正了的马沙克类型的模型的说明)。

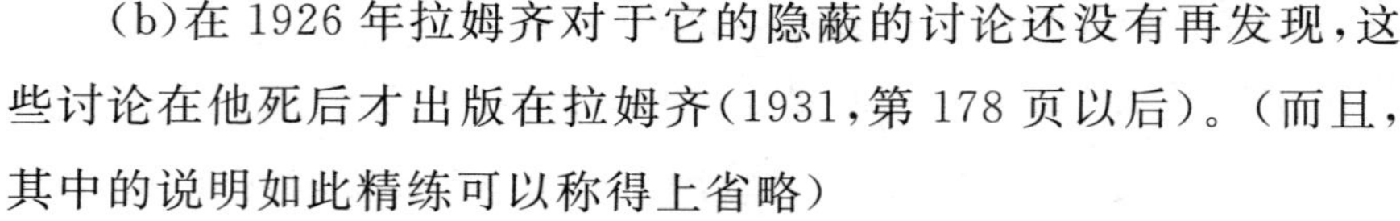

(b)在 1926 年拉姆齐对于它的隐蔽的讨论还没有再发现，这些讨论在他死后才出版在拉姆齐(1931，第 178 页以后)。(而且，其中的说明如此精练可以称得上省略)

(c)在冯·诺伊曼和摩根斯坦合著的一书(1944，附录)中对效用的著名的公理化根本没有切中要害，因为正如萨缪尔森(1952a，1952b)及 E. 马林沃德(1952)所讨论的那样，这些作者十分轻易地使用他们无足轻重的公理或定义，那些发现他们对这个信条很反感的人会很轻易地拒绝接受这些公理和定义。

最后，根据马沙克(1950)对“一个独立公理”的强调以及萨维奇使用的“确实原理”这个术语和他借助的下面这个可能性：某个人(包括你自己)可以“成功地与你打赌”，我开始认识到行为公理中的魅力，正是这些公理引导去实现期望效用信条。

独立公理。实际上，在随机可能性[或在表现出来的财富结果

的概率分布 $P_A(x)$，$P_B(x)$，…]上的顺序偏好理论需要两个公理。

公理 1. 当概率以较坏的结果为代价而向较好的结果移动时，你的效用函数指示数必定上升：你的 $U[P(\overset{+\infty}{\underset{-\infty}{x}})]$ 使得

如果 $P_B(x)>P_A(x)$ 就有

$$U[P_A(\overset{+\infty}{\underset{-\infty}{x}})]>U[P_B(\overset{+\infty}{\underset{-\infty}{x}})]-\infty<x<\infty \tag{5.16}$$

另外对于 f，函数 U 还预先假定某些连续性和光滑性性质，使得它在每一点上都具有一阶（而且也可能有二阶）函数导数。

公理 2.（独立公理）。假设你发现 $P_A(x)$ 至少比 $P_B(x)$ 一样好。那么对于所有的 $P_C(x)$ 和任意的分数 q，你发现 $qP_A(x)+(1-q)P_C(x)$ 至少跟 $qP_B(x)+(1-q)P_C(x)$ 一样好。

$$U[P_A(\overset{+\infty}{\underset{-\infty}{x}})]\geqslant U[P_B(\overset{+\infty}{\underset{-\infty}{x}})] \quad \text{意味着}$$

$$U[qP_A(\overset{+\infty}{\underset{-\infty}{x}})+(1-q)P_C(\overset{+\infty}{\underset{-\infty}{x}})]\geqslant U[qP_B(\overset{+\infty}{\underset{-\infty}{x}})+(1-q)P_C(\overset{+\infty}{\underset{-\infty}{x}})],$$
$$0<q<1 \tag{5.17}$$

对于 $P_C(x)\equiv P_B(x)$，(5.17)就与下面这个较弱的条件等价

$$U[P_A(\overset{+\infty}{\underset{-\infty}{x}})]=U[P_B(\overset{+\infty}{\underset{-\infty}{x}})] \quad \text{意味着}$$

$$U[qP_A(\overset{+\infty}{\underset{-\infty}{x}})+(1-q)P_B(\overset{+\infty}{\underset{-\infty}{x}})]\underset{q}{\equiv}U[P_A(\overset{+\infty}{\underset{-\infty}{x}})],0<q<1 \tag{5.17a}$$

可以说，函数 U 必定是它的自变量的弱准凹函数（即，既是准凹的也是准凸的）。

从公理 1 和公理 2 我们必然可以推得 $U[P(x)]$ 可以写成下

面这个史蒂尔杰斯积分形式(或者,更准确地表现为这样的一个积分 $\Phi\{\quad\}$的单调伸缩变换,$\Phi'>0\gtreqless\Phi''$)。*

定理:如果 U 是 $P(x)$的一个函数,它既满足公理 1 也满足独立公理 2,那么在下述意义上它必定具有在概率中是平行线性的等高线,即这个函数是一个期望{效用}函数的一个单调伸缩变换:

$$U[P(\overset{+\infty}{\underset{-\infty}{x}})]=\Phi\left\{\int_{-\infty}^{\infty}u[x]P(dx)\right\} \tag{5.18}$$

这里一个任意的起点 a 及一个任意的比例常数 b 都可以使得 $a+bu[x]$变成 $u[x]$的一个可行的代用品。

有限个结果的整体。为了避免当我们处在函数空间领域里所涉及的证明的复杂性,考虑这样一个整体,其中 x 只能取 n 个值,$(x_1,x_2,x_3,\cdots,x_n)$,它们分别对应于穷举的概率$(p_1,\cdots,p_n)$。那么每个可能发生的可能性可以表示为:$(x_1,\cdots,x_n:p_1,\cdots,p_n)$。

这里是对于下面这一点的一个概略说明:为什么两个公理意味着期望效用是你在随机可能性上顺序偏好的一个指示数。这是萨缪尔森(1962a)中的思路的必然结果。考虑一个具有 n 个不同结果的整体,并按照你对于它们的偏好顺序排列为:

$$x_1>x_2>\cdots>x_n \tag{5.19a}$$

公理假定你肯定地期望的这些 x_j 的每一个对于某个 u_j 正好与下面这个最好与最坏结果 x_1 和 x_n 的概率混合是无差异的:

$$(x_j:1)\sim(x_1,x_n:u_j,1-u_j),(j=1,\cdots,n) \tag{5.19b}$$

* 原文为 $\Phi''>0\gtreqless\Phi''$,疑原文有误。——译者

由于(5.19a)和(5.19b),所以

$$1=u_1>u_2>\cdots>u_n=0 \tag{5.19c}$$

这两个公理一起意味着任意可能性$(x_1,\cdots,x_n:p_1,\cdots,p_n)$必将与另一个可能性是无差异的,其中任意的 x_j 已经被一个与 x_j 无差别的可能性 x'_j 所代替:

$$\begin{gathered}(x_1,\cdots,x_j,\cdots,x_n:p_1,\cdots,p_j,\cdots,p_n)\\ \sim(x_1,\cdots,x'_j,\cdots,x_n:p_1,\cdots,p_j,\cdots,p_n)\\ \text{当且仅当}\quad x'_j\sim x_j\end{gathered} \tag{5.19d}$$

因而,根据上式我们就能写出下面这个无差异等价式:

$$\begin{gathered}(x_1,x_2,\cdots,x_n:p_1,p_2\cdots,p_n)\\ \sim([x_1,x_n:u_1,1-u_1],[x_1,x_n:u_2,1-u_2],\cdots\\ [x_1,x_n:u_n,1-u_n]:p_1,p_2,\cdots,p_n)\\ \equiv\left(x_1,x_n:\sum_1^n u_jP_j,1-\sum_1^n u_jp_j\right)\end{gathered} \tag{5.19e}$$

最后的恒等式是根据可能性的概率定义得出的,它们对于奖金有中彩票的期望(涉及它们的内部概率 u_j),每个中彩票的期望都有其发生的概率。

因为

$$\begin{gathered}x_1>x_n\quad\text{意味着}\quad(x_1,x_n:a,1-a)>(x_1,x_n:b,1-b)\\ \text{当且仅当}\quad a>b\end{gathered} \tag{5.19f}$$

已经证明你的偏好的一个指示数可以由下式给出:

$\sum_1^n u_jp_j=E\{u_j\}=E\{$结果 x_j 的效用$\}$,这正是我所要证明的(Q. E. D.) (5.19g)

三个结果的整体。当 $n=3$ 时,(5.19c)就变成

$$u_1>u_2>u_3 \tag{5.19G}$$

由于起点和比例是任意的,我们可以把 u_j 的两个端点分别置为 0 和 1:那个不变的并且构成描述你在这个三个状态的体系整体中所有冒险行为的、一个而且是唯一的一个有效参数是下面这个比例:

$$\frac{u_1-u_2}{u_2-u_3}=\beta \tag{5.19h}$$

β 超过 1 越大,你越是厌恶风险。

图 1 解释了它的内容。在右边的三角形中任意一点描出 (p_1,p_2) 并隐含地描出 $p_3=1-p_1-p_2$。由于 x_1 比 x_2 更好一些,而 x_2 又比 x_3 好,因而你把任何向北或向东的移动看作状况的改善。A_1 是你的最好的点,A_3 是你的最坏的点。仅仅基于公理 1 我们就可以知道你的无差异曲线是负斜率的,正如在 1(a)中所表明的那样。公理 1 使得那些无差异线是曲线并且使它们不是相互平行的直线。

图 1(b)表明由公理 2 即独立公理所加上的更强的限定。只要你告诉我点 a_2 与 A_2 是无差异的,公理 2 就告诉我它们中的每一个之间以及连接它们的线上的每一点之间对于你都是无差异的。为什么?因为这条线上的点代表彩票,它们与所有变动中的概率一起给出选择性的奖金:A_2 是一个这样的奖;a_2 是另一个奖;如果你认为它们之间是无差异的,那么你实际上不关心希望获得的是它们中的这一个还是另一个。公理 2 告诉我们比这更多的东西:b 和 B 中的每一个分别是在点 a_2 和 A_2 与 A_3 之间的中途

上，它们对于你也必定是无差异的——正如直线 bB 上所得到的所有点对你也是无差异的一样。所以在 1(b)中，独立公理强迫你的无差异线都是平行于 a_2A_2 的直线。这个平行线性的无差异曲线的约束正是期望效用信用所归纳出来的东西。

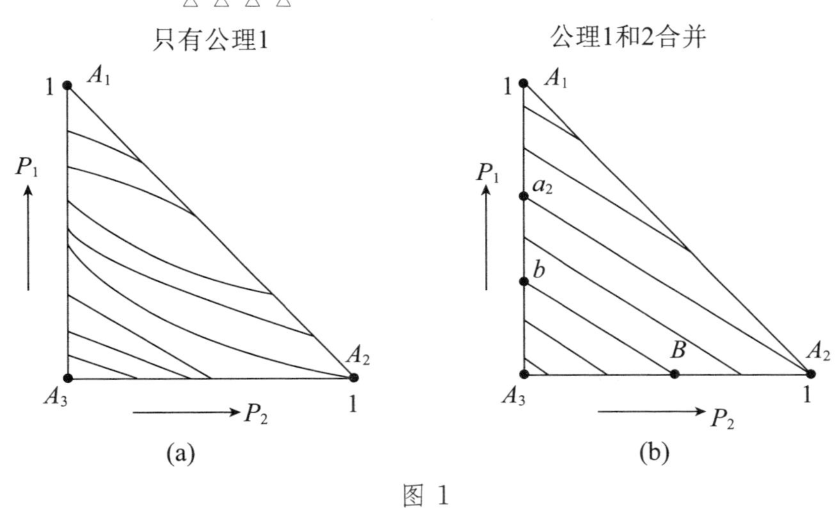

图 1

图式说明当你作出概率性的决定时，期望效用信条是你接受具有诱惑性的独立公理的必然结果。

这完成了对于三个状态的体系的几何说明。在两个状态的体系中，你的偏好缺乏有趣的结构：较好状况的概率的任何增加都使得你更舒适，除此之外没有更多需要说明的内容。对于结果的一个不可数的连续体，结果可能与欧几里得空间$(X,Y,Z,\cdots)$中的实数一样多，通过扩充我们在这里所给出的讨论就可以表明这两个公理可以使你能够像下式一样排列概率分布：

$$\text{Prob}\{X\leqslant x,Y\leqslant y,Z\leqslant z,\cdots\}=P(x,y,z,\cdots) \quad (5.20\text{a})$$

现在你根据期望效用函数进行选择，

$$E\{a+|b|u[x,y,z,\cdots]\}$$
$$=\int_{-\infty}^{\infty}\int_{-\infty}^{\infty}\int_{-\infty}^{\infty}\cdots a+|b|u[x,y,z,\cdots]P(dx,dy,dz,\cdots)$$
(5.20b)

在下面，我试图给出关于独立公理的一个怀疑，现在我承认在我 1950 年转变到期望效用信条的几十年之后的 1983 年，它使我感到很麻烦。

最后的保留意见。当应用到产品的确定性的向量的子集时，独立公理绝不是必然的：在有 4 把雨伞时如果（2 顶帽子，3 只手套）与（3 顶帽子，2 只手套）是无差异的，上述这一点是指我们没有充足的理由认为在有 5 把雨伞时它们是无差异的。然而，当你面临可能性 A 和可能性 C 的一个平等机会时，A 或 C 都会发生，但不一起发生；而且当你面临 B 或 C 的一个平均机会时，它们中有且有一个会发生。那么，如果你在 A 与 B 之间是无差异的，关于你对于具有利益 q 的 A 或 C 及具有利益 q 的 B 或 C 的态度，萨维奇可能会这样认为："首先假定 C 不发生，而且你认为 A 和 B 是无差异的；其次假定 C 发生，那么你肯定认为 C 与 C 之间是无差异的；所以，对于每一种情形，作为一个确实原理，你在 A 与 B 之间的无差异应当使得你对于具有任何利益的（A，C）与具有这些同样利益的（B，C）之间是无差异的。"这个讨论严重地依赖于 C 的发生和其他可能性的发生之间相互替代性。

我在 1950 年转变的那个部分似乎仍然有充分根据。我认识到某些人声称需要极端谨慎行事：如果 A 与 B 是无差异的，他们认为，在他们中间增加多样性（假使它们的机会相等）多少会好一

点。但是，如果你的确认为 A 与 B 之间是无差异的，为了一个额外的保护你的合理代价到底是多少才是无关紧要的呢？这个代价很小；因而这点反对意见只能具有极其微小的重要性。

三分之一个世纪之后，我的转变只是与下面这个辩解有关的、不太可靠的一个转变：除非我包括 $E\{u\}$ 信条，别人就能够成功与我打赌。假定在图 1(a) 中，我的无差异等高线不是平行的直线，再假定我的判断永远被充分地理解为涉及最终的可能性 $(x_1, x_2, x_3; p_1, p_2, p_3)$。

为什么这幅图应当告诉我们一些关于我会如何排列中间步骤的可能性的顺序的内容呢？下面就是我运用一个中间步骤的判断的意思。首先，你使我面对两个可能性 A 和 B。在我将它们排好序之后，你现在初次告诉我一个混合的可能性将是由 A 和 C 的概率混合所确定的，而且，为了我在那些最终的可能性中间作出选择，也要向我提供一个类似的 B 和 C 的概率混合，在第二阶段和最后阶段要对这些混合的可能性作出判断。

我是否通过这样说来合理地取消并使我自己免受他人与我打赌的这种危险呢？即"当我排列了 A 和 B 时，它仅仅以下述为条件，即这个判断是最后的阶段。如果我知道你要通过引入混合的 C 而使我受制于第二阶段和最后的阶段，除非告诉了我正好是 C 所要具有的确切性质，我就不可能排列 A 和 B。只要你公正地对待我，并且仅仅要求我在**最终**的可能性上作出我的一致判决，我为什么不能合理地拥有图 1(a) 中的弯曲的等高线呢？在公平的竞赛规则下，当我服从图 1(a) 中的偏好序时，绝不'可能产生于我不利的赌注'。的确，在最后一步和达到它的过程中我违背了独立公理，但是由于于我不利的打赌这个所谓的脆弱性，我为什么要责备我自己在这样做时的不合理呢”？

考虑与萨缪尔森(1950)的信条偏离的情形，伊西德罗（就弗朗西斯·Y. 艾奇沃思而言）极大化像(5.15i)一样的一个函数，即

$$U=\left[\sum_{1}^{3} p_j x_j\right]\left[\sum_{1}^{3} p_j x_j\right]^{-1} \tag{5.21}$$

在前一个阶段中，依据在那个阶段的 A 或 B 的概率($\tilde{p}_j$)，伊西德罗的无差异等高线因 C 按照(q，$1-q$)的混合比后来结合到 A 和 B 的每一个中的选择而不同。根据在最后阶段的(5.21)式，对于倒数第二阶段的极大值，我们有：

$$U=\frac{q\sum_{1}^{3}\tilde{p}_j x_j+(1-q)\sum_{1}^{3} q_j x_j}{\left[q\sum_{1}^{3}\tilde{p}_j x_j^{-1}+(1-q)\sum_{1}^{3} q_j x_j^{-1}\right]} \tag{5.22}$$

相反，那些属于期望效用约束的指示数，而且也只有那个信条的那些指示数在($\tilde{p}_j$)空间中提供了同样的倒数第二的无差异等高线以及(p_j)空间中的最终的等高线：

$$\begin{aligned}\bar{U}&=\sum_{1}^{3} p_j u[x_j]\\&=q\left(\sum_{1}^{3}\tilde{p}_j u[x_j]\right)+a,a=(1-q)\sum_{1}^{3} q_j u[x_j]\end{aligned} \tag{5.23}$$

但是，为什么你或我想得到也可以作为更早阶段的无差异等高线的、最终的无差异等高线？只有不稳定的转变才会引起这个难以对付的问题。绝不能认为：“你可能不会知道‘竞赛’什么时候结束；所以，你必须采用一个无论竞赛是继续还是不再继续都不变的准则。”因为自始至终我不得不虚构我能有的最好的主观概率，

因而联系到竞赛结局的偶然性，我这样做是不可避免的。演绎三段论是正确的——即只有 $E\{u\}$ 信条产生中间的极大值，它的形式独立于后来的概率 q。但是，我发现仅仅以美学的标准为基础的转变是没有说服力的。在 1983 年，我感到或许正是萨维奇的确实原理的讨论才是决定性的。

无论最后的这个怀疑论的价值是什么——以及我多么希望吉米·萨维奇仍然还活着来与我讨论这个问题——下一节我们继续沿着期望效用极大化这个目前流行的信条来讨论，其中效用是冒险厌恶者所特有的严格凹函数。科学家们可能会没有充分理由地指出："需要一个易于处理的模型，这个信条给了我这样的一个模型。通过借助于它来表示假设，这个模型提供了一个有用的、第一级近似的概念直至发现它的特殊特征与经验相违背的时候为止。

对于剩下的其他任何怀疑者，我认为：在第 6 节中对于期望效用信条所推导出来的。大部分的一般结果我也能在削弱了公理 2 的更一般的模型中推导出来。[而且，当我的著作付印时，我看到马克·梅希纳，1981，1982，已经详细地说明如何做到这一点。另外，梅希纳对 M. 阿兰斯，A. 特维斯斯基，K. 麦克里蒙和其他人对这些公理的经验检验给予了卓越评价。特别地，存在着某些迹象表明如果图 1(a)中的线是直线但以不平行的方式按扇形张开，图 1(a)就模拟了阿兰斯、特维斯斯基以及其他研究者一再遇到的、系统的与独立公理相偏离的情形]

推导哈萨尼-伯格森可加的社会福利函数(SWF)。在《基础》的这个增订版的导言中我许诺给出哈萨尼(1955)定理的一个简短的推导，这个定理就是："关于人们事前随机选择(以及个人确定性选择)的"个人主义的社会福利函数必定能够写成强分离的或可加的函数。

考虑具有两个人他和她,以及一个个人主义伦理观察者,它这个最简单的情形就足够了。每一个人都具有一个效用指数,这个指数可能充分地涉及嫉妒或利他主义,所以必须把它写成两个人的财富的函数:$u_1[W_1,W_2]$和 $u_2[W_1,W_2]$。那么伯格森的非随机的 ISWF(个人主义的社会福利函数)必须写成下面这个弱分离的形式:

$$f=f(u_1[W_1,W_2],u_2[W_1,W_2]) \quad \text{或} \quad F=F(f) \tag{5.24}$$
$$\partial f/\partial u_k>0;F'(f)>0\gtreqless F''(f)$$

假设他和她都发现期望效用信条的公理 1 和 2 在随机选择中具有吸引力。假设每个人都期望以概率 p 享有效用 $u_i[a_1,a_2]=A_i$ 并以概率 $1-P$ 获得 $u_i[b_1,b_2]=B_i$。假设它同意对于(A_1, A_2)及(B_1,B_2)具有可能性$(p,1-p)$。

当他们在非随机选择上达到一致时正如它考虑人们的嗜好一样,假设它想与哈萨尼再步行一英里并且当他们达到一致时考虑个人事先的随机选择。当所有这三者都坚守 $E\{$效用$\}$信条,而且我们利用对于他们的每一个所隐含的单调伸缩变换时,这个随机的 ISWF 必定遵循下面的函数关系:

$$E\{F[f(u_1,u_2)]\}=\phi[E\{u_1\},E\{u_2\}] \tag{5.25}$$

在$(p,1-p)$这个情况下,它就变成:

$$\begin{aligned}&pF[f(A_1,A_2)]+(1-p)F[f(B_1,B_2)]\\&=\phi[pA_1+(1-p)B_1,pA_2+(1-p)B_2]\end{aligned} \tag{5.26}$$

在(5.26)中对 p 微分,我们推出:

$$F[f(A_1, A_2)] - F[f(B_1, B_2)] \\ = (A_1 - B_1)\phi_1[\quad] + (A_2 - B_2)\phi_1[\quad] \tag{5.27}$$

只有当 $\phi_1[\quad]$和 $\phi_2[\quad]$是常数时，称它们为 λ_1 和 λ_2，对于所有的 (A_i, B_i)，等式的右边才独立于 p。所以，ϕ 是线性的而且伯格森-哈萨尼 ISWF 变成下式的一个任意的单调伸缩变换：

$$\lambda_1 u_1[W_1, W_2] + \lambda_2 u_2[W_1, W_2], \lambda_j > 0 \tag{5.28}$$

只有相对权数 λ_2/λ_1 是由伦理上加以规定的。如果人们缺乏嫉妒和利他主义，即自治的或原子化的状态，这个式子就变成边沁享乐主义的和，$\sum \lambda_j u_j[w_j]$。

注：从(5.21)式的第二个想法看来，它关于打赌而被置于不利地位这个脆弱性，我在 1983 年对于这个信条和哈萨尼的结果的热情比我在萨缪尔森(1965b)所表现的热情略微低一些。

6. 均值-方差模型的优缺点

风险厌恶的人们如何决定他们的财富在安全的现金和风险的收益资产之间的最优分配是随机规划的一个突出的例子，而且由于它自身的缘故而引人关注。

被否定的货币主义。第 4 节表明对现金的交易需求使得在任何交易方程 $MV = PQ$ 中的货币流通速度不是极端货币主义的生硬的常数，根据新古典理论它大概是利息率的一个正函数。凯恩斯在他的 1936 年的《通论》中假设货币作为一种价值储蓄也是利息率的一个下降函数。詹姆斯·托宾(1958)重新表达了凯恩斯在他 1936 年的推理大致如下：

人们记得以前繁荣时期更高的利息率。他们期望利息率回升到那个水平或那些“正常水平”上。认识到收益资产的正的利息和分红收益将由于本金的下降而消失，而这样会把利息率带回到更高的水平上，因而人们宁愿投机性地持有零利息(或低利息)的货币作为一种财富储蓄。

明确的是，凯恩斯的流动性偏好模型可能是确定性的而不是随机的。在没有不确定性的情况下，它就等价于纯粹的套利交易而且转变为我们在第 1 节中遇到的那种类型的线性规划问题。只要目前的利息率 γ_t 与下一时期预定水平相比下降得足够大，以至于收益资产在本金上的损失超过它的利息额，你就会百分之百把这种收益资产变成现金(而且也许你甚至对证券进行短期买空卖空)。凯恩斯因而推导出 M 和 r 之间的负相关，但不是托宾所寻求的平稳的交易；更确切地说，它是在当前的一个关键的利息率水平上触发出来的、一种继电器式的控制的、非此即彼的交易。

财富储蓄的流动性偏好。托宾基于 J. R. 希克斯(1935)和 H. M. 马科维茨(1952，1959)的更早一些的工作，但他自己强调 M 与收益资产的中等收益之间可推知的比较静态关系。他希望超出早已被注意到的凯恩斯的流动性偏好模型。

托宾想表明：(ⅰ)即使当收益资产有可能带来比现金更好的收益，但只要它们是风险性的，作为一个风险厌恶者，你可能仍然想持有某些低收益的安全现金；但他也想表明(ⅱ)能够推导出你用现金形式持有的有价证券的数量与收益资产上的期望收益或利息率之间的、负的平衡关系。

托宾利用均值-方差分析工具来达到他的目标。萨缪尔森

(1970a)指出了依赖于均值-方差准则的某些致命的弱点。当 K. 博尔奇(1969)和 M. 费尔德斯坦(1969)批评托宾作为一名发展和使用这种没有一般性的技术的先驱者时,托宾给予了一个实用主义的答复:两个矩的(均值和方差)近似,无论它可能多么不完善,但它是在长期流行的一个矩的(仅仅是均值)近似上的一个巨大进步;更进一步,在达到一般方法的完善之前,科学通过运用富有启示的近似和对于下面这一点的理解而取得进展,即先驱者的粗糙将为文雅的复杂化减少困难并为它所追随。

均值-方差模型的成果。托宾所建立的均值和方差模型为如下几点:

1. 当安全的货币与风险的资产具有同样(低的)期望收益时,你作为一个风险厌恶者将仅仅持有货币。

2. 当某些投机资产的期望收益(利息率、红利、资金收益等)上升到高于货币的期望收益时,你必定减少你的作为货币来持有的有价证券的份额。流动性偏好曲线从正确的负斜率开始。

3. 证券的期望收益高出现金的安全收益越多,与此同时它们的风险性保持不变(在托宾的模型中是由证券的固定的方差和协方差来衡量的),那么你以货币持有的有价证券的份额就越低——最初如此。但是,随着你的现金份额越来越小,或者当它变成一个实实在在的负数时,你可能开始倒转你对于部分地持有现金的需求曲线的方向。当你的更高的平均收益这个"财富(或收入)效应"压倒它的"替代效应"时,你的曲线可能倒转方向但再也不会把你带回到百分之百地持有现金。(在托宾最简单的二次效用模型中,我在这里说的"可能"就必须写成"必须"。在更一般的模型中,作为现金来持有的有价证券的最优份额 w_0^* 甚至可能再次上升；的确，w_0^* 依赖于你在不同的财富水平上的风险厌恶以及证券的概率分布的性质，它可以任意次地上升或下降，只要它从来不低到足以抹掉它标准的最初上升水平）

多此一举的均值-方差限制。我们钦佩托宾在演绎清晰化上的突破。重复地说，在科学中，当开拓性的工作唤起了后来改进的分析时它才起到自己的作用，我们指出上面的均值-方差的所有结果都可以建立在一般的期望效用极大值模型上，并不是贬低均值-方差这一突破。这里的情形表明一般性不花任何代价。

正是马克斯·普朗克实际上认为："科学通过不断埋葬而取得进步。"它被正确地理解为应用到学者生活周期的继承过程的一句话。目前的情形表明这个警句应用于另一种类型的置人于死地的情形——达尔文式的、用新的范例消除旧的范例。

均值-方差的酸果：二次效用。一只狗的美丽可以以它的愚钝和虚弱为代价而获得。同关于合理的流动性偏好行为的正确洞察力一起，通过在整体上假定一个二次效用函数来为均值-方差分析辩护（在后面我们会看到）的一个模型又把下面这些稀奇古怪性质加在我们的行为上：

1. 肯定会提供给你的越来越多的财富导致你最终的状况恶化。（如果缩小财富在效用函数中的范围来避免这种反常性，那么就不能避免均值-方差模型的反常性。博尔奇在 1969 年给出的、对于均值-方差分析的惊人的反例似乎仅仅是用复杂的方式来得到下面这个陈腐的观点，即每个凹的二次效用函数在一个有限的财富水平上下降）

2. 即使在你的效用是二次的并且正在上升的范围内，你的财富越多，你持有的投机证券越少。你的所有的额外的和更多的财富都变成没有收益的现金持有。世界上几乎没有人具有这种奇怪的行为。

3. 托宾(1958)的一个巨大突破是他的“分离”或“共享基金”定理，它认为，如果我们都是均值-方差模型的拥护者并且对于几种投机证券的联合分布具有同样的主观概率，那么即使我们对于风险具有极其不同的忍耐性，我们仍然将我们有价证券划分到风险证券的份额正好在这几种证券中具有同样的比例。

正如一个人可能会太聪明一样，一个定理也可能太漂亮而无法应用。一般性的分析表明即使我和你在概率上是一致的而且双方都持有一些现金，关于我们风险资产的比例，我们仍然可能具有极其不同的意见。(同样的一般性的分析在这里或许是第一次)表明在托宾的分离定理中真理的重要萌芽是：对于那些具有相似的概率信念的人们来说，风险证券的所有“最初有价证券”都包含着证券的同样的相对构成——它是行为的一个合理现象而且也可以应用于萨缪尔森(1970b)和 R. C. 默顿(1969)的“紧概率”。另外，在不同类的证券可以“独立复制”的范围内，也可能得到对分离定理的一个相似的辩护，即把它作为一个渐进近似。

高斯的不充分性。如果依据所谓的、对于风险证券的高斯分布来建立均值-方差分析并为之辩护，就会引起均值-方差范例的另外两个缺点。

4. 在有限债务的情况下(而且没有短期卖空或利用借债作为资金周转手段)，它是一个压倒性的重要情形，正如高斯概率所要求的那样，资产的结果不可能成为负的。借用楼下女人的借口，即她的私生子是一个很小的孩子，并且声称对于大量证券中心极限定理保证负结果的概率将是有限的低，仅有这些是不够的：如果我的效用函数是贝努利函数 log (x)，非常小的负结果也会变成一个跳进黄河也洗刷不掉的绝罪。(只有默顿-威纳-伊托的“紧致性”才能弥补正态分布，它变成对数正态分布并且在假定了有价证券比例的瞬间或极短时期的再平衡的代价下证明马科维茨-托宾的二次规划算法是正确的)

5. 在证券投资中很可能出现宽尾的概率分布且不存在方差。高斯假定排除了狗的实际生活中尖峰的特点。它也排除了保罗·利维(1937)和曼德尔布罗特-帕累托类型的、稳定可加的分布的其他形式。(见 B. 曼德尔布罗特，1963b，E. 法马，1963，和萨缪尔森，1967b)

当均值-方差分析可以正确将现金和一种风险资产之间的选择合理化时。我避免将那些不是属于均值-方差范例的过错而是属于那些对它进行了不正确的合理化的人的过错归于均值-方差范例。早期赞成那个模型的先驱者很早以前就承认他们滑进在均值-方差模型的名义下而发展的演绎方法之中。的确，时常对于均值-方差模型已经作了过于严厉的批评，而且甚至它的某些早期先驱者也作了太多的公开认错。当它遇到安全的现金和一种风险资产之间的选择时，在既没有二次效用函数也没有高斯分布(或离斯情形的、稳定可加性的一般化)的情况下，认为均值-方差参数必然缺乏充分性是不正确的。不承认这一点就是过分低估均值-方差分析。

6. 首先我勾画出均值-方差模型中大家所公认的不充分性。假定你必须在下面二者之间作出选择：每美元具有可靠的平均收益 u_0，即(1+安全的利息率)的现金和每美元的收益是一个随机变量 X_1 的一种风险资产。现在，众所周知作出下面这个断言是不合理的：为了极大化你的期望效用 $E\{u[X]\}$ 而选择最优的现金与非现金有价证券的份额($\bar{w}_0, 1-\bar{w}_0$)，关于证券的前两阶矩(μ_1, σ_1^2)，一般为你提供了充分的参数，这里

$$X=(\text{初始财富})[w_0\mu_0+(1-w_0)X_1] \tag{6.1}$$
$$=w_0\mu_0+(1-w_0)X_1$$

其中我们利用我们在量纲上的自由，通过将初始财富正规化为 1 而简化了我们的公式。那么

$$E\{X_1\}=\mu_1, V\{X_1\}=\sigma_1^2$$
$$E\{X\}=w_0\mu_0+(1-w_0)\mu_1, V\{X\}=(1-w_0)^2\sigma_1^2 \tag{6.2}$$
$$E\{u[X]\}=\int_{-\infty}^{\infty}u[w_0\mu_0+(1-w_0)x_1]P(dx_1)$$

假定你被告知 $P(x_1)$ 属于一个一般的、两参数类型的概率分布，已知它的两个参数与它的前两阶矩(μ_1, σ_1^2)具有一一对应的关系。那么 $P(x_1)$ 就可以写成 $P(x_1;\mu_1,\sigma_1)$，并且关于前两阶矩的知识使你知道证券分布的所有的各阶矩以及对于 w_0 的每个选择而产生的结果 X。现在

$$E\{u[X]\}=\int_{-\infty}^{\infty}u[w_0\mu_0+(1-w_0)x_1]P(dx_1;\mu_1,\sigma_1) \tag{6.3}$$
$$=\overline{U}(w_0;\mu_0,\mu_1,\sigma_1)$$
$$=\overline{U}(w_0;\mu_0,[\mu-w_0\mu_0]/[1-w_0],\sigma/[1-w_0])$$

$$w_0 \neq 1 \tag{6.4}$$

$$= f(w_0;\mu_0,\mu,\sigma) = g(\mu,\sigma;\mu_0,\mu_1)$$

$$\neq \overline{U}(\mu,\sigma)$$

一般地，一个四变量的函数不能压缩成两变量的函数 $\overline{U}(\mu,\sigma)$。这里的 $P(x_1;\mu_1,\sigma_1)$ 可以当作正态分布 $N[(x_1-\mu_1/\sigma_1]$，或者 $\mu[X]$ 可以作为严格的二次式：$a_0+a_1X-1/2|a_2|X^2$，四变量收缩为二个变量就是异常合理的。[M. 费尔德斯坦，1969，充分论证了(6.4)中的重要论点：他的对数正态例子不是属于中心-离散类型的，因而不存在 (μ,σ) 的无差异等高线；它对于取得更进一步的论点是有些不必要：某条均值-方差等高线在其他某个空间中可能会改变**它的**凸性或者甚至作为一个有利可图的事情描述为 σ_1 的增加曲线]

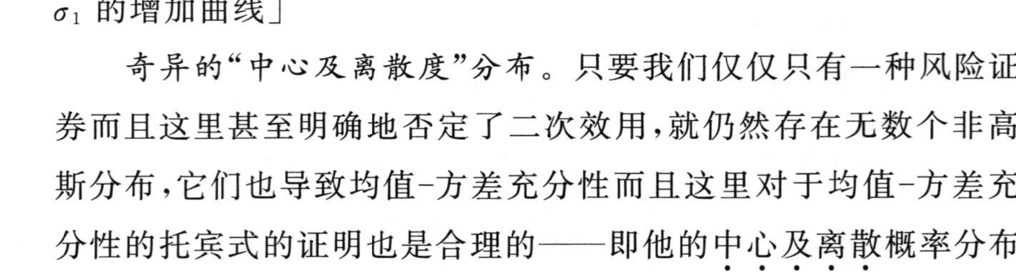

奇异的“中心及离散度”分布。只要我们仅仅只有一种风险证券而且这里甚至明确地否定了二次效用，就仍然存在无数个非高斯分布，它们也导致均值-方差充分性而且这里对于均值-方差充分性的托宾式的证明也是合理的——即他的**中心及离散**概率分布的情形。

定理：在下述意义下

$$E\{u[X]\} = \overline{U}(\mu,\sigma),\ \overline{U}(\mu,\sigma)\text{在}(\mu,\sigma)\text{中是严格凹的}$$

$$\partial\overline{U}(\mu,\sigma)/\partial\mu > 0,\ \partial\overline{U}(\mu,\sigma)/\partial\sigma < 0 \tag{6.5}$$

在不存在二次的 $u[X]$ 时，我们得到均值-方差充分性，当且仅当 X_1 的概率分布属于**中心及离散**两参数类型

$$P(x_1;\mu_1,\sigma_1) \equiv P([x_1-\mu_1]/\sigma_1)$$

$$\int_{-\infty}^{\infty} yP(dy)=0$$

$$\int_{-\infty}^{\infty} y^2 P(dy)=1 \tag{6.6}$$

对于中心-离散的情形，我们有

$$\begin{aligned}
E\{u[X]\} &= \int_{-\infty}^{\infty} u[(1-w_1)\mu_0 + w_1 x_1]P(d[x_1-\mu_1]/\sigma_1) \\
&= \int_{-\infty}^{\infty} u[(1-w_1)\mu_0 + w_1\mu_1 \\
&\quad + w_1(x_1-\mu_1)]P(d[x_1-\mu_1]/\sigma_1) \\
&= \int_{-\infty}^{\infty} u[\mu + w_1\sigma_1 y]P(dy) \qquad (6.7) \\
&= \int_{-\infty}^{\infty} u[\mu + \sigma y]P(dy) \\
&= \overline{U}(\mu,\sigma)
\end{aligned}$$

即为所证。另外，由于 u 在(μ,σ)中是严格凹的，因而 $\overline{U}$ 也必定如此。而且

$$\partial\overline{U}(\mu,\sigma)/\partial\mu = \int_{-\infty}^{\infty} u'[\mu+\sigma y]P(dy) > 0$$

$$\partial\overline{U}(\mu,\sigma)/\partial\sigma = \int_{-\infty}^{\infty} u'[\mu+\sigma y]yP(dy) \tag{6.8}$$

$$< u'[\tilde{x}]\int_{-\infty}^{\infty} yP(dy)=0$$

注意：当 $u[X]$是两次式时，不管可行的概率分布如何都能得到相同的 $\overline{U}(\mu,\sigma)$。但是对于非二次式的 $u[X]$，每个**不同的**中心-离散型的概率分布，$P_1([x_1-\mu_1]/\sigma_1)$与 $P_2([x_1-\mu_1]/\sigma_2)$将给你带来一个**不同的**无差异等高线的集合。另外，如果你的$u[X]$是

两次式，那么对于任何其他具有两次效用并且在同样的财富水平上具有与你同样的风险忍耐性的人，将存在相同的 $\overline{U}(\mu,\sigma)$ 等高线。具有两次效用的每个人都会具有一个可由 c 来衡量的风险忍耐性，

$$u[X]=a_0+a_1X-1/2|a_2|X^2$$
$$c=|a_2|/a_1 \tag{6.9}$$

所以，对于他们来说，所有的 $\overline{U}(\mu,\sigma)$ 实质上都归于一个参数类型 $f(\mu,\sigma;c)$。

注：即使当 $P(y)$ 不具有一个如(6.6)所指定的有限方差，(6.7)中对于两参数充分性的推导仍然是正确的——正如在利维分布和其他非稳定可加的宽尾中心-离散分布中一样。但现在 σ^2 是对于分散度的一个不同度量而不是方差。

对于许多证券，均值-方差的失败。当存在着两种或更多种风险证券时，它们每元的结果是随机变量 $(x_1,x_2,\cdots)$，即使当每种证券都属于一个两参数中心-离散的联合概率分布时，中心位置和离散度这两个参数对于期望效用极大化来说就不是充分的参数。即使当

$$\text{Prob}\{X_1\leqslant x_1,X_2\leqslant x_2,\cdots\} \tag{6.10a}$$
$$=P([x_1-a_1]/b_1,[x_2-a_2]b_2,\cdots)$$

一般地它并不是下面这种情形，即存在着 $(a_1,a_2,\cdots;b_1,b_2\cdots;w_1,w_2,\cdots)$ 的函数 a 和 b 使得：

$$\text{Prob}\{w_0\mu_0+w_1X_1+w_2X_2+\cdots\leqslant x\}=Q([x-a]/b) \tag{6.10b}$$

对于所有的方差均为有限的随机变量，只有 $P(y_1,y_2,\cdots)$ 的联合高斯形式才容许参数的这种压缩；此外可以应用均值-方差模型，与此同时 (a_i,b_i) 对于各自的均值和方差能够保持不变。在这一点上的一致性，参见萨缪尔森(1967a)，费尔德斯坦(1969)和托宾(1958,1969)。

利维-帕累托-曼德尔布罗特稳定可加的情形。投资经常被当作尖峰的随机变量，甚至它们具有如此宽尾的概率分布以至于没有有限的方差。假定证券 $[X_j]$ 是独立的利维-帕累托-曼德尔布罗特随机变量 $[Z_j]$ 的各自的线性组合，具有独立可加的概率分布

$$X=\left(1-\sum_1^n w_j\right)\mu_0+\sum_1^n w_j\sum_{k=1}^m c_{jk}Z_k=d_0\sum_1^m d_kZ_k \qquad (6.11)$$

$$\text{Prob}[Z_k\leqslant z_k]=Q([Z_k-a_k]/b_k;c,\alpha),1<\alpha\leqslant 2 \quad (6.12)$$

其中 c 代表一个共同的偏斜度参数，α 代表对宽尾或峰态的一个共同利维度量。然后萨缪尔森(1967b)表明，作为两参数充分性的一个情形也可以得到(6.10b)式，其中

$$a=\left(1-\sum_1^n w_j\right)\mu_0+\sum_1^n w_j\left(\sum_1^m c_{jk}a_k\right)=d_0+\sum_1^m d_ka_k \qquad (6.13a)$$

$$b^\alpha=\sum_1^m(d_k^\alpha b_k^\alpha),1<\alpha\leqslant 2=E\{(X-a)^\alpha\} \qquad (6.13b)$$

对于 $\alpha=2$，我们就回到了有限方差的高斯模型。

另外，正如有限债务这个事实对于高斯模型不利一样，它也对利维-帕累托-曼德尔布罗特模型的有用的应用性也不利。(提醒：用对数正态代替正态不解决任何问题，因为两个对数正态变量的

和不是对数正态的；类似地，如果 $\log X_i$ 是利维-帕累托-曼德尔布罗特的变量，那么变量 X_i 的和就不会有对数但仍然是利维-帕累托-曼德尔布罗特(L-P-M)变量)

关于均值-方差不适应性的概述。这里关于均值-方差模型的不适应性所谈到的大部分内容可以概述如下：即使当 n 种证券的联合概率分布可以根据证券的均值和方差$[\mu_i]$和$[\sigma_{ij}]$的知识来识别时，表达式

$$E\left\{u\left[\sum_0^n w_j x_j\right]\right\}=\int_{-\infty}^{\infty}\cdots\int_{-\infty}^{\infty} u\left[\sum_0^n w_j x_j\right]$$

$$P[dx_1,\cdots,dx_n;\cdots,\mu_1,\cdots,\sigma_{ij},\cdots] \tag{6.14}$$

$$=\bar{U}(1-w_1-\cdots-w_n,w_1,\cdots,w_n;$$

$$\cdots,\mu_i,\cdots,\cdots\sigma_{ij})$$

$$\sum_0^n w_j=1,w_i\geqslant 0;n>1$$

仍然不能写成下面这个弱分离的形式

$$\bar{U}=\bar{U}\left(\sum_0^n w_j\mu_j,\sum_1^n\sum_1^n w_i\sigma_{ij}w_j\right), \tag{6.15}$$

$$n>1,\sum_0^n w_j=1,w_j\geqslant 0$$

除非当 $u[x]$正好是两次式时：

$$u[x]=a_0+a_1\tilde{x}-|a_2|x^2, \tag{6.16a}$$

$$a_1>0,a_2\geqslant 0,x\leqslant a_1|2a_2$$

而且/或者

$$P(x;\cdots,\mu_i,\cdots,\sigma_{ij},\cdots)\text{是高斯正态的} \tag{6.16b}$$

对于 $n\geqslant 2$，加在每种证券上的中心及离散度的限制无益于证明

(6.15)的正确性。

那么是不是不存在有利于均值-方差分析的辩护呢？萨缪尔森(1967a,最后的几页；1970b)使我认为有一个妥当的——而且只有这个妥当的——情形能够用来为均值-方差近似辩护。"紧概率"为均值-方差方法提供了一个依据。威纳-伊托-默顿的瞬间概率模型是紧概率的最重要的情形。另外，在第 8 节中我将提出一些有用的新例子。"初期"共同基金或分离定理，以及复制的渐进过程。与所有的近似一样，这些也必须小心地加以应用。

第 7 节将表明废除过分简单的均值-方差模型并不会使经济学家们失去他们真正不可缺少的任何东西。在第 7 节表明了一般分析如何使经济学家得到他有权期望的一切结果之后，第 8 节再回到限定的情形这个问题上，在这种情形中均值-方差产生近似正确的结果。

7. 一般有价证券分析

我的符号是第 5 和第 6 节中的符号。你的初始财富固定在自由量纲的单位 1 上。你面临一种安全的资产即"现金"，它给予你每单位的投资 μ_0 或(1＋安全利息率)的收益。你还面临一种或多种风险资产，在每一种资产中每单位投资的结果(或"总收益")是随机变量 $X_1, X_2, \cdots, X_n$。

一种风险资产和一种安全资产。对于 $n=1$，X_1 的概率分布是

$$\text{Prob}\{X_1 \leqslant x_1\} = P(x_1)$$

$$E\{X_1\}=\int_{-\infty}^{\infty}x_1P(dx_1)=\mu_1 \tag{7.1}$$

$$\mathrm{Var}\{X_1\}=\int_{-\infty}^{\infty}(x_1-\mu_1)^2P(dx_1)=\sigma_1^2>0。$$

但是变量的方差不必是有限的;但是除非给出了特别说明,我假定它是有限的。在每种情形中我都假定 X_1 可以取 μ_1 以外的其他值。

你有一个严格凹的、非饱和的效用函数。几乎处处有:

$$u'[X_1]>0,u''[X_1]<0 \tag{7.2}$$

负财富结果时常在经济上是不容许的。不过,我把我的斯蒂尔杰斯的积分限写成 $-\infty$ 和 $+\infty$ 而不是 0 和 $+\infty$。

你决定选择最优的非负有价证券份额:w_0 投入现金,$w_1=1-w_0$ 投入风险资产中,以便极大化 $E\{u[X]\}$

$$\underset{w_0,w_1}{\mathrm{Max}}\int_{-\infty}^{\infty}u[w_0\mu_0+w_1x_1]P(dx_1)$$

$$\text{约束于 } w_0+w_1=1;w_0,w_1\geqslant 0 \tag{7.3}$$

$$=\int_{-\infty}^{\infty}u[\bar{w}_0\mu_0+\bar{w}_1x_1]P(dx_1)$$

$$=U[\bar{w}_0,\bar{w}_1]=U[1-\bar{w}_1,\bar{w}_1]=U[\bar{w}_1]$$

其中

$$\partial U/\partial w_0=U_0[w_0,w_1]=\mu_0\int_{-\infty}^{\infty}u'[w_0\mu_0+w_1x_1]P(dx_1) \tag{7.4}$$

$$\partial U/\partial w_1=U_1[w_0,w_1]=\int_{-\infty}^{\infty}x_1\mu'[w_0\mu_0+w_1x_1]P(dx_1)$$

$(\bar{w}_0,\bar{w}_1)$必须满足库恩-塔克条件:

$$w_0\{\mathrm{Max}(U_0[w_0,w_1],U_1[w_0,w_1])-U_0[w_0,w_1]\}=0$$

$$w_1\{\mathrm{Max}(U_0[w_0,w_1],U_1[w_0,w_1])-U_1[w_0,w_1]\}=0 \tag{7.5}$$

$$w_0+w_1=1, w_0\geqslant 0, w_1\geqslant 0$$

容易证明下列定性符号型式：

如果

$$\mu_1>\mu_0, \text{那么} \bar{w}_1=0 \quad \text{且} \quad \bar{w}_0=1 \tag{7.6a}$$

如果

$$\mu_1>\mu_0, \text{那么} \bar{w}_1>0 \quad \text{且} \quad \bar{w}_0<1 \tag{7.6b}$$

如果 $E\{X_1u'[X_1]\}\geqslant E\{\mu_0u'[X_1]\}$，

那么

$$\bar{w}_0=0 \quad \text{且} \quad \bar{w}_1=1 \tag{7.6c}$$

假设容许使用短期买空卖空作为资金周转手段，那么对于控制变量(w_0,w_1)的符号就不会加任何限制。牛顿微积分解下面的引致问题：

$$\underset{w_0,w_1}{\mathrm{Max}}\int_{-\infty}^{\infty}u[w_0\mu_0+w_1x_1]P(dx_1) \text{ 约束于 } w_0+w_1=1$$

$$=\underset{w1}{\mathrm{Max}}\int_{-\infty}^{\infty}u[\mu_0+w_1(x_1-\mu_0)]P(dx_1) \tag{7.7}$$

$$=\int_{-\infty}^{\infty}u[\mu_0+\bar{w}_1(x_1-\mu_0)]P(dx_1)$$

$$=U[\bar{w}_0,\bar{w}_1]=U[1-\bar{w}_1,\bar{w}_1]=U[\bar{w}_1]$$

其中 $\bar{w}_1$ 满足

$$0=U_0[1-w_1,w_1]-U_1[1-w_1,w_1]$$

$$=\int_{-\infty}^{\infty}(x_1-\mu_0)u'[\mu_0+w_1(x_1-\mu_0)]P(dx_1) \tag{7.8}$$

那么

$$\bar{w}_1 \text{ 具有 } \mu_1-\mu_0 \text{ 的符号} \tag{7.9}$$

$$\bar{w}_0 \text{ 具有 } E\{X_1 u'[X_1]\}-E\{\mu_0 u'[X_1]\} \text{ 的符号}$$

注意：当 $E\{u[X]\}$ 对于所有的 $(1-w_1,w_1)$ 不是一个平滑收敛的积分时，这些准则必须附带某些限制。因而，如果你能把你所有的金钱用在 X_1 上，$P(0)$ 为正，另外，如果你的效用是对数的即 $\ln X_1$，那么 $U[w_1]$ 对于所有是分数的 w_1 都是确定的，但是当 $w_1=1$ 时它就变成负无穷。

多种风险证券。现在将(7.1)式一般化为：

$$\begin{aligned}&\operatorname{Prob}\{X_1\leqslant x_1,\cdots,X_n\leqslant x_n\}\\&\quad=\operatorname{Prob}\{X\leqslant x\}=P(x)=P(x_1,\cdots,x_n)\end{aligned}$$

$$E\{X_i\}=\mu_i=\int_{-\infty}^{\infty}\cdots\int_{-\infty}^{\infty}x_i P(dx_1,\cdots,dx_n),$$

$$(i=1,\cdots,n)$$

$$\begin{aligned}E\{(x_i-\mu_i)(x_j-\mu_j)\}&=\int_{-\infty}^{\infty}(x_i-\mu_i)(x_j-\mu_j)P(dx)\\&=\sigma_{ij},\sigma_{ii}>0,(i,j=1,\cdots,n)\end{aligned} \tag{7.10}$$

$$\begin{aligned}E\{u[X]\}&=E\left\{u\left[\mu_0+\sum_1^n w_j(x_j-\mu_0)\right]\right\}\\&=U[w_0,w_1,\cdots,w_n]\\&=U\left[1-\sum_j^n w_j,w_1,\cdots,w_n\right]=U[w_1,\cdots,w_n]\\&=\int_{-\infty}^{\infty}u\left[\mu_0+\sum_1^n w_j(x_j-\mu_0)\right]P(dx)\end{aligned}$$

那么，对于限定为非负的 $(w_0,w_1,\cdots,w_n)$，你的最优的期望效用由下式给出：

$$\underset{w_0,w}{\mathrm{Max}}\int_{-\infty}^{\infty}u\left[w_0\mu_0+\sum_1^n w_jx_j\right]P(dx)\ \text{s. t.}\ \sum_0^n w_j=1, w_j\geqslant 0 \tag{7.10a}$$

$$=\int_{-\infty}^{\infty}u\left[\bar{w}_0\mu_0+\sum_1^n\bar{w}_jx_j\right]P(dx)$$

其中$(\bar{w}_0,\bar{w})$满足库恩-塔克条件。

$$0\equiv w_j\{\mathrm{Max}(U_0[\bar{w}_0,\bar{w}],U_1[\bar{w}_0,\bar{w}],\cdots U_n[w_0,\bar{w}])-U_j[w_0,\bar{w}]\} \tag{7.11}$$

$$(\bar{w}_0,\cdots,\bar{w}_n)\geqslant 0,\bar{w}_0=1-\sum_1^n\bar{w}_j,(j=0,1,\cdots,n)$$

根据(7.11)，可以证明下列准则：

如果 $\mathrm{Max}[E\{X_1\},\cdots,E\{X_n\}=\mu_{\mathrm{Max}}\leqslant\mu_0$，

那么

$$(\bar{w}_1,\cdots,\bar{w}_n)=0 \tag{7.12a}$$

如果

$$\mu_{\mathrm{Max}}>\mu_0,\quad \text{那么}\quad \bar{w}_0<1 \tag{7.12b}$$

如果 X_1 独立于$(X_2,\cdots,X_n)$且

$$E\{X_1\}=\mu_{\mathrm{Max}}>\mu_0,\quad \text{那么}\quad \bar{w}_1>0 \tag{7.12c}$$

如果 $\bar{w}_0>0$ 且 X_1 独立于$(X_2,\cdots,X_n)$

与此同时

$$E\{X_1\}>\mu_0,\quad \text{那么}\quad \bar{w}_1>0 \tag{7.12d}$$

如果 X_1 独立于$(X_2,\cdots,X_n)$且 $E\{X_1\}$

充分接近于

$$\mu_{\mathrm{Max}}>\mu_0,\quad \text{那么}\quad \bar{w}_1>0 \tag{7.12e}$$

如果 $P(x_1,x_2,\cdots,x_n)$ 是一个对称函数，

那么

$$\bar{w}_1=\bar{w}_2=\cdots=\bar{w}_n \tag{7.12f}$$

如果 $P(x)$ 在变量的任何子集上都是对称的，

称这些子集为 $(x_1,\cdots,x_r)$

那么 $\bar{w}_1=\bar{w}_2=\cdots=\bar{w}_r, 2\leqslant r\leqslant n$ （7.12g）

对于这种准则的讨论，参见萨缪尔森（1967a），在那里也给出了某些一般化，它们涉及为了有助于多样化而构成的概率上负相互独立性这个概念。

如果 (w_0,w) 没有符号上的限制，（7.11）中的库恩-塔克条件就简化为：

$$0=U_i-U_0=\int_{-\infty}^{\infty}(x_i-\mu_0)u'\left[\mu_0+\sum_1^n w_j(x_j-\mu_0)\right]P(dx),$$

$$(i=1,\cdots,n)$$

那么（7.12）中的准则就必须以下列方式加以修正：

如果 $\mu_{\text{Max}}<\mu_0$，那么某个 $w_j<0$ （7.12a′）

如果 $\bar{w}_0>0$ 且 X_1 独立于 $(X_2,\cdots,X_n)$

那么 $\bar{w}_1$ 具有 $E\{X_1\}-\mu_0$ 的符号 （7.12d′）

由托宾（1958）提出的并根据它在均值-方差中的联系加以解决的问题，已经隐含地由上述的一般分析加以解决了。我现在运用一般分析明确地给出这个解。

持有现金与一种风险资产的期望收益。如果其他情况相同，当一种风险证券的期望收益 μ_1 上升到高于现金的期望收益 μ_0 时，考虑一下会发生什么事情。为了使得风险性的变化不至于弄

混这个实验，我首先假定下列对于 x_1 的、一参数类型的概率分布：

$$\text{Prob}\{X_1 \leqslant x_1\} = P(x_1 - \mu_1) \quad (7.13)$$

$$\int_{-\infty}^{\infty} z_1 P(dz_1) = 0, \int_{-\infty}^{\infty} x_1 P(d[x_1 - \mu_1]) = \mu_1 \quad (7.13a)$$

我假定 $\text{Var}\{x_1\}$ 即 σ_1^2 是正的。

注：因为 P 属于一种中心及离散度类型的分布，这里第一个分析的结果也可能已经由运用(6.5)的 $\overline{U}(\mu, \sigma)$ 的均值-方差分布达到了。因而为了训练学习如何应用真正的一般分析，这是一个很好的手头练习。

那么，对于 $1 - w_0 = w_1$，即不是投在现金中的有价证券份额，

$$\begin{aligned} E\{u[X]\} &= E\{u[\mu_0 + w_1(X_1 - \mu_0)]\}, u''[X] < 0 \\ &= \int_{-\infty}^{\infty} u[\mu_0 + w_1(x_1 - \mu_0)] P(d[x_1 - \mu_1]) \\ &= \int_{-\infty}^{\infty} u[\mu_0 + w_1(z_1 + \mu_1 - \mu_0)] P(dz_1) \\ &= U[w_1; \mu_1, \mu_0] \end{aligned} \quad (7.14)$$

注：用(6.5)的符号，这里最后一个式子可以写成

$$\overline{U}([1 - w_1]\mu_0 + w_1\mu_1, w_1\sigma_1)$$

$$\underset{w1}{\text{Max}} U[w_1; \mu_1, \mu_0] = U[w_1\{\mu_1, \mu_0\}; \mu_1, \mu_0] \quad (7.15)$$

其中 $w_1\{\mu_1, \mu_0\}$ 是下述方程的根 w_1：

$$\begin{aligned} 0 &= \partial U / \partial w_1 = U_1[w_1; \mu_1, \mu_0] \\ &= \int_{-\infty}^{\infty} (z_1 + \mu_1 - \mu_0) u'[\mu_0 + w_1(z_1 + \mu_1 - \mu_0)] P(dz_1) \end{aligned} \quad (7.16)$$

注：对于在 μ_0 上面的一个邻域里的 μ_1，这个极大值是由为零的导数而不是由库恩-塔克的一个边界极大值的不等式来描述的。

对于 $\mu_1-\mu_0=0$，(7.15)和(7.16)立即表明 w_1 或 $w_1\{\mu_0,\mu_1\}$ 等于零。一个风险厌恶者将有意避免那种其期望不比现金的期望收益更好的风险证券。

对于 $\mu_1-\mu_0>0$，在 $w_1=0$ 时，根据(7.16)我们发现 $U_1[0;\mu_1,\mu_0]$是正的：

$$U_1[0;\mu_1,\mu_0]=u'[\mu_0]\int_{-\infty}^{\infty}(z_1+\mu_1-\mu_0)P(dz_1)$$

$$=u'[\mu_0](\mu_1-\mu_0)>0 \tag{7.17}$$

这证实了(7.9)的论断，即最优的 $w_1\{\mu_1,\mu_0]$必定具有 $\mu_1-\mu_0$ 的符号。(如果 μ_1 低于 μ_0 并且我们不禁止风险证券上的卖空，那么 $\bar{w}_1$ 应当是负的并使得 $\bar{w}_0$ 超过 1。你持有如此之多的现金的风险是由你在卖空上的期望收获 $\mu_0-\mu_1$ 来补偿。这假定你得到卖空的总收入——只有当你是股票交易的一个经纪成员持有大量的消费者的证券时才会出现这种情形)

通过这个简单的讨论，我们已经证实了均值-方差分析能够希望证实的、关于 $\bar{w}_0$ 和 $\bar{w}_1$ 如何对于风险证券相对于现金的期望收益的变动作出反应的所有结果。我们的一般分析告诉我们比这更多的东西。它告诉我们当 μ_1 继续上升进一步高于 μ_0 时，$\bar{w}_1$ 可能会降下来——这证实了二次效用的均值-方差模型的确表现出合乎逻辑的定性比较静力学的一个容许的形式。

一般分析也向我们表明为什么对于 $\bar{w}_1$ 来说最终地倒转它相

对于 $\mu_1-\mu_0$ 的方向是不必要的。而且，与二次效用的情形相反，它向我们表明为什么 $w(\mu_1;\mu_0)$ 能够任意次地倒转它相对于 $\mu_1-\mu_0$ 的方向，只要它保持 $\mu_1-\mu_0$ 的符号。

对于 μ_1 的任意值，《基础》中一再重复的公式给出了关于 $\partial\bar{w}_1/\partial\mu_1$ 的代数符号的如下判断准则：

$$w_1\{\mu_1,\mu_0\}=U_{12}[\bar{w}_1;\mu_1,\mu_0]/(-U_{11}[\bar{w}_1;\mu_1,\mu_0]) \quad (7.18)$$

根据极大值的性质，分母的符号是正的，因而我只需要检查下面式子符号：

$$U_{12}=\int_{-\infty}^{\infty}u'[\mu_0+\bar{w}_1(z_1+\mu_1-\mu_0)]P(dz)$$
$$+\bar{w}_1\int_{-\infty}^{\infty}(z_1+\mu_1-\mu_0)u''[\mu_0+\bar{w}_1(z_1+\mu_1-\mu_0)]P(dz_1) \quad (7.19)$$

它们中的第一项具有一个确定的正号。最初，当第二项中的 $\bar{w}_1$ 充分小时，第一项占优势而且我们的导数无疑为正。但是，只要 $\bar{w}_1$ 显著地离开零，就必须考虑第二项——正如托宾为我们讨论收入与替代效应一样。

在二次效用的情形中，$u''[X]$是一个常数而且第二项变成带有负号的 $\bar{w}_1(\mu_1-\mu_0)u''$。因而我们看到为什么当 $\mu_1-\mu_0$ 和 $\bar{w}_1$ 增大后，第二项就可以使第一项反向并且将$\partial\bar{w}_1/\partial\mu_1$ 移动到负数域里。但是，在这个一般情形中，$u''[X]$可以按照它的需要任意地上升到下降，只要它仍然为负。因而，在一般情形中——非高斯概率，非二次效用——我们没有办法改进第二项的符号和它相对于第一项的力量。因而一旦 $\bar{w}_1$ 离开零就不能作出关于$\partial\bar{w}_1/\partial\mu_1$ 的符号的任何结论。

当其均值和风险性可以一起变动时一种资产的情形。为了缩短下一节对多种证券情形的处理,我想指出的是:不必特别指定 X 的概率分布为 $P(x_1-\mu_1)$,对我来说作出下列假定就足够了:

$$\mathrm{Prob}\{X_1 \leqslant x_1\} = P(x_1;\mu_1)$$

$$E\{X_1\} = \mu_1 \equiv \int_{-\infty}^{\infty} x_1 P(dx_1;\mu_1) \tag{7.20}$$

$$\mathrm{Var}\{X_1\} = v(\mu_1) > 0, v'(\mu_1) \gtreqless 0$$

那么 $$\underset{w_1}{\mathrm{Max}} E\{u[\mu_0 + w_1(X_1-\mu_0)]\}$$

$$= E\{u[\mu_0 + w_1\{\mu_1,\mu_0\}(X_1-\mu_0)]\}$$

$$= \underset{w_1}{\mathrm{Max}} U[w_1;\mu_1,\mu_0]$$

$$= U[w_1\{\mu_1,\mu_0\};\mu_1,\mu_0] = U\{\mu_1,\mu_0\} \tag{7.21}$$

显然,对于 $\mu_1=\mu_0$,$\bar{w}_1$ 必定为零。当 μ_1 正好高于 μ_0 时,我们在(7.6)和(7.9)中已经推导出 $\bar{w}_1$ 必定上升到高于零。对于 $\mu_1 > \mu_0$,我们断定:当 $\mu_1-\mu_0$ 为正时,(7.21)的 $\partial U[0;\mu_1,\mu_0]/\partial w_1$ 及 $\bar{w}_1$ 为正:

$$U_1[0;\mu_1,\mu_0] = u'[\mu_0]\int_{-\infty}^{\infty}(x_1-\mu_0)P(dx;\mu_1)$$

$$= u'[\mu_0](\mu_1-\mu_0) > 0 \tag{7.22}$$

所以最优值 $\bar{w}_1$ 必定高于 $w_1=0$。

除此之外我们不能谈到更多的东西。特别地,μ_1 在 $P(x_1;\mu_1)$中高于 μ_0 的上升现在可能伴随着 X_1 的风险性(用 $\mathrm{Var}\{X\}$或许多其他的离散系数来衡量)的共同上升。或者,当 μ_1 超过 μ_0 时,X_1 的风险性可能下降。所以,一旦 μ_1 不再接近 μ_0 时,就不可能作出任何关于$\partial w_1\{\mu_1,\mu_0\}/\partial\mu_1$ 的符号的、无条件的断言,这个结果证实了而不是驳斥了经济学家们的直觉。

对于同样的 $E\{X_1\}$ 或 μ_1，可以期望一个资产的风险性的固定不变的上升 b_1，在下述意义上即

$$\partial|P(x_1;\mu_1,b_1)-P(\mu_1;\mu_1,b_1)|/\partial b_1>0 \qquad (7.23)$$

对于几乎所有的 x_1 都上升，会增加持有的现金的份额。现在

$$\underset{w_1}{\mathrm{Max}}\int_{-\infty}^{\infty}u[\mu_0+w_1(x_1-\mu_0)]P(dx_1;\mu_1,b_1)$$
$$=\int_{-\infty}^{\infty}u[\mu_0+w_1\{\mu_1,\mu_0,b_1\}(x_1-\mu_0)]P(dx_1;\mu_1,b_1) \qquad (7.24)$$

我们断定 $\partial w_1\{\mu_1,\mu_0,b_1\}/\partial b_1$ 具有下式的负号：

$$-\frac{\partial}{\partial b_1}\int_{-\infty}^{\mu_1}|x_1-\mu_0|u'[\mu_0+w_1(x_1-\mu_0)]P(dx_1;\mu_1,b_1)$$
$$+\frac{\partial}{\partial b_1}\int_{\mu_1}^{\infty}(x_1-\mu_0)u'[\mu_0+w_1(x_1-\mu_0)]P(dx_1;\mu_1,b_1) \qquad (7.25)$$

总之，均值保持不变时离散度的增加降低期望效用，有时称这个现象为“第二种类型的随机优势”。

多种证券的情形。现在你面临不止一种的风险证券。它们各自的结果是随机变量$(X_1,\cdots,X_n)$，$n>1$。为了表明它们的期望收益$(\mu_1,\cdots,\mu_n)$高于货币的 μ_0 的上升将会使持有货币的最优份额的 $\bar{w}_0$ 下降，我想通过提高一个参数 y 来向上移动某些或所有的 μ，与此同时不降低任何 μ_j 并且或许保持同样程度的风险性。我能做到这一点的一种方式是关于 y 将 μ 参数化如下：

$$\mathrm{Prob}\{X_1\leqslant x_1,\cdots,X_n\leqslant x_n\}$$

$$=P(x_1-\mu_1\{y\},\cdots,x_n-\mu_n\{y\})$$

$$\int_{-\infty}^{\infty} z_i P(dz)=0,\int_{-\infty}^{\infty} z_i^2 P(dz)>0,(i=1,\cdots,n) \qquad (7.26)$$

$$\mu_i\{0\}=\mu_0,\dot{\mu}_i\{y\}\geqslant 0,\sum_1^n|\dot{\mu}_j\{y\}|>0$$

不过,为了根本驳斥一个极端货币主义者的下述论点:$\bar{w}_0$ 相对于 y 不变,我可以作出一个关于 $P(\quad)$的更弱的假设。我只需假定

$$\text{Prob}\{X_1\leqslant x_1,\cdots,X_n\leqslant x_n\}=P(x_1,\cdots,x_n;y)$$

$$E\{X_i\}=\int_{-\infty}^{\infty} x_i P(dz;y)=\mu_i\{y\},d\mu_i\{y\}/dy=\dot{\mu}_i\{y\} \qquad (7.27)$$

$$\mu_i\{0\}=\mu_0,\dot{\mu}_i\{y\}\geqslant 0,(i=1,\cdots,n);\sum_1^n|\dot{\mu}_j\{y\}|>0$$

为了表明当 y 超过零时,$\bar{w}_0$ 必定从 1 下降,我只需要注意到:由风险证券的正组合所构成的一种可行的有价证券会正好与单种风险证券一样。它(以及任何像它这样的有价证券)将具有前面(7.20)中提出的单种证券的特性。因而那里关于当 y 超过零时 $\bar{w}_0$ 必定下降的证明在这里可以用来证明我们所要证明的东西。其逻辑步骤如下:

因为对于仅仅持有现金的每一种可行的替代方式,当你把某些现金投入这个方式中时都会改善你的状况,因而它必定是这种情形:最优可行的有价证券迫使你不会持有 100%的现金,使得你的 $\bar{w}_0$ 当 y 超过零时它低于 1。这即为所证。

当 y 进一步超过零时,使得 μ_j 仍然进一步高于 μ_0,我们不能预测任何特定的 $\bar{w}_j$ 将按何种方式移动,甚至不能预测它们的总

和 $\sum_{1j}^{n}\bar{w}_j$ 是否随着 y 继续上升。

总而言之，一般分析表明：为了证实我们能够证实的、关于流动性偏好和有价证券最优化的所有结论，借助于特殊的均值-方差假设是不必要的。尽管如此，在第 8 节中，我把均值-方差模型作为在稳定条件下的近似而为它提供了一个合理的辩护。

受限定的效用？在离开一般分析之前，我想对一些重要的争论作出评论。如果效用不是凹的，我们就不能得出关于多样化的各种命题。受人尊敬的权威们——K. J. 阿罗(1967，卷 4，第 548 页)就是其一——力图坚持认为 $U[X]$ 是一个有界函数：

$$m\leqslant U[X]\leqslant M, -\infty<X<+\infty \tag{7.28}$$

在作这种坚持时，他们必然否认 $u''[X]$ 能够一致为负：没有有界的函数能够处处为凹；$u[X]=\ln X$，$X^{1/2}$ 以及带有小于 1 但不等于 0 的 a 的 X^a/a 是文献中受到珍爱的函数，但现在由于它们不是有界函数而不被当作可接受的函数。

一个人为什么应当同意 $u[X]$ 是有界的这个条件？一种没能说服我的论证是这样的：如果当 $X\to\infty$ 时，$u[X]\to\infty$，卡尔·门格尔(1934)表明了这时总可以提出一个超圣彼得堡悖论。因为这样一个悖论："在实际生活是无法设想的"，所以我们必须[原文如此]同意要求当 $X\to\infty$ 时，$u[X]\to M<\infty$。

正如萨缪尔森(1977)所讨论的那样，最初的圣彼得堡游戏对于实践经济学家来说并不可怕。什么时候也不会发现消费者保罗向娱乐场的所有者彼得付给彼得所要求的东西，如果彼得向保罗提供参加彼得堡游戏这种选择。这是一个显然的定理即两名风险厌恶者将在强度为零的水平上进行彼得堡游戏。因而，我认为，何况两个风险厌恶者进行任何超彼得堡游戏,他们的活动水平也必定为零。那么,为什么要为 $u[\infty]=\infty$ 感到担忧呢?(参见萨缪尔森对于 $u[X]$ 在 $X=0$, $X\rightarrow 0$ 或 X 为负时的其他看法)

在我看来,对于有界效用的一个重要的讨论是:如果我们不坚持把有界性作为一个公理,将存在不能借助于它们的积分 $E\{u[X]\}$ 进行排列的概率分布 $P_A(x)$ 和 $P_B(x)$。那时这些函数可能正好是不收敛的。

因而,假设你面临两个柯西分布,它们没有有限方差但是它们在其众数*出现的位置上是有区别的:$P_A(x)$ 具有一个更高的众数但与 $P_B(x)$ 相比它有一个更大的、围绕着它的众数的离散度。如果你的 $u[X]$ 是凹的,你的 $E\{u[X]\}$ 积分正好不是作为一个有限的数而存在,那么它就不能用来排列你的偏好。我必须承认在一个偏好系中缺乏完备性和封闭性是没有美感的。但是,我假设,你可能拥有一个字典序,当缺乏 $E\{u[X]\}$ 时,它运用某个进一步的准则来打破这种约束。并且我会认真地问:在实际生活中我们面临这种随机选择的证据是什么?

为了假定有界性,这个更好的提要就要放弃一种优先主义。如果在深思熟虑之后你不愿意放弃多达,例如说,你的财富的 90%来换取一个 1%的机会来赢得一个任意巨大数目的奖金,那么你已经发现你的 $u[\infty]$ 是有限的。进一步地,因为(正如诗人所说)我们好歹会有一死,如果你的财富结果等于负 10 亿元,你的行为可能与当你的财富结果等于负 1000 元时的你的行为大体相同。

* 一个定义于其上的概率函数达到相对极大值时的随机变量的值。——译者

如果是这样的话，当 $X \to -\infty$ * 时，你的 $u''[X]$不可能一直为负。那么，这对于一般的风险厌恶定理就太糟糕了。

8. 均值–方差近似："初始"和"最终"的共同基金定理；"紧的"和威纳–伊托–默顿瞬间概率；与大数相联系的谬误

萨缪尔森(1970b)表明：当概率是"紧的"时，均值–方差模型给出了一个有用的近似。类似地表明均值–方差–偏斜率三参数模型还给出了一个更高阶的近似；在通常的泰勒展开式的限度内，这个分布的所有各阶矩都卷入确切的极大化之中。在评论这个讨论的线索之前，我先推导两个特殊的共同基金定理。当你最初从现金投资吸收到风险投资之中时，应用初始共同基金定理。然后，不管你们的风险忍耐性如何，所有的、在概率分布 $P(x)$上取得一致的你们将选择相同的最初相对权数 $\bar{w}_{1+j}/\bar{w}_j$。当你的概率分布能够独立复制无限大的次数时，应用最终(或渐近)共同基金定理。那么当风险性分散到多种不同的证券上而变得(实质上)不存在时，大多数定理意味着数值 $E\{X_i\}$居支配地位；而且，倒数第二地，中心极限定理意味着均值和方差将变成充分的决策参数，并且托宾–马科维茨二次规划权数将由真正的最优权数渐进趋近。

初始共同基金定理。仍然避免任何特殊化的均值–方差假定，一般分析能够推导出如下引人注目的命题：

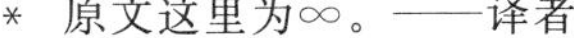

* 原文这里为∞。——译者

初始共同基金定理

1. 所有具有同样概率信念的人，即使他们的财富和对于风险的忍耐性不同，当(7.26)中的 y 刚好超过零并且将风险证券的期望收益提高到刚好超过现金的安全收益时，对于风险证券他们将选择实质上相同的、有价证券的相对权数。这些最优的相对权数是托宾的共同基金定理的权数，它们是为那些具有二次效用而且对他们来说(均值-方差)是充分决定性的参数的人推导出来的，如果托宾向他们指出了对于接近于零的 y，这个概率分析所具有的均值和协方差。

2. 不同的人最初在风险证券上的投资同他对现金的削减的比率将是不同的，每个比率反比于他们各自的局部普拉特-阿罗风险厌恶性系数，$-u''[\mu_0(\text{初始财富})]/u'[\mu_0(\text{初始财富})]$。

这个结果符合经济上的直觉。它并不试图得出太多的结论。(而且，由于在状况相似的人们之间存在交易，它表明人们在他们的概率信念方面是不相同的，公共卫生局局长和证券交易委员会警告我们：不谨慎地使用这个定理可能有损于经济学家的科学健康)

证明这个定理的一个启发性的方式是运用泰勒展开式，它遵循下述方式：在萨缪尔森(1970b)中表明的“紧概率”给出了一个把均值-方差模型作为一个渐近近似的正当理由。这将指出通常的恒等式，它们将由仔细计算的局部导数所证实。这里我按照标准的《基础》方式直接计算那些导数。

以(7.27)的概率为前提并忽略从库恩-塔克边界极大值中产生的枯燥无味的复杂性，我们来考虑：

$$\underset{w_1,\cdots,w_n}{\mathrm{Max}}\int_{-\infty}^{\infty} u\left[\mu_0+\sum_1^n w_j(x_j-\mu_0)\right]P(dx;y)$$
$$=\underset{w}{\mathrm{Max}}U[w_1,\cdots,w_n;y,\mu_0]$$
$$=U[w_1\{y,\mu_0\},\cdots,w_n\{y,\mu_0\};y,\mu_0] \quad (8.1)$$

其中 $\bar{w}=w\{y,\mu_0\}$由下述方程的根所给出：

$$0=U_i[w_1,\cdots,w_n;y,\mu_0](i=1,\cdots,n)$$
$$=\int_{-\infty}^{\infty}(x_i-\mu_0)u'\left[\mu_0+\sum_1^n w_j(x_j-\mu_0)\right]P(dx;y) \quad (8.2)$$

为了计算在 $y=0$ 处的列向量

$$\dot{w}\{0,\mu_0\}=[\dot{w}_i]=[\partial w_i\{y,\mu_0\}/\partial y]$$

我们将(8.2)关于 y 进行微分推得：

$$0=\sum_1^n U_{ij}[0,\cdots,0;0,\mu_0]\dot{w}_j\{0,\mu_0\}$$
$$+U_{i,n+1}[0,\cdots,0;0,\mu_0]$$
$$=u''[\mu_0]\sum_1^n\sigma_{ij}\dot{w}_j+u'[\mu_0]\dot{\mu}_i\{0\},(i=1,\cdots,n) \quad (8.3)$$

所以，

$$\dot{w}=-\frac{u'[\mu_0(\text{初始财富})]}{u''[\mu_0(\text{初始财富})]}[\sigma_{ij}]^{-1}[\dot{\mu}_i] \quad (8.4)$$

将$[\sigma_{ij}]^{-1}$ 写成$[\sigma^{ij}]$，我们算出

$$\frac{\dot{w}_i}{\sum_1^n\dot{w}_j}=\frac{\sum_1^n\sigma^{ij}\dot{\mu}_j}{\sum_1^n\sum_1^n\sigma^{kj}\mu_j},(i=1,\cdots,n) \quad (8.5)$$

它独立于 $u[\quad]$，$u'[\quad]$，$u''[\quad]$。

对于小的 y，你的最优的$(\bar{w}_0,\bar{w}_1,\cdots,\bar{w}_n)$非常接近于$(\dot{w}_0,$

$\dot{w}_1,\cdots,\dot{w}_n)y,\bar{w}_0$ 最初与 $y,\dot{w}_0=1-\sum_1^n\bar{w}_j$ 一起下降有多快可以从(8.4)式看出来，它与在 μ_0(初始财富)上的普拉特-阿罗风险厌恶性的水平 $-u''/u'$ 呈反比例，这就证明了初始定理。

最终共同基金定理。因为对于作为一个整体的社会来说，风险资产的价值与安全现金的价值的比率不是一个微不足道的分数，初始共同基金定理不可能对于每个人都能应用。在这一节我走到另一极端，在那里实质上不可能有理由把持有现金作为财富的一种储蓄。这一点来自我下面的假定：存在着很多种可能相关的风险资产，但是它们的机会实质上可以一批又一批地独立复制。这意味着这个精明的投资者能够精细地把他的初始财富划分到如此之多的风险中，以至于通过将大数定律运用到风险的无限划分，使他能够依靠(正如保险机构那样)这种实质上的多样化而摆脱所有风险。

注：太阳引力吸引我们每个人。生活中存在着风险，这些共同风险对于你想要进行投资的有吸引力的投资项目产生影响，它们不可能被分散掉。因而，存在一种商业循环因素，它影响 S&P-500 股票，你即使通过在威尔希尔—5000 股票上进行投资也不能避免它的影响。因而，这种形式的最终共同基金定理的严格假定足以使得均值和方差(甚至仅有均值)成为渐近充分的决策参数。

直到现在，我一直在考虑 n 种联合分布的证券，它们具有概率分布 $P(x_1,\cdots,x_n)$ 以及有价证券比例 $(w_1,\cdots,w_n)$，且 $w_0=1-\sum_1^n w_j$。现在我假定它们，或者“与它们极其相似的”投资可以被独立地复制 M 次。因而，我们现在就有了 nM 个随机变量

$$(X_1^1,\cdots,X_n^1;X_1^2,\cdots,X_n^2;X_1^M,\cdots,X_n^M)$$
$$=(X^1;X^2;\cdots;X^M)$$

它们所具有的联合概率分布是下面的积：

$$P(x_1^1,\cdots,x_n^1)P(x_1^2,\cdots,x_n^2)\cdots P(x_1^M,\cdots,x_n^M)$$
$$=\prod_{K=1}^{M} P(x^K) \tag{8.6}$$

那么

$$E\{u[X]\}=\int_{-\infty}^{\infty} u\left[\mu_0+\sum_{i=1}^{n}\sum_{K=1}^{M} w_j^K(x_j^K-\mu_0)\right]P(dx^1)P(dx^2)\cdots P(dx^M)$$
$$=U[w_1^1,\cdots,w_n^1;w_1^2,\cdots,w_n^2;\cdots;w_1^M,\cdots,w_n^M] \tag{8.7}$$

M 不能与 n 相混淆。在阐述这个渐进定理时，我使每一组的证券数目 n 保持不变，但我容许独立复制的变量串的数目 M 变成无穷大。

对应地，正如第 7 节中的准则(7.12g)一样，我们推导出 X_j^1 与 X_j^2，以及 X_j^K 或 X_j^M，对于每个 j，不论 K 为多大它们必定具有相同的最优权。即，

$$\bar{w}_j^1=\bar{w}_j^2=\cdots=\bar{w}_j^K=\cdots=\bar{w}_j^M=M^{-1}\tilde{w}_j(M),$$
$$(j=1,\cdots,n) \tag{8.8}$$

因此，我们可以用下面更简单的形式改写(8.7)而不会损失掉任何内容。

$$U[\bar{w}_1^1,\bar{w}_2^1,\cdots,\bar{w}_n^1;\cdots;\bar{w}_1^M,\cdots,\bar{w}_n^M]$$
$$=U[\tilde{w}_1,\tilde{w}_2,\cdots,\tilde{w}_n;M] \tag{8.9}$$

另外，我们可以考虑 M 个独立的数值随机变量$(X^1/M,\cdots,X^M/M)$的和，

$$\begin{aligned}&\Big[(1-\sum_1^n\tilde{\omega}_j)\mu_0+\sum_1^n\tilde{\omega}_jX_j^1\Big]M^{-1}+\cdots\\&+\Big[(1-\sum_1^n\tilde{\omega}_j)\mu_0+\sum_1^n\tilde{\omega}_jX_j^M\Big]M^{-1}\\&=(X^1+\cdots+X^K+\cdots+X^M)/M=X(M),\\&M=1,2,3,\cdots\end{aligned}\tag{8.10}$$

(8.10)中的每个 X^K 具有同样(独立的)概率分布，它们可以从分布 $P(x_1^K,\cdots,x_n^K)$中推导出来，而且具有

$$\begin{aligned}E\{X^K\}&=(1-\sum_1^n\tilde{\omega}_j)\mu_0+\sum_1^n\tilde{\omega}_j\mu_j,\\K&=1,\cdots,M;M=1,2,3,\cdots\\&=\mu=E\{X(M)\}\end{aligned}\tag{8.11}$$

在复制串上的多样化引起有价证券的方差与 M 的大小成比例地收缩：

$$\mathrm{Var}\{X(M)\}=\sigma^2/M=\sum_1^n\sum_1^n\tilde{\omega}_i\sigma_{ij}\tilde{\omega}_j/M\ ^*\tag{8.12}$$

其中$[\sigma_{ij}]$是每一串变量的方差及协方差。

大数定律。因而，根据大数定律，在稳定正规的条件下

$$\operatorname*{plim}_{M\to\infty}X(M)=\mu\tag{8.13a}$$

$$\operatorname*{plim}_{M\to\infty}u[X(M)]=u[\mu]\tag{8.13b}$$

$$\lim_{M\to\infty}E\{u[X(M)]\}=u[\mu]$$

* 原文这里是 $\sum_1^n\sum_1^n\tilde{\omega}_i\sigma_{ij}\tilde{\omega}/M$ 。——译者

$$=u\left[\mu_0+\sum_1^n\varpi_j[\mu_j-\mu_0]\right] \tag{8.13c}$$

因而，对于非常大的 M，如果你选取$(\varpi_1,\cdots,\varpi_n)$来极大化从每串变量中得到的**美元**的期望值，它将非常接近最优值。最终根本不需要在每一串中多样化！在一串中简单按照 $E\{X_j^1\}$ 排列每种证券并将所有有价证券投入具有最大期望值的（或者与之相联系的）证券中。对这些证券重新编号，使得

$$\mu_{\max}=\mu_1=\cdots=\mu_r>\mu_{r+1}\geqslant\mu_{r+2}\geqslant\cdots\geqslant\mu_n,$$
$$1\leqslant r\leqslant n \tag{8.14}$$

那么，对于 $\mu_{\max}\leqslant\mu_0$，你将仅仅持有现金。对于 $\mu_{\max}>\mu_0$，你将仅仅持有证券 1——或仅仅持有证券 2，或 3，……，或 r，或证券 1 到 r 的**任何**正线性组合。

这就证明了当 M 无限大时，只有均值才具有重要性。回忆一下我在前面关于这个问题的指示，即积分的不收敛性可能会给所有通常的简单准则引起麻烦。因而，对于 $u[x]=\ln[x]$及 $P(0,\infty,\cdots,\infty)$，即便是正的，上述极限仍然是不合理的。

倒数第二个改进。对于很大但当然是有限的 M，当 r 种证券与它们的期望值 $E\{X_j\}$联系在一起时，某些权$(\varpi_1^M,\cdots,\varpi_r^M)$比其他权更好一些。在这一点上我们正在讨论微小变动。尽管如此，严格的效用极大化一般地能够使你在$(\varpi_1^M,\cdots,\varpi_n^M)=(1,0,\cdots,0)$上作出改进。因而，假设这 r 种证券与其他所有的证券独立并且它们碰巧具有相同分布。那么无疑地，$(\varpi_1^M,\cdots,\varpi_r^M)=(1/r,\cdots,1/r)$将比仅仅投资于一种证券要略好一些。如果 $P(x_1,\cdots,x_r,$

$x_{r+1},\cdots,x_n$①)是$(x_1,\cdots,x_r)$的一个对称函数就可以得到同样的结论。或者,如果$(X_1^K,\cdots,X_r^K)$是独立的,即使它们不是对称分布的,我们已经看到一个正向量$(\varpi_1,\cdots,\varpi_r)$仍然是指定的。

中心极限定律:倒数第二个均值-方差近似。对于很大的 M 以及独立、方差有限且具有优势均值的 r 种证券,我们可以作出比下面这句话更明确的推测:所有这 r 种证券都应当得到某个正的权数。运用中心极限定理,我们可以推测权数$(\varpi_1,\cdots,\varpi_n)$应当与相应的方差成反比:

$$(\varpi_1,\cdots,\varpi_r)\rightarrow[(\sigma_1^2)^{-1},\cdots,(\sigma_r^2)^{-1}]\left[\sum_1^r(\sigma_j^2)^{-1}\right]^{-1}$$

$$\text{当 } M\rightarrow\infty \tag{8.15}$$

更一般地,对于大的 M,$(\bar{w}_1,\cdots,\bar{w}_r)$应当使方差极小化

$$\underset{\varpi_1,\cdots\cdots\varpi_r}{\mathrm{Min}^r}\sum_1^r\sum_1^r\varpi_i\sigma_{ij}\varpi_j \text{ 约束于} \sum_1^r\varpi_j=1 \tag{8.16}$$

如果 ϖ 无符号约束,这意味着

$$\sum_2^r(\sigma_{ij}-\sigma_{1j}-\sigma_{i1}+\sigma_{11})\varpi_j=\sigma_{11}-\sigma_{i1},(i=2,\cdots,r) \tag{8.17a}$$

$$[\varpi_2,\cdots,\varpi_r]^T=[\sigma_{ij}-\sigma_{1j}-\sigma_{i1}+\sigma_{11}]^{-1}[\sigma_{11}-\sigma_{i1}] \tag{8.17b}$$

$$\varpi_1=1-\sum_2^r\varpi_j \tag{8.17c}$$

---

① 原文写成:$P(x_1,\cdots,x_r,x_{r+1},\cdots,x_r)$是 $P(x_1,\cdots,x_r,x_{r+1},\cdots,x_n)$之误。——译者

为了了解这些通常的极限为什么产生具有启发性的意义，我们注意到根据中心极限定律，对于非常大的 M，随机变量 $X(M)$ 具有非常接近高斯分布的概率分布：

$$\text{Prob}\left\{\frac{X(M)-\mu}{\sigma M^{-1/2}} \leqslant z\right\} = N(z) = \int_{-\infty}^{z} (2\pi)^{-1/2} e^{-1/2t^2} dt \tag{8.18}$$

所以，对于很大的 M，我们可以期望运用高斯分布来计算 $E\{u[X(M)]\}$会给出真实期望的相当好的近似。另外，随着概率都向 μ 聚拢，通过将 $u[X]$的泰勒级数展开到它的二次项加上一个可以忽略的余项，我们有希望得到 $u[X]$的一个良好近似。对于这样一个二次式 $u[X]$的代用式以及代用的高斯分布，我们能够将那些具有相同优势 $E\{X_j\}$的证券公正地混合起来使得它们加总的方差极小化。

隐藏在目前这个定理中的是某种虎头蛇尾的东西。它的技巧告诉你如何获得一个几乎没有重要性的改善。假设我计算出对于每个 M，为了获得这个最好的改善，你必须支付的额外费用，而不是强迫你勉强接受$(\varpi_1^M, \varpi_2^M, \cdots) = (1, 0, \cdots)$。我们称这个额外费用为 π_M。那么下面也是一个定理，即

$$\lim_{M\to\infty}(\pi_M, \pi_M/\mu_0, \pi_M/\mu) = (0, 0, 0) \tag{8.19}$$

对于这个讨论的介绍已经足够了。当 J. A. 奥尔森(1975)提出警告说，需要探讨在什么样的正规条件下这些通常富有启发性的讨论才会是妥当的。我想加上的一点是：上面富有启发性的讨论从来不需要依赖于用一个高斯代用分布代替实际的 $P(x)$。因而，如果 $u[X]$是 $\ln[X]$，当 $X\to 0$ 时 $\ln[X]\to -\infty$，那么一个高斯

代用分布 $N[(x-\mu)/(\sigma/M)]$对于所有的、无论是多大的 M 都是没有意义的；但是对于 $P(x)$来说 $E\{u[\quad]\}$的有限性就足以证实均值-方差近似的正确性。

紧概率。借助于紧概率，萨缪尔森(1970b)建立了这个根本的近似定理，证明运用代用的、更低阶的矩的正确性。下面将会看到我们刚才在前面所给出的讨论放弃了 1970 年的严格形式，它没有求助于高斯代用分布。

在 1970 年的形式中，其中尤其考虑属于一个参数类型的概率

$$P\left(\frac{x_1-\mu_1\{z\}}{\sigma_1\{z\}},\cdots,\frac{x_n-\mu_n\{z\}}{\sigma_n\{z\}}\right) \tag{8.20}$$

其中

$$\lim_{z\to 0}[\sigma_j\{z\};\mu_j\{z\}]=[0,\cdots,0;u,\cdots,u] \tag{8.21}$$

当 $z\to 0$ 时，概率都融合接近于一单个点$[\mu,\cdots,\mu]$。所以，当 $z\to 0$ 时，$u[X]$被它的、涉及$(X-\mu)$的幂的泰勒展开式所代替，$u[X]$中的积分变成越来越好的近似：在展开式中保留的项越多，通过运用隐含的更大数目的矩，我们得到的渐近近似就越好，

$$E\{(X-\mu)^S\}=\mu_S:(\mu;\mu_2,\mu_3,\cdots,\mu_S),S=2,3,\cdots \tag{8.22}$$

这里没有必要评论这个对于均值-方差近似的最好的富有启发性的辩护。承认又出现一种虎头蛇尾式的论述是很有吸引力的：当概率是紧的时，均值-方差所给予我们的最好推测，根本不是由于风险几乎从这个问题中消失掉而出现相当大的一个重要改善。在萨缪尔森(1975)年的论文中，它已经被容许发表但我还没有时间进行修改，我表明即使当独立复制串中每一个都包含一种或更多种共同的夏普(Sharpe)式因素时，最优的 w 与均值-方差

最优的权数之间偏离依赖于 M 的负指数幂。(8.19)中的虎头蛇尾式的事实是:当与最优值大的偏离无关紧要时均值-方差权数就接近最优,这一点可能使人感到高兴:它指出,取得出色的多样化有多种多样的方式,观察到的两个不同的人可能都接近正确。

威纳-伊托-默顿过程。尽管某个史密斯或布朗面对一副为了获取不朽声誉而做了手脚的纸牌,我们的亚当证明这种冒险仍然是可以成功的。1828 年,一名叫作罗伯特·布朗的年轻植物学家走进了科学的殿堂,记载下来他在显微镜中看到的东西:胶态分子的永久不断的运动,即使当空间被每一个外来的干扰所掩盖时这个运动也不会停止下来。直到 1905 年一直没有给出布朗运动这一事实决定性的解释,后来瑞士专利局一名年轻的公务员推断:只有当一个小的范围被大量的、正在进行自由的随机运动的更小的分子随机碰撞时才会出现这种行为。5 年前在索邦学院*,路易斯·巴彻利尔为彭加勒所写的一篇博士论文,在这篇论文中,爱因斯坦对于正态的高斯瞬间概率过程的所有证明已经预先提到了,而且还有某些额外的证明和巴彻利尔自己的结果,这些并不为爱因斯坦所知。这篇论文的题目是"投机的理论",它表明正是经济学家们的价格而不是物理学家的原子唤起了人们第一次解决布朗运动这个难题。巴彻利尔,一个被人遗忘的先驱者,是明确命名和研究今天被称为随机过程的第一个人。

在巴彻利尔和爱因斯坦工作的 20 年之后,M. I. T. 的神童诺伯特·威纳为后来被称为的威纳空间给出了严格的数学处理:威

* 索邦学院(Sorbonne):原为巴黎大学神学院,现为理学院和文学院。——译者

纳空间的结构描述了一个随机变量的路径，它在时间上的增量服从一个稳定的概率分布，这个分布独立于变量在任何其他的时间间隔中的增量。K. 伊托(1951)给出了富有启发性的随机微积分，它同对于确定过程的泰勒展开式一样，为处理威纳随机变量提供了一个方便的途径。在现代金融理论中，正是年轻的罗伯特·C. 默顿(1969,1971)表明了威纳-伊托微积分如何能够提供一个典雅的、理想化的有效市场模型。默顿提供了“紧概率”的最重要的分类，正是由于紧概率才能表明均值-方差简化是严格合理的。

绝对(算术的)布朗运动。考虑在连续时间中的随机变量 $X(t)$。(它可能是一个向量，但是为了简单起见，我从数值情形开始)它在任何时间间隔上的增量 $X(t+T)-X(t)$ 具有一个概率分布，这个分布对于所有的 t 都是相同的(稳定性)而且独立于在任何其他不相交的时间间隔上的增量，如 $X(t)-X(t-\tau)$ 的概率分布：

$$\begin{aligned}&\operatorname{Prob}\{X(t+T)-X(t)\leqslant y, X(t)-X(t-\tau)\leqslant z\}\\&\quad=P_T(y)P_\tau(z)\end{aligned}\tag{8.23}$$

同样地，任何三个以上的、不相交的时间增量在概率上是独立的。

由于任何时间间隔 $(t+T)-(t-\tau)$ 都可以看成它的两个子间隔的和：

$$[(t+T)-t]+[t-(t-\tau)]=T+\tau$$

因而 $X(t+T)+X(t-\tau)$ * 可以看作两个独立变量的和；它的概率分布必定是下面的它们各自概率分布的卷积(它的特征函数是

---

* 原文为 $X(t+T)-X(t-\tau)$，式中减号疑为加号“+”之误。——译者

它们各自的特征函数的积,等等):

$$P_{T+\tau}(x)=\int_{-\infty}^{\infty} P_T(x-y)P_\tau(dy) \tag{8.24}$$

这个积分方程是查普曼-科尔莫戈罗夫关系的一个特殊形式,对于一个解它具有正态(或高斯)分布:

$$P_T(x)=N[(x-\mu T)/\sigma T^{1/2}]$$

$$N[y]=\int_{-\infty}^{y}(2\pi)^{-1/2}e^{-(1/2)v^2}dv \tag{8.25}$$

巴彻利尔在 1900 年,就像爱因斯坦在 1905 年一样,提到对于无偏的(没有偏差)布朗运动的这个正态解 $N[y/\sigma T^{1/2}]$,满足对于热传导的傅里叶偏微分方程:

$$\frac{\partial N[y/\sigma T^{1/2}]}{\partial T}=\frac{1}{2}\sigma^2\frac{\partial^2 N[y/\sigma T^{1/2}]}{\partial y^2} \tag{8.25a}$$

在一个有偏的随机移动(具有平均偏离的随机移动)的更一般形式中,巴彻利尔-爱因斯坦方程变成众所周知的福克-普朗克偏微分方程:

$$\frac{\partial P_T(x)}{\partial T}=-\mu\frac{\partial P_T(x)}{\partial x}+1/2\sigma^2\frac{\partial^2 P_T(x)}{\partial x^2}$$

$$\equiv 0, x<x_0 \tag{8.25b}$$

$$P_0(x)=H(x-x_0)\equiv 1, x\geqslant x_0$$

其中 x_0 是在最初的当时必定已知的证券价格。(8.25b)这个结构精巧的体系的唯一的解是 $N[(x-x_0-\mu T)/\sigma T^{1/2}]$。巴彻利尔似乎没有提到(8.24)还有其他非跳跃解,解 $P_T(x)$没有有限的方差。因而,所谓的考西分布(显然在考西之前甚至已由波伊森运用过它)也是(8.25)的一个解:

$$P_T(x)=C[(x-x_0-aT)/bT]$$

$$C[y]=\pi^{-1}\int_{-\infty}^{y}(1+v^2)^{-1}dv \qquad (8.26)$$

逆 X^2 概率分布是利维稳定可加的概率分布类型的另一个成员，任意一个这样的分布都满足(8.20)。利维(1937)——对于他的这部著作参见 W. 费勒(1966，卷 2)——已经表明(8.24)具有一种四参数类型的解(它包括正态分布，这种分布是它的仅有的、具有有限方差的成员)：

$$P_T(x)=L[(x-x_0-aT)/bT^{1/\alpha};\beta,\alpha],\beta\gtreqqless 0,0<\alpha\leqslant 2 \qquad (8.27)$$

对于 $\alpha=2$，$L[y;\beta,2]$是正态分布 $N[y]$。对于$(\beta,\alpha)=(0,1)$，$L[y;0,1]$是考西分布 $C[y]$。逆一x^2 函数是利维类型的第三个也是最后一个成员，对于它我们知道一个对于 $P(x)$的明显公式，对这种分布，$\alpha=1/2$。但对于利维类型的每个成员我们都有对于它们的特征函数的明确公式：

$$\int_{-\infty}^{\infty}e^{iyl}L[d(y-a)/b;\beta,\alpha]=G(tb;\beta,\alpha)e^{it\mu} \qquad (8.28)$$

其中

$$G(t;\beta,\alpha)=\exp\{-|t|^{\alpha}[1+\beta(t/|t|)\tan(1/2\pi\alpha)\}$$
$$0<\alpha\leqslant 2,\alpha\neq 1 \qquad (8.28a)$$
$$=\exp\{-|t|^{\alpha}[1+\beta(t/|t|)(2/\pi)\ln|t|]\},$$
$$\alpha=1$$

曼德尔布罗特(1960)已经表明对于 $1<\alpha<2$，利维类型的分布对于大的 $\mathrm{Log}x$ 有一个尾巴，它渐近地变成一条直线，这一点已经在维尔弗雷多·帕累托的 19 世纪 90 年代的研究中作为收入分

配的特征而指出来了。曼德尔布罗特富有启示的分布引导法马(1963)去估计股票价格的实际对数价格变动的峰态，他指出 α 刚好低于 2 与这种尖峰的数据是适应的。(在文献中也提出了其他的、非利维的假设来使观察到的宽尾自圆其说)在经济学文献中称这种 α 在 1 到 2 之间的分布为利维-帕累托-曼德尔布罗特分布似乎是很适当的。

如果我们坚持认为(8.24)的一个许可解必须有有限方差，它没有跳动或突变，在 θ 从 0 滑到 T 的这个间隔上 $X(t+\theta)$ 的几乎所有样本路径必须是连续的函数，那么，只有(8.25)中的威纳正态函数才是我们的强漫射或微分过程的解。

经济上的(几何的或对数的)布朗运动。巴彻利尔认识到但没有充分加以注意的事实是：正态微分概率分布是一个随机移动，它会导致一个负的证券价格 $X(t+T)$ 的正概率！这一点很不符合普通股票的有限责任；并且当 T 变大时，$X(t+T)$ 将为负的概率对于巴彻利尔的绝对布朗过程来说就变成二分之一。

于是产生了一种作为避免负价格和摆脱这个谬误的方法，萨缪尔森(1965c)求助于一个比例效率定律，借此，正是证券价格的对数接受了威纳的布朗运动概念。这个经济上的几何(或相对，对数)的布朗过程，它由天文学家 M. F. M. 奥斯本(1959)独立地指出来，导致对于一个投机价格 $X(t)$ 的对数正态分布：

$$\begin{aligned}&\text{Prob}\{[X(t+T)/X(t)]\leqslant e^{x}\mid X(t)=y\}\\&=P_{T}(e^{r})=N[(x-\mu T)/\sigma T^{1/2}]\end{aligned}\tag{8.29}$$

其中

$$E\{\ln[X(t+1)/X(t)]\}=\mu$$

$$\mathrm{Var}\{\ln[X(t+1)/X(t)]\}=\sigma^2 \tag{8.29a}$$

在这个比例效应定律条件下，(8.24)的卷积变成

$$P_{T+\tau}(y)=\int_{-\infty}^{\infty}P_T(y/z)P_\tau(dz) \tag{8.30}$$

(T,τ)为正实数

具有有限的 $\mathrm{Var}\{\ln y\}$的、(8.30)的唯一的解是对数正态的：

$$L[e^{-\mu T}(y)^{1/T^{1/2}\sigma}]=N[\{\ln(y)-\mu T\}/T^{1/2}\sigma]$$

$$E\{y\}=\int_0^{\infty}\exp[\ln(y)]N[d\{\ln(y)-\mu T\}/T^{1/2}\sigma]$$

$$=\exp[(\mu+1/2\sigma^2)T] \tag{8.31}$$

$$\mathrm{Var}\{y\}=\{\exp[(\mu+1/2\sigma^2)T]\}^2\{(\exp[\sigma^2])-1\}$$

尽管有迹象说明价格比率比对数正态分布所暗含的更加尖峰，但现代金融中的许多有用的公式都把它作为一个基本的近似而建立在这个范例上。（对于期货价格的、正确有名的布莱克-斯科尔斯公式——对于它的派生公式参见萨缪尔森，1973，“默顿附录”——正是建立在对数正态分布上）

尽管对数正态过程意味着你以某个概率失去你的财富的任意份额，但你预先排除使你完完全全地失去一切这一点。如果存在一个有限的、你在下一时期可能失去一切的概率，$P_1(0)=1-e^{-q}<1$，那么在我的独立性假定下，你破产的概率是 T 的一个递增函数，

$$P_T(0)=1-e^{-qT},0<T \tag{8.32}$$

哪里存在这种情况，简单的对数正态布朗过程就自然被它的一个概率混合所代替，而且完全破产的机会是：

$$\mathrm{Prob}\{[X(t+T)/X(t)]\leqslant y\}=P_T(y)$$

$$P_T(y)=(1-e^{-qT})$$

$$+e^{-qT}\int_{-\infty}^{\ln(y)}(2\pi\sigma^2 T)^{-1/2}\exp[-1/2(z$$

$$-\mu)^2/\sigma T^{1/2}]dz,\quad y>0 \tag{8.33}$$

$$P_T(0)=1-e^{-qT}$$

$$\lim_{T\to\infty}P_T(y)=1, y\geqslant 0$$

我想对于不可忽略的(qT),运用顺序的布莱克-斯科尔斯公式为一种满足(8.33)的无股息股票定价将会低估它的价格,如果对于(8.33)的价格来说 σ 受到有效的评估的话。

实际交易间隔。威纳过程是一个简化——一个了不起的简化,但仍然是一个简化。当有限数目的分子,它们以随机的速度向随机的方向运动,撞击到一个较大的范围上,那么在一个很短的时期内,$T\ll 1$,根本不能期望到增量的"独立性"。在物理学中如此,在经济学中也是如此。股票交易的交易成本从来不会完全为零。因而,事实上在你的连续的交易之间存在某个有限的时间,或许甚至是有限时间的一个极小值。然而,假定投机价格的对称的短期变动之间存在独立性或准独立性,这在经验上看起来是一个良好的假设。

假设,由于交易成本的缘故(或随便什么别的)对于许多很短的时期,你一般地持有一种特定的有价证券。那么,即使在每个最短的时期内 $P_1(x)$ 不完全是对数正态的,在这种时期 M 上观察到的相对变动 $\log X(t+T)/X(t)$ 对于大的 M 将是"近似"正态的——它是在中心极限定理意义下的近似。

即,当整数 M 变大时,

$$\text{Prob}\left\{A \leqslant \frac{\ln[X(t+T)/X(t)]-M\mu}{\sigma M^{1/2}} \leqslant B\right\}$$
$$=N[B]-N[A] \qquad (8.34)$$

其中的 N 是正规化的高斯分布。

注意：这并不意味着 $P(e^x)$ 可以，甚至对于大的 M，成功地由它的代用分布 $N[(x-\mu)M/\sigma M^{1/2}]$ 所代替。每一个合适的计算都要对它的极限近似进行详细审查。（例：假设每个人都具有线性效用。当 $M\to\infty$ 时，“一个股票的购买权的真实价值”与它的布莱克-斯科尔斯价值之间的极限差可能超过从股票自身价格而得到这二者价值的差）

威纳过程假定无限可分性，因而每个有限的时间增量，无论它多么微小，都可以当作服从概率独立性的、一个无限大数目的子间隔的和。因而，对于威纳过程来说，中心极限近似根据其定义而成为准确的。如果我们能接近威纳过程的简化，它的确给予我们巨大的分析便利。

连续的有价证券最优化。假定你能持有安全的现金，其本金与 $\exp[\mu_0$(持有时期)$]$成比例地增长，其中 μ_0 是现金的瞬间总收益。或者，你能够在时间 $t+\theta$ 上，在间隔 $[t,t+T]$ 内以有价证券份额 $[w_0(t+\theta),w_1(t+\theta),\cdots,w_n(t+\theta)]$ 持有任何 n 种对数正态分布的证券。

这些证券假定服从一个威纳对数正态分布：

$$\text{Prob}\{X_1(t+\theta)/X_1(t)\leqslant e^{x_1},\cdots,X_n(t+\theta)/X_n(t)\leqslant e^{x_n}\}$$
$$=N[x_1,\cdots,x_n] \qquad (8.35)$$

其中

$$\int_{-\infty}^{\infty}\cdots\int_{-\infty}^{\infty}x_i N[dx_1,\cdots,dx_n]=\mu_i\theta,(i=1,\cdots,n)$$

$$\int_{-\infty}^{\infty}\cdots\int_{-\infty}^{\infty}(x_i-\mu_i)(x_j-\mu_j)N[dx_1,\cdots,dx_n]=\sigma_{ij}\theta,$$

$$(i,j=1,\cdots,n) \tag{8.35a}$$

你的已知的初始财富有 $W(t)$。据此你选取你的最好的有价证券份额$[w_j(t)]$，它引起随后的、作为一个随机变量的 $W(t+\epsilon)$；另外，你又重新作出决定，其结果是你在 $W(t+\theta)$上得到的是一个随机变量；$W(t+\theta)$是你过去的选择$[\bar{w}_j(t+\tau)]$以及关于股票价格结果的概率分布的随机拉动的一个函数。因而，对于选取 $\bar{w}_j$ 的每个策略，原则上你能够决定最终财富的概率分布，它是联合的对数正态证券参数的一个函数，正像在(8.35a)中所给出的那样。

$$\text{Prob}\{W(t+T)/W(t)\leqslant W_T\}$$
$$=P[W_T;\mu_1,\cdots,\mu_n,\sigma_{11},\sigma_{12},\cdots,\sigma_{nn}] \tag{8.36}$$

假设你的最优$[W_j(t+\theta)]$曲线涉及常数$[\bar{w}_j]$，使得在每一点$t+\theta$上，你对你的有价证券进行重新调整，那么(8.36)中的 $P[W_j;\mu,\sigma]$正好是对数正态的——当 $\bar{w}_j$ 只有在离散的时间间隔上才是确定的时候情况就有点差别。

无论如何，对你来说保持选择$[w_j(t+\theta)]$不变一般地将不是最优的，取而代之的是，在每个 $T-\theta$ 及 $W(t+\theta)$上选择一个新的最优的：

$$w_j(t+\theta)=w_j\{T-\theta,W(t+\theta)\},(j=0,\cdots,n) \tag{8.37}$$

策略 $\omega_j\{\quad\}$是你的严格的效用函数 $u[W(t+T)]$的一个函数。因而它们当然依赖于威纳过程的参数$[\mu_j,\sigma_{ij}]$。

在连续过程中，你可以很快地改变 $\bar{w}_j$，要有多快就有多快，这种连续过程的显著特点是：在 $t+\theta$ 时计划在很短的间隔 $\Delta\theta$ 之后你的财富 $W(t+\theta+\Delta\theta)$将是什么样的，这种计划总是向你提供选择 $\bar{w}$，使得对于每个给定的、在 $\Delta\theta$ 期间的有价证券收益的瞬间均值，

$$\alpha=(\Delta\theta)\sum_0^n w_j(t+\theta)E\{X_j(t+\theta+\Delta\theta)-X_j(t+\theta)\}$$

$$=\sum_0^n w_j(t+\theta)\alpha_j \tag{8.38a}$$

极小化短期有价证券收益的方差，这个方差由下式衡量：

$$\begin{aligned}\beta^2=(\Delta\theta)\sum_1^n\sum_1^n w_i(t+\theta)E\{[X_i(t+\theta+\Delta\theta)\\ -X_i(t+\theta)-\alpha_i]\times[X_j(t+\theta+\Delta\theta)\\ -X_i(t+\theta)-\alpha_j]w_j(t+\theta)\}\end{aligned}$$

$$=(\Delta\theta)\sum_1^n\sum_1^n w_i(t+\theta)\beta_{ij}w_j(t+\theta) \tag{8.38b}$$

而且它不管你的最终的凹函数 $u[W(t+T)]$是什么，也不管为你给出不同财富 $W(t+\theta+\Delta\theta)$的价值的、隐含的瞬间的凹效用函数是什么。

因为 $\Delta\theta$ 可以消失到很小，这里是萨缪尔森(1970b)的“紧概率”的一个完美应用。我们可以运用已知的参数($\mu_0,\mu_1,\cdots,\mu_n;\sigma_{11},\sigma_{12},\cdots,\sigma_{nn}$)非常近似地求出 α 和 β^2 的值——准确到 $\Delta\theta$ 的一次方，$(\Delta\theta)^2$ 忽略不计——如下：

$$\alpha=(\Delta\theta)\left[\sum_0^n w_j(t+\theta)\mu_j+1/2\sum_1^n\sum_1^n w_i(t+\theta)\sigma_{ij}w_j(t+\theta)\right]$$

$$+(\Delta\theta)^2 R_\alpha \tag{8.39}$$

$$\beta^2=(\Delta\theta)\sum_1^n\sum_1^n w_i(t+\theta)\sigma_{ij}W_j(t+\theta)+(\Delta\theta)^2 R_\beta$$

其中涉及$(\Delta\theta)^2$的最后余项可以忽略。

我们的联合分布的对数正态变量，当它们相加起来时具有一个对数正态分布！——这个奇特的性质仅仅因为我们可以把$\Delta\theta$看成无限小才成立。

对于固定的β^2极大化α是一个二次规划问题，它与确定托宾-马科维茨均值-方差有效边界是同构的。在这个意义上，托宾的共同基金定理能够严格地应用于连续的几何布朗过程。每个人以相同的相对比例想得到所有的风险证券（严格地说，当买空和利用资金周转来获利，允许$\bar{w}_j$具有任意的代数符号时才是如此）。当θ上升趋近T时，你可能会改变你持有的现金$w_0(t+\theta)$，因而也改变了你持有的风险共同基金$1-w_0(t+\theta)$；但是证券管理者知道所有你们在相同的对数正态概率上取得一致的人总是以相同的正规概率想得到风险证券而不管你们各自的风险厌恶性如何！

细想一下，我已经决定在对连续的概率过程的这个闪电式的说明中，最好躲开伊托形式主义的细节。我建议读者参考默顿(1971)。

在结束第 8 节时，注意即使在交易之间存在一个离散的时期极小值，在下述程度上一种共同基金仍然足以给出你的最优值的一个良好近似：你能够在很短的间隔内很廉价地重新优化你的有价证券。总之，已经表明均值-方差分析为这种紧概率提供了有用的近似。相反，一个相当不同的共同基金谬误仍然潜藏在文献中，而且在没有对它的虚假的诱惑性提出警告之前我就不应当结束这一节。

对于最大增长的极大化：几何均值的谬误。当你重复投资以便在一个遥远的日子（例如说退休）获得最好的舒适状况时，你就有了一个随机动态规划问题。在这个最简单的情形中，对于每个下一时期证券具有相同独立的联合概率分布：

$$\begin{aligned}\text{Prob}\{X_1(t)\leqslant x_1^0,\cdots,X_n(t)\leqslant x_n^0;\cdots;X_1(t+T)\\ \leqslant x_1^T,\cdots,X_n(t+T)\leqslant x_n^T\}\\ =P(x_1^0,\cdots,x_n^0)\cdots P(x_1^T,\cdots,x_n^T)\end{aligned} \qquad (8.40)$$

两个人对于不同的效用函数分别极大化表达式 $E\{u[\text{财富}_T]\}$，那么对于份额 $[\bar{w}_0(t),\cdots,\bar{w}_n(t);\cdots;\bar{w}_0(t+T),\cdots,\bar{w}_n(t+T)]$ 他们必然服从不同的有价证券决策准则。那么带有更多风险厌恶性的人就会持有更大份额的现金，如此等等。这一点在下面这个特殊的情形中最容易看出来：每个人的边际效用函数是等弹性的；它的弹性越小，这个人就越是厌恶风险。等弹性情形是如此简单，因为对于这个情形，在下述意义上你具有相对固定的风险厌恶性，即当你的财富增加一倍或减少一半时，你仅仅将持有的一切增加一倍或减少一半，你的份额（$\bar{w}_j$）在各种财富水平上以及在每个时点上 $t,t+1,t+T$ 都相同。

可以有根据地指出下面这个容易的、几乎不重要的、有限制的共同基金定理：具有相同的等弹性边际效用函数 $u'[W]=aW^{-b}$，其中 b^{-1} 是（绝对弹性）的所有投资者，如果他们共同具有概率信念 $P(x_1,\cdots,x_n)$，那么他们就需要相同的最优有价证券。因而，对于无穷(不可数)的不同的 b 的值,社会仅需要不同的共同基金的一个一维无穷(取代它们的一个 n 维无穷)。

经济学家们如 J. B. 威廉斯和亨利·拉托尼以及数理统计学家们如 J. L. 小凯利和布雷曼认为对于决策者进行投资来说如果时间间隔的数目很大,他们就能够省去这种复杂性。他们指出,当 T 渐近地趋向∞时,在每个阶段极大化财富结果的几何均值或 $E\{\log$ 财富 $t\}$这个单一的目标,几乎肯定地使你达到一个比用其他决策方法所能达到的更大的、有价证券的平均增长。萨缪尔森(1971c,1979)以及默顿与萨缪尔森(1974a,1974b)对拉托尼,凯利,布雷曼,N. 哈坎逊及其他拥护者的论点和关系给出了评论。

实质上,这个几何均值哲学上建议:不要为确定你的风险厌恶性到底是什么这个困难的问题费心。就像你具有边际效用弹性为 1 的贝努利对数效用那样简单地行事。那么一种共同基金(它们通常持有某些现金)能够适合于你们所有为一个遥远的范围极大化的人。

要考虑什么问题呢?结果是更多而不是更少是否必定好些?当 $T\to\infty$时,利用贝努利 $\log([x])$最优化份额$(w_0^B,\cdots,w_0^B)$是否比任何其他的方法会使得我们几乎肯定地有所改善?由于我们中如此之多的人对于我们真正的风险忍耐性完全茫然无知,我们是否应砍断戈迪叶斯结*并同意在每个阶段极大化 $E\{\log$ 财富$\}$?

对于数学家们的演绎逻辑我没有任何争议。当 $T\to\infty$时,对

* Phrygia 王 Gordius 所打的结,为亚历山大大帝之剑所断。意指困难的事情。——译者

于任何不等于$(w_0^B,\cdots,w_n^B)$的$(w_0,\cdots,w_n)$，下面是大数定律的一个正确的应用：

$$\begin{aligned}&\mathrm{Prob}\Big\{\prod_{k=0}^{T}\Big[\sum_{0}^{n}w_j^B E\{X_j(t+k)\}\Big]\\&>\prod_{k=0}^{T}\Big[\sum_{0}^{n}w_j E\{X_j(t+k)\}\Big]\Big\}\to 1\end{aligned}\tag{8.41}$$

$$\begin{aligned}&\operatorname*{Plim}_{T\to\infty}\prod_{0}^{T}\Big[\sum_{0}^{n}w_j^B X_j(t+k)\Big]^{1/(T+1)}\\&=\exp\Big[E\Big\{\log\Big(\sum_{0}^{n}w_j^B X_j\Big)\Big\}\Big]>\exp\Big[E\Big\{\log\Big(\sum_{0}^{n}w_j X_j\Big)\Big\}\Big]\\&=\operatorname*{Plim}_{T\to\infty}\prod_{0}^{T}\Big[\sum_{0}^{n}w_j X_j(t+k)\Big]^{1/(T+1)}\end{aligned}\tag{8.42}$$

但是，并不存在从几何均值极大值准则中得出的“确实无疑”改善。如果你具有一个函数 $u[W]$，它的等弹性与 1 只有极小的差别，可以保证这个准则就是在长期内降低你的期望效用的建议！（如果你的边际效用不是等弹性的，在这个假定的一般情形中，成立同样的破坏性的结论）

结论：如果你确实具有对数效用，那么由于其自身的缘故，极大化几何均值而且也不基于极大化增长的考虑来使你的行为合理化。如果你不具有对数效用，那么你会回避极大化 $E\{\log u[W]\}$，取而代之的是寻求你的真正的、由衷的心愿。

留给极大增长策略的辩护者们的是下面的蹩脚的理由：

1. 如果你不知道满足什么样的选择公理，如果你在风险厌恶性和忍耐性上是不确定的，这里有些真正的事情可做。法院不太可能对你的不法行为进行起诉。（“不要只站在那里，做点什么。”

任何事情?)

2. 如果你想在大部分时间里压倒你的竞争对手即有价证券管理者,这里有一个策略来帮助你这样做。

在对几何均值策略的这个辩护中我所遗漏掉的是这样的讽刺:它基本上是兜售给门外汉的。外行们不理解"几乎总是"这种极限讨论。他们陷入这种信念:如果他们服从给定的策略,他们"在长期内肯定地有所改善"。数学家知道会有所改善,但是商人有时有了销售的利益却避免指出:对于每一个 T,无论它多大,对于某些结果服从几何均值策略你的状况必定会恶化,而且,除非你运用贝努利同样的方式评价你的相对得失,你几乎肯定地(!)比几何均值策略更能改善你的状况。

中心极限谬误。我的说明远远不是仅仅讨论在运用大数定律中存在的陷阱。在多时期投资这种情形中所涉及的陷阱在与中心极限定理有关的情形中也能碰到。

你的最终财富为 W_{t+T},对于很大的 T,如果所有的证券都有有限的对数方差,当对 W_{t+T} 适当的正规化之后它几乎总是服从对数正态分布。设真正的最终分布是 $P_T(W_T)$,它的代用对数正态分布是 $N[\{\ln(W_T)-T_a\}/T^{1/2}b]$,其中在每个时期 $a=E\{\log W\}$ 且 $b^2=\mathrm{Var}\{\log(W)\}$。在下面简单的假定下即在每个时期你必定采用同样的 w,设你的真实的 $E\{u[W_T]\}$ 及你的代用对数正态的期望 $E\{u[W_T]\}$ 是 $[w_0,\cdots;w_n;T]$ 的下述函数:$f[w_0,\cdots,w_n;T]$ 和 $g[\sum_0^n\sum w_j a_j,\ \sum_1^n\sum_1^n w_i b_{ij} w_j]$,其中 a_j 和 b_{ij} 分别是 $E\{\ln(X_j)\}$ 和 $E\{[\ln(X_i)-a_i][\ln(X_j)-a_j)]\}$。你可能会

问，当 $T\to\infty$ 时，极大化 f 的我们称之为 $[w_j(T)^*]$ 和极大化 g 的 $[w_jB]$ 是一起出现吗？当然，数学上它们不可能如此，双重极限只是花招，数学家们知道这一点，而门外汉们却不知道。

大数的谬误。萨缪尔森(1963)提请注意一个不同的也较不费解的谬误。当我是财政委员会的一员时，我时常在实干的人中间遇到这种谬误。60 年代末期受到极力诋毁的“邦迪或巴克报告”，大学财务员对它进行宽泛的解释来鼓励他们大胆地购买有发展前途的股票利益，这显示了这个谬误的迹象。根本的谬误有点像如下观点：“我的风险厌恶特征使我放弃一个相当大的、有希望赢得的投资赌注。但是，如果独立地，再三地向我提供这个同样的机会，那么在每一次我肯定不会放过它。在长期内，风险会抵消掉，结果我得到更高的平均收益。”

如果这个论点是正确的，它就意味着对于相同总和的 T 次投资，T 很大，在每一次我应当合理地选取 $(w_0, w_1, \cdots, w_n)$ 以便极大化帕斯卡期望效用(或线性效用)，在这种荒唐的信念下，这将使得像下面这样的式子成立：

$$\operatorname*{Plim}_{T\to\infty} E\{u[W_T]\}\to u[\operatorname{Max} E\{W\}]$$

保险经营的原因不是它为两条船或 200 万有较小风险的船保险而是为一条船保险。总风险像(独立)保险项目的数字的平方根一样(最终)会增加。长期投资比短期投资留给你更多的风险而不是更少的风险。

保险是通过在许多人中间分散许多独立的风险而经营的。如果我将船的数目增加 100 倍，我就把总风险增加了 10 倍。如果我们将 100 只船的保险分给 100 个人，我们每一个平均面临这种危险：最坏必须支付一条损失掉的船。但是总风险 10 倍的增加在 100 个人中间划分后下降为每个人的“有效风险”为十分之一，或者对于 T 个独立的风险每个人负担 $1/\sqrt{T}$。

对于最优有价证券控制，我们看到极大化结果的算术均值与极大化几何均值一样是错误的。如果我的等弹性效用函数是十分风险厌恶型的，例如说 $u[W]=-W^{-100}$，那么即使在最长的时期中，$T\to\infty$，我的最优的$[\bar{w}_0,\cdots,\bar{w}_n]$刚好停留在它在最短的时期即 $T=1$ 时应当具有的水平上。

的确，我的风险中性的兄弟平均起来比我得到更高的财富结果。在他比我干得好的那些时候他获得真正成功。与我的风险忍耐性一起，这些收益仍然不能弥补他的策略有时给我带来的损失。（我的一位姐妹，她极大化几何均值，在大部分时候的确胜过我。但是，正如在前面已经解释过的那样，我并不认为这些收益弥补当机遇不给她带来收益时她必须承受的损失）

注意：当事件不独立时，它们具有负的序列自相关，那么同在独立性条件下可能会出现的风险相比，这时进行重复投资可能会减少风险。

9. 里昂惕夫-斯拉法-马克思投入产出体系

这些时间阶段体系中最简单的模型仅仅涉及循环的资本投入，它在每一时期的生产中都被用尽。n 种产品的产出$[q_j(t+1)]=q(t+1)$是由前一时期非负投入——初始（不可生产的）直接劳动投入 $L_j(t)$和同样这些产品的原料投入——所生产的：

$$q_j(t+1)=F^j[L_j(t),q_{1j}(t),\cdots,q_{nj}(t)],$$
$$(j=1,\cdots,n)$$
$$F^j[mx_0,mx_1,\cdots,mx_n]\equiv mF^j[x_0,x_1,\cdots,x_n],$$
$$m>0$$
$$F^j[x]\ \text{是凹的,}\ [L_j(t),q_{ij}(t),q_j(t)]\geqslant 0 \qquad (9.1)$$

只有在新古典模型中才假定偏导数的边际生产力$\partial q_j/\partial x_j=F_i^j[x]$在所有的点上存在。

单一技术模型。在 W. W. 里昂惕夫(1941)和 P. 斯拉法(1960,第一部分)的特殊模型中,$F^j[\quad]$具有特殊形式:

$$F^j[L_j,q_{1j},\cdots,q_{nj}]=\mathrm{Min}[L_j/a_{0j},q_{1j}/a_{1j},\cdots,q_{nj}/a_{nj}] \qquad (9.2)$$

其中的 a_{ij} 是非负常数

$$\begin{bmatrix}a_0\\a\end{bmatrix}=\begin{bmatrix}a_{0j}\\a_{ij}\end{bmatrix}=\begin{bmatrix}a_{01}&\cdots&a_{0n}\\a_{11}&\cdots&a_{1n}\\\vdots&&\vdots\\a_{n1}&\cdots&a_{nn}\end{bmatrix}\geqslant 0 \qquad (9.3)$$

如果(9.2)中任一 a_{ij} 为零,这一项包含的活动将被省略或忽视。

为简明起见,我作如下过强的假定:(i)每种产品直接或间接地需要每种其他的产品作为一种投入;(ii)当然,至少有一种产品需要某个直接的劳动作为一种投入。为了使得一种具有正的净消费 $c=[c_i]$的恒态成为可能;(iii)假定这个体系具有足够低的 a_{ij} 来满足所谓的霍金斯-西蒙条件。总之,正如多尔夫曼、萨缪尔森和索洛(1958)所讨论的那样:

$$I+a+a^2+\cdots+a^{n-1}>0 \qquad (9.4a)$$

$$a_{01}+a_{02}+\cdots+a_{0n}>0 \tag{9.4b}$$

$$I+a+a^2+\cdots+a^{n-1}+\cdots+a^k+\cdots$$

$$\text{收敛于}[I-a]^{-1}=A=[A_{ij}]>0$$

$$[I-a(1+R)]^{-1}=A\{1+R\}=[A_{ij}\{1+R\}]>0 \tag{9.4c}$$

$$0<1+R<1+R^*<\infty$$

$$\det[I-a(1-R^*)]=0, R^*>0$$

根据定义,消费是非负剩余:

$$c(t)=[c_i(t)]=\left[q_i(t)-\sum_{j=1}^{n}q_{ij}(t)\right]\geqslant 0 \tag{9.5}$$

我们最初对恒态感兴趣,恒态中所有日期的变量具有相同的值:

$$[c_i(t), q_i(t), q_{ij}(t), L_j(t)]\equiv[c_i, q_i, q_{ij}, L_j]$$

$$\sum_{1}^{n}L_j=L>0 \tag{9.6}$$

那么里昂惕夫-斯拉法单一技术模型(9.2)就简化为:

$$L_j=a_{0j}q_j, q_{ij}=a_{ij}q_j,\quad (i,j=1,2,\cdots,n) \tag{9.7}$$

那么这个体系就变成矩阵关系:

$$\begin{aligned} q&=c+aq, c\geqslant 0,\quad q>0\\ &=[I-a]^{-1}c=A\{1+0\}c, A\{1+0\}\\ &=[A_{ij}\{1+0\}]>0 \end{aligned} \tag{9.8a}$$

$$=[A_{ij}\{1+0\}][c_i]=\left[\sum_{j=1}^{n}A_{ij}\{1+0\}c_j\right]$$

$$\begin{aligned} L&=a_0q=a_0[I-a]^{-1}c=a_0A\{1+0\}c\\ &=A_0\{1+0\}c=[A_{01}\{1+0\},\cdots,A_{0n}\{1+0\}]c\\ &=A_{01}\{1+0\}c_1+\cdots+A_{0n}\{1+0\}c_n \end{aligned} \tag{9.8b}$$

行向量$[A_{0j}\{1+0\}]$代表各种产品自个的、恒态的、(直接加间接)体现的劳动总成本。当然

$$a_0<A_0\{1+0\}=a_0+(a_0a)+(a_0a^2)+\cdots+(a_0a^k)+\cdots>0 \tag{9.9}$$

因为你使用的原料具有直接的劳动成本,它必须加到你直接劳动成本上。

恒态的价格关系。如果利润率为 0,$R=0$,竞争的均衡价格必定等于它们各自的单位总成本:它们各自的直接工资成本 Wa_{0j} 加上它们各自的原料成本 $\sum_1^n P_ia_{ij}$ 。这就给出了下面矩阵价格关系:

$$[P_j]=\left[Wa_{0j}+\sum_{i=1}^{n}P_ia_{ij}\right]$$

$$\begin{aligned}P&=Wa_0+Pa=Wa_0[I-a]^{-1}\\&=WA_0\{1+0\}=W[A_{01}\{1+0\},\cdots,A_{0n}\{1+0\}]\end{aligned} \tag{9.10}$$

比较(9.10)和(9.8),我们看到,当且仅当利息率或利润率为零时,技术上的劳动总成本 $A_0\{1+0\}$是无情的竞争将实际价格(P_j/W)推向的均衡点。

考虑任意的正利润率 R,它处于零和(9.4c)的 R^* 之间,R^* 是一个恒态的竞争系统所可能达到的极大值(只有当工资为零时它才能达到这个极大值)。此外无情的竞争性套利交易使得利润率在所有的部门相等,成为下述已经上升了的成本关系:

$$[P_j]=\left[Wa_{0j}+\sum_{i=1}^{n}P_ia_{ij}\right](1+R)$$

$$\begin{aligned} P &= Wa_0(1+R)+Pa(1+R) \\ &= Wa_0(1+R)[I-a(1+R)]^{-1} \\ &= W[a_0(1+R)A\{1+R\}] \\ &= WA_0\{1+R\} \end{aligned} \tag{9.11a}$$

$$\begin{aligned} [P/W] &= [P_1/W,\cdots,P_n/W] \\ &= [A_{01}\{1+R\},\cdots,A_{0n}\{1+R\}] \\ &= a_0(1+R)+(a_0a)(1+R)^2+(a_0a^2)(1+R)^3 \\ &\quad +\cdots+(a_0a^k)(1+R)^{k+1}+\cdots \end{aligned} \tag{9.11b}$$

显然，r 越大，每一个实际价格 P_j/W 就越高——当越来越多的复利加到成本的无限(收敛的)链条上时。如果 R 超过 R^*，(9.11b)中的实际价格就发散到无穷而且不可能存在恒态的竞争均衡。

比较静态。《基础》对于下面这个问题的探讨在这些简单的投入产品体系中得到了充分的回报，这个问题就是关于一个系统对于它的外生参数的变动作出良好的、可检验的、比较静态的反应。这里是两个例子。

1. 如果降低了任意的 a_{0j} 或 a_{ij}，我们认为这意味着在每个特定的利润率 R 上，每种产品实际价格的降低。在同样的 R 上，这个演绎体系实现我们对于上升的实际工资率 W/P_j 的预期。

2. 其他情况相等时，对于每种产品，可以预料 R 从一个许可的水平上降低到另一个水平上对应着一个更高的实际工资 W/P_j，而且，我们的预期也是从演绎上实现的。

多种技术：新古典型式。当我们容许对于$(a_{0j},a_{1j},\cdots,a_{nj})$存在不止一种的技术时会发生什么情况呢？我们比较静态的所有定理仍然成立。

首先，让我们阐述一下 J. B. 克拉克新古典技术的无限任选的活动，它们具有平滑的替代性并且处处具有确定的边际产品。现在我们有

$$q_j=F^j[L_j,q_{1j},\cdots,q_{nj}],(j=1,2,\cdots,n) \tag{9.12a}$$

$$1=F^j[L_j/q_j,q_{1j}/q_j,\cdots,q_{nj}/q_j]=F^j[a_{0j},a_{1j},\cdots,a_{nj}] \tag{9.12b}$$

对于$(L_j,\cdots,q_{nj})>0$ 有

$$(\partial F^j/\partial L_j,\partial F^j/\partial q_{ij})=(F_0^j[\quad],F_i^j[\quad])>0 \tag{9.12c}$$

$$\sum_{i=0}^{n}a_{ij}F_i^j[a_{0j},\cdots,a_{nj}]=1 \tag{9.12d}$$

现在，投入/产出系数$[L_j/q_j,\cdots,q_{ij}/q_j,\ \cdots]=[a_{0j},\cdots,a_{nj}]$是内生未知数。在一个金律* 恒定状态上，利润率为零而且劳动供给稳定在 L 上，完全竞争这只看不见的手将导致一个帕累托有效率的恒定状态，它解出下列极大值问题。

对于任意给定的向量(c_i)，在恒定的状态中运用需要最低总劳动的技术生产它。

$$\operatorname*{Min}_{a_{ij},q_j}\sum_{1}^{n}L_j=\sum_{j=1}^{n}a_{0j}q_j,\text{s. t.} \tag{9.13}$$

$$F^k[a_{0k},\cdots,a_{nk}]=1,(k=1,\cdots,n) \tag{9.13a}$$

---

* 金律即最优增长途径，它给出一个经济中每人可维持的消费水平的最大值。——译者

$$q_i - \sum_{i=1}^{n} a_{ij} q_j \geqslant c_i, (i=1,\cdots,n) \tag{9.13b}$$

$$[q_i, a_{ij}, c_i] \geqslant 0, c_1 + c_2 + \cdots + c_n > 0 \tag{9.13c}$$

正如 N. 乔治斯库-罗根(1951)和萨缪尔森(1951)对于一个具有一种初始要素系统所阐述的 1949 非替代定理一样,可以证明最优技术$[\bar{a}_{0j}, \bar{a}_{ij}]$对于 c 的所有选择是相同的。为了避免库恩-塔克边界条件的复杂性,假定每个 $F^j[a_{0j},\cdots,a_{nj}]$仅仅对于正的$[a_{0j},\cdots,a_{nj}]$才是正的,我将 n^2+n 个未知数 $\bar{a}_{ij}$ 必须满足的 n^2+n 个独立的变分条件写成:

$$\frac{F_i^j[a_{0j},\cdots,a_{nj}]}{F_i^1[a_{01},\cdots,a_{n1}]} = \frac{F_i^j[a_{0j},\cdots,a_{nj}]}{F_0^1[a_{01},\cdots,a_{n1}]},$$

$$(i=1,\cdots,n; j=2,\cdots,n) \tag{9.14a}$$

$$F_i^j[a_{0i},\cdots,a_{ni}]=1, (i=1,\cdots,n) \tag{9.14b}$$

$$F^i[a_{0i},\cdots,a_{ni}]=1 \tag{9.14c}$$

对于 $R>0$,用 $1+R$ 代替 1 放到(9.14b)中并去掉极小化符号。

对于正的 R,不出所料,(9.14)的金律条件是破坏了。对 $R=0$,满足这些条件——同预期的一样。为了证实这一点,我写出竞争的套利交易所建立的边际生产力均衡。对于给定的 R,我们有如下 n^2+2n 个独立的边际生产力关系,它们决定 n^2+2n 个均衡未知数$(a_{0j}, a_{ij}, P_i/W)^*$并且独立于对 c 的需求嗜好的构成来决定这些未知数——而且这与 1949 年之后森岛(1964),萨缪尔森(1961)和米尔利斯(1969)建立非替代定理是一致的。

$$(P_j/W)F_0^j[a_{0j},\cdots,a_{nj}]=1+R, (j=1,\cdots,n) \tag{9.15a}$$

$$(P_j/W)F_i^j[a_{0j},\cdots,a_{nj}]=(P_i/W)(1+R),$$
$$(i,j=1,\cdots,n) \tag{9.15b}$$

$$\sum_{i=0}^{n} a_{ij}F_i^j[a_{0j},\cdots,a_{nj}]=1,(j=1,\cdots,n) \tag{9.15c}$$

对于 $R=0$,在从(9.15)中消除变量 P/W 之后,我们必定能证明(9.14)的金律关系。另外,通过将(9.15)的(a),(b)和(c)结合在一起,我们发现它们隐含着(9.11)的成本型关系:

$$(P/W)^*=a_0^*(1+R)+(P/W)^*a^*(1+R)$$
$$1+R<1+R^*<\infty=a_0^*(1+R)[I-a^*(1+R)]^{-1}$$
$$=A_0^*\{1+R\}=[A_{01}^*\{1+R\},\cdots,A_{0n}^*\{1+R\}] \tag{9.15d}$$
$$dA_{0j}^*\{1+R\}/dR>0,(j=1,\cdots,n)$$
$$0<1+R<1+R^* \tag{9.15e}$$

注意:现在 a_{ij} 是 R 的函数,我们可以把它们写成 $a_{ij}\{1+R\}$,但这里并不是这样的情形:R 的减少引起它们所有的函数都降低。而且,对于固定的 L,这里的情形也不必是:降低 R 将一致改进这个系统的、可供消费的恒定消费向量。对于 $R>0$

$$L=a_0\{1+R\}[I-a\{1+R\}]^{-1}c$$
$$\neq a_0\{1+R\}(1+R)[I-a\{1+R\}(1+R)]^{-1}c$$
$$=A_0\{1+R\}c \tag{9.16}$$

最后,将 R 降低到零必定将系统的可供利用的消费提高到金律水平。但是,对于 $n>1$,即使在这种禁止"重新转向"的新古典技术中,随着 R 下降仍然可能出现消费水平的倒数第二个逆转。这并不意味着完全竞争不能提供一个暂时有效率的、帕累托最优的恒定状态。相反,每个暂时有效率的恒定状态都可以由竞争来维持;

当劳动供给像$(1+R)^t$一样增长时，观察到的、在$1+R$上竞争可行的任何技术都可以作为金律技术的合适选择。

也许应当注意到：与任何W/P_j和R有关的价格要素边界总是一个良好的递减函数$A_{0j}\{1+R\}^{-1}$。它是与W/P_j和R有关的价格要素边界的包络线，R是通过将系数a_{0j}^*和a_{ij}^*固定在每一个与某一R合适的水平上而计算出来的；在这条包络线每个点上，这条包络线与一条这种受限制的边界相切。

多种初始要素。如果不仅仅存在一种初始要素，而是假定m种初始要素$(L_1,\cdots,L_m)$＝（劳动，黏性土地，沙质土，女劳力，……），我们把$F^j[L_j,q_{1j},\cdots,q_{mj}]$改写成

$$q_j=F^j[q_{1j},\cdots,q_{nj},L_{1j},\cdots,L_{mj}]$$

$$\partial q_j/\partial L_{kj}=F_{m+k}^j[a_{1j},\cdots,a_{nj},a_{n+1,j},\cdots,a_{n+m,j}],$$

$$(k=1,\cdots,m) \tag{9.17}$$

那么，对于每个R，竞争不可能仅仅借助于$(nm+n^2+n)$个下列形式的边际生产力和生产函数关系式决定$n(n+m)$个系数a_{ij}^*和$(n+m-1)$个价格比率$(P_j/W_1,W_{1+k}/W_1)^*$：

$$(P_j/W_1)F_{n+k}^j[a_{1j},\cdots,a_{n+m,j}]=(W_k/W_1)(1+R),$$

$$(j=1,\cdots,n;k=1,\cdots,m)$$

$$(P_j/W_1)F_i^j[a_{1j},\cdots,a_{n+m,j}]=(P_i/W_1)(1+R),$$

$$(i,j=1,\cdots,n) \tag{9.18}$$

$$F^j[a_{1j},\cdots,a_{n+m,j}]=1,(j=1,\cdots,n)$$

消费者对c的需求嗜好的变化以及财富比率$(L_2/L_1,\cdots,L_m/L_1)$的变化将影响比率$(W_2/W_1,W_3/W_1,\cdots,W_m/W_1)$，这些比率还不

能由生产和成本的考虑加以决定。充其量我们必须把我们的技术选择写成函数

$$a_{ij}^{*}=a_{ij}\{1+R,W_2/W_1,\cdots,W_m/W_1\},$$
$$(i=1,\cdots,n+m;j=1,\cdots,n) \tag{9.19}$$

在实际要素价格$(W_1/P_j,\cdots,W_m/P_j)$和利润率 R 之间总是存在一个如下形式的、良好的平衡关系或要素价格边界

$$R+f^j(W_1/P_j,\cdots,W_m/P_j)=0,(j=1,\cdots,n) \tag{9.20}$$

其中 $f^j(\quad)$是一个准凹、单调递增的函数,它的等高线对于每一个许可的 R 必定是凸的。

边际主义的批评。在离开新古典光滑可微的情形时,我们来考虑一个教训。皮埃罗·斯拉法希望引导出一个新古典边际主义的批评,实际上与他的新凯恩斯学派的根本贡献几无有说服力的关系。在那个学派中,我包括下面这些重要的人物如琼·罗宾逊,卢伊吉·帕斯尼蒂,尼古拉斯·卡尔多(至少有时属于这个学派),皮尔诺·加雷南尼,I. 斯蒂德曼,J. E. 梅特卡夫以及许多其他人。目前这一节已经考虑了一个模型,在这个模型中给出了新古典边际主义可能利用的一切方法。根据定义,不可能产生一种反对它的边际主义的批评。

但是——这里是我的看法——这个完美无缺的、时间阶段的边际主义的模型的确断然驳斥了 J. B. 克拉克的过分简单的、一个理想化的、资本要素的比喻,资本要素在数值上的增长克服净边际产品(它是实际利息率)的不可避免的递减,而同时,更高的资本水平必然提高恒定的、可供利用的消费水平。总之,这个完美无缺的、时间阶段的、一般的边际产品模型从定性上与过分简单的克拉

克资本模型的特性不一致，后者是

$$c(t+1)+[K(t+1)-K(t)]=bK(t)^{1/4}L^{3/4} \quad (9.21)$$

只有当利润率 R 接近金律状态的水平时，边际产品模型才与这个模型渐近一致。不过，我们在下一节就会看到，在这个一般的新古典模型中作为“良好的”那些性质并不是由它的边际生产力特性所产生的：每一个有限选择的活动模型都有那些同样的良好性质，诸如斯拉法的 1960 年的经典著作的最后一部分以及在 J. 罗宾逊的标准技术(1956)中所考虑的那些性质。

有限数目的活动。在单一技术模型和无限种技术的新古典模型之间是冯·诺伊曼的有限数目的可替代活动的情形。这把我们带回到线性规划的领域里。现在任意行业，例如说行业 1 具有一个选择，它多于一个($n+1$)行的 a_{1j} 的列向量。称它们为 a_{1j}^{I}，a_{1j}^{II}，…。同样地，每个其他的行业都可能面临这种选择。现在，在每个许可的 R 上，竞争的套利交易最终使得从这种可行技术的排列和组合中产生的技术选择同时使每个行业的单位成本极小化。数学上，在下列条件下：

$$P_j/W=\left[a_{0j}+\sum_{i=1}^{n}(P_i/W)a_{ij}\right](1+R),(j=1,\cdots,n) \quad (9.22a)$$

$[a_{0j},a_{ij}]$属于可行活动集合 (9.22b)

每一个$[P_1/W,\cdots,P_n/W]$ 被同时极小化 (9.22c)

在一个连贯的系统中，一切事物都作为其他事物的投入而为其他事物(直接或间接地)所需要，在这种系统中用下面这个要求来代替(9.22c)式就足够了：某个任意的 P_k/W 必须极小化。(只有在它的每一项投入都在一个极小值上时它才可能在一个极小值上）因为技术的可行选择的数目是有限的，观察者在原则上可以尝试每一种选择并选出优胜者。当竞争允许一群竞争者中任何一个超越刚刚称王的人时，竞争正是这样进行的。

此外，对于每个 R 我们有一个有效的选择 a^*_{ij} 或 $a_{ij}\{1+R\}$ 和确实性的有效真实价格 $(P_j/W)^*=A_{0j}\{1+R\}$。在 R 的多项式中不再存在决定性的比率：只有在“转换点”之间的 R 的某些部分上 $A_{0j}\{1+R\}$ 才具有这种简单的代数结构。但是即使我们现在在与实际工资和利息率即 W/P_j 和 R 有关的价格要素边界上遇到转折点，它们仍然是单一技术边界的外包络线。由于递减曲线的包络线本身必定是递减的，外包络线仍然必定具有负斜率。

的确，有限活动模型具有一般新古典模型的——糟糕的或“良好的”——一般的定性特性：可能的维克塞尔效应*，在稳定状态型式中的 c 相对于 R 的逆转；比率 P_{ji}/P_j 的上升或下降。这的确是坏消息。而且与之俱来的还有：有限活动模型引起“重转”现象，而新古典情形只会接近它。（重转是指，在不止一个的 R 区间上，技术的一个特定选择可能一再发生。因而，a^*_{ij} 的金律选择也有可能是在充分高的 R 上的竞争性的选择。“那么”辩护性的批评者问道，“你怎样能够证明从实际工资中扣除高利息率是正当的呢？系统可能移动到金律范围内，工人们得到全部实际收入而没有减少它的生产力”）

---

* 维克塞尔效应（Wicksell effect）指与资本的边际生产力理论相反的观点，即经济中的实际利息率可能与资本的总边际产品不同。——译者

在好消息这一方面，一旦我们放弃对幼儿园的边际主义者说教性的寓言的信仰，我们发现所有的时间阶段系统都具有如下普遍的特点：

1. 在一个不涉及结合产品、一种初始要素为劳动的、规模报酬不变的模型中，递减的要素价格边界与实际工资和利润率有关。可行的创新从来不可能降低竞争的实际工资和利润率这二者，尽管马克思与此相反。

2. 为了使社会从一个非金律的技术，它具有超过金律 R 的 R，移动到一个金律技术，社会必须暂时“放弃”某些当前的消费以换取更高的、永久性的未来消费。

关于比较静态可以说些什么呢？关于竞争的资本主义的运动规律可以说些什么？

另外，技术的某种可替代性并不否定单一技术情形的良好的比较静力学。不如说是论证了它。任何降低 a_{ij} 要求的创新或许可能在任意的 R 水平上提高实际工资。仅仅是 R 的任何变动都必定在相反的方向上改变所有的实际工资。根据在每个水平的 R 上应用的一般非替代定理，对于 c 的嗜好变化必定不会导致技术替代并且保持所有的恒定的价格关系在每个特定的 R 上不变。

没有具体指明使得将会占优势的 R 保持不变的进一步的条件，我们就不能做到下面这一点：预测任何技术上的革新、嗜好的任何变化，繁荣的兴盛衰退以及劳动供给的任一变化如何在长期和短期中把它们的效应分散到 R 的变动，P_j/W 的变动以及(总利润/总工资)的变动之中。恒态分析仅仅刚刚接触到复杂现实的外表。

马克思的模型。对于上面关于竞争资产阶级关系的斯拉法-里昂惕夫-瓦尔拉斯体系，卡尔·马克思(1867)提出了一个替代的解释模式。马克思不使用基于资本家全部费用的利润率价值增殖 R，他提出了剩余价值率 r 这个新的概念，它仅仅被当作每个行业直接劳动工资费用上的价值增值而且对于所有的行业都在同样的比率上计算。当 r 为正时，其结果就是通过降低或"克扣"工人的工资来"剥削"他们——正如在资本主义制度下由于利润率导致价格上升，正的 R 具有克扣工人的实际工资的效果一样。

这个马克思的剩余价值率的剥削因子被比拟为一种价值增值税。如果一个无用的政府在生产面包的生产过程中的每个阶段上对每一种费用征收一种周转费，它将提高工人购买面包的价格，因而它就降低了他们的实际工资。可以把竞争的利润率 R 想象为这样一种周转税引起价格上涨。"但是"，马克思的一个信徒会正确地指出，"仅仅应用于每个阶段的直接('活劳动')成本的一种价值增值税引起的价格上涨可以取得相同的剥削。它将不同地增加到最终的面包价格上；因为它运用于一个更有限的基数上，为了取得对工人实际工资的、同样的、最终的剥削性克扣，这个价值增值引起的价格上涨率 r 就必须比基于全部费用的价格上涨率 R 要大一些"。

在这个税收形式下，税收对这个或那个产品中的实际工资的影响在微观经济上是不同的。因而对于马克思的概念与主流解释模式也必定不同。马克思使用他的实际(已经提价的)价值(p_j/w)代替资产阶级的"实际价格"(P_j/W)。注意我用小写字母——($p_j/w, r$)——代表马克思的概念；用大写字母——($P_j/W, R$)代表资产阶级的概念。

对于单一技术工艺情形，马克思的模型是用下列关系代替(9.10)的竞争行为方程

$$p_j = wa_{0j} + \sum_{i=1}^{n} p_i a_{ij} + (wa_{0j})r \qquad (9.23)$$

=“可变资本”+“固定资本”+“剩余”

用矩阵形式表示为，

$$\begin{aligned} p/w &= a_0(1+r)+(p/w)a = a_0[I-a]^{-1}(1+r) \\ &= A_0\{1+0\}(1+r) \qquad (9.24) \end{aligned}$$

因为在(9.8)和(9.10)中已经表明$[A_{01}\{1+0\}, A_{0n}\{1+0\}]$是体现的劳动总成本，我们看到马克思的实际(已经提价的)价值比例于那些体现的劳动总成本。无论正的 r 怎样变化，所有实际的 p_j/w 都以相同的比例程度提高。可以说，这种剥削是公平的——正如征收一种理想的价值增值税对价格比率不会产生扭曲效应一样。相反，当正的 R 变大时，P_j/W 以不同的百分比程度提高——正如一种周转税的累加效应与单阶段产品相比它更多地提高多阶段的产品价格一样。

争论。现在我们已经叙述了马克思的替代模型。它有什么用处？如果马克思的意图是解释利润率 R 和理解在竞争的资本主义制度下工资剥削的运动规律，那么是不是只有借助于剩余价值率这个模型，一个人才能真正地理解资本主义的剥削 R 和 W/P_j？

这种断言和假设是很重要的。它们应当接受公正的、没有任何观念上的偏见的检验。它们应当在单一技术模型，新古典技术模型和有限活动模型中受到检验。另外如果在马克思的模型的名

义下的这些断言和期望在非新古典技术中证明为正当的，那么就应当高度评价 1867 年的模型并且需要对下面一点作出经验检验：新古典技术是否不能（或能够）对 1850—2000 年的经济现象提供一个有用的描述。

一个世纪之前的主流经济学家们往往轻易地拒绝马克思。他们把他的行为方程看作对于竞争的套利交易如何运转的简单错误的描述。即使当规范的原则应当引导一个计划的理想社会时，马克思的批评者如 E. 冯·庞巴维克（1896）、P. 威克斯蒂德（1884）和 V. 帕累托仍然把马克思的模型作为错误思想和内容空洞的模型而加以排斥。

马克思和恩格斯意识到关系式（9.24）会受人嘲笑。甚至在 1867 年马克思出版他的《资本论》的第一卷之前，他已经写下了大部分的进一步材料用以向他的模型的批评者们表明他们的异议是不适当的。在马克思于 1883 年去世之后，弗里德里希·恩格斯对这些手稿加以整理并作为马克思死后的 1885 和 1894 年的第二卷和第三卷加以出版。在这些著作中出现了我们所称之的“［‘价值’与‘价格’之间的］转换问题”，马克思，他的继承者以及他的批评者在这里讨论了$[p_j/w, r; a_{0j}, a_{ij}]$模型与$[P_j/W, R; a_{0j}, a_{ij}]$模型之间的关系。

转换问题。恩格斯相信到最后马克思已经成功地表明一个人如何以及为什么从一个模型转换到另一个——并且只有借助马克思的模型的洞察力，一个人才能理解转换问题以及取得对现实世界的实际$[P_j/W, R; a_{0j}, a_{ij}]$的理解。马克思的继承者们在承认需要更正马克思的演绎和算术上一个微小的技术性错误——马克思自己表明他意识到这个困难——之后，通常又不假思索地得出结论说，在马克思创造的新的有价值的模型中已经证明了他的正确性。

主流经济学这一边的批评者们——庞巴维克，威克斯蒂德以及帕累托，更不用说维克塞尔，马歇尔，奈特，凯恩斯，甚至凡勃伦——从这三卷中作出结论说，在 1867 年那一卷中马克思的 1867 年的模型显得是毫无内容地兜圈子。尽管在这里我把自己限制在争论的逻辑上而不是它们的经验关系上，我还是应当指出，$a_0(1+R)[I+a(1+R)]^{-1}$ 和 $a_0[I-a]^{-1}(1+r)$ 这两个模型的矩阵代数之间的差别既没有预期到也没有隐蔽 1895—1983 年间北美和西欧经济发展的历史方式——它们包括如下这些广泛的现象，如上升的实际工资率，实际利润率的缓慢变动，多国合作的重要性的上升，收入分配不平等的基尼系数，不可替代的地理资源以及贸易条件的趋势。

*马克思是否揭示了古典政治经济学中的深刻缺陷？*在马克思最后的 20 年中他转向政治经济学这种严肃的研究。这些研究引导他发现大卫·李嘉图对价值的处理有其内在的缺陷。而且作出一再的检查之后，马克思下结论认为亚当·斯密对于价格的折中处理，即把价格分成(1)工资，(2)地租，(3)利润或利息这三个要素具有根本的逻辑错误。

如果马克思以前的经济学的的确确是错误的，这就是一个重要的论断。它既刺激马克思提出一个崭新的模型，同时也证明了它的正确性。因而马克思对于主流经济学的认识和批评的正确性就是一个居于第一位重要性的问题。有人可能会期望马克思主义者和反马克思主义者们都详细地探讨并评价过马克思在 19 世纪 60 年代讨论他的先驱者们的手稿的优缺点。然而不幸的是，尽管这个世纪大部分人可以利用马克思的《剩余价值论》(1862—1863)，但是对于这些问题的严肃科学(不是空谈)的研究还处于初期。这个主题仍然期待着它的公平的雅各布·瓦伊纳。

不过，注意到下面一点是很重要的：伊恩·斯蒂德曼，一个新古典主义的批评者，他发现马克思指责李嘉图的价值理论具有根本的逻辑错误本身就是不正确的，它反映了马克思自己在术语上的混乱和对李嘉图的误解。我自己的研究，包括发表的和未发表的，也类似地发现马克思对亚当·斯密的指责是有错误的。价格和国民收入的确可以成功地分解成斯密的三个要素：工资、地租和资本家的利润，即使在一个其产品是由产品和耐用生产工具所生产的系统中也是如此。正如季米特里夫(1898)所表明的那样，斯密对价值增值的计算的确正确地给出了马克思没有能够理解的答案——而且把价格分解成它的最终要素并不涉及任何不合理的无限回归或恶性循环。

所以，今天一个对马克思经济模型的有教养的崇拜者必定不是在马克思的教条主义神学历史中寻找它的长处，而是在下面这些中寻求它的价值，即马克思的替代模型如何**从实证上**适当地描述和解释了资本主义市场的行为和趋势，以及它如何圆满地指出了将会提高一个计划的或混合经济成就的**规范**步骤。

宏观经济学的优点。这里，我试图简短而公正地检验和考虑下面这个独特的断言：“微观经济上，竞争的资本主义确实服从$[P_j/W, R; a_{0j}, a_{ij}]$模式。但是为了从宏观经济学上理解 R 为什

么处在它所处于的水平上以及利润/工资的加总比率是什么，为了深入资本主义表面现象之下的深层内部结构你必须首先运用 $[p_j/w, r; a_{0j}, a_{ij}]$ 模型。”

如果对于这个断言的回答是肯定的，无论它多么过时或勉强，它也丝毫无损于萨缪尔森(1971b)的证明的价值，这个证明达到了1907年之后L. 冯·博克维茨(1907)，P. M. 斯威齐(1941)，F. 西顿(1957)，R. 米克(1956)，M. 多布(1955)和M. 森岛(1973)关于转换算法这方面的论述的最高点，转换

$$[P_j/W, R; a_{0j}, a_{ij}] \leftrightarrow [p_j/w, r; a_{0j}, a_{ij}]$$

就像亚里士多德的力学和牛顿力学之间的转换一样，是一个“去掉一组关系并用另一组关系代替它们”的过程。真理和谬误用一个剩余来区分开。

在我纪念梅茨勒的论文中论述了作为一位数理经济学家的马克思(萨缪尔森，1974c)，我极力欢呼马克思主要是在《资本论》第二卷中对于稳定的再生产和扩大(指数的)再生产的生动说明所取得的分析成就。在那里以及在我们现在所知道的马克思1857年的《手稿》中，马克思提出了其产出依赖于它们本身作为投入的分析系统。那么这的确使里昂惕夫、斯拉法以及所有的理论经济学家都应当感激马克思。然而，正如伊恩·斯蒂德曼在他的《斯拉法之后的马克思》(1977)一书中已经指出的那样，仍然有可能促使一个理解这两个相对模型的、马克思的崇拜者把1867的 $(r; p_j/w)$ 作为一个无用的离题而拒绝它。我自己的研究力图注意到对于1867年的模型而提出的所有观点，也得出了一个类似的、令人失望的结论。重要的不是我最终的结论，而是它所基于的考虑。

下面我将简短地讨论一下这种探索的各个方面。

资本的相等有机构成。如果在每个 R 上直接工资都是价格的一个相同份额，即 $a_{0j}/A_{0j}\{1+R\}$独立于 j，那么这两个模型都导致相同的 P/W 和 p/w 向量。一个既不比另一个更好也不会更坏。那么从 r 得出的并且在这个情形中为 R 所否定的对于剥削的洞察力到哪里去了呢？对于那些为 R 的一个下落不明的方程而担忧的人来说，这个情形正好让他们去为 r 的一个下落不明的方程而担忧。由于发现 r 的方程绝不比 R 的更容易，因此结论总是否定 1867 年的模型有任何特殊的优点。

这是一个公正的、毁灭性的结论。如果剩余价值率仅仅在处理资本有机构成的差别上有其用处，那么下面这个事实就降低了人们对于这个模型的希望，即依赖于部门之间工资/非工资的差别，不可能在任何令人感兴趣的现象的运动规律上或对剥削的解释上得出对资本主义的任何——经验的或理论的——批评。

克拉克技术。假定对于 R 的下落不明的方程是由特定的资本长期供给所给出，在一个资本技术模型中 $K(t)=\bar{K}$ 由下式确定

$$Y(t+1)=c(t+1)+g(t+1)=Y[K(t),\bar{L}]$$

$$K(t+1)-K(t)=g(t+1)-dK(t),\quad 0<d<1 \quad (9.25)$$

这里的 d 是份额比率，在每个时期里新资本 $g(t+1)$和旧资本以这个比率折旧。

现在稳定的均衡水平由下式给出

$$R^{*}=(\partial Y[\bar{K},\bar{L}]/\partial K)-d$$

$$(W/P)^{*}=\frac{\partial Y[\bar{K},\bar{L}]/\partial L}{1+R^{*}}$$

$$PY=W\bar{L}+Pd\bar{K}+R(P\bar{K}+WL)$$

$$=\text{工资}+\text{折旧}+\text{利润} \quad (9.26)$$

r^{*} 由它们浓缩而成

$$\frac{PY-WL-Pd\bar{K}-RP\bar{K}}{WL}=r^{*} \quad (9.27)$$

为什么集中在 r^{*} 上就应当给予我们某种对于均衡 R^{*} 的宏观经济的洞察力呢？当然这并不如此。参见 W. L. 鲍莫尔(1974)。

但是，为了详细讨论所有的问题，假定现实不像克拉克的资本技术。r 概念及其使用是否帮助我们认识或了解这个本质事实？当然这并不如此。

但假定我们已经在某种程度上了解到技术不是新古典的，而是新凯恩斯的

$$Y[K,L]=\text{Min}[K/a,L/b] \quad (9.28)$$

其中 a 是一个固定的资本/产出比率。而且假定我们用一个新凯恩斯的假设代替 $K(t)\equiv\bar{K}$，即 L 按自然指数率 $(1+G)^{t}$ 增长；进一步地，假定只有利润获取者才储蓄，并且他们储蓄其收入的三分之一。那么在(9.25)的新古典技术中也在(9.28)的新凯恩斯技术中，R^{*} 的均衡必定在下面这个水平上

$$R^{*}=G/(1/3)=3G \quad (9.29)$$

使用马克思(9.27)中的比率 r 能够对于这个均衡给出任何新的说明吗？不能。使用 r 的人甚至能否独立地发现这个最终的利润-工资均衡还值得怀疑，更不用说去改进它。

最低工资向量。为了了解像马克思(或李嘉图)这样一位 19 世纪的作者的确定的分配模型的一个方法是,假定可以具体地给出一个最低限度的产品 m 的实际(列)向量作为铁的工资,在这个工资上可以从“保持的失业大军”中或从农村中生产和再生产劳动力。

$(p_j/w, r)$模型比通常的$(P_j/W, R)$模型使我们能够更好地理解这样一个完整的模型吗?让我们在一个单一技术情形中检验这一点;并且也在一个多技术情形检验它,在多技术模型中有创新产生并且可供利用 m 个替代的最低工资向量。我们将发现在每种情形中通过剩余价值率这个途径都没有给予我们新的宏观经济上的洞察力。更糟的是,一旦我们必须抓住技术的选择,创新和最低工资向量的选择时,马克思的模型必定达不到价格-利润模型的水平。

设 $m_1, m_2, \cdots, m_n$ 是为了保证每个单位的 L 再生产它本身而必须的面包、谷物、衣服以及其最低限度的工资产品的各自数量。它们是不全为零的非负数。博克维茨、斯拉法和我就会写出下述均衡

$$(P/W)m = \sum_{1}^{n}(P_j/W)m_j = 1$$

$$[P_j/W] = [A_{01}\{1+R\}, \cdots, A_{0n}\{1+R\}] \qquad (9.30)$$

那么

$$\sum^{n} A_{0j}\{1+R\}m_j = 1 \qquad (9.31)$$

这是一个隐含的合理多项式,它可以解出一个唯一的 $\hat{R}$。

或者,在萨顿(1957)的形式中我可以把 $m_i a_{0j}$ 当作为了保证

工人可以用以生产 1 单位的第 i 种产品而需要的、作为食物的第 j 种产品的数量。在冯·诺伊曼封闭系统形式中，均衡利润率是增长率的特征值 $1+\hat{R}$，在这个增长率上系统能够以指数扩大；另外，它也是贴现因子的特征值 $1+\hat{R}$，在这个贴现水平上系统的均衡价格向量使得期末的价格等于期初的成本：

$$[\hat{P}_1\hat{P}_2\cdots\hat{P}_n]\begin{bmatrix} a_{11}-m_1a_{01} & a_{12}-m_1a_{02} & \cdots & \cdots \\ a_{21}-m_2a_{01} & a_{22}-m_2a_{02} & \cdots & \cdots \\ \vdots & \vdots & \vdots & \cdots \\ \vdots & \vdots & a_{ij}-m_ia_{0j} & \cdots \\ \vdots & \vdots & \vdots & \cdots \end{bmatrix}$$

$$=[\hat{P}_1\hat{P}_2\cdots\hat{P}_n](1+\hat{R})>0 \tag{9.32}$$

现在对于马克思的说明模式或模型，我们在(9.34)中得到与(9.31)类似的、解出 $\hat{r}$ 的一个隐含线性关系式：

$$(p/w)m=\sum_1^n(p_j/w)m_j=1$$

$$p/w=a_0[I-a]^{-1}(1+r)=A_0\{1+0\}\{1+r\} \tag{9.33}$$

$$(1+r)\sum_1^nA_{0j}\{1+0\}m_j=1$$

$$1+\hat{r}=1\Big/\sum_1^nA_{0j}\{1+0\}m_j \tag{9.34}$$

有了 $\hat{p}/w$ 并不等于有了现实资本主义的 $\hat{P}/W$。的确如此。然而，一个马克思主义者可能指出微观经济上的差异的确相互抵消了。因为根据相同的最低限度工资向量这个假定，必然有

$$[(\hat{P}_1/W)-(\hat{p}_1/w)]m_1+\cdots+[(\hat{P}_n/W)-(\hat{p}_n/w)]m_n$$

$$=0=1-1 \tag{9.35}$$

向门外汉们解释像(9.34)这样的一个线性方程显然要比解释(9.31)的隐含多项式方程或(9.32)的特征向量关系容易。马克思应当承认这一点。

注:博克维茨(1907)提出了这样的论点:存在一个马克思-李嘉图模型,在这个模型中对于整个系统的利润率由谷物自身的利润率所确定的,而后者可以根据谷物的技术和谷物工资的最低限度要求仅仅经过一个贴现过程来计算出来。有时这被当作一个不利于新古典主义而有利于某个古典主义的(或者甚至是马克思主义的)替代模型的论点。但是在我看来并不如此。一个纯粹新古典特色的资本模型可以与斯拉法的一个反边际主义模型一样具有博克维茨奇异性质!考虑系统:

谷物+新的资本货物$=K^{1/4}L_1^{3/4}$

实际工资$=m_1=$每时期 5 个单位的谷物

衣服=2 单位的第 2 种直接劳动$=2L_2$

折旧=不论年数每时期 10%。

这四个关系式决定一个均衡的利润率,一个均衡的比率 K/L_1,以及均衡的($W/P_{谷物}$,$W/P_{衣服}$)。尽管边际产品表达式有很多,但实际上 $\hat{R}$ 仍然可以仅仅由可分离的谷物部分决定:衣服需求的变化仅仅改变 L_2/L_1 的均衡比率。尽管如此,仅仅考虑新古典的边际生产力就可以取得对新古典体系的充分理解。

在博克维茨的奇特模型中是否有某种肯定的含义证明了 1867 年的($p_j/w,r$)模型的有用性呢?博克维茨并没有这样断言,仔细在其优点上检验这个论点,你只能得到否定的回答。

比较静态的扭曲。即使为剩余价值率模型辩护说它毫无害处，但一旦我们必须考虑不止一种的技术时，这种辩护也会消失殆尽。1867 年马克思模型的比较静态依据其自身的术语会变成不确定的。那种解释模型实际上会在替代的技术可能性中选择一种可能性以便在 r 的每个水平上极小化 (p_j/w) 吗？如果这就是它的博弈规则，那么可以表明，如果一种新的方法能在零利息率上"支付"惩罚就需要采取这样的新方法，即使这种新方法不能在资本家的实际利润率上支付惩罚，中国即使极好的计划也许还不可能提供由计算的 r 所要求的 50 年的金律技术。那么假定又在描述什么的运动规律呢？当然不是竞争资本主义的运动规律。（而且，我们还将看到，对于规范的目的 1867 年的模型给出错误的政策准则——给出社会无效率的动态资源配置）

大部分分析家们最初假定马克思的目的是，而且应当是揭露资本家的利润及分配份额。因而，为了应用 $(r,p/w;a_0,a)$ 模型来阐释资本主义的表面现象 $(R,P/W;a_0,a)$，那些分析家们不得不找出在每个 R 上资本主义会作出的选择 (a_0,a)；然后，对于这些选择 (a_0,a)，他们给出他们的 $(r,p/w)$ 模型。这指出了一个近乎滑稽的状况：自称在资本家模型上的改进者不得不寄生性地窥视资本家的模型正在做些什么，以便模仿它的运动并给出另一种描述。比滑稽可笑的事情更糟的是寄生性关系 $(r,p_j/w)$ 的比较静态上的混乱。现在，毫不夸张地说，任何事情都可能发生。在实际工资下降的同时剩余价值率也可能下降。或者二者都可能上升。或者当 r 上升时实际工资下降，或者当 r 下降时实际工资上升。

从 1867 年的剩余价值模型中得不出任何竞争资本主义的运

动规律。但对于竞争的资本主义来说仍然存在现实稳定的规律——诸如，实际工资和利润率必定至少有一者上升；二者都可能上升，但没有发明创造能同时降低这二者。因而，一个马克思主义者提出两个规律——“利润率递减”和“工人的悲惨化”——他就多断言了一个规律。运用马克思的模型只有在它窥视马克思之前和马克思之后的主流模型之后才能得出这个系统的正确规律。参见萨缪尔森（1982a，1982d）对于这些缺陷的说明。

例子研究。一个简单的例子就能正确地指出剩余价值模型的错误。设 1 个劳动日生产 1 单位的谷物；设 1 个劳动日和 1 单位的谷物生产 1 单位的衣服。那谷物和衣服体现的劳动总成本（以天计）分别是$[1,1+1]=[A_{01}\{1+0\},A_{02}\{1+0\}]$。

设每天 8 小时的劳动力的最低限度工资是$[1/8_{谷物},1/8_{衣服}]=[m_1,m_2]$。那么我们就能算出工人们在他们 8 个小时的工作日中仅仅用 3 个小时来生产他们的生活必需品；其他的 5 个小时他们为资本家劳动，因为 5 是 3 个 5/3，因而剩余价值率是

$$\hat{r}=1.66\ 2/3。$$

利润率 $\hat{R}$ 必定在什么水平上呢？只有当它是百分之百时，$\hat{R}=1.00$ 时，谷物和衣服的价格才会从[1,2]涨到[2,6]这个水平上，而这是为了把剥削性的（打了折扣的）实际工资降低到特定的、每天 8 个小时的八分之一单位的谷物和八分之一单位的衣服的最低限度工资水平而必需的价格水平。

现在提出两个问题：

(a)出现一种发明，它使得用 1.4 个单位的谷物和仅仅 0.5 个直接劳动日也能生产 1 单位的衣服。其他情况相等时，这种劳动

节省的发明会被采用吗？

一个马克思主义者算出利用这种发明，剩余价值率可以从以前的 1.67 上升到新的 1.759 的 $\hat{r}$。剥削者们必然会迫不及待地引进这种发明吗？

不幸的是（$p_j/w,r$）模型给出一个错误的预测。在竞争条件下，新发明可以得到一个新的利润率，它大约只有 91.4%，$\hat{R}=0.914$。这低于以前 100% 的利润率，没有人想要引进这个新发明。如果一个马克思主义者想要理解资本主义如何运行，他必须抛弃他的剩余价值模型并且依靠无情竞争的价格-利润模型！对于马克思的模型没有能够理解资本主义的剥削，还能有比这更清楚的说明吗？

（b）假设在服装行业中没有新发明，但是取得了一个新发现，它使得既可以用以前的 1/8 单位的谷物和 1/8 单位的衣服也可以仅仅用 7/16 单位的谷物再生产一个工人：这是用（m_1,m_2）的新的选择（7/16，0）代替旧的（1/8，1/8）。

一个马克思主义者应用他的模型。现在工人们必须每天工作 3½ 小时而不是 3 小时来生产他们的最低限度的工资；而且现在只有 4½ 而不是 5 小时为老板进行剥削性的劳动。资本家们必然会有仁慈心肠用新的铁的工资代替旧的工资。

亚当·斯密看不见的手这种无情的交易将决定这个问题。并且这个决定反对极大化马克思的剩余价值率这种选择。在以前的 100% 的利润率上，它雇用工人们为新的最低限度工资工作。雇主会这样做并且将均衡利润率从以前的 100% 提高到新的 128 4/7 %。新的 $R=1.28\frac{4}{7}$。此外，1867 年以前的李嘉图和穆勒的模型会预测到资本主义体系运动的这些正确规律,他们也可能已经掌握了这个模型的算法。

实证主义的失败。公正的逻辑,即毫无有利于马克思或不利于马克思的观念上的偏见,会得出它的不可避免的结论:在宏观经济学和微观经济学上,为了理解阶级分配和竞争的资本主义运动规律,剩余价值模型只有消极的作用。琼·罗宾逊是正确的,伊恩·斯蒂德曼是正确的,克里斯琴·冯·韦塞克是正确的,庞巴维克在这一点上也是正确的。如果我们仔细阅读 M. 森岛(1973)的著作,我们会发现他在那里提出了与这里的论点一致的演绎分析,尽管他自己在其他地方指出他可能已经给人留下夸大的、钦佩马克思的印象。

歪曲的标准。客观的分析者又被迫回到这样的问题上:“如果马克思的模型在描述和实证理解上失败了,它是否能够至少作为一个美好社会的规范准则?”为了在每个机会上给出它的原因,我将预先躲过博姆-巴瓦克以及像人道主义者克努特·维克塞尔这样的经济学家的合理批评。他们断言,除了劳动力之外,在现实世界中还存在其他的**初始要素**。“因此,”他们认为,“同依靠劳动及土地及……价值论相比,依赖于劳动价值论是一个错误。”假定我们修改$(p/w,r)$ * 模型以便考虑在一个计划者的乌托邦式的美好社会中的适当的初始要素价格。或者假设我们考虑一个严格的乌托邦情形,其中劳动的确是唯一的初始要素。那么$(p/w,r)$模型具有胜过资产阶级的$(P/W,R)$模型的规范优势吗?

---

* 原文为$(r,p/w)$,根据前后文改成$(p/w,r)$。——译者

正如我在萨缪尔森(1973)中所表明的那样,回答是否定的。对于一个时间阶段系统,一个美好社会作出它的稳定的决策(以及它的转换路径决策)的一个适当方式是利用($P/W,R$)模型以及与之对应的($P_t,P_{t+1},\cdots,W_t,W_{t+1},\cdots,R_t,R_{t+1},\cdots$)模型。

这里是两个例子。首先,同韦塞克(1971)一样,考虑对于在不同的$(1+G)^t$ 比率上人口按指数增长的不同的金律状态。在这种金律状况中没有资本家曾经消费过任何东西,而且工人们得到与工作机会相适应的最高实际工资,而工作机会与劳动力的供给一起增长。那么,只有在竞争的资本主义的公式$[A_{0j}\{1+G\}]$上定出价格$(P_j/W)^*$时,而且利润率符合 $1+R=1+G$,才能刺激这个系统使用$[a_{0j}\{1+R\},a_{ij}\{1+R\}]$技术,这些技术极大化工人的实际消费。使用 1867 年马克思的($p_j/w,r$)模型就是错误地制定金律投入的价格。为什么对于工人要这样令人不快呢?

第二个例子与一个拉姆齐的计划者有关,他对于整个社会极大化下述伦理函数:

$$\sum_{t=0}^{t=\infty}u[c_1(t),\cdots,c_m(t)]/(1+S)^t \tag{9.36}$$

它在其(9.1)的时间阶段模型中约束于(9.22)的技术。那么可以表明最优计划将使得$[c(t),q(t),\cdots]$接近于一个稳定状况,这个状况具有最优的、仅仅依赖于 $1+S$ 的技术选择。不可能从($p/w,r$)模型中推导出那种乌托邦的选择。它只能而且必须从马克思企图代替的($P/W,R$)模型中推导出来:(9.22)的 $a_{ij}\{1+R\}$*

* 原文是 $a_{ij}\{1+S\}$疑为 $a_{ij}\{1+R\}$之误。——译者

给出了这个最优值。

结论。假设竞争关系得到正确的处理，时间阶段的投入-产出体系就具有一个极大化体系所获得的许多规律性。因而，正如在萨缪尔森(1960b)中所指出的那样，在《基础》中对于一个极大值系统所推导出来的勒夏特利埃原理对于一个具有非负$[a_{ij}]$矩阵和正的$[1-a_{ij}]^{-1}$矩阵的里昂惕夫系统同样成立。无论一个系统是否是新古典的，抑或是否是马克思的，这种系统的逻辑非常适合贯穿在本书中的世界观。

参考书目

Arrow, Kenneth. 1953. "Le rôle des valeurs boursières pour la répartition la meilleure des risques." In *Econométrie,* pp. 41 – 48. Paris: Centre National de la Recherche Scientifique. (1)

______. 1967. *Essays in the Theory of Risk-Bearing*. Chicago: Markham.

Baumoi, W. J. 1974. "The Transformation of Values: What Marx 'Really' Meant (An Interpretation)." *Journal of Economic Literature* 12:51 – 62.

Bellman, Richard. 1954. *Dynamic Programming of Continuous Processes.* U. S. Air Force, Project RAND. The Rand Corporation.

Bernoulli, D. 1738. Translated from the Latin as "Exposition of a New Theory on the Measurement of Risk." *Econometrica* 22 (1954): 23 – 36.

Borch, K. 1969. "A Note on Uncertainty and Indifference." *Review of Economic Studies* 36: 1 – 4.

Champernowne, D. G. 1954. "The Production Function and the Theory of Capital: A Comment." *Review of Economic Studies* 21: 112 – 135.

Chipman, John S., and James C. Moore. 1976. "The Scope of Consumer's Surplus Arguments." In *Evolution, Welfare and Time in Economics, Essays in Honor of Nicholas Georgescu-Roegen*, ed. Anthony M. Tang, Fred M. Westfield, and James S. Worley. Lexington, Mass.: Lexington Books.

Clark, J. B. 1899. *Distribution of Wealth*. New York: Macmillan.

Cootner, Paul H. 1964. *The Random Character of Stock Market Prices*. Cambridge, Mass.: MIT Press.

Diewert, W. E. 1974. "Applications of Duality Theory." In *Frontiers of Quantitative Economics*, ed. M. D. Intriligator and D. A. Kendrick. Amsterdam: North-Holland Publishing Co.

Dmitriev, V. K. 1974. *Economic Essays on Value, Competition and Utility*, ed. D. M. Nuti, trans. D. Fry. New York: Cambridge University Press.

Dobb, M. 1955. "A Note on the Transformation Problem." In Dobb's *On Economic Theory and Socialism*. London: Routledge & Kegan Paul.

Dorfman, R., P. Samuelson, and R. Solow. 1958. *Linear Programming and Economic Analysis*. New York: McGraw-Hill.

Fama, E. F. 1963. "Mandelbrot and the Stable Paretian Hypothesis." *Journal of Business* 36: 420 – 429.

Faustmann, M. 1849. "On the Determination of the Value Which Forest Land and Immature Stands Possess for Forestry." English edition "Martin Faustmann and the Evolution of Discounted Cash

Flow." *Oxford Institute Paper* 42 (1968), ed. M. Gane.

Feldstein, M. S. 1969. "Mean-Variance Analysis in the Theory of Liquidity Preference and Portfolio Selection." *Review of Economic Studies* 36: 5 - 12.

Feller, W. 1966. *An Introduction to Probability Theory and Its Applications*, vol. 2. New York: John Wiley.

Friedman, M., L. J. Savage. 1948. "The Utility Analysis of Choices Involving Risk." *Journal of Political Economy* 56: 279 - 304.

______. 1952. "The Expected-Utility Hypothesis and the Measurability of Utility." *Journal of Political Economy* 60:463 - 474.

Furuya, H., and K. Inada. 1962. "Balanced Growth and Inter-Temporal Efficiency in Capital Accumulation." *International Economic Review* 3: 94 - 107.

Fuss, M., and D. McFadden, eds. 1978. *Production Economics: A Dual Approach to Theory and Applications*, vol. 2. Amsterdam: North-Holland Publishing.

Gale, D., and H. Nikaidô. 1965. "The Jacobian Matrix and Global Univalence of Mappings." *Mathematische Annalen* 159 (no. 2): 81 - 93.

Georgescu-Roegen, N. 1951. "The Aggregate Linear Production Function and Its Applications to von Neumann's Economic Model." In *Activity Analysis of Production and Allocation*, ed. T.

C. Koopmans (Cowles Commission for Research in Economics).

New York: John Wiley.

Hahn, F. H. 1966. "Equilibrium Dynamics with Heterogeneous Capital Goods." *Quarterly Journal of Economics* 80: 633 – 646.

Harsanyi, J. C. 1955. "Cardinal Welfare, Individualistic Ethics, and Interpersonal Comparisons of Utility." *Journal of Political Economy* 63: 309 – 321.

Hicks, J. R. 1935. "A Suggestion for Simplifying the Theory of Money." *Econometrica* 2: 1 – 19.

Hotelling, H. 1925. "A General Mathematical Theory of Depreciation." *Journal of American Statistical Association* 20: 340 – 353.

______. 1932. "Edgeworth's Taxation Paradox and the Nature of Demand and Supply Functions." *Journal of Political Economy* 40: 577 – 616.

Itô, K. 1951. "On Stochastic Differential Equations." *Memoirs of the American Mathematical Society* 4.

Kaldor, Nicholas. 1956. "Alternative Theories of Distribution." *Review of Economic Studies* 23: 83 – 100.

Kuhn, H. W. and A. W. Tucker. 1951. "Nonlinear Programming." In *Proceedings of the Second Berkeley Symposium on Mathematical Statistics and Probability*, ed. J. Neyman. Berkeley: University of California Press.

Kurz, M. 1968. "The General Instability of a Class of Competitive Growth Processes." *Review of Economic Studies* 35: 155 – 174.

Latané, H. A. 1959. "Criteria for Choice among Risky Ventures."

Journal of Political Economy 67: 144 – 155.

Leontief, W. 1941. *The Structure of the American Economy, 1919 – 1929: An Empirical Application of Equilibrium Analysis.* Cambridge, Mass.: Harvard University Press.

Lévy, P. 1937. *Théorie de l'addition des variables aléatoires.* Paris.

Liviatan, N., and P. A. Samuelson. 1969. "Notes on Turnpikes: Stable and Unstable." *Journal of Economic Theory* 1 (December): 454 – 475. Reprinted in *Collected Scientific Papers by Paul A. Samuelson,* chap. 141, vol. 3, ed. Robert C. Merton. Cambridge, Mass.: MIT Press.

Lucas, R. 1981. *Studies in Business Cycle Theory.* Cambridge, Mass.: MIT Press.

Machina, M. J. 1981. "'Rational' Decision Making versus 'Rational' Decision Modelling?" *Journal of Mathematical Psychology* 24: 163 – 175. (Book review of *Expected Utility Hypotheses and the Allais Paradox: Contemporary Discussions of Decisions under Uncertainty with Allais' Rejoinder,* ed. M. Allais and O. Hagen. [Theory and Decision Library, 21.] Dordrecht: Reidel, 1979.)

______. 1982. "'Expected Utility' Analysis without the Independence Axiom." *Econometrica* 50: 277 – 323.

Malinvaud, E. 1952. "Note on von Neumann – Morgenstern's Strong Independence Axiom." *Econometrica* 20: 679.

Mandelbrot, B. 1960. "The Pareto-Lévy Law and the Distribution of

Income." *International Economic Review* 1: 79 - 106.

______. 1963. "The Variation of Certain Speculative Prices." *Journal of Business* 36: 394 - 419.

Markowitz, H. M. 1952. "Portfolio Selection." *Journal of Finance* 7: 77 - 91.

______. 1959. *Portfolio Selection.* New York: John Wiley.

Marschak, Jacob. 1950. "Rational Behavior, Uncertain Prospects, and Measurable Utility." *Econometrica* 18: 111 - 141; errata, 18: 312.

Marx, Karl. 1857 - 1858. *Grundrisse.* English translation, *Grundrisse.* London: Pelican Books, 1973.

______. 1862 - 1863. *Theories of Surplus Value* (Volume IV of *Capital*).

______. 1867 - 1894. *Capital* (Volume I, 1867; Volume II, 1885; Volume III, 1894).

McKean, H. P., Jr. 1969. *Stochastic Integrals.* New York: Academic Press.

McKenzie, L. W. 1963. "The Dorfman-Samuelson-Solow Turnpike Theorem." *International Economic Review* 4: 29 - 43.

Meek, R. 1956. "Some Notes on the Transformation Problem." *Economic Journal* 66: 94 - 107.

Menger, Karl. 1934. "Das Unsicherheitsmoment in der Wertlehre." *Z. Nationalökon*. 51: 459 - 485.

Merton, Robert C. 1969. "Lifetime Portfolio Selection under Uncer-

tainty: The Continuous-Time Case." *Review of Economic Statistics* 51: 247 – 257.

______. 1971. "Optimum Consumption and Portfolio Rules in a Continuous-Time Model." *Journal of Economic Theory* 3: 373 – 413.

Mirrlees, James A. 1969. "The Dynamic Nonsubstitution Theorem." *Review of Economic Studies* 36: 67 – 76.

Morishima, M. 1961. "Prices and the Turnpike. II. Proof of a Turnpike Theorem: The 'No Joint Production' Case." *Review of Economic Studies* 28: 89 – 97.

______. 1964. *Equilibrium, Stability and Growth.* London: Clarendon Press.

______. 1973. Marx's Economics: A Dual Theory of Growth. Cambridge: Cambridge University Press.

Ohlson, J. A. 1975. "The Asymptotic Validity of Quadratic Utility as the Trading Interval Approaches Zero." In *Stochastic Optimization Models in Finance,* ed. W. T. Ziemba and R. G. Vickson. New York: Academic Press.

Osborne, M. F. M. 1959. "Brownian Motion in the Stock Market." In*The Random Character of Stock Market Prices,* ed. Paul H. Cootner. Cambridge, Mass.: MIT Press, 1964. (Reprinted from *Operations Research* 7 (1959): 145 – 173.)

Pareto, V. 1893. "Introduction à Marx, *Le Capital.*" Reprinted in *Marxisme et Économie Pure.* Genève: Librairie Droz, 1966.

Pasinetti, Luigi L. 1974. *Growth and Income Distribution Essays in Economic Theory*. New York: Cambridge University Press.

Pontryagin, L. S., Boltyanskii, V. G., Gamkrelidze, R. V., and Mishchenko, E. F. 1962. *The Mathematical Theory of Optimal Processes*. New York: John Wiley.

Preinreich, G. A. D. 1938. "Annual Survey of Economic Theory: The Theory of Depreciation." *Econometrica* 6: 219 – 241.

Radner, R. 1961. "Prices and the Turnpike, Ⅲ. Paths of Economic Growth That Are Optimal with Regard Only to Final States: A Turnpike Theorem." *Review of Economic Studies* 28:98 – 104.

Ramsey, F. P. 1928. "A Mathematical Theory of Saving." *Economic Journal* 38: 543 – 559.

______. 1931. *The Foundations of Mathematics and Other Logical Essays*. London: Routledge & Kegan Paul.

Robinson, Joan. 1956. *The Accumulation of Capital*. Homewood, Ill.: Richard D. Irwin.

Roy, R. 1942. *De l'utilité: contribution à la théorie des choix*. Paris: Hermann.

Samuelson, Paul A. 1966 – 1977. *The Collected Scientific Papers of Paul A. Samuelson*. Cambridge, Mass.: MIT Press. Vol. 1, ed. Joseph E. Stiglitz, 1966. Vol. 2, ed. Joseph E. Stiglitz, 1966. Vol. 3, ed. Robert C. Merton, 1972. Vol. 4, ed. Hiroaki Nagatani and Kate Crowley, 1977. Henceforth referred to as *CSP*.

______. 1949a. "International Factor-Price Equalisation Once Again."

Economic Journal 59: 181 – 197. Reprinted in *CSP* chap. 68, vol. 2.

______. 1949b. "Market Mechanisms and Maximization, Part III: Dynamics and Linear Programming." The RAND Corporation (June). Reprinted in *CSP* chap. 33, vol. 1.

______. 1950. "Probability and the Attempts to Measure Utility" (English and Japanese). *Economic Review (Keizai Kenkyu)* 1 (Tokyo, Hitotsubashi University): 167 – 173. Reprinted in *CSP* chap. 12, vol. 1.

______. 1951. "Abstract of a Theorem Concerning Substitutability in Open Leontief Models." In *Activity Analysis of Production and Allocation*, ed. T. C. Koopmans (Cowles Commission for Research in Economics). New York: John Wiley. Reprinted in *CSP* chap. 36, vol. 1.

______. 1952a. "Utility, Preference, and Probability." Brief abstract of paper given at conference on "Les Fondements et Applications de la Théorie du Risque en Econométrie" (May). Reprinted in *CSP* chap. 13, vol. 1.

______. 1952b. "Probability, Utility and the Independence Axiom." *Econometrica* 20: 670 – 678. Reprinted in *CSP* chap. 14, vol. 1.

______. 1953 – 1954. "Prices of Factors and Goods in General Equilibrium." *Review of Economic Studies* 21: 1 – 20. Reprinted in *CSP* chap. 70, vol. 2.

______. 1957. "Wages and Interest: A Modern Dissection of

Marxian Economic Models." *American Economic Review* 47: 884 - 912. Reprinted in *CSP* chap. 29, vol. 1.

______. 1960a. "The St. Petersburg Paradox as a Divergent Double Limit." *International Economic Review* 1: 31 - 37. Reprinted in *CSP* chap. 15, vol. 1.

______. 1960b. "An Extension of the LeChatelier Principle." *Econometrica* 28: 368 - 379. Reprinted in *CSP* chap. 42, vol. 1.

______. 1960c. "Structure of a Minimum Equilibrium System." In *Essays in Economics and Econometrics: A Volume in Honor of Harold Hotelling*, ed. Ralph W. Pfouts. Chapel Hill: University of North Carolina Press. Reprinted in *CSP* chap. 44, vol. 1.

______. 1960d. "Efficient Paths of Capital Accumulation in Terms of the Calculus of Variations." In *Mathematical Methods in the Social Sciences, 1959*, ed. K. J. Arrow, S. Karlin, and P. Suppes. Stanford, Calif.: Stanford University Press. Reprinted in *CSP* chap. 26, vol. 1.

______. 1961. "A New Theorem on Nonsubstitution." In *Money, Growth, and Methodology*, published in honor of Johan Åkerman. (Lund Social Science Studies, 20.) Lund, Sweden: CWK Gleerup. Reprinted in *CSP* chap. 37, vol. 1.

______. 1962. "Parable and Realism in Capital Theory: The Surrogate Production Function." *Review of Economic Studies* 29: 193 - 206. Reprinted in *CSP* chap. 28, vol. 1.

______. 1965a. "Using Full Duality to Show That Simultaneously Additive Direct and Indirect Utilities Implies Unitary Price Elasticity of Demand." *Econometrica* 33: 781 – 796. Reprinted in *CSP* chap. 134, vol. 3.

______. 1965b. Postscript in *CSP* vol. 1, p. 124.

______. 1965c. "Rational Theory of Warrant Pricing" and "Appendix: A Free Boundary Problem for the Heat Equation Arising from a Problem in Mathematical Economics," by H. P. McKean, Jr. *Industrial Management Review* 6: 13 – 39. Reprinted in *CSP* chap. 199, vol. 3.

______. 1966. "The Fundamental Singularity Theorem for Non – Joint Production." *International Economic Review* 7: 34 – 41. Reprinted in *CSP* chap. 145, vol. 3.

______. 1967a. "General Proof That Diversification Pays." *Journal of Financial and Quantitative Analysis* 2: 1 – 13; reprinted in *CSP* chap. 201, vol. 3.

______. 1967b. "Efficient Portfolio Selection for Pareto-Lévy Investments." *Journal of Financial and Quantitative Analysis* 2: 107 – 122. Reprinted in *CSP* chap. 202, vol. 3.

______. 1967c. "A Turnpike Refutation of the Golden Rule in a Welfare-Maximizing Many-Year Plan." In *Essays on the Theory of Optimal Economic Growth*, ed. K. Shell. Cambridge, Mass.: MIT Press. Reprinted in *CSP* chap. 137, vol. 3.

______. 1970a. "Classical Orbital Stability Deduced for Discrete-

Time Maximum Systems." *Western Economic Journal* 8: 110 – 119. Reprinted in *CSP* chap. 158, vol. 3.

______. 1970b. "The Fundamental Approximation Theorem of Portfolio Analysis in Terms of Means, Variances, and Higher Moments." *Review of Economic Studies* 37: 537 – 542. Reprinted in *CSP* chap. 203, vol. 3.

______. 1970c. "Law of Conservation of the Capital-Output Ratio." *Proceedings of the National Academy of Sciences* 67: 1477 – 1479. Reprinted in *CSP* chap. 142, vol. 3.

______. 1971a. "Stochastic Speculative Price." *Proceedings of the National Academy of Sciences* 68: 335 – 337. Reprinted in *CSP* chap. 206, vol. 3.

______. 1971b. "Understanding the Marxian Notion of Exploitation: A Summary of the So-Called Transformation Problem between Marxian Values and Competitive Prices." *Journal of Economic Literature* 9: 399 – 431. Reprinted in *CSP* chap. 153, vol. 3.

______. 1971c. "The 'Fallacy' of Maximizing the Geometric Mean in Long Sequences of Investing or Gambling." *Proceedings of the National Academy of Sciences* 66: 2493 – 2496. Reprinted in *CSP* chap. 207, vol. 3.

______. 1971d. "On the Trail of Conventional Beliefs about the Transfer Problem." In *Trade, Balance of Payments, and Growth: Papers in International Economics in Honor of*

Charles P. Kindleberger, ed. J. Bhagwati et al. Amsterdam: North-Holland Publishing Co. Reprinted in *CSP* chap. 163, vol. 3.

______. 1972a. "Unification Theorem for the Two Basic Dualities of Homothetic Demand Theory." *Proceedings of the National Academy of Sciences* 69: 2673 – 2674. Reprinted in *CSP* chap. 212, vol. 4.

______. 1972b. "Mathematics of Speculative Price." In *Mathematical Topics in Economic Theory and Computation*, ed. R. H. Day and S. M. Robinson. Philadelphia: Society for Industrial and Applied Mathematics. Reprinted in *CSP* chap. 240, vol. 4.

______. 1973. "Optimality of Profit-Including Prices under the Ideal Planning: Marx's Model." *Proceedings of the National Academy of Sciences* 70: 2109 – 2111. Reprinted in *CSP* chap. 226, vol. 4.

______. 1974c. "Marx as Mathematical Economist: Steady-State and Exponential Growth Equilibrium." In *Trade, Stability and Macroeconomic Essays in Honor of Lloyd A. Metzler*, ed. George Horwich and Paul A. Samuelson. New York: Academic Press. Reprinted in *CSP* chap. 225, vol. 4.

______. 1975. "Addenda on Compact Probabilities: Gaussian Surrogates in the Capital Asset Pricing Model and Convergence Pathologies." MIT Working Paper.

______. 1976a. "Limited Liability, Short Selling, Bounded Utility, and Infinite-Variance Stable Distributions." *Journal of Financial and Quantitative Analysis* 11: 485 – 503. Reprinted in *CSP* chap.

247, vol. 4.

______. 1976b. "Economics of Forestry in an Evolving Society." *Economic Inquiry* 14: 466 - 492. Reprinted in *CSP* chap. 218, vol. 4.

______. 1977. "St. Petersburg Paradoxes: Defanged, Dissected and Historically Described." *Journal of Economic Literature* 15: 24 - 55.

______. 1979. "Why We Should Not Make Mean Log of Wealth Big Though Years to Act Are Long." *Journal of Banking and Finance* 3: 305 - 307.

______. 1982a. "The Normative and Positivistic Inferiority of Marx's *Values* Paradigm." *Southern Economic Journal* 49:11 - 18.

______. 1982b. "Rigorous Observational Positivism: Klein's Envelope Aggregation; Thermodynamics and Economic Isomorphisms." (Forthcoming, L. J. Klein *Festschrift*, Cambridge, Mass.: MIT Press).

______. 1982c. "Variation on Capital/Output Conservation Laws." (Forthcoming).

______. 1982d. "Marx without Matrixes: Understanding the Rate of Profit." (Forthcoming, A. Erlich *Festschrift*, Cambridge, Mass.: MIT Press).

Samuelson, Paul A., and Robert C. Merton. 1974a. "Generalized Mean-Variance Tradeoffs for Best Perturbation Corrections to Approximate Portfolio Decisions." *Journal of Finance* 29: 27 - 40.

______. 1974b. "Fallacy of the Log-Normal Approximation to Opti-

mal Portfolio Decision-Making over Many Periods." *Journal of Financial Economics* 1: 67 – 94.

Sato, Ryuzo. 1981. *Theory of Technical Change and Economic Invariance; Application of Lie Groups*, a volume in *Economic Theory, Econometrics, and Mathematical Economics*, ed. Karl Shell. New York: Academic Press.

Sato, Ryuzo, and Paul A. Samuelson. "Unattainability of Integrability and Definiteness Conditions in the Demand for Money and Goods." (Forthcoming in *American Economic Review*.)

Savage, L. J. 1954. *Foundations of Statistics.* New York: John Wiley.

Seton, F. 1957. "The 'Transformation Problem'." *Review of Economic Studies* 25: 149 – 160.

Shell, K., and J. E. Stiglitz. 1967. "The Allocation of Investment in a Dynamic Economy." *Quarterly Journal of Economics* 81: 592 – 609.

Shephard, R. W. 1953. *Theory of Cost and Production Function.* Reprinted, Princeton, N. J.: Princeton University Press, 1970.

Smale, S. 1966. "Structurally Stable Systems Are Not Dense." *American Journal of Mathematics* 88: 491 – 496.

Solow, Robert M. 1956. "A Contribution to the Theory of Economic Growth." *Quarterly Journal of Economics* 70: 65 – 94.

Sraffa, P. 1960. *Production of Commodities by Means of Com-*

modities. Cambridge: Cambridge University Press.

Steedman, Ian. 1977. *Marx after Sraffa.* London: NLB.

______. 1982. "Marx on Ricardo." In *Classical and Marxian Political Economy*, ed. Ian Bradley and Michael Howard. London: Macmillan.

Sweezy, P. 1942. *The Theory of Capitalist Development.* Oxford: Oxford University Press.

Takayama, A. A. 1974. *Mathematical Economics.* Hinsdale, Ill.: Dryden Press.

Tobin, James. 1958. "Liquidity Preference as Behavior towards Risk." *Review of Economic Studies* 25: 65 – 86.

______. 1969. "Comment on Borch and Feldstein." *Review of Economic Studies* 36: 13 – 14.

von Bortkiewicz, L. 1907. "On the Correction of Marx's Fundamental Theoretical Construction in the Third Volume of Capital." *Jahr. Nationalökonomie Statistik* 3: 370 – 385. Reprinted in English in *Karl Marx and the Close of his System by Eugen von Böhm-Bawerk and Böhm-Bawerk's Criticism of Marx by Rudolf Hilferding*, ed. P. Sweezy, with an appendix by L. von Bortkiewicz. New York: Augustus M. Kelley, 1949.

von Böhm-Bawerk, E. 1896. "Karl Marx and the Close of his System." Reprinted in ibid.

von Neumann, John. 1945. "A Model of General Economic

Equilibrium" (trans. by G. Morgenstern). *Review of Economic Studies* 13: 1－9.

von Neumann, John, and O. Morgenstern. 1944. *Theory of Games and Economic Behavior.* Princeton, N. J.: Princeton University Press. 2d ed., 1947; 3d ed., 1953.

von Weizsäcker, C. C. 1971. *Steady State Capital Theory.* (Lecture Notes in Operations Research and Mathematical Systems.) Berlin: Springer-Verlag.

Weitzman, M. L. 1976. "On the Welfare Significance of National Product in a Dynamic Economy." *Quarterly Journal of Economics* 90: 156－162.

Wicksteed, P. 1884. *The Common Sense of Political Economy, and Selected Papers and Reviews on Economic Theory*, 2 vols. Reprinted London: G. Routledge and Sons, 1933.

译名对照表

二至三画

二阶堂　Nikaidô, H.

丁伯根，扬　Tinbergen, Jan

马科夫　Markoff

马克思，卡尔　Marx, Karl

马林沃德　Malinvaud, E.

马科维茨　Markowitz, H. M.

马歇尔　Marshall, A.

马沙克，雅各布　Marschak, Jacob

马蒂厄　Mathieu

凡勃伦　Veblen

门格尔　Menger

四画

巴龙　Barone

巴克　Barker

巴拉姆　Balaam

巴彻尔德　Batchelder, P. M.

巴彻利尔　Bachelier, L.

巴特尔　Bartels

尤尔　Yule, G. U.

尤扎沃　Uzawa

戈尔曼　Gorman, W. M.

戈森　Gossen

贝尔曼，里卡德　Bellman, Richard

贝努力，丹尼尔　Bernoulli, Daniel

瓦尔拉斯　Walras

瓦伊纳，雅各布　Viner, Jacob

邓肯　Duncan, W. J.

牛顿，艾萨克　Newton, Isaac

韦茨曼　Weitzman

五画

布尔　Boole, G.

布尔巴基　Bourbaki

布切克温尔　Buscheguence, S.

布坎南　Buchanan, J.

布莱克　Black

布朗，罗伯特　Brown, Robert

布鲁诺，迈克尔　Bruno, Michael

布雷曼　Breiman, L.

弗里基，埃德温　Frickey, Edwin